二刻拍案惊奇

〔明〕凌蒙初　著

江苏凤凰美术出版社
全国百佳图书出版单位

图书在版编目(CIP)数据

二刻拍案惊奇/(明)凌蒙初著. -- 南京:江苏凤凰美术出版社, 2016.1(2017.8 重印)

(中国传统文化经典荟萃)

ISBN 978-7-5344-8640-1

Ⅰ.①二… Ⅱ.①凌… Ⅲ.①话本小说-小说集-中国-明代 Ⅳ.①I242.3

中国版本图书馆 CIP 数据核字(2015)第 017894 号

特约策划 王继雄
责任编辑 曹昌虹
装帧设计 刘国辉
封面设计 北京风信子文化传媒
责任监印 蒋璟

书　　名 二刻拍案惊奇
作　　者 凌蒙初
出版发行 江苏凤凰美术出版社(南京市中央路 165 号　邮编:210009)
北京凤凰千高原文化传播有限公司
出版社网址 http://www.jsmscbs.com.cn
印　　刷 北京龙跃印务有限公司
开　　本 787mm×1092mm　1/16
印　　张 27.5
版　　次 2016 年 1 月第 1 版　2017 年 8 月第 2 次印刷
标准书号 ISBN 978-7-5344-8640-1
定　　价 49.80 元

营销部电话　010-64215835-801

《中国传统文化经典荟萃》编委会

总　序

“读史使人明智”，这是17世纪英国哲学家培根的一句名言。而唐太宗李世民在其著名谏臣宰相魏征死后曾多次对他的大臣说，“以史为鉴，可以知兴替”。这话比培根早了将近一千年。仅此一斑，足以管窥中华优秀文化不仅源远流长、积淀深厚、博大精深，而且是中华民族承前启后、生生不息、团结奋进的不竭动力。在中华这座丰富的文化宝库中，她蕴藏的每一部历史典籍，就是一段中华民族历史文明的缩影，我们熟读中华传统经典，不只是为了熟知和传承，更是为了能从她的优秀历史文化中汲取营养和智慧。

中华民族文化渊源可以追溯到五千多年前的旧石器时代，其经典文化源头可分为黄河文明和长江文明。尽管其间因这样或那样的原因出现过曲折，甚至是断层，但到现在，中华传统文化的主流部分依然得以保留和延续，这既是中华智慧的先祖们的丰功伟绩，也是我们的福分和骄傲。

中华传统文化不仅在渊源上源远流长，在思想上也包容扬弃，而且具有高度原创性和独特性。譬如《易经》，号称万经之首，是中华文明的灵魂和密码，他由三个部分组成：一为伏羲八卦为始，那时并没有文字，所以八卦。二为周文王承接伏羲八卦，以八八重叠演生六十四卦，周文王父子认为六十四卦已包含宇宙万物，每一卦都有卦辞。后有孔子做传，遂为中国传统思想文化中自然哲学与人文实践的理论根源，是古代汉民族思想、智慧的结晶，被誉为“大道之源”，更是古代帝王之学，政治家、军事家、商家的必修之术。《易经》涵盖万有，纲纪群伦，是汉族传统文化的杰出代表；广大精微，包罗万象，中医典籍，古代兵法，风水玄学，亦是中华文明的源头活水。

中国早期的思想形态带有一种“宗教神学”的特点，“天”“神”是其主要内容。尤其是在春秋战国时期，出现的百家争鸣局面，可谓中国文化的黄金时期，当时出现了众多的杰出人物，成为了中国思想的象征或代表。按西汉后期著名学者刘歆的分法，当时共有十家：阴阳、儒、墨、名、法、道、纵横、杂、农、小说。其杰出的代表人物有：孔子、孟子、荀子、老子、庄子、墨子、韩非子、杨朱、惠施、公孙龙等。自汉武帝采纳董仲舒建议“罢黜百家独尊儒术”之后，“儒、道、墨、法”和外来的佛学，对中国后世影响最大，对中国的传统思想起了主导作用。除此，其余皆为从属地位，没有得到更好的发展。至于玄学，是对《老子》《庄子》和《周易》的研究和解说。其产生于魏晋，是魏晋时期的主要哲学思潮，是道家和儒家融合而出现的一种哲学、文化思潮。命相、风水是古老易经文化的具体应用，是国学不可分割的组成部分之一，符合五行相生、八卦相荡原理。而中医理论则是来源于对历代医疗经验的总结，及中国古代的阴阳五行思想的融汇。其内容主要包括精气学说、阴阳五行学说、气血津液、藏象、经络、体质、病因、发病、病机、治则、养生等。早在两千多年前，中医专著《黄帝内经》问世，奠定了中医学的基础。时至今日，中国传统医学相关的理论、诊断法、治疗方法等，均可在此书中找到根源。

20 世纪 20 年代初期，随着当代新儒家的兴起，点燃了传承传统文化的薪火，代表哲学家主要有熊十力、梁漱溟、马一浮、张君劢、冯友兰、钱穆；及第二代人方东美、唐君毅、牟宗三、徐复观等。由于诸位大家各自的传统文化功底扎实深厚，独树一帜，学问融贯古今，其教化涵盖儒、释、道，兼及医卜天文、诗词歌赋。这是对“中国传统文化”的传承多么卓越的贡献。他们多是学术殿堂的教授、也是生活实践的宗教家、哲学家、禅宗大师和国学大师。

唐代韩愈诗云：“人之能为人，由腹有诗书。”（《符读书城南》）梁实秋先生说过：“作为一个地道的中国人，有些书是非读不可的。这与行业无关。理工科的，财经界的，文法门的，都需要一些蔚成中国文化传统的书。”（《雅舍小品选》）钱穆先生曾说：“《论语》自西汉以来，为中国识字人一部人人必读书。”（《论语新解》）1978 年，他曾在香港向中文大学的师生提出了研习《论语》《孟子》《老子》《庄子》《六祖坛经》《近思录》的要求。

事实上，从古代到近代的中国文化典籍，其文体均为文言文形式，而这种形式至今仍被人们关注，文言文的文章也成为了衡量一个人语文水平的重要方面。所以，文言这一文体，包含着深厚的中华文化。无论是《论语》《史记》还是《红楼梦》《聊斋志异》，都无不透露着一股源远流长的汉民族文化精髓。诗歌也是一个很平常的文体，但中国的古诗另有一番文化的内涵，无论是春秋时期的《诗经》，还是战国后期的骚体，也无论是汉魏晋时期的古体诗，还是隋唐以后的格律近体诗，抑或是宋词元曲等等，都有一股浓浓的沁人心脾的中国味道。正因为如此，中国文体的多样性，也随之展现于世人眼前，从而激发今人延续和发展中国优秀传统文化的兴趣和欲望。这也是今天我们重新整理这套《中华传统文化经典荟萃》丛书的意义所在。

“大学之道，在明明德，在亲民，在止于至善。”所谓“大学”，实质为大学问，人世间最重要的学问。“中也者，天下之大本也；和也者，天下之达道也。致中和，天地位焉，万物有焉。”是以吸《大学》《中庸》之醍醐。初读《大学》部分，有振聋发聩之感。再读《大学》，有“朝闻道、夕死可矣”（《论语·里仁第四》）的无憾与清爽。《大学》之所以受到2000多年以来的学者、统治者、士人的推崇，就在于它极为简明扼要地回答并解决了人生三个重要问题：天地生人的意义，如何去实现天地赋予个体的使命，个人与天下的关系。大学是怎么回答这三个问题的呢？首先，开宗明义地指出天地生人的意义在于“明明德，在亲民，在止于至善。”接着，指出实现的方法是“格物、致知、诚意、正心、修身、齐家、治国、平天下。”最后，个人与天下的关系则是“一家仁，则一国兴仁；一家让，则一国兴让；一人贪戾，一国作乱。一言偾事，一人定国”（《礼记·大学》）。可见，大学为千古立志作君子者树立了道德、为人处事的标杆，影响了中国千百年来的读书人。

《诗经·国风·卫风》有云：“有匪君子，如切如磋，如琢如磨。”就是告诫读书人，要做有才有德的君子，就必须加强修养，使自己变得更加的精致，要时时反省，分秒不可懈怠，努力学习，谨守品行。之所谓“玉不琢，不成器”也。“君子必慎乎其独”，一个人要完善自我，尊重自我，对得起天地良心，则应当注重修为，人前人后一个样。因为独处时，最能反应一个人的德行操守。正所谓“好而知其恶，恶而知其美者，天下鲜矣（《礼记·大学》）。”若要是非黑白一眼洞穿，这既需要广博的知识、深厚的阅历，更需要有一颗正直无私的心。也只有心正才能摒弃个人好恶、世俗偏见，正确的去判断。“人之有技，若己有之；人之彦圣，其心好之，不啻若自其口出，实能容之（《尚书·秦誓》）。”强调的是一个人要宽厚仁慈，胸怀如大海，纳万物而波澜不惊；如宇宙，日月星辰运行其间，而静默不语，人有才，应容之、惜之、爱之、举之、助之。是以社会有此伯乐，则中华幸甚。如此，则“生财有大道，生之者众，食之者寡，为之者疾，用之者舒，则财恒足也（《礼记·大学》）。”这就是所谓实现社会大同的标准，就是“君子动而世为天下道，行而世为天下法，言而世为天下则（《礼记·中庸》）”。

读《中庸》部分，顿悟“中”是圆，“庸”是方，“中庸”就是把“中”的道理用一种最恰当、合理的方式表现出来。“何方圜之能周兮？夫孰异道而相安？”（语出屈原《离骚》）事实上，方枘圆凿并不是不能相容，中庸之道恰是一种方与圆的完美结合与运用。关于“中庸”，程颐说：“不偏不倚叫做中，不变不更叫做庸；中是天下的正道，庸是天下的定理。”中庸是儒家的最高道德标准。中庸以“诚”和“中”为基本概念，叙述形而上学的“天人合一”的哲学观点。是故，中庸之道，为的是修己治人，内圣外王。至于“修身，齐家，治国，平天下”，“和”是中庸的宗旨，“诚”是中庸的基础。而“中和”与“至诚”协调，便是君子欲得的美好境界。如若明白了中庸之道，那么，年少轻狂，愤世嫉俗者就可以用平常心对待一切，心平气和地解决问题；明白了中庸之道，就不会一味悲观，也不会盲目乐观，从容地面对生活，对不如意事可以一笑置之，亦可以不计较平常得失荣辱。我们或许做不成大事业，只能从实实在在的平凡中讨生活。可是，只要我们把这些具体而实在的小事做好，于实在中获得小小的乐趣，又何尝不是《中庸》给现在的我们带来的一些启迪与思考呢？“天下国家可均也，爵禄可辞也，白刃可蹈也，中庸不可能也（语出《中庸》）。”尽管一个人的修为要达到中庸的程度有如此难度，但我们作为炎黄子孙，作为中华优秀传统文化的继承者，也不能放弃对中庸最高境界的孜孜追求。

把理解历史当作把握人生的一把钥匙。读史就是要求我们自觉地思考自己过去致力于生产生活的实践活动，明了事物发展兴衰的客观规律，吸纳前人的经验教训，增长自己的知识和智慧，从而更好地认识自己，把握人生的现在和将来。作为中华儿女，我们应该不断学习、了解和掌握宝贵的中华文化精髓，并因之深深植根于自己心灵深处，而感到喜悦和自豪。

从“古之学者为己，今之学者为人（《论语·宪问》）”“君子食无求饱，居无求安，敏于事而慎于言，就有道而正焉，可谓好学也已（《论语·学而》）”，到“学而不思则罔，思而不学则殆（《论语·为政》）”，再到“学不可以已……吾尝终日而思矣，不如终日之所学也（《荀子·劝学》）。”我们总是因之深深感到，中华优秀而经典的传统文化历经千百年，总是让人百读不厌，如沐甘露。我们只有把这些中华文明的文化宝藏当作自己的良师益友，才能获得知识的教益，体味其中的意趣，感悟做人的道理，提升人生的境界。

我们真诚地相信，这套丛书的出版，若能使读者在其帮助下，有所收获，有所提高，有所修为，将是我们最大的欣慰。如此，我们更加地相信，在我们和读者共同的孜孜追求和发愤努力下，中华民族的优秀传统文化会进一步发扬光大，这将是我们这个时代一个多么令人喜悦的幸事！

胡奇川

乙未年春

序

尝记《博物志》云："汉刘褒画《云汉图》，见者觉热；又画《北风图》，见者觉寒。"窃疑画本非真，何缘至是？然犹曰人之见为之也。甚而僧繇点睛，雷电破壁；吴道玄画殿内五龙，大雨辄生烟雾。是将执画为真，则既不可，若云赝也，不已胜于真者乎？然则操觚之家，亦若是焉则已矣。

今小说之行世者，无虑百种，然而失真之病，起于好奇。知奇之为奇，而不知无奇之所以为奇。舍目前可纪之事，而驰骛于不论不议之乡，如画家之不图犬马而图鬼魅者，曰："吾以骇听而止耳。"夫刘越石清啸吹笳，尚能使群胡流涕解围而去，今举物态人情，恣其点染，而不能使人欲歌欲泣于其间。此其奇与非奇，固不待智者而后知之也，则为之解曰："文自《南华》、《冲虚》，已多寓言，下至非有先生、冯虚公子，安所得其真者而寻之？"不知此以文胜，非以事胜也。至演义一家，幻易而真难，固不可相衡而论矣。即如《西游》一记，怪诞不经，读者皆知其谬；然据其所载，师弟四人，各一性情，各一动止，试摘取其一言一事，遂使暗中摹索，亦知其出自何人，则正以幻中有真，乃为传神阿堵，而已有不如《水浒》之讥，岂非真不真之关，固奇不奇之大较也哉？

即空观主人者，其人奇，其文奇，其遇亦奇。因取其抑塞磊落之才，出绪余以为传奇，又降而为演义，此《拍案惊奇》之所以两刻也。其所捃摭，大都真切可据。即间及神天鬼怪，故如史迁纪事，摹写逼真，而龙之踞腹，蛇之当道，鬼神之理，远而非无，不妨点缀域外之观，以破俗儒之隅见耳。若夫妖艳风流一种，集中亦所必存，唯污蔑世界之谈，则戛戛乎其务去。鹿门子常怪宋广平之为人，意其铁心石肠，而为《梅花赋》，则清便艳发，得南朝徐、庾体。由此观之，凡托于椎陋以炫世，殆有不足信者夫？主人之言固曰："使世有能得吾说者，以为忠臣孝子无难；而不能者，不至为宣淫而已矣。"此则作者之苦心，又出于平平奇奇之外者也。

时剞劂告成，而主人薄游未返，肆中急欲行世，征言于余，余未知搦管，毋乃"刻画无盐，唐突西子"哉！亦曰"簸之扬之，糠粃在前"云尔。

壬申冬日 睡乡居士题并书

小引

丁卯之秋，事附肤落毛，失诸正鹄，迟回白门。偶戏取古今所闻一二奇局可纪者，演而成说，聊舒胸中磊块。非曰行之可远，姑以游戏为快意耳。同侪过从者索阅一篇竟，必拍案曰：“奇哉所闻乎！”为书贾所侦，因以梓传请。遂为抄撮成编，得四十种。支言俚说，不足供酱瓿；而翼飞胫走，较捻髭呕血笔冢研穿者，售不售反霄壤隔也。嗟乎！文讵有定价乎？贾人一试之而效，谋再试之，余笑谓一之已甚。顾逸事新语可佐谈资者，乃先是所罗而未及付之于墨，其为柏梁余材，武昌剩竹，颇亦不少。意不能恝，聊复缀为四十则。其间说鬼说梦，亦真亦诞，然意存劝戒，不为风雅罪人，后先一指也。竺乾氏以此等亦为绮语障，作如是观，虽现稗官身为说法，恐维摩居士知贡举又不免驳放耳。

崇祯壬申冬日 即空观主人题于玉光斋中

目　录

卷之一

进香客莽看金刚经　出狱僧巧完法会分

诗曰：

世间字纸藏经同，见者须当付火中。
或置长流清净处，自然福禄永无穷。

话说上古苍颉制字，有鬼夜哭，盖因造化秘密，从此发泄尽了。只这一哭，有好些个来因。假如孔子作《春秋》，把二百四十二年间乱臣贼子心事阐发，凛如斧钺，遂为万古纲常之鉴，那些奸邪的鬼岂能不哭！又如子产铸刑书，只是禁人犯法，流到后来，奸胥舞文，酷吏锻罪，只这笔尖上边几个字断送了多多少少人？那些屈陷的鬼，岂能不哭！至于后世以诗文取士，凭着暗中朱衣神，不论好歹，只看点头。他肯点点头的，便差池些，也会发高科，做高官；不肯点头的，遮莫你怎样高才，没处叫撞天的屈。那些呕心抽肠的鬼，更不知哭到几时，才是住手。可见这字的关系，非同小可。况且圣贤传经讲道，齐家治国平天下，多用着它不消说；即是道家青牛骑出去，佛家白马驮将来，也只是靠这几个字，致得三教流传，同于三光。那字是何等之物，岂可不贵重他！每见世间人，不以字纸为意，见有那残书废叶，便将来包长包短，以致因而揩台抹桌，弃掷在地，扫置灰尘污秽中，如此作践，真是罪业深重。假如偶然见了，便轻轻拾将起来，付之水火，有何重难的事，人不肯做？这不是人不肯做，一来只为人不晓得关着祸福，二

来不在心上的事，匆匆忽略过了。只要能存心的人，但见字纸，便加爱惜，遇有遗弃，即行收拾，那个阴德可也不少哩！

宋时，王沂公之父爱惜字纸，见地上有遗弃的，就拾起焚烧，便是落在粪秽中的，他毕竟设法取将起来，用水洗净，或投之长流水中，或候烘晒干了，用火焚过。如此行之多年，不知收拾净了万万千千的字纸。一日，妻有娠将产，忽梦孔圣人来吩咐道："汝家爱惜字纸，阴功甚大。我已奏过上帝，遣弟子曾参来生汝家，使汝家富贵非常。"梦后果生一儿，因感梦中之语，就取名为王曾，后来连中三元，官封沂国公。宋朝一代中三元的，止得三人：是宋庠、冯京与这王曾，可不是最稀罕的科名了！谁知内中这一个，不过是惜字纸积来的福，岂非人人做得的事？如今世上人见了享受科名的，那个不称羡道是难得？及至爱惜字纸这样容易事，却错过了不做，不知为何，且听小子说几句：

苍颉制字，爰有妙理。
三教圣人，无不用此。
眼观秽弃，颡当有泚。
三元科名，惜字而已。
一唾手事，何不拾取？

小子因为奉劝世人惜字纸，偶然记起一件事来。一个只因惜字纸拾得一张故纸，合成一大段佛门中因缘，有好些的灵异在里头。有诗为证：

翰墨因缘法宝流，山门珍秘永传留。
从来神物多呵护，堪笑愚人欲强谋！

却说唐朝侍郎白乐天，号香山居士，他是个佛门中再来人。专一精心内典，勤修上乘，虽然顶冠束带，是个宰官身，却自念佛看经，做成居士相。当时因母病，发愿手写《金刚般若经》百卷，以祈冥佑，散施在各处寺宇中。后来五代、宋、元兵戈扰乱，数百年间，古今名迹海内亡失已尽，何况白香山一家遗墨，不知多怎地消灭了。唯有吴中太湖内洞庭山一个寺中，流传得一卷，直至国朝嘉靖年间依然完好，首尾不缺。凡吴中贤士大夫、骚人墨客曾经赏鉴过者，皆有题跋在上，不消说得；就是四方名公游客，也多曾有赞叹顶礼、请求拜观、留题姓名日月的，不计其数，算是千年来希奇古迹，极为难得的物事。山僧相传至宝收藏，不在话下。

且说嘉靖四十三年，吴中大水，田禾淹尽，寸草不生。米价踊贵，各处禁粜闭籴，官府严示平价，越发米不入境了。原来大凡年荒米贵，官府只合静听民情，不去生事。少不得有一伙有本钱趋利的商人，贪那贵价，从外方贱处贩将米来；有一伙有家当囤米的财主，贪那贵价，从家里廒中发出米去。米既渐渐辐辏，价自渐渐平减，这个道理也是极容易明白的。最是那不识时务执拗的腐儒做了官府，专一遇荒就行禁粜、闭籴、平价等事。他认道是不使外方籴了本地米去，不知一行禁止，就有棍徒诈害，遇见本地交易，便自声扬犯禁，拿到公庭，立受枷责。那有身家的怕惹事端，家中有米，只索闭仓高坐，又且官有定价，不许贵卖，无大利息，何苦出粜？那些贩米的客人，见官价不高，也无想头。就是小民私下愿增价暗籴，惧怕败露受责受罚。有本钱的人，不肯担这样干系，干这样没要紧的事。所以越弄得市上无米，米价转高，愚民不知，上官不谙，只埋怨道："如此禁闭，米只不多；如此抑价，米只不贱。"没得解说，只囫囵说一句救荒无奇策罢了。谁知多是要行荒政，反致越荒的。

闲话且不说。只因是年米贵，那寺中僧侣颇多，坐食烦难。平日檀越也为年荒米少，不来布施。又兼民穷财尽，饿殍盈途，盗贼充斥，募化无路。那洞庭山位在太湖中间，非舟楫不能往来。寺僧平时吃着十方，此际料没得有凌波出险、载米上门的了。真个是：香积厨中无宿食，净明钵里少余粮。寺僧无计奈何。内中有一僧，法名辨悟，开言对大众道："寺中僧徒不少，非得四五十石米不能度此荒年。如今料无此大施主，难道抄了手坐看饿死不成？我想白侍郎《金刚经》真迹，是累朝相传至宝，何不将此件到城中寻个识古董人家，当他些米粮且度一岁？到来年有收，再图取赎，未为迟也。"住持道："相传此经值价不少，徒然守着他，救不得饥饿，真是戤米囤饿杀了，把它去当米，诚是算计。但如此年时，哪里撞得个人肯出这样闲钱，当这样冷货？只怕空费着说话罢了。"辨悟道："此时要遇个识宝太师，委是不能勾。想起来只有山塘上王相国府当内严都管，他是本山人，乃是本房檀越，就中与我独厚。这卷白侍郎的经，他虽未必识得，却也多曾听得。凭着我一半面皮，挨当他几十挑米，敢是有的。"众僧齐声道："既然如此，事不宜迟，只索就过湖去走走。"

住持走去房中，厢内捧出经来，外边是宋锦包袱包着，揭开里头看时，却是册页一般装的，多年不经裱褙，糨气已无，周围镶纸，多泛浮了。住持道："此是传名的古物，如此零落了，知它有甚好处？今将去与人家藏放得好些，不要失脱了些便好。"众人道："且未知当得来当不来，不必先自担忧。"辨悟道："依着我说，当便或者当得来。只是救一时之急，赎取时这项钱粮还不知出在哪里？"众人道："且到赎时再做计较，眼下只是米要紧，不必多疑了。"当下雇了船只，辨悟叫个道人随了，带了经包，一面过湖到山塘上来。

行至相府门前，远远望去，只见严都管正在当中坐地，辨悟上前稽首，相见已毕，严都管便问道："师父何事下顾？"辨悟道："有一件事特来与都管商量，务要都管玉成则个。"都管道："且说看何事。可以从命，无不应承。"辨悟道："敝寺人众缺欠斋粮，目今年荒米贵，无计可施。寺中祖传《金刚经》，是唐朝白侍郎真笔，相传价值千金，想都管平日也晓得这话的。意欲将此卷当在府上铺中，得应付米百来石，度过荒年，救取合寺人众生命，实是无量功德。"严都管道："是甚稀罕东西，金银宝贝做的,值此价钱?我虽曾听见老爷与宾客们常说,真是千闻不如一见。师父且与我看看再商量。”辨悟在道人手里接过包来,打开看时,多是零零落落的旧纸。严都管道:“我只说是怎么样金碧辉煌的,原来是这等晦气色脸,到不如外边这包还花碌碌好看,如何说得值多少东西?”都管强不知以为知地逐页翻翻,一直翻到后面去,看见本府有许多大乡宦名字及图书在上面,连主人也有题跋手书印章,方喜动颜色道:“这等看起来,大略也值些东西,我家老爷才肯写名字在上面。除非为我家老爷这名字多值了百来两银子,也不见得。我与师父相处中,又是救济好事,虽是百石不能勾,我与师父五十石去罢。”辨悟道:“多当多赎,少当少赎。就是五十石也罢,省得担子重了,他日回赎难措处。”当下严都管将经包袱得好了,捧了进去。终久是相府门中手段,做事不小,当真出来写了一张当票,当米五十石,付与辨悟道:“人情当的,不要看容易了。”说罢,便叫开仓斛发。辨悟同道人雇了脚夫,将来一斛一斛的盘明下船,谢别了都管,千欢万喜,载回寺中不题。

且说这相国夫人,平时极是好善,尊重的是佛家弟子,敬奉的是佛家经卷。那年冬底,都管当中送进一年簿籍到夫人处查算,一向因过岁新正,忙忙未及简勘。此时已值二月中旬,偶然闲手揭开一页看去,内一行写着“姜字五十九号,当洞庭山某寺《金刚经》一卷,本米五十石”。夫人道:“奇怪!是何经卷当了许多米去?”猛然想道:“常见相公说道洞庭山寺内有卷《金刚经》,是山门之宝,莫非即是此件?”随叫养娘们传出去,取进来看,不逾时取到。夫人盥手净了,解开包揭起看时,是古老纸色,虽不甚晓得好处与来历出处,也知是旧人经卷,便念声佛道:“此必是寺中祖传之经,只为年荒将来当米吃了,这些穷寺里如何赎得去?留在此处亵渎,心中也不安稳。譬如我斋了这寺中僧人一年,把此经还了他罢,省得佛天面上取利不好看。”吩咐当中都管说:“把此项五十石做夫人斋僧之费,速唤寺中僧人,还他原经供养去。”

都管领了夫人的命,正要寻便捎信与那辨悟,教他来领此经。恰值十九日是观世音生日,辨悟过湖来观音山上进香,事毕到当中来拜都管。都管见了道:“来得正好!我正要寻山上烧香的人捎信与你。”辨悟道:“都管有何吩咐?”都管道:“我无别事,便为你旧年所当之经,我家夫人知道了,就发心布施这五十石本米与你寺中,不要你取赎了,白还你原经,去替夫人供养着,故此要寻你来还你。”辨悟见说,喜之不胜,合掌道:“阿弥陀佛!难得有此善心的施主,使此经重还本寺,真是佛缘广大,不但你夫人千载流传,连老都管也种福不浅了。”都管道:“好说,好说!”随去禀知夫人,请了此经出来,奉还辨悟。夫人又吩咐都管:“可留来僧一斋。”都管遵依,设斋请了辨悟。

辨悟笑嘻嘻捧着经包,千恩万谢而行。到得下船埠头,正值山上烧香多人,坐满船上,却待开了。辨悟叫住,也搭将上去,坐好了开船。船中人你说张家长,我说李家短。不一时,行至湖中央。辨悟对众人道:“列位说来说去,总不如小僧今日所遇施主，真是个善心喜舍量大福大的了。"众人道："是哪一家？"辨悟道："是王相国夫人。"众人内中有的道："这是久闻好善的，今日却如何布施与师父？"辨悟指着经包道："即此便是大布施。"众人道："想是你募缘簿上开写得多了。"辨悟道："若是有心施舍，多些也不为奇。专为是出于意外的，所以难得。"众人道："怎生出于意外？"辨悟就把去年如何当米，今日如何白还的事说了一遍，道："一个荒年，合寺僧众多是这夫人救了的。况且寺中传世之宝正苦没本利赎取，今得奉回，实出侥幸。"众人见说一本经当了五十石米，好生不信，有的道："出家人惯说天话，那有这事？"有的道："他又不化我们东西，何故掉谎？敢是真的。"又有的道："既是值钱的佛经，我们也该看看，一缘一会，也是难得见的。"要与辨悟取出来看。辨悟见一伙多是些乡村父老，便道："此是唐朝白侍郎真笔，列位未必识认，亵亵渎渎，看它则甚？"内中有一个教乡学假斯文的，姓黄号丹山，混名黄撮空，听得辨悟说话，便接口道："师父出言太欺人！甚么白侍郎黑侍郎，便道我们不认得？那个白侍郎，名字叫得白乐天，《千家诗》上多有他的诗，怎欺负我不晓得？我们今日难得同船过湖，也是个缘分，便大家请出来看看古迹。"众人听得，尽拍手道："黄先生说得有理。"一齐就去辨悟身边，讨取来看。

辨悟四不拗六，抵当众人不住，只得解开包袱，摊在舱板上。揭开经来，那经页页不粘连的了，正揭到头一板，怎当得湖中风大，忽然一阵旋风，搅到经边一掀，急得辨悟忙将两手撳住，早把一叶吹到船头上。那时，辨悟只好按着，不能脱手去取，忙叫众人快快收着。众人也大家忙了手脚，你挨我挤，吆吆喝喝，磕磕撞撞，哪里捞得着？说时迟，那时快，被风一卷，早卷起在空中。原来一年之中，惟有正二月的风是从地下起的，所以小儿们放纸鸢风筝，只在此时。那时是二月天气，正好随风上去，哪有下来的风恰恰吹来还你船中？况且太湖中间氵广氵广漾漾的所在，没弄手脚处，只好共睁着眼，望空仰看。但见：

天际飞冲，似炊烟一道直上；云中荡漾，如游丝几个翻身。纸鸢到处好为邻，俊鹘飞来疑是伴。底下叫的叫，跳的跳，只在湖中一叶舟；上边往一往，来一来，直通海外三千国。不生得补青天的大手抓将住，没处借系白日的长绳缚转来。

辨悟手按着经卷，仰望着天际，无法施展，直看到望不见才住。眼见得这一纸在爪哇国里去了，只叫得苦，众人也多呆了，互相埋怨。一个道："才在我手边，差一些儿不拿得住。"一个道："在我身边飞过，只道你来拿，我住了手。"大家唧哝，一个老成的道："师父再看看，敢是吹了没字的素纸还好。"辨悟道："哪里是素纸！刚是揭开头一张，看得明明白白的。"众人疑惑，辨悟放开双手看时，果然失了头一版。辨悟道："千年古物，谁知今日却弄得不完全了！"忙把来叠好，将包包了，紫涨了面皮，只是怨怅。众人也多懊悔，不敢则声，黄撮空没做道理处，文绉绉强通句把不中款解劝的话,看见辨悟不喜欢,也再没人敢讨看了。船到山边,众人各自上岸散讫。辨悟自到寺里来,说了相府白还经卷缘故,合寺无不欢喜赞叹;却把湖中失去一页的话,瞒住不说。寺僧多是不在行的,也没有人翻来看看,交与住持收拾过罢了。

话分两头。却说河南卫辉府,有一个姓柳的官人,补了常州府太守,择日上任。家中亲眷设酒送行,内中有一个人,乃是个博学好古的山人,曾到苏、杭四处游玩访友过来,席间对柳太守说道:“常州府与苏州府接壤,那苏州府所属太湖洞庭山某寺中,有一件稀奇的物事,乃是白香山手书《金刚经》。这个古迹价值千金,今老亲丈就在邻邦,若是有个便处,不可不设法看一看。”那个人是柳太守平时极尊信的,他虽不好古董,却是个极贪的性子,见说了值千金,便也动了火,牢牢记在心上。

到任之后,也曾问起常州乡士大夫,多有晓得的,只是苏、松隔属,无因得看。他也不是本心要看,只因千金之说上心,希图频对人讲,或有奉承他的解意了,购求来送他未可知。谁知这些听说的人道是隔府的东西,他不过无心问及,不以为意。以后在任年余,渐渐放手长了。有几个富翁为事打通关节,他传出密示,要苏州这卷《金刚经》。讵知富翁要银子反易,要这经却难,虽曾打发人寻着寺僧求买,寺僧道是家传之物,并无卖意。及至问价,说了千金。买的多不在行,伸伸舌,摇摇头,恐怕做错了生意,折了重本,看不上眼,不是算了,宁可苦着百来两银子送进衙去,回说“《金刚经》乃本寺镇库之物,不肯卖的,情愿纳价”罢了。太守见了白物,收了顽涎,也不问起了,如此不止一次。

这《金刚经》到是那太守发科分起发人的丹头了,因此明知这经好些难取,一发上心。有一日,江阴县中解到一起劫盗,内中有一行脚头陀僧,太守暗喜道:“取《金刚经》之计,只在此僧身上了。”一面把盗犯下在死囚牢里,一面叫个禁子到衙来,悄悄吩咐他道:“你到监中,可与我密密叮嘱这行脚僧,我当堂再审时,叫他口里扳着苏州洞庭山某寺,是他窝赃之所,我便不加刑罚了,你却不可泄漏讨死吃!”禁子道:“太爷吩咐,小的性命恁地不值钱? 多在小的身上罢了。”禁子自去依言行事。果然次日升堂,研问这起盗犯,用了刑具,这些强盗各自招出赃仗窝家,独有这个行脚僧不上刑具,就一口招道:赃在洞庭山某寺窝着,寺中住持叫甚名字。原来行脚僧人做歹事的,一应荒庙野寺投斋投宿,无处不到,打听做眼,这寺中住持姓名,恰好他晓得的,正投太守心上机会。太守大喜,取了供状,叠成文卷,一面行文到苏州府捕盗厅来,要提这寺中住持,差人赍文坐守,捕厅佥了牌,另差了两个应捕,驾了快船,一直望太湖中洞庭山来。真个:

人似饥鹰,船同蜚虎。鹰在空中思攫食,虎逢到处立吞生。静悄村墟,魆地神号鬼哭;安闲舍宇,登时犬走鸡飞。即此便是活无常,阴间不数真罗刹。

应捕到了寺门前,雄赳赳的走将入来,问道:“那一个是住持?”住持上前稽首道："小僧就是。"应捕取出麻绳来便套，住持慌了手脚道："有何事犯，便直得如此？"应捕道："盗情事发，还问甚么事犯！"众僧见住持被缚，大家走将拢来，说道："上下不必粗鲁！本寺是山塘王相府门徒，等闲也不受人欺侮！况且寺中并无歹人，又不曾招接甚么游客住宿，有何盗情干涉？"应捕见说是相府门徒，又略略软了些，说道："官差吏差，来人不差。我们捕厅因常州府盗情事，扳出与你寺干连，行关守提。有干无干，当官折辩，不关我等心上，只要打发我等起身！"一个应捕，假做好人道："且宽了缚，等他去周置，这里不怕他走了去。"住持脱了身，讨牌票看了，不知头由。一面商量收拾盘缠，去常州分辩，一面将差使钱送与应捕，应捕嫌多嫌少，诈得满足了才住手。应捕带了住持下船，辨悟叫个道人跟着，一同随了住持，缓急救应。到了捕厅，点了名，办了文书，解将过去。免不得书房与来差多有了使费。住持与辨悟、道人，共是三人，雇了一个船，一路盘缠了来差，到常州来。

说话的，你差了。隔府关提，尽好使用支吾，如何去得这样容易？看官有所不知，这是盗情事，不比别样闲讼，须得出身辩白，不然怎得许多使用？所以只得来了。未见官时，辨悟先去府中细细打听劫盗与行脚僧名字、来踪去迹，与本寺没一毫影响，也没个仇人在内，正不知祸根是哪里起的，真摸头路不着。说话间，太守升堂。来差投批，带住持到。太守不开言问甚事由，即写监票发下监中去。住持不曾分说得一句话，竟自黑碌碌地吃监了。太守监罢了住持，唤原差到案前来，低问道："这和尚可有人同来吗？"原差道："有一个徒弟，一个道人。"太守道："那徒弟可是了事的？"原差道："也晓得事体的。"太守道："你悄地对那徒弟说，可速回寺中去取那本《金刚经》来，救你师父，便得无事；若稍迟几日，就讨绝单了。"原差道："小的去说。"

太守退了堂。原差跌跌脚道："我只道真是盗情，原来又是甚么《金刚经》！"盖只为先前借此为题诈过了好几家，衙门人多是晓得的了，走去一十一五对辨悟说了。辨悟道："这是我上世之物，怪道日前有好几起常州人来寺中求买，说是府里要，我们不卖与他。直到今日，却生下这个计较，陷我师父，强来索取，如今怎么处？"原差道："方才明明吩咐稍迟几日就讨绝单。我老爷只为要此经，我这里好几家受了累。何况是你本寺有的，不送得他，他怎肯住手，却不枉送了性命？快去与你住持师父商量去！"辨悟就央原差领了到监里，把这些话一一说了。住持道："既是如此，快去取来送他，救我出去罢了。终不成为了大家门面的东西，断送了我一个人性命罢？"辨悟道："不必二三，取了来就是。"对原差道："有烦上下代禀一声，略求宽容几日，以便往回。师父在监，再求看觑。"原差道："既去取了，这个不难，多在我身上，放心前去。"

辨悟留下盘缠与道人送饭，自己单身，不辞辛苦，星夜赶到寺中，取了经卷，复到常州。不上五日，来会原差道："经已取来了，如何送进去？"原差道："此是经卷，又不是什么财物！待我在转桶边击梆，禀一声，递进去不妨。"果然原差递了进去。

太守在私衙,见说取得《金刚经》到,道是宝物到了,合衙人眷多来争看。打开包时,太守是个粗人,本不在行,只道千金之物,必是怎地庄严;看见零零落落,纸色晦黑,先不像意。揭开细看字迹,见无个起首,没头没脑。看了一会,认有细字号数,仔细再看,却原来是第二页起的。太守大笑道:"凡事不可虚慕名,虽是古迹,也须得完全才好。今是不全之书,头一版就无了,成得甚用?说甚么千金百金,多被这些酸子传闻误了,空费了许多心机。难为这个和尚坐了这几日监,岂不冤枉!"内眷们见这经卷既没甚么好看,又听得说和尚坐监,一齐撺掇,叫还了经卷,放了和尚。太守也想道没甚紧要,仍旧发与原差,给还本主。衙中传出去说:"少了头一张,用不着,故此发了出来。"辨悟只认还要补头张,怀着鬼胎道:"这却是死了!"正在心慌,只见连监的住持多放了出来。原差来讨赏,道:"已此没事了。"住持不知缘故,原差道:"老爷起心要你这经,故生这风波,今见经不完全,没有甚么头一张,不中他意,有些懊悔了。他原无怪你之心,经也还了,事也罢了。恭喜!恭喜!"

住持谢了原差,回到下处。与辨悟道:"哪里说起,遭此一场横祸!今幸得无事,还算好了。只是适才听见说经上没了头张,不完全,故此肯还,我想此经怎的不完全?"辨悟才把前日太湖中众人索看,风卷去头张之事,说了一遍,住持道:"此天意也!若是风不吹去首张,此经今日必然被留,非复我山门所有了。如今虽是缺了一张,后边名迹还在,仍旧归吾寺宝藏,此皆佛天之力。"喜喜欢欢,算还了房钱饭钱,师徒与道人三众雇了一个船,同回苏州来。

过了浒墅关数里,将到枫桥,天已昏黑,忽然风雨大作,不辨路径。远远望去,一道火光烛天,叫船家对着亮处只管摇去。其时风雨也息了,看看至近,却是草舍内一盏灯火明亮,听得有木鱼声。船到岸边,叫船家缆好了。辨悟踱上去,叩门讨火。门还未关,推将进去,却是一个老者靠着桌子诵经,见是个僧家,忙起身叙了礼。辨悟求点灯,老者打个纸捻儿,醮醮油点着了,递与辨悟。辨悟接了纸捻,照得满屋明亮,偶然抬头带眼见壁间一幅字纸粘着,无心一看,吃了一惊,大叫道:"怪哉!怪哉!"老者问道:"师父见此纸,为何大惊小怪?"辨悟道:"此话甚长!小舟中还有师父在内,待小僧拿火去照了,然后再来奉告,还有话讲。"老者道:"老汉是奉佛弟子,何不连尊师接了起来?"老者就叫小厮祖寿出来,同了辨悟到舟中,来接那一位师父。

辨悟未到船上,先叫住持道:"师父快起来!不但投着主人,且有奇事了!"住持道:"有何奇事?"辨悟道:"师父且到里面见了主人,请看一件物事。"住持同了辨悟走进门来,与主人相见了。辨悟拿了灯,拽了住持的手,走到壁间,指着那一幅字纸道:"师父可认认看。"住持抬眼一看,只见首一行是"金刚般若波罗蜜经",第二行是"法会因由分第一",正是白香山所书,乃经中之首页,在湖中飘失的。拍手道:"好像是吾家经上的,何缘得在此处?"老者道:"贤师徒惊怪此纸,必有缘故。"辨悟道:"老丈肯把得此纸的根由一说,愚师徒也剖心相告。"老者摆着椅子道:"请坐了献茶，容老汉慢讲。”

师徒领命，分次坐了。奉茶已毕，老者道：“老汉姓姚，是此间渔人，幼年不曾读书，从不识字，只靠着鱼虾为生。后来中年，家事尽可度日了，听得长老们说因果，自悔作业太多，有心修行。只为不识一字，难以念经，因此自恨。凡见字纸，必加爱惜，不敢作践，如此多年。前年某月某日晚间，忽然风飘什么物件下来，到于门首。老汉望去，只看见一道火光落地，拾将起来，却是一张字纸。老汉惊异，料道多年宝惜字纸，今日见此光怪，必有奇处，不敢亵渎，将来粘在壁间，时常顶礼。后来有个道人到此见了，对老汉道：‘此《金刚经》首叶，若是要念全经，我当教汝。’遂手出一卷，教老汉念诵一遍，老汉随口念过，心中豁然，就把经中字一一认得。以后日渐增加，今颇能遍历诸经了。记得道人临别时，指着此纸道：‘善守此幅，必有后果。’老汉一发不敢怠慢，每念诵时，必先顶礼。今两位一见，共相惊异，必是晓得此纸的来历了。”

住持与辨悟同声道：“适间迷路，忽见火光冲天，随亮到此，却只是灯火微明，正在怪异。方才见老丈见教，得此纸时，也见火光，乃知是此纸显灵，数当会合。老丈若肯见还，功德更大了。”老者道：“非师等之物，何云见还？”辨悟道：“好教老丈得知：此纸非凡笔，乃唐朝侍郎白香山手迹也，全经一卷，在吾寺中，海内知名。吾师为此近日被一个狠官人拿去，强逼要献，几丧性命，没奈何只得献出。还亏得前年某月某日湖中遇风，飘去首页，那官人嫌它不全，方得重还。今日正奉归寺中供养，岂知却遇着所失首页在老丈处，重得瞻礼！前日若非此纸失去，此经已落他人之手；今日若非此纸重逢，此经遂成不全之文。一失一得，不先不后，两番火光，岂非韦陀尊天有灵，显此护法手段出来吗？”

老者似信不信地答应，辨悟走到船内，急取经包上来，解与老者看，乃是第二页起的，将来对着壁间字法纸色，果然一样无差。老者叹异，念佛不已，将手去壁间揭下来，合在上面，长短阔狭无不相同。一卷经完完全全了，三人尽皆欢喜。老者吩咐治斋相款，就留师徒两人同榻过夜。

住持私对辨悟道：“起初我们恨柳太守，如今想起来，也是天意。你失去首页，寺中无一人知道，珍藏到今。若非此一番跋涉，也无从遇着原纸来完全了。”辨悟道：“上天晓得柳太守起了不良之心，怕夺了全卷去，故先吹掉了一纸，今全卷重归，仍旧还了此一纸，实是天公之巧，此卷之灵！想此老亦是会中人，所云道人，安知不是白侍郎托化来的！”住持道：“有理，有理！”

是夜，姚老者梦见韦陀尊天来对他道：“汝幼年作业深重，亏得中年回首，爱惜字纸。已命香山居士启汝天聪，又加守护经文，完成全卷，阴功更大，罪业尽消。来生在文字中受报，福禄非凡，今生且赐延寿一纪，正果而终。”老者醒来，明明记得。次日，对师徒二人道：“老汉爱护此纸经年，今见全经，无量欢喜。虽将此纸奉还，老汉不能忘情。愿随老师父同行，出钱请个裱匠，到寺中重新装好，使老汉展诵几遍，方为称怀。”师徒二人道：“难得檀越如此信心，实是美事，便请下船同往敝寺随喜一番。”

老者吩咐了家里，带了盘缠，唤小厮祖寿跟着，又在城里接了一个高手的裱匠，买了作料，一同到寺里来。盘桓了几日，等裱匠完工，果然裱得焕然一新。便出衬钱请了数众，展念《金刚经》一昼夜，与师徒珍重而别。后来，每年逢诞日或佛生日，便到寺中瞻礼白香山手迹一遍，即行持念一日，岁以为常。年过八十，到寺中沐浴坐化而终。寺中宝藏此卷，闻说至今犹存。有诗为证：

一纸飞空大有缘，反因失去得周全。
拾来宝惜生多福，故纸何当浪弃捐！

小子不敢明说寺名，只怕有第二个像柳太守的寻踪问迹，又生出事头来。再有一诗笑那太守道：

伧父何知风雅缘？贪看古迹只因钱。
若教一卷都将去，宁不冤他白乐天！

卷之二

小道人一着饶天下　女棋童两局注终身

词云：

百年伉俪是前缘，天意巧周全。试看人世，禽鱼草木，各有蝉联。　　从来材艺称奇绝，必自种姻连。文君琴思，仲姬画手，匹美双传。（词寄《眼儿媚》）

自古道：物各有偶。才子佳人，天生匹配，最是人世上的佳话。看官且听小子说：山东兖州府钜野县有个秾芳亭，乃是地方居民秋收之时，祭赛田祖先农、公举社会聚饮的去处。向来亭上有一匾额，大书三字在上，相传是唐颜鲁公之笔，失去已久，众人无敢再写。一日正值社会之期，乡里父老相商道："此亭徒有其名，不存其匾。只因向是木匾，所以损坏。今若立一通石碑在亭中，别请当今名笔写此三字在内，可垂永久。"此时只有一个秀才，姓王名维翰，是晋时王羲之一派子孙，惯写颜字，书名大盛。父老具礼相求，道其本意，维翰欣然相从，约定社会之日，就来赴会，即当举笔，父老砻石端正。

到了是日，合乡村男妇儿童，无不毕赴，同观社火。你道如何叫得社火？凡一应吹箫打鼓、踢球放弹、勾拦傀儡、五花爨弄诸般戏具，尽皆施呈，却像献来与神道观玩的意思，其实只是人扶人兴，大家笑耍取乐而已。所以王孙公子，尽有携酒挟伎特来观看的。直待诸戏尽完，赛神礼毕，大众齐散，止留下主会几个父老，亭中同分神福，享其祭余，尽醉方休，此是历年故事。

此日只为邀请王维翰秀才书石，特接着上厅行首谢天香在会上相陪饮酒，不想王秀才别被朋友留住，一时未至。父老虽是设着酒席，未敢自饮，呆呆等待。谢天香便问道："礼事已毕，为何迟留不饮？"众父老道："专等王秀才来。"谢天香道："哪个王秀才？"父老道："便是有名会写字的王维翰秀才。"谢天香道："我也久闻其名，可惜不曾会面，今日社酒却等他做甚？"父老道："他许下在石碑上写秾芳亭三字，今已磨墨停当在此，只等他来动笔罢然后饮酒。"谢天香道："既是他还未来，等我学写个儿耍耍何如？"父老道："大姐又能写染？"谢天香道："不敢说能，粗学涂抹而已。请过大笔一用，取一回笑话，等王秀才来时，抹去了再写不妨。"父老道："俺们哪里有大笔？凭着王秀才带来用的。"谢天香看见瓦盆里墨浓，不觉动了挥洒之兴，却恨没有大笔应手，心生一计，伸手在袖中摸出一条软纱汗巾来，将角儿团簇得如法，拿到瓦盆边蘸了浓墨，向石上一挥，早写就了“秾芳”二字，正待写“亭”字起，听得鸾铃响，一人指道：“兀的不是王秀才来也！”

谢天香就住手不写，抬眼看时，果然王秀才骑了高头骏马，瞬息来到亭前，从容下马到亭中来。众父老迎着，以次相见。谢天香末后见礼，王秀才看了谢天香容貌，谢天香看了王秀才仪表，两相企羡，自不必说。王秀才看见碑上已有“秾芳”二大字，墨尚未干，称赞道：“此二字笔势非凡，有恁样高手在此，何待小生操笔？却为何不写完了？”父老道：“久等秀才不到，此间谢大姐先试写一番看看。刚写到两字，恰好秀才来了，所以住手。”谢天香道：“妾身不揣，闲在此间作耍取笑，有污秀才尊目。”王秀才道：“此书颜骨柳筋，无一笔不合法，不可再易，就请写完罢了。”父老不肯道：“专仰秀才大名，是必要烦妙笔一番！”谢天香也谦逊道：“贱妾偶尔戏耍，岂可当真！”王秀才道：“若要抹去二字，真是可惜！倘若小生写来，未必有如此妙绝，悔之何及？恐怕难为父老每盛心推许，容小生续成罢了。只问适间大姐所用何笔？就请借用一用，若另换一管，锋端不同了。”谢天香道：“适间无笔，乃贱妾用汗巾角蘸墨写的。”王秀才道：“也好，也好！就借来试一试。”谢天香把汗巾递与王秀才，王秀才接在手中，向瓦盆中一蘸，写个“亭”字续上去。看来笔法俨如一手

写成，毫无二样。父老内中也有斯文在行的，大加赞赏道：“怎的两人写来恰似出于一手？真是才子佳人，可称双绝！”王秀才与谢天香俱各心里喜欢，两下留意。

父老一面就命勒石匠把三字刻将起来，一面就请王秀才坐了首席，谢天香陪坐，大家尽欢吃酒。席间，王秀才与谢天香讲论字法，两人多是青春美貌，自然投机。父老每多是有年纪，历过多少事体过的，有什么不解意处？见两人情投意合，就撺掇两下成其夫妇，后来竟偕老终身。这是两个会写字的成了一对的话。

看来，天下有一种绝技，必有一个同声同气的在那里凑得，在夫妻里面更为稀罕。自古书画琴棋，谓之文房四艺，只这王、谢两人，便是书家一对夫妻了。若论画家，只有元时魏国公赵子昂与夫人管氏仲姬两个多会画。至今湖州天圣禅寺东西两壁，每人各画一壁，一边山水，一边竹石，并垂不朽。若论琴家，是那司马相如与

卓文君,只为琴心相通,临邛夜奔,这是人人晓得的,小子不必再来敷演。

如今说一个棋家在棋盘上赢了一个妻子,千里姻缘,天生一对,也是一段稀奇的故事,说与看官每听一听。有诗为证:

世上输赢一局棋,谁知局内有夫妻?
坡翁当日曾遗语,胜固欣然败亦宜!

话说围棋一种,乃是先天河图之数:三百六十一着,合着周天三百六十五度四分度之一,黑白分阴阳以象两仪,立四角以按四象。其中有千变万化,神鬼莫测之机。仙家每每好此,所以有王质烂柯之说。相传是帝尧所置,以教其子丹朱。此亦荒唐之谈,难道唐虞以前连神仙也不下棋?况且这家技艺不是寻常教得会的。若是天性相近,一下手晓得走道儿便有非常仙着,着出来一日高似一日,直到绝顶方休!也有品格所限,只差得一子两子地步,再上进不得了。至于本质下劣,就是奢遮的国手师父指教他秘密几多年,只到得自家本等,高也高不多些儿。真所谓棋力酒量恰像个前生分定,非人力所能增减也。

宋时,蔡州大吕村有个村童,姓周名国能,从幼便好下棋。父母送他在村学堂读书,得空就与同伴每画个盘儿,拾取两色砖瓦块做子赌胜。出学堂来,见村中老人家每动手下棋,即袖着手儿站在旁边,呆呆地厮看。或时看到闹处,不觉心痒,口里漏出着把来指手画脚教人,定是寻常想不到的妙着,自此日着日高,是村中有名会下棋的高手,先前曾饶过国能儿子的,后来多反受国能饶了,还下不得两平。遍村走将来,并无一个对手。此时年才十五六岁,棋名已著一乡。乡人见国能小小年纪手段高得突兀,尽传他在田畔拾枣,遇着两个道士打扮的在草地上对坐安枰下棋,他在旁边蹲着观看,道士觑着笑道:“此子亦好棋乎?可教以人间常势。”遂就枰上指示他攻守杀夺、救应防拒之法。也是他天缘所到,说来就解,一一领略不忘。道士说:“自此可无敌于天下矣!”笑别而去,此后果然下出来的迥出人上,必定所遇是仙长,得了仙诀过来的。有的说是这小伙子调喉,无过是他天性近这一家,又且耽在里头,所以转造转高,极穷了秘妙,却又撰出见神见鬼的天话哄着愚人。这也是强口人不肯信伏的常态,总来不必辨其有无,却是棋高无敌是个实的了。

因为棋名既出,又兼年小稀罕,便有官员士夫、王孙公子与他往来。又有那不伏气甘折本的小二哥与他赌赛,十两五两输与他的。国能渐渐手头饶裕,礼度熟闲,性格高傲,变尽了村童气质,弄做个斯文模样。父母见他年长,要替他娶妻。国能就心里望头大了,对父母说道:“我家门户低微,目下娶得妻来不过是农家之女,村妆陋质不是我的对头。儿既有此绝艺,便当挟此出游江湖间,料不须带着盘费走。或者不拘哪里天有缘在,等待依心像意寻个对得我来的好女儿为妻,方了平生之愿!”父母见他说得话大,便就住了手。

过不多几日，只见国能另换了一身衣服，来别了父母出游。父母一眼看去，险些不认得了。你道他怎生打扮：

头戴包巾，脚蹬方履。身上穿浅地深缘的蓝服，腰间系一坠两股的黄绦。若非葛稚川侍炼药的丹童，便是董双成同思凡的道侣。

说这国能葛巾野服，扮做了道童模样，父母吃了一惊，问道："儿如此打扮，意欲何为？"国能笑道："儿欲从此云游四方，遍寻一个好妻子，来做一对耳！"父母道："这是你的志气，也难阻你。只是得手便回，莫贪了别处欢乐，忘了故乡！"国能道："这个怎敢！"是日是个黄道吉日，拜别了父母，即便登程，从此自称小道人。

一路行去，晓得汴梁是帝王之都，定多名手，先向汴京进发。到得京中，但是对局，无有不输于小道人的，棋名大震。往来多是朝中贵人，东家也来接，西家也来迎，或是行教，或是赌胜，好不热闹过日。却并不见一个对手，也无可意的女佳人撞着眼里的。混过了多时，自想姻缘未必在此，遂离了京师，又到太原、真定等处游荡。一路行棋，眼见得无出其右，奋然道："吾闻燕山乃辽国郎主在彼称帝，雄丽过于汴京，此中必有高人国手天下无敌的在内，今我在中国既称绝技，料然到那里不到得输于人了，何不往彼一游，寻个出头的国手较一较高低，也与中国吐一吐气，博他一个远乡异域的高名，传之不朽？况且自古道：燕赵多佳人。或者借此技艺，在王公贵人家里出入，图得一个好配头，也不见得。"遂决意往北路进发，风餐水宿，夜住晓行，不多几日，已到了燕山地面。

且说燕山形胜，左环沧海，右拥太行，北枕居庸，南襟河济，向称天府之国，暂为夷主所都。此时燕山正是耶律部落称尊之所，宋时呼之为北朝，相与为兄弟之国。盖自石晋以来，以燕云一十六州让与彼国了，从此渐染中原教化，百有余年。所以夷狄名号向来只是单于、可汗、赞普、郎主等类，到得辽人，一般称帝称宗，以致官员职名大半与中国相参，衣冠文物，百工技艺，竟与中华无二。辽国最好的是弈棋，若有第一等高棋，称为国手，便要遣进到南朝请人比试。曾有一个王子最高，进到南朝，这边棋院待诏顾思让也是第一手，假称第三手，与他对局，以一着解两征，至今棋谱中传下镇神头势。王子赢不得顾待诏，问通事说是第三手。王子愿见第一，这边回他道："赢得第三，方见第二，赢得第二，方见第一。今既赢不得第三，尚不得见第二，怎能勾见得第一？"王子只道是真，叹口气道："我北朝第一手赢不得南朝第三手，再下棋何干！"摔碎棋枰，伏输而去。却不知被中国人瞒过了，此是已往的话。

只说那时辽国围棋第一称国手的乃是一个女子，名为妙观，有亲王保举，受过朝廷册封为女棋童，设个棋肆，教授门徒。你道如何教授？盖围棋三十二法，皆有定名：

有冲有干，有绰有约，
有飞有关，有札有粘，
有顶有尖，有觑有门，
有打有断，有行有立，
有捺有点，有聚有跷，
有挟有拶，有辟有刺，
有勒有扑，有征有劫，
有持有杀，有松有盘。

妙观以此等法传授于人，多有王侯府中送将男女来学棋，以及大家小户少年好戏欲学此道的，尽来拜她门下，不记其数，多呼妙观为师。妙观亦以师道自尊，装模做样，尽自矜持，言笑不苟，也要等待对手，等闲未肯嫁人。却是棋声传播，慕她才色的咽干了涎唾，只是不能胜他，也没人敢启齿求配。空传下个美名，受下许多门徒，晚间师父娘只是独宿而已。有一首词单道着妙观好处：

丽质本来无偶，神机早已通玄。枰中举国莫争先，女将驰名善战。　　玉手无惭国手，秋波合唤秋仙。高居师席把棋传，石作门生也眩。（右词寄《西江月》）

话说国能自称小道人，游到燕山，在饭店中歇下，已知妙观是国手的话，留心探访。只见来到肆前，果然一个少年美貌的女子，在那里点指画脚，教人下棋。小道人见了，先已飞去了三魂，走掉了七魄，恨不得双手抱住了她做一点两点的事，心里道："且未可露机，看她着法如何。"呆呆地袖着手，在旁冷眼厮觑。见她着法还有不到之处，小道人也不说破。一连几日，有些耐不得了，不觉口中嗫嚅，逗露出一两着来。妙观出于不意，见指点出来的多是神着，抬眼看时，却是一个小伙儿，又是道家装扮的，情知有些诧异，心里疑道："哪里来此异样的人？"忍着只做不睬，只是大剌剌教徒弟们对局。妙观偶然指点一着，小道人忽攘臂争道："此一着未是胜着，至第几路必然受亏。"果然下到其间，一如小道人所说。妙观心惊道："奇哉此童！不知自何处而来。若再使他在此观看，形出我的短处，枉为人师，却不受人笑话？"大声喝道："此系教棋之所，是何闲人乱人厮混？"便叫两个徒弟，把小道人掇了出来，不容观看。小道人冷笑道："自家棋低，反要怪人指教，看你躲得过我吗？"反了手踱了出来，私下想道："好个美貌女子！棋虽非我比，女人中有此也不易得。只在这几个黑白子上定要赚她到手，倘不如意，誓不还乡！"

走到对门，问个老者道："此间店房可赁与人否？"老者道："赁来何用？"小道人道："因来看棋，意欲赁个房儿住着，早晚偷学她两着。"老者道："好好！对门女棋师是我国中第一手，说道天下无敌的。小师父小小年纪，要在江湖上云游，正该学她些着法。老汉无儿女，止有个老嬷缝纫度日，也与女棋师往来得好。此门面房空着，专一与远来看棋的人闲坐，趁几文茶钱的。小师父要赁，就打长赁了也好。”

小道人就在袖里摸出包来，拣一块大些的银子，与他做了定钱，抽身到饭店中，搬取行囊，到这对门店中安下。铺设已定，见店中有见成垩就的木牌在那里，他就与店主人说，要借来写个招牌。老者道：“要招牌何用？莫非有别样高术否？”小道人道：“也要在此教教下棋，与对门棋师赛一赛。”老者道：“不当人子，哪里还讨个对手吗！”小道人道：“你不要管，只借我牌便是。”老者道：“牌自空着，但凭取用，只不要惹出事来，做了话靶。”小道人道：“不妨，不妨！”就取出文房四宝来，磨得墨浓，蘸得笔饱，挥出一张牌来，竖在店面门口。只因此牌一出，有分交：绝技佳人，望枰而纳款；远来游客，出手以成婚。你道牌上写的是甚话来？他写道：

汝南小道人手谈，奉饶天下最高手一先。

老者看见了，道：“天下最高手你还要饶他先哩！好大话，好大话！只怕见我女棋师不得。”小道人道：“正要饶得你女棋师，才为高手。”老者似信不信，走进里面去，把这些话告诉老嬷。老嬷道：“远方来的人敢开大口，或者有些手段也不见得。”老者道：“点点年纪，那里便有什么手段？”老嬷道：“有智不在年高，我们女棋师又是有年纪的吗？”老者道：“我们下着这样一个人与对门作敌，也是一场笑话。且看他做出便见。”

不说他老口儿两下唧哝，且说这边立出牌来，早已有人报与妙观得知。妙观见说写的是“饶天下最高手”，明是与她放对的了。情知是昨日看棋的小伙，心中好生忿忿不平，想道：“我在此擅名已久，哪里来这个小冤家来寻我们的错处？”发个狠，要就与他决个胜负，又转一个念头道：“他昨日看棋时，偶然指点的着数多在我意想之外。假若与他决一局，幸而我胜，劈破他招牌，赶他走路不难；万一输与他了，此名一出，那里还显得有我？此事不可造次，须着一个先探一探消息再做计较。”妙观有个弟子张生，是她门下最得意的高手，也是除了师父再无敌手的。妙观唤他来，说道：“对门汝南小道人口说大话，未卜手段虚实。我欲与决输赢，未可造次。据汝力量，已与我争不多些儿了，汝可先往一试，看汝与彼优劣，便可以定彼棋品。”

张生领命而出，走到小道人店中，就枰求教。张生让小道人是客，小道人道：“小牌上有言在前，遮末是高手也要饶他一先，绝不自家下起。若输与足下时，受让未迟。”张生只得占先下了。张生穷思极想方才下得一着，小道人只随手应去，不到得完局，张生已败。张生拱手伏输道：“客艺果高，非某敌手，增饶一子，方可再请教。”果然摆下二子，然后请小道人对下。张生又输了一盘。张生心服，道：“还饶不住，再增一子。”增至三子，然后张生觉得松些，恰恰下个两平。

看官听说：凡棋有敌手，有饶先，有先两。受饶三子，厥品中中，未能通幽，可称用智。受得国手三子饶的，也算是高强了。只为张生也是妙观门下出色弟子，故此还挣得来，若是别一个，须动手不得，看来只是小道人高得紧了。小道人三局后对张生道："足下之棋也算高强，可见上国一斑矣。不知可有堪与小道对敌的请出一个来，小道情愿领教。"张生晓得此言是搦他师父出马，不敢应答，作别而去。来到妙观跟前密告道："此小道人技艺甚高，怕吾师也要让他一步。"妙观摇手，戒他不可说破，惹人耻笑，自此之后，妙观不敢公然开肆教棋。

旁人见了标牌，已自惊骇，又见妙观收敛起来，那张生受饶三子之说，渐渐有人传将开去，正不知这小道人与妙观果是高下如何。自有这些好事的人三三两两议论，有的道："我们棋师不与较胜负，想是不放他在眼里的了。"有的道："他牌上明说饶天下最高手一先，我们棋师难道忍得这话起，不与争雄？必是个有些本领的，棋师不敢造次出头。"有的道："我们棋师现是本国第一手，并无一个男人赢得她的，难道别处来这个小小道人便恁地高强不成？是必等他两个对一对局，定个输赢来我们看一看，也是着实有趣的事。"又一个道："妙是妙，他们岂肯轻放对？是必众人出些利物与他们赌胜，才弄得成。"内中有个胡大郎道："妙！妙！我情愿助钱五十千。"支公子道："你出五十千，难道我又少得不成？也是五十千！"其余的也有认出十千、五千的，一时凑来，有了二百千之数。众人就推胡大郎做个收掌之人，敛出钱来多交付与他，就等他约期对局，临时看输赢，对付发利物，名为"保局"，此也是赌胜的旧规。其时众人议论已定，胡大郎等利物齐了，便去两边约日比试手段。果然两边多应允了，约在第三日午时在大相国寺方丈内对局。众人散去，到期再会。

女棋童妙观得了此信，虽然应允，心下有些虚怯，道："利物是小事，不争与他赌胜，一下子输了，枉送了日前之名！此子远来做客，必然好利，不如私下买嘱他，求他让我些儿，我明收了利物，暗地加添些与他，他料无不肯的，怎得个人来与我通此信息便好？"又怕弟子们见笑，不好商量得。思量对门店主老嬷常来此缝衣补裳的，小道人正下在他家，何不央他来做个引头说合这话也好？算计定了，魆地着个女使招他来说话。

老嬷听得，便三脚两步走过对门来，见了妙观，道："棋师娘子，有何吩咐？"妙观直引她到自己卧房里头坐下了。妙观开口道："有件事要与嬷嬷商量则个。"老嬷道："何事？"妙观道："汝南小道人正在嬷嬷家里下着，奴有句话要嬷嬷说与他。嬷嬷，好说得吗？"老嬷道："他自恃棋高，正好来与娘子放对。我见老儿说道：'众人出了利物，约着后日对局'。娘子却又要与他说什么话？"妙观道："正为对局的事要与嬷嬷商量。奴在此行教已久，哪个王侯府中不唤奴是棋师？寻遍一国没有奴的对手，眼见得手下收着许多徒弟哩。今远来的小道人却说饶尽天下的大话，奴曾教最高手的弟子张生去试他两局，回来说他手段颇高。众人要看我每两下本事，约定后日放对，万一输与他了，一则丧了本朝体面，二则失了日前名声，不是要处。意欲央嬷嬷私下与他说说，做个人情，让我些个。”嬷嬷道：“娘子只是放出日前的本事来赢他方好，怎么折了志气反去求他？况且见赌着利物哩，他如何肯让？”妙观道：“利物是小事，他若肯让奴赢了，奴一毫不取，私下仍旧还他。”嬷嬷道：“他赢了你棋，利物怕不是他的？又讨个大家喝声彩不好？却明输与你了，私下受这些说不响的钱，他也不肯。”妙观道：“奴再于利物之外私下赠他五十千。他与奴无仇，且又不是本国人，声名不关什么干系。得了若干利物，又得了奴这些私赠，也够了他了。只要嬷嬷替奴致意于他，说奴已甘伏，不必在人前赢奴，出奴之丑便是。”嬷嬷道：“说便去说，肯不肯只凭得他。”妙观道：“全仗嬷嬷说得好些，肯时奴自另谢嬷嬷。”老嬷道：“对门对户，日前相处面上，什么大事说起谢来！”嘻嘻的笑了出去。

走到家里，见了小道人，把妙观邀去的说话一十一五对他说了。小道人见说罢，便满肚子痒起来，道：“好！好！天送个老婆来与我了。”回言道：“小子虽然年幼远游，靠着些小技艺，不到得少了用度，那钱财颇不稀罕，只是旅邸孤单。小娘子若要我相让时，须依得我一件事，无不从命。”老嬷道：“可要怎生？”小道人喜着脸道：“妈妈是会事的，定要说出来？”老妈道：“说得明白，咱好去说。”小道人道：“日里人面前对局，我便让让她；晚间要她来被窝里对局，她须让让我。”老嬷道：“不当人子！后生家讨便宜的话莫说！”小道人道：“不是讨便宜。小子原非贪财帛而来，所以住此许久，专慕女棋师之颜色耳！嬷嬷为我多多致意，若肯容我半晌之欢，小子甘心诈输，一文不取；若不见许，便当尽着本事对局，不敢容情。”老嬷道：“言重，言重！老身怎好出口？”小道人道：“你是妇道家，对女人讲话有甚害羞？这是她喉急之事，便依我说了，料不怪你。”说罢，便深深一喏道：“事成另谢媒人。”老嬷笑道：“小小年纪，倒好老脸皮。说便去说，万一讨得骂时，须要你赔礼。”小道人道：“包你不骂的。”老嬷只得又走将过对门去。

妙观正在心下虚怯，专望回音，见了老嬷，脸上堆下笑来道：“有烦嬷嬷尊步，所说的事可听依吗？”老嬷道：“老身磨了半截舌头，依倒也依得，只要娘子也依他一件事。”妙观道：“遮莫是什么事？且说将来，奴依他便了。”老嬷道：“若是娘子肯依，倒也不费本钱。”妙观道：“果是什么事？”老嬷道：“这件事，易则至易，难则至难。娘子恕老身不知进退的罪，方好开口。”妙观道：“奴有事相央，嬷嬷尽着有话便说，岂敢有嫌？”老嬷又假意推让了一回，方才带笑说道：“小道人只身在此，所慕娘子才色兼全，他阴沟洞里想天鹅肉吃哩！”妙观通红了脸，半晌不语。老嬷道：“娘子不必见怪，这个原是他妄想，不是老身撰造出来的话。娘子怎生算计，回他便了。”妙观道：“我起初原说利物之外再赠五十千，也不为轻鲜，只可如此求他了。肯让不肯让，好歹回我便了，怎胡说到这个所在？羞人答答的。”老嬷道：“老身也把娘子的话一一说了。他说道，原不稀罕钱财，只要娘子允此一事，甘心相让，利物可以分文不取。叫老身就没法回他了，所以只得来与娘子直说。老身也晓得不该说的,却是既要他相让,他有话,不敢隐瞒。"妙观道:"嬷嬷,他分明把此话挟制着我,我也不好回得。"嬷嬷道:"若不回他,他对局之时绝不容情,娘子也要自家算计。"妙观见说到对局,肚子里又怯将起来,想着说到这话,又有些气不忿,思量道:"叵耐这没廉耻的小弟子孩儿!我且将计就计,哄他则个。"对老嬷道:"此话羞人,不好直说。嬷嬷见他,只含糊说道若肯相让,自然感德非浅,必当重报就是了。"

嬷嬷得了此言,想道:"如此说话,便已是应承的了。我且在里头撮合了他两口,必有好处到我。"千欢万喜,就转身到店中来,把前言回丁小道人。小道人少年心性,见说有些口风儿,便一团高兴,皮风瘙痒起来,道:"虽然如此,传言送语不足为凭,直待当面相见亲口许下了,方无番悔。"老嬷只得又去与妙观说了。妙观有心求他,无言可辞,只得约他黄昏时候灯前一揖为定。

是晚,老嬷领了小道人径到妙观肆中客座里坐了。妙观出来相见,拜罢,小道人开口道:"小子云游到此,见得小娘子芳容,十分侥幸。"妙观道:"奴家偶以小艺擅名国中,不想遇着高手下临。奴家本不敢相敌,争奈众心欲较胜负,不得不在班门弄斧。所有奉求心事已托店主嬷嬷说过,万望包容则个。"小道人道:"小娘子吩咐,小子岂敢有违!只是小子仰慕小娘子已久,所以在对寓栖迟,不忍舍去。今客馆孤单,若蒙小娘子有见怜之心,对局之时,小子岂敢不揣自逞?定当周全娘子美名。"妙观道:"若得周全,自当报德,绝不有负足下。"小道人笑容满面,作揖而谢道:"多感娘子美情,小子谨记不忘。"妙观道:"多蒙相许,一言已定。夜晚之间,不敢亲送,有烦店主嬷嬷伴送过去罢。"叫丫鬟另点个灯,转进房里来了。小道人自同老嬷到了店里,自想:适间亲口应承,这是探囊取物,不在话下的了,只等对局后图成好事不题。

到了第三日,胡大郎早来两边邀请对局,两人多应允了。各自打扮停当,到相国寺方丈里来。胡大郎同支公子早把利物摆在上面一张桌儿上,中间一张桌儿放着一个白铜镶边的湘妃竹棋枰,两个紫檀筒儿,贮着黑白两般云南窑棋子。两张椅东西对面放着,请两位棋师坐着交手,看的人只在两横长凳上坐。妙观让小道人是客,坐了东首,用着白棋。妙观请小道人先下子,小道人道:"小子有言在前,这一着先要饶天下最高手,绝不先下的。直待赢得过这局,小子才占起。"妙观只得拱一拱道:"恕有罪,应该低者先下了。"果然妙观手起一子,小道人随手而应。正是:

花下手闲敲,出楸枰,两下交。争先布摆妆圈套,单敲这着,双关那着,声迟思入风云巧。笑山樵,从交柯烂,谁识这根苗。(右调《黄莺儿》)

小道人虽然与妙观下棋,一眼偷觑着她容貌,心内十分动火,想着她有言相许,有意让她一分,不尽情攻杀,只下得个两平。算来白子一百八十着,小道人认输了半子。这一番却是小道人先下起了,少时完局。他两人手下明白,已知是妙观输了。旁边看的嚷道："果然是两个敌手，你先我输，我先你输，大家各得一局。而今只看这一局以定输赢。"妙观见第二番这局觉得力量掤拽，心里有些着忙。下第三局时，频频以目送情，小道人会意，仍旧东支西吾，让他过去。临了收拾了官着，又是小道人少了半子，大家齐声喝彩道："还是本国棋师高强，赢了两局也！"小道人只不则声，呆呆看着妙观。胡大郎便对小道人道："只差半子，却算是小师父输了。小师父莫怪！"忙忙收起了利物，一同众人哄了女棋师妙观到肆中，将利物交付，各自散去。

小道人自和一二个相识尾着众人闲话而归，有的问他道："哪里不争出了这半子？却算做输了一局，失了这些利物。"小道人只是冷笑不答。众人恐怕小道人没趣，多把话来安慰他，小道人全然不以为意。到了店中，看的送的多已散去。店中老嬷便出来问道："今日赌胜的事却怎么了？"小道人道："应承过了说话，还舍得放本事赢她？让她一局过去，帮衬她在众人面前生光彩，只好是这样凑趣了。"老嬷笑道："这等却好。他不忘你的美情，必有好处到你，带挈老身也兴头则个。"小道人口里与老嬷说话，一心想着佳音，一眼对着对门盼望动静。

此时天色将晚，小道人恨不得一霎时黑下来。直到点灯时候，只见对面肆里扑地把门关上了。小道人着了急，对老嬷道："莫不这小妮子负了心？有烦嬷嬷往彼处探一探消息。"老嬷道："不必心慌，她要瞒生人眼哩！再等一会，待人静后没消息，老身去敲开门来问他就是。"小道人道："全仗嬷嬷做成好事。"正说之间，只听得对过门环当的一响，走出一个丫鬟来，径望店里走进。小道人犹如接着一纸九重恩赦，心里好不侥幸，只听她说什么好话出来。丫鬟向嬷嬷道了万福，说道："侍长棋师小娘子多多致意嬷嬷，请嬷嬷过来说话则个。"老嬷就此同行，起身便走。小道人赶着附耳道："嬷嬷精细着。"老嬷道："不劳吩咐。"带着笑脸，同丫鬟去了。小道人就像热地上蚰蜒，好生打熬不过，禁架不定。正是：

眼盼捷旌旗，耳听好消息。
若得遂心怀，愿彼观音力。

却说老嬷随了丫鬟走过对门，进了肆中，只见妙观早已在灯下笑脸相迎，直请至卧房中坐地，开口谢道："多承嬷嬷周全之力，日间对局，侥幸不失体面。今要酬谢小道人相让之德，原有言在先的，特请嬷嬷过来，交付利物并谢礼与他。"老嬷道："娘子花朵儿般后生，恁地会忘事？小道人原说不稀罕财物的，如何又说利物谢礼的话？"妙观假意失惊道："除了利物谢礼，还有什么？"老嬷道："前日说过的，他一心想慕娘子，诸物不爱，只求圆成好事，娘子当面许下了他。方才叮嘱了又叮嘱，在家盼望，真似渴龙思水哩！娘子如何把话说远了？"妙观变起脸来道："休得如此胡说！奴是清清白白之人，从来没半点邪处，所以受得朝廷册封，王亲贵戚供养，偌多门生弟子尊奉。哪里来的野种，敢说此等污言！教他快些息了妄想，收此利物及谢礼过去，便宜他多了。”说罢，就指点丫鬟将日间收采的二百贯文利物一盘托出，又是小匣一个放着五十贯的谢礼，交付与老嬷道：“有烦嬷嬷将去，交付明白。”分外又是三两一小封，送与老嬷做辛苦钱，说道：“有劳嬷嬷两下周全，些小微物，勿嫌轻鲜则个。”那老嬷是个经纪人家眼孔小的人，见了偌多东西，心里先自软了，又加自己有些油水，想道：“许多利物，又添上谢礼，真个不为少了，那个小伙儿也该心满意足，难道只痴心要那话不成？且等我回他去看。”便对妙观道：“多蒙娘子赏赐，老身只得且把东西与他再处。只怕他要说娘子失了信，老身如何回他？”妙观道：“奴家何曾失什么信？原只说自当重报，而今也好道不轻了。”随唤两个丫鬟捧着这些钱物，跟了老嬷送在对门去。吩咐：“放下便来，不要停留！”两个丫鬟领命，同老嬷三人共拿了礼物，径往对门来，果然丫鬟放下了物件，转身便走。

小道人正在盼望之际，只见老嬷在前，丫鬟在后，一齐进门，料到必有好事到手，不想放下手中东西，登时去了，正不知是甚么意思，忙问老嬷道：“怎的说了？”老嬷指着桌上物件道：“谢礼已多在此了，收明便是，何必再问！”小道人道：“哪个稀罕谢礼？原说的话要紧！”老嬷道：“要紧！要紧！你要紧，她不要紧？叫老娘怎处？”小道人道：“说过的话怎好赖得？”老嬷道：“他说道原只说自当重报，并不曾应承甚的来。叫我也不好替你讨得嘴。”小道人道：“如此混赖，是白白哄我让他了。”老嬷道：“见放着许多东西，白也不算白了。只是那话，且消停消停，抹干了嘴边这些顽涎，再做计较。”小道人道：“嬷嬷休如此说！前日是与小子觌面讲的话，今日他要赖将起来。嬷嬷再去说一说，只等小子今夜见她一见，看她当面前怎生悔得！”老嬷道：“方才为你磨了好一会儿牙，她只推着谢礼，并无些子口风。而今去说也没干，她怎肯再见你！”小道人道：“前日如何去一说，就肯相见？”老嬷道：“怎知前日是求你的时节，作不得难。今事体已过，自然不同了。”小道人叹口气道：“可见人情如此！我枉为男子，反被这小妮子所赚。毕竟在此守他个破绽出来，出这口气！”老嬷道：“且收拾起了利物，慢慢再看机会商量。”当下小道人把钱物并叠过了，闷闷过了一夜。有诗为证：

亲口应承总是风，两家黑白未和同。
当时未见一着错，今日满盘还是空。

一连几日，没些动静。一日，小道人在店中闲坐，只见街上一个番汉牵着一匹高头骏马，一个虞候骑着，到了门前。虞候跳下马来，对小道人声喏道：“罕察王府中请师父下棋，备马到门，快请骑坐了就去。”小道人应允，上了马，虞候步行随着。瞬息之间，已到王府门首，小道人下了马，随着虞候进去，只见诸王贵人正在堂上饮宴。见了小道人，尽皆起身道：“我辈酒酣，正思手谈几局，特来奉请，今得到来，恰好!”即命当直的掇过棋桌来。

诸王之中先有两个下了两局,赌了几大觥酒,就推过高手与小道人对局,以后轮换请教。也有饶六七子的,也有饶四五子的,最少的也饶三子两子,并无一个对下的。诸王你争我嚷,各出意见,要逞手段,怎当得小道人随手应去,尽是神机莫测。诸王尽皆叹服,把酒称庆,因问道:“小师父棋品与吾国棋师妙观果是那个为高?”小道人想着妙观失信之事,心里有些怀恨,不肯替他隐瞒,便道:“此女棋本下劣,枉得其名,不足为道!”诸王道:“前日闻得你两人比试,是妙观赢了,今日何反如此说?”小道人道:“前日她叫人私下央求了小子,小子是外来的人,不敢不让本国的体面,所以故意输与她,岂是棋力不敌?若放出手段来,管取她输便了!”诸王道:“口说无凭,做出便见。去唤妙观来,当面试看。”罕察立命从人控马去,即时取将女棋童妙观到来。

妙观向诸王行礼毕,见了小道人,心下有好些忸怩,不敢撑眼看他,勉强也见了一礼。诸王俱赐坐了,说道:“你每两人多是国手,未定高下。今日在咱门面前比试一比试,咱们出一百千利物为赌,何如?”妙观未及答应,小道人站起来道:“小子不愿各殿下破钞,小子自有利物与小娘子决赌。”说罢,袖中取出一包黄金来,道:“此金重五两,就请赌了这些。”妙观回言道:“奴家却不曾带些什么来,无可相对。”小道人向诸王拱手道:“小娘子无物相赌,小子有一句话说来请问各殿下看,可行则行。”诸王道:“有何话说?”小道人道:“小娘子身畔无金,何不即以身躯出注?如小娘子得胜,就拿了小子的黄金去,若小子胜了,赢小娘子做个妻房,可中也不中?”诸王见说,具各拍手跌足,大笑起来道:“妙,妙,妙!咱门多做个保亲,正是风流佳话!”妙观此时欲待应承,情知小道人手段高,输了难处;欲待推却,明明是怯怕赌胜,不交手算输了,真是在左右两难。怎当得许多贵人在前力赞,不由得你躲闪。亦且小道人兴高气傲,催请对局。妙观没个是处,羞惭窘迫,心里先自慌乱了,勉强就局,没一子下去是得手的,觉是触着便碍。正所谓“棋高一着,缚手缚脚”,况兼是心意不安的,把平日的力量一发减了,连败了两局。小道人起身出局,对着诸王叩一头道:“小子告赢了,多谢各殿下赐婚。”诸王抚掌称快道:“两个国手,原是天生一对。妙观虽然输了局,嫁得此丈夫,可谓得人矣!待有吉日了,咱们各助花烛之费就是了。”急得个妙观羞惭满面,通红了脸皮,无言可答,只低着头不做声。罕察每人与了赏赐,吩咐从人,各送了回家。

小道人扬扬自得,来对店主人与老嬷道:“一个老婆,被小子棋盘上赢了来,今番须没处躲了。”店主、老嬷问其缘故,小道人将王府中与妙观对局赌胜的事说了一遍。老嬷笑道;“这番却赖不得了。”店主人道:“也须使个媒行个礼才稳。”小道人笑道:“我的媒人大哩!各位殿下多是保亲。”店主人道:“虽然如此,也要个人通话。”小道人道:“前日她央嬷嬷求小子,往来了两番,如今这个媒自然是嬷嬷做了。”老嬷道:“这是带挈老身吃喜酒的事,当得效劳。”小道人道:“小子如今即将昨日赌胜的黄金五两，再加白银五十两为聘仪，择一吉日烦嬷嬷替我送去，订约成亲则个。”店主人即去房中取出一本择日的星书来，翻一翻道：“明日正是黄道日，师父只管行聘便了。”一夜无词。

次日，小道人整顿了礼物，托老嬷送过对门去，连这老嬷也装扮得齐整起来：

白皙皙脸搽胡粉，红霏霏头戴绒花。胭脂浓抹露黄牙，鬏髻浑如斗大。没把臂一双窄袖，忒狼犺一对宽鞋。世间何处去寻他？除是金刚脚下。

说这店家老嬷装得花簇簇地，将个盒盘盛了礼物，双手捧着，一径到妙观肆中来。妙观接着，看见老嬷这般打扮，手中又拿着东西，也有些瞧科，忙问其来意。老嬷嘻着脸道：“小店里小师父多多拜上棋师小娘子，道是昨日王府中席间娘子亲口许下了亲事，今日是个黄道吉日，特着老身来作伐行礼。这个盒儿里的，就是他下的聘财，请娘子收下则个。”妙观呆了一晌，才回言道：“这话虽有个来因，却怎么成得这事？”老嬷道：“既有来因，为何又成不得？”妙观道：“那日王府中对局，果然是奴家输与他了。这话虽然有的，止不过一时戏言，难道奴家终身之事，只在两局棋上结果了不成？”老嬷道：“别样话戏得，这个话他怎肯认做戏言？娘子前日央求他时节，他兀自妄想；今日又添出这一番赌赛事体，他怎由得你番悔？娘子休怪老身说，看这小道人人物聪俊，年纪不多，你两家同道中又是对手，正好做一对儿夫妻。娘子不如许下这段姻缘，又完了终身好事，又不失一时口信，带挈老身也吃一杯喜酒，未知娘子主见如何？”妙观叹口气道：“奴家自幼失了父母，寄养在妙果庵中，亏得老道姑提挈成人，教了这一家技艺，自来没一个对手，得受了朝廷册封，出入王宫内府，谁不钦敬？今日身子虽是自家做得主的，却是上无尊长之命，下无媒妁之言，一时间凭着两局赌赛，偶尔亏输，便要认起真来，草草送了终身大事，岂不可羞？这事断然不可！”老嬷道：“只是他说娘子失了口信，如何回他？”妙观道：“他原只把黄金五两出注的，奴家偶然不带得东西在身畔，以后输了。今日拼得赔还他这五两，天大事也完了。”老嬷道：“只怕说他不过！虽然如此，常言道事无三不成，这遭却是两遭了，老身只得替你再回他去，凭他怎么处！”妙观果然到房中箱里面称了五两金子，把个封套封了，拿出来放在盒儿面上，道：“有烦嬷嬷还了他，重劳尊步，改日再谢。”老嬷道：“谢是不必说起，只怕回不倒时，还要老身聒絮哩！”

老嬷一头说，一头拿了原礼并这一封金子，别了妙观，转到店中来，对小道人笑道：“原礼不曾收，回敬到有了。”小道人问其缘故，老嬷将妙观所言一一说了。小道人大怒道：“这小妮子昧了心，说这等说话！既是自家做得主，还要甚尊长之命、媒妁之言？难道各位大王算不得尊长的吗？就是嬷嬷，将礼物过去，便也是个媒妁了，怎说没有？总来她不甘伏，又生出这些话来混赖，却将金子搪塞！我不稀罕她金子，且将她的做个告状本，告下他来，不怕她不是我的老婆！”老嬷道：“不要性急！此番老身去，她说的话比前番不同也，是软软的了。还等老身去再三劝她。”小道人道：“私下去说，未免是我求她了，她必然还要拿班，不如当官告了他，须赖不去！”当下写就了一纸告词，竟到幽州路总管府来。

那幽州路总管泰不华正升堂理事，小道人随牌进府，递将状子上去。泰不华总管接着，看见上面写道：

告状人周国能，为赖婚事：能本籍蔡州，流寓马足。因与本国棋手女子妙观赌赛，将金五两聘定，诸王殿下尽为证见。讵料事过心变，悔悖前盟。夫妻一世伦常被赖，死不甘伏！恳究原情，追断完聚，异乡沾化。上告。

总管看了状词，说道：“原来为婚姻事的。凡户、婚、田、土之事，须到析津、宛平两县去，如何到这里来告？”周国能道：“这女子是册封棋童的，况干连着诸王殿下，非天台这里不能主婚。”总管准了状词，一面差人行拘妙观对理。差人到了妙观肆中，将官票与妙观看了。妙观吃了一惊道：“这个小弟子孩儿怎便如此恶取笑！”一边叫弟子张生将酒饭陪待了公差，将赏钱出来打发了，自行打点出官。公差知是册封的棋师，不敢罗唣，约在衙门前相会，先自去了。

妙观叫乘轿，抬到府前，进去见了总管，总管问道：“周国能告你赖婚一事，这怎么说？”妙观道：“一时赌赛亏输，实非情愿。”总管道：“既已输了，说不得情愿不情愿。”妙观道：“偶尔戏言，并无甚么文书约契，怎算得真？”周国能道：“诸王殿下多在面上作证，大家认做保亲，还要甚文书约契？”总管道：“这话有的吗？”妙观一时语塞，无言可答。总管道：“岂不闻一言既出，驷马难追？况且婚姻大事，主合不主离。你们两人既是棋中国手，也不错了配头，我做主与你成其好事罢！”妙观道：“天台张主，岂敢不从？只是此人不是本国之人，萍踪浪迹，嫁了他，须随着他走。小妇人是个官身，有许多不便处。”周国能道：“小人虽在湖海飘零，自信有此绝艺，不甘轻配凡女。就是妙观，女中国手也，岂容轻配凡夫？若得天台做主成婚，小人情愿超籍在此，两下里相帮行教，不回故乡去了。"总管道:"这个却好。"妙观无可推辞,只得凭总管断合。

周国能与妙观各回下处,周国能就再央店家老嬷重下聘礼,约定日期成亲,又到各王府说知,各王府具各助花红灯烛之费。胡大郎、支公子一干好事的,才晓得前日暗地相嘱许下佳期之说,大家笑耍,各来帮兴。成亲之日,好不热闹。过了几时,两情和洽,自不必说。周国能又指点妙观神妙之着,两个都造到绝顶,竟成对手。诸王贵人以为佳话,又替周国能提请官职,封为棋学博士、御前供奉。后来周国能差人到蔡州密地接了爹娘,到燕山同享荣华。周老夫妻见了媳妇一表人物,两心快乐。方信国能起初不肯娶妻,毕竟寻出好姻缘来,所谓有志者事竟成也!有诗为证:

国手惟争一着先,个中藏着好姻缘。
绿窗相对无余事,演谱推敲思入玄。

卷之三

权学士权认远乡姑　白孺人白嫁亲生女

词云：

世间奇物缘多巧，不怕风波颠倒。遮莫一时开了，到底还完好。
丰城剑气冲天表，雷焕张华分宝。他日偶然齐到，津底双龙袅。

此词名《桃源忆故人》，说着世间物事有些好处的，虽然一时拆开，后来必定遇巧得合。那"丰城剑气"是怎么说？晋时大臣张华，字茂先，善识天文，能辨古物。一日，看见天上斗牛分野之间，宝气烛天，晓得豫章丰城县中当有奇物出世。有个朋友雷焕也是博物的人，遂选他做了丰城县令，托他到彼，专一为访寻发光动天的宝物，吩咐他道："光中带有杀气，此必宝剑无疑。"那雷焕领命，到了县间，看那宝气却在县间狱中。雷焕领了从人，到狱中尽头去处，果然掘出一对宝剑来，雄曰"纯钩"，雌曰"湛卢"。雷焕自佩其一，将其一献与张华，各自宝藏，自不必说。后来，张华带了此剑行到延平津口，那剑忽在匣中跃出，到了水边，化成一龙。津水之中也钻出一条龙来，凑成一双，飞舞升天而去。张华一时惊异，分明晓得宝剑通神，只水中这个出来凑成双的不知何物，因遣人到雷焕处问前剑所在。雷焕回言道："先曾渡延平津口，失手落于水中了。"方知两剑分而复合，以此变化而去也。至今人说因缘凑巧，多用"延津剑合"故事。所以这词中说的正是这话。

而今说一段姻缘，隔着万千里路，也只为一件物事凑合成了，深为奇巧。有诗为证：

温峤曾输玉镜台，圆成钿合更奇哉！
可知宿世红丝系，自有媒人月下来。

话说国朝有一位官人，姓权，名次卿，表字文长，乃是南直隶宁国府人氏。少年登第，官拜翰林编修之职。那翰林生得仪容俊雅，性格风流，所事在行，诸般得趣，真乃是天上谪仙，人中玉树。他自登甲第，在京师为官一载有余。京师有个风俗，每遇初一、十五、二十五日，谓之庙市，凡百般货物俱赶在城隍庙前，直摆到刑部街上来卖，挨挤不开，人山人海的做生意。那官员每清闲好事的，换了便巾便衣，带了一两个管家长班出来，步走游看，收买好东西旧物事。朝中惟有翰林衙门最是清闲，不过读书下棋，饮酒拜客，别无他事相干。权翰林况且少年心性，下处闲坐不过，每遇做市热闹时，就便出来行走。

一日，在市上看见一个老人家，一张桌儿上摆着许多零碎物件，多是人家动用家伙，无非是些灯台铜杓、壶瓶碗碟之类，看不得在文墨眼里的。权翰林偶然一眼瞟去，见就中有一个色样奇异些的盒儿，用手去取来一看，乃是个旧紫金钿盒儿，却只是盒盖。翰林认得是件古物，可惜不全，问那老儿道："这件东西须还有个底儿，在哪里？"老儿道："只有这个盖，没有见什么底。"翰林道："岂有没底的理？你且说这盖是哪里来的，便好再寻着那底了。"老儿道："老汉有几间空房在东直门，赁个人住。有个赁房的，一家四五口害了天行症候，先死了一两个后生，那家子慌了，带病搬去，还欠下些房钱，遗下这些东西做退账。老汉收拾得，所以将来货卖度日。这盒儿也是那人家的，外边还有一个纸簏儿藏着，有几张故字纸包着。咱也不晓得那半扇盒儿要做甚用，所以摆在桌儿上，或者遇个主儿买去也不见得。"翰林道："我到要买你的，可惜是个不全之物，你且将你那纸簏儿来看！"老儿用手去桌底下摸将出来，却是一个破碎零落的纸糊头簏儿。翰林道："多是无用之物，不多几个钱卖与我罢。"老儿道："些小之物，凭爷赏赐罢。"翰林叫随从管家权忠与他一百个钱，当下成交。老儿又在簏中取出旧包的纸儿来包了，放在簏中，双手递与翰林。

翰林叫权忠拿了，又在市上去买了好几件文房古物，回到下处来，放在一张水磨天然几上，逐件细看，多觉买得得意。落后看到那纸簏儿，扯开盖，取出纸包来，开了纸包，又细看那钿盒，金色灿烂，果是件好东西。颠倒相来，到底只是一个盖。想道："这半扇落在哪里？且把来藏着，或者凑巧有遇着的时节也未可知。"随取原包的纸儿包他，只见纸破处，里头露出一些些红的出来。翰林把外边纸儿揭开来看，里头却衬着一张红字纸。翰林取出定睛一看，道："原来如此！"你道写的什么？上写道：

大时雍坊住人徐门白氏，有女徐丹桂，年方二岁。有兄白大，子曰留哥，亦系同年生。缘氏夫徐方，原籍苏州，恐他年隔别无凭，有紫金钿盒各分一半，执此相寻为照。

后写着年月，下面着个押字。翰林看了道："原来是人家婚姻照验之物，是个要紧的，如何却将来遗下又被人卖了？也是个没搭煞的人了。"又想道："这写文书的妇人既有丈夫，如何却不是丈夫出名？"又把年月迭起指头算一算看，笑道："立议之时到今一十八年，此女已是一十九岁，正当妙龄，不知成亲与未成亲。"又笑道："妄想他则甚？且收起着。"因而把几件东西一同收拾过了。

到了下市，又踱出街上来行走。看见那老儿仍旧在那里卖东西，问他道："你前日卖的盒儿，说是那一家掉下的，这家人搬在哪里去了？你可晓得？"老儿道："谁晓得他？他一家人先从小的死起，死得来慌了，连夜逃去，而今敢是死绝了，也不见得。"翰林道："他住在你家时有甚么亲戚往来？"老儿道："他有个妹子，嫁与下路人，住在前门。以后不知哪里去了，多年不见往来了。"权翰林自想道："问得着时，还了他那件东西，也是一桩方便的好事，而今不知头绪，也只索由他罢了。"

回还寓所，只见家间有书信来，夫人在家中亡过了。翰林痛哭了一场，没情没绪，打点回家，就上个告病的本。奉圣旨："权某准回籍调理，病痊赴京听用。钦此。"权翰林从此就离了京师，回到家中来了。

话分两头，且说钿盒的来历。苏州有个旧家子弟，姓徐名方，别号西泉，是太学中监生。为干办前程，留寓京师多年。在下处岑寂，央媒娶下本京白家之女为妾，生下一个女儿，是八月中得的，取名丹桂。同时，白氏之兄白大郎也生一子，唤作留哥。白氏女人家性子，只护着自家人，况且京师中人不知外方头路，不喜欢攀扯外方亲戚，一心要把这丹桂许与侄儿去。徐太学自是寄居的人，早晚思量回家，要留着结下路亲眷，十分不肯。一日，太学得选了闽中二尹，打点回家赴任，就带了白氏出京。白氏不得遂愿，恋恋骨肉之情，瞒着徐二尹私下写个文书，不敢就说许他为婚，只把一个钿盒儿分作两处，留与侄儿做执照，指望他年重到京师，或是天涯海角，做个表证。

白氏随了二尹到了吴门。原来二尹久无正室，白氏就填了孺人之缺，一同赴任。又得了一子，是九月生的，名唤糕儿。二尹做了两任官回家，已此把丹桂许下同府陈家了。白孺人心下之事，地远时乖，只得丢在脑后，虽然如此，中怀歉然，时常在佛菩萨面前默祷，思想还乡，寻钿盒的下落。以后二尹亡逝，守了儿女，做了孤孀，才把京师念头息了。想那出京时节，好歹已是十五六个年头，丹桂长得美丽非凡。所许陈家儿子年纪长大，正要纳礼成婚，不想害了色痨，一病而亡。眼见得丹桂命硬，做了望门寡妇，一时未好许人，且随着母亲、兄弟，穿些淡素衣服挨着过日。正是：

孤辰寡宿无缘分，空向天边盼女牛。

不说徐丹桂凄凉，且说权翰林自从断了弦，告病回家，一年有余，尚未续娶，心绪无聊，且到吴门闲耍，意图寻访美妾。因怕上司府县知道，车马迎送，酒礼往来，拘束得不耐烦，揣料自己年纪不多，面庞娇嫩，身材琐小，旁人看不出他是官，假说是个游学秀才。借寓在城外月波庵隔壁静室中，那庵乃是尼僧。有个老尼唤作妙通师父，年有六十已上，专在各大家往来，礼度熟闲，世情透彻。看见权翰林一表人物，虽然不晓得是埋名贵人，只认做青年秀士，也道他不是落后的人，不敢怠慢。时常叫香公送茶来，或者请过庵中清话。权翰林也略把访妾之意问及妙通，妙通说是出家之人不管闲事，权翰林也就住口，不好说得。

是时正是七月七日，权翰林身居客邸，孤形吊影，想着“牛女银河”之事，好生无聊，乃咏宋人汪彦章《秋闺》词，改其末句一字，云：

高柳蝉嘶，采菱歌断秋风起。晚云如髻，湖上山横翠。　　帘卷西楼，过雨凉生袂。天如水，画楼十二，少个人同倚。（词寄《点绛唇》）

权翰林高声歌咏，趁步走出静室外来。新月之下，只见一个素衣的女子走入庵中。翰林急忙尾在背后，在黑影中闪着身子看那女子。只见妙通师父出来接着，女子未叙寒温，且把一炷香在佛前烧起。那女子生得如何？

闻道双衔凤带，不妨单着鲛绡。夜香知与阿谁烧？怅望水沉烟袅。　　云鬓风前丝卷，玉颜醉里红潮。莫教空度可怜宵，月与佳人共僚。（词寄《西江月》）

那女子拈着香，跪在佛前，对着上面，口里喃喃呐呐，低低微微，不知说着许多说话，没听得一个字。那妙通老尼便来收科道：“小娘子，你的心事说不能尽，不如我替你说一句简便的罢。”那女子立起身来道：“师父，怎的简便？”妙通道：“佛天保佑，早嫁个得意的丈夫，可好吗？”女子道：“休得取笑！奴家只为生来命苦，父亡母老，一身无靠，所以拜祷佛天，专求福庇。”妙通笑道：“大意相去不远。”女子也笑将起来。妙通摆上茶食，女子吃了两盏茶，起身作别而行。

权翰林在暗中看得明白，险些儿眼里放出火来，恨不得走上前一把抱住，见她去了，心痒难熬。正在禁架不定，恰值妙通送了女子回身转来，见了道：“相公还不曾睡？几时来在此间？”翰林道：“小生见白衣大士出现，特来瞻礼！”妙通道：“此邻人徐氏之女丹桂小娘子，果然生得一貌倾城，目中罕见。”翰林道：“曾嫁人未？”妙通道：“说不得，她父亲在时，曾许下在城陈家小官人。比及将次成亲，那小官人没福死了，耽搁了这小娘子做了个望门寡，一时未有人家来求她的。”翰林道：“怪道穿着淡素！如何夜晚间到此？”妙通道：“今晚是七夕牛女佳期，她遭着如此不偶之事，心愿不足，故此对母亲说了来烧炷夜香。”翰林道：“她母亲是什么样人？”妙通道：“他母亲姓白，是个京师人，当初徐家老爷在京中选官娶了来家的。且是直性子，好相与。对我说，还有个亲兄在京，他出京时节，有个侄儿方两岁，与他女儿同庚的，自出京之后，杳不相闻，差不多将二十年来了，不知生死存亡，时常托我在佛前保佑。”

翰林听着，呆了一会儿，想道：“我前日买了半扇钿盒，那包的纸上分明写是徐门白氏，女丹桂，兄白大，子白留哥。今这个女子姓徐名丹桂，母亲姓白，眼见得就是这家了。那卖盒儿的老儿说那家死了两个后生，老人家连忙逃去，把信物多掉下了。想必死的后生就是他侄儿留哥，不消说得。谁想此女如此妙丽，在此另许了人家，可又断了。那信物却落在我手中，却又在此相遇，有如此凑巧之事！或者到是我的姻缘也未可知。”以心问心，跌足道：“一二十年的事，三四千里的路，有甚查账处？只须如此如此。”算计已定，对妙通道：“适才所言白老孺人，多少年纪了？”妙通道：“有四十多岁了。”翰林道：“他京中亲兄可是白大？侄儿子可叫作留哥？”妙通道：“正是，正是。相公如何晓得？”翰林道：“那孺人正是家姑，小生就是白留哥，是孺人的侄儿。”妙通道：“相公好取笑。相公自姓权，如何姓白？”翰林道：“小生幼年离了京师，在江湖上游学。一来慕南方风景，二来专为寻取这头亲眷，所以移名改姓，游到此地。今偶然见师父说着端的，也是二缘一会，天使其然；不然，小生怎地晓得他家姓名？”妙通道：“原来有这等巧事！相公，你明日去认了令姑，小尼再来奉贺便了。”翰林当下别了老尼，到静室中游思妄想，过了一夜。

天明起来，叫管家权忠，叮嘱停当了说话，结束整齐，一直问到徐家来。到了门首，看见门上一个老儿在那里闲坐，翰林叫权忠对他说：“可进去通报一声，有个白大官打从京中出来的。”老儿说道：“我家老主人没了，小官儿又小，你要见哪个的？”翰林道：“你家老孺人可是京中人姓白吗？”老儿道：“正是姓白。”权忠道：“我主人是白大官,正是孺人的侄儿。"老儿道:"这等,你随我进去通报便是。"老儿领了权忠,竟到孺人面前。权忠是惯事的人,磕了一头,道:"主人白大官在京中出来,已在门首了。"白孺人道:"可是留哥?"权忠道:"这是主人乳名。"孺人喜动颜色,道:"如此喜事。"即忙唤自家儿子道:"糕儿,你哥哥到了,快去接了进来。"那小孩子嬉嬉颠颠、摇摇摆摆出来接了翰林进去。

翰林腼腼腆腆,冒冒失失进去,见那孺人起来,翰林叫了"姑娘"一声,唱了一喏,待拜下去。孺人一把扯住道:"行路辛苦,不必大礼。"孺人含着眼泪看那翰林,只见眉清目秀,一表非凡,不胜之喜。说道:"想老身出京之时,你只有两岁,如今长成得这般好了。你父亲如今还健在吗?"翰林假意掩泪道:"弃世久矣!小侄只为眼底没个亲人,见父亲在时曾说有个姑娘嫁在下路,所以小侄到南方来游学,专欲寻访。昨日偶见月波庵妙通师父说起端的,方知姑娘在此,特来拜见。"孺人道:"如何声口不像北边?"翰林道:"小侄在江湖上已久,爱学南言,所以变却乡音也。"翰林叫权忠送上礼物。孺人欢喜收了,谢道:"至亲骨肉,只来相会便是,何必多礼?"翰林道:"客途乏物孝敬姑娘,不必说起,且喜姑娘康健。昨日见妙通说过,已知姑夫不在了。适间这位是表弟,还有一位表妹与小侄同庚的,在吗?"孺人道:"你姑夫在时已许了人家,姻缘不偶,未过门就断了,而今还是个没吃茶的女儿。"翰林道:"也要请相见。"孺人道:"昨日去烧香,感了些风寒,今日还没起来梳洗。总是你在此还要久住,兄妹之间时常可以相见,且到西堂安下了行李再处。"一边咐咐排饭,一手拽着翰林到西堂来。打从一个小院门边经过,孺人用手指道:"这里头就是你妹子的卧房。"翰林鼻边悄闻得一阵兰麝之香,心中好生侥幸。那孺人陪翰林吃了饭,着落他行李在书房中,是件安顿停当了,方才进去。权翰林到了书房中,想道:"特地冒认了侄儿,要来见这女子,谁想尚未得见。幸喜已认做是真,留在此居住,早晚必然生出机会来,不必性急,且待明日相见过了,再做道理。"

且说徐氏丹桂,年正当时,误了佳期,心中常怀不足。自那七夕烧香,想着牛女之事,未免感伤情绪,兼冒了些风寒,一时懒起。见说有个表兄自京中远来,她曾见母亲说小时有许她为婚之意,又闻得他容貌魁梧,心里也有些暗动,思量会他一面。虽然身子懒怯,只得强起梳妆,对镜长叹道:"如此好容颜,到底付之何人也?"有《绵搭絮》一首为证:

瘦来难任,宝镜怕初临。鬼病侵寻,闷对秋光冷透襟,最伤心静夜闻砧。慵拈绣纴,懒抚瑶琴。终宵里有梦难成,待晓起翻嫌晓思沉。

梳妆完了,正待出来见表兄。只见兄弟糕儿急急忙忙走将来道:"母亲害起急心疼来,一时晕去。我要到街上去取药,姐姐可快去看母亲去!"桂娘听得,疾忙抽身便走了出房,减妆也不及收,房门也不及锁,竟到孺人那里去了。

权翰林在书房中梳洗已毕，正要打点精神，今日求见表妹。只听得人传出来道："老孺人一时急心疼，晕倒了。"他想道："此病惟有前门棋盘街定神丹一服立效，恰好拜匣中带得在此。我且以子侄之礼人堂问病，就把这药送她一丸。医好了她，也是一个讨好的机会。"就去开出来，袖在袖里，一径望内里来问病。路经东边小院，他昨日见孺人说，已晓得是桂娘的卧房，却见门开在那里，想道："桂娘一定在里头，只作三不知闯将进去，见她时再作道理。"翰林捏着一把汗走进卧房，只见：香奁尚启，宝镜未收。剩粉残脂，还在盆中荡漾；花钿翠黛，依然几上铺张。想她纤手理妆时，少个画眉人凑巧。翰林如痴似醉，把桌上东西这件闻闻，那件嗅嗅，好不伎痒。又闻得扑鼻馨香，回首看时，那绣帐牙床、锦衾角枕且是整齐精洁，想道："我且在他床里眠他一眠，也沾她些香气，只当亲挨着她皮肉一般。"一躺躺下去，眠在枕头上，呆呆地想了一回，等待几时，不见动静，没些意智，慢慢走了出来。将到孺人房前，摸摸袖里，早不见了那丸药，正不知失落在那里了，定性想一想，只得打原来路上一路寻到书房里去了。

桂娘在母亲跟前守得疼痛少定，思量房门未锁，妆台未收，跑到自房里来。收拾已完，身子困倦，揭开罗帐，待要歇息一歇息。忽见席间一个纸包，拾起来打开看时，却是一丸药，纸包上有字，乃是"定神丹，专治心疼，神效"几个字。桂娘道："此自何来？若是兄弟取至，怎不送到母亲那里去，却放在我的席上？除了兄弟，此处何人来到？却又恰恰是治心疼的药，果是跷蹊！且拿到母亲那里去问个端的。"取了药，掩了房门，走到孺人处来问道："母亲，兄弟取药回来未曾？"孺人道："望得眼穿，这孩子不知在那里顽耍，再不来了。"桂娘道："好叫母亲得知，适间转到房中，只见床上一颗丸药，纸上写着'定神丹，专治心疼，神效'。我疑心是兄弟取来的，怎不送到母亲这里，却放在我的房中？今兄弟兀自未回，正不知这药在哪里来的。"孺人道："我儿，这'定神丹'只有京中前门街上有得卖，此处哪讨？这分明是你孝心所感，神仙所赐，快拿来我吃！"桂娘取汤来递与孺人，咽了下去。一会儿，果然心疼立止，母子欢喜不尽。孺人疼痛既止，精神疲倦，蒙蒙地睡了去。

桂娘守在帐前，不敢移动。恰好权翰林寻药不见，空手走来问安。正撞着桂娘在那里，不及回避。桂娘认作是白家表兄，少不得要相见的，也不躲闪。这里权翰林正要亲傍，堆下笑来，买将上去，唱个肥喏道："妹子，拜揖了。"桂娘连忙还礼道："哥哥万福。"翰林道："姑娘病体若何？"桂娘道："觉道好些，方才睡去。"翰林道："昨日到宅，渴想妹子芳容一见，见说玉体欠安，不敢惊动。"桂娘道："小妹听说哥哥到来，心下急欲迎侍，梳洗不及，不敢草率。今日正要请哥哥厮见，恰遇母亲病急，脱身不得。不想哥哥又进来问病，幸瞻丰范。"翰林道："小兄不远千里而来，得见妹子玉貌，真个是不枉奔波走这遭了。"桂娘道："哥哥与母亲姑侄至亲，自然割不断的。小妹薄命之人，何足挂齿！"翰林道："妹子芳年美质，后禄正长，佳期可待，何出此言？"此时两人对话，一递一来。桂娘年大知味，看见翰林丰姿俊雅，早已动火了八九分，亦且认是自家中表兄妹一脉，甜言软语，更不羞缩，对翰林道："哥哥初来舍下，书房中有甚不周到处，可对你妹子说，你妹子好来照料一二。"翰林道："有什么不周到？"桂娘道："难道不缺长少短？"翰林道："虽有缺少，不好对妹子说得。"桂娘道："但说何妨？"翰林道："所少的，只怕妹子不好照管，然不是妹子，也不能照管。"桂娘道："少什东西？"翰林笑道："晚间少个人做伴耳。"桂娘通红了面皮，也不回答，转身就走。翰林赶上去一把扯住道："携带小兄到绣房中，拜望妹子一拜望，何如？"桂娘见他动手动脚，正难分解。只听得帐里老孺人开声道："哪个在此说话响？"翰林只得放了手，回首转来道："是小侄问安。"其时桂娘已脱了身，跑进房里去了。

孺人揭开帐来，看见了翰林，道："原来是侄儿到此。小兄弟街上未回，妹子怎不来接待？你方才却和哪个说话？"翰林心怀鬼胎，假说道："只是小侄，并没有那个。"孺人道："这等，是老人家听差了。"翰林心不在焉，一两句话，连忙告退。孺人看见他有些慌速失张失志的光景，心里疑惑道："起初我服的定神丹出于京中，想必是侄儿带来的，如何却在女儿房内？适才睡梦之中分明听得与我女儿说话，却又说道没有。他两人不要晓得前因，辄便私自往来，日后做出勾当。他男长女大，况我原有心配合他的，只是侄儿初到，未见怎的，又不知他曾有妻未，不好就启齿。且再过几时，看相机会圆成罢了。"踌蹰之间，只见糕儿拿了一帖药走将来，道："医生人娘贼出去了！等了多时才取这药来。"孺人嗔他来迟，说道："等你药到，娘死多时了。今天幸不疼，不吃这药了，你自陪你哥哥去。"糕儿道："那哥哥也不是老实人。方才走进来撞着他，却在姐姐卧房门首东张西张，见了我，方出去了。"孺人道："不要多嘴！"糕儿道："我看这哥哥也标致，我姐姐又没了姐夫，何不配与他了，也完了一件事，省得他做出许多馋劳喉急出相。"孺人道："孩子家恁地轻出口！我自有主意。"孺人虽喝住了儿子，却也道是有理的事，放在心中打点，只是未便说出来。

那权翰林自遇桂娘两下交口之后，时常相遇，便眉来眼去，彼此有情。翰林终日如痴似狂，拿着一管笔写来写去，茶饭懒吃。桂娘也日日无情无绪，恹恹欲睡，针线慵拈，多被孺人看在眼里。然两个只是各自有心，碍人耳目，不曾做甚手脚。

一日，翰林到孺人处去，却好遇着桂娘梳妆已毕，正待出房。翰林拦门迎着，相唤了一礼。翰林道："久闻妹子房闼精致，未曾得造一观，今日幸得在此相遇，必要进去一看。"不由分说，望门里一钻，桂娘只得也走了进来。翰林看见无人，一把抱住道："妹子慈悲，救你哥哥客中一命则个！"桂娘不敢声张，低低道："哥哥尊重。哥哥不弃小妹，何不央人向母亲处求亲？必然见允，如何做那轻薄模样！"翰林道："多蒙妹子指教，足见厚情。只是远水救不得近火，小兄其实等不得那从容的事了。"桂娘正色道："若要苟合，妹子断然不从！他日得做夫妻，岂不为兄所贱！"拐脱了身子，望门外便走，早把个云髻扭歪，两鬓都乱了。急急走到孺人处，喘气尚是未息。孺人见了，觉得有些异样，问道："为何如此模样？"桂娘道："正出房来，撞见哥哥后边走来，连忙先跑，走得急了些个。”孺人道：“自家兄妹，何必如此躲避？”孺人也只道侄儿就在后边来，却又不见到，原来没些意思，反走出去了。

孺人自此又是一番疑心，性急要配合他两个了，只是少个中间撮合的人。猛然想道：“侄儿初到时，说道见妙通师父说了才寻到我家来的，何不就叫妙通来与他说知其事，岂不为妙？”当下就吩咐儿子糕儿，叫他去庵中接那妙通，不在话下。

却说权翰林走到书房中，想起适才之事，心中怏怏，又思量：“桂娘有心于我，虽是未肯相从，其言有理。却不知我是假批子，教我央谁的是？”自又忖道：“他母子俱认我是白大，自然是钿盒上的根瓣了。我只将钿盒为证，怕这事不成！”又转想一想道：“不好，不好！万一名姓偶然相同，钿盒不是他家的，却不弄真成假？且不要打破网儿，只是做些功夫，偎得亲热，自然到手。”正胡思乱想，走出堂前闲步。忽然妙通师父走进门来，见了翰林，打个问讯道：“相公，你投亲眷好处安身许久了，再不到小庵走走？”权翰林还了一礼，笑道：“不敢瞒师父说，一来家姑相留，二来小生的形孤影只，岑寂不过，贪着骨肉相傍，懒向外边去了。”妙通道：“相公既苦孤单，老身替你做个媒罢！”翰林道：“小生久欲买妾，师父前日说不管闲事，所以不敢相央。若得替我做个媒人，十分好了。”妙通道：“亲事到有一头在我心里。适才白老孺人相请说话，待我见过了她，再来和相公细讲。”翰林道：“我也有个人在肚里，正少个说合的，师父来得正好。见过了家姑，是必到书房中来走走，有话相商则个。”妙通道：“晓得了。”说罢话，望内里就走进去。

见了孺人，孺人道：“多时不来走走。”妙通道：“见说孺人有些贵恙，正要来看，恰好小哥来唤我，故此就来了。”孺人道：“前日我侄初到，心中一喜一悲，又兼辛苦了些儿，生出病来。而今小恙已好，不劳费心，只有一句话儿要与师父说说。”妙通道：“什么话？”孺人道：“我只为女儿未有人家，日夜忧愁。”妙通道：“一时也难得像意的。”孺人道：“有到有一个在这里，正要与师父商量。”妙通道：“是哪个？到要与我出家人商量。”孺人道：“且莫说出那个，只问师父一句话，我京中来的侄儿说道先认得你的，可晓得吗？”妙通道：“在我那里作寓好些时，见我说起孺人，才来认亲的，怎不晓得？且是好一个俊雅人物！”孺人道：“我这侄儿，与我女儿同年所生，先前也曾告诉师父过的。当时在京就要把女儿许他为妻，是我家当先老爹不肯。我出京之时，私下把一个钿盒分开两扇，各藏一扇以为后验，写下文书一纸。当时侄儿还小，经今年远，这钿盒、文书虽不知还在不在，人却是了。眼见得女儿别家无缘，也似有个天意在那里。我意欲完前日之约，不好自家启齿；抑且不知他京中曾娶过妻否，要烦你到西堂与我侄儿说此事，如若未娶，待与他圆成了可好吗？”妙通道：“这个当得，管取一说就成，且拿了这半扇钿盒去，好做个话柄。”孺人道：“说得是。”走进房里去，取出来交与妙通，妙通袋在袖里了，一径到西堂书房中来。

翰林接着道：“师父见过家姑了？”妙通道：“是见过了。”翰林道：“有甚说话？”妙通道：“多时不见，闲叙而已。”翰林道：“可见我妹子吗？”妙通道：“方才不曾见，再过会儿到她房里去。”翰林道:“好个精致房,只可惜独自孤守!”妙通道:“目下也要说一个人与她了。”翰林道:“起先师父说有头亲事要与小生为媒,是哪一家?”妙通道:“是有一家,是老身的檀越。小娘子模样尽好,正与相公厮称。只是相公要娶妾,必定有个正夫人了,他家却是不肯做妾的。”翰林道:“小生曾有正妻,亡过一年多了。恐怕一时难得门当户对的佳配,所以且说个娶妾。若果有好人家像得吾意,自然聘为正室了。”妙通道:“你要怎么样的才像得你意?”翰林把手指着里面道:“不瞒老师父说,得像这里表妹方妙。”妙通笑道:“容貌到也差不多儿。”翰林道:“要多少聘财?”妙通袖里摸出钿盒来,道:“不须别样聘财,却倒是个难题目,她家有半扇金盒儿,配得上的就嫁他。”

翰林接上手一看,明知是那半扇的底儿,不胜欢喜,故意问道:“她家要配此盒,必有缘故。师父可晓得备细?”妙通道:“当初这家子原是京中住的,有个中表曾结姻盟,各分钿盒一扇为证。若有那扇,便是前缘了。”翰林道:“若论钿盒,我也有半扇,只不知可配得着否?”急在拜匣中取出来,一配,却好是一个盒儿。妙通道:“果然是一个,亏你还留得在。”翰林道:“你且说那半扇,是哪一家的?”妙通道:“再有那家?怎佯不知,到来哄我!是你的亲亲表妹桂娘子的,难道你到不晓得?”翰林道:“我见师父藏头露尾不肯直说出来,所以也做哑装呆,取笑一回。却又一件,这是家姑从幼许我的,何必今日又要师父多这些宛转?”妙通道:“令姑也曾道来,年深月久,只怕相公已曾别娶,就不好意思,所以要老身探问个明白。今相公弦断未续,钿盒现配成双,待老身回复孺人,只须成亲罢了。”翰林道:“多谢撮合大恩!只不知几时可以成亲?早得一日也好。”妙通道:“你这馋样的新郎!明日是中秋佳节,我撺掇孺人就完成了罢,等什么日子?”翰林道:“多感!多感!”

妙通袖里怀了这两扇完全的钿盒,欣然而去,回复孺人。孺人道是骨肉重完,旧物再见,喜欢无尽,只待明日成亲吃喜酒了。此时胸中十万分,哪有半分道不是他的侄儿?正是:

只认盒为真,岂知人是假?
奇事颠倒颠,一似塞翁马。

权翰林喜之如狂,一夜不睡。绝早起来,叫权忠到当铺里去赁了一顶儒巾,一套儒衣,整备拜堂。孺人也绝早起来,料理酒席,催促女儿梳妆,少不得一对参拜行礼。权翰林穿着儒衣,正似白龙鱼服,掩着口只是笑,连权忠也笑。旁人看的无非道是他喜欢之故,哪知其情?但见花烛辉煌,恍作游仙一梦。有词为证:

银烛灿芙渠,瑞鸭微喷麝烟浮。喜红丝初绾,宝合曾输。何郎俊才调凌云,谢女艳容华濯露。月轮正值团圆暮,雅称锦堂欢聚。(右调《画眉序》)

酒罢，送入洞房，就是东边小院桂娘的卧房，乃前日偷眠妄想强进挨光的所在，今日停眠整宿，你道快活不快活！权翰林真如人蓬莱山岛了。

入得罗帏，男贪女爱，两情欢畅，自不必说。云雨既阑，翰林抚着桂娘道："我和你千里姻缘，今朝美满，可谓三生有幸。"桂娘道："我和你自幼相许，今日完聚，不足为奇。所喜者，隔着多年，又如此远路，到底团圆，乃像是天意周全耳。只有一件，你须不是这里人，今入赘我家，不知到底萍踪浪迹，归于何处？抑且不知你为儒为商，做何生业。我嫁鸡逐鸡，也要商量个终身之策。一时欢爱不足恋也。"翰林道："你不须多虑。只怕你不嫁得我，既嫁了我，包你有好处。"桂娘道："有甚好处？料没有五花官诰夫人之分！"翰林笑道："别件或者烦难，若只要五花官诰，包管箱笼里就取得出。"桂娘啐了一啐道："亏你不羞！"桂娘只道是一句夸大的说话，不以为意。翰林却也含笑，不就明言，且只软款温柔，轻怜痛惜，如鱼似水，过了一夜。

明晨起来，各各梳洗已毕，一对儿穿着大衣，来拜见尊姑，并谢妙通为媒之功。正行礼之时，忽听得堂前一片价筛锣，像有十来个人喧嚷将起来，慌得小舅糕儿没钻处。翰林走出堂前来，问道："谁人在此罗唣？"说声未了，只见老家人权孝，同了一班京报人，一见了就磕头道："京中报人特来报爷高升的！小人们哪里不寻得到？方才街上遇见权忠，才知爷寄迹在此，却如何这般打扮？快请换了衣服！"权翰林连忙摇手，叫他不要说破，禁得哪一个住？你也"权爷"、我也"权爷"不住地叫，拿出一张报单来，已升了学士之职，只管嚷着求赏。翰林着实叫他们："不要说我姓权！"京报人那管什么头由，早把一张报喜的红纸高高贴起在中间，上写：

飞报：贵府老爷权，高升翰林学士，命下。

这里跟随管家权忠拿出冠带，对学士道："料想瞒不过了，不如老实行事罢！"学士带笑脱了儒巾儒衣，换了冠带，讨香案来，谢了圣恩。吩咐京报人出去门外候赏，转身进来，重请岳母拜见。

那孺人出于不意，心慌撩乱，没个是处，好像青天里一个霹雳，不知是哪里起的。只见学士拜下去，孺人连声道："折杀老身也！老身不知贤婿姓权，乃是朝廷贵臣，真是有眼不识泰山。望高抬贵手，恕家下简慢之罪！"学士道："而今总是一家人，不必如此说了。"孺人道："不敢动问贤婿，贤婿既非姓白，为何假称舍侄光降寒门？其间必有因由。"学士道："小婿寄迹禅林，晚间闲步月下，看见令爱芳姿，心中仰慕无已。问起妙通师父，说着姓名居址，家中长短备细，故此托名前来，假意认亲。不想岳母不疑，欣然招纳，也是三生有缘。"妙通道："学士初到庵中，原说姓权，后来说着孺人家事，就转口说了姓白。小尼也曾问来，学士回说道：'因为访亲，所以改换名姓。'岂知贵人游戏，我们多被瞒得不通风，也是一场天大笑话。"

孺人道："却又一件，那半扇钿盒却自何来？难道贤婿是通神的？"学士笑道：

“侄儿是假，钿盒却真。说起来实有天缘，非可强也。”孺人与妙通多惊异道：“愿闻其详。”学士道：“小婿在长安市上偶然买得此盒一扇，那包盒的却是文字一纸，正是岳母写与令侄留哥的，上有令爱名字。今此纸见在小婿处，所以小婿一发有胆冒认了，求岳母饶恕欺诳之罪！”孺人道：“此话不必提起了。只是舍侄家为何把此盒出卖？卖的是什么样人？贤婿必然明白。”学士道：“卖的是一个老儿，说是令兄旧房主。他说令兄全家遭疫，少者先亡，止遗老口，一时逃去，所以把物件遗下拿出来卖的。”孺人道：“这等说起来，我兄与侄皆不可保，真个是物在人亡了！”不觉掉下泪来。妙通便收科道：“老孺人，姻缘分定，而今还管甚侄儿不侄儿，是姓权是姓白？招得个翰林学士做女婿，须不辱没了你的女儿！”孺人道：“老师父说得有理。”大家称喜不尽。

此时桂娘子在旁，逐句逐句听着，口虽不说出来，才晓得昨夜许她五花官诰做夫人，是有来历的，不是过头说话，亦且钿盒天缘，实为凑巧，心下得意，不言可知。权学士既喜着桂娘美貌，又见钿盒之遇，以为奇异，两下恩爱非常。重谢了妙通师父，连岳母、小舅都带了赴任。后来秩满，桂娘封为宜人，夫妻偕老。

世间百物总凭缘，大海浮萍有偶然。
不向长安买钿盒，何从千里配婵娟？

卷之四

青楼市探人踪　红花场假鬼闹

昔宋时三衢守宋彦瞻以书答状元留梦炎，其略云：

尝闻前辈之言：吾乡昔有第奉常而归，旗者、鼓者、馈者、迓者、往来而观者，阗路骈陌如堵墙。既而闺门贺焉，宗族贺焉，姻者、友者、客者交贺焉，至于仇者亦蒙耻含愧而贺且谢焉。独邻居一室，扃镝远引若避寇然。予因怪而问之，愀然曰："所贵乎衣锦之荣者，谓其得时行道也，将有以庇吾乡里也。今也，或窃一名，得一官，即起朝贵暮富之想。名愈高，官愈穹，而用心愈谬。武断者有之，庇奸慝、持州县者有之。是一身之荣，一乡之害也。其居日以广，邻居日以蹙。吾将入山林深密之地以避之！是可吊，何以贺为？"

此一段话，载在《齐东野语》中。皆因世上官宦，起初未经发际变泰，身居贫贱时节，亲戚、朋友、宗族、乡邻，哪一个不望他得了一日，大家增光？及至后边风云际会，超出泥涂，终日在仕宦途中、冠裳里面驰逐富贵，奔趋利名，将自家困穷光景尽多抹过，把当时贫交看不在眼里，放不在心上，全无一毫照顾周恤之意，淡淡相看，用不着他一分气力，真叫得官情纸薄。不知向时盼望他这些意思，竟归何用！虽然如此，这样人虽是恶薄，也只是没用罢了。撞着有志气肩巴硬的，拼得个不奉承他，不求告他，也无奈我何，不为大害。更有一等狠心肠的人，偏要从家门首打墙脚起，诈害亲戚，侵占乡里，受投献，窝盗贼，无风起浪，没屋架梁，把一个地方搅得蔺菜不生,鸡犬不宁,人人惧惮,个个收敛,怕生出衅端撞在他网里了。他还要疑心别人仗他势力得了甚么便宜,心下不放松地昼夜算计。似此之人,乡里有了他怎如没有的安静。所以宋彦瞻见留梦炎中状元之后,把此书规讽他,要他做好人的意思,其间说话虽是愤激,却句句透切着今时病痛。

看官每不信,小子而今单表一个作恶的官宦,做着没天理的勾当,后来遇着清正严明的宪司做对头,方得明正其罪。说来与世上人劝戒一番。有诗为证:

恶人心性自天生,漫道多因习染成。
用尽凶谋如翅虎,岂知有日贯为盈!

这段话文,乃是四川新都县有一乡宦,姓杨,是本朝甲科。后来没收煞,不好说得他名讳。其人家富心贪,凶暴残忍。居家为一乡之害,自不必说。曾在云南做兵备佥事,其时属下有个学霸廪生,姓张名寅,父亲是个巨万财主,有妻有妾。妻所生一子,就是张廪生,妾所生一子,名唤张宾,年纪尚幼。张廪生母亲先年已死,父亲就把家事尽托长子经营。那廪生学业尽通,考试每列高等,一时称为名士,颇与郡县官长往来,只是赋性阴险,存心不善。父亲见他每事苛刻取利,常劝他道:"我家道尽裕,够你几世受用不了,况你学业日进,发达有时,何苦锱铢较量,讨人便宜怎的?"张廪生不以为好言,反疑道:"父亲必竟身有私藏,故此把财物轻易,嫌道我苛刻。况我母已死,见前父亲有爱妾幼子,到底他们得便宜。我只有得眼面前东西,还有他一股之分,我能有得多少?"为此日夕算计,结交官府,只要父亲一倒头,便思量摆布这庶母幼弟,占他家业。以后父亲死了,张廪生恐怕分家,反向父亲要索取私藏,父亲回说没有。张廪生罄将房中箱笼搜过,并无踪迹,又道他埋在地下,或是藏在人家,胡猜乱嚷,没个休息。及至父亲要他分家与弟,却又分毫不吐,只推道:"你也不拿出来,我也没得与你儿子。"族人各有公私厚薄:也有为着哥子的,也有为着兄弟的,没个定论。未免两下搬斗,构出讼事。那张廪生有两子具已人泮,有财有势,官府情熟。眼见得庶弟孤儿寡妇下边没申诉处,只得在杨巡道手里告下一纸状来。

张廪生见杨巡道准了状,也老大吃惊。你道为何吃惊?盖因这巡道又贪又酷,又不让体面,恼着他性子,眼里不认得人,不拘甚么事由,匾打侧卓,一味倒边。还亏一件好处,是要银子,除了银子再无药医的,有名叫作杨疯子,是惹不得的意思。张廪生忖道:"家财官司,只凭府、县主张。府县自然为我斯文一脉,料不有亏。只是这疯子手里的状,不先停当得他,万一拗别起来,依着理断个平分,可不去了我一半家事?这是老大的干系!"张廪生世事熟透,便寻个巡道梯己过龙之人,与他暗地打个关节,许下他五百两买心红的公价。巡道依允,只要现过采,包管停当。若有不妥,不动分文。张廪生只得将出三百两现银,嵌宝金壶一把,缕丝金首饰一副,精工巧丽，价值颇多，权当二百两，他日备银取赎。要过龙的写了议单，又讨个许赎的执照。只要府县申文上来，批个像意批语，永杜断与兄弟之患，目下先准一诉词为信，若不应验，原物尽还。张廪生又换了小服，随着过龙的到私衙门首，当面交割。四目相视，各自心照。张廪生自道算无遗策，只费得五百金，巨万家事一人独享，岂不是九牛去得一毛，老大的便宜了？喜之不胜。

看官，你道人心不平。假如张廪生是个克己之人，不要说平分家事，就是把这一宗五百两东西让与小兄弟了，也是与了自家骨肉，那小兄弟自然是母子感激的。何故苦苦贪私，思量独吃自疴，反把家里东西送与没些相干之人？不知驴心狗肺怎样生的！有诗曰：

私心只欲蔑天亲，反把家财送别人。
何不家庭略相让，自然忿怒变欢欣。

张廪生如此算计，若是后来依心像意，真是天没眼睛了。岂知世事浮云，倏易不定。杨巡道受了财物，准了诉状下去，问官未及审详。时值万寿圣节将近，两司里头例该一人赍表进京朝贺，恰好轮着该是杨巡道去，没得推故，杨巡道只得收拾起身。张廪生着急，又寻那过龙的去讨口气。杨巡道回说："此行不出一年可回，府县且未要申文，待我回任，定行了落。"张廪生只得使用衙门，停阁了词状，呆呆守这杨佥宪回道。争奈天不从人愿，杨佥宪赍表进京，拜过万寿，赴部考察。他贪声大著，已注了"不谨"项头，冠带闲住。杨佥宪闷闷出了京城，一面打发人到任所接了家眷，自回籍去了。家眷动身时，张廪生又寻了过龙的去要倒出这一宗东西，衙里回言道："此是老爷自做的事。若是该还，须到我家里来自与老爷取讨，我们不知就里。"张廪生没计奈何，只得住手，眼见得这一项银子抛在东洋大海里了。

这是张廪生心劳术拙，也不为奇，若只便是这样没讨处罢了，也还算做便宜。张廪生是个贪私的人，怎舍得五百两东西平白丢去了？自思："身有执照，不干得事，理该还我。他如今是个乡宦，须管我不着，我到他家里讨去。说我不过，好歹还我些；就不还得银子，还我那两件金东西也好。况且四川是进京必由之路，由成都省下到新都只有五十里之远，往返甚易。我今年正贡，须赴京廷试，待过成都时，恰好到彼讨此一项做路上盘缠，有何不可？"算计得停当，怕人晓得了暗笑，把此话藏在心中，连妻子多不曾与她说破。

此时家中官事未决，恰值宗师考贡。张禀生已自贡出了学门，一时兴匆匆地回家受贺，饮酒作乐了几时。一面打点长行，把争家官事且放在一边了，带了四个家人，免不得是张龙、张虎、张兴、张富，早晚上道，水宿风餐，早到了成都地方。在饭店里宿了一晚，张贡生想道："我在此间还要迂道往新都取讨前件，长行行李留在饭店里不便。我路上几日心绪郁闷，何不往此间妓馆一游，拣个得意的宿她两晚，遣遣客兴？就把行囊下在她家，待取了债回来带去，有何不可？”就唤四个家人说了这些意思。那家人是出路的，见说家主要嫖，是有些油水的事，哪一个不愿随鞭镫？簇拥着这个老贡生竟往青楼市上去了。

老生何意入青楼，岂是风情未肯休？
只为业冤当显露，埋根此处做关头。

却说张贡生走到青楼市上，走来走去，但见：

艳抹浓妆，倚市门而献笑；穿红着绿，搴帘箔以迎欢。或联袖，或凭肩，多是些凑将来的姊妹；或用嘲，或共语，总不过造作出的风情。心中无事自惊惶，日日恐遭他假母怒；眼里有人难撮合，时时任换□□生来。

张贡生见了这些油头粉面行径，虽然眼花撩乱，没一个同来的人，一时间不知走哪一家的是，未便入马。只见前面一个人摇摆将来，见张贡生带了一伙家人东张西觑，料他是个要嫖的勤儿，没个帮的人，所以迟疑。便上前问道：“老先生定是贵足，如何踹此贱地？”张贡生拱手道：“学生客邸无聊，闲步适兴。”那人笑道：“只是眼嫖，怕适不得甚么兴。”张贡生也笑道：“怎便晓得学生不倒身？”那人笑容可掬道：“若果有兴，小子当为引路。”张贡生正投着机，问道：“老兄高姓贵表？”那人道：小子姓游，名守，号好闲，此间路数最熟，敢问老先生仙乡上姓？”张贡生道：“学生是滇中。”游好闲道：“是云南了。”后边张兴撺出来道：“我相公是今年贡元，上京廷试的。”游好闲道：“失敬，失敬！小子幸会，奉陪乐地一游，吃个尽兴，作做主人之礼何如？”张贡生道：“最好，不知此间哪个妓者为最？”游好闲把手指一掐二掐地道：“刘金、张赛、郭师师、王丢儿，都是少年行时的姊妹。”张贡生道：“谁在行些？”游好闲道：“若是在行，论这些雏儿多不及一个汤兴哥，最是帮衬软款，有情亲热，也是行时过来的人，只是年纪多了两年，将及三十岁边了，却是着实有趣的。”张贡生道：“我每自家年纪不小，倒不喜欢那孩子心性的，是老成些的好。”游好闲道：“这等不消说，竟到那里去就是。”于是陪着张贡生一直望汤家进来。

兴哥出来接见，果然老成丰韵，是个作家体段，张贡生一见心欢。告茶毕，叙过姓名，游好闲一一代答明白，晓得张贡生中意了，便指点张家人将出银子来，送他办东道。是夜游好闲就陪着饮酒，张贡生原是洪饮的，况且客中高兴，放怀取乐。那游好闲去了头便是个酒坛，兴哥老在行，一发是行令不犯，连觥不醉的。三人你强我赛，吃过三更方住。游好闲自在寓中去了，张贡生遂与兴哥同宿，兴哥放出手段，温存了一夜，张贡生甚是得意。

次日，叫家人把店中行李尽情搬了来，顿放在兴哥家里了。一连住了几日，破费了好几两银子,贪慕着兴哥才色,甚觉恋恋不舍,想道:"我身畔盘费有限,不能如意,何不暂往新都讨取此项到手?便多用些在他身上也好。"出来与这四个家人商议,装束了鞍马往新都去。他心里道指日可以回来的,对兴哥道:"我有一宗银子在新都,此去只有半日路程。我去讨了来,再到你这里顽耍几时。"兴哥道:"何不你留住在此,只教管家们去取讨了来?"张贡生道:"此项东西必要亲身往取的,叫人去,他那边不肯发。"兴哥道:"有多少东西?"张贡生道:"有五百多两。"兴哥道:"这关系重大,不好阻得你。只是你去了,万一不到我这里来了,叫我家枉自盼望。"张贡生道:"我一应行囊都不带去,留在你家,只带了随身铺盖并几件礼物去,好歹一两日随即回来了。看你家造化,若多讨得到手,是必多送你些。"兴哥笑道:"只要你早去早来,那在乎此?"两下珍重而别。

看官,你道此时若有一个见机的人对那张贡生道:"这项银子,是你自己欺心不是处,黑暗里葬送了,还怨怅兀谁?那官员每手里东西,有进无出,老虎喉中讨脆骨,大象口里拔生牙,都不是好惹的,不要思想到手了。况且取得来送与行院人家,又是个填不满底雪井,何苦枉用心机,走这道路?不如认个晦气,歇了账罢!"若是张贡生闻得此言转了念头,还是老大的造化。可惜当时没人说破,就有人说,料没人听。只因此一去,有分交,半老书生,狼藉作红花之鬼;穷凶乡宦,拘挛为黑狱之囚。正是:

猪羊入屠户之家,一步步来寻死路。

这里不题。

且说杨佥宪自从考察断根回家,自道日暮穷途,所为愈横。家事已饶,贪心未足,终身在家设谋运局,为非作歹。他只有一个兄弟,排行第二,家道原自殷富,并不干预外事,到是个守本分的,见哥子作恶,每每会间微词劝谏。佥宪道:"你仗我势做二爷,挣家私勾了,还要管我?"话不投机。杨二晓得他存心克毒,后来未必不火并自家屋里。家中也养几个了得的家人,时时防备他。近新一病不起,所生一子,止得八岁,临终之时,唤过妻子在面前,咐咐众家人道:"我一生只存此骨血,那边大房做官的虎视眈眈,须要小心抵对他,不可落他圈套之内,我死不瞑目!"泪如雨下,长叹而逝。死后妻子与同家人辈牢守门户,自过日子,再不去叨忝佥宪家一分势利。

佥宪无隙可入,心里思量:"二房好一分家当,不过留得这一个黄毛小厮,若断送了他,这家当怕不是我一个的?"欲待暗地下手,怎当得这家母子关门闭户,轻易不来他家里走动。想道:"我若用毒药之类暗算了他,外人必竟知道是我,须瞒不过,亦且急忙不得其便。若纠合强盗劫了他家,害了性命,我还好瞒生人眼,说假公道话,只把失盗做推头,谁人好说得是我?总是不害得他性命,劫得家私一空,也只当是了。”他一向私下养着剧盗三十余人，在外庄听用。但是掳掠得来的，与他平分。若有一二处做将出来，他就出身包揽遮护。官府晓得他刁，公人怕他的势，没个敢正眼觑他。但有心上不像意或是眼里动了火的人家，公然叫这些人去搬了来庄里分了，弄得久惯，不在心上。他只待也如此劫了小侄儿子家里，趁便害了他性命。争奈他家家人昼夜巡逻，还养着狼也似的守门犬数只，提防甚紧。也是天有眼睛，到别处去掳了就来，到杨二房去几番，但去便有阻碍，下不得手。

佥宪正在时刻挂心，算计必克。忽然门上传进一个手本来，乃是“旧治下云南贡生张寅禀见”，心下吃了一惊道：“我前番曾受他五百两贿赂，不曾替他完得事，就坏官回家了。我心里也道此一宗银两必有后虑，不想他果然直寻到此。这事原不曾做得，说他不过，理该还他，终不成咽了下去又吐出来？若不还他时，他须是个贡生，酸子智量必不干休。倘然当官告理，且不顾他声名不妙，谁耐烦与他调唇弄舌？我且把个体面见见他，说话之间，或者识时务不提起也不见得。若是这等，好好送他盘缠，打发他去罢了；若是提起要还，又做道理。”佥宪以口问心，计较已定，踱将出厅来，叫请贡生相见。

张贡生整肃衣冠，照着旧上司体统行个大礼，送了些土物为候敬。佥宪收了，设坐告茶。佥宪道：“老夫承乏贵乡，罪过多端。后来罢职家居，不得重到贵地。今见了贵乡朋友，还觉无颜。”张贡生道：“公祖大人直道不容，以致忤时，敝乡士民迄今廑想明德。”佥宪道：“惶恐，惶恐！”又拱手道：“恭喜贤契岁荐了！”张贡生道：“挨次幸及，殊为叨冒。”佥宪道：“今将何往，得停玉趾？”张贡生道：“赴京廷试，假途贵省，特来一觐台光。”佥宪道：“此去成都五十里之遥，特烦枉驾，足见不忘老朽。”

张贡生见他说话不招揽，只得自说出来道：“前日贡生家下有些琐事，曾处一付礼物面奉公祖大人处收贮，以求周全。后来未经结局，公祖已行，此后就回贵乡。今本不敢造次，只因贡生赴京缺费，意欲求公祖大人发还此一项，以助贡生利往，故此特此叩拜。”佥宪作色道：“老夫在贵处只吃得贵乡一口水，何曾有此赃污之事？出口诬蔑，敢是贤契被别个光棍哄了？”张贡生见他昧了心，改了口不认账，若是个知机的，就该罢了，怎当得张贡生原不是良善之人，心里着了急，就狠狠地道：“是贡生亲手在私衙门前交付的，议单执照具在，岂可昧得？”佥宪见有议单执照，回嗔作喜道：“是老夫忘事。得罪，得罪！前日有个妻弟在衙起身，需索老夫馈送。老夫宦囊萧然，不得已故此借宅上这一项打发了他。不匡日后多阻，不曾与宅上出得力。此项该还，只是妻弟已将此一项用去了，须要老夫赔偿。且从容两日，必当处补。”张贡生见说肯还，心下放了两分松，又见说用去，心中不舍得那两件金物，又对佥宪道：“内中两件金器是家下传世之物，还求保全原件则个。”佥宪冷笑了一声道：“既是传世之物，谁教轻易拿出来？且放心，请过了洗尘的薄款再处。”就起身请张贡生书房中慢坐，一面咐咐整治酒席，张贡生自到书房中去了。

佥宪独自算了一回。他起初打白赖之时，只说张贡生会意，是必凑他的趣，他却重重送他个回敬做盘缠,也倒两全了。岂知张贡生算小,不还他体面,搜根剔齿一直说出来。然也还思量还他一半现物,解了他馋涎。只有那金壶与金首饰是他心上得意的东西,时刻把玩的,已曾几度将出来夸耀亲戚过了,你道他舍得也不舍得?张贡生恰恰把这两件口内要紧。佥宪左思右思,便一时不怀好意了,哏地一声道:"一不做,二不休!他是个云南人,家里出来中途到此间的,断送了他,谁人晓得!须不到得尸亲知道。"就叫几个干仆约会了庄上一伙强人,到晚间酒散听候使用。吩咐停当,请出张贡生来赴席。席间说些闲话,评论些朝事,且是殷勤,又叫俊俏的安童频频奉酒。张贡生见是公祖的好意,不好推辞;又料道是如此美情,前物必不留难。放下心怀,只顾吃酒,早已吃得醺醺地醉了。又叫安童奉了又奉,只等待不省人事方住。又问:"张家管家们可曾吃酒了未?"却也个干仆轮番更换陪伴饮酒。那些奴才们见好酒好饭,道是投着好处,那里管三七二十一,只顾贪婪无厌,四个人一个个吃得瞪眉瞠眼,连人多不认得了。禀知了佥宪,佥宪吩咐道:"多送在红花场结果去!"

原来这杨佥宪有所红花场庄子,满地种着红花,广衍有一千余亩,每年卖那红花有八九百两出息。这庄上造着许多房子,专一歇着客人,兼亦藏着强盗。当时只说送张贡生主仆到那里歇宿,到得庄上,五个人多是醉的,看着被卧,倒头便睡,鼾声如雷,也不管天南地北了。那空阔之处一声锣响,几个飞狠的庄客走将拢来,多是有手段的强盗头,一刀一个。遮莫有三头六臂的,也只多费得半刻工夫;何况这一个酸子与几个呆奴,每人只生得一颗头,消得几时,早已罄净。当时就在红花稀疏之处,掘个坎儿,做一堆儿埋下了。可怜张贡生痴心指望讨债,还要成都去见心上人,怎知遇着狠主,弄得如此死于非命!正是:

不道逡巡命,还贪顷刻花。
黄泉无妓馆,今夜宿谁家?

过了一年有余,张贡生两个秀才儿子在家,自从父亲入京以后,并不曾见一纸家书、一个便信回来。问着个把京中归来的人,多道不曾会面,并不晓得,心中疑惑,商量道:."滇中处在天末,怎能够京中信至?还往川中省下打听,彼处不时有在北京还往的。"于是两个凑些盘缠在身边了,一径到成都,寻个下处宿了。在街市上行来走去闲撞,并无遇巧熟人。两兄弟住过十来日,心内无聊,商量道:"此处尽多名妓,我每各寻一个消遣则个。"两个小伙子也不用帮闲,我陪你,你陪我,各寻一个雏儿,一个童小五,一个顾阿都,接在下处,大家取乐。混了几日,闹烘烘热腾腾的,早把探父亲信息的事撇在脑后了。

一日,那大些的有跳槽之意。两个雏儿晓得他是云南人,戏他道:"闻得你云南人,只要嫖老的,我每敢此不中你每的意?不多几日,只要跳槽。"两个秀才道:"怎见得我云南人只要嫖老的?”童小五便道:“前日见游伯伯说,去年有个云南朋友到这里来,要他寻表子,不要兴头的,只要老成的。后来引他到汤家兴哥那里去了。这兴哥是我们母亲一辈中人,他且是与她过得火热,也费了好些银子,约他再来,还要使一主大钱,以后不知怎的了。这不是云南人要老的样子?”两个秀才道:“那云南人姓个什么?怎生模样?”童小五、顾阿都大家拍手笑道:“又来趔了!好在我每肝上的事,管他姓张姓李!那曾见他模样来?只是游伯伯如此说,故把来取笑。”两个秀才道:“游伯伯是什么人?住在哪里?这却是你每晓得的。”童小五、顾阿都又拍手道:“游伯伯也不认得,还要嫖!”两个秀才必竟要问个来历,童小五道:“游伯伯千头万脑的人,撞来就见,要寻他却一世也难。你要问你们贵乡里,竟到汤兴哥家问不是?”两个秀才道:“说得有理!”留小的秀才窝伴着两个雏儿,大的秀才独自个问到汤家来。

那个汤兴哥自从张贡生一去,只说五十里的远近,早晚便到,不想去了一年有多,绝无消息。留下衣囊行李,也不见有人来取。门户人家不把来放在心上,已此放下肚肠了。那日无客,在家闭门昼寝。忽然得一梦,梦见张贡生到来,说道取银回来,至要叙寒温,却被扣门声急,一时惊醒,醒来想道:“又不曾念着他,如何魆地有此梦?敢是有人递信息取衣装,也未可知。”正在疑似间,听得又扣门响。兴哥整整衣裳,叫丫鬟在前,开门出来,丫鬟叫一声:“客来了。”张大秀才才挪得脚进,兴哥抬眼看时,吃了一惊,道:“分明像张贡生一般模样,如何后生了许多?”请在客座里坐了。问起地方姓名,却正是云南姓张。兴哥心下老大稀罕,未敢遽然说破。

张大秀才先问道:“请问大姐,小生闻得这里去年有个云南朋友往来,可是什么样人?姓甚名谁”兴哥道:“有一位老成朋友姓张,说是个贡生,要往京廷试,在此经过的。盘桓了数日,前往新都取债去了。说半日路程,去了就来,不知为何一去不来了。”张大秀才道:“随行有几人?”兴哥道:“有四位管家。”张大秀才心里晓得是了,问道:“此去不来,敢是竟自长行了?”兴哥道:“哪里是!衣囊行李还留在我家里,转来取了才起身的。”张大秀才道:“这等,为何不来?难道不想进京还留在彼处?”兴哥道:“多分是取债不来,耽搁在彼。就是如此,好歹也该有个信,或是叫位管家来。影响无踪,竟不知什么缘故。”张大秀才道:“见说新都取什么债?”兴哥道:“只听得说有一宗五百两东西,不知是什么债。”张大秀才跌脚道:“是了,是了。这等,我们须在新都寻去了。”兴哥道:“他是客官什么瓜葛,要去寻他?”张大秀才道:“不敢欺大姐,就是小生的家父。”兴哥道:“失敬,失敬,怪道模样恁地厮像,这等,是一家人了。”笑欣欣地去叫小二整起饭来,留张大官人坐一坐。张大秀才回说道:“这到不消,小生还有个兄弟在那厢等候,只是适间的话,可是确的吗?”兴哥道:“怎的不确?见有衣囊行李在此,可认一认,看是不是?”随引张大秀才到里边房里,把留下物件与他看了。张大秀才认得是实,忙别了兴哥道:“这等,事不宜迟,星夜同兄弟往新都寻去。寻着了,再来相会。”兴哥假亲热地留了一会儿,顺水推船送出了门。

张大秀才急急走到下处，对兄弟道："问到问着了，果然去年在汤家嫖的正是。只是依她家说起来，竟自不曾往京哩！"小秀才道："这等，在哪里？"大秀才道："还在这里新都，我们须到那里问去。"小秀才道："为何住在新都许久？"大秀才道："他家说是听得往新都取五百金的债，定是到杨疯子家去了。"小秀才道："取得取不得，好歹走路，怎么还在那里？"大秀才道："行囊还在汤家，方才见过的，岂有不带了去径自跑路的理？毕竟是耽搁在新都不来，不消说了。此去那里苦不多远，我每收拾起来一同去走遭，访问下落则个。"两人计议停当，将出些银两，谢了两个妓者，送了家去。

一径到新都来，下在饭店里。店主人见是远来的，问道："两位客官贵处？"两个秀才道："是云南，到此寻人的。"店主人道："云南来是寻人的，不是倒赃的吗？"两个秀才吃惊道："怎说此话？"店主人道："偶然这般说笑。"两个秀才坐定，问店主人道："此间有个杨佥事，住在何处？"店主人伸伸舌头："这人不是好惹的。你远来的人，有甚要紧，没事问他怎么？"两个秀才道："问声何妨？怎便这样怕他？"店主人道："他轻则官司害你，重则强盗劫你。若是远来的人冲撞了他，好歹就结果了性命！"两个秀才道："清平世界，难道杀了人不要偿命的？"店主人道："他偿谁的命？去年也是一个云南人，一主四仆投奔他家。闻得是替他讨什么任上过手赃的，一夜里多杀了，至今冤屈无伸，那见得要偿命来？方才见两位说是云南，所以取笑。"两个秀才见说了，吓得魂不附体，你看我，我看你，一时做不得声。呆了一会儿，战抖抖地问道："那个人姓甚名谁，老丈可知得明白否？"店主人道："我哪里明白？他家有一个管家，叫作老三，常在小店吃酒。这个人还有些天理的，时常饮酒中间，把家主做的歹事一一告诉我，心中不服。去年云南这五个被害，忒煞乖张了。外人纷纷扬扬，也多晓得。小可每还疑心，不敢轻信。老三说是果然真有的，煞是不平，所以小可每才信。可惜这五个人死得苦恼，没个亲人得知。小可见客官方才问及杨家，偶然如此闲讲。客官，各人自扫门前雪，不要闲管罢了！"两个秀才情知是他父亲被害了，不敢声张，暗暗地叫苦，一夜无眠。

次日到街上往来察听，三三两两几处说来，一般无二。两人背地里痛哭了一场，思量要在彼发觉，恐怕反遭网罗。亦且乡宦势头，小可衙门奈何不得他。含酸忍苦，原还到成都来，见了汤兴哥，说了所闻详细，兴哥也赔了几点眼泪。兴哥道："两位官人何不告了他讨命？"两个秀才道："正要如此。"此时四川巡按察院石公正在省下，两个秀才问汤兴哥取了行囊，简出贡生赶京文书放在身边了，写了一状，抱牌进告，状上写道：

告状生员张珍、张琮，为冤杀五命事：有父贡生张寅，前往新都恶宦杨某家取债，一去无踪。珍等亲投彼处寻访，探得当被恶宦谋财害命，并仆四人，同时杀死。

道路惊传，人人可证。尸骨无踪。滔天大变，万古奇冤！亲勦告。告状生员张珍，系云南人。

石察院看罢状词，他一向原晓得新都杨佥事的恶迹著闻，体访已久，要为地方除害，只因是个甲科，又无人敢来告他，没有把柄，未好动手。今见了两生告词，虽然明知其事必实，却是词中没个实证实据，乱行不得。石察院赶开左右，直唤两生到案前来，轻轻地吩咐道："二生所告，本院久知此人罪恶贯盈，但彼奸谋叵测。二生可速回家去，毋得留此！倘为所知，必受其害。待本院廉访得实，当有移文至彼知会，关取尔等到此明冤，万万不可泄漏！"随将状词折了，收在袖中。两生叩头谢教而出，果然依了察院之言，一面收拾，竟回家中静听消息去了。

这边石察院待两司作揖之日，独留宪长谢公叙话。袖出此状与他看着道："天地间有如此人否？本院留之心中久矣！今日恰有人来告此事，贵司刑法衙门可为一访。"谢廉使道："此人枭獍为心，豺狼成性，诚然王法所不容。"石察院道："旧闻此家有家僮数千，阴养死士数十。若不得其实迹，轻易举动，吾辈反为所乘，不可不慎！"谢廉使道："事在下官。"袖了状词，一揖而出。

这谢廉使是极有才能的人，况兼按台嘱咐，敢不在心？他司中有两个承差，一个叫作史应，一个叫作魏能，乃是点头会意的人，谢廉使一向得用的。是日叫他两个进私衙来咐咐道："我有件机密事要你每两个做去。"两个承差叩头道："凭爷吩咐那厢使用，水火不辞！"廉使袖中取出状词来与他两个看，把手指着杨某名字道："按院老爷要根究他家这事，不得那五个人尸首实迹，拿不倒他。必要体访的实，晓得了他埋藏去处，才好行事。却是这人凶狡非常，只怕容易打听不出。若是泄漏了事机，不惟无益，反致有害，是这些难处。"两承差道："此宦之恶，播满一乡。若是晓得上司寻他不是，他必竟先去下手，非同小可。就是小的每往彼体访，若认得是衙门人役，惹起疑心，祸不可测。今蒙差委，除非改换打扮，只做无意游到彼地，乘机缉探，方得真实备细。"廉使道："此言甚是有理，你们快怎么计较了去。"

两承差自相商议了一回，道："除非如此如此。"随禀廉使道："小的们有一计在此，不知中也不中？"廉使道："且说来。"承差道："新都专产红花，小的们晓得杨宦家中有个红花场，利息千金。小的们两个打扮做买红花客人，到彼市买，必竟与他家管事家人交易往来，等走得路数多，人眼熟了，他每没些疑心，然后看机会空便留心体访，必知端的，须拘不得时日。"廉使道："此计颇好。你们小心在意，访着了此宗公事，我另眼看你不打紧，还要对按院老爷说了，分别抬举你。"两承差道："蒙老爷提挈，敢不用心！"叩头而出。

原来这史应、魏能多是有身家的人，在衙门里图出身的。受了这个差委，日夜在心。各自收拾了百来两银子，放在身边了，打扮做客人模样，一同到新都来。只说买红花，问了街上人，晓得红花之事，多是他三管家姓纪的掌管。此人生性梗直，交易公道，故此客人来多投他，买卖做得去。每年与家主挣下千来金利息，全亏他一个，若论家主这样贪暴，鬼也不敢来上门了。当下史应、魏能一径来到他家拜望了，各述来买红花之意，送过了土宜。纪老三满面春风，一团和气，就置酒相待。这两个承差是衙门老溜，好不乖觉。晓得这人有用他处，便有心结识了他，放出虔婆手段，甜言美语，说得入港。魏能便开口道："史大哥，我们新来这里做买卖，人面上不熟。自古道人来投主，鸟来投林，难得这样贤主人，我们序了年庚，结为兄弟何如？"史应道："此意最好。只是我们初相会，况未经交易，只道是我们先讨好了，不便论量。待成了交易，再议未迟。"纪老三道："多承两位不弃，足感盛情。待明日看了货，完了正事，另治个薄设，从容请教，就此结义何如？"两个同声应道："妙，妙。"

当夜纪老三送他在客房歇宿，正是红花场庄上之房。次日起来，看了红花，讲倒了价钱，两人各取银子出来兑足了。两下各各相让有余，彼此情投意合。是日纪老三果然宰鸡买肉，办起东道来。史、魏两人市上去买了些纸马香烛之类，回到庄上摆设了，先献了神，各写出年月日时来。史应最长，纪老三小六岁，魏能又小一岁，挨次序立拜了神，各述了结拜之意，道："自此之后，彼此无欺，有无相济，患难相救，久远不忘；若有违盟，神明殛之！"设誓已毕，从此两人称纪老三为二哥，纪老三称两人为大哥、三哥，彼此喜乐，当晚吃个尽欢而散。原来蜀中传下刘、关、张三人之风，最重的是结义，故此史、魏二人先下此功夫，以结其心。却是未敢说什么正经心肠话，只收了红花停当，且还成都。发在铺中兑客，也原有两分利息，收起银子，又走此路。数月之中，如此往来了五六次。去便与纪老三绸缪，我请你，你请我，日日欢饮，真个如兄若弟，形迹俱忘。

一日酒酣，史应便伸伸腰道："快活！快活！我们遇得好兄弟，到此一番，尽兴一番。"魏能接口道："纪二哥待我们弟兄只好这等了，我心上还嫌他一件未到处。"纪老三道："小弟何事得罪？但说出来，自家弟兄不要避忌！"魏能道："我们晚间贪得一觉好睡。相好弟兄，只该着落我们在安静去处便好。今在此间，每夜听得鬼叫，梦寐多是不安的，有这件不像意。这是二哥欠检点处，小弟心性怕鬼的，只得直说了。"纪老三道："果然鬼叫吗？"史应道："是有些诧异，小弟也听得的，不只是魏三哥。"魏能道："不叫，难道小弟掉谎？"纪老三点点头道："这也怪他叫不得。"对着斟酒的一个伙计道："你道叫的是兀谁？毕竟是云南那人了。"史应、魏能见说出真话来，只做原晓得的一般，不加惊异，趁口道："云南那人之死，我们也闻得久了。只是既死之后，二哥也该积些阴骘，与你家老爷说个方便，与他一堆土埋藏了尸骸也好。为何抛弃他在那里了，使他每夜这等叫苦连天？"纪老三道："死便死得苦了，尸骸原是埋藏的，不要听外边人胡猜乱说！"两人道："外人多说是当时抛弃了，二哥又说是埋藏了，若是埋藏了，他怎如此叫苦？"纪老三道："两个兄弟不信，我领你去看。煞也古怪，但是埋他这一块地上，一些红花也不生哩！"史应道："我每趁着酒兴，斟杯热酒儿，到他那堆里浇他一浇，叫他晚间不要这等怪叫。就在空旷去处，再吃两大杯尽尽兴。”

两个一齐起身，走出红花场上来。纪老三只道是散酒之意，那道是有心的？也起了身，叫小的带了酒盒，随了他们同步，引他们到一个所在来看。但见：

弥漫怨气结成堆，凛冽凄风团作阵。

若还不遇有心人，沉埋数载谁相问？

纪老三把手指道：“那一块一根草也不生的底下，就是他五个的尸骸，怎说得不曾埋藏？”史应就斟下个大杯，向空里作个揖道：“云南的老兄，请一杯儿酒，晚间不要来惊吓我们。”魏能道：“我也奠他一杯，凑成双杯。”纪老三道：“一饮一啄，莫非前定。若不是大哥、三哥来，这两滴酒，几时能够到他泉下？”史应道：“也是他的缘分。”大家笑了一场，又将盒来摆在红花地上，席地而坐，豁了几拳，各各连饮几个大觥，看看日色曛黑，方才住手。

两人早已把埋尸的所在周围暗记认定了，仍到庄房里宿歇。次日对纪老三道：“昨夜果然安静些，想是这两杯酒吃得快活了。”大家笑了一回。是日别了纪老三要回，就问道：“二哥几时也到省下来走走，我们也好做个东道，尽个薄意，回敬一回敬。不然，我们只是叨扰，再无回答，也觉面皮忒厚了。”纪老三道：“弟兄家何出此言！小弟没事不到省下，除非冬底要买过年物事，是必要到你们那里走走，专意来拜大哥、三哥的宅上便是。”三人分手，各自散了。

史应、魏能此番踹知了实地，是长是短，来禀明了谢廉使。廉使道：“你们果是能干。既是这等了，外边不可走漏一毫风信。但等那姓纪的来到省城，即忙密报我知道，自有道理。”两人禀了出来，自在外边等候纪老三来省。看看残年将尽，纪老三果然来买年货，特到史家、魏家拜望。两人住处差不多远，接着纪老三，欢天喜地道：“好风吹得贵客到此。”史应叫魏能偎伴了他，道：“魏三哥且陪着纪二哥坐一坐，小弟市上走一走，看中吃的东西，寻些来家请二哥。”魏能道：“是，是，快来则个。”史应就叫了一个小厮，拿了个篮儿，带着几百钱往市上去了。一面买了些鱼肉果品之类，先打发小厮归家整治；一面走进按察司衙门里头去，密禀与廉使知道。廉使吩咐史应先回家去伴住他，不可放走了。随即差两个公人，写个朱笔票与他道：“立拘新都杨宦家人纪三面审，毋迟时刻！”公人赍了小票，一径到史应家里来。

史应先到家里整治酒肴，正与纪老三接风，吃到兴头上，听得外边敲门响。史应叫小厮开了门，只见两个公人跑将进来，对史、魏两人唱了喏，却不认得纪老三，问道：“这位可是杨管家吗？”史、魏两人会了意，说道：“正是杨家纪大叔。”公人也拱一拱手说道：“敝司主要请管家相见。”纪老三吃一惊道：“有何事要见我，莫非错了？”公人道：“不错，见有小票在此。”便拿出朱笔的小票来看。史应、魏能假意吃惊道:“古怪! 这是怎么起的?”公人道:“老爷要问杨乡宦家中事体,一向吩咐道:‘但有管家到省,即忙缉报。’方才见史官人市上买东西,说道请杨家的纪管家。不知那个多嘴的禀知了老爷,故此特着我每到来相请。”纪老三呆了一晌道:“没事唤我怎的? 我须不曾犯事!”公人道:“谁知犯不犯,见了老爷便知端的。”史、魏两人道:“二哥自身没甚事,便去见见不妨。”纪老三道:“决然为我们家里的老头儿,再无别事。”史、魏两人道:“倘若问着家中事体,只是从直说了,料不吃亏的。既然两位牌头到此,且请便席略坐一坐,吃三杯了去何如?”公人道:“多谢厚情,只是老爷立等回话的公事,从容不得。”史应不由他分说,拿起大觥,每人灌了几觥,吃了些案酒。公人又催起身,史应道:“我便陪着二哥到衙门里去去,魏三哥在家再收拾好了东西,烫热了酒,等见见官来尽兴。”纪老三道:“小弟衙门里不熟,史大哥肯同走走,足见帮衬。”

纪老三没处躲闪,只得跟了两个公人到按察司里来。传梆禀知谢廉使,廉使不升堂,竟叫进私衙里来。廉使问道:“你是新都杨佥事的家人吗?”纪老三道:“小的是。”廉使道:“你家主做的歹事,你可知道详细吗?”纪老三道:“小的家主果然有一两件不守本分勾当,只是小的主仆之分,不敢明言。”廉使道:“你从直说了,我饶你打。若有一毫隐蔽,我就用夹棍了!”纪老三道:“老爷要问哪一件? 小的好说。家主所做的事非一,叫小的何处说起?”廉使冷笑道:“这也说的是。”案上翻那状词,再看一看,便问道:“你只说那云南张贡生主仆五命,今在何处?”纪老三道:“这个不该是小的说的,家主这件事,其实有些亏天理。”廉使道:“你且慢慢说来。”纪老三便把从头如何来讨银,如何留他吃酒,如何杀死了埋在红花地里,说了个备细。谢廉使写了口词道:“你这人到老实,我不难为你。权发监中,待提到了正犯就放。”当下把纪老三发下监中。史应、魏能到也为日前相处分上,照管他一应事体,叫监中不要难为他,不在话下。

谢廉使审得真情,即发宪牌一张,就差史应、魏能两人赍到新都县,着落知县身上,要佥事杨某正身,系连杀五命公事,如不擒获,即以知县代解,又发牌捕衙在红花场起尸。两人领命到得县里,已是除夜那一日了。新都知县接了来文,又见两承差口禀紧急,吓得两手无措。忖道:“今日是年晚,此老必定在家,须乘此时调兵围住,出其不意,方无走失。”即忙唤兵房佥牌出去,调取一卫兵来,有三百余人,知县自领了,把杨家围得铁桶也似。

其时杨佥事正在家饮团年酒,日色未晚,早把大门重重关闭了,自与群妾内宴,歌的歌,舞的舞,内中一妾唱一只《黄莺儿》道:

积雨酿春寒,见繁花树树残。泥涂满眼登临倦,江流几湾,云山几盘。天涯极目空肠断,寄书难。无情征雁,飞不到滇南。

杨佥事见唱出“滇南”两字，一个撞心拳，变了脸色道：“要你们提起甚么滇南不滇南！”心下有些不快活起来。不想知县已在外边，看见大门关上，两个承差是认得他家路径的，从侧边梯墙而人，先把大门开了，请知县到正厅上坐下，叫人到里边传报道：“邑主在外有请！”杨佥事正因“滇南”二字触着隐衷，有些动心。忽听得知县来到正厅上，想道：“这时候到此何干？必有跷蹊，莫非前事有人告发了？”心下惊惶，一时无计，道且躲过了他再处，急往厨下灶前去躲。知县见报了许久不出，恐防有失，忙入中堂，自求搜寻。家中妻妾一时藏避不及，知县吩咐：“唤一个上前来说话！”此时无奈，只得走一个妇女出来答应。知县问道：“你家爷哪里去了？”这个妇人回道：“出外去了，不在家里。”知县道：“胡说！今日是年晚，难道不在家过年的？”叫从人将拶子拶将起来。这妇人着了忙，喊道：“在！在！”就把手指着厨下。知县率领从人竟往厨下来搜，佥事无计可施，只得走出来道：“今日年夜，老父母何事直入人内室？”知县道：“非干晚生之事，乃是按台老大人、宪长老大人相请，问什么连杀五命的公事，要老先生星夜到司对理。如老先生不去，要晚生代解，不得不如此唐突。”佥事道：“随你什么事，也须让过年节。”知县道：“上司紧急，两个承差坐提，等不得过年。只得要烦老先生一行，晚生奉陪同往就是。”

知县就叫承差守定，不放宽展。佥事无奈，只得随了知县出门。知县登时佥了解批，连夜解赴会城。两个承差又指点捕官一面到庄上掘了尸首，一同赶来。那些在庄上的强盗，见主人被拿，风声不好，一哄的走了。

谢廉使特为这事岁朝升堂，知县已将佥事解进。佥事换了小服，跪在厅下，口里还强道：“不知犯官有何事故，钩牌拘提，如捕反寇。”廉使将按院所准状词，读与他听。佥事道：“有何凭据？”廉使道：“还你个凭据。”即将纪老三放将出来道：“这可是你家人么？他所供口词的确，还有何言？”佥事道：“这是家人怀挟私恨诬首的，怎么听得？”廉使道：“诬与不诬，少顷便见。”说话未完，只见新都巡捕、县丞已将红花场五个尸首，在衙门外着落地方收贮，进司禀知。廉使道：“你说无凭据，这五个尸首，如何在你地上？”廉使又问捕官：“相得尸首怎么的？”捕官道：“县丞当时相来，俱是生前被人杀死，身首各离的。”廉使道：

"如何？可正与纪三所供不异，再推得吗？"佥事俯首无辞，只得认了道："一时酒醉触怒，做了这事。乞看缙绅体面，遮盖些则个。"廉使道："缙绅中有此，不但衣冠中禽兽，乃禽兽中豺狼也！石按台早知此事，密访已久，如何轻贷得？"即将杨佥事收下监候，待行关取到原告再问，重赏了两个承差，纪三释放宁家去了。

关文行到云南，两个秀才知道杨佥事已在狱中，星夜赴成都来执命，晓得事在按察司，竟来投到。廉使叫押到尸场上认领父亲尸首，取出佥事对质一番，两子将佥事拳打脚踢。廉使喝住道："既在官了，自有应得罪名，不必如此！"将佥事依一人杀死三命者律，今更多二命，拟凌迟处死，决不待时。下手诸盗以为从定罪，候擒获发落。佥事系是职官，申院奏请定夺。不等得旨意转来，杨佥事是受用的人，在狱中受苦不过，又见张贡生率领四仆日日来打他，不多几时，毙于狱底。

佥事原不曾有子，家中竟无主持，诸妾各自散去。只有杨二房八岁的儿子杨清是他亲侄，应得承受，泼天家业多归于他。杨佥事枉自生前要算计并侄儿子的，岂知身后连自己的倒与他了！这便是天理不泯处。

那张贡生只为要欺心小兄弟的人家，弄得身子冤死他乡，幸得官府清正有风力，才报得仇。却是行关本处，又经提请，把这件行贿上司图占家产之事各处播扬开了。张宾此时同了母亲禀告县官道："若是家事不该平分，哥子为何行贿？眼见得欺心，所以丧身。今两姓执命，既已明白，家事就好公断了。此系成都成案，奏疏分明，须不是撰造得出的。"县官理上说他不过，只得把张家一应产业两下平分。张宾得了一半，两个侄儿得了一半，两个侄儿也无可争论。

张贡生早知道到底如此，何苦将钱去买憔悴，白折了五百两银子，又送了五条性命？真所谓无梁不成，反输一帖也！奉劝世人，还是存些天理守些本分的好。

钱财有分苦争多，反自将身入网罗。
看取两家归束处，心机用尽竟如何？

卷之五

襄敏公元宵失子　十三郎五岁朝天

词云：

瑞烟浮禁苑。正绛阙春回，新正方半，冰轮桂华满。溢花衢歌市，芙蓉开遍。龙楼两观，见银烛、星球有烂。卷珠帘，尽日笙歌，盛集宝钗金钏。

堪羡。绮罗丛里，兰麝香中，正宜游玩。风柔夜暖，花影乱，笑声喧。闹蛾儿满路，成团打块，簇着冠儿斗转。喜皇都、旧日风光，太平再见。（词寄《瑞鹤仙》）

这一首词乃是宋绍兴年间词人康伯可所作。伯可元是北人，随驾南渡，有名是个会做乐府的才子，秦申王荐于高宗皇帝。这词单道着上元佳景，高宗皇帝极其称赏，御赐金帛甚多。词中为何说“旧日风光，太平再见”？盖因靖康之乱，徽、钦被虏，中原尽属金夷，侥幸康王南渡，即了帝位，偏安一隅，偷闲取乐，还要模拟盛时光景，故词人歌咏如此，也是自解自乐而已。怎如得当初柳耆卿另有一首词云：

禁漏花深，绣工日永，熏风布暖。变韶景、都门十二，元宵三五，银蟾光满。连云复道凌飞观。耸皇居丽，佳气瑞烟葱蒨。翠华宵幸，是处层城阆苑。

龙凤烛、交光星汉。对咫尺鳌山开雉扇。会乐府两籍神仙，梨园四部弦管。向晓色、都人未散。盈万井、山呼鳌抃。愿岁岁，天仗里常瞻凤辇。（词寄《倾杯乐》）

这首词，多说着盛时宫禁说话。只因宋时极作兴是个元宵，大张灯火，御驾亲临，君民同乐，所以说道“金吾不禁夜，玉漏莫相催”。然因是倾城士女通宵出游，没些禁忌，其间就有私期密约，鼠窃狗偷，弄出许多话柄来。

当时李汉老又有一首词云：

帝城三五，灯光花市盈路。天街游处，此时方信，凤阙都民，奢华豪富。纱笼才过处，喝道转身，一壁小来且住。见许多才子艳质，携手并肩低语。

东来西往谁家女？买玉梅争戴，缓步香风度。北观南顾。见画烛影里，神仙无数。引人魂似醉，不如趁早，步月归去。这一双情眼，怎生禁得，许多胡觑？（词寄《女冠子》）

细看此一词，可见元宵之夜，趁着喧闹丛中干那不三不四勾当的，不一而足，不消说起。

而今在下说一件元宵的事体，直教：

闹动公侯府，分开帝主颜。
猾徒入地去，稚子见天还。

话说宋神宗朝，有个大臣王襄敏公，单讳着一个韶字，全家住在京师。真是潭潭相府，富贵奢华，自不必说。那年正月十五元宵佳节，其时王安石未用，新法未行，四境无侵，万民乐业，正是太平时候，家家户户，点放花灯。自从十三日为始，十街九市，欢呼达旦。这夜十五日是正夜，年年规矩，官家亲自出来，赏玩通宵。倾城士女，专待天颜一看。且是此日难得一轮明月当空，照耀如同白昼，映着各色奇巧花灯，从来叫作灯月交辉，极为美景。襄敏公家内眷，自夫人以下，老老幼幼，没一个不打扮齐整了，只候人牵着帷幕，出来街上看灯游耍。看官，你道如何用着帷幕？盖因官宦人家女眷，恐防街市人挨挨擦擦，不成体面，所以或用绢段或用布匹等类，扯作长圈围着，只要隔绝外边人，他在里头走的人，原自四边看得见的。晋时叫它作步障，故有紫丝步障、锦步障之称，这是大人家规范如此。

闲话且过，却说襄敏公有个小衙内，是他末堂最小的儿子，排行第十三，小名叫做南陔。年方五岁，聪明乖觉，容貌不凡，合家内外大小都是喜欢他的，公与夫人自不必说，其时也要到街上看灯。大宅门中衙内，穿着齐整还是等闲，只头上一顶帽子，多是黄豆来大不打眼的洋珠，穿成双凤穿牡丹花样，当面前一粒猫儿眼宝石，睛光闪烁，四围又是五色宝石镶着，乃是鸦青、祖母绿之类，只这顶帽，也值千来贯钱。襄敏公吩咐一个家人王吉，驮在背上，随着内眷一起看灯。

那王吉是个晓法度的人，自道身是男人，不敢在帷中走，只相傍帷外而行。行到宣德门前，恰好神宗皇帝正御宣德门楼，圣旨许令万目仰观，金吾卫不得拦阻。楼上设着鳌山，灯光灿烂，香烟馥郁；奏动御乐，箫鼓喧阗。楼下施呈百戏，供奉御览。看的真是人山人海，挤得缝地都没有了。有翰林承旨王禹玉《上元应制诗》为证：

雪消华月满仙台，万烛当楼宝扇开。
双凤云中扶辇下，六鳌海上驾山来。
镐京春酒沾周宴，汾水秋风陋汉才。
一曲升平人尽乐，君王又进紫霞杯。

此时王吉拥在人丛之中，因为肩上负了小衙内，好生不便，观看得不甚像意。忽然觉得背上轻松了些，一时看得浑了，忘其所以，伸伸腰，抬抬头，且是自在，呆呆里向上看着，猛然想道："小衙内呢？"急回头看时，眼见得不在背上。四下一望，多是面生之人，竟不见了小衙内踪影。欲要找寻，又被挤住了脚，行走不得。王吉心慌撩乱，将身子尽力挨出，挨得骨软筋麻，才到得稀松之处。遇见府中一伙人，问道："你们见小衙内吗？"府中人道："小衙内是你负着，怎到来问我们？"王吉道："正是闹嚷之际，不知哪个伸手来我背上接了去。想必是府中弟兄们见我费力，替我抱了，放松我些，也不见得。我一时贪个松快，人闹里不看得仔细，及至寻时已不见了，你们难道不曾撞见？"府中人见说，大家慌张起来，道："你来作怪了，这是做耍的事？好如此不小心！你在人千人万处失去了，却在此问张问李，岂不误事！还是分头再到闹头里寻去。"

一伙十来个人同了王吉挨出挨入，高呼大叫，怎当得人多得紧了，茫茫里向那个问是？落得眼睛也看花了，喉咙也叫哑了，并无一些影响。寻了一回，走将拢来，我问你，你问我，多一般不见，慌作了一团。有的道："或者哪个抱了家去了？"有的道："你我都在，又是哪一个抱去！"王吉道："且到家问问看又处。"一个老家人道："决不在家里，头上东西耀人眼目，被歹人连人盗拐去了。我们且不要惊动夫人，先到家禀知了相公，差人及早缉捕为是。"王吉见说要禀知相公，先自怯了一半，道："如何回得相公的话？且从容计较打听，不要性急便好！"府中人多是着了忙的，哪由得王吉主张，一齐奔了家来，私下问问，哪得个小衙内在里头？只得来见襄敏公，却也嗫嗫嚅嚅，未敢一直说失去小衙内的事。襄敏公见众人急急之状，到问道："你等去未多时，如何一齐跑了回来？且多有些慌张失智光景，必有缘故。"众家人才把王吉在人丛中失去小衙内之事说了一遍。王吉跪下，只是叩头请死。襄敏公毫不在意，笑道："去了自然回来，何必如此着急？"众家人道："此必是歹人拐了去，怎能够回来？相公还是着落开封府及早追捕，方得无失。"襄敏公摇头道："也不必。"众人道是一番天样大、火样急的事，怎知襄敏公看得等闲，声色不动，化作一杯雪水，众人不解其意，只得到帷中禀知夫人。

夫人惊慌抽身急回，噙着一把眼泪来与相公商量，襄敏公道："若是别个儿子失去，便当急急寻访。今是吾十三郎，必然自会归来，不必忧虑。"夫人道："此子虽然伶俐，点点年纪，奢遮煞也只是四五岁的孩子。万众之中挤掉了，怎能够自会归来？"养娘每道："闻得歹人拐人家小厮去，有擦瞎眼的，有斫掉脚的，千方百计摆布坏了，装作叫化的化钱。若不急急追寻，必然衙内遭了毒手！"各各啼哭不住。家人每道："相公便不着落府里缉捕，招帖也写几张，或是大张告示，有人贪图赏钱，便有访得下落的来报了。"一时间你出一说，我出一见，纷纭乱讲。只有襄敏公怡然不以为意，道："随你议论百出，总是多的，过几日自然来家。"夫人道："魔合罗般一个孩子，怎生舍得失去了不在心上？说这样懈话！"襄敏公道："包在我身上，还你一个旧孩子便了，不要性急！"夫人哪里放心？就是家人每、养娘每也不肯信相公的话。夫人自吩咐家人各处找寻去了不题。

却说那晚南陔在王吉背上，正在挨挤喧嚷之际，忽然有个人趁近到王吉身畔，轻轻伸手过来接去，仍旧一般驮着。南陔贪着观看，正在眼花撩乱，一时不觉。只见那一个人负得在背，便在人丛里乱挤将过去，南陔才喝声道："王吉！如何如此乱走！"定睛一看，哪里是个王吉？衣帽装束多另是一样了。南陔年纪虽小，心里煞是聪明，便晓得是个歹人，被他闹里来拐了，欲待声张，左右一看，并无一个认得的熟人。他心里思量道："此必贪我头上珠帽，若被他掠去，须难寻讨，我且藏过帽子，我身子不怕他怎地！"遂将手去头上除下帽子来，揣在袖中，也不言语，也不慌张，任他驮着前走，却像不晓得什么的。将近东华门，看见轿子四五乘叠联而来，南陔觑轿子来得较近，伸手去攀着轿幰，大呼道："有贼！有贼！救人！救人！"那负南陔的贼出于不意，骤听得背上如此呼叫，吃了一惊，恐怕被人拿住，连忙把南陔撩下背来，脱身便走，在人丛里混过了。轿中人在轿内闻得孩子声唤，推开帘子一看，见是个青头白脸魔合罗般一个小孩子，心里喜欢，叫住了轿，抱将过来，问道："你是何处来的？"南陔道："是贼拐了来的。"轿中人道："贼在何处？"南陔道："方才叫喊起来，在人丛中走了。"轿中人见他说话明白，摩他头道："乖乖，你不要心慌，且随我去再处。"便双手抱来，放在膝上。一直进了东华门，竟人大内去了。你道轿中是何等人？原来是穿宫的高品近侍中大人。因圣驾御楼观灯已毕，先同着一般的中贵四五人前去宫中排宴。不想遇着南陔叫喊，抱在轿中，进了大内。中大人吩咐从人，领他到自己入直的房内，与他果品吃着，被卧温着。恐防惊吓了他，叮嘱又叮嘱。内监心性喜欢小的，自然如此。

次早，中大人四五人直到神宗御前，叩头跪禀道："好叫万岁爷爷得知，奴婢等昨晚随侍赏灯回来，在东华门外拾得一个失落的孩子，领进宫来，此乃万岁爷爷得子之兆，奴婢等不胜喜欢。未知是谁家之子，未请圣旨，不敢擅便，特此启奏。"神宗此时前星未耀，正急的是生子一事。见说拾得一个孩子，也道是宜男之祥，喜动天颜,叫快宣来见。

中大人领旨,急到人直房内抱了南陔,先对他说:“圣旨宣召,如今要见驾哩,你不要惊怕!”南陔见说见驾,晓得是见皇帝了,不慌不忙,在袖中取出珠帽来,一似昨日带了,随了中大人竟来见神宗皇帝。娃子家虽不曾习着什么高呼拜舞之礼,却也擎拳曲腿,一拜两拜地叩头稽首,喜得个神宗跌脚欢忭,御口问道:“小孩子,你是谁人之子?可晓得姓什么?”南陔竦然起答道:“儿姓王,乃臣韶之幼子也。”神宗见他说出话来,声音清朗,且语言有体,大加惊异,又问道:“你缘何得到此处?”南陔道:“只因昨夜元宵举家观灯,瞻仰圣容,嚷乱之中,被贼人偷驮背上前走。偶见内家车乘,只得叫呼求救。贼人走脱,臣随中贵大人一同到此,得见天颜,实出万幸!”神宗道:“你今年几岁了?”南陔道:“臣五岁了。”神宗道:“小小年纪,便能如此应对,王韶可谓有子矣。昨夜失去,不知举家何等惊惶。朕今即要送还汝父,只可惜没查处那个贼人。”南陔对道:“陛下要查此贼,一发不难。”神宗惊喜道:“你有何见,可以得贼?”南陔道:“臣被贼人驮走,已晓得不是家里人了,便把头带的珠帽除下藏好。那珠帽之顶,有臣母将绣针彩线插戴其上,以厌不祥。臣比时在他背上,想贼人无可记认,就于除帽之时将针线取下,密把他衣领缝线一道,插针在衣内,以为暗号。今陛下令人密查,若衣领有此针线者,即是昨夜之贼,有何难见?”神宗大惊道:“奇哉此儿!一点年纪,有如此大见识!朕若不得贼,孩子不如矣!待朕擒治了此贼,方送汝回去。”又对近侍夸称道:“如此奇异儿子,不可令宫闱中人不见一见。”传旨急宣钦圣皇后见驾。

穿宫人传将旨意进宫,宣得钦圣皇后到来。山呼行礼已毕,神宗对钦圣道:“外厢有个好儿子,卿可暂留宫中,替朕看养他几日,做个得子的谶兆。”钦圣虽然遵旨谢恩,不知甚么事由,心中有些犹豫不决。神宗道:“要知详细,领此儿到宫中问他,他自会说明白。”钦圣得旨,领了南陔自往宫中去了。

神宗一面写下密旨,差个中大人赍到开封府,是长是短的,从头吩咐了大尹,立限捕贼以闻。开封府大尹奉得密旨,非比寻常访贼的事,怎敢时刻怠缓?即唤过当日缉捕使臣何观察吩咐道:“今日奉到密旨,限你三日内要拿元宵夜做不是的一伙人。”观察禀道:“无赃无证,从何缉捕?”大尹叫何观察上来附耳低言,把中大人所传衣领针线为号之说说了一遍,何观察道:“恁地时,三日之内管取完这头公事,只是不可声扬。”大尹道:“你好干这事,此是奉旨的,非比别项盗贼,小心在意!”观察声喏而出,到得使臣房,集齐一班眼明手快的公人来商量道:“元宵夜趁着热闹做歹事的,不止一人,失事的也不止一家。偶然这一家的小儿不曾掳得去,别家得手处必多。日子不远,此辈不过在花街柳陌酒楼饭店中,庆松取乐,料必未散。虽是不知姓名地方,有此暗记,还怕什么?遮莫没踪影的也要寻出来。我每几十个做公的分头体访,自然有个下落。”当下派定张三往东,李四往西。各人认路,茶坊酒肆,凡有众人团聚面生可疑之处,即便留心挨身体看,各自去讫。

原来那晚这个贼人,有名的叫作雕儿手,一起有十来个,专一趁着闹热时节人丛里做那不本分的勾当。有诗为证:

昏夜贪他唾手财,全凭手快眼儿乖。
世人莫笑胡行事,譬似求人更可哀。

那一个贼人当时在王家门首,窥探踪迹,见个小衙内齐整打扮背将出来,便自上了心,一路尾着走,不离左右。到了宣德门楼下,正在挨挤喧哄之处,觑个空,便双手溜将过来,背了就走。欺他是小孩子,纵有知觉,不过惊怕啼哭之类,料无妨碍,不在心上。不提防到官轿旁边,却会叫喊"有贼"起来,一时着了忙,想道:"利害!"卸着便走。更不知背上头,暗地里又被他做功夫,留下记认了,此是神仙也不猜到之事。后来脱去,见了同伙,团聚拢来,各出所获之物,如簪钗、金宝、珠玉、貂鼠暖耳、狐尾护颈之类,无所不有。只有此人却是空手,述其缘故,众贼道:"何不单雕了珠帽来?"此人道:"他一身衣服多有宝珠钮簌,手足上各有钏镯。就是四五岁一个小孩子好歹也值两贯钱,怎舍得轻放了他?"众贼道:"而今孩子何在?正是贪多嚼不烂了。"此人道:"正在内家轿边叫喊起来,随从的虞候虎狼也似,好不多人在那里,不兜住身子便算天大侥幸,还望财物哩!"众贼道:"果是利害,而今幸得无事,弟兄们且打平伙,吃酒压惊去。"于是一日轮一个做主人,只拣隐僻酒务,便去畅饮。

是日,正在玉津园旁边一个酒务里头欢呼畅饮。一个做公的,叫作李云,偶然在外经过,听得猜拳豁指呼红喝六之声。他是有心的,便踅进门来一看,见这些人举止气象,心下有十分瞧科。走去坐了一个独副座头,叫声:"买酒饭吃!"店小二先将盏箸安顿去了。他便站将起来,背着手踱来踱去,侧眼把那些人逐个个觑将去,内中一个果然衣领上挂着一寸来长短彩线头。李云晓得着手了,叫店家:"且慢烫酒,我去街上邀着个客人一同来吃。"忙走出门,口中打个胡哨,便有七八个做公的走将拢来,问道:"李大,有影响吗?"李云把手指着店内道:"正在这里头,已看的实了。我们几个守着这里,把一个走去,再叫集十来个弟兄一同下手。"内中一个会走的飞也似去,又叫了十来个做公的来了。发声喊,望酒务里打进去,叫道:"奉圣旨拿元宵夜贼人一伙!店家协力,不得放走了人!"店家听得"圣旨"二字,晓得利害,急集小二、火工、后生人等,执了器械出来帮助。十来个贼,不曾走了一个,多被捆倒。正是:

日间不做亏心事,夜半敲门不吃惊。

大凡做贼的见了做公的,就是老鼠遇了猫儿,见形便伏;做公的见了做贼的,就是仙鹤遇了蛇洞,闻气即知。所以这两项人每每私自相通,时常要些孝顺,叫作"打业钱”。若是捉破了贼，不是什么要紧公事，得些利市，便放松了。而今是钦限要人的事，衣领上针线斗着海底眼，如何容得宽展！当下捆住，先剥了这一个的衣服。众贼虽是口里还强，却个个肉颤身摇，面如土色。身畔一搜，各有零赃，一直里押到开封府来，报知大尹。

大尹升堂，验着衣领针线是实，明知无枉，喝教："用起刑来！"令招实情。挪扒吊拷，备受苦楚，这些顽皮赖肉只不肯招。大尹即将衣领针线问他道："你身上何得有此？"贼人不知事端，信口支吾。大尹笑道："如此剧贼，却被小孩子算破了，岂非天理昭彰！你可记得元宵夜内家轿边叫救人的孩子吗？你身上已有了暗记，还要抵赖到那里去？"贼人方知被孩子暗算了，对口无言，只得招出实话来。乃是积年累岁遇着节令盛时，即便四出剽窃，以及平时略贩子女，伤害性命，罪状山积，难以枚举，从不败露。岂知今年元宵行事之后，卒然被擒？却被小子暗算，惊动天听，以致有此。莫非天数该败，一死难逃！大尹责了口词，叠成文卷。大尹却记起旧年元宵真珠姬一案，现捕未获的那一件事来。你道又是甚事？看官且放下这头，听小子说那一头。

也只因宣德门张灯，王侯贵戚女眷多设帷幕在门外两庑，日间先在那里等候观看。其时有一个宗王家在东首，有个女儿名唤真珠，因赵姓天潢之族，人都称她真珠族姬，年十七岁，未曾许嫁人家，颜色明艳，服饰鲜丽，耀人眼目。宗王的夫人姨妹族中却在西首。姨娘晓得外甥真珠姬在帷中观灯，叫个丫鬟走来相邀一会儿，上复道："若肯来，当差兜轿来迎。"真珠姬听罢，不胜之喜，便对母亲道："儿正要见见姨娘，恰好她来相请，是必要去。"夫人亦欣然许允。打发丫鬟先去回话，专候轿来相迎。过不多时，只见一乘兜轿打从西边来到帷前。真珠姬孩子心性，巴不得就到那边顽耍，叫养娘们问得是来接的，吩咐从人随后来，自己不耐烦等待，慌忙先自上轿去了。才去得一会儿，先前来的丫鬟又领了一乘兜轿来到，说到："立等真珠姬相会，快请上轿。"王府里家人道："真珠姬方才先随轿去了，如何又来迎接？"丫鬟道："只是我同这乘轿来，哪里又有什么轿先到？"家人们晓得有些跷蹊了，大家忙乱起来。闻之宗王，着人到西边去看，眼见得决不在那里的了，急急吩咐虞候祗从人等四下找寻，并无影响。急具事状，告到开封府。府中晓得是王府里事，不敢怠慢，散遣缉捕使臣挨查踪迹。王府里自出赏揭，报信者二千贯，竟无下落，不提。

且说真珠姬自上了轿后，但见轿夫四足齐举，其行如飞。真珠姬心里道："是顷刻就到的路，何须得如此慌走？"却也道是轿夫脚步惯了的，不以为意。及至抬眼看时，倏忽转弯，不是正路，渐渐走到狭巷里来，轿夫们脚高步低，越走越黑，心里正有些疑惑，忽然轿住了，轿夫多走了去。不见有人相接，只得自己掀帘走出轿来，定睛一看，只叫得苦。原来是一所古庙，旁边鬼卒十余个各持兵杖夹立，中间坐着一位神道，面阔尺余，须髯满颏，目光如炬，肩臂摇动，像个活的一般。真珠姬心慌，不免下拜。神道开口大言道："你休得惊怕！我与汝有夙缘，故使神力摄你至此。"真珠姬见神道说出话来,愈加惊怕,放声啼哭起来。旁边两个鬼卒走来扶着,神道说:“快取压惊酒来。”旁边又一鬼卒斟着一杯热酒,向真珠姬口边奉来。真珠姬欲待推拒,又怀惧怕,勉强将口接着,被他一灌而尽。真珠姬早已天旋地转,不知人事,倒在地下。神道走下座来,笑道:“着了手也!”旁边鬼卒多攒将拢来,同神道各卸了装束,除下面具。原来个个多是活人,乃一伙剧贼装成的。将蒙汗药灌倒了真珠姬,抬到后面去。后面走将一个婆子出来,扶去放在床上眠着。众贼汉乘她昏迷,次第奸淫。可怜金枝玉叶之人,零落在狗党狐群之手。奸淫已毕,吩咐婆子看好,各自散去,别做歹事了。

真珠姬睡至天明,看看苏醒;睁眼看时,不知是那里,但见一个婆子在旁边坐着。真珠姬自觉阴户疼痛,把手摸时,周围虚肿,明知着了人手,问婆子道:“此是何处?将我送在这里!”婆子道:“夜间众好汉每送将小娘子来的,不必心焦,管取你就落好处便了。”真珠姬道:“我是宗王府中闺女,你每歹人怎如此胡行乱做!”婆子道:“而今说不得王府不王府了。老身见你是金枝玉叶,须不把你作贱。”真珠姬也不晓得他的说话因由,侮着眼只是啼哭。原来这婆子是个牙婆,专一走大人家雇卖人口的。这伙剧贼掠得人口,便来投她家下,留下几晚,就有头主来成了去的。那时留了真珠姬,好言温慰得熟分。刚两三日,只见一日一乘轿来抬了去,已将她卖与城外一个富家为妾了。

主翁成婚后,云雨之时,心里晓得不是处子,却见她美色,甚是喜欢,不以为意,更不曾提起问她来历。真珠姬也深怀羞愤,不敢轻易自言。怎当得那家姬妾颇多,见一人专宠,尽生嫉妒之心,说她来历不明,多管是在家犯奸被逐出来的奴婢,日日在主翁耳根边激聒。主翁听得不耐烦,偶然问其来处。真珠姬揆着心中事,大声啼泣,诉出事由来,方知是宗王之女,被人掠卖至此。主翁多曾看见榜文赏帖的,老大吃惊,恐怕事发连累。急忙叫人寻取原媒牙婆,已自不知去向了。主翁寻思道:“此等奸徒,此处不败,别处必露。到得根究起来,现赃在我家,须藏不过,可不是天大利害?况且王府女眷,不是取笑,必有寻着根底的日子。别人做了歹事,把个愁布袋丢在这里,替她顶死不成?”心生一计,叫两个家人家里抬出一顶破竹轿来装好了,请出真珠姬来。主翁纳头便拜道:“一向有眼不识贵人,多有唐突,却是辱莫了贵人,多是歹人做的事,小可并不知道。今情愿折了身价,白送贵人还府,只望高抬贵手,凡事遮盖,不要牵累小可则个。”真珠姬见说送她还家,就如听得一封九重恩赦到来。又原是受主翁厚待的,见他小心赔礼,好生过意不去,回言道:“只要见了我父母,决不题起你姓名罢了。”

主翁请真珠姬上了轿,两个家人抬了飞走,真珠姬也不及分别一声,慌忙走了五七里路,一抬抬到荒野之中,抬轿的放下竹轿,抽身便走,一道烟去了。真珠姬在轿中探头出看,只见静悄无人。走出轿来,前后一看,连两个抬轿的影踪不见,慌张起来道:“我直如此命蹇!如何不明不白抛我在此?万一又遇歹人,如何是好?”没做理会处,只得仍旧进轿坐了,放声大哭起来,乱喊乱叫,将身子在轿内掷颠不已,头发多颠得蓬松。

此时正是春三月天道,时常有郊外踏青的。有人看见空旷之中,一乘竹轿内有人大哭,不胜骇异,渐渐走将拢来。起初止是一两个人,后来簇箕般围将转来,你诘我问,你喧我嚷。真珠姬慌慌张张,没口得分诉,一发说不出一句明白话来。内中有老成人,摇手叫四旁人莫嚷,朗声问道:"娘子是何家宅眷?因甚独自歇轿在此?"真珠姬方才噙了眼泪,说得话出来道:"奴是王府中族姬,被歹人拐来在此的。有人报知府中,定当重赏。"当时王府中赏帖,开封府榜文,谁不知道?真珠姬话才出口,早已有请功的飞也似去报了。须臾之间,王府中干办虞候走了偌多人来认看,果然破轿之内坐着的是真珠族姬。慌忙打轿来换了,抬归府中。父母与合家人等看见头蓬鬓乱,满面泪痕,抱着大哭。真珠姬一发乱颠乱掷,哭得一佛出世,二佛生天,直等哭得尽情了,方才把前时失去今日归来的事端,一五一十告诉了一遍。宗王道:"可晓得那讨你的是哪一家?便好挨查。"真珠姬心里还护着那主翁,回言道:"人家便认得,却是不晓得姓名,也不晓得地方,又来得路远了,不记起在那一边。抑且那人家原不知情,多是歹人所为。"宗王心里道是家丑不可外扬,恐女儿许不得人家,只得含忍过了,不去声张,老实根究。只暗地嘱付开封府,留心访贼罢了。

隔了一年,又是元宵之夜,弄出王家这件案来。其时大尹拿倒王家做歹事的贼,记得王府中的事,也把来问问看,果然即是这伙人。大尹咬牙切齿,拍案大骂道:"这些贼男女,死有余辜!"喝教加力行杖,各打了六十讯棍,押下死囚牢中,奏请明断发落。奏内大略云:

群盗元夕所为,止于胠箧;居恒所犯,尽属椎埋。似此枭獍之徒,岂容辇毂之下!合行骈戮,以靖邦畿。

神宗皇帝见奏,晓得开封府尽获盗犯,笑道:"果然不出小孩子所算。"龙颜大喜,批准奏章,着会官即时处决,又命开封府再录狱词一通来看。开封府钦此钦遵,处斩众盗已毕,一面回奏,复将前后犯由狱词详细录上。神宗得奏,即将狱词笼在袍袖之中,含笑回宫。

且说正宫钦圣皇后,那日亲奉圣谕,赐与外厢小儿鞠养,以为得子之兆,当下谢恩领回宫中来。试问他来历备细,那小孩子应答如流,语言清朗。他在皇帝御前也曾经过,可知道不怕面生,就像自家屋里一般,嘻笑自若。喜得个钦圣心花也开了,将来抱在膝上,宝器心肝的不住地叫。命宫娥取过梳妆匣来,替他掠发整容,调脂画额,一发打扮得齐整。合宫妃嫔闻得钦圣宫中御赐一个小儿,尽皆来到宫中,一来称贺娘娘,二来观看小儿。盖因小儿是宫中所不曾有的,实觉稀罕。及至见了,又是一个眉清目秀,唇红齿白,魔合罗般一个能言能语,百问百答,你道有不快活的么?妃嫔每要奉承娘娘,亦且喜欢孩子,争先将出宝玩金珠钏镯等类来做见面钱,多塞在他小袖子里,袖子里盛满了着不得。钦圣命一个老内人逐一替他收好了,又叫领了他到各宫朝见顽耍。各宫以为盛事,你强我赛,又多各有赏赐,宫中好不喜欢热闹。

如是十来日,正在喧哄之际,忽然驾幸钦圣宫,宣召前日孩子。钦圣当下率领南陔朝见已毕,神宗问钦圣道:"小孩子莫惊怕否?"钦圣道:"蒙圣恩敕令暂鞠此儿,此儿聪慧非凡,虽居禁地,毫不改度,老成人不过如此。实乃陛下洪福齐天,国家有此等神童出世,臣妾不胜欣幸!"神宗道:"好教卿等知道,只那夜做歹事的人,尽被开封府所获,则为衣领上针线暗记,不到得走了一个,此儿可谓有智极矣!今贼人尽行斩讫,怕他家里不知道,在家忙乱,今日好好送还他去。"钦圣与南陔各叩首谢恩。当下传旨:敕令前日抱进宫的那个中大人护送归第,御赐金犀一麓,与他压惊。

中大人得旨,就御前抱了南陔,辞了钦圣,一路出宫。钦圣尚兀自好些不割舍他,梯己自有赏赐,与同前日各宫所赠之物总贮一箧,令人一同交付与中大人收好,送到他家。中大人出了宫门,传命起辆犊车,赍了圣旨,就抱南陔坐在怀里了,径望王家而来。

去时蓦地偷将去,来日从天降下来。
孩抱何缘亲见帝?恍疑鬼使与神差。

话说王襄敏家中自那晚失去了小衙内,合家里外大小没一个不忧愁思虑,哭哭啼啼。只有襄敏毫不在意,竟不令人追寻。虽然夫人与同管家的吩咐众家人各处探访,却也并无一些影响。人人懊恼,没个是处。忽然此日朝门上飞报将来,有中大人亲赍圣旨到第开读。襄敏不知事端,吩咐忙排香案迎接,自己冠绅袍笏,俯伏听旨。只见中大人抱了个小孩子下犊车来,家人上前来争看,认得是小衙内,倒吃了一惊。不觉大家手舞足蹈，禁不得喜欢。中大人喝道：“且听宣圣旨！”高声宣道：

卿元宵失子，乃朕获之，今却还卿。特赐压惊物一簏，奖其幼志。钦哉！

中大人宣毕，襄敏拜舞谢恩已了，请过圣旨，与中大人叙礼，分宾主坐定。中大人笑道：“老先儿，好个乖令郎！”襄敏正要问起根由，中大人笑嘻嘻地袖中取出一卷文书出来，说道：“老先儿要知令郎去来事端，只看此一卷便明白了。”襄敏接过手来一看，乃开封府获盗狱词也。襄敏从头看去，见是密诏开封捕获，便道：“乳臭小儿，如此惊动天听，又烦圣虑获贼，直教老臣粉身碎骨，难报圣恩万一！”中大人笑道：“这贼多是令郎自家拿到的，不烦一毫圣虑，所以为妙。”南陔当时就口里说那夜怎的长怎的短，怎的见皇帝，怎的拜皇后，明明朗朗，诉个不住口。先前合家人听见圣旨到时，已攒在中门口观看，及见南陔出车来，大家惊喜，只是不知头脑。直待听见南陔备细述此一遍，心下方才明白，尽多赞叹他乖巧之极，方信襄敏不在心上，不肯追求，道是他自家会归来的，真有先见之明也。襄敏吩咐治酒款待中大人，中大人就将圣上钦赏压惊金犀，及钦圣与各宫所赐之物，陈设起来，真是珠宝盈庭，光彩夺目，所直不啻巨万。中大人摩着南陔的头道：“哥，够你买果儿吃了。”襄敏又叩首对阙谢恩。立命馆客写下谢表，先附中大人陈奏。等来日早朝面圣，再行率领小子谢恩。中大人道：“令郎哥儿是咱家遇着携见圣人的，咱家也有个薄礼儿，做个纪念。”将出元宝二个、彩段八表里来。襄敏再三推辞不得，只得收了。另备厚礼答谢过中大人，中大人上车回复圣旨去了。

襄敏送了回来，合家欢庆。襄敏公道：“我说你们不要忙，我十三必能自归。今非但归来，且得了许多恩赐；又已拿了贼人，多是十三自己的主张来，可见我不着急的是吗？”合家各各称服。后来南陔取名王寀，政和年间，大有文声，功名显达。只看他小时举动如此，已占大就矣。

小时了了大时佳，五岁孩童已足夸。
计缚剧徒如反掌，直教天子送还家。

卷之六

李将军错认舅　刘氏女诡从夫

诗云：

在天愿为比翼鸟，在地愿为连理枝。
天长地久有时尽，此恨绵绵无绝期。

这四句乃是白乐天《长恨歌》中之语。当日只为唐明皇与杨贵妃七月七日之夜，在长生殿前对天发了私愿：愿生生世世得为夫妇。后为马嵬之难，杨贵妃自缢，明皇心中不舍，命鸿都道士求其魂魄。道士凝神御气，见之玉真仙宫，道是因为长生殿前私愿，还要复降人间，与明皇做来生的夫妇。所以白乐天述其事，做一篇《长恨歌》，有此四句。盖谓世间惟有愿得成双的，随你天荒地老，此情到底不泯也。

小子而今先说一个不愿成双的古怪事，做个得胜头回。宋时唐州比阳，有个富人王八郎，在江淮做大商，与一个娼伎往来得密，相与日久，胜似夫妻。每要取她回家，家中先已有妻子，甚是不得意。既有了娶娼之意，归家见了旧妻时，一发觉得厌憎，只管寻是寻非，要赶逐妻子出去。那妻子是个乖巧的，见不是头，也就怀着二心，无心恋着夫家。欲待要去，只可惜先前不曾留心积攒得些私房，未好便轻易走动。其时身畔有一女儿，年止数岁，把她做了由头，婉辞哄那丈夫道："我嫁你已多年了，女儿又小，你赶我出去，叫我哪里去好？我决不走路的。"口里如此说，却日日打点出去的计较。

后来王生竟到淮上，带了娼妇回来。且未到家，在近巷另赁一所房子，与她一同住下。妻子知道，一发坚意要去了，把家中细软尽情藏过，狼犺家伙什物多将来卖掉。等得王生归来，家里椅桌多不完全，箸长碗短，全不似人家模样。访知尽是妻子败坏了，一时发怒道："我这番决留你不得了，今日定要决绝！"妻子也奋然攘臂道："我晓得到底容不得我，只是要我去，我也要去得明白。我与你当官休去！"当下扭住了王生双袖，一直嚷到县堂上来。知县问着备细，乃是夫妻两人彼此愿离，各无系恋，取了口词，画了手模，依他断离了。家事对半分开，各自度日。妻若再嫁，追产还夫。所生一女，两下争要。妻子诉道："丈夫薄幸，宠娼弃妻，若留女儿与他，日后也要流落为娼了。"知县道她说的是，把女儿断与妻子领去，各无词说。出了县门，自此两人各自分手。

王生自去接了娼妇，到家同住。妻子与女儿另在别村去买一所房子住了，买些瓶罐之类，摆在门前，做些小经纪。她手里本自有钱，恐怕丈夫他日还有别是非，故意装这个模样。一日，王生偶从那里经过，恰好妻子在那里搬运这些瓶罐，王生还有些旧情不忍，好言对她道："这些东西能进得多少利息，何不别做些什么生意？"其妻大怒，赶着骂道："我与你决绝过了，便同路人。要你管我怎的！来调什么喉嗓？"王生老大没趣，走了回来，自此再不相问了。

过了几时，其女及笄，嫁了方城田家。其妻方将囊中蓄积搬将出来，尽数与了女婿，约有十来万贯，皆在王家时瞒了丈夫所藏下之物。也可见王生固然薄幸有外好，其妻原也不是同心的了。

后来王生客死淮南，其妻在女家亦死。既已殡殓，将要埋葬，女儿道："生前与父不合，而今既同死了，该合做了一处，也是我女儿每孝心。"便叫人去淮南迎了丧柩归来，重复开棺，一同母尸，各加洗涤，换了衣服，两尸同卧在一榻之上，等天明时刻了，下了棺，同去安葬。安顿好了，过了一会，女儿走来看看，吃了一惊。两尸先前同是仰卧的，今却东西相背，各向了一边。叫聚合家人多来看着，尽都骇异。有的道："眼见得生前不合，死后还如此相背。"有的道："偶然那个移动了，哪里有死尸会掉转来的？"女儿啼啼哭哭，叫爹叫娘，仍旧把来仰卧好了。到得明日下棺之时，动手起尸，两个尸骸仍旧多是侧眠着，两背相向的，方晓得果然是生前怨恨之所致也。女儿不忍，毕竟将来同葬了，要知他们阴中也未必相安的。此是夫妇不愿成双的榜样，比似那生生世世愿为夫妇的差了多少！

而今说一个做夫妻的被拆散了，死后精灵还归一处到底不磨灭的话本，可见世间的夫妇，原自有这般情种。有诗为证：

生前不得同衾枕，死后图他共穴藏。
信是世间情不泯，韩凭冢上有鸳鸯。

这个话本，在元顺帝至元年间，淮南有个民家姓刘，生有一女，名唤翠翠。生来聪明异常，见字便认，五六岁时便能诵读诗书。父母见他如此，商量索性送他到学堂去，等他多读些在肚里，做个不带冠的秀才。邻近有个义学，请着个老学究，有好些生童在里头从他读书，刘老也把女儿送去入学。学堂中有个金家儿子，叫名金定，生来俊雅，又兼赋性聪明。与翠翠一男一女，算是这一堂中出色的了，况又是同年生的，学堂中诸生多取笑他道："你们两个一般的聪明，又是一般的年纪，后来毕竟是一对夫妻。"金定与翠翠虽然口里不说，心里也暗地有些自认，两下相爱。金生曾做一首诗赠与翠翠，以见相慕之意，诗云：

十二栏杆七宝台，春风到处艳阳开。
东园桃树西园柳，何不移来一处栽？

翠翠也依韵和一首答他，诗云：

平生有恨祝英台，怀抱何为不肯开？
我愿东君勤用意，早移花树向阳栽。

在学堂一年有余，翠翠过目成诵，读过了好些书，已后年已渐长，不到学堂中来了。

十六岁时，父母要将她许聘人家。翠翠但闻得有人议亲，便关了房门，只是啼哭，连粥饭多不肯吃了。父母初时不在心上，后来见每次如此，心中晓得有些尴尬。仔细问她，只不肯说。再三委曲盘问，许她说了出来，必定依她。翠翠然后说道："西家金定，与我同年，前日同学堂读书时，心里已许下了他。今若不依我，我只是死了，决不去嫁别人的！"父母听罢，想道："金家儿子虽然聪明俊秀，却是家道贫穷，岂是我家当门对户？"然见女儿说话坚决，动不动哭个不住，又不肯饮食，恐怕违逆了他，万一做出事来，只得许她道："你心里既然如此，却也不难，我着媒人替你说去。"

刘老寻将一个媒妈来，对他说女儿翠翠要许西边金家定哥的说话。媒妈道："金家贫穷，怎对得宅上起？"刘妈道："我家翠小娘与他家定哥同年，又曾同学，翠小娘不是他不肯出嫁，故此要许他。"媒妈道："只怕宅上嫌贫不肯，既然肯许，却有何难？老媳妇一说便成。"

媒妈领命，竟到金家来说亲。金家父母见说了，惭愧不敢当，回复媒妈道："我家什么家当，敢去扳他？"媒妈道："不是这等说！刘家翠翠小娘子心里一定要嫁小官人，几番啼哭不食，别家来说的，多回绝了。难得他父母见女儿立志如此，已许下他，肯与你家小官人了。今你家若把贫来推辞，不但失了此一段好姻缘，亦且辜负那小娘子这一片志诚好心。"金老夫妻道："据着我家定哥才貌，也配得他翠小娘过，只是家下委实贫难，哪里下得起聘定？所以容易应承不得。”媒妈道：“应承由不得不应承，只好把说话放婉曲些。”金老夫妻道：“怎的婉曲？”媒妈道：“而今我替你传去，只说道寒家有子，颇知诗书，贵宅见谕，万分盛情，敢不从命？但寒家起自蓬荜，一向贫薄自甘，若要取必聘问婚娶诸仪，力不能办，是必见亮，毫不责备，方好应承。如此说去，他家晓得你每下礼不起的，却又违女儿意思不得，必然是件将就了。”金老夫妻大喜道：“多承指教，有劳周全则个。”

媒妈果然把这番话到刘家来复命，刘家父母爱女过甚，心下只要成事。见媒妈说了金家自揣家贫，不能下礼，便道：“自古道，婚姻论财，夷虏之道，我家只要许得女婿好，哪在财礼？但是一件，他家既然不足，我女到他家里，只怕难过日子，除非招入我每家里做个赘婿，这才使得。”媒妈再把此意到金家去说。这是倒在金家怀里去做的事，金家有何推托？千欢万喜，应允不迭，遂凭着刘家拣个好日，把金定招将过去。凡是一应币帛羊酒之类，多是女家自备了过来。从来有这话的：人舍女婿只带着一张卵袋走。金家果然不费分毫，竟成了亲事。只因刘翠翠坚意看上了金定，父母拗他不得，只得曲意相从了。

当日过门交拜，夫妻相见，两下里各称心怀。是夜翠翠于枕上口占一词，赠予金生道：

曾向书斋同笔砚，故人今做新人。洞房花烛十分春。汗沾蝴蝶粉，身惹麝香尘。　　殢雨尤云浑未惯，枕边眉黛羞颦。轻怜痛惜莫辞频。愿郎从此始，日近日相亲。（右调《临江仙》）

金生也依韵和一阕道：

记得书斋同笔砚，新人不是他人。扁舟来访武陵春。仙居邻紫府，人世隔红尘。　　誓海盟山心已许，几番浅笑深颦。向人犹自语频频。意中无别意，亲后有谁亲？（调同前）

两人相得之乐，真如翡翠之在丹霄，鸳鸯之游碧沼，无以过也。谁料乐极悲来，快活不上一年，撞着元政失纲，四方盗起。盐徒张士诚兄弟起兵高邮，沿海一带郡县尽为所陷。部下有个李将军，领兵为先锋，到处民间掳掠美色女子。兵至淮安，闻说刘翠翠之名，率领一队家丁打进门来，看得中意，劫了就走。此时合家只好自顾性命，抱头鼠窜，哪个敢向前争得一句？眼盼盼看她拥着去了。金定哭得个死而复生，欲待跟着军兵踪迹寻访他去，争奈元将官兵，北来征讨，两下争持，干戈不息，路断行人。恐怕没来由走去，撞在乱兵之手死了，也没说处，只得忍酸含苦，过了日子。

至正末年，张士诚气概弄得大了，自江南江北、三吴两浙直拓至两广益州，尽归掌握。元朝不能征剿，只得定议招抚。士诚原没有统一之志，只此局面已自满足，也要休兵，因遂通款元朝，奉其正朔，封为王爵，各守封疆，民间始得安静，道路方可通行。金生思念翠翠，时刻不能去心，看见路上好走，便要出门寻访，收拾了几两盘缠，结束了一个包裹，来别了自家父母，对丈人、丈母道："此行必要访着妻子踪迹，若不得见，誓不还家了。"痛哭而去。路由扬州过了长江，进了润州，风餐水宿，夜住晓行，来到平江。听得路上人说，李将军见在绍兴守御，急忙赶到临安，过了钱塘江，趁着西兴夜船到得绍兴。去问人时，李将军已调在安丰去屯兵了，又不辞辛苦，问到安丰。安丰人说："早来两日，也还在此，而今回湖州驻扎，才起身去的。"金生道："只怕到湖州时，又要到别处去。"安丰人道："湖州是驻扎地方，不到别处去了。"金生道："这等，便远在天边，也赶得着。"于是一路向湖州来。

算来金生东奔西走，脚下不知有万千里路跑过来。在路上也过了好两个年头，不能够见妻子一见，却是此心再不放懈。于路没了盘缠，只得乞丐度日；没有房钱，只得草眠露宿。真正心坚铁石，万死不辞。不则一日，到了湖州。去访问时，果然有个李将军开府在那里。那将军是张王得力之人，贵重用事，势焰赫奕。走到他门前去看时，好不威严。但见：

门墙新彩，棨戟森严。兽面铜环，并衔而宛转；彪形铁汉，对峙以巍峨。门阑上贴着两片不写字的桃符，坐墩边列着一双不吃食的狮子，虽非天上神仙府，自是人间富贵家。

金生到了门首，站立了一回，不敢进去，又不好开言。只是舒头探脑，望里边一望，又退立了两步，踌躇不决。

正在没些起倒之际，只见一个管门的老苍头走出来，问道："你这秀才有什么事干？在这门前探头探脑的，莫不是奸细吗？将军知道了，不是要处。"金生对他唱个喏道："老丈拜揖。"老苍头回了半揖道："有什么话？"金生道："小生是淮安人氏，前日乱离时节，有一妹子失去，闻得在贵府中，所以不远千里寻访到这个所在，意欲求见一面。未知确信，要寻个人问一问，且喜得遇老丈。"苍头道："你姓甚名谁？你妹子名叫什么？多少年纪？说得明白，我好替你查将出来回复你。"金生把自家真姓藏了，只说着妻子的姓道："小生姓刘，名金定。妹子叫名翠翠，识字通书，失去时节，年方十七岁，算到今年，该有二十四岁了。"老苍头点点头道："是呀，是呀，我府中果有一个小娘子姓刘，是淮安人，今年二十四岁，识得字，做得诗，且是做人乖巧周全，我本官专房之宠，不比其他。你的说话，不差，不差！依说是你妹子，你是舅爷了。你且在门房里坐一坐，我去报与将军知道。"苍头急急忙忙奔了进去，金生在门房等着回话不提。

且说刘翠翠自那年掳去，初见李将军之时，先也哭哭啼啼，寻死觅活，不肯随顺。李将军吓她道："随顺了，不去难为你合家老小；若不随顺，将他家寸草不留！"翠翠惟恐累及父母与丈夫家里，只能勉强依从。李将军见她聪明伶俐，知书晓事，爱得她如珠似玉一般，十分抬举，百顺千随。翠翠虽是支陪笑语，却是无刻不思念丈夫，没有快活的日子，心里痴想："缘分不断，或者还有时节相会。"争奈日复一日，随着李将军东征西战，没个定踪，不觉已是六七年了。

此日李将军见老苍头来禀，说有他的哥哥刘金定在外边求见。李将军问翠翠道："你家里有个哥哥吗?"翠翠心里想道："我那得有什么哥哥来？多管是丈夫寻到此间，不好说破，故此托名。"遂转口道："是有个哥哥，多年隔别了，不知是也不是，且问他什么名字才晓得。"李将军道："管门的说是什么刘金定。"翠翠听得金定二字，心下痛如刀割，晓得是丈夫冒了刘姓来访问的了，说道："这果然是我哥哥，我要见他。"李将军道："待我先出去见过了，然后来唤你。"将军吩咐苍头："去请那刘秀才进来。"

苍头承命出来，领了金生进去。李将军武夫出身，妄自尊大，走到厅上，居中坐下，金生只得向上再拜。将军受了礼，问道："秀才何来?"金生道："金定姓刘，淮安人氏，先年乱离之中，有个妹子失散，闻得在将军府中，特自本乡到此，叩求一见。"将军见他仪度斯文，出言有序，喜动颜色道："舅舅请起，你令妹无恙，即当出来相见。"旁边站着一个童儿，叫名小竖，就叫他进去传命道："刘官人特自乡中远来，叫翠娘可快出来相见！"起初翠翠见说了，正在心痒难熬之际，听得外面有请，恨不得两步做一步移了，急趋出厅中来。抬头一看，果然是丈夫金定！碍着将军眼睁睁在上面，不好上前相认，只得将错就错，认了妹子，叫声哥哥，以兄妹之礼在厅前相见。看官听说，若是此时说话的在旁边一把把那将军扯了开来，让他每讲一程话，叙一程阔，岂不是凑趣的事？争奈将军不做美，好像个监场的御史，一眼不煞坐在那里。金生与翠翠虽然夫妻相见，说不得一句私房话，只好问问父母安否？彼此心照，眼泪从肚里落下罢了。

昔为同林鸟，今作分飞燕。
相见难为情，不如不相见。

又昔日乐昌公主在杨越公处见了徐德言，做一首诗道：

今日何迁次，新官对旧官。
笑啼俱不敢，方信做人难！

今日翠翠这个光景，颇有些相似。然乐昌与徐德言，杨越公晓得是夫妻的，此处金生与翠翠只认作兄妹，一发要遮遮饰饰，恐怕识破，意思更难堪也。还亏得李将军是武夫粗鲁，看不出机关，毫没什么疑心，只道是当真的哥子，便认作舅舅，亲情的念头重起来，对金生道："舅舅既是远来，道途跋涉，心力劳困，可在我门下安息几时，我还要替舅舅计较。"吩咐拿出一套新衣服来与舅舅穿了，换下身上尘污的旧衣，又令打扫西首一间小书房，安设床帐被席，是件整备，请金生在里头歇宿。金生巴不得要他留住，寻出机会与妻子相通，今见他如此认账，正中心怀，欣然就书房里宿了，只是心里想着妻子就在里面，好生难过！

过了一夜，明早起来，小竖来报道："将军请秀才厅上讲话。"将军相见已毕，问道："令妹能认字，舅舅可通文墨吗？"金生道："小生在乡中以儒为业，那诗书是本等，就是经史百家，也多涉猎过的，有甚么不晓得的勾当？"将军喜道："不瞒舅舅说，我自小失学，遭遇乱世，靠着长枪大戟挣到此地位。幸得吾王宠任，趋附我的尽多。日逐宾客盈门，没个人替我接待，往来书札堆满，没个人替我裁答，我好些不耐烦。今幸得舅舅到此，既然知书达礼，就在我门下做个记室，我也便当了好些。况关至亲，料舅舅必不弃嫌的，舅舅心下何如？"金生是要在里头的，答道："只怕小生才能浅薄，不称将军任使，岂敢推辞？"将军见说大喜。连忙在里头去取出十来封书启来，交与金生道："就烦舅舅替我看详里面意思，回他一回。我正为这些难处，而今却好了。"金生拿到书房里去，从头至尾，逐封逐封备审来意，一一回答停当，将稿来与将军看。将军就叫金生读一遍，就带些解说在里头。听罢，将军拍手道："妙，妙！句句像我肚里要说的话。好舅舅，是天送来帮我的了！"从此一发看待得甚厚。

金生是个聪明的人，在他门下，知高识低，温和待人，自内至外没一个不喜欢他的。他又愈加谨慎，说话也不敢声高。将军面前只有说他好处的，将军得意自不必说。却是金生主意只要安得身牢，寻个空便，见见妻子，剖诉苦情。亦且妻子随着别人已经多年，不知她心腹怎么样了，也要与她说个倒断。"谁想自厅前一见之后，再不能够相会。欲要与将军说那要见的意思，又恐怕生出疑心来，反为不美。私下要用些计较通个消息，怎当得闺阁深邃，内外隔绝，再不得一个便处。

日挨一日，不觉已是几个月了。时值交秋天气，西风夜起，白露为霜。独处空房，感叹伤悲，终夕不寐。思量妻子翠翠这个时节，绣围锦帐，同入卧起，有甚不快活处？不知心里还记着我否？怎知我如此冷落孤凄，时刻难过？乃将心事作成一诗道：

好花移入玉栏干，春色无缘得再看。
乐处岂知愁处苦？别时虽易见时难。
何年塞上重归马？此夜庭中独舞鸾。
雾阁云窗深几许，可怜辜负月团团！

诗成,写在一张笺纸上了,要寄进去与翠翠看,等她知其心事。但恐怕泄漏了风声,生出一个计较来,把一件布袍拆开了领线,将诗藏在领内了,外边仍旧缝好。叫那书房中伏侍的小竖来,说道:"天气冷了,我身上单薄,这件布袍垢秽不堪,你替我拿到里头去,交付我家妹子,叫她拆洗一拆洗,补一补,好拿来与我穿。"再把出百来个钱与他道:"我央你走走,与你这钱买果儿吃。"小竖见了钱,千欢万喜,有什么推托?拿了布袍一径到里头去,交与翠翠道:"外边刘官人叫拿进来,付与翠娘整理的。"翠娘晓得是丈夫寄进来的,必有缘故。叫他放下了,过一日来拿。小竖自去了。

翠翠把布袍从头至尾看了一遍。想道:"是丈夫着身的衣服,我多时不与他缝纫了!"眼泪索珠也似的掉将下来。又想道:"丈夫到此多时,今日特地寄衣与我,决不是为要拆洗,必有什么机关在里面。"掩了门,把来细细拆将开来。刚拆得领头,果然一张小小信纸缝在里面,却是一首诗。翠翠将来细读,一头读,一头哽哽咽咽,只是流泪。读罢,哭一声道:"我的亲夫啊!你怎知我心事来?"噙着眼泪,慢慢把布袍洗补好,也做一诗缝在衣领内了。仍叫小竖拿出来,付与金生。金生接得,拆开衣领看时,果然有了回信,也是一首诗。金生拭泪读其诗道:

一自乡关动战锋,旧愁新恨几重重。
肠虽已断情难断,生不相从死亦从!
长使德言藏破镜,终教子建赋游龙。
绿珠碧玉心中事,今日谁知也到侬!

金生读罢其诗,才晓得翠翠出于不得已,其情已见。又想她把死来相许,料道今生无有完聚的指望了!感切伤心,终日郁闷涕泣,茶饭懒进,遂成痞膈之疾。

将军也着了急,屡请医生调治。又道是心病还须心上医,你道金生这病可是医生医得好的吗?看看日重一日,只待不起。里头翠翠闻知此信,心如刀刺,只得对将军说了,要到书房中来看看哥哥的病症。将军看见病势已凶,不好阻她,当下依允,翠翠才到得书房中来。这是他夫妻第二番相见了,可怜金生在床上一丝两气,转动不得。翠翠见了十分伤情,噙着眼泪,将手去扶他的头起来,低低唤道:"哥哥!挣扎着,你妹子翠翠在此看你!"说罢泪如泉涌。金生听得声音,撑开双眼,见是妻子翠翠扶他,长叹一声道:"妹妹,我不济事了,难得你出来见这一面!趁你在此,我死在你手里了,也得瞑目。"便叫翠翠坐在床边,自家强抬起头来,枕在翠翠膝上,奄然而逝。

翠翠哭得个发昏章第十一,报与将军知道,将军也着实可怜他,又恐怕苦坏了翠翠,吩咐从厚殡殓。替他在道场山脚下寻得一块好平坦地面,将棺木送去安葬。翠翠又对将军说了,自家亲去送殡。直看坟茔封闭了,恸哭得几番死去叫醒,然后回来。自此精神恍惚,坐卧不宁,染成一病。李将军多方医救,翠翠心里巴不得要死,并不肯服药。辗转床席,将及两月。一日,请将军进房来,带着眼泪对他说道:"妾自从十七岁上抛家相从,已得八载。流离他乡,眼前并无亲人,止有一个哥哥,今又死了。妾病若毕竟不起,切记我言,可将我尸骨埋在哥哥旁边,庶几黄泉之下,兄妹也得相依,免做了他乡孤鬼,便是将军不忘贱妾之大恩也。"言毕大哭,将军好生不忍,把好言安慰她,叫她休把闲事萦心,且自将息。说不多几时,昏沉上来,早已绝气。将军恸哭一番,念其临终叮嘱之言,不忍违她,果然将去葬在金生冢旁。可怜金生、翠翠二人生前不能成双,亏得诡认兄妹,死后倒得做一处了!

已后国朝洪武初年,于时张士诚已灭,天下一统,路途平静。翠翠家里淮安刘氏有一旧仆到湖州来贩丝绵,偶过道场山下,见有一所大房子,绿户朱门,槐柳掩映。门前有两个人,一男一女打扮,并肩坐着。仆人道大户人家家眷,打点远避而过。忽听得两人声唤,走近前去看时,却是金生与翠翠。翠翠开口问父母存亡,及乡里光景。仆人一一回答已毕,仆人问道:"娘子与郎君离了乡里多年,为何到在这里住家起来?"翠翠道:"起初兵乱时节,我被李将军掳到这里;后来郎君远来寻访,将军好意仍把我归还郎君,所以就侨居在此了。"仆人道:"小人而今就回淮安,娘子可修一封家书,带去报与老爹、安人知道,省得家中不知下落,终日悬望。"翠翠道:"如此最好。"就领了这仆人进去,留他吃了晚饭,歇了一夜。明日将出一封书来,叫他多多拜上父母。

仆人谢了,带了书来到淮安,递与刘老。此时刘、金两家久不见二人消耗,自然多道是兵戈死亡了。忽见有家书回来,问是湖州寄来的,道两人见住在湖州了,真个是喜从天降!叫齐了一家骨肉,尽来看这家书。原来是翠翠出名写的,乃是长篇四六之书。书上写道:

伏以父生母育,难酬罔极之恩;夫唱妇随,夙着三从之义。在人伦而已定,何时事之多艰?曩者汉日将倾,楚氛甚恶,倒持太阿之柄,擅弄潢池之兵。封豕长蛇,互相吞并;雄蜂雌蝶,各自逃生。不能玉碎于乱离,乃至瓦全于仓卒。驱驰战马,随逐征鞍。望高天而八翼莫飞,思故国而三魂屡散。良辰易迈,伤青鸾之伴木鸡;怨耦为仇,惧乌鸦之打丹凤。虽应酬而为乐,终感激以生悲。夜月杜鹃之啼,春风蝴蝶之梦。时移事往,苦尽甘来。今则杨素览镜而归妻,王敦开阁而放妓。蓬岛践当时之约,潇湘有故人之逢。自怜赋命之屯,不恨寻春之晚。章台之柳,虽已折于他人;玄都之花,尚不改于前度。将谓瓶沉而簪折,岂期璧返而珠还?殆同玉箫女两世姻缘,难比红拂妓一时配合。天与其便,事非偶然。前鸾胶而续断弦,重谐缱绻;托鱼腹而传尺素,谨致叮咛。未奉甘旨,先此申复。

读罢,大家欢喜。刘老问仆人道:"你记得那里住的去处否?"仆人道:"好大房子！我在里头歇了一夜，打发了家书来的，怎不记得？”刘老道：“既如此，我同你湖州去走一遭，会一会他夫妻来。”

当下刘老收拾盘缠，别了家里，一同仆人径奔湖州。仆人领至道场山下前日留宿之处，只叫得声奇怪，连房屋影响多没有，哪里说起高堂大厦？惟有些野草荒烟，狐踪兔迹。茂林之中，两个坟堆相连。刘老道：“莫不错了？”仆人道：“前日分明在此，与我吃的是湖州香稻米饭，苕溪中鲜鲫鱼，乌程的酒，明明白白，住了一夜去的，怎会得错？”

正疑怪间，恰好有一个老僧杖锡而来。刘老与仆人问道：“老师父，前日此处有所大房子，有个金官人同一个刘娘子在里边居住，今如何不见了？”老僧道：“此乃李将军所葬刘生与翠翠兄妹两人之坟，哪有什么房子来？敢是见鬼了！”刘老道：“见有写的家书寄来，故此相寻。今家书见在，岂有是鬼之理？”急在缠带里摸出家书来一看，乃是一幅白纸，才晓得果然是鬼。这里正是他坟墓，因问老僧道：“适间所言李将军何在？我好去问他详细。”老僧道：“李将军是张士诚部下的，已为天朝诛灭，骨头不知落在哪里了，怎得有这样坟上堆埋呢，你到何处寻去？”刘老见说，知是二人已死，不觉大恸，对着坟墓道：“我的儿！你把一封书赚我千里远来，本是要我见一面的意思。今我到此地了，你们却潜踪隐迹，没处追寻，叫我怎生过得！我与你父子之情，人鬼可以无间。你若有灵，千万见我一见，放下我的心罢！”老僧道：“老檀越不必伤悲！此二位官人、娘子，老僧定中时得相见。老僧禅舍去此不远，老檀越，今日已晚，此间露立不便，且到禅舍中一宿。待老僧定中与他讨个消息回你，何如？”刘老道：“如此，极感老师父指点。”遂同仆人随了老僧，行不上半里，到了禅舍中。老僧将素斋与他主仆吃用，收拾房卧安顿好，老僧自入定去了。

刘老进得禅房，正要上床，忽听得门响处，一对少年的夫妻走到面前，仔细看来，正是翠翠与金生，一同拜跪下去，悲啼宛转，说不出话来。刘老也挥着眼泪，抚摸着翠翠道：“儿，你有说话只管说来。”翠翠道：“向者不幸，遭值乱兵。忍耻偷生，离乡背井，叫天无路，度日如年。幸得良人不弃，特来相访，托名兄妹，暂得相见。隔绝夫妇，彼此含冤，以致良人先亡，儿亦继没。犹喜许我附葬，今得魂魄相依。惟恐家中不知，故特托仆人寄此一信。儿与金郎生虽异处，死却同归。儿愿已毕，父母勿以为念！”刘老听罢，哭道：“我今来此，只道你夫妻还在，要与你们同回故乡。我明日只得取汝骸骨归去，迁于先垄之下，也不辜负我来这一番。”翠翠道：“向者因顾念双亲，寄此一书。今承父亲远至，足见慈爱。故不避幽冥，敢与金郎同来相见。骨肉已逢，足慰相思之苦。若迁骨之命，断不敢从。”刘老道：“却是为何？”翠翠道：“儿生前不得侍奉亲闱，死后也该依傍祖垄。只是阴道尚静，不宜劳扰。况且在此溪山秀丽，草木荣华，又与金郎同栖一处。因近禅室，时闻妙理。不久就与金郎托生，重为夫妇。在此已安，再不必提起他说了。”抱住刘老，放声大哭。寺里钟鸣，忽然散去。刘老哭将醒来，乃是南柯一梦。

老僧走到面前道：“夜来有所见否？”刘老一一述其梦中之言。老僧道：“贤女辈精灵未泯，其言可信也。幽冥之事，老檀越既已见得如此明白，也不必伤悲了。”刘老再三谢别了老僧。一同仆人到城市中，办了些牲醴酒馔，重到墓间浇奠一番，哭了一场，返棹归淮安去了。

至今道场山有金翠之墓，行人多指为佳话。此乃生前隔别，死后成双，犹自心愿满足，显出这许多灵异来，真乃是情之所钟也。有诗为证：

连理何须一处栽？多情只愿死同埋。
试看金翠当年事，愦愦将军更可哀！

卷之七

吕使君情媾宧家妻　吴太守义配儒门女

词曰：

疏眉秀盼，向春风，还是宣和装束。贵气盈盈姿态巧，举止况非凡俗。宋室宗姬，秦王幼女，曾嫁钦慈族。干戈横荡，事随天地翻覆。　　一笑邂逅相逢，劝人满饮，旋吹横竹。流落天涯俱是客，何必平生相熟？旧日荣华，如今憔悴，付与杯中醁。兴亡休问，为伊且尽船玉。

这一首词名唤《念奴娇》，乃是宋朝使臣张孝纯在粘罕席上有所见之作。当时靖康之变，徽、钦被掳，不知多少帝女王孙被犬羊之类群驱北去，正是“内人红袖泣，王子白衣行”的时节。到得那里，谁管你是金枝玉叶？多被磨灭得可怜。有些颜色技艺的，才有豪门大家收做奴婢，又算是有下落的了。其余驱来逐去，如同犬彘一般。张孝纯奉使到彼云中府，在大将粘罕席上见个吹笛劝酒的女子是南方声音，私下偷问她，乃是秦王的公主，粘罕取以为婢。说罢，呜咽流涕。孝纯不胜伤感，故赋此词。后来金人将钦宗迁往大都燕京，在路行至平顺州地方，驻宿在馆驿之中。时逢七夕佳节，金虏家规制，是日官府在驿中排设酒肆，任从人沽酒会饮。钦宗自在内室坐下，闲看外边喧闹，只见一个鞑婆领了几个少年美貌的女子，在这些饮酒的座头边，或歌或舞或吹笛，斟着酒劝着座客。座客吃罢，各赏些银钞或是酒食之类，众女子得了，就去纳在鞑婆处，鞑婆

又嫌多道少，打那讨得少的，这个鞑婆想就是中华老鸨儿一般。少间，驿官叫一个皂衣典吏赍了酒食来送钦宗。其时钦宗只是软巾长衣秀才打扮，那鞑婆也不晓得是前日中朝的皇帝，道是客人吃酒，差一个吹横笛的女子到室内来伏侍。女子看见是南边官人，心里先自凄惨，呜呜咽咽，吹不成曲。钦宗对女子道："我是你的乡人，你东京是谁家女子？"那女子向外边看了又看，不敢一时就说，直等那鞑婆站得远了，方说道："我乃百王宫魏王孙女，先嫁钦慈太后侄孙。京城既破，被贼人掳到此地，卖在粘罕府中做婢。后来主母嫉妒，终日打骂，转卖与这个胡妇。领了一同众多女子，在此日夜求讨酒钱食物，各有限数，讨来不够，就要痛打，不知何时是了！官人也是东京人，想也是被掳来的了。"钦宗听罢，不好回言，只是暗暗泪落，目不忍视，好好打发了她出去，这个女子便是张孝纯席上所遇的那一个。词中说"秦王幼女"，秦王乃是廷美之后，徽宗时改封魏王，魏王即秦王也。真个是凤子龙孙，遭着不幸，流落到这个地位，岂不可怜！

然此乃是天地反常时节，连皇帝也顾不得自家身子，这样事体，不在话下。

还有个清平世界世代为官的人家，所遭不幸，也堕落了的。若不是几个好人相逢，怎能够拔得个身子出来？所以说：

红颜自古多薄命，若落娼流更可怜！
但使逢人提掇起，淤泥原会长青莲。

说话宋时饶州德兴县有个官人董宾卿，字仲臣，夫人是同县祝氏。绍兴初年，官拜四川汉州太守，全家赴任。不想仲臣做不得几时，死在官上了。一家老小人口又多，路程又远，宦囊又薄，算计一时间归来不得，只得就在那边寻了房子，权且驻下。仲臣长子元广，也是祝家女婿，他有祖荫在身，未及调官，今且守孝在汉州。三年服满，正要别了母亲兄弟，挈了家小，赴阙听调，待补官之后，看地方如何，再来商量搬取全家。不料未行之先，其妻祝氏又死，遗有一女。元广就在汉州娶了一个富家之女做了继室，带了妻女同到临安补官，得了房州竹山县令。地方窄小，又且路远，也不能够去四川接家属，只同妻女在衙中。

过了三年，考满，又要进京，当时挈家东下。且喜竹山到临安虽是路长，却自长江下了船，乃是一水之地。有同行驻泊一船，也是一个官人在内，是四川人，姓吕，人多称他为吕使君，也是到临安公干的。这个官人年少风流，模样俊俏，虽然是个官人，还像个子弟一般。栖泊相并，两边彼此动问。吕使君晓得董家之船是旧汉州太守的儿子在内，他正是往年治下旧民，过来相拜。董元广说起亲属尚在汉州居驻，又兼继室也是汉州人氏，正是通家之谊。大家道是在此联舟相遇，实为有缘，彼此欣幸。大凡出路之人，长途寂寞，巴不得寻些根绊图个往来。况且同是衣冠中体面相等，往来更便。因此两家不是你到我船中，就是我到你船中，或是饮酒，或是闲话，真个是无日不会，就是骨肉相与，不过如此，这也是官员每出外的常事。

不想董家船上却动火了一个人。你道是那个？正是那竹山知县的晚孺人。原来董元广这个继室不是头婚，先前曾嫁过一个武官。只因她丰姿妖艳，情性淫荡，武官十分嬖爱，尽力奉承，日夜不歇，淘虚了身子，一病而亡。青年少寡，哪里熬得？待要嫁人，那边厢人闻得她妖淫之名，没人敢揽头，故此肯嫁与外方，才嫁这个董元广。怎当得元广禀性怯弱，一发不济，再不能畅她的意。她欲心如火，无可煞渴之处，因见这吕使君丰容俊美，就了不得动火起来。况且同是四川人，乡音惯熟，到比丈夫不同。但是到船中来，里头添茶暖酒，十分亲热。又抛声调嗓，要他晓得。那吕使君乖巧之人，颇解其意，只碍着是同袍间，一时也下不得手。谁知那孺人，或是露半面，或是露全身，眉来眼去，恨不得一把抱了他进来。日间眼里火了，没处泄得，但是想起，只做丈夫不着，不住的要干事。弄得元广一丝两气，支持不过，疾病上了身子。吕使君越来候问殷勤，晓夜无间。趁此就与董孺人眉目送情，两下做光，已此有好几分了。

舟到临安，董元广病不能起。吕使君吩咐自己船上道："董爷是我通家，既然病在船上，上去不得，连我行李也不必发上岸，只在船中下着，早晚可以照管。我所在公事，抬进城去勾当罢了。"过了两日，董元广毕竟死了。吕使君出身替他经纪丧事，凡有相交来吊的，只说："通家情重，应得代劳。"来往的人尽多赞叹他高义出人，今时罕有！哪晓得他自有一副肚肠藏在里头，不与人知道的。正是：

周公恐惧流言日，王莽谦恭下士时。
假若当时身便死，一生真伪有谁知？

吕使君与董孺人计议道："饶州家乡又远，蜀中信息难通，令公棺柩不如就在临安权且择地安葬。他年亲丁集会了，别作道理。"商量已定，也都是吕使君摆拨。一面将棺柩厝顿停当，事体已完。孺人率领元广前妻遗女，出来拜谢使君。孺人道："亡夫不幸，若非大人周全料理，贱妾茕茕母子，怎能够亡夫入土？真乃是骨肉之恩也。"使君道："下官一路感蒙令公不弃，通家往来，正要久远相处，岂知一旦弃撇？客途无人料理，此自是下官身上之事。小小出力，何足称谢！只是殡事已毕，而今孺人还是做何行止？"孺人道："亡夫家口尽在川中，妾身也是川中人，此间并无亲戚可投，只索原回到川中去。只是路途迢递，茕茕母子，无可倚靠，寸步难行，如何是好？"使君赔笑道："孺人不必忧虑，下官公事勾当一完，也要即回川中，便当相陪同往，只望孺人勿嫌弃足矣！"孺人也含笑道："果得如此提挈，还乡有日，寸心感激，岂敢忘报！"使君带着笑，丢个眼色道："且看孺人报法何如？"两人之言俱各有意，彼此心照，只是各自一只官船，人眼又多，性急不便做手脚，只好咽干唾而已。有一只《商调·错葫芦》单道这难过的光景：

两情人，各一舟。总春心，不自由，只落得双飞蝴蝶梦庄周。活冤家犹然不聚头，又不知几时消受？抵多少眼穿肠断为牵牛。

却说那吕使君只为要营勾这董孺人，把自家公事趋干起了，一面支持动身。两只船厮帮着一路而行，前前后后，止隔着盈盈一水。到了一个马头上，董孺人整备着一席酒，以谢孝为名，单请着吕使君。吕使君闻召，千欢万喜，打扮得十分俏倬，趋过船来。孺人笑容可掬，迎进舱里，口口称谢。三杯茶罢，安了席，东西对坐了，小女儿在孺人肩下打横坐着。那女儿止得十来岁，未知什么头脑，见父亲在时往来的，只说道可以同坐吃酒的了。船上外水的人，见他们说的多是一口乡谈，又见日逐往来甚密，无非是关着至亲的勾当，那管其中就里？谁晓得借酒为名，正好两个做光的时节。正是：

茶为花博士，酒是色媒人。

两人饮酒中间，言来语去，眉目送情，又不须用着马泊六，竟是自家觌面打话，有什么不成的事？只是耳目众多，也要遮饰些个。看看月色已上，只得起身作别。使君道："匆匆别去，孺人晚间寂寞，如何消遣？"孺人会意，答道："只好独自个推窗看月耳。"使君晓得意思许他了，也回道："月色果好，独睡不稳，也待要开窗玩月，不可辜负此清光也。"你看两人之言，尽多有意，一个说开窗，一个说推窗，分明约定晚间窗内走过相会了。

使君到了自家船中，叫心腹家僮吩咐船上："要两船相并帮着，官舱相对，可以照管。"船上水手听依吩咐，即把两船紧紧贴着住了。人静之后，使君悄悄起身，把自己船舱里窗轻推开来，看那对船时节，舱里小窗虚掩。使君在对窗咳嗽一声，那边把两扇小窗一齐开了。月光之中，露出身面，正是孺人独自个在那里。使君忙忙跳过船来，这里孺人也不躲闪。两下相偎相抱，竟到房舱中床上，干那话儿去了：

一个新寡的文君，正要相如补空；一个独居的宋玉，专待邻女成双。一个是不系之舟，随人牵挽；一个如中流之楫，惟我荡摇。沙边鸂鶒好同眠，水底鸳鸯堪比乐。

云雨既毕，使君道："在下与孺人无意相逢，岂知得谐夙愿，三生之幸也！"孺人道："前日瞥见君子，已使妾不胜动念。后来亡夫遭变，多感周全。女流之辈，无可别报，今日报以此身。愿勿以妾自献为嫌，他日相弃，使妾失望耳。"使君道："承子不弃，且自欢娱，不必多虑。"自此朝隐而出，暮隐而人，日以为常，虽外边有人知道，也不顾了。一日正欢乐间，使君忽然长叹道："目下幸得同路而行，且喜蜀道尚远，还有几时。若一到彼地,你自有家,我自有室,岂能常有此乐哉!”孺人道:“不是这样说,妾夫既身亡,又无儿女,若到汉洲,或恐亲属拘碍。今在途中,惟妾得以自主,就此改嫁从君,不到那董家去了,谁人禁得我来?”使君闻言,不胜欣幸道:“若得如此,足感厚情,在下益州成都郫县自有田宅庄房,尽可居住。那是此间去的便道,到得那里,我接你上去住了,打发了这两只船。董家人愿随的,就等他随你住了;不愿的,听他到汉州去,或各自散去。汉州又远,料那边多是孤寡之人,谁管得到这里的事?倘有人说话,只说你遭丧在途,我已礼聘为外室了,却也无奈我何!”孺人道:“这个才是长远计较,只是我身边还有这小妮子,是前室祝氏所生,今这个却无去处,也是一累。”使君道:“这个一发不打紧,目下还小,且留在身边养着。日后有人访着,还了他去。没人来访,等长大了,不拘那里着落了便是,何足为碍?”

两人一路商量的停停当当,到了郫县,果然两船上东西尽情搬上去住了。可惜董家竹山一任县令,所有宦资连妻女,多属之他人。随来的家人也尽有不平的,却见主母已随顺了,吕使君又是个官宦,谁人敢与人争得?只有气不伏不情愿的,当下四散而去。吕使君虽然得了这一手便宜,也被这一干去的人各处把这事播扬开了。但是闻得的,与旧时称赞他高谊的,尽多讥他没行止,鄙薄其人。至于董家关亲的见说着这话,一发切齿痛恨,自不必说了。

董家关亲的,莫如祝氏最切。他两世嫁与董家。有好些出仕的在外,尽多是他夫人每弟兄叔侄之称。有一个祝次骞,在朝为官,他正是董元广的妻兄。想着董氏一家飘零四散,元广妻女被人占据,亦且不知去向,日夜系心。其时乡中王恭肃公到四川做制使,托他在所属地方访寻。道里辽阔,谁知下落?乾道初年,祝次骞任嘉州太守,就除利路运使。那吕使君正补着嘉州之缺,该来与祝次骞交代。吕使君晓得次骞是董家前妻之族,他干了那件短行之事,怎有胆气见他?迁延稽留,不敢前来到任。祝次骞也恨着吕使君是禽兽一等人,心里巴不得不见他,趁他未来,把印绶解卸,交与僚官权时收着,竟自去了。吕使君到得任时,也就有人寻他别处是非,弹上一本,朝廷震怒,狼狈而去。

祝次骞枉在四川路上做了一番的官,竟不曾访得甥女儿的消耗,心中常时抱恨。也是人有不了之愿,天意必然生出巧来。直到乾道丙戌年间,次骞之子祝东老,名震亨,又做了四川总干之职。受了檄文,前往成都公干,道经绵州。绵州太守吴仲广出来迎着,置酒相款。仲广原是待制学士出身,极是风流文采的人。是日郡中开宴,凡是应得承直的娼优无一不集。东老坐间,看见户椽旁边立着一个妓女,姿态恬雅,宛然闺阁中人,绝无一点轻狂之度。东老注目不瞬,看够多时,却好队中行首到面前来斟酒,东老且不接她的酒,指着那户椽旁边的妓女问她道:“这个人是那个?”行首笑道:“官人喜她吗?”东老道:“不是喜她,我看她有好些与你们不同处,心中疑怪,故此问你。”行首道:“她叫得薛倩。”

东老正要细问,吴太守走出席来,斟着巨觥来劝,东老只得住了话头,接着太守手中之酒，放下席间，却推辞道："贱量实不能饮，只可小杯适兴。"太守看见行首正在旁边，就指着巨觥吩咐道："你可在此奉着总干，是必要总干饮干，不然就要罚你。"行首笑道："不须罚小的，若要总干多饮，只叫薛倩来奉，自然毫不推辞。"吴太守也笑道："说得古怪，想是总干曾与她相识吗？"东老道："震亨从来不曾到大府这里，何由得与此辈相接？"太守反问行首道："这等，你为何这般说？"行首道："适间总干殷殷问及，好生垂情于她。"东老道："适才邂逅之间，见她标格，如野鹤在鸡群。据下官看起来，不像是个中之人，心里疑惑，所以在此询问她为首的，岂关有甚别意来？"太守道："既然如此，只叫薛倩侍在总干席旁劝酒罢了。"

行首领命，就唤将薛倩来侍着。东老正要问她来历，恰中下怀，命取一个小杌子赐她坐了，低问她道："我看你定然不是风尘中人，为何在此？"薛倩不敢答应，只叹口气，把闲话支吾过去。东老越来越疑心，过会儿又问道："你可实对我说？"薛倩只是不开口，要说又住了。东老道："直说不妨。"薛倩道："说也无干，落得羞人。"东老道："你尽说与我知道，焉知无益？"薛倩道："尊官盘问不过，不敢不说，其实说来可羞。我本好人家儿女，祖、父俱曾做官，所遭不幸，失身辱地。只是前生业债所欠，今世偿还，说他怎的！"东老恻然动心道："汝祖、汝父，莫不是汉州知州、竹山知县吗？"薛倩大惊，哭将起来道："官人如何得知？"东老道："果若是，汝母当姓祝了。"薛倩道："后来的是继母，生身亡母正是姓祝。"东老道："汝母乃我姑娘也，不幸早亡。我闻你与继母流落于外，寻觅多年，竟无消耗，不期邂逅于此，却为何失身妓籍？可备与我说。"

薛倩道："自从父亲亡后，即有吕使君来照管丧事，与同继母一路归川。岂知得到川中，经过他家门首，竟自尽室占为已有，继母与我多随他居住多年。那年坏官回家，郁郁不快，一病而亡。这继母无所倚靠，便将我出卖，得了薛妈七十千钱，遂人妓籍，今已是一年多了。追想父亲亡时，年纪虽小，犹在目前。岂知流落羞辱，到了这个地位！"言毕，失声大哭，东老不觉也哭将起来。初时说话低微，众人见他交头接耳，尽见道无非是些调情肉麻之态，那里管他就里？直见两人多哭作一堆，方才一座惊骇，尽来诘问。东老道："此话甚长，不是今日立谈可尽，况且还要费好些周折，改日当与守公细说罢了。"太守也有些疑心，不好再问。酒罢各散，东老自向公馆中歇宿去了。

薛倩到得家里，把席间事体对薛妈说道："总干官府是我亲眷，今日说起，已自认账。明日可到他寓馆一见，必有出格赏赐。"薛妈千欢万喜。到了第二日，薛妈率领了薛倩，来到总干馆舍前求见。祝东老见说，即叫放她母子进来。正要与她细话，只见报说太守吴仲广也来了。东老笑对薛倩道："来得正好。"薛倩母子多未知其意。太守下得轿，薛倩走过去先叩了头。太守笑道："昨日哭得不够，今日又来补么？"东老道："正要见守公说昨日哭的缘故，此子之父董元广乃竹山知县，祖父仲臣是汉州太守，两世衣冠之后。只因祖死汉州，父又死于都下。妻女随在舟次，所遇匪人,流落到此地位,乞求守公急为除去乐籍。”太守恻然道:“原来如此!除籍在下官所司,其为易事。但除籍之后,此女毕竟如何?若明公有意,当为效劳。”东老道:“不是这话,此女之母即是下官之姑,下官正与此女为嫡表兄妹。今既相遇,必须择个良人嫁与她,以了其终身。但下官尚有公事须去,一时未得便有这样凑巧的。愚意欲将此女暂托之尊夫人处安顿几时,下官且到成都往回一番。待此行所得诸台及诸郡馈遗路赆之物,悉将来为此女的嫁资。慢慢拣选一个佳婿与她,也完我做亲眷的心事。”太守笑道:“天下义事,岂可让公一人做尽了?我也当出二十万钱为助。”东老道:“守公如此高义,此女不幸中大幸矣!”当下吩咐薛倩:“随着吴太守到衙中奶奶处住着,等我来时再处。”太守带着自去。东老叫薛妈过来,先赏了她十千钱,说道:“薛倩身价在我身上,加利还你。”薛妈见了是官府做主,怎敢有违?只得凄凄凉凉自去了,东老一面往成都不题。

且说吴太守带得薛倩到衙里来,叫她见过了夫人,说了这些缘故,叫夫人好好看待他,夫人应允了。吴太守在衙里,仔细把薛倩举动看了多时,见她仍是满面忧愁,不歇地叹气,心里忖道:“她是好人家女儿,一向堕落,那不得意是怪她不得的。今既已遇着表兄相托,收在官衙,他日打点嫁人,已提挈在好处了,为何还如此不快?她心中毕竟还有掉不下的事。”教夫人缓缓盘问他备细,薛倩初时不肯说,吴太守对他说:“不拘有甚么心事,只管明白说来,我就与你做主。”薛倩方才说道:“官人再三盘问,不敢不说,说来也是枉然的。”太守道:“你且说来,看是如何?”薛倩道:“贱妾心中实是有一个人放他不下,所以被官人看破了。”太守道:“是什么人?”薛倩道:“妾身虽在烟花之中,那些浮浪子弟,未尝倾心交往。只有一个书生,年方弱冠,尚未娶妻,曾到妾家往来,彼此相爱。他也晓得妾身出于良家,深加悯恤,越觉情浓,但是入城,必来相叙。他家父母知道,拿回家去痛打一顿,锁禁在书房中。以后虽是时或有个信来,再不能够见他一面了。今蒙官人每抬举,若脱离了此地,料此书生无缘再会,所以不觉心中怏怏,撇放不开,岂知被官人看了出来!”太守道:“那个书生姓什么?”薛倩道:“姓史,是个秀才,家在乡间。”太守道:“他父亲是什么人?”薛倩道:“是个老学究。”太守道:“他多少家事,娶得你起吗?”薛倩道:“因是寒儒之家,那书生虽往来了几番,原自力量不能,破费不多,只为情上难舍,频来看觑。他家兀自道破坏了家私,狠下禁锁,怎有钱财娶得妾身?”太守道:“你看得他做人如何?可真心得意他否?”薛倩道:“做人是个忠诚有余的,不是那些轻薄少年,所以妾身也十分敬爱。谁知反为妾受累,而今就得意,也没处说了。”说罢,早又眼泪落将出来。

太守问得明白,出堂去佥了一张密票,差一个公人,拨与一匹快马,急取绵州学史秀才到州,有官司勾当,不可迟误!公人得了密票,狐假虎威,扯做了一场火急势头,忙下乡来,敲进史家门去,将朱笔官票与看,乃是府间遣马追取秀才,立等回话的公事。史家父子惊得呆了,各没想处。那老史埋怨儿道:“定是你终日宿娼,被他家告害了，再无他事。”史秀才道：“府尊大人取我，又遣一匹马来，焉知不是文赋上边有什么相商处？”老史道：“好来请你？柬帖不用一个，出张朱票？”史秀才道：“决是没人告我！”父子两个胡猜不住，公人只催起身。老史只得去收拾酒饭，待了公人，又送了些辛苦钱，打发儿子起身到州里来。正是：

乌鸦喜鹊同声，吉凶全然未保。
今日捉将官去，这回头皮送了。

史生同了官差，一程来到州中。不知什么事由，穿了小服，进见太守。太守叫换了公服相见，史生才把疑心放下了好些。换了衣服，进去行礼已毕。太守问道：“秀才家小小年纪，怎不苦志读书，倒来非礼之地频游，何也？”史生道：“小生诵读诗书，颇知礼法。蓬窗自守，从不游甚非礼之地。”太守笑道：“也曾去薛家走走吗？”史生见道着真话，通红了两颊道：“不敢欺大人，客寓州城，诵读馀功，偶与朋友辈适兴闲步，容或有之，并无越礼之事。”太守又道：“秀才家说话不必遮饰！试把与薛倩往来事情，实诉我知道。”史生见问得亲切，晓得瞒不过了，只得答道：“大人问及于此，不敢相诳。此女虽落娼地，实非娼流，乃名门宦裔，不幸至此。小生偶得邂逅，见其标格有似良人，问得其详，不胜义愤。自惜身微力薄，不能拔之风尘，所以怜而与游。虽系儿女子之私，实亦士君子之念。然如此鄙事，不知大人何以知而问及，殊深惶愧！只得实陈，伏乞大人容恕！”太守道：“而今假若以此女配足下，足下愿以之为室家否？”史生道：“淤泥青莲，亦愿加以拂拭，但贫士所不能，不敢妄想。”太守笑道：“且站在一边，我叫你看一件事。”

就掣一支签，唤将薛妈来，薛妈慌忙来见太守。太守叫库吏取出一百道官券来与他道：“昨闻你买薛倩身价止得钱七十千，今加你价三十千，共一百道，你可领着。”时史生站在旁边，太守用手指着对薛妈道：“汝女已嫁此秀才了，此官券即是我与秀才出的聘礼也。”薛妈不敢违拗，只得收了。当下认得史生的，又不好问得缘故。老妈们心性，见了一百千，算来不亏了本，随他女儿短长也不在他心上。不管三七二十一，欢欢喜喜自出去了。

此时史生看见太守如此发放，不晓其意，心中想道：“难道太守肯出己钱讨来与我不成？这怎么解？”出了神没可想处。太守唤史生过来，笑道：“足下苦贫不能得娶，适间已为足下下聘了。今以此女与足下为室，可喜欢吗？”史生叩头道：“不知大人何以有此天恩，出自望外，岂不踊跃！但家有严父，不敢不告。若知所娶娼女，事亦未必可谐，所虑在此耳。”太守道：“你还不知此女为总干祝使君表妹，前日在此相遇，已托下官脱了乐籍，俟成都归来，替他择婿，下官见此义举，原许以二十万钱助嫁。今此女见在我衙中，昨日见她心事不快，问得其故，知与足下两意相孚，不得成就。下官为此相请，欲为你两人成此好事。适间已将十万钱还了薛媪，今再以十万钱助足下婚礼，以完下官口信。待总干来时，整备成亲。若尊人问及，不必再提起薛家，只说总干表妹，下官为媒，无可虑也。”史生见说，欢喜非常，谢道：“鲰生何幸，有此奇缘，得此恩遇，虽粉骨碎身，难以称报！”太守又叫库吏取一百道官券，付与史生，史生领下，拜谢而去，看见丹墀之下荷花正开，赋诗一首，以见感恩之意。诗云：

莲染青泥埋暗香，东君移取一齐芳。
擎珠拟作衔环报，已学葵心映日光。

史生到得家里，照依太守说的话回复了父母。父母道是喜从天降，不费一钱攀了好亲事，又且见有许多官券拿回家来，问其来历，说道是太守助的花烛之费，一发支持有余，十分快活。一面整顿酒筵各项，只等总干回信不题。

却说吴太守虽已定下了史生，在薛倩面前只不说破。隔得一月，祝东老成都事毕，重回绵州，来见太守，一见便说表妹之事。太守道：“别后已干办得一个佳婿在此，只等明公来，便可嫁了。”东老道：“此行所得合来有五十万，今当悉以付彼，使其成家立业。”太守道：“下官所许二十万，已将十万还其身价，十万备其婚资。今又有此助，可以不忧生计。况其人可倚，明公可以安心了。”东老道：“婿是何人？”太守道：“是个书生，姓史，今即去召他来相见。”东老道：“书生最好。”太守立刻命人去召将史秀才来到，叫他见了东老。东老见他少年，丰姿出众，心里甚喜。太守即择取来日大吉，叫他备轿，明日到州迎娶家去。

太守回衙，对薛倩道：“总干已到，佳婿已择得有人，看定明日成婚。婚资多备，从此为良人妇了。”薛倩心里且喜且悲。喜的是亏得遇着亲眷，又得太守做主，脱了贱地，嫁个丈夫，立了妇名；悲的是心上书生从此再不能够相会了。正是：

笑啼俱不敢，方信做人难。

早知灯是火，落得放心安。

明日，祝东老早到州中，与太守说了，教薛倩出来相见。东老即将五十万钱之数交与薛倩道："聊助子妆奁之费，少尽姑表之情。只无端累守公破费二十万，甚为不安。"太守笑道："如此美事，岂可不许我费一分乎？"薛倩叩谢不已。东老道："婿是守公所择，颇为得人，终身可傍矣。"太守笑道："婿是令表妹所自择，与下官无干。"东老与薛倩俱愕然不解，太守道："少顷自见。"

正话间，门上进禀史秀才迎婚轿到。太守立请史秀才进来，指着史生对薛倩道："前日你再三不肯说，我道说明白了，好与你做主。今以此生为汝夫，汝心中没有不足处了吗？"薛倩见说，方敢抬眼一看，正是平日心上之人。方晓得适间之言．心下暗地喜欢无尽。太守立命取香案，教他两人拜了天地。已毕，两人随即拜谢了总干与太守。太守吩咐花红、羊酒、鼓乐送到他家，东老又命从人抬了这五十万嫁资，一齐送到史家家里来。史家老儿只说是娶得总干府表妹，以此为荣，却不知就是儿子前日为嫖了厮闹的婊子。后来渐渐明白，却见两处大官府做主，又平白得了许多嫁资，也心满意足了。史生夫妻二人感激吴太守，做个木主，供在家堂，奉祀香火不绝。

次年，史生得预乡荐，东老又着人去汉州，访着了董氏兄弟，托与本处运使，周给了好些生计，来通知史生夫妻二人，教她相通往来。史生后来得第，好生照管妻家，汉州之后得以不绝。此乃是不幸中之幸，遭遇得好人，有此结果。不然，世上的人多似吕使君，那两代为官之后到底堕落了。天网恢恢，正不知吕使君子女又如何哩！

公卿宣淫，误人儿女。不遇手援，焉复其所？
瞻彼穹庐，涕零如雨。千载伤心，王孙帝主。

卷之八

沈将仕三千买笑钱　王朝议一夜迷魂阵

词云：

风月襟怀，图取欢来，戏场中尽有安排。呼卢博赛，岂不豪哉？费自家心，自家力，自家财。　　有等奸胎，惯弄乔才，巧妆成科诨难猜。非关此辈，忒使心乖。总自家痴，自家狠，自家呆。（词寄《行香子》）

这首词说着人世上诸般戏事，皆可遣兴陶情，惟有赌博一途最是为害不浅。盖因世间人总是一个贪心所使，见那守分的一日里辛辛苦苦，巴着生理，不能够近得多少钱；那赌场中一得了彩，精金、白银只在一两掷骰子上收了许多来，岂不是个不费本钱的好生理？岂知有这几掷赢，便有几掷输。赢时节，道是倘来之物，就有粘头的、讨赏的、帮衬的，大家来撮哄。这时节意气扬扬，出之不吝。到得赢骰过了，输骰齐到，不知不觉地弄个罄净，却多是自家肉里钱，旁边的人不曾帮了他一文。所以只是输的多，赢的少。有的不伏道："我赢了就住，不到得输就是了。"这句话恰似有理，却是哪一个如此把得定？有的巴了千钱要万钱，人心不足不肯住的。有的乘着胜彩，只道是常得如此，高兴了不肯住的。有的怕别人讥诮他小家子相，碍上碍下不好住的。及至临后输来，虽悔无及，道先前不曾住得，如今难道就罢？一发住不成了，不到得弄完决不收场。况且又有一落场便输了的，总有几掷赢骰，不够翻本，怎好住得？到得翻本到手，又望多少赢些，哪里肯住？所以一耽了这件滋味，定是无明无夜，抛家失业，失魂落魄，忘餐废寝的。朋友们讥评，妻子们怨怅，到此地位，一总不理，只是心心念念记挂此事，一似担雪填井，再没个满的日子了。全不想钱财自命里带来，人人各有分限，岂由你空手博来，做得人家的？不要说不能够赢，就是赢了，未必是福处。

宋熙宁年间，相国寺前有一相士，极相得着，其门如市。彼时南省开科，纷纷举子多来扣问得失，他一一决来，名数不爽。有一举子姓丁名湜，随众往访。相士看见大惊道："先辈气色极高，吾在此阅人多矣，无出君右者。据某所见，便当第一人及第。"问了姓名，相士就取笔在手，大书数字于纸云："今科状元是丁湜。"粘在壁上。向丁生拱手道："留为后验。"丁生大喜自负，别了相士，走回寓中来，不觉心神畅快，思量要寻个乐处。

原来这丁生少年才俊,却有个僻性,酷好的是赌博。在家时先曾败掉好些家资,被父亲锁闭空室,要饿死他。其家中有妪怜之,破壁得逃。到得京师,补试太学,幸得南省奏名,只待廷试。心绪闲暇,此兴转高。况兼破费了许多家私,学得一番奢遮手段,手到处会赢,心中技痒不过。闻得同榜中有两个四川举子,带得多资,亦好赌博。丁生写个请帖,着家童请他二人到酒楼上饮酒。二人欣然领命而来,分宾主坐定。饮到半酣,丁生家童另将一个包袱放在左边一张桌子上面,取出一个匣子开了,拿出一对赏钟来。二客看见匣子里面藏着许多戏具,乃是骨牌、双陆、围棋、象棋及五木骰子、枚马之类,无非赌博场上用的。晓得丁生好此,又触着两人心下所好,相视而笑。丁生便道:"我们乘着酒兴,三人共赌一回取乐何如?"两人拍手道:"绝妙!绝妙!"一齐立起来;看楼上旁边有一小阁,丁生指着道:"这里头到幽静些。"遂叫取了博具,一同到阁中来。相约道:"我辈今日逢场作戏,系是彼此同袍,十分大有胜负,忒难为人了。每人只以万钱为率,尽数赢了,止得三万,尽数输了,不过一万,图个发兴消闲而已。"说定了,方才下场,相博起来。初时果然不十分大来往,到得掷到兴头上,你强我赛,各要争雄,一二万钱只好做一掷,怎好就歇得手?两人又着家童到下处,再取东西,下着本钱,频频添人,不记其次。丁生煞是好手段,越赢得来,精神越旺。两人不伏输,狠将注头乱推,要博转来,一注大似一注,怎当得丁生连掷胜采,两人出注,正如众流归海,尽数赶在丁生处了,直赢得两人油干火尽。两人也怕起来,只得忍着性子住了,垂头丧气而别。丁生总计所赢,共有六百万钱。命家童等负归寓中,欢喜无尽。

隔了两日,又到相士店里来走走,意欲再审问他前日言语的确。才进门来,相士一见大惊道:"先辈为何气色大变?连中榜多不能了,何况魁选!"急将前日所粘在壁上这一条纸扯下来,揉得粉碎。叹道:"坏了我名声,此番不准了。可恨!可恨!"丁生慌了道:"前日小生原无此望,是足下如此相许。今日为何改了口,此是何故?"相士道:"相人功名,先观天庭气色。前日黄亮润泽,非大魁无此等光景,所以相许。今变得枯焦且黑滞了,哪里还望功名?莫非先辈有甚设心不良,做了些谋利之事,有负神明吗?试想一想看!"丁生悚然,便把赌博得胜之事说出来,道:"难道是为此戏事?"相士道:"你莫说是戏事,关着财物,便有神明主张。非义之得,自然减福。"丁生悔之无及,忖了一忖,问相士道:"我如今尽数还了他,敢怕仍旧不妨了?”相士道:“才一发心,暗中神明便知。果能悔过,还可占甲科,但名次不能如旧,五人之下可望,切须留心!”

丁生亟回寓所,着人去请将二人到寓。两人只道是又来纠赌,正要番手,三脚两步忙忙过来。丁生相见了,道:“前日偶尔做戏,大家在客中,岂有实得所赢钱物之理?今日特请两位过来,奉还原物。”两人出于不意道:“既已赌输,岂有竟还之理!或者再博一番,多少等我们翻些才使得。”丁生道:“道义朋友,岂可以一时戏要伤损客囊财物?小弟誓不敢取一文,也不敢再做此等事了。”即叫家童各将前物竟送还两人下处。两人喜出望外,道是丁生非常高谊,千恩万谢而去。岂知丁生原为着自己功名要紧,故依着相士之言,改了前非。

后来廷试唱名,果中徐铎榜第六人,相士之术不差毫厘。若非是这一番赌,这状头稳是丁湜,不让别人了,今低了五名。又还亏得悔过迁善,还了他人钱物,尚得高标;倘贪了小便宜,执迷不悟,不弄得功名没分了?所以说,钱财有分限,靠着赌博得来,便赢了也不是好事。

况且有此等近利之事,便有一番谋利之术。有一伙赌中光棍,惯一结了一班党与,局骗少年子弟,俗名谓之“相识”。用铅沙灌成药骰,有轻有重。将手指捻将转来,捻得得法,抛下去多是赢色;若任意抛下,十掷九输。又有惯使手法,拳红坐六的。又有阴阳出法,推班出色的。那不识事的小二哥,一团高兴,好歹要赌,俗名唤作“酒头”。落在套中,出身不得,谁有得与你赢了去?奉劝人家子弟,莫要痴心想别人的。看取丁混故事,就赢了也要折了状元之福。何况没福的?何况必输的?不如学好守本分的为强。有诗为证:

财是他人物,痴心何用贪?
寝兴多失节,饥饱亦相参。
输去中心苦,赢来众口馋。
到头终一败,辛苦为谁甜?

小子只为苦口劝着世人休要赌博,却想起一个人来,没事闲游,撞在光棍手里,不知不觉弄去一赌,赌得精光,没些巴鼻,说得来好笑好听:

风流误入绮罗丛,自讶通宵依翠红。
谁道醉翁非在酒?却教眨眼尽成空。

这本话文,乃在宋朝道君皇帝宣和年间,平江府有一个官人姓沈,承着祖上官荫,应授将仕郎之职,赴京听调。这个将仕家道丰厚,年纪又不多,带了许多金银宝货在身边。少年心性,好的是那歌楼舞榭,倚翠偎红,绿水青山,闲茶浪酒,况兼身伴有的是东西。只要撞得个乐意所在,挥金如土,毫无吝色。大凡世情如此,才是有个撒漫使钱的勤儿,便有那帮闲攒懒的陪客来了。寓所差不多远,有两个游手人户:一个姓郑,一个姓李,总是些没头鬼,也没个什么真名号,只叫作郑十哥,李三哥。终日来沈将仕下处,与他同坐同起,同饮同餐;沈将仕一刻也离不得他二人。他二人也有时破些钱钞,请沈将仕到平康里中好姊妹家里,摆个还席。吃得高兴,就在姊妹人家宿了。少不得串同了他家扶头打差,一路儿撮哄,弄出些钱钞,大家有分,决不到得白折了本。亏得沈将仕壮年贪色,心性不常,略略得味就要跳槽,不迷恋着一个,也不能起发他大主钱财,只好和哄过日,常得嘴头肥腻而已。如是盘桓将及半年,城中乐地也没有不游到的所在了。

一日,沈将仕与两人商议道:“我们城中各处走遍了,况且尘嚣嘈杂,没甚景趣。我要城外野旷去处走走,散心耍子一回何如?”郑十、李三道:“有兴,有兴,大官人一发在行得紧。只是今日有些小事未完,不得相陪,若得迟至明日便好。”沈将仕道:“就是明日无妨,却不可误期。”郑、李二人道:“大官人如此高怀,我辈若有个推故不去,便是俗物了,明日准来相陪就是。”两人别去了一夜,到得次日,来约沈将仕道:“城外之兴何如?”沈将仕道:“专等,专等。”郑十道:“不知大官人轿去?马去?”李三道:“要去闲步散心,又不赶甚路程,要那轿马何干?”沈将仕道:“三哥说得是。有这些人随着,便要来催你东去西去,不得自由。我们只是散步消遣,要行要止,凭得自家,岂不为妙?只带个把家僮去跟跟便了。”沈将仕身边有物,放心不下,叫个贴身安童背着一个皮箱,随在身后。一同郑、李二人踱出长安门外来。但见:

甫离城郭,渐远市廛。参差古树绕河流,荡漾游丝飞野岸。布帘沽酒处,惟有耕农村老来尝;小艇载鱼还,多是牧竖樵夫来问。炊烟四起,黑云影里有人家;路径多歧,青草痕中为孔道。别是一番野趣,顿教忘却尘情。

三人信步而行,观玩景致,一头说话,一头走路。迤逦有二三里之远,来到一个塘边。只见几个粗腿大脚的汉子赤剥了上身,手提着皮挽,牵着五七匹好马,在池塘里洗浴。看见他三人走来至近,一齐跳出塘子,慌忙将衣服穿上,望着三人齐声迎喏。沈将仕惊疑,问二人道:“此辈素非相识,为何见吾三人恭敬如此?”郑、李两人道:“此王朝议使君之隶卒也。使君与吾两人最相厚善,故此辈见吾等走过,不敢怠慢。”沈将仕道:“原来这个缘故,我也道为何无因至前!”

三人又一头说,一头走,离池边上前又数百步远了。李三忽然叫沈将仕一声道:“大官人,我有句话商量着。”沈将仕道:“甚话?”李三道:“今日之游,颇得野兴,只是信步浪走,没个住脚的去处。若便是这样转去了,又无意味。何不就骑着适才王公之马,拜一拜王公,岂不是妙?”沈将仕道:“王公是何人?我却不曾认得,怎好拜他?”李三道:“此老极是个妙人,他曾为一大郡守,家资绝富,姬妾极多。他最喜的是宾客往来,款接不倦。今年纪已老,又有了些痰病,诸姬妾皆有离心。却是他防禁严密,除了我两人忘形相知,得以相见,平时等闲不放出外边来。那些姬妾无事,只是终日合伴顽耍而已。若吾辈去看他,他是极喜的。大官人虽不曾相会,有吾辈同往,只说道钦慕高雅,愿一识荆,他看见是吾每的好友,自不敢轻。吾两人再递一个春与他,等他晓得大官人是在京调官的,衣冠一脉,一发注意了,必有极精的饮馔相款。吾每且落得开怀快畅他一晚,也是有兴的事。强如寂寂寞寞,仍旧三人走了回去。"沈将仕心里未决,郑十又道:"此老真是会快活的人,有了许多美妾,他却又在朋友面上十分殷勤,寻出兴趣来。更兼留心饮馔,必要精洁,惟恐朋友们不中意,吃得不尽兴。只这一片高兴热肠,何处再讨得有?大官人既到此地,也该认一认这个人,不可错过。"沈将仕也喜道:"果然如此,便同二位拜他一拜也好。"李三道:"我每原回到池边,要了他的马去。"于是三人同路而回,走到池边。郑、李大声叫道:"带四个马过来!"看马的不敢违慢,答应道:"家爷的马,官人每要骑,尽意骑坐就是。"郑、李与沈将仕各骑了一匹,连沈家家僮捧着箱儿,也骑了一匹。看马的带住了马头,问道:"官人每要往哪里去?"郑生将鞭梢指道:"到你爷家里去。"看马的道:"晓得了。"在前走着引路,三人联镳按辔而行。

转过两个坊曲,见一所高门,李三道:"到了,到了。郑十哥且陪大官人站一会儿,待我先进去报知了,好出来相迎。"沈将仕开了箱,取个名帖,与李三带了报去。李三进门内去了,少歇出来道:"主人听得有新客到此,甚是喜欢。只是久病倦懒,怕着冠带,愿求便服相见。"沈将仕道:"论来初次拜谒,礼该具服。今主人有命,恐怕反劳,若许便服,最为洒脱。"李三又进去说了。只见王朝议命两个安童扶了,一同李三出来迎客。沈将仕举眼看时,但见:

仪度端庄,容颜羸瘦。一前一却,浑如野鹤步罡;半喘半吁,大似吴牛见月。深浅躬不思而得,是鹭鸳班里习将来;长短气不约而同,敢莺燕窝中输了去?

沈将仕见王朝议虽是衰老模样,自然是士大夫体段,肃然起敬。王朝议见沈将仕少年丰采,不觉笑逐颜开,拱进堂来。沈将仕与二人俱与朝议相见了。沈将仕叙了些仰慕的说话道:"幸郑、李两兄为绍介,得以识荆,固快夙心,实出唐突。"王朝议道:"两君之友,即仆友也。况两君胜士,相与的必是高贤,老朽何幸,得以沾接!"茶罢,朝议揖客进了东轩,吩咐当直的设席款待。吩咐不多时,杯盘果馔片刻即至。沈将仕看时,虽不怎的大摆设,却多精美雅洁,色色在行,不是等闲人家办得出的。朝议谦道:"一时不能治具,果菜小酌,勿怪轻亵。"郑、李二人道:"沈君极是脱洒人,既忝吾辈相知,原不必认作新客。只管尽主人之兴,吃酒便是,不必过谦了。"小童二人频频斟酒,三个客人忘怀大酾,主人勉强支陪。

看看天晚,点上灯来。朝议又陪了一晌,忽然喉中发喘,连嗽不止,痰声曳锯也似响震四座，支吾不得。叫两个小童扶了，立起身来道："贱体不快，上客光顾，不能尽主礼，却怎的好？"对郑生道："没奈何了，有烦郑兄代作主人，请客随意剧饮，不要阻兴。老朽略去歇息一会，煮药吃了，少定即来奉陪。恕罪！恕罪！"朝议一面同两个小童扶拥而去。

剩得他三个在座，小童也不出来斟酒了。李三道："等我寻人去。"起身走了进去。沈将仕见主人去了，酒席阑珊，心里有些失望。欲待要辞了回去，又不曾别得主人，抑且馀兴还未尽，只得走下庭中散步。忽然听得一阵欢呼掷骰子声，循声觅去，却在轩后一小阁中，有些灯影在窗隙里射将出来。沈将仕将窗隙弄大了些，窥看里面。不看时万事全休，一看看见了，真是：

酥麻了半壁，软瘫做一堆。

你道里头是甚光景？但见：

明烛高张，巨案中列。掷卢赛雉，纤纤玉手擎成；喝六呼么，点点朱唇吐就。金步摇，玉条脱，尽为孤注争雄；风流阵，肉屏风，竟自和盘托出。若非广寒殿里，怎能够如许仙风？不是金谷园中，何处来若干媚质？任是愚人须缩舌，怎教浪子不输心！

原来沈将仕窗隙中看去，见里头是美女七八人，环立在一张八仙桌外。桌上明晃晃点着一支高烛，中间放下酒榼一架，一个骰盆。盆边七八堆彩物，每一美女面前一堆，是将来做注赌采的。众女掀拳裸袖，各欲争雄。灯下偷眼看去，真个个如嫦娥出世，丰姿态度，目中所罕见，不觉魂飞天外，魄散九霄，看得目不转睛，顽涎乱吐。

正在禁架不定之际，只见这个李三不知在哪里走将进去，也窜在里头了，抓起骰子，便待要掷下去。众女赌到间深处，忽见是李三下注，尽嚷道："李秀才，你又来鬼厮搅，打断我姊妹们兴头！"李三顽着脸皮道："便等我在里头，与贤妹们帮兴一帮兴也好。"一个女子道："总是熟人，不妨事。要来便来，不要酸子气，快摆下注钱来！"众女道："看这个酸鬼！哪里熬得起大注？"一递一句讥诮着。李三掷一掷，做一个鬼脸，大家把他来做一个取笑的物事。李三只是忍着羞，皮着脸，凭他擘面啐来，只是顽钝无耻，挨在帮里。一霎时，不分彼此，竟大家着他在里面掷了。

沈将仕看见李三情状，一发神魂摇荡，顿足道："真神仙境界也！若使吾得似李三，也在里头厮混得一场，死也甘心！"急得心痒难熬，好似热地上蜒蚰，一歇儿立脚不定，急走来要与郑十商量。郑十正独自个坐在前轩打盹，沈将仕急摇他醒来道："亏你还睡得着！我们一样到此，李三哥却落在蜜缸里了。"郑十道："怎么的？"沈将仕扯了他手，竟到窗隙边来，指着里面道："你看么！"郑十打眼一看，果然李三与群女在里头混赌。郑十对沈将仕道："这个李三，好没廉耻！"沈将仕道："如此胜会，怎生知会他一声，设法我也在里头去掷掷儿，也不枉了今日来走这一番。"郑十道："诸女皆王公侍儿。此老方才去眠宿了，诸女得闲在此顽耍。吾每是熟极的，故李三插得进去。诸女素不识大官人，主人又不在面前，怎好与她们接对？须比我每不得。"沈将仕情极了道："好哥哥，带挈我带挈。"郑十道："若挨得进去，须要稍物，方才可赌。"沈将仕道："吾随身箧中有金宝千金，又有二三千张茶券子可以为稍。只要十哥设法得我进去，取乐得一回，就双手送掉了这些东西，我愿毕矣。"郑十道："这等，不要高声，悄悄地随着我来，看相个机会，慢慢插将下去，切勿惊散了她们，便不妙了。"

沈将仕谨依其言，不敢则一声。郑十拽了他手，转弯抹角，且是熟溜，早已走到了聚赌的去处。诸姬正赌得酣，各不抬头，不见沈将仕。郑十将他捏一把扯他到一个稀空的所在站下了，侦伺了许久，直等两下决了输赢，会稍之时，郑十方才开声道："容我每也掷掷儿吗？"众女抬头看时，认得是郑十，却见肩下立着个面生的人，大家喝道："何处儿郎，突然到此！"郑十道："此吾好友沈大官人，知卿等今宵良会，愿一拭目，幸勿惊讶。"众女道："主翁与汝等通家，故彼此各无避忌，如何带了他家少年来掺与我良人之会？"一个老成些的道："既是两君好友，亦是一体的。既来之，则安之，且请一杯迟到的酒。"遂取一大卮，满斟着一杯热酒，奉与沈将仕。沈将仕此时身体皆已麻酥，见了亲手奉酒，敢有推辞？双手接过来，一饮而尽，不剩一滴。奉酒的姬对着众姬笑道："妙人也，每人可各奉一杯。"郑十道："列位休得炒断了掷兴。吾友沈大官人，也愿与众位下一局。一头掷骰，一头饮酒助兴，更为有趣。"那老成的道："妙，妙。虽然如此也要防主人觉来。"遂唤小鬟："快去朝议房里伺候，倘若睡觉，亟来报知，切勿误事！"小鬟领命去了。

诸女就与沈将仕共博，沈将仕自喜身人仙宫，志得意满，采色随手得胜。诸姬头上钗饵首饰，尽数除下来作采赌赛，尽被沈将仕赢了，须臾之间，约有千金。诸姬个个目睁口呆，面前一空。郑十将沈将仕扯一把道："赢够了，歇手罢！"怎当得沈将仕魂不附体，他心里只要多插得一会寡趣便好，不在乎财物输赢，哪里肯住？只管伸手去取酒吃，吃了又掷，掷了又吃，诸姬又来趁兴，奉他不休。沈将仕肉麻了，风将起来，弄得诸姬皆赤手无稍可掷。

其间有一小姬年最少，貌最美，独是她输得最多，见沈将仕风风世世，连掷采骰，带着怒容，起身竟去，走至房中转了一转，提着一个羊脂玉花樽到面前，向桌上一掇道："此瓶什千缗，只此做孤注，输赢在此一决。"众姬问道："此不是尔所有，何故将来做注？"小姬道："此主人物也。此一决得胜固妙，倘若再不如意一发输了去，明日主人寻究，定遭鞭捶。然事势至此，我情已极，不得不然！"众人劝她道："不可赶兴，万一又输，再无挽回了。"小姬怫然道："凭我自主，何故阻我！"坚意要掷。众人见她已怒，便道：“本图欢乐，何故到此地位？”沈将仕看见小姬光景，又怜又爱，心里踌躇道：“我本意岂欲赢她？争奈骰子自胜，怎生得帮衬这一掷输与她了，也解得她的恼怒；不然，反是我杀风景了。”

看官听说：这骰子虽无知觉，极有灵通，最是跟着人意兴走的。起初沈将仕神来气旺，胜采便跟着他走，所以连掷连赢。歇了一会儿，胜头已过，败色将来。况且心里有些过意不去，情愿认输，一团锐气已自馁了十分了。更见那小姬气忿忿，雄赳赳，十分有趣，魂灵也被她吊了去。心里忙乱，一掷大败。小姬叫声：“惭愧！也有这一掷该我赢的。”即把花樽底儿朝天，倒将转来。沈将仕只道止是个花樽，就是千缗，也赔得起。岂知花樽里头尽是金钗珠琲塞满其中，一倒倒将出来，辉煌夺目，正不知多少价钱，尽该是输家赔偿的，沈将仕无言可对。郑、李二人与同诸姬公估价值，所值三千缗钱。沈将仕须赖不得，尽把先前所赢尽数退还，不上千金。只得走出叫家僮取带来箱子里面茶券子二千多张，算了价钱，尽作赌资还了。说话的，茶券子是甚物件，可当金银？看官听说：茶券子即是茶引。宋时禁茶榷税，但是茶商纳了官银，方关茶引，认引不认人。有此茶引，可以到处贩卖。每张之利，一两有余。大户人家尽有当着茶引生利的，所以这茶引当得银子用。苏小卿之母受了三千张茶引，把小卿嫁与冯魁，即是此例也。沈将仕去了二千余张茶引，即是去了二千余两银子。沈将仕自道只输得一掷，身边还有剩下几百张，其余金宝他物在外不动，还思量再下局去，博将转来。忽听得朝议里头大声咳嗽，急索唾壶。诸姬慌张起来，忙将三客推出阁外，把火打灭，一齐奔人房去。

三人重复走到轩外元饮酒去处，刚坐下，只见两个小童又出来劝酒道：“朝议多多致意尊客：‘夜深体倦，不敢奉陪，求尊客发兴多饮一杯。’”三人同声辞道：“酒兴已阑，不必再叨了，只要作别了便去。”小童走进去说了，又走出来道：“朝议说：‘仓促之间，多有简慢。夜已深，不劳面别。’此后三日，再求三位同会此处，更加尽兴，切勿相拒。”又叫吩咐看马的仍旧送三位到寓所，转来回话。三人一同沈家家僮，乘着原来的四匹马，离了王家。行到城门边，天色将明，城门已自开了。马夫送沈将仕到了寓所，沈将仕赏了马夫酒钱，连郑、李二人的也多是沈将仕出了，一齐打发了去。郑、李二人别了沈将仕道：“一夜不睡，且各还寓所安息一安息，等到后日再去赴约。”二人别去。

沈将仕自思夜来之事，虽然失去了一二千本钱，却是着实得趣。想来老姬赞他，何等有情。小姬怒他，也自有兴。其余诸姬递相劝酒，轮流赌赛，好不风光！多是背着主人做的。可恨郑、李两人先占着这些便宜，而今我既弄人了门，少不得也熟分起来，也与他二人一般受用。或者还有括着个把上手的事在里头，也未可知。转转得意。因两日困倦不出门，巴到第三日清早起来，就要去再赴王朝议之约。却不见郑、李二人到来，急着家僮到二人下处去请。下处人回言走出去了，只得呆呆等着。等到日中，竟不见来。沈将仕急得乱跳，肚肠多爬了出来。想一想道：“莫不

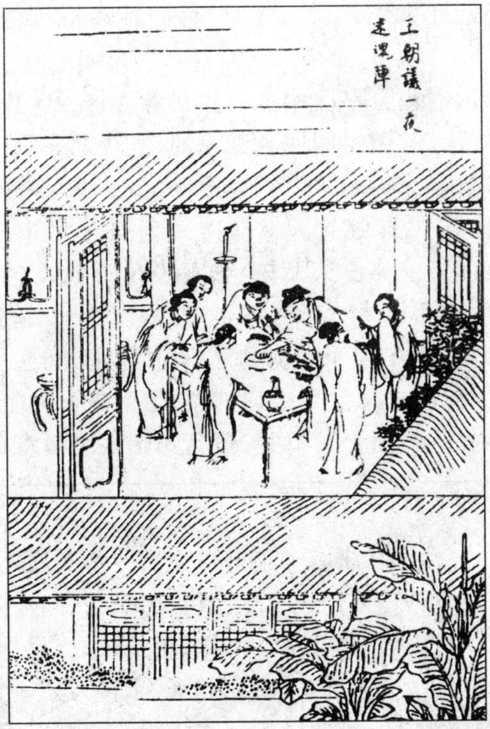

他二人不约我先去了？我既已拜过扰过，认得的了，何必待他二人？只是要引进内里去，还须得他每领路。我如今备些礼物去酬谢前晚之酌，若是他二人先在，不必说了。若是不在，料得必来，好歹在那里等他每为是。”

叫家僮雇了马匹，带了礼物，出了城门，竟依前日之路，到王朝议家里来。到得门首，只见大门拴着。先叫家僮寻着旁边一个小侧门进去，一直到了里头，并无一人在内。家僮正不知什么缘故，走出来回复家主。沈将仕惊疑，犹恐差了，再同着家僮走进去一看，只见前堂东轩与那聚赌的小阁宛然那夜光景在目，却无一个人影。大骇道：“分明是这个里头，那有此等怪事！”急走到大门左侧，问着个开皮铺的人道：“这大宅里王朝议全家那里去了？”皮匠道：“此是内相侯公公的空房，从来没个什么王朝议在此。”沈将仕道：“前夜有个王朝议，与同家眷正在此中居住，我们来拜他，他做主人留我每吃了一夜酒。分明是此处，如何说从来没有？”皮匠道：“三日前有好几个恶少年挟了几个上厅有名粉头，税了此房吃酒赌钱；次日分了利钱，各自散去，哪里是什么王朝议请客来？这位官人莫不着了他道儿了？”沈将仕方才疑道是奸计装成圈套，来骗他这些茶券子的，一二千金之物分明付了一空了。却又转一念头，追思那日池边唤马，宅内留宾，后来阁中聚赌，都是无心凑着的，难道是设得来的计较？似信不信道：“只可惜不见两人，毕竟有个缘故在内，等待几日，寻着他两个再问。”

岂知自此之后，屡屡叫人到郑、李两人下处去问，连下处的人多不晓得，说道：“自那日出去后，一竟不来，虚锁着两间房，开进去，并无一物在内，不知去向了。”到此方知前日这些逐段逐节行径，令人看不出一些，与马夫小童，多是一套中人物，只在迟这一夜里头打合成的。正是拐骗得十分巧处，神鬼莫测也！

漫道良朋作胜游，谁知胠箧有阴谋？
清闺不是闲人到，只为痴心错下筹。

卷之九

莽儿郎惊散新莺燕　㑇梅香认合玉蟾蜍

诗云：

世间好事必多磨，缘未来时可奈何！
直至到头终正果，不知底事欲蹉跎？

话说从来有人道好事多磨。那到底不成的，自不必说。尽有到底成就的，起初时千难万难，错过了多少机会，费过了多少心机，方得了结。就如王仙客与刘无双两个，中表兄妹，从幼许嫁，年纪长大，只须刘尚书与夫人做主，两个一下配合了，有何可说？却又尚书番悔起来，千推万阻。比及夫人撺掇得肯了，正要做亲，又撞着朱泚、姚令言之乱，御驾蒙尘，两下失散。直到得干戈平静，仙客人京来访，不匡刘尚书被人诬陷，家小配人掖庭。从此天人路隔，永无相会之日了。姻缘未断，又得发出宫女打扫皇陵。恰好差着无双在内，驿庭中通出消息与王仙客。跟寻得稀奇古怪的一个侠客古押衙，将茅山道士仙丹矫诏药死无双，在皇陵上赎出尸首来救活了，方得成其夫妇，同归襄汉，不知错过了几个年头，费过了多少手脚了。早知到底是夫妻，何故又要经这许多磨折？真不知天公主的是何意见！可又有一说，不遇艰难，不显好处。古人云：

不是一番寒彻骨，怎得梅花扑鼻香？

只如偷情一件，一偷便着，却不早完了事？然没一些光景了。毕竟历过多少间阻，无限风波，后来到手，方为稀罕。所以在行的道："偷得着不如偷不着。"真有深趣之言也。

而今说一段因缘。正要到手，却被无意中搅散。及至后来两下各不指望了，又曲曲弯弯反弄成了，这是氤氲大使颠倒人的去处。且说这段故事出在哪个地方，什么人家，怎的起头，怎的了结？看官不要性急，待小子原原委委说来。有诗为证：

打鸭惊鸳鸯，分飞各异方。
天生应匹耦，罗列自成行。

话说杭州府有一个秀才,姓凤名来仪,字梧宾,少年高才,只因父母双亡,家贫未娶。有个母舅金三员外,看得他是个不凡之器,是件照管周济他。凤生就冒了舅家之姓进了学,入场考试,已得登科。朋友往来,只称凤生,榜中名字,却是金姓。金员外一向出了灯火之资,替他在吴山左畔赁下园亭一所,与同两个朋友做伴读书。那两个是嫡亲兄弟,一个叫作窦尚文,一个叫作窦尚武,多是少年豪气,眼底无人之辈。三个人情投意合,颇有管鲍、雷陈之风。窦家兄弟为因有一个亲眷上京为官,送他长行,就便往苏州探访相识去了。凤生虽已得中,春试尚远,还在园中读书。

一日傍晚时节,诵读少倦,走出书房散步。至园东,忽见墙外楼上有一女子凭窗而立,貌若天人,只隔得一垛墙,差不得多少远近。那女子看见凤生青年美质,也似有眷顾之意,毫不躲闪。凤生贪看自不必说,四目相视,足有一个多时辰。凤生只做看玩园中菊花,步来步去,卖弄着许多风流态度,不忍走回。直等天黑将来,只听得女子叫道:"龙香,掩上了楼窗。"一个侍女走起来,把窗扑地关了,凤生方才回步,心下思量道:"不知邻家有这等美貌女子!不晓得她姓甚名谁,怎生打听一个明白便好?"

过了一夜,次日清早起来,也无心想观看书史,忙忙梳洗了,即望园东墙边来。抬头看那邻家楼上,不见了昨日那女子。正在惆怅之际,猛听得墙角小门开处,走将一个清清秀秀的丫鬟进来,竟到圃中采菊花。凤生要撩拨她开口,故作厉声道:"谁家女子,盗取花卉!"那丫鬟啐了一声道:"是我邻家的园子!你是哪里来的野人,反说我盗?"凤生笑道:"盗也非盗,野也非野。一时失言,两下退过罢。"丫鬟也笑道:"不退过,找你些什么?"凤生道:"请问小娘子,采花去与哪个戴?"丫鬟道:"我家姐姐梳洗已完,等此插带。"凤生道:"你家姐姐高姓大名?何门宅眷?"丫鬟道:"我家姐姐姓杨,小字素梅,还不曾许配人家。"凤生道:"堂上何人?"丫鬟道:"父母俱亡,傍着兄嫂同居,性爱幽静,独处小楼刺绣。"凤生道:"昨日看见在楼上凭窗而立的,想就是了?"丫鬟道:"正是她了,那里还有第二个?"凤生道:"这等,小娘子莫非龙香姐吗?"丫鬟惊道:"官人如何晓得?"凤生本是昨日听得叫唤明白在耳朵里的,却诌一个谎道:"小生一向闻得东邻杨宅有个素梅娘子,世上无双的美色。侍女龙香姐十分乖巧,十分贤惠,仰慕已久了。"龙香终是丫头家见识，听见称赞她两句，道是外边人真个说她好，就有几分喜动颜色，道："小婢子有何德能，直叫官人知道？"凤生道："强将之下无弱兵。恁样的姐姐，须得恁样的梅香姐，方为厮称。小生有缘，昨日得见了姐姐，今日又得遇着龙香姐，真是天大的福分。龙香姐怎生做得一个方便，使小生再见得姐姐一面吗？"龙香道："官人好不知进退！好人家女儿，又不是烟花门户，知道你是什么人？面生不熟，说个一见再见？"凤生道："小生姓凤，名来仪，今年秋榜举人。在此园中读书，就是贴壁紧邻。你姐姐固是绝代佳人，小生也不愧今时才子。就相见一面，也不辱没了你姐姐！"龙香道："惯是秀才家有这些老脸说话，不耐烦与你缠账！且将菊花去与姐姐插戴则个。"说罢，转身就走。凤生直跟将来送他，作个揖道："千万劳龙香姐在姐姐面前，说凤来仪多多致意。"龙香只做不听，走进角门，扑地关了。

凤生只得回步转来，只听得楼窗豁然大开，高处有人叫一声："龙香，怎么去了不来？"急抬头看时，正是昨日凭窗女子，新妆方罢，等龙香采花不来，开窗叫她，恰好与凤生打个照面。凤生看上去，愈觉美丽非常。那杨素梅也看上凤生在眼里了，呆呆偷觑，目不转睛。凤生以为可动，朗吟一诗道：

几回空度可怜宵，谁道秦楼有玉箫！
咫尺银河难越渡，宁交不瘦沈郎腰？

楼上杨素梅听见吟诗，详那诗中之意，分明晓得是打动他的了，只不知这俏书生是那一个，又没处好问得，正在心下踌躇，只见龙香手捻了一朵菊花来，与她插好了，就问道："姐姐，你看见那园中狂生否？"素梅摇手道："还在那厢摇摆，低声些，不要被他听见了。"龙香道："我正要他听见，有这样老脸皮没廉耻的！"素梅道："他是哪个？怎么样没廉耻？你且说来。"龙香道："我自采花，他不知那里走将来，撞见了，反说我偷他的花，被我抢白了一场。后来问我采花与哪个戴，我说是姐姐。他见说出姐姐名姓来，不知怎的就晓得我叫作龙香。说道一向仰慕姐姐芳名，故此连侍女名字多打听在肚里的。又说昨日得瞥见了姐姐，还要指望再见见，又被我抢白他是面生不熟之人，他才说出名姓来，叫作凤来仪，是今年中的举人，在此园中读书，是个紧邻。我不睬他，他深深作揖，央我致意姐姐，道姐姐是佳人，他是才子。你道好没廉耻吗？"素梅道："说轻些，看来他是个少年书生，高才自负的。你不理他便罢，不要十分轻口轻舌地冲撞他。"龙香道："姐姐怕龙香冲撞了他，等龙香去叫他来见见姐姐，姐姐自回他话罢。"素梅道："痴丫头，好个歹舌头！怎么好叫他见我？"两个一头说，一头下楼去了。

这里凤生听见楼上唧哝一番，虽不甚明白，晓得是一定说他，心中好生痒痒。直等楼上不见了人，方才走回书房。从此书卷懒开，茶饭懒吃，一心只在素梅身上，日日在东墙探头望脑，时常两下撞见。那素梅也失魂丧魄的，掉那少年书生不下，每日上楼几番,但遇着便眉来眼去,彼此有意,只不曾交口。又时常打发龙香,只以采花为名,到花园中探听他来踪去迹。龙香一来晓得姐姐的心事,二来见凤生腼腆,心里也有些喜欢,要在里头撮合。不时走到书房里传消递息,对凤生说着素梅好生钟情之意。凤生道:"对面甚觉有情,只是隔着楼上下,不好开得口,总有心事,无从可达。"龙香道:"官人何不写封书与我姐姐?"凤生喜道:"姐姐通文墨吗?"龙香道:"姐姐喜的是吟诗作赋,岂但通文墨而已!"凤生道:"这等,待我写一情词起来,劳烦你替我寄去,看他怎么说。"凤生提起笔来,一挥而就。词云:

木落庭皋,楼阁外,彤云半拥。偏则向,凄凉书舍,早将寒送。眼角偷传倾国貌,心苗曾倩多情种。问天公何日判佳期,成欢宠?(词寄《满江红》)

凤生写完,付与龙香。龙香收在袖里,走回家去,见了素梅,面带笑容。素梅问道:"你适在那边书房里来,有何说话,笑嘻嘻地走来?"龙香道:"好笑那凤官人见了龙香,不说什么说话,把一张纸一管笔,只管写来写去,被我趁他不见,溜了一张来。姐姐,你看他写的是什么?"素梅接过手来,看了一遍,道:"写的是一首词,分明是他叫你拿来的,你却掉谎!"龙香道:"不瞒姐姐说,委实是他叫龙香拿来的。龙香又不识字,知他写的是好是歹?怕姐姐一时嗔怪,只得如此说。"素梅道:"我也不嗔怪你,只是书生狂妄,不回他几字,他只道我不知其意,只管歪缠。我也不与他吟词作赋,卖弄聪明,实实的写几句说话回他便了。"龙香即时研起墨来,取幅花笺摊在桌上。好个素梅,也不打稿,提起笔来就写,写道:

自古贞姬守节,侠女怜才。两者俱贤,各行其是。但恐遇非其人,轻诺寡信,侠不如贞耳。与君为邻,幸成目遇,有缘与否,君自揣之!勿徒调文琢句,为轻薄相诱已也。聊此相复,寸心已尽,无多言。

写罢封好了,教龙香藏着,隔了一日拿去与那凤生。龙香依言来到凤生书房,凤生惊喜道:"龙香姐来了,那封书儿,曾达上姐姐否?"龙香拿个班道:"什么书不书,要我替你淘气!"凤生道:"好姐姐,如何累你受气?"龙香道:"姐姐见了你书,变了脸,道:'什么人的书要你拿来?我是闺门中女儿,怎么与外人通书帖?'只是要打。"凤生道:"她既道我是外人不该通书帖,又在楼上眼睁睁看我怎的?是他自家招风揽火,怎到打你?"龙香道:"我也不到得与她打,我回说道:'我又不识字,知他写的是什么!姐姐不像意,不要看他,拿去还他罢了,何必着恼?'方才免得一顿打。"凤生道:"好淡话!若是不曾看着,拿来还了,有何消息?可不误了我的事?"龙香道:"不管误事不误事,还了你,你自看去。"袖中摸出来,撩在地下。凤生拾起来,却不是起先拿去的了,晓得是龙香耍他,带着笑道:"我说你家姐姐不舍得怪我,必是好音回我了。”拆开来细细一看，跌足道：“好个有见识的女子！分明有意与我，只怕我日后负心，未肯造次耳。我如今只得再央龙香姐拿件信物送他，写封实心实意的话，求他定下个佳期，省得此往彼来，有名无实，白白地想杀了我！”龙香道：“为人为彻，快写来，我与你拿去，我自有道理。”凤生开了箱子，取出一个白玉蟾蜍镇纸来，乃是他中榜之时，母舅金三员外与他作贺的，制作精工，是件古玩，今将来送与素梅作表记。写下一封书，道：

承示玉音，多关肝膈。仪虽薄德，敢负深情？但肯俯通一夕之欢，必当永矢百年之好。谨贡白玉蟾蜍，聊以表信。荆山之产，取其坚润不渝；月中之象，取其团圆无缺。乞订佳期，以苏渴想。

末写道：

辱爱不才生凤来仪顿首　素梅娘子妆前

凤生将书封好，一同玉蟾蜍交付龙香，对龙香道：“我与你姐姐百年好事，千金重担只在此两件上面了！万望龙香姐竭力周全.讨个回音则个。”龙香道：“不须嘱咐，我也巴不得你们两个成了事，有话面讲，不耐烦如此传书递柬。”凤生作个揖道：“好姐姐，如此帮衬，万代恩德。”龙香带着笑拿着去了，走进房来，回复素梅道：“凤官人见了姐姐的书，着实赞叹，说姐姐有见识，又写一封回书，送一件玉物事在此。”素梅接过手来，看那玉蟾蜍光润可爱，笑道：“他送来怎的？且拆开书来看。”素梅看那书时，一路把头暗点，脸颊微红，有些沉吟之意。看到“辱爱不才生”几字，笑道：“呆秀才，哪个就在这里爱你？”龙香道：“姐姐若是不爱，何不绝了他，不许往来？既与他兜兜搭搭，他难道到肯认做不爱不成？”素梅也笑将起来道：“痴丫头，就像与他一路的。我到有句话与你商量：我心上真有些爱他，其实瞒不得你了。如今他送此玉蟾蜍做了信物，要我去会他，这个却怎么使得？”龙香道：“姐姐，若是使不得，空爱他也无用。何苦把这个书生哄得他不上不落的，呆呆地百事皆废了？”素梅道：“只恐书生薄幸，且顾眼下风光，日后不在心上，撇人在脑后了，如何是好？”龙香道：“这个龙香也做不得保人。姐姐而今要绝他，却又爱他；要从他，却又疑他。如此两难，何不约他当面一会？看他说话真诚，罚个咒愿，方才凭着姐姐或短或长，成就其事；若不像个老实的，姐姐一下子丢开，再不要缠他罢了。”素梅道：“你说得有理，我回他字去。难得今夜是十五日团圆之夜，约他今夜到书房里相会便了。”素梅写着几字，手上除下一个累金戒指儿，答他玉蟾蜍之赠，叫龙香拿去。

龙香应允，一面走到园中，心下道：“佳期只在今夜了，便宜了这酸子，不要直与他说知。”走进书房中来，只见凤生朝着纸窗正在那里呆想。见了龙香，魆地跳将起来,道:"好姐姐,天大的事如何了?"龙香道:"什么如何如何!你道你不知进退,开口便问佳期,这等看得容易,一下性子,书多扯坏了,连那玉蟾蜍也掼碎了!"凤生呆了道:"这般说起来,叫我怎的才是?等到几时方好?可不害杀了我!"龙香道:"不要心慌,还有好话在后。"凤生欢喜道:"既有好话,快说来!"龙香道:"好自在性,大着嘴子'快说来!快说来'!不直得赔个小心?"凤生赔笑道:"好姐姐,这是我不是了。"跪下去道:"我的亲娘!有什么好说话,对我说罢。"龙香扶起道:"不要馋脸,你且起来,我对你说。我姐姐初时不肯,是我再三撺掇,已许下日子了。"凤生道:"在几时呢?"龙香笑道:"在明年。"凤生道:"若到明年,我也害死好做周年了。"龙香道:"死了,料不要我偿命。自有人不舍得你死,有个丹药方在此医你。"袖中摸出戒指与那封字来,交与凤生道:"到不是害死,却不要快活杀了。"凤生接着拆开看时,上写道:

徒承往复,未测中心。拟作夜谈,各陈所愿。固不为投梭之拒,亦非效逾墙之徒。终身事大,欲订完盟耳。先以约指之物为定,言出如金,浮情宜戒,如斯而已!

末附一诗云:

试敛听琴心,来访吹箫伴。
为语玉蟾蜍,清光今夜满。

凤生看罢,晓得是许下了佳期,又即在今夜,喜欢得打跌,对龙香道:"亏杀了救命的贤姐,叫我怎生报答也!"龙香道:"闲话休题,既如此约定,到晚来,切不可放什么人在此打搅!"凤生道:"便是同窗两个朋友,出去久了;舅舅家里一个送饭的人,送过便打发他去,不呼唤他,却不敢来。此外别无甚人到此,不妨,不妨!只是姐姐不要临时变卦便好。"龙香道:"这个到不消疑虑,只在我身上,包你今夜成事便了。"龙香自回去了。凤生一心只打点欢会,住在书房中,巴不得到晚。

那边素梅也自心里忒忒地,一似小儿放纸炮,又爱又怕。只等龙香回来,商量到晚赴约。恰好龙香已到,回复道:"那凤官人见了姐姐的字,好不快活,连龙香也受了他好些跪拜了。"素梅道:"说便如此说,羞答答地怎好去得?"龙香道:"既许了他,作要不得的。"素梅道:"不去便怎么?"龙香道:"不去不打紧,龙香说了这一个大谎,后来害死了他,地府中还要攀累我。"素梅道:"你只管自家的来世,再不管我的终身!"龙香道:"什么终身?拼得立定主意嫁了他便是了。"素梅道:"既如此,便依你去走一遭也使得,只要打听兄嫂睡了方好。"

说话之间,早已天晚,天上皎团团推出一轮明月。龙香走去了一更多次,走来道:"大官人、大娘子多吃了晚饭,我守他收拾睡了才来的。我每不要点灯,开了角门,趁着明月悄悄去罢。”素梅道:“你在前走,我后边尾着,怕有人来。”果然龙香先行,素梅在后,遮遮掩掩走到书房前。龙香把手点道:“那有灯的不就是他书房?”素梅见说是书房,便立定了脚。凤生正在盼望不到之际,心痒难熬,攒出攒人了一会儿,略在窗前歇气。只听得门外脚步响,急走出来迎着。这里龙香就出声道:“凤官人,姐姐来了,还不拜见!”凤生月下一看,真是天仙下降!不觉地跪了下去,道:“小生有何天幸,劳烦姐姐这般用心,杀身难报。”素梅通红了脸,一把扶起道:“官人请尊重,有话慢讲。”凤生立起来,就扶着素梅衣袂道:“外厢不便,请小姐快进房去。”素梅走进了门内,外边龙香道:“姐姐,我自去了。”素梅叫道:“龙香,不要去。”凤生道:“小姐,等他回去安顿着家中的好。”素梅又叫道:“略转转就来。”龙香道:“晓得了,凤官人关上了门罢。”

当下龙香走了转去。凤生把门关了,进来一把抱住道:“姐姐想杀了凤来仪!如今侥幸杀了凤来仪也!”一手就去素梅怀里乱扯衣裙。素梅按住道:“官人不要性急,说得明白,方可成欢。”凤生道:“我两人心事已明,到此地位,还有何说?”只是抱着推她到床上来。素梅挣定了脚不肯走,道:“终身之事,岂可草草?你咒也须赌一个,永不得负心!”凤生一头推,一头口里哝道:“凤来仪若负此情,永远前程不吉!不吉!”素梅见他极态,又哄他又爱他,心下已自软了,不由的脚下放松,任他推去。

正要倒在床上,只听得园门外一片大嚷,擂鼓也似敲门。凤生正在喉急之际,吃那一惊不小,便道:“做怪了!此时是什么人敲门?想来没有别人。姐姐不要心慌,门是关着的,没事。我们且自上床,凭他门外叫唤,不要睬他!”素梅也慌道:“只怕使不得,不如我去休!”凤生极了,恨性命抱住道:“这等怎使得?这是活活的弄杀我了!”正是色胆如天,凤生且不管外面的事,把素梅的小衣服解脱了,忙要行事。哪晓得花园门年深月久,苦不甚牢,早被外边一伙人踢开了一扇,一路嚷将进来,直到凤生书房门首来了。凤生听见来得切近,方才着忙道:“古怪!这声音却似窦家兄弟两个。几时回来的?恰恰到此。我的活冤家,怎么是好?”只得放下了手,对素梅道:“我去顶住了门,你把灯吹灭了,不要做声!”素梅心下惊惶,一手把裙裤结好,一头把火吹息,魆魆地拣暗处站着,不敢喘气。

凤生走到门边,轻轻掇条凳子,把门再加顶住,要走进来温存素梅。只听得外面打着门道:“凤兄,快开门!”凤生战抖抖的回道:“是,是,是哪,哪个?”一个声气小些的道:“小弟窦尚文。”一个大喊道:“小弟窦尚武,两个月不相聚了,今日才得回来。这样好月色,快开门出来,吾们同去吃酒。”凤生道:“夜深了,小弟已睡在床上了,懒得起来,明日尽兴罢。”外边窦大道:“寒舍不远,过谈甚便。欲着人来请,因怕兄已睡着,未必就来,故此兄弟两人特来自邀,快些起来!”凤生道:“夜深风露,热被窝里起来,怕不感冒了?其实的懒起,不要相强,足见相知。”窦大道:“兄兴素豪,今夜何故如此?”窦二便嚷道:“男子汉见说着吃酒看月有兴事,披衣便起,怕甚风露?”凤生道:“今夜偶然没兴,望乞见谅。”窦二道:“终不成使我们扫了兴,便自这样回去了?你若当真不起来时,我们一发把这门打开来,莫怪粗鲁!”凤生着了急,自想道:“倘若他当真打进,怎生是好?”低低对素梅道:“他若打将进来,必然事露,姐姐你且躲在床后,待我开门出去打发了他就来。”素梅也低低道:“撇脱些,我要回去。这事做得不好了,怎么处?”素梅望床后黑处躲好。

凤生才掇开凳子,开出门来。见了他兄弟两个,且不施礼,便随手把门扣上了,道:“室中无火,待我搭上了门,和兄每两个坐话一番罢。”两窦道:“坐话什么?酒盒多端正在那里了,且到寒家呼卢浮白,吃到天明。”凤生道:“小弟不耐烦,饶我罢!”窦二道:“我们兴高得紧,管你耐烦不耐烦?我们大家扯了去!”兄弟两个多动手,扯着便走,又加家僮们推的推,攘的攘,不由你不走。凤生只叫得苦,却又不好说出。正是:

哑子慢尝黄柏味,难将苦口向人言。

没奈何,只得跟着吆吆喝喝地去了。

这里素梅在房中,心头丕丕的跳,几乎把个胆吓破了,着实懊悔无尽。听得人声渐远,才按定了性子,走出床面前来,整一整衣服,望门外张一张,悄然无人,想道:“此时想没人了,我也等不得他,趁早走回去罢。”去拽那门时,谁想是外边搭住了的。狠性子一拽,早把两三个长指甲一齐蹴断了。要出来,又出来不得。要叫声龙香,又想她决在家里,哪里在外边听得?又还怕被别人听见了,左右不是,心里烦躁撩乱,没计奈何。看看夜深了,坐得不耐烦,再不见凤生来到,心中又气又恨,道:“难道贪了酒杯,竟忘记我在这里了?”又替他解道:“方才他负极不要去,还是这些狂朋没得放他回来。”转展踌躇,无聊无赖,身体倦怠,哈欠连天。欲要睡睡,又是别人家床铺,不曾睡惯,不得伏贴。亦且心下有事,焦焦躁躁,那里睡得去?闷坐不过,做下一首词云:

幽房深锁多情种,清夜悠悠谁共?羞见枕衾鸳凤,闷则和衣拥。　　无端猛烈阴风动,惊破一番新梦。窗外月华霜重,寂寞桃源洞。(词寄《桃源忆故人》)

素梅吟词已罢,早已鸡鸣时候了。

龙香在家里睡了一觉醒来,想道:“此时姐姐与凤官人也快活得够了,不免走去俟候,接了她归来早些,省得天明有人看见,做出事来。”开了角门,踏着露草,慢慢走到书房前来,只见门上搭着扭儿,疑道:“这外面是谁搭上的?又来奇怪了!”自言自语了几句。里头素梅听得声音,便开言道:“龙香来了吗?”龙香道:“是来了。”素梅道:“快些开了门进来。”龙香开进去看时,只见素梅衣妆不卸,独自一个坐着。

惊问道:“姐姐起得这般早?”素梅道:“哪里是起早!一夜还不曾睡。”龙香道:“为何不睡?凤官人哪里去了?”素梅叹口气道:“有这等不凑巧的事,说不得一两句说话,一伙狂朋踢进园门来,拉去看月,凤官人千推万阻,不肯开门,他直要打进门来。只得开了门,随他们一路去了。至今不来,且又搭上了门,叫我出来又出来不得,坐又坐不过,受了这一夜的罪。而今你来得正好,我和你快回去罢。”龙香道:“怎么有这等事!姐姐有心得到这时候了,凤官人毕竟转来,还在此等他一等吗?”素梅不觉泪汪汪的,又叹一口气道:“还说什么等他?只自回去罢了。”正是:

蓦地鱼舟惊比目,霎时樵斧破连枝。

素梅自与龙香回去不提。

且说凤生被那不做美的窦大、窦二不由分说拉去吃了半夜的酒。凤生真是热地上蛐蜒,一时也安不得身子,一声求罢,就被窦二大碗价罚来。凤生虽是心里不愿,待推去时,又恐怕他们看出破绽,只得勉强发兴,指望早些散场。谁知这些少年心性,吃到兴头上,越吃越狂,哪里肯住?凤生真是没天得叫。直等东方发白,大家酩酊吃不得了,方才歇手。凤生终是留心,不至大醉。带了些酒意,别了二窦。一步恨不得做十步,踉跄归来。到得园中,只见房门大开,急急走近叫道:“小姐!小姐!”哪见个人影?想着昨宵在此,今不得见了,不觉的趁着酒兴,敲台拍凳,气得泪点如珠地下来,骂道:“天杀的窦家兄弟坑杀了我!千难万难,到得今日才得成就,未曾到手,平白地搅开了。而今不知又要费多少心机,方得圆成。只怕着了这惊,不肯再来了,如何是好?”闷闷不乐,倒在床上,一觉睡到日沉西,方起得来,急急走到园东墙边一看,但见楼窗紧闭,不见人踪。推推角门,又是关紧了的。没处问个消息,怏怏而回,且在书房纳闷不题。

且说那杨素梅归到自己房中,心里还是恍惚不宁的,对龙香道:“今后切须戒着,不可如此!”龙香道:“姐姐只怕戒不定。”素梅道:“且看我狠性子戒起来。”龙香道:“到得戒时已是迟了。”素梅道:“怎见得迟?”龙香道:“身子已破了。”素梅道:“哪里有此事!你才转得身,他们就打将进来,说话也不曾说得一句,哪有别事?”龙香道:“既如此,那人怎肯放下?定然想杀了,极不也害个风癫,可不是我们的阴骘?还须今夜再走一遭的是。”素梅道:“今夜若去,你住在外面,一边等我,一边看人,方不误事。”龙香冷笑了一声,素梅道:“你笑什么来?”龙香道:“我笑姐姐好个狠性子,着实戒得定。”

两个正要商量晚间再去赴期,不想里面兄嫂处走出一个丫鬟来,报道:“冯老孺人来了。”原来素梅有个外婆,嫁在冯家,住在钱塘门里。虽没了丈夫,家事颇厚,开个典当铺在门前。人人晓得她是个富室,那些三姑六婆没一个不来奉承她的。她只有一女,嫁与杨家,就是素梅的母亲,早年夫妇双亡了。孺人想着外甥女儿虽然傍着兄嫂居住，未曾许聘人家，一日与媒婆每说起素梅亲事，媒婆每道："若只托着杨大官人出名，说把妹子许人，未必人家动火。须得说是老孺人的亲外甥，就在孺人家里接茶出嫁的，方有门当户对的来。"孺人道是说得有理，亦且外甥女儿年纪长大，也要收拾她身畔来，故此自己抬了轿，又叫了一乘空轿，一直到杨家，要接素梅家去。素梅接着外婆，孺人把前意说了一遍。素梅暗地吃了一惊，推托道："既然要去，外婆先请回，等甥女收拾两日就来。"孺人道："有什么收拾？我在此等了你去。"龙香便道："也要拣个日子。"孺人道："我拣了来的，今日正是个黄道吉日，就此去罢。"素梅暗暗地叫苦，私对龙香道："怎生发付那人？"龙香道："总是老孺人守着在此，便再迟两日去，也会他不得了。不如且依着了，等龙香自去回他消息，再寻机会罢。"素梅只得怀着不快，跟着孺人去了。

所以这日凤生去望楼上，再不得见面，直到外边去打听，才晓得是外婆家接了去了，跌足叹恨，悔之无及。又不知几时才得回家，再得相会。正在不快之际，只见舅舅金三员外家金旺来接他回家去，要商量上京会试之事。说道："园中一应书箱行李，多收拾了家来，不必再到此了。"凤生口里不说，心下思量道："谁想当面一番错过，便如此你东我西，料想那还有再会的日子？只是她十分的好情，叫我怎生放得下？"一边收拾，望着东墙只管落下泪来。却是没奈何，只得匆匆出门，到得金三员外家里，员外早已收拾盘缠，是件停当。吃了饯行酒，送他登程，叫金旺跟着，一路伏侍去了。

员外闲在家里，偶然一个牙婆走来卖珠翠，说起钱塘门里冯家有个女儿，才貌双全，尚未许人。员外叫讨了她八字来，与外甥合一合看。那看命的看得是一对上好到头夫妻，夫荣妻贵，并无冲犯。员外大喜，即央人去说合。那冯孺人见说是金三员外，晓得他本处财主，叫人通知了外甥杨大官人，当下许了，择了吉日，下了聘定，欢天喜地。

谁知杨素梅心里只想着凤生，见说许下了什么金家，好生不快，又不好说得出来，对着龙香只是啼哭。龙香宽解道："姻缘分定，想当日若有缘法，早已成事了。如此对面错过，毕竟不是对头。亏得还好，若是那一夜有些长短了，而今又许了一家，却怎么处？"素梅道："说哪里话！我当初虽不与他沾身，也曾亲热一番，心已相许。我如今痴想还与他有相会日子，权且忍耐。若要我另嫁别人，临期无奈，只得寻个自尽，报答他那一点情分便了，怎生撇得他下？"龙香道："姐姐一片好心固然如此，只是而今怎能够再与他相会？"素梅道："他如今料想在京会试，倘若姻缘未断，得登金榜，他必然归来寻访着我。那时我辞了外婆，回到家中，好歹设法得相见一番。那时他身荣贵，就是婚姻之事，或者还可挽回万一。不然，我与他一言面诀，死亦瞑目了。"龙香道："姐姐也见得是，且耐心着，不要烦烦恼恼，与别人看破了，生出议论来。"

不说两个唧哝，且说凤生到京，一举成名，做了三甲进士，选了福建福州府推官。心里想道:“我如今便道还家,央媒议亲,易如反掌。这姻缘仍在,诚为可喜,进士不足言也!”正要打点起程,金员外家里有人到京来,说道:“家中已聘下了夫人,只等官人荣归毕姻。”凤生吃了一惊,道:“怎么,聘下了什么夫人?”金家人道:“钱塘门里冯家小姐,见说才貌双全的。”凤生变了脸道:“你家员外,好没要紧!哪知我的就里?连忙就聘做甚么?”金家人与金旺多疑怪道:“这是老员外好意,官人为何反怪将起来?”凤生道:“你们不晓得,不要多管!”自此心中反添上一番愁绪起来。正是:

> 姻事虽成心事违,新人欢喜旧人啼。
> 几回暗里添惆怅,说与旁人那得知?

凤生心中闷闷,且待到家再做区处,一面京中自起身,一面打发金家人先回报知,择日到家。

这里金员外晓得外甥归来快了,定了成婚吉日,先到冯家下那袍段钗环请期的大礼。他把一个白玉蟾蜍做压钗物事,这蟾蜍是一对,前日把一个送外甥了,今日又替他行礼;做了个囫囵人情,教媒婆送到冯家去,说:“金家郎金榜题名,不日归娶,已起程将到了。”那冯老孺人好不喜欢。旁边亲亲眷眷看的人那一个不啧啧称叹道:“素梅姐姐生得标致,有此等大福!”多来与素梅叫喜。

谁知素梅心怀鬼胎,只是长吁短叹,好生愁闷,默默归房去了。只见龙香走来道:“姐姐,你看见适才的礼物吗?”素梅道:“有甚心情去看他!”龙香道:“一件天大侥幸的事,好叫姐姐得知。龙香听得外边人说,那中进士聘姐姐的那个人,虽然姓金,却是金家外甥。我前日记得凤官人也曾说甚么金家舅舅,只怕那个人就是官人,也不可知。”素梅道:“哪有此事!”龙香道:“适才礼物里边,有一件压钗的东西,也是一个玉蟾蜍,与前日凤官人与姐姐的一模一样。若不是他家,怎生有这般一对?”素梅道:“而今玉蟾蜍在哪里?设法来看一看。”龙香道:“我方才见有些跷蹊,推说姐姐要看,拿将来了。”袖里取出,递与素梅看了一会儿,果像是一般的;再把自家的在臂上解下来,并一并看,分毫不差。想着前日的情,不觉掉下泪来,道:“若果如此,真是姻缘不断。古来破镜重圆,钗分再合,信有其事了。只是凤郎得中,自然说是凤家下礼,如何只说金家?这里边有些不明。怎生探得一个实消息,果然是了便好。”龙香道:“是便怎么?不是便怎么?”素梅道:“是他了,万千欢喜,不必说起。若不是他,我前日说过的,临到迎娶,自缢而死!”龙香道:“龙香到有个计较在此。”素梅道:“怎的计较?”龙香道:“少不得迎亲之日,媒婆先回话。那时龙香装做了媒婆的女儿,随了他去。看得果是那人,即忙回来说知就是。”素梅道:“如此甚好。但愿得就是他,这场喜比天还大。”龙香道:“我也巴不得如此,看来像是有些光景的。”两人商量已定。

过了两日，凤生到了金家了。那时冯老孺人已依着金三员外所定日子成亲，先叫媒婆去回话，请来迎娶。龙香知道，赶到路上来对媒婆说："我也要去看一看新郎。有人问时，只说是你的女儿，带了来的。"媒婆道："这等折杀了老身，同去走走就是，只有一件事要问姐姐。"龙香道："甚事？"媒婆道："你家姐姐天大喜事临身，过门去就做夫人了，如何不见喜欢？口里唧唧哝哝，倒像十分不快活的，这怎么说？"龙香道："你不知道，我姐姐自小立愿，要自家拣个像意姐夫。而今是老孺人做主，不管她肯不肯，许了她，不知新郎好歹，放心不下，故此不快活。"媒婆道："新郎是做官的了，有什么不好？"龙香道："夫妻面上，只要人好，做官有甚么用处？老娘晓得这做官的姓甚么？"媒婆道："姓金了，还不知道？"龙香道："闻说是金员外的外甥，原不姓金，可知道姓什么？"媒婆道："是便是外甥，而今外边人只叫他金爷。他的肉姓，姓得有些异样的，不好记，我忘记了。"龙香道："可是姓凤？"媒婆想了一想，点头道："正是这个什么怪姓。"龙香心里暗暗欢喜，已有八分是了。

一路行来，已到了金家门首。龙香对媒婆道："老娘你先进去，我在门外张一张罢。"媒婆道："正是。"媒婆进去见了凤生，回复今日迎亲之事。正在问答之际，龙香门外一看，看得果然是了，不觉手舞足蹈起来，嘻嘻地道："造化！造化！"龙香也有意要他看见，把身子全然露着，早已被门里面看见了。凤生问媒婆道："外面哪个随着你来？"媒婆道："是老媳妇的女儿。"凤生一眼瞅去，疑是龙香，便叫媒婆去里面茶饭，自己踱出来看，果然是龙香了。凤生忙道："甚风吹你到此？你姐姐在哪里？"龙香道："凤官人还问我姐姐，你只打点迎亲罢了。"凤生道："龙香姐，小生自那日惊散之后，有一刻不想你姐姐，也叫我天诛地灭！怎奈是这日一去，彼此分散，无路可通。侥幸往京得中，正要归来央媒寻访，不想舅舅又先定下了这冯家。而今推却不得，没奈何了，岂我情愿？"龙香故意道："而今不情愿，也说不得了。只辜负了我家姐姐一片好情，至今还是泪汪汪的。"凤生也拭泪道："待小生过了今日之事，再怎么约得你家姐姐一会面，讲得一番，心事明白，死也甘心！而今你姐姐在哪里？曾回去家中不曾？"龙香哄他道："我姐姐也许下人家了。"凤生吃惊道："咳咳！许了哪一家？"龙香道："是这城里甚么金家新中进士的。"凤生道："又来胡说！城中再哪里还有个金家新中进士？只有得我。"龙香道："官人几时又姓金？"凤生道："这是我娘舅家姓，我一向榜上多是姓金不姓凤。"龙香嘻地一笑道："白日见鬼，枉着人急了这许多时。"凤生道："这等说起来，敢是我聘定的，就是你家姐姐？却怎么说姓冯？"龙香道："我姐姐也是冯老孺人的外甥，故此人只说是冯家女儿，其实就是杨家的人。"凤生道："前日分散之后，我问邻人，说是外婆家接去，想正是冯家了？"龙香道："正是了。"凤生道："这话果真吗？莫非你见我另聘了，特把这话来耍我的？"

龙香去袖中摸出两个玉蟾蜍来道："你看这一对先自成双了，一个是你送与姐姐的，一个是你家压钗的。眼见得多在这里了，还要疑心？"凤生大笑道："有这样奇事,可不快活杀了我!"龙香道:"官人如此快活,我姐姐还不知道明白,哭哭啼啼在那里。"凤生道:"若不是我,你姐姐待怎么?"龙香道:"姐姐看见玉蟾蜍一样,又见说是金家外甥,故此也有些疑心,先叫我来打探。说道不是官人,便要自尽。如今即忙回去报她,等她好梳妆相待。而今她这欢喜,也非同小可。"凤生道:"还有一件,他事在急头上,只怕还要疑心是你权时哄她的,未必放心得下。你把她前日所与我的戒指拿去与她看,她方信是实了,可好吗?"龙香道:"官人见得是。"凤生即在指头上勒下来,交与龙香去了,一面吩咐鼓乐酒筵齐备,亲往迎娶。

却说龙香急急走到家里,见了素梅,连声道:"姐姐,正是他! 正是他!"素梅道:"难道有这等事?"龙香道:"不信,你看这戒指哪里来的?"就把戒指递将过来,道:"是他手上亲除下来与我,叫我拿与姐姐看,做个凭据的。"素梅微笑道:"这个真也奇怪了! 你且说他见你说些什么?"龙香道:"他说自从那日惊散,没有一日不想姐姐,而今做了官,正要来图谋这事,不想舅舅先定下了,他不知是姐姐,十分不情愿的。"素梅道:"他不匡是我,别娶之后,却待怎么?"龙香道:"他说原要设法与姐姐一面,说个衷曲,死也瞑目! 就眼泪流下来。我见他说得至诚,方与他说朋白了这些话,他好不欢喜!"素梅道:"他却不知我为他如此立志,只说我轻易许了人家,道我没信行的了,怎么好?"龙香道:"我把姐姐这些意思,尽数对他说了。原说打听不是,迎娶之日,寻个自尽的。他也着意,恐怕我来回话,姐姐不信,疑是一时权宜之计哄上轿的说话,故此拿出这戒指来为信。"素梅道:"戒指在哪里拿出来的?"龙香道:"紧紧地勒在指头上,可见他不忘姐姐的了。"素梅此时才放心得下。

须臾,堂前鼓乐齐鸣,新郎冠带上门,亲自迎娶。新人上轿,冯老孺人也上轿,送到金家,与金三员外会了亲。吃了喜酒,送人洞房,两下成其夫妇。恩情美满,自不必说。次日,杨家兄嫂多来会亲,窦家兄弟两人也来作贺。凤生见了二窦,想着那晚之事,不觉失笑。自忖道:"亏得原是姻缘,到底配合了;不然这一场搅散,岂是小可的?"又不好说得出来,只自家暗暗侥幸而已。做了夫妻之后,时常与素梅说着那事,两个还是打噤的。

因想世上的事,最是好笑。假如凤生与素梅索性无缘罢了;既然到底是夫妻,那日书房中时节,何不休要生出这番风波来? 略迟一会儿,也到手了。再不然,不要外婆家去,次日也还好再续前约。怎生不先不后,偏要如此间阻? 及至后来两下多不打点的了,却又无意中聘定成了夫妇。这多是天公巧处,却像一下子就上了手,反没趣味,故意如此的。却又有一时不偶便到底不谐的,这又不知怎么说。有诗为证:

从来女侠会怜才,到底姻成亦异哉!
也有惊分终不偶,独含幽怨向琴台。

卷之十

赵五虎合计挑家衅　莫大郎立地散神奸

诗曰：

黑蟒口中舌，黄蜂尾上针。
两般犹未毒，最毒妇人心。

话说妇人家妒忌，乃是七出之条内一条，极是不好的事。却这个毛病，像是天生成的一般，再改不来的。宋绍兴年间，有一个官人乃是台州司法，姓叶名荐。有妻方氏，天生残妒，犹如虎狼。手下养娘妇女们，捶楚梃杖，乃是常刑。还有灼铁烧肉，将锥搠腮。性急起来，一口咬住不放，定要咬下一块肉来；狠极之时，连血带生吃了，常有致死了的。妇女里头，若是模样略似人的，就要疑心司法喜她，一发受苦不胜了。司法那里还好解劝得的？虽是心里好生不然，却不能制得她，没奈他何。所以中年无子，再不敢萌娶妾之念。

后来司法年已六旬，那方氏也有五十六七岁差不多了。司法一日恳求方氏道："我年已衰迈，岂还有取乐好色之意？但老而无子，后边光景难堪。欲要寻一个丫头，与他养个儿子，为接续祖宗之计，须得你周全这事方好。"方氏大怒道："你就匡我养不出，生起外心来了！我看自家晚间尽有精神，只怕还养得出来，你不要胡想！"司法道："男子过了六十，还有生子这事，几曾见女人六十将到了，生得儿子出的？"方氏道："你见我今年做六十齐头了吗？"司法道："就是六十，也差不多两年了。"方氏道："再与你约三年，那时无子，凭你寻一个淫妇，快活死了罢了！"司法唯唯从命，不敢再说。

过了三年，只得又将前说提起。方氏已许出了口，不好悔得，只得装聋做哑，听他娶了一个妾。娶便娶了，只是心里不伏气，寻非厮闹，没有一会清净的。忽然一日对司法道："我眼中看你们做把戏，实是使不得。我年纪老了，也不耐烦在此争嚷。你那里另拣一间房，独自关得断的，与我住了。我在里边修行，只叫人供给我饮食，我再不出来了，凭你们过日子罢。"司法听得，不胜之喜，道："惭愧！若得如此，天从人愿！"遂于屋后另筑一小院，收拾静室一间，送方氏进去住了。家人们早晚问安，递送饮食，多时没有说话，司法暗暗喜欢道："似此清净，还像人家，不道她晚年心性这样改得好了。她既然从善，我们一发要还她礼体。"对那妾道："你久不去相见了,也该自去问候一番。"

妾依主命,独自走到屋后去了,直到天晚不见出来。司法道:"难道两个说得投机,只管留在那里了?"未免心里牵挂,自己悄悄步到那里去看。走到了房前,只见门窗关得铁桶相似,两个人多不见。司法把门推推,推不开来;用手敲着两下,里头虽有些声响,却不开出来。司法道:"奇怪了!"回到前边,叫了两个粗使的家人同到后边去,狠把门乱推乱踢。那门桯脱了,门早已跌倒一边。一拥进去,只见方氏扑在地下。说时迟,那时快,见了人来,腾身一跳,望门外乱窜出来。众人急回头看去,却是一只大虫!吃了一惊。再看地上,血肉狼藉,一个人浑身心腹多被吃尽,只剩得一头两足。认那头时,正是妾的头。司法又苦又惊道:"不信有这样怪事!"连忙去赶那虎,已出屋后跳去,不知哪里去了。又去唤集众人点着火把,望屋后山上到处找寻,并无踪迹。

这个事在绍兴十九年,此时有人议论:"或者连方氏也是虎吃了的,未必这虎就是她!"却有一件,虎只会吃人,那里又会得关门闭户来?分明是方氏平日心肠狠毒,原自与虎狼气类相同。今在屋后独居多时,忿戾满腹,一见妾来,怒气勃发,遂变出形相来,恣意咀啖,伤其性命,方掉下去了,此皆毒心所化也!所以说道妇人家有天生成妒忌的,即此便是榜样。

小子为何说这一段称奇事?只因有个人家,也为内眷有些妒忌,做出一场没了落事,几乎中了人的机谋,哄弄出折家荡产的事来。若不亏得一个人有主意,处置得风恬浪静,不知炒到几年上才是了结。有诗为证:

些小言词莫若休,不须经县与经州。

衙头府底赔杯酒,赢得猫儿卖了牛。

这首诗,乃是宋贤范弇所作,劝人休要争讼的话。大凡人家些小事情,自家收拾了,便不见得费甚气力;若是一个不伏气,到了官时,衙门中没一个肯不要赚钱的。不要说后边输了,就是赢得来,算一算费用过的财物已自合不来了。何况人家弟兄们争着祖、父的遗产,不肯相让一些,情愿大块的东西做成别个得去了？又有不肖官府，见是上千上万的状子，动了火，起心设法，这边送将来，便道："我断多少与你。"那边送将来，便道："我替你断绝后患。"只管埋着根脚漏洞，等人家争个没休歇，荡尽方休。又有不肖缙绅，见人家是争财的事，容易相帮。东边来说，也叫他"送些与我，我便左袒"；西边来说，也叫他"送些与我，我便右袒"。两家不歇手，落得他自饱满了。世间自有这些人在那里，官司岂是容易打的？自古说鹬蚌相持，渔人得利。到收场想一想，总是被没相干的人得了去。何不自己骨肉，便吃了些亏，钱财还只在自家门里头好？

今日小子说这有主意的人，便真是见识高强的。这件事也出在宋绍兴年间，吴兴地方有个老翁，姓莫，家资巨万，一妻二子，已有三孙。那莫翁富家性子，本好淫欲。少年时节，便有娶妾买婢好些风流快活的念头，又不愁家事做不起，随他讨着几房，粉黛三千、金钗十二也不难处的。只有一件不凑趣处，那莫老姥却是十分利害，她平生有三恨：一恨天地，二恨爹娘，三恨杂色匠作。你道她为甚么恨这几件？她道自己身上生了此物，别家女人就不该生了，为甚天地没主意，不惟我不为稀罕，又要防着男人。二来爹娘嫁得她迟了些个，不曾眼见老儿破体，到底有些放心不下处。更有一件，女人溺尿总在马子上罢了，偏有那些烧窑匠、铜锡匠，弄成溺器与男人撒溺，将阳物放进放出形状看不得。似此心性，你道莫翁少年之时，容得他些松宽门路吗？后来生子生孙，一发把这些闲花野草的事体，回个尽绝了。

此时莫翁年已望七，莫妈房里有个丫鬟，名唤双荷，十八岁了。莫翁晚间睡时，叫她擦背捶腰。莫妈因是老儿年纪已高，无心防他这件事，况且平时奉法惟谨，放心得下惯了。谁知莫翁年纪虽高，欲心未已，乘她身边伏侍时节，与她捏手捏脚，私下肉麻。那双荷一来见是家主，不敢则声；二来正值芳年，情窦已开，也满意思量那事，尽吃得这一杯酒，背地里两个做了一手。有个歌儿，单嘲着老人家偷情的事：

老人家再不把淫心改变，见了后生家只管歪缠。怎知道行事多不便：揾腮是皱面颊，做嘴是白须髯，正到那要紧关头也，却又软软软软软。

说那莫翁与双荷偷了几次，家里人渐渐有些晓得了。因为莫妈心性厉害，只没人敢对他说。连儿子媳妇为着老人家面上，大家替他隐瞒。谁知有这样不作美的冤家勾当，那妮子日逐觉得眉粗眼慢，乳胀腹高，呕吐不停。起初还只道是病，看看肚里动将起来，晓得是有胎了，心里着忙，对莫翁道："多是你老没志气，做了这件事，而今这样不尴尬起来。妈妈心性，若是知道了，肯干休的？我这条性命眼见得要葬送了！"不住地眼泪落下来。莫翁只得宽慰她道："且莫着急，我自有个处置在那里。"莫翁心下自想道："当真不是耍处！我一时高兴，与她弄一个在肚里了。妈妈知道，必然打骂不容，枉害了她性命。纵或未必致死，我老人家子孙满前，却做了这没正经事，炒得家里不静，也好羞人！不如趁这妮子未生之前，寻个人家嫁了出去，等她带胎去别人家生育了，糊涂得过再处。”算计已定，私下对双荷说了。双荷也是巴不得这样的，既脱了狠家主婆，又别配个后生男子，有何不妙？方才把一天愁消释了好些。果然莫翁在莫妈面前，寻个头脑，故意说丫头不好，要卖她出去。莫妈也见双荷年长，光景妖娆，也有些不要他在身边了，遂听了媒人之言，嫁出与在城花楼桥卖汤粉的朱三。

朱三年纪三十以内，人物尽也济楚，双荷嫁了他，算做得郎才女貌，一对好夫妻。莫翁只要着落得停当，不争财物。朱三讨得容易，颇自得意，只不知讨了个带胎的老婆来。渐渐朱三识得出了，双荷实对他说道：“我此胎实系主翁所有，怕妈妈知觉，故此把我嫁了出来，许下我看管终身的。你不可说什么打破了机关，落得时常要他周济些东西，我一心与你做人家便了。”朱三是个经纪行中人，只要些小便宜，哪里还管青黄皂白？况且晓得人家出来的丫头，哪有真正女身？又是新娶情热，自然含糊忍住了。

娶过来五个多月，养下一个小厮来，双荷密地叫人通与莫翁知道。莫翁虽是没奈何嫁了出来，心里还是割不断的。见说养了儿子，道是自己骨血，瞒着家里，悄悄将两挑米、几贯钱先送去与他吃用，以后首饰衣服与那小娃子穿着的，没一件不支持了去。朱三反靠着老婆福荫，落得吃自来食。那儿子渐渐大起来，莫翁虽是暗地周给他，用度无缺，却到底瞒着生人眼，不好认账。随那儿自姓了朱，跟着朱三也到市上帮做生意，此时已有十来岁。街坊上人点点搐搐，多晓得是莫翁之种。连莫翁家里儿子媳妇们，也多晓得老儿有这外养之子，私下在那里盘缠他家的，却大家装聋做哑，只做不知。莫姥心里也有些疑心，不在眼面前了，又没人敢提起，也只索罢了。忽一日，莫翁一病告殂，家里成服停丧，自不必说。

在城有一伙破落户管闲事吃闲饭的没头鬼光棍，一个叫作铁里虫宋礼，一个叫作钻仓鼠张朝，一个叫作吊睛虎牛三，一个叫得洒墨判官周丙，一个叫得白日鬼王瘪子，还有几个不出名提草鞋的小伙，共是十来个，专一捕风捉影，寻人家闲头脑，挑弄是非，扛帮生事。那五个为头，在黑虎玄坛赵元帅庙里歃血为盟，结为兄弟。尽多改姓了赵，总叫作“赵家五虎”。不拘哪里有事，一个人打听将来，便合着伴去做，得利平分。平日晓得卖粉朱三家儿子，是莫家骨血，这日见说莫翁死了，众兄弟商量道：“一桩好买卖到了。莫家乃巨富之家，老妈妈只生得二子，享用那二三十万不了。我们撺掇朱三家那话儿去告争，分得他一股，最少也有几万之数，我们帮的也有小富贵了。就不然，只要起了官司，我们打点的打点，卖阵的卖阵，这边不着那边着，好歹也有几年缠账了，也强似在家里嚼本。”大家拍手道：“造化！造化！”铁里虫道：“我们且去见那雌儿，看他主意怎么的，设法诱他上这条路便了。”多道：“有理！”一齐向朱三家里来。

朱三平日卖汤粉，这五虎日日在衙门前后走动，时常买他的点饥，是熟主顾家。朱三见了，拱手道：“列位光降，必有见谕。”那吊睛虎道：“请你娘子出来，我有一事报他，”朱三道：“何事？”白日鬼道：“她家莫老儿死了。”双荷在里面听得，哭将出来道：“我方才听得街上是这样说，还道未的。而今列位来说，一定是真了。”一头哭，一头对朱三说：“我与你失了这泰山的靠傍，今生再无好日了。”钻仓鼠便道：“怎说这话？如今正是你们的富贵到了。”五人齐声道：“我兄弟们特来送这一套横财与你们的。”朱三夫妻多惊疑道：“这怎么说？”铁里虫道：“你家儿子，乃是莫老儿骨血，而今他家里万万贯家财，田园屋宇，你儿子多该有份，何不到他家去要分他的？他若不肯分，拼与他吃场官司，料不倒断了你们些去。撞住打到底，苦你儿子不着，与他滴起血来，怕道不是真的？这一股稳稳是了。”朱三夫妻道：“事到委实如此，我们也晓得。只是轻易起了个头，一时住不得手的。自古道贫莫与富斗，吃官司全得财来使费，我们怎么敌得他过？弄得后边不伶不俐，反为不美。况且我每这样人家，一日不做，一日没得吃的，哪里来的人力、那里来的工夫去吃官司？”

铁里虫道：“这个诚然也要虑到，打官司全靠使费与那人力两项。而今我和你们熟商量，要人力时，我们几个弟兄相帮你衙门做事尽够了，只这使费难处，我们也说不得，小钱不去，大钱不来。五个弟兄，一人应出一百两，先将来下本钱，替你使用去。你写起一千两的借票来，我们收着，直等日后断过家业来到了手，你每照契还我，只近得你每一本一利，也不为多。此外谢我们的，凭你们另商量了。那时是白得来的东西，左右是不费之惠，料然决不怠慢了我们。”朱三夫妻道：“若得列位如此相帮，可知道好，只是打从哪里做起？”铁里虫道：“你只依我们调度，包管停当，且把借票写起来为定。”朱三只得依着写了，押了个字，连儿子也要他画了一个，交与众人。众人道：“今日我每弟兄且去，一面收拾银钱停当了，明日再来计较行事。”朱三夫妻道：“全仗列位看顾。”

当下众人散了去，双荷对丈夫道：“这些人所言，不知如何，可做得来的吗？”朱三道：“总是不要我费一个钱。看他们怎么主张，依得的只管依着做去，或者有些油水也不见得。用去是他们的，得来是我们的，有甚么不便宜处？”双荷道：“不该就定纸笔与他。”朱三道：“称我们三个做肉卖，也不值上几两。他拿了我千贯的票子，若不夺得家事来，他好向哪里讨？果然夺得来时，就与他些也不难了。况且不写得与他，他怎肯拿银子来应用？有这一纸安定他每的心，才肯尽力帮我。”双荷道：“为甚孩子也要他着个字？”朱三道：“夺得家事是孩子的，怎不叫他着字？这个到多不打紧，只看他们指拨怎么样做法便了。”

不说夫妻商量，且说五虎出了朱家的门，大家笑道：“这家子被我们说得动火了，只是扯下这样大谎，哪里多少得些与他起个头？”铁里虫道：“当真我们有得己里钱先折去不成？只看我略施小计，不必用钱。”这四个道：“有何妙计？”铁里虫道：“我如今只要拿一匹粗麻布做件衰衣，与他家小厮穿了，叫他竟到莫家去做孝子。撩得莫家母子恼躁起来，吾每只一个钱白纸告他一状，这就是五百两本钱了。”四个拍手道：“妙，妙！事不宜迟，快去！快去！”

铁里虫果然去赊那了一匹麻布，到裁衣店剪开了，缝成了一件衰衣，手里拿着道："本钱在此了。"一涌地望朱三家里来，朱三夫妻接着，道："列位还是怎么主张？"铁里虫道："叫你儿子出来，我教道他事体。"双荷对着孩子道："这几位伯伯，帮你去讨生身父母的家业，你只依着做去便了。"那儿子也是个乖的，说道："既是我生身的父亲，那家业我应得有的。只是我娃子家，叫我怎的去讨才是？"铁里虫道："不要你开口讨，只着了这件孝服，我们引你到那里。你进门去，到了孝堂里面看见灵帏，你便放声大哭，哭罢就拜，拜了四拜，往外就走。有人问你说话，你只不要回他，一径到外边来，我们多在左侧茶坊里等你便了，这个却不难的。"朱三道："只如此有何益？"众人道："这是先送个信与他家。你儿子出了门，第二日就去进状。我们就去替你使用打点。你儿子又小，官府见了，只有可怜，决不难为他的。况又实实是骨血，脚踏硬地，这家私到底是稳取的了，只管依着我们做去！"朱三对妻子道："列位说来的话，多是有着数的，只叫儿子依着行事，决然停当。"那儿子道："只如方才这样说的话，我多依得。我心里也要去见见亲生父亲的影像，哭他一场，拜他一拜。"双荷掩泪道："乖儿子，正是如此。"朱三道："我到不好随去得。既是列位同行，必然不差，把儿子交付与列位了，我自到市上做生意去，晚来讨消息罢。"当下朱三自出了门。

五虎一同了朱家儿子，径往莫家来。将到门首，多走进一个茶坊里面坐下，吃个泡茶，叮嘱朱家儿子道："那门上有丧牌孝帘的，就是你老儿家里。你进去，依着我言语行事。"遂把衰衣与他穿着停当了，那孩子依了说话，不知什么好歹，大踏步走进门里面来。一直到了孝堂，看见灵帏，果然唉天倒地价哭起来，也是孩子家天性所在。那孝堂里头听见哭响，只道是吊客来到，尽皆来看。只见是一个小厮，身上打扮与孝子无二，且是哭得悲切，口口声声叫着亲爹爹。孝堂里看的，不知是什么缘故，人人惊骇道："这是那里说起？"莫妈听得哭着亲爹，又见这般打扮，不觉怒从心上起，恶向胆边生，嚷道："哪里来这个野猫，哭得如此异样！"亏得莫大郎是个老成有见识的人，早已瞧科了八九分，忙对母亲说道："妈妈切不可造次，这件事了不得！我家初丧之际，必有奸人动火，要来挑衅，扎成火囤。落了他们圈套，这人家不经折的。只依我指分，方免祸患。"

莫妈一时间见大郎说得厉害，也有些慌了，且住着不嚷，冷眼看那外边孩子。只见他哭罢就拜，拜了四拜，正待转身，莫大郎连忙跳出来，一把抱住道："你不是那花楼桥卖粉汤朱家的儿子吗？"孩子道："正是。"大郎道："既是这等，你方才拜了爹爹，也就该认了妈妈。你随我来。"一把扯他到孝幔里头，指着莫妈道："这是你的嫡母亲，快些拜见。"莫妈仓促之际，只凭儿子，受了他拜已过。大郎指自家道："我乃是你长兄，你也要拜。"拜过，又指点他拜了二兄，以次至大嫂、二嫂，多叫拜见了。又领自己两个儿子、兄弟一个儿子，立齐了，对孩子道："这三个是你侄儿，你该受拜。"拜罢，孩子又望外就走。大郎道："你到哪里去？你是我的兄弟，父亲既死，就该住在此居丧。这是你家里了,还到哪里去?”大郎领他到里面,交付与自己娘子,道:“你与小叔叔把头梳一梳,替他身上出脱一出脱。把旧时衣服脱掉了,多替他换了些新鲜的,而今是我家里人了。”孩子见大郎如此待得他好,心里虽也欢喜,只是人生面不熟,又不知娘的意思怎么,有些不安贴,还想要去。大郎晓得光景,就着人到花楼桥朱家去唤那双荷到家里来,说道有要紧说话。

双荷晓得是儿子面上的事了,亦且原要来吊丧,急忙换了一身孝服,来到莫家。灵前哭拜已毕,大郎即对他说:“你的儿子,今早到此,我们已认做兄弟。而今与我们一同守孝,日后与我们一样分家,你不必记挂。所有老爹爹在日给你的饭米衣服,我们照账按月送过来与你,与在日一般,这是有你儿子面上。你没事不必到这里来,因你是有丈夫的,恐防议论,到装你儿的丑。只今日起,你儿子归宗姓莫,不到朱家来了。你吩咐你儿子一声,你自去罢。”双荷听得,不胜之喜:“若得大郎看死的老爹爹面上,如此处置停当,我烧香点烛,祝报大郎不尽。”说罢,进去见了莫妈与大嫂、二嫂,只是拜谢。莫妈此时也不好生分的,大家没甚说话,打发他回去。双荷叮嘱儿子:“好生住在这里,小心奉事大妈与哥哥嫂嫂。你落了好处,我放心得下了。方才大郎说过,我不好长到这里。你在此过几时,断了七七四十九日,再到朱家来相会罢。”孩子既见了自家的娘,又听了吩咐的话,方才安心住下。双荷自欢欢喜喜,与丈夫说知去了。

且说那些没头鬼光棍赵家五虎,在茶房里面坐地,眼巴巴望那孩子出来,就去做事,状子打点停当了。谁知守了多时,再守不出。看看到晚,不见动静,疑道:“莫非我们闲话时,那孩子出来,错了眼,竟到他家里去了?”走一个到朱家去看,见说儿子不曾到家,倒叫了娘子去,一发不解。走来回复众人,大家疑惑,就像热盘上蚁子,坐立不安。再着一个到朱家伺候,又说见双荷归来,老大欢喜,说儿子已得认下收留了。众人尚在茶坊未散,见了此说,个个木呆。正是:

思量拨草去寻蛇,这回却没蛇儿弄。
平常家里没风波,总有良平也无用。

说这几个人,闻得孩子已被莫家认作儿子,许多焰腾腾的火气,却像淋了几桶的冰水,手臂多索解了。大家嚷道:“晦气!撞着这样不长进的人家,难道我们商量了这几时,当真倒单便宜了这小厮不成?”铁里虫道:“且不要慌!也不到得便宜了他,也不到得我们白住了手。”众人道:“而今还好在哪里人脚?”铁里虫道:“我们原说与他夺了人家,要谢我们一千银子,他须有借票在我手里,是朱三的亲笔。”众人道:“他家先自收拾了,我们并不曾帮得他一些,也不好替朱三讨得。况且朱三是穷人,讨也没干。”铁里虫道:“昨日我要那孩子也着个字的,而今拣有头发的揪。过几时,只与那孩子讨,等他说没有,就告了他。他小厮家新做了财主,定怕吃官司的，央人来与我们讲和，须要赎得这张纸去才干净。难道白了不成?”众人道：“有见识，不枉叫你做铁里虫，真是见识硬挣!”铁里虫道：“还有一件，只是眼下还要从容。一来那票子上日子没多两日，就讨就告，官府要疑心；二来他家方才收留，家业未有得就分与他，他也便没有得拿出来还人，这是半年一年后的事。”众人道：“多说得是，且藏好了借票，再耐心等等弄他。”自此一伙各散去了。

这里莫妈性定，抱怨儿子道：“那小业种来时，为甚么就认了他?”大郎道：“我家富名久出，谁不动火？这兄弟实是爹爹亲骨血，我不认他时，被光棍弄了去，今日一状、明日一状告将来，告个没休歇。衙门人役个个来诈钱，亲眷朋友人人来拐骗，还有官府思量起发，开了口不怕不送，不知把人家折到哪里田地！及至拌得到底，问出根由，少不得要断这一股与他，何苦作成别人肥了家去？所以不如一面收留，省了许多人的妄想，有何不妙?”妈妈见说得明白，也道是了，一家欢喜过日。

忽然一日，有一伙人走进门来，说道要见小三官人的。这里门上方要问明，内一人大声道：“便是朱家的拖油瓶。”大郎见说得不好听，自家走出来，见是五个人雄赳赳地来施礼问道：“小令弟在家吗?”大郎道：“在家里，列位有何说话?”五个人道：“令弟少在下家里些银子，特来与他取用。”大郎道：“这个却不知道，叫他出来就是。”大郎进去对小兄弟说了，那孩子不知是甚么头脑，走出来一看，认得是前日赵家五虎，上前见礼。那几个见了孩子，道：“好个小官人！前日我们送你来的，你在此做了财主，就不记得我们了?”孩子道：“前日这边留住了，不放我出门，故此我不出来得。”五虎道：“你而今既做了财主，这一千银子该还得我们了。”孩子道：“我几曾晓得有什么银子?”五虎道：“银子是你晚老子朱三官所借，却是为你用的，你也着得有花字。”孩子道：“前日我也见说，说道恐防吃官司要银子用，故写下借票。而今官司不吃了，那里还用你们甚么银子?”五虎发狠道：“现有票在这里，你赖了不成?”大郎听得声高，走出来看时，五虎告诉道：“小令弟在朱家时借了我们一千银子不还，而今要赖起来。”大郎道：“我这小小兄弟借这许多银子何用?”孩子道：“哥哥，不要听他!”五虎道：“现有借票，我和你衙门里说去。”一哄多散了。

大郎问兄弟道：“这是怎么说?”孩子道：“起初这几个撺掇我母亲告状，母亲回他没盘缠吃官司。他们说：‘只要一张借票，我每借来与你。’以后他们领我到这里来，哥哥就收留下，不曾成官司，他怎么要我还起银子来?”大郎道：“可恨这些光棍，早是我们不着他手，而今既有借票在他处，他必不肯干休，定然到官。你若见官，莫怕！只把方才实情，照样是这等一说，官府自然明白的。没有小小年纪断你还他银子之理，且安心坐着，看他怎么!”

次日，这五虎果然到府里告下一纸状来，告了朱三、莫小三两个名字骗劫千金之事，来到莫家提人。莫大郎、二郎等商量，与兄弟写下一纸诉状，诉出从前情节，就用着两个哥哥为证，竟来府里投到。府里太守姓唐名象，是个极精明的。一干人提到了。听审时先叫宋礼等上前问道：“朱三是何等人？要这许多银子来做什么用?”宋礼道:“他说要与儿子置田买产借了去的。”太守叫朱三问道:“你做什么勾当,借这许多银子?”朱三道:“小的是卖粉羹的经纪,不上钱数生意,要这许多做什么?”宋礼道:“见有借票,我们五人二百两一个,交付与他及儿子莫小三的。”太守拿上借票来看,问朱三道:“可是你写的票?”朱三道:“是小的写的票,却不曾有银子的。”宋礼道:“票是他写的,银子是莫小三收去的。”太守叫莫小三,那莫家孩子应了一声走上去。太守看见是个十来岁小的,一发奇异,道:“这小厮收去这些银子何用?”宋礼争道:“是他父亲朱三写了票,拿银子与这莫小三买田的,见今他有许多田在家里。”太守道:“父姓朱,怎么儿子姓莫?”朱三道:“瞒不得老爷,这小厮原是莫家孽子,他母亲嫁与小的,所以他自姓莫。专为众人要帮他莫家去争产,哄小的写了一票,做争讼的用度。不想一到莫家,他家大娘与两个哥子竟自认了,分与田产。小的与他家没讼得争了,还要借银做什么用?他而今据了借票生端要这银子,这哪里得有?”太守问莫小三,其言也是一般。

太守点头道:“是了,是了。”就叫莫大郎起来,问道:“你当时如何就肯认了?”莫大郎道:“在城棍徒无风起浪,无洞掘蟹。亏得当时立地就认了,这些人还道放了空箭,未肯住手,致有今日之告。若当时略有推托,一涉讼端,正是此辈得志之秋。不要说兄弟这千金要被他诈了去,家里所费,又不知几倍了!”太守笑道:“妙哉!不惟高义,又见高识。可敬,可敬!我看宋礼等五人,也不像有千金借人的,朱三也不像借人千金的。原来真情如此,实为可恨!若非莫大有见,此辈人人饱满了。”提起笔来判道:

千金重利,一纸足凭。乃朱三赤贫,贷则谁与?莫子乳臭,须此何为?细讯其详,始烛其诡。宋礼立褭蹄之约,希蜗角之争。莫大以对床之情,消阋墙之衅。既渔群谋而丧气,犹挟故纸以垂涎。重创其奸,立毁其券!

当时将宋礼等五人,每人三十大板,问拟了“教唆词讼诈害平人”的律,脊杖二十,刺配各远恶军州。吴兴城里去了这五虎,小民多是快活的。做出几句口号来:

铁里虫有时蛀不穿，钻仓鼠有时吃不饱，吊睛老虎没威风，洒墨判官齐跌倒，白日里鬼胡行，这回儿不见了。

唐太守又旌奖莫家，与他一个“孝义之门”的匾额，免其本等差徭，此时莫妈妈才晓得儿子大郎的大见识。世间弟兄不睦，靠着外人相帮起讼者，当以此为鉴。诗曰：

世间有孽子，亦是本生枝。
只因靳所为，反为外人资。
渔翁坐得利，鹬蚌枉相持。
何如存一让，是名不漏卮。

卷十一

满少卿饥附饱飏　焦文姬生仇死报

诗云：

十年磨一剑，霜刃未曾试。
今日把赠君，谁有不平事？

话说天下最不平的，是那负心的事，所以冥中独重其罚，剑侠专诛其人。那负心中最不堪的，尤在那夫妻之间。盖朋友内忘恩负义，拚得绝交了他，便无别话。惟有夫妻是终身相倚的，一有负心，一生怨恨，不是当要可以了账的事。古来生死冤家，一还一报的，独有此项极多。

宋时衢州有一人，姓郑，是个读书人，娶着会稽陆氏女，姿容娇媚。两个伉俪绸缪，如胶似漆。一日，正在枕席情浓之际，郑生忽然对陆氏道："我与你二人相爱，已到极处了。万一他日不能到底，我今日先与你说过：我若死，你不可再嫁；你若死，我也不再娶了。"陆氏道："正要与你百年偕老，怎生说这样不祥的话？"不觉的光阴荏苒，过了十年，已生有二子。郑生一时间得了不起的症候，临危时对父母道："儿死无所虑，只有陆氏妻子恩深难舍，况且年纪少艾，日前已与他说过，我死之后不可再嫁。今若肯依所言，儿死亦瞑目矣！"陆氏听说到此际，也不回言，只是低头悲哭，十分哀切，连父母也道他没有二心的了。

死后数月，自有那些走千家管闲事的牙婆每，打听脚踪，探问消息。晓

得陆氏青年美貌，未必是守得牢的人，挨身人来与他来往。那陆氏并不推拒那一伙人，见了面就千欢万喜，烧茶办果，且是相待得好。公婆看见这些光景，心里嫌她，说道："居孀行径，最宜稳重，此辈之人没事不可引他进门。况且丈夫临终怎么样吩咐的？没有别的心肠，也用这些人不着。"陆氏由公婆自说，只当不闻，后来惯熟，连公婆也不说了，果然与一个做媒的说得入港，受了苏州曾工曹之聘。公婆虽然恼怒，心里道："是她立性既自如此，留着也落得做冤家，不是好住手的；不如顺水推船，等她去了罢。"只是想着自已儿子临终之言，对着两个孙儿，未免感伤痛哭。陆氏多不放在心上，才等服满，就收拾箱匣停当，也不顾公婆，也不顾儿子，依了好日，喜喜欢欢嫁过去了。

成婚七日，正在亲热头上，曾工曹受了漕帅檄文，命他考试外郡，只得收拾起身，作别而去。去了两日，陆氏自觉凄凉，傍晚之时，走到厅前闲步。忽见一个后生像个远方来的，走到面前，对着陆氏叩了一头，口称道："郑官人有书拜上娘子。"递过一封柬帖来。陆氏接着，看到外面封筒上题着三个大字，乃是"示陆氏"三字，认认笔踪，宛然是前夫手迹。正要盘问，那后生忽然不见。陆氏惧怕起来，拿了书急急走进房里来，剔明灯火，仔细看时，那书上写道：

十年结发之夫，一生祭祀之主。朝连暮以同欢，资有余而共聚。忽大幻以长往，慕他人而轻许。遗弃我之田畴，移蓄积于别户。不念我之双亲，不恤我之二子。义不足以为人妇，慈不足以为人母。吾已诉诸上苍，行理对于冥府。

陆氏看罢，吓得冷汗直流，魂不附体，心中懊悔不及。怀着鬼胎，十分惧怕，说不出来。茶饭不吃，嘿嘿不快，三日而亡。眼见得是负了前夫，得此果报了。

却又一件，天下事有好些不平的所在！假如男人死了，女人再嫁，便道是失了节、玷了名、污了身子，是个行不得的事，万口訾议。及到男人家丧了妻子，却又凭他续弦再娶，置妾买婢，做出若干的勾当，把死的丢在脑后不提起了，并没人道他薄幸负心，做一场说话。就是生前房室之中，女人稍有外情，便是老大的丑事，人世羞言。及到男人家撇了妻子，贪淫好色，宿娼养妓，无所不为，总有议论不是的，不为十分大害。所以女子愈加可怜，男人愈加放肆，这些也是伏不得女娘们心里的所在。不知冥冥之中，原有分晓。若是男子风月场中略行着脚，此是寻常勾当，难道就比了女人失节一般？但是果然负心之极，忘了旧时恩义，失了初时信行，以至误人终身、害人性命的，也没一个不到底报应的事。从来说王魁负桂英，毕竟桂英索了王魁命去，此便是一个男负女的榜样。不止女负男如所说的陆氏，方有报应也。

今日待小子说一个赛王魁的故事，与看官每一听，方晓得男子也是负不得女人的。有诗为证：

由来女子号痴心，痴得真时恨亦深。
莫道此痴容易负，冤冤隔世会相寻！

话说宋时有个鸿胪少卿姓满，因他做事没下稍，讳了名字不传，只叫他满少卿。未遇时节，只叫他满生。那满生是个淮南大族，世有显宦。叔父满贵，见为枢密副院。族中子弟，遍满京师，尽皆富厚本分。惟有满生心性不羁，狂放自负；生得一表人材，风流可喜。怀揣着满腹文章，道早晚必登高第。抑且幼无父母，无些拘束，终日吟风弄月，放浪江湖，把些家事多弄掉了，连妻子多不曾娶得。族中人渐渐不理他，满生也不在心上。有个父亲旧识，出镇长安。满生便收拾行装，离了家门，指望投托于他，寻些润济。到得长安，这个官人已坏了官，离了地方去了，只得转来。满生是个少年孟浪不肯仔细的人，只道寻着熟人，财物广有，不想托了个空，身边盘缠早已罄尽。行到汴梁中牟地方，有个族人在那里做主簿，打点与他寻些盘费还家。那主簿是个小官，地方没大生意，连自家也只好支持过日，送得他一贯多钱。还了房钱、饭钱，余下不多，不能够回来。此时已是十二月天气，满生自思囊无半文，空身家去，难以度岁，不若只在外厢行动，寻些生意，且过了年又处。关中还有一两个相识，在那里做官，仍旧掇转路头，往西而来。

到了凤翔地方，遇着一天大雪，三日不休，正所谓"云横秦岭家何在？雪拥蓝关马不前"。满生阻住在饭店里，一连几日。店小二来讨饭钱，还他不够，连饭也不来了。想着自己是好人家子弟，胸藏学问，视功名如拾芥耳，一时未际，浪迹江湖，今受此穷途之苦，谁人晓得我是不遇时的公卿？此时若肯雪中送炭，真乃胜似锦上添花。争奈世情看冷暖，望着哪一个救我来？不觉放声大哭。早惊动了隔壁一个人，走将过来道："谁人如此啼哭？"那个人怎生打扮？

头戴玄狐帽套，身穿羔羊皮裘。紫膛颜色，带着几分酒，脸映红桃；苍白须髯，沾着几点雪，身如玉树。疑在浩然驴背下，想从安道宅中来。

那个人走进店中，问店小二道："谁人啼哭？"店小二答道："复大郎，是一个秀才官人，在此三五日了，不见饭钱拿出来。天上雪下不止，又不好走路，我们不与他饭吃了，想是肚中饥饿，故此啼哭。"那个人道："哪里不是积福处？既是个秀才官人，你把他饭吃了，算在我的账上，我还你罢。"店小二道："小人晓得。"便去拿了一分饭，摆在满生面前道："客官，是这大郎叫拿来请你的。"满生道："哪个大郎？"只见那个人已走到面前道："就是老汉。"满生忙施了礼道："与老丈素昧平生，何故如此？"那个人道："老汉姓焦，就在此酒店间壁居住。因雪下得大了，同小女烫几杯热酒暖寒。闻得这壁厢悲怨之声，不像是个以下之人，故步至此间寻问。店小二说是个秀才雪阻了的，老汉念斯文一脉，怎教秀才忍饥？故此叫他送饭。荒店之中，无物可吃，况如此天气，也须得杯酒儿敌寒。秀才宽坐，老汉家中叫小厮送来。”满生喜出望外道：“小生失路之人，与老丈不曾识面，承老丈如此周全，何以克当?”焦大郎道：“秀才一表非俗，目下偶困，决不是落后之人。老汉是此间地主，应得来管顾的。秀才放心，但住此一日，老汉支持一日，直等天色晴霁好走路了，再商量不迟。”满生道：“多感！多感!”

焦大郎又问了满生姓名乡贯明白，慢慢的自去了。满生心里喜欢道：“谁想绝处逢生，遇着这等好人。”正在侥幸之际，只见一个笼头的小厮拿了四碗嗄饭、四碟小菜、一壶热酒送将来，道：“大郎送来与满官人的。”满生谢之不尽，收了摆在桌上食用。小厮出门去了，满生一头吃酒，一头就问店小二道：“这位焦大郎是此间什么样人？怎生有此好情?”小二道：“这个大郎是此间大户，极是好义，平日扶穷济困，至于见了读书的，尤肯结交，再不怠慢的。自家好吃几杯酒，若是陪得他过的，一发有缘了。”满生道：“想是家道富厚?”小二道：“有便有些产业，也不为十分富厚，只是心性如此。官人造化遇着他，便多住几日，不打紧的了。”满生道;“雪晴了，你引我去拜他一拜。”小二道：“当得，当得。”过了一会儿，焦家小厮来收家伙，传大郎之命吩咐店小二道：“满大官人供给，只管照常支应。用酒时，到家里来取。”店小二领命，果然支持无缺，满生感激不尽。

过了一日，天色晴明，满生思量走路，身边并无盘费。亦且受了焦大郎之恩，要去拜谢。真叫作人心不足，得陇望蜀，见他好情，也就有个希冀借些盘缠之意，叫店小二在前引路，竟到焦大郎家里来。焦大郎接着，满面春风。满生见了大郎，倒地便拜，谢他：“穷途周济，殊出望外。倘有用着之处，情愿效力。”焦大郎道：“老汉家里也非有余，只因看见秀才如此困厄，量济一二，以尽地主之意，原无他事，如何说个效力起来?”满生道：“小生是个应举秀才，异时倘有寸进，不敢忘报。”大郎道：“好说，好说！目今年已傍晚，秀才还要到哪里去?”满生道：“小生投人不着，囊匣如洗，无面目还乡，意思要往关中一路寻访几个相知。不期逗留于此，得遇老丈，实出万幸。而今除夕在近，前路已去不迭，真是前不巴村，后不巴店，没奈何了，只得在此饭店中且过了岁，再作道理。”大郎道：“店中冷落，怎好度岁？秀才不嫌家间淡薄，搬到家下，与老汉同住几日，随常茶饭等，老汉也不寂寞，过了岁朝再处，秀才意下何如?”满生道：“小生在饭店中总是叨忝老丈的，就来潭府，也是一般。只是萍踪相遇，受此深恩，无地可报，实切惶愧耳!”大郎道：“四海一家，况且秀才是个读书之人，前程万里。他日不忘村落之中有此老朽，便是愿足，何必如此相拘哉?”原来焦大郎固然本性好客，却又看得满生仪容俊雅，丰度超群，语言倜傥，料不是落后的，所以一意周全他，也是满生有缘，得遇此人。果然叫店小二店中发了行李，到焦家来。是日焦大郎安排晚饭与满生同吃，满生一席之间，谈吐如流，更加酒兴豪迈，痛饮不醉。大郎一发投机，以为相见之晚，直吃到兴尽方休，安置他书房中歇宿了不提。

大郎有一室女，名唤文姬，年方一十八岁，美丽不凡，聪慧无比。焦大郎不肯轻许人家，要在本处寻个衣冠子弟，读书君子，赘在家里，照管暮年。因他是个市户出身，一时没有高门大族来求他的，以下富室痴儿，他又不肯，高不凑，低不就，所以蹉跎过了。那文姬年已长大，风情之事，尽知相慕。只为家里来往的人，庸流凡辈颇多，没有看得上眼的。听得说父亲在酒店中，引得外方一个读书秀才来到，她便在里头东张西张，要看他怎生样的人物。那满生仪容举止，尽看得过，便也有一二分动心了。这也是焦大郎的不是，便做道疏财仗义，要做好人，只该赍发满生些少，打发他走路才是。况且室无老妻，家有闺女，那满生非亲非戚，为何留在家里宿歇？只为好着几杯酒，贪个人做伴，又见满生可爱，倾心待他。谁想满生是个轻薄后生，一来看见大郎殷勤，道是敬他人才，安然托大，忘其所以。二来晓得内有亲女，美貌及时，未曾许人，也就怀着希翼之意，指望图他为妻。又不好自开得口，待看机会。日挨一日，径把关中的念头丢过一边，再不提起了。

焦大郎终日懵懵醉乡，没些搭煞，不加提防。怎当得他每两下烈火干柴，你贪我爱，各自有心，竟自勾搭上了，情到浓时，未免不避形迹。焦大郎也见了些光景，有些疑心起来。大凡天下的事，再经有心人冷眼看不起的。起初满生在家，大郎无日不与他同饮同坐，毫无说话。比及大郎疑心了，便觉满生饮酒之间，没心没想，言语参差，好些破绽出来。

大郎一日推个事故，走出门去了。半日转来，只见满生醉卧书房，风飘衣起，露出里面一件衣服来，看去有些红色，像是女人袄子模样，走到身边仔细看时，正是女儿文姬身上的，又吊着一个交颈鸳鸯的香囊，也是文姬手绣的。大惊咤道："奇怪！奇怪！有这等事？"满生睡梦之中，听得喊叫，突然惊起，急敛衣襟不迭，已知为大郎看见，面如土色。大郎道："秀才身上衣服，从何而来？"满生晓得瞒不过，只得诌个谎道："小生身上单寒，忍不过了，向令爱姐姐处，看老丈有旧衣借一件。不想令爱竟将一件女袄拿出来，小生怕冷，不敢推辞，权穿在此衣内。"大郎道："秀才要衣服，只消替老夫讲，岂有与闺中女子自相往来的事？是我养得女儿不成器了。"

抽身望里边就走，恰撞着女儿身边一个丫头，叫名青箱，一把挝过来道："你好好实说姐姐与那满秀才的事情，饶你的打！"青箱慌了，只得抵赖道："没曾见什么事情。"大郎焦躁道："还要胡说，眼见得身上袄子多脱与他穿着了！"青箱没奈何，遮饰道："姐姐见爹爹十分敬重满官人，平日两下撞见时，也与他见个礼。他今日告诉身上寒冷，故此把衣服与他，别无甚说话。"大郎道："女人家衣服，岂肯轻与人着！况今日我又不在家，满秀才酒气喷人，是哪里吃的？"青箱推道不知。大郎道："一发胡说了，他难道再有别处吃酒？他方才已对我说了，你若不实招，我活活打死你！"青箱晓得没推处，只得把从前勾搭的事情一一说了。大郎听罢，气得抓耳挠腮，没个是处，喊道："不成才的歪货！他是别路来的，与他做下了事，打点怎的？"青箱说："姐姐今日见爹爹不在，私下摆个酒盒，要满官人对天罚誓，你娶我嫁，终身不负,故此与他酒吃了。又脱一件衣服,一个香囊,与他做纪念的。"大郎道:"怎了!怎了!"叹口气道:"多是我自家热心肠的不是,不消说了!"反背了双手,踱出外边来。

文姬见父亲挞了青箱去,晓得有些不尴尬,仔细听时,一句句说到真处来。在里面正急得要上吊,忽见青箱走到面前,已知父亲出去了,才定了性对青箱道:"事已败露至此,却怎么了?我不如死休!"青箱道:"姐姐不要性急!我看爹爹叹口气,自怨不是,走了出去,到有几分成事的意思在那里。"文姬道:"怎见得?"青箱道:"爹爹极敬重满官人,已知有了此事,若是而今赶逐了他去,不但恶识了,把从前好情多丢去,却怎生了结姐姐?他今出去,若问得满官人不曾娶妻的,毕竟还配合了才好住手。"文姬道:"但愿是如此便好。"

果然大郎走出去,思量了一回,竟到书房中带着怒容问满生道:"秀才,你家中可曾有妻未?"满生跼蹐无地,战战兢兢回言道:"小生湖海飘流,实未曾有妻。"大郎道:"秀才家既读诗书,也该有些行止!吾与你本是一面不曾相识,怜你客途,过为拯救,岂知你所为不义若此!点污了人家儿女,岂是君子之行?"满生惭愧难容,下地叩头道:"小生罪该万死!小生受老丈深恩,已为难报。今为儿女之情,一时不能自禁,猖狂至此。若蒙海涵,小生此生以死相报,誓不忘高天厚地之恩。"大郎又叹口气道:"事已至此,虽悔何及!总是我生女不肖,致受此辱。今既为汝污,岂可别嫁?汝若不嫌地远,索性赘人我家,做了女婿,养我终身,我也叹了这口气罢!"满生听得此言,就是九重天上飞下一纸赦书来,怎不满心欢喜?又叩着头道:"若是如此玉成,满某即粉身碎骨,难报深恩!满某父母双亡,家无妻子,便当奉侍终身,岂再他往?"大郎道:"只怕后生家看得容易了,他日负起心来。"满生道:"小生与令爱恩深义重,已设誓过了,若有负心之事,教满某不得好死!"

大郎见他言语真切,抑且没奈何了,只得胡乱拣个日子,摆些酒席,配合了二人。正是:

绮罗丛里唤新人,锦绣窝中看旧物。
虽然后娶属先奸,此夜恩情翻较密。

满生与文姬,两个私情,得成正果。天从人愿,喜出望外。文姬对满生道:"妾见父亲敬重君子,一时仰慕,不以自献为羞,致于失身。原料一朝事露,不能到底,惟有一死而已。今幸得父亲配合,终身之事已完,此是死中得生,万千侥幸,他日切不可忘!"满生道:"小生飘蓬浪迹,幸蒙令尊一见如故,解衣推食,恩已过厚;又得遇卿不弃,今日成此良缘,真恩上加恩。他日有负,诚非人类!"两人愈加如胶似漆,自不必说。满生在家无事,日夜读书,思量应举。焦大郎见他如此,道是许嫁得人,暗里心欢。自此内外无间。

过了两年，时值东京春榜招贤，满生即对丈人说要去应举。焦大郎收拾了盘费，赍发他去。满生别了丈人、妻子，竟到东京，一举登第。才得唱名，满生心里放文姬不下，晓得选除未及，思量道："汴梁去凤翔不远，今幸已脱白挂绿，何不且到丈人家里，与他们欢庆一番，再来未迟？"此时满生已有仆人使唤，不比前日，便叫收拾行李，即时起身。

不多几日，已到了焦大郎门首。大郎先已有人报知，是日整备迎接，鼓乐喧天，闹动了一个村坊。满生绿袍槐简，摇摆进来。见了丈人，便是纳头四拜，拜罢，长跪不起，口里称谢道："小婿得有今日，皆赖丈人提携；若使当日困穷旅店，没人救济，早已填了丘壑，怎能够此身荣贵？"叩头不止。大郎扶起道："此皆贤婿高才，致身青云之上，老夫何功之有？当日困穷失意，乃贤士之常；今日衣锦归来，有光老夫多矣！"满生又请文姬出来，交拜行礼，各各相谢。其日邻里看的挨挤不开，个个说道："焦大郎能识好人，又且平日好施恩德，今日受此荣华之报，那女儿也落了好处了。"有一等轻薄的道："那女儿闻得先与他有须说话了，后来配他的。"有的道："也是大郎有心把女儿许他，故留他在家里住这几时。便做道先有些什么，左右是他夫妻，而今一床锦被遮盖了，正好做院君夫人去，还有何妨？"

议论之间，只见许多人牵羊担酒，持花捧币，尽是些地方邻里亲戚，来与大郎作贺称庆。大郎此时把个身子抬在半天里了，好不风骚！一面置酒款待女婿，就先留几个相知亲戚相陪。次日又置酒请这一千作贺的，先是亲眷，再是邻里，一连吃了十来日酒。焦大郎费掉了好些钱钞，正是欢喜破财，不在心上。满生与文姬夫妻二人，愈加厮敬厮爱，欢畅非常。连青箱也算做日前有功之人，另眼看觑，别是一分颜色。有一首词，单道着得第归来世情不同光景：

世事从来无定，天公任意安排。寒酸忽地上金阶，立看许多渗濑。　　熟识还须再认，至亲也要疑猜。夫妻行事别开怀，另似一张卵袋。

话说满生夫荣妻贵，暮乐朝欢。焦大郎本是个慷慨心性，愈加扯大，道是靠着女儿女婿，不忧下半世不富贵了。尽心竭力，供养着他两个，惟其所用。满生总是慷他人之慨，落得快活。过了几时，选期将及，要往京师。大郎道是选官须得使用才有好地方，只得把膏腴之产尽数卖掉了，凑着偌多银两，与满生带去。焦大郎家事原只如常，经这一番弄，已此十去八九，只靠着女婿选官之后，再图兴旺，所以毫不吝惜。

满生将行之夕，文姬对他道："我与你恩情非浅。前日应举之时，已曾经过一番离别，恰是心里指望好日，虽然牵系，不甚伤情。今番得第已过，只要去选地方，眼见得只有好处来了，不知为什么心中只觉凄惨，不舍得你别去，莫非有甚不祥？"满生道："我到京即选，甲榜科名必为美官。一有地方，便着人从来迎你与丈人同到任所,安享荣华。此是算得定的日子,别不多时的,有甚么不祥之处?切勿挂虑!"文姬道:"我也晓得是这般的,只不知为何有些异样,不由人眼泪要落下来,更不知甚缘故。"满生道:"这番热闹了多时,今我去了,顿觉冷静,所以如此。"文姬道:"这个也是。"

两人絮聒了一夜,无非是些恩情浓厚,到底不忘的话。次日天明,整顿衣装,别了大郎父女,带了仆人,径往东京选官去了。这里大郎与文姬父女两个,互相安慰,把家中事件,收拾并叠,只等京中差人来接,同去赴任,悬悬指望不提。

且说满生到京,得授临海县尉。正要收拾起身,转到凤翔接了丈人妻子一同到任,拣了日子,将次起行。只见门外一个人大踏步走将进来,口里叫道:"兄弟,我那里不寻得你到,你原来到此!"满生抬头看时,却是淮南族中一个哥哥,满生连忙接待。那哥哥道:"兄弟几年远游,家中绝无消耗,举族疑猜,不知兄弟却在哪里。到京一举成名,实为莫大之喜。家中叔叔枢密相公见了金榜,即便打发差人到京来相接,四处寻访不着,不知兄弟又到那里去了。而今选有地方,少不得出京家去。恁哥哥在此做些小前程,干办已满,收拾回去,已顾下船在汴河,行李多下船了。各处挨问,得见兄弟,你打迭已完,只须同你哥哥回去,见见亲族,然后到任便了。"满生心中一肚皮要到凤翔,哪里曾有归家去的念头?见哥哥说来意思不对,却又不好直对他说,只含糊回道:"小弟还有些别件事干,且未要到家里。"那哥哥道:"却又作怪!看你的装裹多停当了,只要走路的,不到家里却又到哪里?"满生道:"小弟流落时节,曾受了一个人的大恩,而今还要向西路去谢他。"那哥哥道:"你虽然得第,还是空囊。谢人先要礼物为先,这些事自然是到了任再处。况且此去到任所,一路过东,少不得到家边过,是顺路却不走,反走过西去怎的?"

满生此时只该把实话对他讲,说个不得已的缘故,他也不好阻当得。争奈满生有些不老气,恰像还要把这件事瞒人的一般,并不明说,但只东支西吾,凭那哥哥说得天花乱坠,只是不肯回去。那哥哥大怒起来,骂道:"这样轻薄无知的人!书生得了科名,难道不该归来会一会宗族邻里?这也罢,父母坟墓边,也不该去拜见一拜见的?我和你各处去问一问,世间有此事否?"满生见他发出话来,又说得正气了,一时也没得回他,通红了脸,不敢开口。那哥哥见他不说了,叫些随来的家人,把他的要紧箱笼,不由他分说,只一搬竟自搬到船上去了。满生没奈何,心里想道:"我久不归家了,况我落魄出来,今衣锦还乡,也是好事。便到了家里,再去凤翔,不过迟到些日子,也不为碍。"对那哥哥道:"既恁地,便和哥哥同到家去走走来。"只因这一去,有分交:

绿袍年少,别牵系足之绳;
青鬓佳人,立化望夫之石。

满生同那哥哥回到家里，果然这番宗族邻里比前不同，尽多是呵脬捧屁的。满生心里也觉快活，随去见那亲叔叔满贵。那叔叔是枢密副院，致仕家居。既是显官，又是一族之长，见了侄儿，晓得是新第回来，十分欢喜道："你一向出外不归，只道是流落他乡，岂知却能挣扎得第做官回来！诚然是与宗族争气的。"满生满口逊谢。满枢密又道："却还有一件事，要与你说。你父母早亡，壮年未娶。今已成名，嗣续之事最为紧要。前日我见你登科录上有名，便已为你留心此事。宋都朱从简大夫有一次女，我打听得才貌双全。你未来时，我已着人去相求，他已许下了，此极是好姻缘。我知那临海前官尚未离任，你到彼之期还可从容。且完此亲事，夫妻一同赴任，岂不为妙？"满生见说，心下吃惊，半晌作声不得。满生若是个有主意的，此时便该把凤翔流落、得遇焦氏之事，是长是短，备细对叔父说一遍，道"成亲已久，负他不得，须辞了朱家之婚，一刀两断"，说得决绝，叔父未必不依允。争奈满生讳言的是前日孟浪出游光景，恰像凤翔的事是私下做的，不肯当场说明，但只口里唧哝。枢密道："你心下不快，敢虑着事体不周备吗？一应聘定礼物，前日我多已出过。目下成亲所费，总在我家支持，你只打点做新郎便了。"满生道："多谢叔叔盛情，容侄儿心下再计较一计较。"枢密正色道："事已定矣，有何计较？"

满生见他词色严毅，不敢回言，只得唯唯而出。到了家里，闷闷了一回，想道："若是应承了叔父所言，怎生撇得文姬父女恩情？欲待辞绝了他的，不但叔父这一段好情不好辜负，只那尊严性子也不好冲撞他。况且姻缘又好，又不要我费一些财物周折，也不该错过！做官的人娶了两房，原不为多。欲待两头绊着，文姬是先娶的，须让她做大；这边朱家，又是官家小姐，料不肯做小，却又两难。"心里真似十五个吊桶打水，七上八落的，反添了许多不快活。踌躇了几日，委决不下。到底满生是轻薄性子，见说朱家是宦室之女，好个模样，又不费己财，先自动了十二分火。只有文姬父女这一点念头，还有些良心不能尽绝。肚里辗转了几番，却就变起卦来。大凡人只有初起这一念，是有天理的，依着行去，好事尽多。若是多转了两个念头，便有许多奸贪诈伪、没天理的心来了。满生只为亲事摆脱不开，过了两日，便把一条肚肠换了转来，自想道："文姬与我起初只是两个偷情，算得个外遇罢了，后来虽然做了亲，原不是明婚正配。况且我既为官，做我配的须是名门大族，焦家不过市井之人，门户低微，岂堪受朝廷封诰作终身伉俪哉？我且成了这边朱家的亲，日后她来通消息时，好言回她，等她另嫁了便是。倘若必不肯去，事到其间，要我收留，不怕她不低头做小了。"

算计已定，就去回复枢密。枢密拣个黄道吉日，行礼到朱大夫家，娶了过来。那朱家既是宦家，又且嫁的女婿是个新科，愈加要齐整，妆奁丰厚，百物具备。那朱氏女生长宦门，模样又是著名出色的，真是德、容、言、功，无不俱足。满生快活非常，把那凤翔的事丢在东洋大海去了。正是：

花神脉脉殿春残，争赏慈恩紫牡丹。
别有玉盘承露冷，无人起就月中看。

满生与朱氏门当户对，年貌相当，你敬我爱，如胶似漆。满生心里反悔着风翔多了焦家这件事，却也有时念及，心上有些遣不开。因在朱氏面前，索性把前日焦氏所赠衣服、香囊拿出来，忍着性子，一把火烧了，意思要自此绝了念头。朱氏问其缘故，满生把文姬的事略略说些始末，道："这是我未遇时节的事，而今既然与你成亲，总不必提及了。"朱氏是个贤慧女子，到说道："既然未遇时节相处一番，而今富贵了，也不该便绝了他，我不比那世间妒忌妇人，倘或有便，接她来同住过日，未为不可。"怎当得满生负了盟誓，难见她面，生怕他寻将来，不好收场，那里还敢想接她到家里？亦且怕在朱氏面上不好看，一意只是断绝了，回言道："多谢夫人好意。他是小人家儿女，我这里没消息到她，她自然嫁人去了，不必多事。"自此再不提起。

初时满生心中怀着鬼胎，还虑她有时到来，喜得那边也绝无音耗，俗语云："孝重千斤，日减一斤。"满生日远一日，竟自忘怀了。自当日与朱氏同赴临海任所，后来作尉任满，一连做了四五任美官，连朱氏封赠过了两番。

不觉过了十来年，累官至鸿胪少卿，出知齐州。那齐州厅舍甚宽，合家人口住着像意。到任三日，里头收拾已完，内眷人等要出私衙之外，到后堂来看一看。少卿吩咐衙门人役尽皆出去，屏除了闲人，同了朱氏，带领着几个小厮、丫鬟、家人媳妇，共十来个人，一起到后堂散步，各自东西闲走看耍。少卿偶然走到后堂右边天井中，见有一小门，少卿推开来看，里头一个穿青的丫鬟，见了少卿，飞也似跑了去。少卿急赶上去看时，那丫鬟早已走入一个破帘内去了。少卿走到帘边，只见帘内走出一个女人来，少卿仔细一看，正是风翔焦文姬。少卿虚心病，原有些怕见他的，亦且出于不意，不觉惊惶失措。文姬一把扯住少卿，哽哽咽咽哭将起来道："冤家，你一别十年，向来许多恩情一些也不念及，顿然忘了，真是忍人！"少卿一时心慌，不及问他从何而来，且自辩说道："我非忘卿，只因归到家中，叔父先已别聘，强我成婚，我力辞不得，所以蹉跎到今，不得来你那里。"文姬道："你家中之事，我已尽知，不必提起。吾今父亲已死，田产俱无，刚剩得我与青箱两人，别无倚靠。没奈何了，所以千里相投。前日方得到此，门上人又不肯放我进来。求恳再三，今日才许我略在别院空房之内，驻足一驻足，幸而相见。今一身孤单，茫无栖泊，你既有佳偶，我情愿做你侧室，奉事你与夫人，完我余生。前日之事，我也不计较短长，付之一叹罢了！"说一句，哭一句。说罢，又倒在少卿怀里，发声大恸。连青箱也走出来见了，哭做一堆。

少卿见她哭得哀切，不由得眼泪也落下来，又恐怕外边有人知觉，连忙止她道："多是我的不是。你而今不必啼哭，管还你好处。且喜夫人贤慧，你既肯认做一分小，就不难处了。你且消停在此，等我与夫人说去。"少卿此时也是身不由已地走来

对朱氏道："昔年所言凤翔焦氏之女，间隔了多年，只道她嫁人去了，不想她父亲死了，带个丫鬟直寻到这里。今若不收留，她没个着落，叫他没处去了，却怎么好？"朱氏道："我当初原说接了她来家，你自不肯，直误她到此地位，还好不留得她？快请来与我相见。"少卿道："我说道夫人贤慧。"就走到西边去，把朱氏的说话说与文姬。文姬回头对青箱道："若得如此，我每且喜有安身之处了。"两人随了少卿，步到后堂，见了朱氏，相叙礼毕。文姬道："多蒙夫人不弃，情愿与夫人铺床叠被。"朱氏道："哪有此理？只是姐妹相处便了。"就相邀了一同进入衙中。朱氏着人替她收拾起一间好卧房，就着青箱与他同住，随房伏侍。文姬低头伏气，且是小心。朱氏见她如此，甚加怜爱，且是过的和睦。

住在衙中几日了，少卿终是有些羞惭不过意，缩缩朒朒，未敢到她房中歇宿去。一日，外厢去吃了酒归来，有些微醺了，望去文姬房中，灯火微明，不觉心中念旧起来。醉后却胆壮了，踉踉跄跄，竟来到文姬面前。文姬与青箱慌忙接着，喜喜欢欢簇拥他去睡了。这边朱氏闻知，笑道："来这几时，也该到她房里去了。"当夜朱氏收拾了自睡。到第二日，日色高了，合家多起了身，只有少卿未起。合家人指指点点，笑的话的，道是"十年不相见了，不知怎地舞弄，这时节还自睡哩！青箱丫头在旁边听得不耐烦，想也倦了，连他也不起来"。有老成的道："十年的说话，讲也讲他大半夜，怪道天明多睡了去。"

众人议论了一日，只不见动静。朱氏梳洗已过，也有些不惬意道："这时节也该起身了，难道忘了外边坐堂？"同了一个丫鬟走到文姬房前听一听，不听得里面一些声响，推推门看，又是里面关着的。家人每道："日日此时出外理事去久了，今日迟得不像样，我每不妨催一催。"一个就去敲那房门，初时低声，逐渐声高，直到得乱敲乱叫，莫想里头答应一声。尽来对朱氏道："有些奇怪了，等他开出来不得。夫人做主，我们掘开一壁，进去看看。停会相公嗔怪，全要夫人担待。"朱氏道："这个在我，不妨。"众人尽皆动手，须臾之间，已掇开了一垛壁。众人走进里面一看，开了口合不拢来。正是：

宣子慢传无鬼论,良宵自昔有冤偿。
若还死者全无觉,落得生人不善良。

众人走进去看时,只见满少卿直挺挺躺在地下,口鼻皆流鲜血。近前用手一摸,四肢冰冷,已气绝多时了。房内并无一人,哪里有什么焦氏?连青箱也不见了,刚留得些被卧在那里。众人忙请夫人进。朱氏一见,惊得目睁口呆,大哭起来,哭罢道:"不信有这样的异事!难道她两个人摆布死了相公,连夜走了?"众人道:"衙门封锁,插翅也飞不出去;况且房里兀自关门闭户的,打从哪里走得出来?"朱氏道:"这等,难道青天白日相处这几时,这两个却是鬼不成?"似信不信,一面传出去,说少卿夜来暴死,着地方停当后事。

朱氏悲悲切切,到晚来步进卧房,正要上床睡去,只见文姬打从床背后走将出来,对朱氏道:"夫人休要烦恼!满生当时受我家厚恩,后来负心,一去不来,吾举家悬望,受尽苦楚,抱恨而死。我父见我死无聊,老人家悲哀过甚,与青箱丫头相继沦亡。今在冥府诉准,许自来索命,十年之怨,方得申报,我而今与他冥府对证去。蒙夫人相待好意,不敢相侵,转来告别。"朱氏正要问个备细,一阵冷风遍体飒然惊觉,乃是南柯一梦。才晓得文姬、青箱两个真是鬼,少卿之死,被她活捉了去阴府对理。朱氏前日原知文姬这事,也道少卿没理的,今日死了无可怨怅,只得护丧南还。单苦了朱氏下半世,亦是满生之遗孽也。世人看了如此榜样,难道男子又该负得女子的?

痴心女子负心汉,谁道阴中有判断?
虽然自古皆有死,这回死得不好看。

卷十二

硬勘案大儒争闲气　甘受刑侠女著芳名

诗云：

世事莫有成心，成心专会认错。
任是大圣大贤，也要当着不着。

看官听说：从来说的书不过谈些风月，述些异闻，图个好听。最有益的，论些世情，说些因果，等听了的触着心里，把平日邪路念头化将转来。这个就是说书的一片道学心肠，却从不曾讲着道学。而今为什么说个不可有成心？只为人心最灵，专是那空虚的才有公道。一点成心入在肚里，把好歹多错认了，就是圣贤也要偏执起来，自以为是，却不知事体竟不是这样的了。道学的正派，莫如朱文公晦翁。读书的人哪一个不尊奉他，岂不是个大贤？只为成心上边，也曾错断了事。当日在福建崇安县知县事，有一小民告一状道："有祖先坟茔，县中大姓夺占做了自己的坟墓，公然安葬了。"晦翁精于风水，况且福建又极重此事，豪门富户见有好风水吉地，专要占夺了小民的，以致兴讼，这样事日日有的。晦翁准了他状，提那大姓到官。大姓说："是自家做的坟墓，与别人毫不相干的，怎么说起占夺来？"小民道："原是我家祖上的墓，是他富豪倚势占了。"两家争个不歇。叫中证问时，各人为着一边，也没个的据。晦翁道："此皆口说无凭，待我亲去踏看明白。"

当下带了一千人犯及随从人等，亲到坟头。看见山明水秀，风舞龙飞，果然是一个好去处。晦翁心里道："如此吉地，怪道有人争夺。"心里先有些疑心，必是小民先世葬着，大姓看得好，起心要他的了。大姓先禀道："这是小人家里新造的坟，泥土工程，一应皆是新的，如何说是他家旧坟？相公龙目一看，便了然明白。"小民道："上面新工程是他家的，底下须有老土。这原是家里的，他夺了才装新起来。"晦翁叫取锄头铁锹，在坟前挖开来看。挖到松泥将尽之处，铛的一声响，把个挖泥的人震得手疼。拨开浮泥看去，乃是一块青石头，上面依稀有字，晦翁叫取起来看。从人拂去泥沙，将水洗净，字文见将出来，却是"某氏之墓"四个大字；旁边刻着细行，多是小民家里祖先名字。大姓吃惊道："这东西哪里来的？"晦翁喝道："分明是他家旧坟，你倚强夺了他的！石刻见在，有何可说？"小民只是叩头道："青天在上，小人再不必多口了。"晦翁道是见得已真，起身竟回县中，把坟断归小民，把大姓问了个强占田土之罪。小民口口“青天”，拜谢而去。

晦翁断了此事，自家道：“此等锄强扶弱的事，不是我，谁人肯做？”深为得意，岂知反落了奸民之计！原来小民诡诈，晓得晦翁有此执性，专怪富豪大户欺侮百姓，此本是一片好心，却被他们看破的拿定了。因贪大姓所做坟地风水好，造下一计，把青石刻成字，偷埋在他墓前了多时，忽然告此一状。大姓睡梦之中，说是自家新做的坟，一看就明白的。谁知地下先做成此等圈套，当官发将出来。晦翁见此明验，岂得不信？况且从来只有大家占小人的，那曾见有小人谋大家的？所以执法而断。那大姓委实受冤，心里不伏，到上边监司处再告将下来，仍发崇安县问理。晦翁越加嗔恼，道是大姓刁悍抗拒。一发狠，着地方勒令大姓迁出棺柩，把地给与小民安厝祖先，了完事件。争奈外边多晓得是小民欺诈，晦翁错问了事，公议不平，沸腾喧嚷，也有风闻到晦翁耳朵内。晦翁认是大姓力量大，致得人言如此，慨然叹息道：“看此世界，直道终不可行！”遂弃官不做，隐居本处武夷山中。

后来有事经过其地，见林木蓊然，记得是前日踏勘断还小民之地。再行闲步一看，看得风水真好，葬下该大发人家。因寻其旁居民问道：“此是何等人家，有福分葬此吉地？”居民道：“若说这家坟墓，多是欺心得来的。难道有好风水报应他不成？”晦翁道：“怎生样欺心？”居民把小民当日埋石在墓内，骗了县官，诈了大姓这块坟地，葬了祖先的话，是长是短，备细说了一遍。晦翁听罢，不觉两颊通红，悔之无及，道：“我前日认是奉公执法，怎知反被奸徒所骗！”一点恨心自丹田里直贯到头顶来。想道：“据着如此风水，该有发迹好处；据着如此用心贪谋来的，又不该有好处到他了。”遂对天祝下四句道：

此地若发，是有地理；此地不发，是有天理。

祝罢而去。是夜大雨如倾，雷电交作，霹雳一声，屋瓦皆响。次日看那坟墓，已毁成了潭，连尸棺多不见了。可见有了成心，虽是晦庵大贤，不能无误。及后来事体明白，才知悔悟，天就显出报应来，此乃天理不泯之处。人若欺心，就骗过了圣贤，占过了便宜，葬过了风水，天地原不容的。

而今为何把这件说这半日？只为朱晦翁还有一件为着成心上边硬断一事，屈了一个下贱妇人，反致得她名闻天子，四海称扬，得了个好结果。有诗为证：

白面秀才落得争，红颜女子落得苦。
宽仁圣主两分张，反使娼流名万古。

话说天台营中有一上厅行首，姓严名蕊，表字幼芳，乃是个绝色的女子。一应琴棋书画、歌舞管弦之类，无所不通。善能作诗词，多自家新造句子，词人推服。又博晓古今故事。行事最有义气，待人常是真心。所以人见了的，没一个不失魂荡魄在她身上。四方闻其大名，有少年子弟慕她的，不远千里，直到台州来求一识面。正是：

十年不识君王面，始信婵娟解误人。

此时台州太守乃是唐与正，字仲友，少年高才，风流文采。宋时法度，官府有酒，皆召歌伎承应，只站着歌唱送酒，不许私侍寝席；却是与她谑浪狎昵，也算不得许多清处。仲友见严蕊如此十全可喜，尽有眷顾之意，只为官箴拘束，不敢胡为。但是良辰佳节，或宾客席上，必定召她来侑酒。一日，红白桃花盛开，仲友置酒赏玩，严蕊少不得来供应。饮酒中间，仲友晓得她善于词咏，就将红白桃花为题，命赋小词。严蕊应声成一阕，词云：

道是梨花不是，道是杏花不是。白白与红红，别是东风情味。曾记，曾记，人在武陵微醉。（词寄《如梦令》）

吟罢，呈上仲友。仲友看毕大喜，赏了她两匹缣帛。

又一日，时逢七夕，府中开宴。仲友有一个朋友谢元卿，极是豪爽之士，是日也在席上。他一向闻得严幼芳之名，今得相见，不胜欣幸。看了她这些行动举止、谈谐歌唱，件件动人，道："果然名不虚传！"大觥连饮，兴趣愈高。对唐太守道："久闻此子长于词赋，可当面一试否？"仲友道："既有佳客，宜赋新词。此子颇能，正可请教。"元卿道："就把七夕为题，以小生之姓为韵，求赋一词。小生当饮满三大瓯。"严蕊领命，即口吟一词道：

碧梧初坠，桂香才吐，池上水花初谢。穿针人在合欢楼，正月露玉盘高泻。蛛忙鹊懒，耕慵织倦，空做古今佳话。人间刚到隔年期，怕天上方才隔夜。（词寄

《鹊桥仙》)

词已吟成,元卿三瓯酒刚吃得两瓯,不觉跃然而起道:“词既新奇,调又适景,且才思敏捷,真天上人也!我辈何幸,得亲沾芳泽!”亟取大觥相酬,道:“也要幼芳分饮此瓯,略见小生钦慕之意。”严蕊接过吃了。太守看见两人光景,便道:“元卿客边,可到严子家中做一程儿伴去。”元卿大笑,作个揖道:“不敢请耳,固所愿也,但未知幼芳心下如何。”仲友笑道:“严子解人,岂不愿事佳客?况为太守做主人,一发该的了。”严蕊不敢推辞得。酒散,竟同谢元卿一路到家,是夜遂留同枕席之欢。元卿意气豪爽,见此佳丽聪明女子,十分趁怀,只恐不得她欢心,在太守处凡有所得,尽情送与她家,留连半年,方才别去,也用掉若干银两,心里还是歉然的,可见严蕊真能令人消魂也。表过不提。

且说婺州永康县有个有名的秀才,姓陈名亮,字同父。赋性慷慨,任侠使气,一时称为豪杰,凡缙绅士大夫有气节的,无不与之交好。淮帅辛稼轩居铅山时,同父曾去访他,将近居旁,遇一小桥,骑的马不肯走。同父将马三跃,马三次退却。同父大怒,拔出所佩之剑,一剑挥去马首,马倒地上。同父面不改容,徐步而去。稼轩适在楼上看见,大以为奇,遂与定交。平日行径如此,所以唐仲友也与他相好。因到台州来看仲友,仲友资给馆谷,留住了他。闲暇之时,往来讲论。仲友喜的是俊爽名流,恼的是道学先生。同父意见亦同,常说道:“而今的世界只管讲那道学,说正心诚意的,多是一班害了风痹病,不知痛痒之人。君父大仇全然不理,方且扬眉袖手,高谈性命,不知性命是什么东西!”所以与仲友说得来。只一件,同父虽怪道学,却与朱晦庵相好,晦庵也曾荐过同父来。同父道他是实学有用的,不比世儒迂阔。惟有唐仲友平日恃才,极轻薄的是朱晦庵,道他字也不识的。为此,两个议论有些左处。

同父客邸兴高,思游妓馆。此时严蕊之名布满一郡,人多晓得是太守相公作兴的,异样兴头,没有一日闲在家里。同父是个爽利汉子,哪里有心情伺候她空闲?闻得有一个赵娟,色艺虽在严蕊之下,却也算得是个上等的行院,台州数一数二的。同父就在他家游耍,缱绻多时,两情欢爱。同父挥金如土,毫无吝涩。妓家见他如此,百倍趋承。赵娟就有嫁他之意,同父也有心要娶赵娟,两个商量了几番,彼此乐意。只是是个官身,必须落籍,方可从良嫁人。同父道:“落籍是府间所主,只须与唐仲友一说,易如反掌。”赵娟道:“若得如此最好。”陈同父特为此来府里见唐太守,把此意备细说了。唐仲友取笑道:“同父是当今第一流人物,在此不交严蕊而交赵娟,何也?”同父道:“吾辈情之所钟,便是最胜,哪见还有出其右者?况严蕊乃守公所属意,即使与交,肯便落了籍放她去否?”仲友也笑将起来道:“非是属意,果然严蕊若去,此邦便觉无人,自然使不得!若赵娟要脱籍,无不依命,但不知她相从仁兄之意已决否?”同父道:“察其词意,似出至诚。还要守公赞襄,做个月老。”仲友道："相从之事，出于本人情愿，非小弟所可赞襄，小弟只管与她脱籍便了。"同父别去，就把这话回复了赵娟，大家欢喜。

次日，府中有宴，就唤将赵娟来承应。饮酒之间，唐太守问赵娟道："昨日陈官人替你来说，要脱籍从良，果有此事否？"赵娟叩头道："贱妾风尘已厌，若得脱离，天地之恩！"太守道："脱籍不难。脱籍去，就从陈官人否？"赵娟道："陈官人名流贵客，只怕他嫌弃微贱，未肯相收。今若果有心于妾，妾焉敢自外？一脱籍就从他去了。"太守心里想道："这妮子不知高低，轻意应承，岂知同父是个杀人不眨眼的汉子？况且手段挥霍，家中空虚，怎能了得这妮子终身？"也是一时间为赵娟的好意，冷笑道："你果要从了陈官人到他家去，须是会忍得饥，受得冻才使得。"赵娟一时变色，想道："我见他如此撒漫使钱，道他家中必然富饶，故有嫁他之意；若依太守的说话，必是个穷汉子，岂能了我终身之事？"好些不快活起来。唐太守一时取笑之言，只道她不以为意。岂知姊妹行中心路最多，一句关心，陡然疑变。唐太守虽然与了她脱籍文书，出去见了陈同父，并不提起嫁他的说话了。连相待之意，比平日也冷淡了许多。同父心里怪道："难道娼家薄情得这样渗濑，哄我与她脱了籍，她就不作准了？"再把前言问赵娟。赵娟回道："太守相公说来，到你家要忍冻饿。这着什么来由？"同父闻得此言，勃然大怒道："小唐这样惫赖！只许你喜欢严蕊罢了，也须有我的说话处。"他是个直性尚气的人，也就不恋了赵家，也不去别唐太守，一径到朱晦庵处来。

此时朱晦庵提举浙东常平仓，正在婺州。同父进去，相见已毕，问说是台州来，晦庵道："小唐在台州如何？"同父道："他只晓得有个严蕊，有甚别勾当？"晦庵道："曾道及下官否？"同父道："小唐说公尚不识字，如何做得监司？"晦庵闻之，默然了半日。盖是晦庵早年登朝，茫茫仕宦之中，著书立言，流布天下，自己还有些不慊意处。见唐仲友少年高才，心里常疑他要来轻薄的。闻得他说己不识字，岂不愧怒！怫然道："他是我属吏，敢如此无礼！"然背后之言未卜真伪，遂行一张牌下去，说："台州刑政有枉，重要巡历。"星夜到台州来。

晦庵是有心寻不是的，来得急促。唐仲友出于不意，一时迎接不及，来得迟了些。晦庵信道是同父之言不差，果然如此轻薄，不把我放在心上！这点恼怒再消不得了。当日下马，就追取了唐太守印信，交付与郡丞，说："知府不职，听参。"连严蕊也拿来收了监，要问他与太守通奸情状。晦庵道是仲友风流，必然有染；况且妇女柔脆，吃不得刑拷，不论有无，自然招承，便好参奏他罪名了。谁知严蕊苗条般的身躯，却是铁石般的性子。随你朝打暮骂，千捶百拷，只说："循分供唱，吟诗侑酒是有的，曾无一毫他事。"受尽了苦楚，监禁了月余，到底只是这样话。晦庵也没奈她何，只得糊涂做了"不合蛊惑上官"，狠毒将她痛杖了一顿，发去绍兴，另加勘问。一面先具本参奏，大略道：

唐某不伏讲学，罔知圣贤道理，却诋臣为不识字；居官不存政体，亵昵娼流。鞠得奸情，再行复奏，取进止。等因。

唐仲友有个同乡友人王淮，正在中书省当国，也具一私揭，辩晦庵所奏，要他达知圣听。大略道：

朱某不遵法制，一方再按，突然而来。因失迎候，酷逼娼流，妄污职官。公道难泯，力不能使贱妇诬服。尚辱渎奏，明见欺妄。等因。

孝宗皇帝看见晦庵所奏，正拿出来与宰相王淮平章，王淮也出仲友私揭与孝宗看。孝宗见了，问道："二人是非，卿意如何？"王淮奏道："据臣看着，此乃秀才争闲气耳。一个道讥了他不识字，一个道不迎候得他，此是真情。其余言语多是增添的，可有一些的正事吗？多不要听他就是。"孝宗道："卿说得是。却是上下司不和，地方不便，可两下平调了他每便了。"王淮奏谢道："陛下圣见极当，臣当吩咐所部奉行。"

这番京中亏得王丞相帮衬，孝宗有主意，唐仲友官爵安然无事。只可怜这边严蕊吃过了许多苦楚，还不算账，出本之后，另要绍兴去听问。绍兴太守也是一个讲学的，严蕊解到时，见她模样标致，太守便道："从来有色者，必然无德。"就用严刑拷她，讨拶来拶指。严蕊十指纤细，掌背嫩白。太守道："若是亲操井臼的手，决不是这样，所以可恶！"又要将夹棍夹她。当案孔目禀道："严蕊双足甚小，恐经挫折不起。"太守道："你道她足小吗？此皆人力矫揉，非天性之自然也。"着实被他腾倒了一番，要她招与唐仲友通奸的事。严蕊照前不招，只得且把来监了，以待再问。

严蕊到了监中，狱官着实可怜他，吩咐狱中牢卒，不许难为，好言问道："上司加你刑罚，不过要你招认，你何不早招认了？这罪是有分限的。女人家犯淫，极重不过是杖罪，况且已经杖断过了，罪无重科。何苦舍着身子，熬这等苦楚？"严蕊道："身为贱伎，纵是与太守为奸，料然不到得死罪，招认了，有何大害？但天下事，真则是真，假则是假，岂可自惜微躯，信口妄言，以污士大夫！今日宁可置我死地，要我诬人，断然不成的！"狱官见他词色凛然，十分起敬，尽把其言禀知太守。太守道："既如此，只依上边原断施行罢。可恶这妮子倔强，虽然上边发落已过，这里原要决断。"又把严蕊带出监来，再加痛杖，这也是奉承晦庵的意思。叠成文书，正要回复提举司，看他口气，别行定夺，却得晦庵改调消息，方才放了严蕊出监。严蕊恁地晦气，官人每自争闲气，做她不着，两处监里无端的监了两个月，强坐得她一个不应罪名，到受了两番科断；其余逼招拷打，又是分外的受用。正是：

规圆方竹杖，漆却断纹琴。

好物不动念，方成道学心。

严蕊吃了无限的磨折，放得出来，气息奄奄，几番欲死，将息杖疮。几时见不得客，却是门前车马，比前更盛。只因死不肯招唐仲友一事，四方之人重她义气。那些少年尚气节的朋友，一发道是堪比古来义侠之伦，一向认得的要来问她安，不曾认得的要来识她面。所以挨挤不开。一班风月场中人自然与道学不对，但是来看严蕊的，没一个不骂朱晦庵两句。

晦庵此番竟不曾奈何得唐仲友，落得动了好些唇舌，外边人言喧沸，严蕊声价腾涌，直传到孝宗耳朵内。孝宗道："早是前日两平处了。若听了一偏之词，贬谪了唐与正，却不屈了这有义气的女子没申诉处？"

陈同父知道了，也悔道："我只向晦庵说得他两句话，不道认真的大弄起来。今唐仲友只疑是我害他，无可辩处。"因致书与晦庵道：

亮平生不曾会说人是非，唐与正乃见疑相谮，真足当田光之死矣。然困穷之中，又自惜此泼命。一笑。

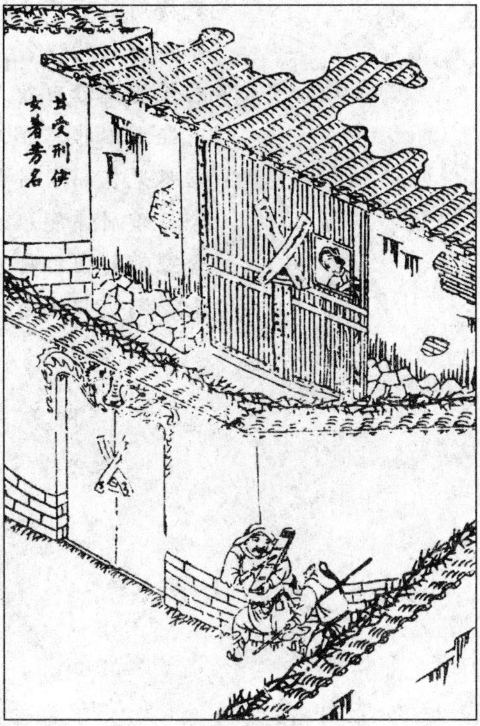

看来陈同父只为唐仲友破了他赵娟之事，一时心中愤气，故把仲友平日说话对晦庵讲了出来。原不料晦庵狠毒，就要摆布仲友起来。至于连累严蕊，受此苦拷，皆非同父之意也。这也是晦庵成心不化，偏执之过，以后改调去了。

交代的是岳商卿，名霖。到任之时，妓女拜贺。商卿问："哪个是严蕊？"严蕊上前答应。商卿抬眼一看，见她举止异人，在一班妓女之中，却像鸡群内野鹤独立，却是容颜憔悴。商卿晓得前事，她受过折挫，甚觉可怜。因对她道："闻你长于词翰，你把自家心事，做成一词诉我，我自有主意。"严蕊领命，略不构思，应声口占《卜算子》道：

不是爱风尘，似被前缘误。花落花开自有时，总赖东君主。　　去也终须去，住也如何住？若得山花插满头，莫问奴归处！

商卿听罢，大加称赏道：“你从良之意决矣。此是好事，我当为你做主。”立刻取伎籍来，与她除了名字，判与从良。

严蕊叩头谢了，出得门去。有人得知此说的，千斤币聘，争来求讨，严蕊多不从他。有一宗室近属子弟，丧了正配，悲哀过切，百事俱废。宾客们恐其伤性，拉他到伎馆散心。说着别处多不肯去，直等说到严蕊家里，才肯同来。严蕊见此人满面戚容，问知为着丧耦之故，晓得是个有情之人，关在心里。那宗室也慕严蕊大名，饮酒中间，彼此喜乐，因而留住。倾心来往多时，毕竟纳了严蕊为妾。严蕊也一意随他，遂成了终身结果。虽然不到得夫人、县君，却是宗室自取严蕊之后，深为得意，竟不续婚。一根一蒂，立了妇名，享用到底，也是严蕊立心正直之报也。后人评论这个严蕊，乃是真正讲得道学的。有七言古风一篇，单说他的好处：

天台有女真奇绝，挥毫能赋谢庭雪。
搽粉虞候太守筵，酒酣未必呼烛灭。
忽尔监司飞檄至，桁杨横掠头抢地。
章台不犯士师条，肺石会疏刺史事。
贱质何妨轻一死，岂承浪语污君子？
罪不重科两得笞，狱吏之威止是耳。
君侯能讲毋自欺，乃遣女子诬人为！
虽在缧绁非其罪，尼父之语胡忘之？
君不见贯高当时白赵王，身无完肤犹自强？
今日蛾眉亦能尔，千载同闻侠骨香！
含颦带笑出狴犴，寄声合眼闭眉汉。
山花满头归去来，天潢自有梁鸿案。

卷十三

鹿胎庵客人做寺主　剡溪里旧鬼借新尸

诗曰：

昔日眉山翁，无事强说鬼。
何取诞怪言，阴阳等一理。
惟令死可生，不教生愧死。
晋人颇通玄，我怪阮宣子。

晋时有个阮修，表字宣子。他一生不信有鬼，特做一篇《无鬼论》。他说道："今人见鬼者，多说他着活时节衣服。这等说起来，人死有鬼，衣服也有鬼了。"一日，有个书生来拜，他极论鬼神之事。一个说无，一个说有，两个辩论多时，宣子口才便捷，书生看看说不过了，立起身来道："君家不信，难以置辩，只眼前有一件大证见，身即是鬼，岂可说无耶。"言毕，忽然不见。宣子惊得木呆，嘿然而惭，这也是他见不到处。从来圣贤多说人死为鬼，岂有没有的道理？不止是有，还有许多放生前心事不下，出来显灵的。所以古人说："当令死者复生，生者可以不愧，方是忠臣义士。"而今世上的人，可以见得死者的能有几个？只为期死鬼无知，若是见了显灵的，可也害怕哩！

宋时福州黄间人刘监税的儿子四九秀才，取郑司业明仲的女儿为妻，后来死了，三个月，将去葬于郑家先陇之旁。既掩圹，刘秀才邀请送葬来的亲朋在坟庵饮酒。忽然一个大蝶飞来，可有三寸多长，在刘秀才左右盘旋飞舞，赶逐不去。刘秀才道是怪异，戏言道："莫非我妻之灵乎？倘阴间有知，当集我掌上。"刚说得罢，那蝶应声而下，竟飞在刘秀才右手内。将有一刻光景，然后飞去。细看手内已生下二卵，坐客多来观看，刘秀才恐失掉了，将纸包着，叫房里一个养娘，交付与她藏了。

刘秀才念着郑氏，叹息不已，不觉泪下。正在凄惶间，忽见这个养娘走进来，道："不必悲伤，我自来了！"看着行动举止，声音笑貌，宛然与郑氏一般无二。众人多道是这养娘风发了。到晚回家，竟走到郑氏房中，开了箱匣，把冠裳钗钏服饰之类，尽多拿出来，悉照郑氏平日打扮起来。家人正皆惊骇，她竟走出来，对刘秀才说道：我去得三月，你在家中做的事，那件不是，那件不是，某妾说什么话，某仆做甚勾当，一一数来，件件不虚。刘秀才晓得是郑氏附身，把这养娘信做是郑氏，与她说话，全然无异。也只道附几时要去的，不想自此声音不改了，到夜深竟登郑氏之床，拉了刘秀才同睡。云雨欢爱，竟与郑氏生时一般。明日早起来，区处家事，简较庄租簿书，分毫不爽。亲眷家闻知，多来看她，她与人寒温款待，一如平日。人多叫她鬼小娘。养娘的父亲就是刘家庄仆，见说此事，急来看看女儿。女儿见了，不认是父亲，叫他的名字骂道："你去年还欠谷若干斛，何为不还？"叫当直的拿住了要打，讨饶才住。

如此者五年，直到后来刘秀才死了，养娘大叫一声，蓦然倒地，醒来仍旧如常。问她五年间事，分毫不知。看了身上衣服，不胜惭愧，急脱卸了，原做养娘本等去。可见世间鬼附生人的事极多，然只不过一时间事，没有几年价竟做了生人与人相处的。也是她阴中撇刘秀才不下，又要照管家事，故此现出这般奇异来，怎说得个没鬼？

这个是借生人的了，还有个借死人的。说来时：

直叫小胆惊欲死，任是英雄也汗流。
只为满腔冤抑事，一宵鬼话报心仇。

话说会稽嵊县有一座山，叫作鹿胎山。为何叫得鹿胎山？当时有一个陈惠度，专以射猎营生，到此山中，见一带胎麀鹿，在面前走过。惠度腰袋内取出箭来，搭上了一箭射去，叫声"着"，不偏不侧，正中了鹿的头上。那只鹿带了箭，急急跑到林中，跳上两跳，早把个小鹿生了出来。老鹿既产，便把小鹿身上血舐个干净了，然后倒地身死。陈惠度见了，好生不忍，深悔前业，抛弓弃矢，投寺为僧。后来鹿死之后，生出一样草来，就名"鹿胎草"。这个山原叫得剡山，为此就改作鹿胎山。

山上有个小庵，人只叫作鹿胎庵。这个庵，苦不甚大。宋淳熙年间，有一僧号竹林，同一行者在里头居住。山下村里，名剡溪里，就是王子猷雪夜访戴安道的所在。里中有个张姓的人家，家长新死，将人殡殓，来请庵僧竹林去做人棺功德，是夜里的事。竹林叫行僮挑了法事经箱，随着就去。时已日暮，走到半山中，只见前面一个人叫道："天色晚了，师父下山，到甚处去？"抬头看时，却是平日与他相好的一个秀才，姓直名谅，字公言。两人相揖已毕，竹林道："官人从何处来？小僧要山下人家去，怎么好？"直生道："小生从县间至此，见天色已晚，特来投宿庵中，与师父清话，师父不下山去罢。"竹林道："山下张家主翁人殓，特请去做佛事，事在今夜。多年檀越人家，怎好不去得？只是官人已来到此，又没有不留在庵中宿歇的。事出两难，如何是好？"直生道："我不宿此，别无去处。"竹林道："只不知官人有胆气独住否？"直生道："我辈大丈夫，气吞湖海，鬼物所畏，有甚没胆气处！你每自去，我竟到庵中自宿罢。"竹林道："如此却好，只是小僧心上过意不去，明日归来，罚做一个东道请罪罢。"直生道："快去，快去，省得为我少得了衬钱，明日就将衬钱来破除也好。"

竹林就在腰间解下钥匙来付与直生，道："官人，你可自去开了门歇宿去，肚中饥饿时，厨中有糕饼，灶下有见成米饭，食物多有，随你权宜吃用，将就过了今夜，明日绝早，小僧就回。托在相知，敢如此大胆，幸勿见责。"直生取笑道："不要开进门去，撞着了什么避忌的人在里头，你放心不下。"竹林也笑道："山庵浅陋，料没有妇女藏得，不妨，不妨。"直生道："若有在里头，正好我受用她一夜。"竹林道："但凭受用，小僧再不吃醋。"大笑而别，竹林自下山去了。

直生接了钥匙，一径踱上山来，端的好夜景：

栖鸦争树，宿鸟归林。隐隐钟声，知是禅关清梵；纷纷烟色，看他比屋晚炊。径僻少人行，惟有樵夫肩担下；山深无客至，并稀稚子候门迎。微茫几点疏星，户前相引，灿烂一钩新月，木末来邀。室内知音，只是满堂木偶；庭前好伴，无非对座金刚。若非德重鬼神钦，也要心疑魑魅至。

直生走进庵门，竟趋禅室。此时明月如昼，将钥匙开了房门，在佛前长明灯内点个火起来，点在房中了。到灶下看时，钵头内有炊下的饭，将来锅内热一热，又去倾瓶倒罐，寻出些笋干木耳之类好些物事来。笑道："只可惜没处得几杯酒吃吃。"把饭吃饱了，又去烧些汤，点些茶起来吃了，走入房中。掩上了门，展一展被卧停当，熄了灯，倒头便睡。

一时间睡不去，还在翻覆之际，忽听得叩门响。直生自念庵僧此时正未归来，邻旁别无人迹，有何人到此？必是山魑木魅，不去理他。那门外扣得转急，直生本有胆气，毫无怖畏，大声道："汝是何物，敢来作怪！"门外道："小弟是山下刘念嗣，不是什么怪。"直生见说出话来，侧耳去听，果然是刘念嗣声音，原是他相好的旧朋友，恍惚之中，要起开门。想一想道："刘念嗣已死过几时，这分明是鬼了。"不走起来。门外道："你不肯起来放我，我自家会走进来。"说罢，只听得房门砣砣有声，一直走进房来。月亮里边看去，果然是一个人，踞在禅椅之上，肆然坐下。大呼道："公言！公言！故人到此，怎不起来相揖？"直生道："你死了，为何到此？"鬼道："与足下往来甚久,我原不曾死,今身子见在,怎么把死来戏我?”直生道:“我而今想起来,你是某年某月某日死的,我于某日到你家送葬,葬过了才回家的。你如今却来这里作怪,你敢道我怕鬼,故戏我吗?我是铁汉子,胆气极壮,随你甚么千妖百怪,我决不怕的!”鬼笑道:“不必多言!实对足下说,小弟果然死久了,所以不避幽明,昏夜到此寻足下者,有一腔心事,要诉与足下,求足下出一臂之力。足下许我,方才敢说。”直生道:“有何心事?快对我说。我念平日相与之情,倘可用力,必然尽心。”

鬼叹息了一会儿,方说道:“小弟不幸去世,不上一年,山妻房氏即便改嫁。嫁也罢了,凡我所有箱匣货财、田屋文券,席卷而去。我止一九岁儿子,家财分毫没分。又不照管他一些,使他饥寒伶仃,在外边乞丐度日。”说到此处,岂不伤心!便哽哽咽咽哭将起来。直生好生不忍,便道:“你今来见我之意,想是要我收拾你令郎吗?”鬼道:“幽冥悠悠,徒自悲伤,没处告诉,今特来见足下。要足下念平生之好,替我当官一说,申此冤恨。追出家财,付与吾子,使此子得以存活。我瞑目九泉之下,当效结草衔环之报。”直生听罢,义气愤愤,便道:“既承相托,此乃我身上事了,明日即当往见县官,为兄申理此事。但兄既死无对证,只我口说有何凭据?”鬼道:“我一一说来,足下须记得明白。我有钱若干,粟若干,布帛若干,在我妻身边,有一细账在彼减妆匣内,匙钥紧系身上。田若干亩,在某乡。屋若干间,在某里。俱有文契,在彼房内紫漆箱中,时常放在床顶上。又有白银五百两,寄在彼亲赖某家。闻得往取几番,彼家不肯认账,若得官力,也可追出。此皆件件有据,足下肯为我留心,不怕他少了。只是儿子幼小无能,不是足下帮扶,到底成不得事。”直生一一牢记,恐怕忘了,又叫他说了再说,说了两三遍,把许多数目款项,俱明明白白了。直生道:“我多已记得,此事在我,不必多言。只是你一向在哪里?今日又何处来?”鬼道:“我死去无罪,不入冥司。各处游荡,看见家中如此情态。既不到阴司,没处告理;阳间官府处,又不是鬼魂可告的,所以含忍至今。今日偶在山下人家赴斋,知足下在此山上,故特地上来表此心事,求恳出力,万祈留神。”

直生与他言来语去,觉得更深了,心里动念道:“他是个鬼,我与他说话已久,不要为鬼气所侵,被他迷了。趁心里清时,打发他去罢。”因对他道:“刘兄所托既完,可以去了。我身子已倦,不要妨了我睡觉。”说罢,就不听见声响了,叫两声刘兄、刘念嗣!并不答应了。直生想道已去,揭帐看时,月光朦胧,禅椅之上,依然有个人坐着不动。直生道:“可又作怪,鬼既已去,此又何物?”大声咳嗽,禅椅之物也依样咳嗽。直生不理他,假意鼾呼,椅上之物也依样鼾呼。及至仍前叫刘兄,他却不答应。直生初时胆大,与刘鬼相问答之时,竟把生人待他一般,毫不为异,此时精神既已少倦,又不见说话了,却只如此作影响,心里就怕将起来。道:“万一走上床来,却不利害?”急急走了下床,往外便跑。椅上之物,从背后一路赶来。直生走到佛堂中,听得背后脚步响,想道:“曾闻得人说,鬼物行步,但会直前,不能曲折。我今环绕而走，必然赶不着。”遂在堂柱边，绕了一转。那鬼物踉跄走不迭了，扑在柱上，就抱住不动。直生见他抱了柱，叫声惭愧！一道烟望门外溜了，两三步并作一步，一口气奔到山脚下。

天色已明，只见山下两个人，前后走来，正是竹林与行僮。见了直生道：“官人起得这等早！为甚恁地喘气？”直生喘息略定，道：“险些吓死了人！”竹林道：“为何呢？”直生把夜来的事，从头说了一遍。道：“你们撇了我在檀越家快活，岂知我在山上受如此惊怕？今我下了山，正不知此物怎么样了。”竹林道：“好教官人得知，我每撞着的事，比你的还稀奇哩。”直生道：“难道还有奇似我的？”竹林道：“我们做了大半夜佛事，正要下棺，摇动灵杵，念过真言，抛个颂子，揭开海被一看，正不知死人尸骸在那里去了，合家惊慌了，前后找寻，并无影响。送殓的诸亲多吓得走了，孝子无头可奔，满堂鼎沸，连我们做佛事的，没些意智，只得散了回来。你道作怪吗？”直生摇着头道：“奇！奇！奇！世间人事改常，变怪不一，真个是天翻地覆的事。若不眼见，说着也不信。”竹林道：“官人你而今往哪里去？”直生道：“要寻刘家的儿子，与他说去。”竹林道：“且从容，昨夜不曾相陪得，又吃了这样惊恐，而今且到小庵里坐坐，吃些早饭再处。”直生道：“我而今青天白日，便再去寻寻昨夜光景，看是怎的。”就同了竹林，一行三个，一头说，一头笑，踱上山来。

一宵两地作怪，闻说也须惊坏。
禅师不见不闻，未必心无挂碍。

三人同到庵前，一齐抬起头来。直生道：“原来还在此。”竹林看时，只见一个死人，抱住在堂柱上。行僮大叫一声，把经箱扑地掼在地上了，连声喊道：“不好！不好！”竹林啐了一口道：“有我两人在此，怕怎的？且仔细看看着。”竹林把庵门大开，向亮处一看，叫声奇怪！把个舌头伸了出来，缩不进去。直生道：“昨夜与我讲了半夜话后来赶我的，正是这个。依他说，只该是刘念嗣的尸首，今却不认得。”竹林道：“我仔细看他，分明像是张家主翁的模样。敢就是昨夜失去的，却如何走在这里？”直生道：“这等是刘念嗣借附了尸首来与我讲话的了，怪道他说到山下人家赴斋来的，可也奇怪得紧！我而今且把他吩咐我的说话，一一写了出来，省得过会儿忘记了些。”竹林道：“你自做你的事。而今这个尸首在此，不稳便，我且知会张家人来认一认看。若认来不是，又作计较。”连忙叫行僮做些早饭，大家吃了，打发他下山张家去报信说：“山上有个死尸，抱在柱上，有些像老檀越，特来邀请亲人去看。”张家儿子见说，急约亲戚几人飞也似到山上来认。邻里间闻得此说，尽道稀奇，不约而同，无数的随着来看。但见：

一会子闹动了刿溪里，险些儿踹平了鹿胎庵。

且说张家儿子走到庵中一看,柱上的果然是他父亲尸首,号天拍地,哭了一场。哭罢,拜道:“父亲,何不好好入殓,怎的走到这个所在,如此作怪?便请到家里去罢!”叫众人帮了,动手解他下来,怎当得双手紧抱,牢不可脱。欲用力拆开,又恐怕折坏了些肢体,心中不忍。舞弄了多时,再不得计较。此时山下来看的人越多了,内中有的道:“新尸强魂必不可脱,除非连柱子弄了家去。”张家是有力之家,便依着说话,叫些匠人把几枝木头,将屋梁支架起来,截断半柱,然后连柱连尸,倒了下来,挺在木板上了,才偷得柱子出来。一面将木板扎缚了绳索,正要扛抬他下山去,内中走出一个里正来道:“列位不可造次!听小人一句说话,此事大奇,关系地方怪异,须得报知知县相公,眼同验看方可。”众人齐住了手,道:“恁地时你自报去。”里正道:“报时须说此尸在本家怎么样不见了,几时走到这庵里,怎么样抱在这柱子上,说得备细,方可对付知县相公。”张家人道:“我们只知下棺时,揭开被来,不见了尸首。已后却是庵里师父来报,才寻得着。这里的事,我们不知。”竹林道:“小僧也因做佛事,同在张家,不知这里的事。今早回庵,方才知道。这庵里自有个秀才官人,晚间在此歇宿,见他尸首来的。”此时直生已写完了账,走将出来道:“晚间的事,多在小生肚里。”里正道:“这等,也要烦官人见一见知县相公,做个证见。”直生道:“我正要见知县相公,有话说。”

里正就齐了一班地方人,张家孝子扶从了扛尸的,直秀才自带了写的账,一拥下山,同到县里来,此时看的何止人山人海?嚷满了县堂。知县出堂,问道:“何事喧嚷?”里正同两处地方一齐跪下,道:“地方怪异,特来告明。”知县道:“有何怪异?”里正道:“剡溪里民家张某,新死人殓,尸首忽然不见。第二日却在鹿胎山上庵中,抱住佛堂柱子。见有个直秀才在山中歇宿,见得来时明白。今本家连柱取下,将要归家。小人们见此怪异,关系地方,不敢不报。故连作怪之尸,并一千人等,多送到相公台前,凭相公发落。”知县道:“我曾读过野史,死人能起,唤名尸蹶,也是人世所有之事。今日偶然在此,不足为异。只是直秀才所见来的光景,是怎么样的?”直生道:“大人所言尸蹶固是,但其间还有好些缘故。此尸非能作怪,乃一不平之鬼,借此尸来托小生求申理的。今见大人,当以备陈。只是此言未可走泄,望大人主张,发落去了这一干人,小生别有下情实告。”

知县见他说得有些因由,便叫该房与地方取词立案,打发张家亲属领尸归殓,各自散去,单留着直生问说备细。直生道:“小生有个旧友刘念嗣,家事尽也温饱,身死不多时,其妻房氏席卷家资,改嫁后夫,致九岁一子流离道路。昨夜鬼扣山庵,与小生诉苦,备言其妻所掩没之数及寄顿之家,朗朗明白,要小生出身代告大人台下,求理此项。小生义气所激,一力应承,此鬼安心而去。不想他是借张家新尸附了来的,鬼去尸存,小生觉得有异,离了房门走出,那尸就来赶逐小生,遇柱而抱。幸已天明,小生得脱。故地方见此异事,其实乃友人这一点不平之怨气所致。今小生记其所言,满录一纸,大人台鉴,照此单款为小生一追,使此子成立,不枉此鬼苦苦见托之意，亦是大人申冤理枉，救困存孤之大德也。”知县听罢，道：“世间有此薄行之妇，官府不知，乃使鬼来求申，有愧民牧矣！今有烦先生做个证明，待下官尽数追取出来。”直生道：“待小生去寻着其子，才有主脑。”知县道：“追明了家财，然后寻其子来给还，未为迟也，不可先漏机关。”直生道：“大人主张极当。”知县叫直生出外边伺候，密地佥个小票，竟拿刘念嗣元妻房氏到官。

原来这个房氏，小名恩娘，体态风流，情性淫荡。初嫁刘家，虽则家道殷厚，争奈刘生禀赋羸弱，遇敌先败，尽力奉承，终不惬意。所以得虚怯之病，三年而死。刘家并无翁姑伯叔之亲，只凭房氏做主，守孝终七，就有些耐不得，未满一年，就嫁了本处一个姓幸的，叫作幸德，到比房氏年小三五岁，少年美貌，精力强壮，更善抽添之法，房氏才知有人道之乐。只恨丈夫死得迟了几年，所以一家所有，尽情拿去奉承了晚夫，连儿子多不顾了。儿子有时去看她，她一来怕晚夫嫌忌，二来儿子渐长，这些与晚夫恣意取乐光景，终是碍眼，只是赶了出来。“刘家”二字已怕人提起了。不料青天一个霹雳，县间竟来拿起刘家原妻房氏来，惊得个不知头脑，与晚夫商量道：“我身上无事，如何县间来拿我？他票上有‘刘家’二字，莫非有人唆哄小业种告了状吗？”及问差人讨票看，竟不知原告是哪个，却是没处躲闪，只得随着差人到衙门里来。幸德虽然跟着同去，票上无名，不好见官，只带得房氏当面。

知县见了房氏，问道：“你是刘念嗣的原妻么？”房氏道：“当先在刘家，而今的丈夫，叫作幸德。”知县道：“谁问你后夫！你只说前夫刘念嗣身死，他的家事怎么样了？”房氏道：“原没什么大家事，死后儿子小，养小妇人不活，只得改嫁了。”知县道：“你丈夫托梦于我，说你卷掳家私，嫁了后夫。他有许多东西在你手里，我一一记得的，你可实招来。”房氏心中不信，赖道：“委实一些没有。”知县叫把拶来拶了指，房氏忍着痛还说没有。知县道：“我且逐件问你：你丈夫说；有钱若干、粟若干、布若干在你家，可有吗？”房氏道：“没有。”知县道：“田在某乡，屋在某里，可有么？”房氏道：“没有。”知县道：“你丈夫说，钱物细账，在减妆匣内，钥匙在你身边；田房文契在紫漆箱中，放于床顶上。如此明白的，你还要赖？”房氏起初见说着数目，已自心慌，还勉强只说没有；今见如此说出海底眼来，心中惊骇道：“是丈夫梦中告诉明白了？”便就遮饰不出了，只得叩头道：“谁想老爷知得如此备细，委实件件真有的。”

知县就唤松了拶，登时押去，取了那减妆与紫漆箱来，当堂开看，与直生所写的无一不对。又问道：“还有白银五百两寄在亲眷赖某家，可有的吗？”房氏道：“也是有的，只为赖家欺小妇人是偷寄的东西，已后去取，推三阻四，不肯拿出来还了。”知县道：“这个我自有处。”当下点一个差役，押了那妇人去寻他刘家儿子同来回话。又吩咐请直秀才进来，知县对直生道：“多被下官问将出来了，与先生所写一一皆同，可见鬼之有灵矣。今已押此妇寻他儿子去了，先生也去，大家一寻，若见了，同到此间，当面追给家财与他，也完先生一场为友的事。”直生谢道：“此乃小生分内

事,就当出去找寻他来。”直生去了。

知县叫牢内取出一名盗犯来,密密吩咐道:“我带你到一家去,你只说劫来银两,多寄在这家里的。只这等说,我宽你几夜锁押,赏你一顿点心。”贼犯道:“这家姓什么?”知县道:“姓赖。”贼犯道:“姓得好!好歹赖他家娘罢了。”知县立时带了许多缉捕员役,押锁了这盗犯,一径抬到这赖家来。赖家是个民户,忽然知县相公抬进门来,先已慌作一团。只见众人役簇拥知县中间坐了,叫赖某过来,赖某战兢兢的跪倒。知县道:“你良民不要做,却窝顿盗赃吗?”赖某道:“小人颇知书礼法,极守本分的,怎敢干此非为之事?”知县指着盗犯道:“见有这贼招出姓名,有现银千两,寄在你家,怎么赖得?”赖某正要认看何人如此诬他,那盗犯受过吩咐,口里便喊道:“是有许多银两藏在他家的。”赖某慌了道:“小人不曾认得这个人的,怎么诬得小人?”知县道:“口说无凭,左右动手前后搜着!赖某也自去做眼,不许乘机抢匿物事!”

那一干如狼似虎的人,得了口气,打进房来,只除地皮不翻转,把箱笼多搬到官面前来。内中一箱沉重,知县叫打开来看。赖某晓得有银子在里头的,着了急,就喊道:“此是亲眷所寄。”知县道:“也要开看。”打将开来,果然满箱白物,约有四五百两。知县道:“这个明是盗赃了。”盗犯也趁口喊道:“这正是我劫来的东西。”赖某道:“此非小人所有,乃是亲眷人家寡妇房氏之物,她起身再醮,权寄在此,岂是盗赃?”知县道:“信你不得,你写个口词到县验看!”赖某当下写了个某人寄顿银两数目明白,押了个字,随着到县间来。却好房氏押出来,寻着了儿子,直生也撞见了,一同进县里回话。知县叫赖某过来道:“你方才说银两不是盗赃,是房氏寄的吗?”赖某道:“是。”知县道:“寄主今在此,可还了他,果然盗情与你无干,赶出去罢。”赖某见了房氏,对口无言,只好直看。用了许多欺心,却被赚了出来,又吃了一个虚惊,没兴自去了。

知县唤过刘家儿子来看了,对直生道:“如此孩子,正好提携,而今账目文券俱已见在,只须去交点明白,追出银两也给与他去,这以后多是先生之事了。”直生道:“大人神明,奸欺莫遁。亡友有知,九泉衔感。此子成立之事,是亡友幽冥见托,既仗大人申理，若小生有始无终，不但人非，难堪鬼责。”知县道：“先生诚感幽冥，故贵友犹相托。今鬼语无一不真，亡者之灵与生者之谊，可畏可敬。岂知此一场鬼怪之事，却勘出此一案来，真奇闻也！”当下就押房氏与儿子出来，照账目交收了物事，将文契查了田房，一一踏实佥管了，多是直生与他经理。一个乞丐小厮，遂成富室之子。固是直生不负所托，也全亏得这一夜鬼话。

彼时晚夫幸德见房氏说是前夫托梦与知县相公，故知得这等明白，心中先有些害怕，夫妻二人怎敢违拗一些？后来晓得鬼来活现了一夜，托与直秀才的，一发打了好些寒噤。略略有些头疼脑热，就生疑惑，后来破费了些钱钞，荐度了几番，方得放心。可见人虽已死之鬼，不可轻负也。有诗为证：

何缘世上多神鬼？只为人心有不平。
若使光明如白日，纵然有鬼也无灵。

卷十四

赵县君乔送黄柑　吴宣教干偿白镪

诗云：

睹色相悦人之情，个中原有真缘分。
只因无假不成真，就里藏机不可问。
少年鲁莽浪贪淫，等闲端入风流阵。
馒头不吃惹身膻，世俗传名扎火囤。

听说世上男贪女爱，谓之风情。只这两个字害的人也不浅，送的人也不少。其间又有奸诈之徒，就在这些贪爱上面，想出个奇巧题目来。做自家妻子不着，装成圈套，引诱良家子弟，诈他一个小富贵，谓之"扎火囤"。若不是识破机关，硬浪的郎君十个着了九个道儿。

记得有个京师人靠着老婆吃饭的，其妻涂脂抹粉，惯卖风情，挑逗那富家郎君。到得上了手的，约会其夫，只做撞着，要杀要剐，直等出财买命，餍足方休，被他弄得也不止一个了。有一个泼皮子弟深知他行径，佯为不晓，故意来缠。其妻与了他些甜头，勾引他上手，正在床里作乐，其夫打将进来。别个着了忙的，定要跳下床来，寻躲避去处。怎知这个人不慌不忙，且把他妻子搂抱得紧紧的，不放一些宽松，伏在肚皮上大言道："不要嚷乱！等我完了事再讲。"其妻杀猪也似喊起来，乱颠乱推，只是不下来。其夫进了门、揎起帐子，喊道："干得好事！要杀！要杀！"将着刀背放在颈子上，捩了一捩，却不下手。泼皮道："不必作腔，要杀就请杀。小于固然不当，也是令正约了来的。死便死做一处，做鬼也风流，终不然独杀我一个不成？"其夫果然不敢动手，放下刀子，拿起一个大杆杖来，喝道："权寄颗驴头在颈上，我且痛打一回。"一下子打来，那泼皮溜撒，急把其妻翻过来，早在臀脊上受了一杖。其妻又喊道："是我，是我！不要错打了！"泼皮道："打也不错，也该受一杖儿。"其夫假势头已过，早已发作不出了。泼皮道；"老兄放下性子，小子是个中人，我与你熟商量。你要两人齐杀，你嫂子是摇钱树，料不舍得。若抛得到官，只是和奸，这番打破机关，你那营生弄不成了。不如你舍着嫂子与我往来，我公道使些钱钞，帮你买煤买米，若要扎火囤，别寻个主儿弄弄，须靠我不着的。"其夫见说出海底眼，无计可奈，没些收场，只得住了手，倒缩了出去。泼皮起来，从容穿了衣服，对着妇人叫声

"聒噪",摇摇摆摆竟自去了。正是:

强中更有强中手,得便宜处失便宜。

却是富家子弟郎君,多是娇嫩出身,谁有此泼皮胆气、泼皮手段!所以着了道儿。宋时向大理的衙内向士肃,出外拜客,唤两个院长相随到军将桥,遇个妇人,鬓发蓬松,涕泣而来。一个武夫,着青贮丝袍,状如将官,带剑牵驴,执着皮鞭,一头走一头骂那妇人,或时将鞭打去,怒色不可犯。随后就有健卒十来人,抬着几杠箱笼,且是沉重,跟着同走。街上人多立驻看他,也有说的,也有笑的。士肃不知缘故,方在疑讶,两个院长笑道:"这番经纪做着了。"士肃问道:"怎么解?"院长道:"男女们也试猜,未知端的。衙内要知备细,容打听的实来回话。"去了一会儿,院长来了,回说详细。

原来浙西一个后生官人,到临安赴铨试,在三桥黄家客店楼上下着。每下楼出入,见小房青帘下有个妇人行走,姿态甚美,撞着了多次,心里未免欣动。问那送茶的小童道:"帘下的是店中何人?"小童攒着眉头道:一店中被这妇人累了三年了。"官人惊道:"却是为何?"小童道:"前岁一个将官带着这个妇人,说是他妻子,要住个洁净房子。住了十来日,就要到那里近府去,留这妻子守着房卧行李,说道去半个月就好回来。自这一去,杳无信息。起初妇人自己盘缠,后来用得没有了,苦央主人家说:'赊了吃时,只等家主回来算还。'主人辞不得,一日供她两番,而今多时了,也供不起了。只得替她募化着同寓这些客人,轮次供她,也不是常法,不知几时才了得这业债。"官人听得满心欢喜,问道:"我要见他一见,使得吗?"小童道:"是好人家妻子,丈夫又不在,怎肯见人?"官人道:"既缺衣食,我寻些吃口物事送她,使得吗?"小童道:"这个使得。"

官人急走到街上茶食大店里,买了一包蒸酥饼,一包果馅饼,在店家讨了两个盒儿装好了,叫小童送去。说道:"楼上官人闻知娘子不方便,特意送此点心。"妇人受了,于思万谢。明日妇人买了一壶酒,装着四个菜碟,叫小童来答谢,官人也受了,自此一发注意不舍。隔两日又买些物事相送,妇人也如前买酒来答。官人即烫其酒来吃,箧内取出金杯一只,满斟着一杯,叫茶童送下去,道:"楼上官人奉劝大娘子。"妇人不推,吃干了。茶童复命,官人又斟一杯下去说:"官人多致意娘子,出外之人不要吃单杯。"妇人又吃了。官人又叫茶童下去,致意道:"官人多谢娘子不弃,吃了他两杯酒,官人不好下来自劝,意欲奉邀娘子上楼,亲献一杯如柯?"往返两三次,妇人不肯来,官人只得把些钱来买嘱茶童道:"是必要你设法她上来见见。"茶童见了钱,欢喜起来,又去说风说水道:"娘子受了两杯,也该去回敬一杯。"被他一把拖了上来道:"娘子来了。"官人没眼得看,妇人道子个万福。官人急把酒斟了,唱个肥喏,亲手递一杯过来,道:"承蒙娘子见爱,满饮此杯。"妇人接过手来,一饮而干，把杯放在桌上。官人看见杯内还有余沥，拿过来吮嘬个不歇，妇人看见，嘻地一笑，急急走下去。官人看见情态可动，厚赠小童，叫他做着牵头，时常弄她上楼来饮酒。以后便留同坐，渐不推辞，不像前日走避光景了。眉来眼去，彼此动情，勾搭上了手。然只是日里偷做一二，晚间隔开，不能同宿。

如此两月余。妇人道："我日日自下而升，人人看见，毕竟免不得起疑。官人何不把房迁了下来？与奴相近，晚间便好相机同宿了。"官人大喜过望，立时把楼上囊橐搬下来，放在妇人间壁一间房里，推说道："楼上有风，睡不得，所以搬了。"晚间虚闭着房门，竟在妇人房里同宿。自道是此乐即并头之莲，比翼之鸟，无以过也。才得两晚，一日早起，尚未梳洗，两人正自促膝而坐，只见外边店里一个长大汉子，大踏步踹将进来，大声道："娘子哪里？"惊得妇人手脚忙乱，面如土色，慌道："坏了！坏了！吾夫来了！"那官人急闪了出来，已与大汉打了照面。大汉见个男子在房里走出，不问好歹，一手揪住妇人头发，喊道："干得好事！干得好事！"提起醋钵大的拳头只是打。那官人慌了，脱得身子，顾不得什么七长八短，急从后门逃了出去。剩了行李囊资，尽被大汉打开房来，席卷而去。适才十来个健卒扛着的箱箧，多是那官人房里的了，他恐怕有人识破，所以还装着丈夫打骂妻子模样走路。其实妇人、男子、店主、小童，总是一伙人也。

士肃听罢道："哪里这样不睹事的少年，遭如此圈套？可恨！可恨！"后来常对亲友们说此目见之事，以为笑话。虽然如此，这还是到了手的，便扎了东西去，也还得了些甜头儿。更有那不识气的小二哥，不曾沾得半点滋味，也被别人弄了一番手脚，折了偌多本钱，还晦气哩！正是：

美色他人自有缘，从旁何用苦垂涎？
请君只守家常饭，不害相思不损钱。

话说宣教郎吴约，字叔惠，道州人，两任广右官，自韶州录曹赴吏部磨勘。宣教家本饶裕，又兼久在南方，珠翠香象，蓄积奇货颇多，尽带在身边随行，作寓在清河坊客店。因吏部引见留滞，时时出游伎馆，衣服鲜丽，动人眼目。客店相对有一小宅院，门首挂着青帘，帘内常有个妇人立着，看街上人做买卖。宣教终日在对门，未免留意体察。时时听得她娇声媚语，在里头说话。又有时露出双足在帘外来，一弯新笋，着实可观。只不曾见她面貌如何，心下惶惑不定，恨不得走过去，揎开帘子一看，再无机会。那帘内或时巧啭莺喉，唱一两句词儿。仔细听那两句，却是

柳丝只解风前舞，诮系惹那人不住。

虽是也间或唱着别的，只是这两句为多，想是喜欢此二语，又想是她有甚么心事。宣教但听得了，便跌足叹赏道："是在行得紧，世间无此妙人。想来必定缥致，可惜未能够一见！"怀揣着个提心吊胆，魂灵多不知飞在哪里去了。

一日正在门前坐地，呆呆的看着对门帘内。忽有个经纪，挑着一篮永嘉黄柑子过门，宣教叫住，问道："这柑子可要博的？"经纪道："小人正待要博两文钱使使，官人做成则个。"宣教接将头钱过来，往下就扑。那经纪蹲在柑子篮边，一头拾钱，一头数数。怎当得宣教一边扑，一心牵挂着帘内那人在里头看见，没心没想的抛下去，何止千扑，再扑不成一个浑成来，算一算输了一万钱。宣教还是做官人心性，不觉两脸通红，哏的一声道："坏了我十千钱，一个柑不得到口，可恨！可恨！"欲待再扑，恐怕扑不出来，又要贴钱；欲待住手，输得多了，又不甘伏。

正在叹恨间，忽见个青衣童子，捧一个小盒，在街上走进店内来。你道那童子生得如何：

短发齐眉，长衣拂地。滴溜溜一双俊眼，也会撩人；黑洞洞一个深坑，尽能害客。痴心偏好，反言胜似妖娆；拗性酷贪，还是图他撇脱。身上一团孩子气，独耸孤阳，腰间一道木樨香，合成众唾。

向宣教道："官人借一步说话。"宣教引到僻处，小童出盒道："赵县君奉献官人的。"宣教不知是哪里说起，疑心是错了，且揭开盒子来看一看，原来正是永嘉黄柑子十数个。宣教道："你县君是哪个？与我素不相识，为何忽地送此？"小童用手指着对门道："我县君即是街南赵大夫的妻室。适在帘间看见官人扑柑子，折了本钱，不曾尝得它一个，有些不快活。县君老大不忍，偶然藏得此数个，故将来送与官人见意。县君道：'可惜止有得这几个，不能够多，官人不要见笑。'"宣教道："多感县君美意，你家赵大夫何在？"小童道："大夫到建康探亲去了，两个月还未回来，正不知几时到家。"宣教听得此话，心里想道："她有此美情，况且大夫不在，必有可图，煞是好机会！"连忙走到卧房内，开了箧取出色彩二端来，对小童道："多谢县君送柑，客中无可奉答，小小生活二匹，伏祈笑留。"

小童接了走过对门去，须臾，又将这二端来还，上复道："县君多多致意，区区几个柑子，打什么不紧的事，要官人如此重酬？决不敢受。"宣教道："若是县君不收，是羞杀小生了，连小生黄柑也不敢领。你依我这样说去，县君必收。"小童领着言语

对县君说去,此番果然不辞了。明日,又见小童拿了几瓶精致小菜走过来道:“县君昨日蒙惠过重,今见官人在客边,恐怕店家小菜不中吃,手制此数瓶送来奉用。”宣教见这般知趣着人,必然有心于他了,好不侥幸!想道:“这童子传来传去,想必在她身旁讲得话做得事的,好歹要在他身上图成这事,不可怠慢了他。”急叫家人去买些鱼肉果品之类,烫了酒来与小童对酌。小童道:“小人是赵家小厮,怎敢同官人坐地?”宣教道:“好兄弟,你是县君心腹人儿,我怎敢把你等闲厮觑!放心饮酒。”小童告过无礼,吃了几杯,早已脸红,道:“吃不得了。若醉了,县君须要见怪,打发我去罢。”宣教又取些珠翠花朵之类,答了来意,付与小童去了。

隔了两日,小童自家走过来玩耍,宣教又买酒请他。酒间与他说得入港,宣教便道:“好兄弟,我有句话问你,你家县君多少年纪了?”小童道:“过新年才廿三岁,是我家主人的继室。”宣教道:“模样生得如何?”小童摇头道:“没正经!早是没人听见,怎把这样说话来问?生得如何,便待怎么?”宣教道:“总是没人在此,说话何妨?我既与她送东送西,往来了两番,也须等我晓得她是长是短的。”小童道:“说着我县君容貌,真个是世间无比,想是天仙里头摘下来的。除了画图上仙女,再没见这样第二个。”宣教道:“好兄弟,怎生得见她一见?”小童道:“这不难,等我先把帘子上的系带解松了,你明日只在对门,等她到帘子下来看的时节,我把帘子揎将出来,揎得重些,系带散了,帘子落了下来,她一时回避不及,可不就看见了?”宣教道:“我不要这样见。”小童道:“要怎的见?”宣教道:“我要好好到宅子里拜见一拜见,谢她平日往来之意,方称我愿。”小童道:“这个知她肯不肯?我不好自专得。官人有此意,待我回去禀白一声,好歹讨个回音来复官人。”宣教又将银一两送与小童,叮嘱道:“是必要讨个回音。”

去了两日,小童复来说:“县君闻得要见之意,说道:‘既然官人立意倦切,就相见一面也无妨。只是非亲非故,不过因对门在此,礼物往来得两番,没个名色,遽然相见,恐怕惹人议论。’是这等说。”宣教道:“也是,也是。怎生得个名色?”想了一想道:“我在广里来,带了许多珠宝在此,最是女人用得着的。我只做当面送物事来与县君看,把此做名色,相见一面如何?”小童道:“好到好,也要去对县君说过,许下方可。”小童又去了一会儿,来回言道:“县君说:‘使便使得,只是在厅上见一见,就要出去的。’”宣教道:“这个自然,难道我就挨住在宅里不成?”小童笑道:“休得胡说!快随我来。”宣教大喜过望。整一整衣冠,随着小童三脚两步走过赵家前厅来。

小童进去禀知了,门响处,宣教望见县君打从里面从从容容走将出来。但见:

衣裳楚楚,佩带飘飘。大人家举止端详,没有轻狂半点;小年纪面庞娇嫩,并无肥重一分。清风引出来,道不得云是无心之物;好光挨上去,真所谓容是诲淫之端。犬儿虽已到篱边,天鹅未必来沟里。

宣教看见县君走出来，真个如花似玉，不觉得满身酥麻起来，急急趋上前去唱个肥喏，口里谢道："屡蒙县君厚意，小子无可答谢，惟有心感而已。"县君道："惶愧，惶愧。"宣教忙在袖里取出一包珠玉来，捧在手中道："闻得县君要换珠宝，小人随身带得有些，特地过来面奉与县君拣择。"一头说，一眼看，只指望她伸手来接。谁知县君立着不动，呼唤小童接了过来，口里道："容看过议价。"只说了这句，便抽身往里面走了进去。宣教虽然见一见，并不曾说得一句倬俏的说话，心里猾猾突突，没些意思走了出来。

到下处，想着她模样行动，叹口气道："不见时犹可，只这一番相见，定害杀了小生也！"以后遇着小童，只央及他设法再到里头去见见，无过把珠宝做因头，前后也曾会过五六次面，只是一揖之外，再无他词。颜色庄严，毫不可犯，等闲不曾笑了一笑，说了一句没正经的话。那宣教没入脚处，越越的心魂撩乱，注恋不舍了。

那宣教有个相处的粉头，叫作丁惜惜，甚是相爱的。只因想着赵县君，把她丢在脑后了，许久不去走动。丁惜惜邀请了两个帮闲的再三来约宣教，请他到家里走走。宣教一似掉了魂的，哪里肯去？被两个帮闲的不由分说，强拉了去。丁惜惜相见，十分温存，怎当得吴宣教一些不在心上。丁惜惜撒娇撒痴了一会儿，免不得摆上东道来。宣教只是心不在焉光景，丁惜惜唱个歌儿嘲他道：

俏冤家，你当初缠我怎的？到今日又丢我怎的？丢我时顿忘了缠我意。缠我又丢我，丢我去缠谁？似你这般丢人也，少不得也有人来丢了你！

当下吴宣教没情没绪，吃了两杯，一心想着赵县君生得十分妙处，看了丁惜惜，有好些不像意起来。却是身既到此，没及奈何，只得勉强同惜惜上床睡了。虽然少不得干着一点半点儿事，也是想着那个，借这个出火的。云雨已过，身体疲倦。正要睡去，只见赵家小童走来道："县君特请宣教叙话。"宣教听了这话，急忙披衣起来，随着小童就走。小童领了竟进内室，只见赵县君雪白肌肤，脱得赤条条地眠在床里，专等吴宣教来。小童把吴宣教尽力一推，推进床里。吴宣教喜不自胜，腾地翻上身去，叫一声："好县君，快活杀我也！"用得力重了，一个失脚，跌进里床，吃了一惊醒来，见惜惜睡在身边，蒙眬之中，还认作是赵县君，仍旧跨上身去。丁惜惜也在睡里惊醒道："好馋货！怎不好好的，做出这个极模样！"吴宣教直等听得惜惜声音，方记起身在丁家床上，适才是梦里的事，连自己也失笑起来。丁惜惜再四问，问他："你心上有何人，以致七颠八倒如此？"宣教只把闲话支吾，不肯说破。到了次日，别了出门。自此以后，再不到丁家来了。无昼无夜，一心只痴想着赵县君，思量寻机会挨光。

忽然一日，小童走来道："一句话对官人说：明日是我家县君生辰，官人既然与县君往来，须办些寿礼去与县君作贺，一作贺，觉得人情面上愈加好看。"宣教喜道：

“好兄弟，亏你来说，你若不说，我怎知道？这个礼节最是要紧，失不得的。”亟将彩帛二端封好，又到街上买些时鲜果品、鸡鸭熟食各一盘，酒一樽，配成一副盛礼，先令家人一同小童送了去，说：“明日虔诚拜贺。”小童领家人去了。赵县君又叫小童来推辞了两番，然后受了。

明日起来，吴宣教整肃衣冠到赵家来，定要请县君出来拜寿。赵县君也不推辞，盛装出到前厅，比平日更齐整了。吴宣教没眼得看，足恭下拜。赵县君慌忙答礼，口说道：“奴家小小生朝，何足挂齿？却要官人费心赐此厚礼，受之不当！”宣教道：“客中乏物为敬，甚愧菲薄。县君如此致谢，反令小子无颜。”县君回顾小童道：“留官人吃了寿酒去。”宣教听得此言，不胜之喜，道：“既留下吃酒，必有光景了。”谁知县君说罢，竟自进去。宣教此时如热地上蚂蚁，不知是怎的才是。又想那县君如设帐的方士，不知葫芦里卖什么药出来。呆呆地坐着，一眼望着内里。须臾之间，两个走使的男人，抬了一张桌儿，揩抹干净。小童从里面捧出攒盒酒果来，摆设停当，掇张椅儿请宣教坐。宣教轻轻问小童道：“难道没个人陪我？”小童也轻轻道：“县君就来。”宣教且未就坐，还立着徘徊之际，小童指道：“县君来了。”果然赵县君出来，双手纤纤捧着杯盘，来与宣教安席，道了万福，说道：“拙夫不在，没个主人做主，诚恐有慢贵客，奴家只得冒耻奉陪。”宣教大喜道：“过蒙厚情，何以克当？”在小童手中，也讨个杯盘来与县君回敬。安席了，两下坐定。

宣教心下只说此一会必有眉来眼去之事，便好把几句说话撩拨也，希图成事。谁知县君意思虽然浓重，容貌却是端严，除了请酒请馔之外，再不轻说一句闲话，宣教也生煞煞的浪开不得闲口，便宜得饱看一回而已。酒行数过，县君不等宣教告止，自立起身道：“官人慢坐，奴家家无夫主，不便久陪，告罪则个。”吴宣教心里恨不得伸出两臂来，将她一把抱着，却不好强留得她，眼盼盼地看她洋洋走了进去。宣教一场扫兴，里边又传话出来，叫小童送酒。宣教自觉独酌无趣，只得吩咐小童多多上复县君，厚扰不当，容日再谢。慢慢地踱过对门下处来。真是一点甜糖抹在鼻头上，只闻得香，却舔不着，心里好生不快。有《银绞丝》一首为证：

前世里冤家，美貌也人，挨光已有二三分，好温存，几番相见意殷勤。眼儿落得穿，何曾近得身？鼻凹中糖味，哪有唇儿分？一个清白的郎君，发了也昏。我的天哪！阵魂迷，迷魂阵。

是夜，吴宣教整整想了一夜，踌躇道：“若说是无情，如何两次三番许我会面，又留酒，又肯相陪？若说是有情，如何眉梢眼角不见些些光景？只是恁等板板地往来，有何了结？思量她每常帘下歌词，毕竟通知文义，且去讨讨口气，看看他如何回我。”算计停当，次日起来，急将西珠十颗，用个沉香盒子盛了，取一幅花笺，写诗一首在上。诗云：

心事绵绵欲诉君，洋珠颗颗寄殷勤。
当时赠我黄柑美，未解相如渴半分。

写毕，将来同放在盒内，用个小记号图书印封皮封好了，忙去寻那小童过来，交付与他道："多拜上县君，昨日承蒙厚款，些些小珠奉去添妆，不足为谢。"小童道："当得拿去。"宣教道："还有数字在内，须县君手自拆封，万勿漏泄则个。"小童笑道："我是个有柄儿的红娘，替你传书递简。"宣教道："好兄弟，是必替我送送，倘有好音，必当重谢。"小童道："我县君诗词歌赋，最是精通，若有甚话写去，必有回答。"宣教道："千万在意！"小童说："不劳吩咐，自有道理。"

小童去了半日，笑嘻嘻地走将来道："有回音了。"袖中拿出一个碧甸匣来递与宣教，宣教接上手看时，也是小小花押封记着的。宣教满心欢喜，慌忙拆将开来，中又有小小纸封裹着青丝发二缕，挽着个同心结儿，一幅罗纹笺上，有诗一首。诗云：

好将鬓发付并刀，只恐经时失俊髦。
妾恨千丝差可拟，郎心双挽莫空劳！

末又有细字一行云：

原珠奉璧，唐人云"何必珍珠慰寂寥"也。

宣教读罢，跌足大乐，对小童道："好了！好了！细详诗意，县君深有意于我了。"小童道："我不懂得，可解与我听？"宣教道："她剪发寄我，诗里道要挽住我的心，岂非有意？"小童道："既然有意，为何不受你珠子？"宣教道："这又有一说，只是一个故事在里头。"小童道："甚故事？"宣教道："当时唐明皇宠了杨贵妃，把梅妃江采蘋贬入冷宫。后来思想他，惧怕杨妃不敢去，将珠子一封私下予与她。梅妃拜辞不受，回诗一首，后二句云：'长门尽日无梳洗，何必珍珠慰寂寥？'今县君不受我珠子，却写此一句来，分明说你家主不在，她独居寂寥，不是珠子安慰得的，却不是要我来伴她寂寥吗？"小童道："果然如此，官人如何谢我？"宣教道："惟卿所欲。"小童道："县君既不受珠子，何不就送与我了？"宣教道："珠子虽然回来，却还要送去，我另自谢你便是。"宣教箱中去取通天犀簪一枝，海南香扇坠二个，将出来送与小童道："权为寸敬，事成重谢。这珠子再烦送一送去，我再附一首诗在内，要她必受。"诗云：

往返珍珠不用疑，还珠垂泪古来痴。
知音但使能欣赏，何必相逢未嫁时？

宣教便将一幅冰鮹帕写了,连珠子付与小童。小童看了笑道:“这诗意,我又不晓得了。”宣教道:“也是用着个故事。唐张籍诗云:‘还君明珠双泪垂,恨不相逢未嫁时。’今我反用其意,说道只要有心,便是嫁了何妨?你县君若有意于我,见了此诗,此珠必受矣。”小童笑道:“原来官人是偷香的老手。”宣教也笑道:“将就看得过。”小童拿了,一径自去,此番不见来推辞,想多应受了。宣教暗自喜欢,只待好音。丁惜惜那里时常叫小二来请他走走,宣教好一似朝门外候旨的官,惟恐不时失误了宣召,那里敢移动半步?

忽然一日傍晚,小童笑嘻嘻的走来道:“县君请官人过来说话。”宣教听罢,忖道:“平日只是我去挨光,才设法得见面,并不是她着人来请我的。这番却是先叫人来相邀,必有光景。”因问小童道:“县君适才在哪里?怎生对你说叫你来请我的?”小童道:“适才县君在卧房里,卸了妆饰,重新梳裹过了,叫我进去,问说:‘对门吴官人可在下处否?’我回说:‘他这几时只在下处,再不到外边去。’县君道:‘既如此,你可与我悄悄请过来,竟到房里来相见,切不可惊张。’如此吩咐的。”宣教不觉踊跃道:“依你说来,此番必成好事矣!”小童道:“我也觉得有些异样,决比前几次不同。只是一件,我家人口颇多,耳目难掩。日前只是体面上往来,所以外观不妨。今却要到内室里去,须瞒不得许多人。就是悄着些,是必有几个知觉,露出事端,彼此不便,须要商量。”宣教道:“你家中事体,我怎生晓得备细?须得你指引我道路,应该怎生才妥?”小童道:“常言道:‘有钱使得鬼推磨。’世上哪一个不爱钱的?你只多把些赏赐分送与我家里人了,我去调开了他每。他每各人心照,自然躲开去了,任你出入,就有撞见的也不说破了。”宣教道:“说得甚是有理,真可以筑坛拜将。你前日说我是偷香老手,今日看起来,你也像个老马泊六了。”小童道:“好意替你计较,休得取笑!”当下吴宣教拿出二十两零碎银两,付与小童说道:“我须不认得宅上甚么人,烦你与我分派一分派,是必买他们尽皆口静方妙。”小童道:“这个在我,不劳吩咐。我先行一步,停当了众人,看个动静,即来约你同去。”宣教道:“快着些个。”小童先去了,吴宣教急拣时样济楚衣服,打扮得齐整。真个赛过潘安,强如宋玉。眼巴巴只等小童到来,即去行事。正是:

罗绮层层称体裁,一心指望赴阳台。
巫山神女虽相待,云雨宁知到底谐?

说这宣教坐立不定,只想赴期。须臾,小童已至,回复道:“众人多有了贿赂,如今一去,径达寝室,毫无阻碍了。”宣教不胜欢喜,整一整巾帻,洒一洒衣裳,随着小童,便走过了对门。不由中堂,在旁边一条弄里转了一两个弯曲,已到卧房之前。只见赵县君懒梳妆模样,早立在帘儿下等候。见了宣教,满面堆下笑来,全不比日前的庄严了,开口道:“请官人房里坐地。”一个丫鬟掀起门帘,县君先走了进房,宣教随后入来。只见房里摆设得精致,炉中香烟馥郁,案上酒肴齐列。宣教此时荡了三魂,失了六魄,不知该怎么样好,只是低声柔语道:"小子有何德能,过蒙县君青盼如此?"县君道:"一向承蒙厚情,今良宵无事,不揣特请官人清话片晌,别无他说。"宣教道:"小子客居旅邸,县君独守清闺,果然两处寂寥,每遇良宵,不胜怀想。前蒙青丝之惠,小子紧系怀袖,胜如贴肉。今蒙宠召,小子所望,岂在酒食之类哉?"县君微笑道:"休说闲话,且自饮酒。"宣教只得坐了,县君命丫鬟一面斟下热酒,自己举杯奉陪。宣教三杯酒落肚,这点热团团兴儿直从脚跟下冒出天庭来,那里按纳得住?面孔红了又白,白了又红。箸子也倒拿了,酒盏也泼翻了,手脚都忙乱起来。觑个丫鬟走了去,连忙走过县君这边来,跪下道:"县君可怜见,急救小子性命则个!"县君一把扶起道:"且休性急!妾亦非无心者,自前日博柑之日,便觉钟情于子。但礼法所拘,不敢自逞。今日久情深,清夜思动,愈难禁制,冒礼忘嫌,愿得亲近。既到此地,决不教你空回去了。略等人静后,从容同就枕席便了。"宣教道:"我的亲亲的娘!既有这等好意,早赐一刻之欢,也是好的,叫小子如何忍耐得住?"县君笑道:"怎恁地馋得紧?"

即唤丫鬟们快来收拾,未及一半,只听得外面喧嚷,似有人喊马嘶之声,渐渐近前堂来了。宣教方在神魂荡飙之际,恰像身子不是自己的,虽然听得有些诧异,没工夫得疑虑别的,还只一味痴想。忽然一个丫鬟慌慌忙忙撞进房来,气喘喘的道:"官人回来了!官人回来了!"县君大惊失色道:"如何是好?快快收拾过了桌上的!"即忙自己帮着搬得桌上罄净。宣教此时任是奢遮胆大的,不由得不慌张起来,道:"我却躲在哪里去?"县君也着了忙道:"外边是去不及了。"引着宣教的手,指着床底下道:"权躲在这里面去,勿得做声!"宣教思量走了出去便好,又恐不认得门路,撞着了人。左右看着房中,却别无躲处。一时慌促,没计奈何,只得依着县君说话,望着床底一钻,顾不得什么尘灰龌龊。且喜床底宽阔,战陡陡的蹲在里头,不敢喘气。一眼偷觑着外边,那暗处望明处,却见得备细。看那赵大夫大踏步走进房来,口里道:"这一去不觉好久,家里没事吗?"县君着了忙的,口里牙齿捉对儿厮打着,回言道:"家……家……家里没事。你……你……你如何今日才来?"大夫道:"家里莫非有甚事故吗?如何见了我举动慌张,语言失措,做这等一个模样?"县君道:"没……没……没甚事故。"大夫对着丫鬟问道:"县君却是怎的?"丫鬟道:"果……果……果然没有什么怎……怎……怎的。"宣教在床下着急,恨不得替了县君、丫鬟的说话,只是不敢爬出来。大夫迟疑了一回道:"好诧异!好诧异!"县君按定了性,才说得话儿囫囵,重复问道:"今日在哪里起身?怎夜间到此?"大夫道:"我离家多日,放心不下。今因有事在婺州,在此便道暂归来一看,明日五更就要起身过江的。"

宣教听得此言,惊中有喜,恨不得天也许下了半边,道:"原来还要出去,却是我的造化也!"县君又问道:"可曾用过晚饭?"大夫道:"晚饭已在船上吃过,只要取些热水来洗脚。”县君即命丫鬟安好了足盆,厨下去取热水来倾在里头了。大夫便脱了外衣,坐在盆间,大肆浇洗,浇洗了多时,泼得水流满地,一直淌进床下来。因是地板房子,铺床处压得重了,地板必定低些,做了下流之处。那宣教正蹲在里头,身上穿着齐整衣服,起初一时极了,顾不得惹了灰尘,钻了进去。而今又见水流来了,恐怕污了衣服,不觉地把袖子东收西敛来避那些龌龊水,未免有些窸窸窣窣之声。大夫道:“奇怪!床底下是什么响?敢是蛇鼠之类,可拿灯烛来照照。”丫鬟未及答应,大夫急急揩抹干净,即伸手桌子上去取烛台过来,捏在手中,向床底下一看,不看时万事全休,这一看,好似:

霸王初入垓心内,张飞刚到灞陵桥。

大夫大吼一声道:“这是个什么鸟人?躲在这底下?”县君支吾道:“敢是个贼?”大夫一把将宣教拖出来道:“你看!难道有这样齐整的贼?怪道方才见吾慌张,原来你在家养奸夫!我去得几时,你就是这等羞辱门户!”先是一掌打去,把县君打个满天星。县君啼哭起来,大夫喝教众奴仆都来,此时小童也只得随着众人行止。大夫叫将宣教四马攒蹄,捆做一团。声言道:“今夜且与我送去厢里吊着,明日临安府推问去!”大夫又将一条绳来,亲自动手,也把县君缚住道:“你这淫妇,也不与你干休!”县君只是哭,不敢回答一言。大夫道:“好恼!好恼!且烫酒来我吃着消闷!”从人丫鬟们多慌了,急去灶上撮哄些嗄饭,烫了热酒拿来。大夫取个大瓯,一头吃,一头骂。又取过纸笔,写下状词,一边写,一边吃酒。吃得不少了,不觉懵懵睡去。

县君悄悄对宣教道:“今日之事固是我误了官人,也是官人先有意向我,谁知随手事败。若是到官,两个多不好了,为之奈何?”宣教道:“多蒙县君好意相招,未曾沾得半点恩惠,今事若败露,我这一官只当断送在你这冤家手里了。”县君道:“没奈何了,官人只是下些小心求告他,他也是心软的人,求告得转的。”

正说之间,大夫醒来,口里又喃喃地骂道:“小的们打起火把,快将这贼弟子孩儿送到厢里去!”众人答应一声,齐来动手。宣教着了急,喊道:“大夫息怒,容小子一言。小子不才,忝为宣教郎,因赴吏部磨勘,寓居府上对门。蒙县君青盼,往来虽久,实未曾分毫犯着玉体。今若到公府,罪犯有限,只是这官职有累。望乞高抬贵手,饶过小子,容小子拜纳微礼,赎此罪过罢!”大夫笑道:“我是个宦门,把妻子来换钱吗?”宣教道:“今日便坏了小子微官,与君何益?不若等小子纳些钱物,实为两便。小子亦不敢轻,即当奉送五百千过来。”大夫道:“如此口轻,你一个官、我一个妻子,只值得五百千吗?”宣教听见论量多少,便道是好处的事了,满口许道:“便再加一倍,凑作千缗罢。”大夫还只是摇头。县君在旁哭道:“我只为买这官人的珠翠,约他来议价,实是我的不是。谁知撞着你来捉破了,我原不曾点污。今若拿这官人到官,必然扳下我来。我也免不得到官对理,出乖露丑,也是你的门面不雅。不如你看日前夫妻之面,宽恕了我,放了这官人罢!”大夫冷笑道:“难道不曾玷污?”众从人与丫鬟们先前是小童贿赂过的,多来磕头讨饶道:“其实此人不曾犯着县君,只是暮夜不该来此,他既情愿出钱赎罪,官人罚他重些,放他去罢。一来免累此人官职,二来免致县君出丑,实为两便。”县君又哭道:“你若不依我,只是寻个死路罢了!”大夫默然了一晌,指着县君道:“只为要保全你这淫妇,要我忍这样赃污!”

小童忙撺到宣教耳边厢低言道:“有了口风了,快快添多些,收拾这事罢。”宣教道:“钱财好处,放绑要紧。手脚多麻木了。”大夫道:“要我饶你,须得二千缗钱,还只是买那官做,羞辱我门庭之事,只当不曾提起,便宜得多了。”宣教连声道:“就依着是二千缗,好处!好处!”

大夫便喝从人,教且松了他的手。小童急忙走去把索子头解开,松出两只手来。大夫叫将纸墨笔砚拿过来,放在宣教面前,叫他写个不愿当官的招伏。宣教只得写道:

吏部候勘宣教郎吴某,只因不合闯入赵大夫内室,不愿经官,情甘出钱二千贯赎罪,并无词说,私供是实。

赵大夫取来看过,要他押了个字,便叫放了他绑缚,只把脖子拴了,叫几个方才随来家的戴大帽、穿一撒的家人,押了过对门来,取足这二千缗钱。

此时亦有半夜光景,宣教下处几个手下人已此都睡熟了。这些赵家人个个如狼似虎,见了好东西便抢,珠玉犀象之类,狼藉了不知多少,这多是二千缗外加添的。吴宣教足足取够了二千数目,分外又把些零碎银两送与众家人,做了东道钱,众人方才住手。赍了东西,仍同了宣教,押到家主面前交割明白。大夫看过了东西,还指着宣教道:“便宜了这弟子孩儿!”喝叫:“打出去!”

宣教抱头鼠窜走归下处,下处店家灯尚未熄。宣教也不敢把这事对主人说,讨了个火,点在房里了,坐了一回,惊心方定。无聊无赖,叫起个小厮来,烫些热酒,且图解闷。一边吃，一边想道：“用了这几时工夫，才得这个机会，再差一会儿也到手了，谁想却如此不偶，反费了许多钱财！”又自解道：“还算造化哩。若不是赵县君哭告，众人拜求，弄得到当官，我这官做不成了。只是县君如此厚情厚德，又为我如此受辱。她家大夫说明日就出去的，这倒还好个机会，只怕有了这番事体，明日就使不在家，是必分外防守，未必如前日之便了。不知今生到底能够相傍否？”心口相问，不觉潸然泪下，郁抑不快，呵欠上来，也不脱衣服，倒头便睡。

只因辛苦了大半夜，这一睡直睡到第二日晌午，方才醒来。走出店中举目看去，对门赵家门也不关，帘子也不见了。一望进去，直看到里头，内外洞然，不见一人。他还怀着昨夜鬼胎，不敢进去，悄悄叫个小厮，一步一步挨到里头探听。直到内房左右看过，并无一个人走动踪影。只见几间空房，连家伙什物一件也不见了。出来回复了宣教。宣教忖道：“他原说今日要到外头去，恐怕出去了我又来走动，所以连家眷带去了。只是如何搬得这等罄净？难道再不回来住了？其间必有缘故。”试问问左右邻人，才晓得赵家也是那里搬来的，住得不十分长久。这房子也只是赁下的，原非己宅，是用着美人之局，扎了火囤去了。

宣教浑如做了一个大梦一般，闷闷不乐，且到丁惜惜家里消遣一消遣。惜惜接着宣教，笑容可掬道：“甚好风吹得贵人到此？”连忙置酒相待。饮酒中间，宣教频频地叹气。惜惜道：“你向来有了心上人，把我冷落了多时。今日既承不弃到此，如何只是嗟叹，像有甚不乐之处？”宣教正是事在心头，巴不得对人告诉，只是把如何对门作寓，如何与赵县君往来，如何约去私期，却被丈夫归来拿住，将钱买得脱身，备细说了一遍。惜惜大笑道：“你枉用痴心，落了人的圈套了。你前日早对我说，我敢也先点破你，不着他道儿也不见得。我那年有一伙光棍将我包到扬州去，也假了商人的爱妾，扎了一个少年子弟千金，这把戏我也曾弄过的。如今你心爱的县君，又不知是哪一家歪刺货也！你前日瞒得我好，撇得我好，也教你受些业报。”宣教满脸羞惭，懊恨无已。丁惜惜又只顾把说话盘问，见说道身畔所有剩得不多，行院家本色，就不十分亲热得紧了。

宣教也觉怏怏，住了一两晚，走了出来。满城中打听，再无一些消息。看看盘费不够用了，等不得吏部改秩，急急走回故乡。亲眷朋友晓得这事的，把来做了笑柄。宣教常时忽忽如有所失，感了一场缠绵之疾，竟不及调官而终。可怜吴宣教一个好前程，惹着了这一些魔头，不自尊重，被人弄得不尴不尬，没个收场如此。奉劝人家少年子弟每，血气未定贪淫好色、不守本分不知利害的，宜以此为鉴！诗云：

一脔肉味不曾尝，已遣缠头罄橐装。
尽道陷人无底洞，谁知洞口赚刘郎！

卷十五

韩侍郎婢做夫人　顾提控掾居郎署

诗云：

曾闻阴德可回天，古往今来效灼然。
奉劝世人行好事，到头原是自周全。

话说湖州府安吉州地浦滩有一居民，家道贫窘，因欠官粮银二两，监禁在狱。家中只有一妻，抱着个一周未满的小儿子度日，别无门路可救。栏中畜养一猪，算计卖与客人，得价还官。因性急银子要紧，等不得好价，见有人来买，即便成交。妇人家不认得银子好歹，是个白晃晃的，说是还得官了。客人既去，拿出来与银匠熔着锭子。银匠说："这是些假银，要它怎么？"妇人慌问："有多少成色在里头？"银匠道："哪里有半毫银气？多是铅铜锡镴装成，见火不得的。"妇人着了忙，拿在手中走回家来，寻思一回道："家中并无所出，止有此猪，指望卖来救夫，今已被人骗去，眼见得丈夫出来不成。这是我不仔细上害了他，心下怎么过得去？我也不要这性命了！"待寻个自尽，看看小儿子，又不舍得，发个狠道："罢！罢！索性抱了小冤家，同赴水而死，也免得牵挂。"急急奔到河边来，正待撺下去，恰好一个徽州商人立在那里，见她忙忙投水，一把扯住，问道："清白后生，为何做此短见勾当？"妇人拭泪答道："事急无奈，只图一死。"因将救夫卖猪，误收假银之说，一一告诉。徽商道："既然如此，与小儿子何干？"妇人道："没爹没娘，少不得一死，不如同死了干净。"徽商恻然道：

"所欠官银几何？"妇人道："二两。"徽商道："能得多少，坏此三条性命！我下处不

远，快随我来，我舍银二两，与你还官罢。”妇人转悲作喜，抱了儿子，随着徽商行去。不上半里，已到下处。徽商走入房，称银二两出来，递与妇人道：“银是足纹，正好还官，不要又被别人骗了。”

妇人千恩万谢转去，央个邻舍同到县里，纳了官银，其夫始得放出监来。到了家里问起道：“哪得这银子还官救我？”妇人将前情述了一遍，说道：“若非遇此恩人，不要说你不得出来，我母子两人已做黄泉之鬼了。”其夫半喜半疑：喜的是得银解救，全了三命；疑的是妇人家没志行，敢怕独自个一时喉极了，做下了些不伶俐的勾当，方得这项银子也不可知。不然怎生有此等好人，直如此凑巧？口中不说破他，心生一计道：“要见明白，须得如此如此。”问妇人道：“你可认得那恩人的住处么？”妇人道：“随他去称银的，怎不认得？”其夫道：“既如此，我与你不可不去谢他一谢。”妇人道：“正该如此。今日安息了，明日同去。”其夫道：“等不得明日，今夜就去。”妇人道：“为何不要白日里去，到要夜间？”其夫道：“我自有主意，你不要管我！”

妇人不好拗得，只得点着灯，同其夫走到徽商下处门首。此时已是黄昏时候，人多歇息寂静了。其夫叫妇人扣门，妇人道：“我是女人，如何叫我黑夜敲人门户？”其夫道：“我正要黑夜试他的心事。”妇人心下晓得丈夫有疑了，想到一个有恩义的人，到如此猜他，也不当人子！却是恐怕丈夫生疑，只得出声高叫。徽商在睡梦间，听得是妇人声音，问道：“你是何人，却来叫我？”妇人道：“我是前日投水的妇人。因蒙恩人大德，救了吾夫出狱，故此特来踵门叩谢。”看官，你道徽商此时若是个不老成的，听见一个妇女黑夜寻他，又是施恩过来的，一时动了不良之心，未免说句把倬俏绰趣的话，开出门来撞见其夫，可不是老大一场没趣，把起初做好事的念头多弄脏了？不想这个朝奉煞是有正经，听得妇人说话，便厉声道：“此我独卧之所，岂汝妇女家所当来！况昏夜也不是谢人的时节，但请回步，不必谢了。”其夫听罢，才把一天疑心尽多消散。妇人乃答道：“吾夫同在此相谢。”

徽商听见其夫同来，只得披衣下床，要来开门。走得几步，只听得天崩地塌之声，连门外多震得动，徽商慌了自不必说，夫妇两人多吃了一惊。徽商忙叫小二掌火来看，只见一张卧床压得四脚多折，满床尽是砖头泥土。原来那一垛墙走了，一向床遮着不觉得，此时偶然坍将下来。若有人在床时，便是铜筋铁骨也压死了。徽商看了，伸了舌头出来，一时缩不进去。就叫小二开门，见了夫妇二人，反谢道：“若非贤夫妇相叫起身，几乎一命难存！”夫妇两人看见墙坍床倒，也自大加惊异，道：“此乃恩人洪福齐天，大难得免，莫非恩人阴德之报？”两相称谢。徽商留夫妇茶话少时，珍重而别。只此一件，可见商人二两银子，救了母子两命，到底因他来谢，脱了墙压之厄，仍旧是自家救了自家性命一般，此乃上天巧于报德处。所以古人说：“与人方便，自己方便。”

小子起初说“到头原是自周全”，并非诳语。看官每不信，小子而今单表一个

周全他人,仍旧周全了自己一段长话,做个正文。有诗为证:

有女颜如玉,酬德讵能足?
遇彼素心人,清操同秉烛。
兰蕙保幽芳,移来贮金屋。
容台粉署郎,一朝畀掾属。
圣明重义人,报施同转毂。

这段话文,出在弘治年间直隶太仓州地方,州中有一个吏典,姓顾名芳。平日迎送官府出城,专在城外一个卖饼的江家做下处歇脚。那江老儿名溶,是个老实忠厚的人,生意尽好,家道将就过得。看见顾吏典举动端方,容仪俊伟,不像个衙门中以下人,私心敬爱他。每遇他到家,便以"提控"呼之,待如上宾。江家有个嬷嬷,生得个女儿,名唤爱娘,年方十七岁,容貌非凡。顾吏典家里也自有妻子,便与江家内里通往来,竟成了一家骨肉一般。常言道:"一家饱暖千家怨。"江老虽不怎的富,别人看见他生意从容,衣食不缺,便传说了千金、几百金家事。有那等眼光浅、心不足的,目中就着不得,不由得不妒忌起来。

忽一日江老正在家里做活,只见如狼似虎一起捕人,打将进来,喝道:"拿海贼!"把店中家火打得粉碎。江老出来分辩,众捕一齐动手,一索子捆倒。江嬷嬷与女儿顾不得羞耻,大家啼啼哭哭嚷将出来,问道:"是何事端?说个明白。"捕人道:"崇明解到海贼一起,有江溶名字,是个窝家,还问什么事端!"江老夫妻与女儿叫起撞天屈来,说道:"自来不曾出外,哪里认得什么海贼?却不屈杀了平人!"捕人道:"不管屈不屈,到州里分辩去,与我们无干。快些打发我们见官去!"江老是个乡子里人,也不晓得盗情利害,也不晓得该怎的打发人差,合家只是一味哭。捕人每不见动静,便发起狠来道:"老儿奸诈,家里必有赃物,我们且搜一搜!"众人不管好歹,打进内里一齐动手,险些把地皮多翻了转来,见了细软便藏匿了。江老夫妻、女儿三口,杀猪也似的叫喊,擂天倒地价哭。捕人每揎拳裸手,耀武扬威。

正在没摆布处,只见一个人踱将进来,喝道:"有我在此,不得无理!"众人定睛看时,不是别人,却是州里顾提控。大家住手道:"提控来得正好,我们不要粗鲁,但凭提控便是。"江老一把扯住提控道:"提控,救我一救!"顾提控问道:"怎的起?"捕人拿牌票出来看,却是海贼指扳窝家,巡捕衙里来拿的。提控道:"贼指的事,多出仇口。此家良善,明是冤屈。你们为我面上,须要周全一分。"捕人道:"提控在此,谁敢多话?只要吩咐我们,一面打点见官便是。"提控即便主张江老支持酒饭鱼肉之类,摆了满桌,任他每狼餐虎咽吃个尽情。又摸出几两银子做差使钱,众捕人道:"提控吩咐,我每也不好推辞,也不好较量,权且收着。凡百看提控面上,不难为他便了。"提控道:"列位别无帮衬处,只求迟带到一日,等我先见官人替他分诉一番,做个道理,然后投牌,便是列位盛情。”捕人道:“这个当得奉承。”当下江老随捕人去了,提控转身安慰他母子道:“此事只要破费,须有分辩处,不妨大事。”母子啼哭道:“全仗提控搭救则个。”提控道:“且关好店门,安心坐着,我自做道理去。”

出了店门,进城来,一径到州前来见捕盗厅官人,道:“顾某有个下处主人江溶,是个良善人户,今被海贼所扳,想必是仇家陷害。望乞爷台为顾某薄面周全则个。”捕官道:“此乃堂上公事,我也不好自专。”提控道:“堂上老爷,顾某自当禀明,只望爷台这里带到时,宽他这一番拷究。”捕官道:“这个当得奉命。”须臾,知州升堂,顾提控觑个堂事空便,跪下禀道:“吏典平日伏侍老爷,并不敢有私情冒禀。今日有个下处主人江溶,被海贼诬扳,吏典熟知他是良善人户,必是仇家所陷,故此斗胆禀明。望老爷天鉴之下,超豁无辜。若是吏典虚言妄禀,罪该万死。”知州道:“盗贼之事,非同小可。你敢是私下受人买嘱,替人讲解吗?”提控叩头道:“吏典若有此等情弊,老爷日后必然知道,吏典情愿受罪。”知州道:“待我细审,也听不得你一面之词。”提控道:“老爷‘细审’二字,便是无辜超生之路了。”复叩一头,走了下来。想道:“官人方才说听不得一面之词,我想人众则公,明日约同同衙门几位朋友,大家禀一声,必然听信。”是日拉请一般的十数个提控到酒馆中坐一坐,把前事说了,求众人明日帮他一说。众人平日与顾提控多有往来,无有不依的。

次日,捕人已将江溶解到捕厅,捕厅因顾提控面上,不动刑法,竟送到堂上来。正值知州投文,挨牌唱名。点到江溶名字,顾提控站在旁边,又跪下来禀道:“这江溶即是小吏典昨日所禀过的,果是良善人户。中间必有冤情,望老爷详察。”知州作色道:“你两次三回替人辩白,莫非受了贿赂,故敢大胆?”提控叩头道:“老爷当堂明查,若不是小吏典下处主人及有贿赂情弊,打死无怨!”只见众吏典多跪下来,禀道:“委是顾某主人,别无情弊,众吏典敢百口代保。”知州平日也晓得顾芳行径,是个忠直小心的人,心下有几分信他的,说道:“我审时自有道理。”便问江溶:“这伙贼人扳你,你平日曾认得一两个否?”江老儿叩头道:“爷爷,小的若认得一人,死也甘心。”知州道:“他们有人认得你否?”江老儿道:“这个小的虽不知,想来也未必认得小的。”知州道:“这个不难。”唤一个皂隶过来,教他脱下衣服与江溶穿了,扮作了皂隶;却叫皂隶穿了江溶的衣服,扮作了江溶。吩咐道:“等强盗执着江溶时,你可替他折证,看他认得认不得。”皂隶依言与江溶更换停当,然后带出监犯来。

知州问贼首道:“江溶是你窝家吗?”贼首道:“爷爷,正是。”知州敲着气拍,故意问道:“江溶怎么说?”这个皂隶扮的江溶,假着口气道:“爷爷,并不干小人之事。”贼首看着假江溶,哪里晓得不是,一口指着道:“他住在城外,倚着卖饼为名。专一窝着我每赃物,怎生赖得?”皂隶道:“爷爷,冤枉!小的不曾认得他的。”贼首道:“怎生不认得?我们长在你家吃饼,某处赃若干,某处赃若干,多在你家,难道忘了?”知州明知不是,假意说道:“江溶是窝家,不必说了,却是天下有名姓相同。”一手指着真江溶扮皂隶的道:“我这个皂隶,也叫得江溶,敢怕是他吗?”贼首把皂隶一看,哪里认得?连喊道:“爷爷,是卖饼的江溶,不是皂隶的江溶。”知州又手指假江溶道:“这个卖饼的江溶,可是了吗?”贼首道:“正是。”这个知州冷笑一声,连敲气拍两三下,指着贼首道:“你这杀剐不尽的奴才!自做了歹事,又受有买嘱,扳陷良善。”贼首连喊道:“这江溶果是窝家,一些不差,爷爷!”知州喝叫:“掌嘴!”打了十来下,知州道:“还要嘴强!早是我先换过了,试验虚实,险些儿屈陷平民。这个是我皂隶周才,你却认作了江溶,就信口扳杀他;这个扮皂隶的,正是卖饼江溶,你却又不认得,就说道无干,可知道你受人买嘱来害江溶,原不曾认得江溶的嘛!”贼首低头无语,只叫:“小的该死!”

知州叫江溶与皂隶仍旧换过了衣服,取夹棍来,把贼首夹起,要招出买他指扳的人来。贼首是顽皮赖肉,哪里放在心上?任你夹打,只供称是因见江溶殷实,指望扳赔赃物是实,别无指使。知州道:“眼见得是江溶仇家所使,无得可疑。今这奴才死不肯招,若必求其人,他又要信口诬害,反生株连。我只释放了江溶,不根究也罢。”江溶叩头道:“小的也不愿晓得害小的的仇人,省得中心不忘,冤冤相结。”知州道:“果然是个忠厚人。”提起笔来,把名字注销,喝道:“江溶无干,直赶出去!”当下江溶叩头不止,皂隶连喝:“快走!”

江溶如笼中放出飞鸟,欢天喜地出了衙门,衙门里许多人撮空叫喜,拥住了不放。又亏得顾提控走出来,把几句话解散开了众人,一同江溶走回家来。江老儿一进门,便唤过妻女来道:“快来拜谢恩人!这番若非提控搭救,险些儿相见不成了。”三个人拜作一堆。提控道:“自家家里,应得出力,况且是知州老爷神明做主,与我无干,快不要如此!”江嬷嬷便问老儿道:“怎么回来得这样撇脱,不曾吃亏么?”江老儿道:“两处俱仗提控先说过了,并不动一些刑法。天字号一场官司,今没一些干涉,竟自平净了。”江嬷嬷千恩万谢。提控立起身来道:“你们且慢慢细讲,我还要到衙门去谢谢官府去。”当下提控作别自去了。

江老送了出门,回来对嬷嬷说:“正是闭门家里坐,祸从天上来,谁想遭此一场飞来横祸,若非提控出力,性命难保。今虽然破费了些东西,幸得太平无事。我每不可忘恩德,怎生酬报得他便好?”嬷嬷道:“我家家事向来不见怎的,只好度日,不知那里动了人眼,被天杀的暗算,招此非灾。前日众捕人一番掳掠,狠如打劫一般,细软东西尽被抄扎过了,今日有何重物谢得提控大恩?”江老道:“便是没东西难处,就凑得些少也当不得数,他也未必肯受,怎么好?”嬷嬷道:“我到有句话商量,女儿年一十七岁,未曾许人。我们这样人家,就许了人,不过是村庄人户,不若送与他做了妾,扳他做个女婿,支持门户,也免得外人欺侮。可不好?”江老道:“此事倒也好,只不知女儿肯不肯。”嬷嬷道:“提控又青年,他家大娘子又贤惠,平日极是与我女儿说得来的,敢怕也情愿。”遂唤女儿来,把此意说了。女儿道:“此乃爹娘要报恩德,女儿何惜此身?”江老道:“虽然如此,提控是个近道理的人,若与他明说,必是不从。不若你我三人,只作登门拜谢,以后就留下女儿在彼,他便不好推辞得。”嬷嬷道：“言之有理。”当下三人计议已定，拿本历日来看，来日上吉。

次日起早，把女儿装扮了，江老夫妻两个步行，女儿乘着小轿，抬进城中，竟到顾家来。提控夫妻接了进去，问道：“何事光降？”江老道：“老汉承提控活命之恩，今日同妻女三口登门拜谢。”提控夫妻道：“有何大事，值得如此！且劳烦小娘子过来，一发不当。”江老道：“老汉有一句不知进退的话奉告：老汉前日若是受了非刑，死于狱底，留下妻女，不知流落到甚处。今幸得提控救命重生，无恩可报。止有小女爱娘，今年正十七岁，与老妻商议，送来与提控娘子铺床叠被，做个箕帚之妾。提控若不弃嫌粗丑，就此俯留，老汉夫妻终身有托。今日是个吉日，一来到此拜谢，二来特送小女上门。”提控听罢，正色道：“老丈说哪里话！顾某若做此事，天地不容。”提控娘子道：“难得老伯伯、干娘、妹妹一同到此，且请过小饭，有话再说。”提控一面吩咐厨下摆饭相待。饮酒中间，江老又把前话提起，出位拜提控一拜道：“提控若不受老汉之托，老汉死不瞑目。”提控情知江老心切，暗自想道：“若不权且应承，此老必不肯住，又去别寻事端谢我，反多事了。且依着他言语，我日后自有处置。”饭罢，江老夫妻起身作别，吩咐女儿留住，道：“她在此伏侍大娘。”爱娘含羞忍泪，应了一声。提控道：“休要如此说！荆妻且权留小娘子盘桓几日，自当送还。”江老夫妻也道是他一时门面说话，两下心照罢了。

两口儿去得，提控娘子便请爱娘到里面自己房里坐了，又摆出细果茶品请她，吩咐走使丫鬟铺设好一间小房，一床被卧。连提控娘子心里，也只道提控有意留住的，今夜必然趁好日同宿。她本是个大贤惠不捻酸的人，又平日喜欢着爱娘，故此是件周全停当，只等提控到晚受用。正是：

一朵鲜花好护侍，芳菲只待赏花时。
等闲未动东君意，惜处重将帷幕施。

谁想提控是夜竟到自家娘子房里来睡了，不到爱娘处去。提控娘子问道：“你为何不到江小娘那里去宿？莫要忌我。”提控道：“他家不幸遭难，我为平日往来，出力救他。今他把女儿谢我，我若贪了女色，是乘人危处，遂我欲心。与那海贼指扳、应捕抢掳肚肠有何两样？顾某虽是小小前程，若坏了行止，永远不吉。”提控娘子见他说出咒来，知是真心，便道：“果然如此，也是你的好处。只是日间何不力辞脱了，反又留在家中做甚？”提控道：“江老儿是老实人，若我不允女儿之事，他又剜肉做疮，别寻道路谢我，反为不美。他女儿平日与你相爱，通家姊妹，留下你处住几日，这却无妨。我意欲就此看个中意的人家子弟，替她寻下一头亲事，成就她终身结果，也是好事。所以一时不辞她去，原非我自家有意也。”提控娘子道：“如此却好。”当夜无词。自此江爱娘只在顾家住，提控娘子与他如同亲姐妹一般，甚是看待得好。她心中也时常打点提控到他房里的，怎知道：

落花有意随流水，流水无情恋落花。
直待他年荣贵后，方知今日不为差。

提控只如常相处，并不曾起一毫邪念，说一句戏话，连爱娘房里脚也不迈进去一步。爱娘初时疑惑，后来也不以为怪了。

提控衙门事多，时常不在家里，匆匆过了一月有余。忽一日得闲在家中，对娘子道："江小娘在家，初意要替她寻个人家，急切里凑不着巧。而今一月多了，久留在此，也觉不便。不如备下些礼物，送还她家。他家父母必然问起女儿相处情形，他晓得我心事如此，自然不来强我了。"提控娘子道："说得有理。"当下把此意与江爱娘说明了，就备了六个盒盘，又将出珠花四朵、金耳环一双，送与江爱娘插戴好，一乘轿着个从人径送到江老家里来。江老夫妻接着轿子，晓得是顾家送女儿回家，心里疑道："为何叫她独自个归来？"问道："提控在家吗？"从人道："提控不得工夫来，多多拜上阿爹，这几时有慢了小娘子，今特送还府上。"江老见说话跷蹊，反怀着一肚子鬼胎道："敢怕有甚不恰当处。"忙领女儿到里边坐了，同嬷嬷细问她这一月的光景。爱娘把顾娘子相待甚厚，并提控不进房、不近身的事，说了一遍。江老呆了一晌道："长要来问个信，自从为事之后，生意淡薄，穷忙没有工夫，又是素手，不好上门。欲待央个人来，急切里没便处。只道你一家和睦，无些别话，谁想却如此行径。这怎么说？"嬷嬷道："敢是日子不好，与女儿无缘法，得个人解禳解禳便好。"江老道："且等另拣个日子，再送去又做处。"爱娘道："据女儿看起来，这顾提控不是贪财好色之人，乃是正人君子。我家强要谢他，他不好推辞得，故此权留这儿时，誓不玷污我身。今既送了归家，自不必再送去。"江老道："虽然如此，他的恩德毕竟不曾报得，反住在他家打搅多时，又加添礼物送来，难道便是这样罢了？还是改日再送去的是。"爱娘也不好阻当，只得凭着父母说罢了。

过了两日，江老夫妻做了些饼食，买了几件新鲜物事，办着十来个盒盘，一坛泉酒，雇个担夫挑了，又是一乘轿抬了女儿。留下嬷嬷看家，江老自家伴送过顾家。提控迎着江老，江老道其来意，提控作色道："老丈难道不曾问及令爱来？顾某心事唯天可表，老丈何不见谅如此？此番决不敢相留，盛惠谨领；令爱不及款接，原轿请回，改日登门拜谢！"江老见提控词色严正，方知女儿不是诳语。连忙出门止住来轿，叫他仍旧抬回家去。提控留江老转去茶饭，江老也再三辞谢，不敢叨领，当时别去。

提控转来，受了礼物，出了盒盘，打发了脚担钱，吩咐多谢去了，进房对娘子说江老今日复来之意。娘子道："这个便老没正经，难道前番不谐，今番有再谐之理？只是难为了爱娘，又来一番，不曾会得一会去。"提控道："若等他下了轿，接了进来，又多一番事了。不如决绝回头了的是。这老儿真诚，却不见机。既如此把女儿相缠，此后往来到也要稀疏了些，外人不知就里，惹得造下议论来，反害了女儿终身,是要好成歉了。”娘子道:“说得极是。”自此提控家不似前日十分与江家往来得密了。

那江家原无甚么大根基,不过生意济楚,自经此一番横事剥削之后,家计萧条下来。自古道:“人家天做。”运来时,撞着就是趁钱的,火焰也似长起来;运退时,撞着就是折本的,潮水也似退下去。江家晦气头里,连五熟行里生意多不济了。做下饼食,常管五七日不发市,就是馊蒸气了,喂猪狗也不中。你道为何如此?先前为事时不多几日,只因惊怕了,自女儿到顾家去后,关了一个月多店门不开,主顾家多生疏,改向别家去,就便拗不转来。况且窝盗为事,声名扬开去不好听,别人不管好歹,信以为实,就怕来缠账。以此生意冷落,日吃月空,渐渐支持不来。要把女儿嫁个人家,思量靠她过下半世,又高不凑,低不就,光阴眨眼,一错就是论年,女儿也大得过期了。

忽一日,一个徽州商人经过,偶然间瞥见爱娘颜色,访问邻人,晓得是卖饼江家。因问可肯与人家为妾否,邻人道:“往年为官事时,曾送与人做妾,那家行善事,不肯受还了的。做妾的事,只怕也肯。”徽商听得此话,去央个熟事的媒婆到江家来说此亲事,只要事成,不惜重价。媒婆得了口气,走到江家,便说出徽商许多富厚处,情愿出重礼,聘小娘子为偏房。江老夫妻正在喉急头上,见说得动火,便问道:“讨在何处去的?”媒婆道:“这个朝奉只在扬州开当种盐,大孺人自在徽州家里。今讨去做二孺人,住在扬州当中,是两头大的,好不受用!亦且路不多远。”江老夫妻道:“肯出多少礼?”媒婆道:“说过只要事成,不惜重价。你每能要得多少,那富家心性,料必够你每心下的,凭你每讨礼罢了。”江老夫妻商量道:“你我心下不割舍得女儿,欲待留下她,遇不着这样好主。有心得把与别处人去,多讨得些礼钱,也够下半世做生意度日方可。是必要他三百两,不可少了。”商量已定对媒婆说过。媒婆道:“三百两,忒重些。”江嬷嬷道:“少一厘,我也不肯。”媒婆道:“且替你们说说看,只要事成后,谢我多些儿。”三个人尽说三百两是一大主财物,极顶价钱了,不想商人慕色心重,二三百金之物,哪里在他心上?一说就允。如数下了财礼,拣个日子娶了过去,开船往扬州。江爱娘哭哭啼啼,自道终身不得见父母了。江老虽是卖去了女儿,心中凄楚,却幸得了一主大财,在家别做生理不题。

却说顾提控在州六年,两考役满,例当赴京听考。吏部点卯过,拨出在韩侍郎门下办事效劳。那韩侍郎是个正直忠厚的大臣,见提控谨厚小心,仪表可观,也自另眼看他,时留在衙前听候差役。一日侍郎出去拜客,提控不敢擅离衙门左右,只在前堂伺候归来。等了许久,侍郎又往远处赴席,一时未还。提控等得不耐烦,困倦起来,坐在槛上打盹,蒙眬睡去。见空中云端里黄龙现身,彩霞一片,映在自己身上,正在惊看之际,忽有人蹴他起来,飒然惊觉,乃是后堂传呼,高声喝:“夫人出来!”提控仓惶失措,连忙趋避不及。夫人步到前堂,亲看见提控慌遽走出之状,着人唤他转来。提控自道失了礼度,必遭罪责,趋至庭中跪倒,俯伏地下,不敢仰视。

夫人道："抬起头来我看。"提控不敢放肆，略把脖子一伸，夫人看见道："快站起来，你莫不是太仓顾提控吗？为何在此？"提控道："不敢，小吏顾芳，实是太仓人，考满赴京，在此办事。"夫人道："你认得我否？"提控不知甚么缘故，摸个头路不着，不敢答应一声。夫人笑道："妾身非别人，即是卖饼江家女儿也。昔年徽州商人娶去，以亲女相待，后来嫁于韩相公为次房。正夫人亡逝，相公立为继室，今已受过封诰，想来此等荣华，皆君所致也。若是当年非君厚德，义还妾身，今日安能到此地位？妾身时刻在心，正恨无由补报。今天幸相逢于此，当与相公说知就里，少图报效。"提控听罢，恍如梦中一般，偷眼觑着堂上夫人，正是江家爱娘，心下道："谁想她却有这个地位？"又寻思道："她分明卖与徽州商人做妾了，如何却嫁得与韩相公？方才听见说徽商以亲女相待，这又不知怎么解说。"当下退出外来，私下偷问韩府老都管，方知事体备细。

当日徽商娶去时节，徽人风俗，专要闹房炒新郎。凡是亲戚朋友相识的，在住处所在，闻知娶亲，就携了酒榼前来称庆。说话之间，名为祝颂，实半带笑耍，把新郎灌得烂醉方以为乐。是夜徽商醉极，讲不得甚么云雨勾当，在新人枕畔一觉睡倒，直至天明。蒙眬中见一个金甲神人，将瓜锤扑他脑盖一下，蹴他起来道："此乃二品夫人，非凡人之配，不可造次胡行！若违我言，必有大咎！"徽商惊醒，觉得头疼异常，只得扒了起来，自想此梦稀奇，心下疑惑。平日最信的是关圣灵签，梳洗毕，开个随身小匣，取出十个钱来，对空虔诚祷告，看与此女缘分如何：卜得个乙戊，乃是第十五签，签曰：

两家门户各相当，不是姻缘莫较量。
直待春风好消息，却调琴瑟向兰房。

详了签意，疑道："既明说不是姻缘了，又道直待春风，却调琴瑟，难道放着见货，等待时来不成？"心下一发糊涂，再缴一签，卜得个辛丙，乃是第七十三签。签曰：

忆昔兰房分半钗，而今忽报信音乖。
痴心指望成连理，到底谁知事不谐。

得了这签，想道此签说话明白，分明不是我的姻缘，不能到底的了。梦中说有二品夫人之分，若把来另嫁与人，看是如何？祷告过，再卜一签，得了个丙庚，乃是第二十七签。签曰：

世间万物各有主，一粒一毫君莫取。
英雄豪杰本天生，也须步步循规矩。

徽商看罢道:“签句明白如此,必是另该有个主,吾意决矣。”

虽是这等说,日间见他美色,未免动心,然但是有些邪念,便觉头疼。到晚来走近床边,愈加心神恍惚,头疼难支。徽商想道:“如此跷蹊,要见梦言可据,签语分明。万一破她女身,必为神明所恶。不如放下念头,认她做个干女儿,寻个人嫁了他,后来果得富贵,也不可知。”遂把此意对江爱娘说道:“在下年四十余岁,与小娘子年纪不等。况且家中原有大孺人,今扬州典当内,又有二孺人。前日只因看见小娘子生得貌美,故此一时聘娶了来。昨晚梦见神明,说小娘子是个贵人,与在下非是配偶。今不敢胡乱辱没了小娘子,在下痴长一半年纪,不若认义为父女,等待寻个好姻缘配着,图个往来。小娘子意下如何?”江爱娘听见说不做妾做女,有什么不肯处?答应道:“但凭尊意,只恐不中抬举。”当下起身,插烛也似拜了徽商四拜。以后只称徽商做“爹爹”,徽商称爱娘做“大姐”,各床而睡。同行至扬州当里,只说是路上结拜的朋友女儿,托他寻人家的,也就吩咐媒婆替他四下里寻亲事。

正是春初时节,恰好凑巧韩侍郎带领家眷上任,舟过扬州,夫人有病,要娶个偏房,就便伏侍夫人,停舟在关下。此话一闻,那些做媒的如蝇聚膻,来的何止三四十起?各处寻将出来,多看得不中意。落末有个人说:“徽州当里有个干女儿,说是太仓州来的,模样绝美,也是肯与人为妾的,问问也好。”其间就有媒婆叨揽去当里来说。原来徽州人有个僻性,是“乌纱帽”、“红绣鞋”,一生只这两件不争银子,其余诸事悭吝了。听见说个韩侍郎娶妾,先自软瘫了半边,自夸梦兆有准,巴不得就成了。韩府也叫人看过,看得十分中意。徽商认作自己女儿,不争财物,反赔嫁妆,只贪个纱帽往来,便自心满意足。韩府仕宦人家,做事不小,又见徽商行径冠冕,不说身价,反轻易不得了,连钗环首饰、缎匹银两也下了三四百金礼物。徽商受了,增添嫁事,自己穿了大服,大吹大擂,将爱娘送下官船上来。侍郎与夫人看见人物标致,更加礼义齐备,心下喜欢,另眼看待。到晚云雨之际,俨然身是处子,一发敬重。一路相处,甚是相得。

到了京中,不料夫人病重不起,一应家事尽嘱爱娘掌管。爱娘处得井井有条,胜过夫人在日,内外大小,无不喜欢。韩相公得意,拣个吉日,立为继房。恰遇弘治改元覃恩,竟将江氏入册报去,请下了夫人封诰,从此内外俱称夫人了。自从做了夫人,心里常念先前嫁过两处,若非多遇着好人,怎生保全得女儿之身,致今日有此享用?那徽商认做干爷,兀自往来不绝,不必说起。只不知顾提控近日下落,忽在堂前相遇,恰恰正在门下走动。正所谓:

一叶浮萍归大海,人生何处不相逢?

夫人见了顾提控,返转内房。等候侍郎归来,对侍郎说道:“妾身有个恩人,没路报效,谁知却在相公衙门中服役。”侍郎问是谁人,夫人道:“即办事吏顾芳是也。”侍郎道：“他与你有何恩处？”夫人道：“妾身原籍太仓人，他也是太仓州吏，因妾家里父母被盗扳害，得他救解，幸免大祸。父母将身酬谢，坚辞不受，强留在彼，他与妻子待以宾礼，誓不相犯。独处室中一月，以礼送归。后来过继与徽商为女，得有今日，岂非恩人？”侍郎大惊道：“此柳下惠、鲁男子之事，我辈所难，不道掾吏之中，却有此等仁人君子，不可埋没了他。”竟将其事写成一本，奏上朝廷，本内大略云：

窃见太仓州吏顾芳，暴白冤事，侠骨著于公庭；峻绝谢私，贞心矢乎暗室。品流虽贱，衣冠所难。合行特旌，以彰笃行。

孝宗见奏大喜道：“世间哪有此等人？”即召韩侍郎面对，问其详细。侍郎一一奏知，孝宗称叹不置。侍郎道：“此皆陛下中兴之化所致，应与表扬。”孝宗道：“何止表扬，其人堪为国家所用。今在何处？”侍郎道：“今在京中考满，拨臣衙门办事。”孝宗回顾内侍，命查哪部里缺司官。司礼监秉笔内监奏道：“昨日吏部上本，礼部仪制司缺主事一员。”孝宗道：“好，好。礼部乃风化之原，此人正好。”即御批“顾芳除补，吏部知道”，韩侍郎当下谢恩而出。

侍郎初意不过要将他旌表一番，与他个本等职衔，梦里也不料圣恩如此嘉奖，骤与殊等美官，真个喜出望外。出了朝中，竟回衙来，说与夫人知道。夫人也自欢喜不胜，谢道：“多感相公为妾报恩，妾身万幸。”侍郎看见夫人欢喜，心下愈加快活，忙叫亲随报知顾提控。提控闻报，犹如地下升天，还服着本等衣服，随着亲随进来，先拜谢相公。侍郎不肯受礼，道：“如今是朝廷命官，自有体制。且换了冠带，谢恩之后，然后私宅少叙不迟。”须臾便有礼部衙门人来伺候，伏侍去到鸿胪寺报了名。次早，午门外谢了圣恩，到衙门到任。正是：

昔年萧主吏，今日叔孙通。
两翅何曾异？只是锦袍红。

当日顾主事完了衙门里公事,就穿着公服,竟到韩府私宅中来拜见侍郎。顾主事道:"多谢恩相提携,在皇上面前极力举荐,故有今日。此恩天高地厚。"韩侍郎道:"此皆足下阴功浩大,以致圣主宠眷非常,得此殊典,老夫何功之有?"拜罢,主事请拜见夫人,以谢推许大恩。侍郎道:"贱室既忝同乡,今日便同亲戚。"传命请夫人出来相见。夫人见主事,两相称谢,各拜了四拜,夫人进去治酒。是日侍郎款待主事,尽欢而散。夫人又传问顾主事离家在几时、父母的安否下落。顾主事回答道:"离家一年,江家生意如常,却幸平安无事。"侍郎与顾主事商议,待主事三月之后,给个假限回籍,就便央他迎取江老夫妇。顾主事领命,果然给假衣锦回乡,乡人无不称羡。因往江家拜候,就传女儿消息,江家喜从天降。主事假满,携了妻子回京复任,就吩咐二号船里着落了江老夫妻。到京相会,一家欢忭无极。

自此侍郎与主事通家往来,俨如伯叔子侄一般。顾家大娘子与韩夫人愈加亲密,自不必说。后来顾主事三子,皆读书登第。主事寿登九十五岁,无病而终,此乃上天厚报善人也。所以奉劝世间行善,原是积来自家受用的。

有诗为证:

美色当前谁不慕,况是酬恩去复来。
若使偶然通一笑,何缘掾吏入容台?

卷十六

迟取券毛烈赖原钱　失还魂牙僧索剩命

诗云：

一陌金钱便返魂，公私随处可通门。
鬼神有德开生路，日月无光照覆盆。
贫者何缘蒙佛力？富家容易受天恩。
早知善恶多无报，多积黄金遗子孙。

这首诗乃令狐谟所作。他邻近有个乌老，家资巨万，平时奸贪不义。死去三日，重复还魂。问他缘故，他说死后亏得家里广做佛事，多烧楮钱，冥官大喜，所以放还。令狐谟闻得，大为不平道："我只道只有阳世间贪官污吏受财枉法，卖富差贫，岂知阴间也自如此！"所以做这首诗。后来冥司追去，要治他谤讪之罪，被令狐谟是长是短辨析一番。冥司道他持论甚正，放教还魂，仍追乌老置之地狱。盖是世间没分剖处的冤枉，尽拼到阴司里理直。若是阴司也如此糊涂，富贵的人只消作恶造业，到死后吩咐家人多做些功果，多烧些楮钱，便多退过了，却不与阳间一样没分晓？所以令狐生不伏，有此一诗。其实阴司报应，一毫不差的。

宋淳熙年间，明州有个夏主簿，与富民林氏共出本钱，买扑官酒坊地店，做那沽拍生理。夏家出得本钱多些，林家出得少些，却是经纪营运尽是林家家人主当。夏家只管在里头照本算账，分些干利钱。夏主簿是个忠厚人，不把心机提防，指望积下几年，总收利息。虽然零碎支动了些，拢统算着，还该有二千缗钱多在那里。若把银算，就是二千两了。去到林家取讨时，林家在店管账的共有八个，你推我推，只说算账未清，不肯付还。讨得急了两番，林家就说出没行止话来道："我家累年价辛苦，你家打点得自在钱，正不知钱在那里哩！"夏主簿见说得蹊跷，晓得要赖他的，只得到州里告了一状。林家得知告了，笑道："我家将猫儿尾拌猫饭吃，拼得将你家利钱折去了一半，官司好歹是我赢的。"遂将二百两送与州官，连夜叫八个干仆把簿籍尽情改造，数目字眼多换过了，反说是夏家透支了，也诉下状来。州官得过了贿赂，哪管青红皂白？竟断道："夏家欠林家二千两。"把夏主簿收监追比。

其时郡中有个刘八郎，名元，人叫他做刘元八郎，平时最有直气。见了此事，大为不平，在人前裸臂揎拳地嚷道："吾乡有这样冤枉事！主簿被林家欠了钱，告状反致坐监,要那州县何用?他若要上司去告,指我作证,我必要替他伸冤理枉,等林家这些没天理的个个吃棒!”到一处,嚷一处,林家这八个人见他如此行径,恐怕弄得官府知道了,公道上去不得,翻过案来。商量道:“刘元八郎是个穷汉,与他些东西,买他口静罢。”就中推两个有口舌的去邀了八郎,到旗亭中坐定。八郎问道:“两位何故见款?”两人道:“仰慕八郎义气,敢此沽一杯奉敬。”酒中说起夏家之事,两人道:“八郎不要管别人家闲事,且只吃酒。”酒罢,两人袖中摸出官券二百道来送与八郎,道:“主人林某晓得八郎家贫,特将薄物相助,以后求八郎不要多管。”八郎听罢,把脸儿涨得通红,大怒起来道:“你每做这样没天理的事,又要把没天理的东西赃污我。我就饿死了,决不要这样财物!”叹一口气道:“这等看起来,你每财多力大,夏家这件事在阳世间不能够明白了。阴间也有官府,他少不得有剖雪处。且看!且看!”忿忿地叫酒家过来,问道:“我每三个吃了多少钱钞?”酒家道:“算该一贯八百文。”八郎道:“三个同吃,我该出六百文。”就解一件衣服,到隔壁柜上解当了六百文钱,付与酒家,对这两人拱拱手道:“多谢携带。我是清白汉子,不吃这样不义无名之酒。”大踏步竟自去了。两个人反觉没趣,算结了酒钱自散了。

且说夏主簿遭此无妄之灾,没头没脑地被贪赃州官收在监里。一来是好人家出身,不曾受惯这苦。二来被别人少了钱,反关在牢中。心中气蛊,染了牢瘟,病将起来。家属央人保领,方得放出,已病得八九分了。临将死时,吩咐儿子道:“我受了这样冤恨,今日待死。凡是一向扑官酒坊公店,并林家欠钱账目与管账八人名姓,多要放在棺内。吾替他地府申辩去。”才死得一月,林氏与这八个人陆陆续续尽得暴病而死,眼见得是阴间状准了。

又过一个多月,刘八郎在家忽觉头眩眼花,对妻氏道:“眼前境界不好,必是夏主簿要我做对证,势必要死。奈我平时没有恶业,对证过了,还要重生,且不可入殓!三日后不还魂,再做道理。”果然死去两日,活将转来,拍手笑道:“我而今才出得这口恶气!”家人问其缘故,八郎道:“起初见两个公吏邀我去,走够百来里路,到了一个官府去处。见一个绿袍官人在廊官中走出来,仔细一看,就是夏主簿。再三谢我道:‘烦劳八郎来此。这里文书都完,只要八郎略一证明,不必忧虑。’我抬眼看见丹墀之下,林家与八个管账人共顶着一块长枷,约有一丈五六尺长,九个头齐齐露出在枷上。我正要消遣他,忽报王升殿了。吏引我去见过,王道:‘夏家事已明白,不须说得。旗亭吃酒一节,明白说来。’我供道:‘是两人见招饮酒,与官会二百道,不曾敢接。’王对左右叹道:‘世上却有如此好人!须商议报答他,可检他寿算。’吏禀:‘他该七十九岁。’王道:‘穷人不受钱,更为难得,岂可不赏?添他阳寿一纪。’就着元追公吏送我回家。出门之时,只见那一伙连枷的人赶入地狱里去了。必然细细要偿还他的,料不似人世间葫芦提。我今日还魂,岂不快活也!”后来此人整整活到九十一岁,无疾而终。可见阳世间有冤枉,阴司事再没有不明白的。只是这一件事,阴报虽然明白,阳世间欠的钱钞到底不曾显还得,未为大畅。

而今说一件阳间赖了，阴间断了，仍旧阳间还了，比这事说来好听：

阳世全凭一张纸，是非颠倒多因此。
岂似幽中业镜台，半点欺心没处使。

话说宋绍兴年间，泸州合江县赵氏村有一个富民，姓毛名烈，平日贪奸不义，一味欺心，设谋诈害。凡是人家有良田美宅，百计设法，直到得上手才住。挣得泼天也似人家，心里不曾有一毫止足。看见人家略有些小衅隙，便在里头挑唆，于中取利，没便宜不做事。其时昌州有一个人，姓陈名祈，也是个狠心不守分之人，与这毛烈十分相好。你道为何？只因陈祈也有好大家事。他一母所生还有三个兄弟，年纪多幼小，只是他一个年纪长成，独掌家事。时常恐怕兄弟每大来，这家事须四分分开，要趁权在他手之时做个计较，打些偏手，讨些便宜。晓得毛烈是个极有算计的人，早晚用得他着，故此与他往来交好。毛烈也晓得陈祈有三个幼弟，却独掌着家事，必有欺心毛病，他日可以在里头看景生情，得些渔人之利。所以两个亲密，语话投机，胜似同胞一般。

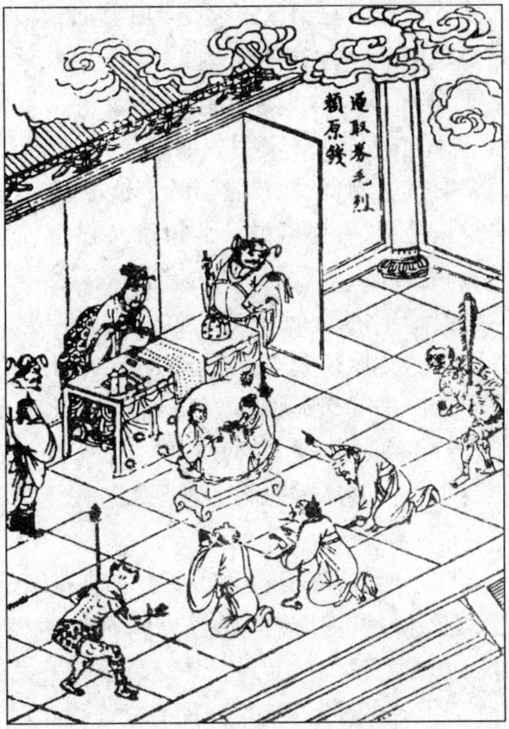

一日，陈祈对毛烈计较道："吾家小兄弟们渐渐长大，少不得要把家事四股分了，我枉替他们白做这几时奴才，心不甘伏，怎么处？"毛烈道："大头在你手里，你把要紧好的藏起了些不得？"陈祈道："藏得的藏了，田地是露天盘子，须藏不得。"毛烈道："只要会计较，要藏时田地也藏得。"陈祈道："如何计较藏地？"毛烈道："你如今只推有什么公用，将好的田地卖了去，收银子来藏了，不就是藏田地一般？"陈祈道："祖上的好田好地，又不舍得卖掉了。"毛烈道："这更容易，你只拣那好田地，少些价钱，权典在我这里，目下拿些银子去用用，以后直等你们兄弟已将见在田地四股分定了，然后你自将原银在我处赎了去，这田地不多是你自己的了？"陈祈道："此言诚为有见。但你我虽是相好，产业交关，少不得立个文书，也要用着个中人才使得。"毛烈道："我家出入银两，置买田产，大半是大胜寺高公做牙侩。如今这件事，也要他在里头做个中见罢了。"陈祈道："高公我也是相熟的，我去查明了田地，写下了文书，去要他着字便了。"

原来这高公法名智高，虽然是个僧家，到有好些不像出家人处。头一件是好利，但是风吹草动，有些个赚得钱的所在，他就钻的去了，所以囊钵充盈，经纪惯熟。大户人家做中做保，到多是用得他着的，分明是个没头发的牙侩。毛家债利出入，好些经他的手，就是做过几件欺心事体，也有与他首尾过来的。陈祈因此央他做了中，将田立券典与毛烈。因要后来好赎，十分不典他重价钱，只好三分之一，做个交易的意思罢了。陈祈家里田地广有，非止一处，但是自家心里贪着的，便把来典在毛烈处做后门。如此一番，也累起本银三千多两了，其田足值万金，自不消说。毛烈放花作利，已此便宜得多了。只为陈祈自有欺心，所以情愿把便宜与毛烈得了去。以后陈祈母亲死过，他将见在户下的田产分作四股，把三股分与三个兄弟，自家得了一股。兄弟们不晓得其中委曲，见眼前分得均平，多无说话了。

过了几时，陈祈端正起赎田的价银，径到毛烈处取赎。毛烈笑道："而今这田却不是你独享的了？"陈祈道："多谢主见高妙。今兄弟们皆无言可说，要赎了去自管。"随将原价一一交明。毛烈照数收了，将进去交与妻子张氏藏好。此时毛烈若是个有本心的，就该想着出的本钱原轻，收他这几年花息，便宜多了。今有了本钱，自该还他去，有何可说？谁知狠人心性，却又不然。道这田总是欺心来的，今赎去独吞，有好些放不过。他就起个不良之心，出去对陈祈道："原契在我拙荆处，一时有些身子不快，不便简寻。过一日还你罢。"陈祈道："这等，写一张收票与我。"毛烈笑道："你晓得我写字不大便当，何苦难我？我与你甚样交情，何必如此？待一二日间翻出来就送还罢了。"陈祈道："几千两往来，不是取笑。我交了这一主大银子，难道不要讨一些把柄回去？"毛烈道："正为几千两的事，你交与我了，又好赖得没有不成？要甚么把柄？老兄忒过虑了。"陈祈也托大，道是毛烈平日相好，其言可信，料然无事。

隔了两日，陈祈到毛烈家去取前券，毛烈还推道一时未寻得出。又隔了两日去取，毛烈躲过，竟推道不在家了。如此两番，陈祈走得不耐烦，再不得见毛烈之面，才有些着急起来。走到大胜寺高公那里去商量，要他去问问毛烈下落。高公推道："你交银时不曾通我知道，我不好管得。"陈祈没奈何，只得又去伺候毛烈。一日撞见了，好言与他取券，毛烈冷笑道："天下欺心事只许你一个做？你将众兄弟的田偷典我处，今要出去自吞。我便公道欺心，再要你多出两千也不为过。"陈祈道："原只典得这些，怎要我多得？"毛烈道："不与我，我也不还你券，你也管田不成。"陈祈大怒道："前日说过的说话，怎到要诈我起来？当官去说，也只要的我本钱。"毛烈道："正是，正是。当官说不过时，还你罢了。"

陈祈一忿之气，归家写张状词，竟到县里告了毛烈。当得毛烈预先防备这着的，先将了些钱钞去寻县吏丘大，送与他了，求照管此事。丘大领诺，比及陈祈去见时，丘大先自装腔了，问其告状本意，陈祈把实情告诉了一遍。丘大只是摇头道：

"说不去。许多银两交与他了,岂有没个执照的理?教我也难帮衬你。"陈祈道:"因为相好的,不防他欺心,不曾讨得执照。今告到了官,全要提控说得明白,"丘大含糊应承了,却在知县面前只替毛烈说了一边的话,又替毛家送了些孝顺意思与知县了,知县听信。到得两家听审时,毛烈把交银的事一口赖定,陈祈其实一些执照也拿不出。知县声口有些向了毛烈,陈祈发起极来,在知县面前指神罚咒。知县道:"就是银子有的,当官只凭文券;既没有文券,有甚么做凭据断还得你?分明是一划混赖!"倒把陈祈打了二十个竹篦,问了"不合图赖人"罪名,量决脊杖。这三千银子只当丢去东洋大海,竟没说处。陈祈不服,又到州里去告,准了;及至问起来,知是县间问过的,不肯改断,仍复照旧。又到转运司告了,批发县间,一发是原问衙门。只多得一番纸笔,有什么相干?落得费坏了脚手,折掉了盘缠。毛烈得了便宜,暗地喜欢。陈祈失了银子,又吃打吃断,竟没处伸诉。正所谓:

浑身似口不能言,遍体排牙说不得。
欺心又遇狠心人,贼偷落得还贼没。

看官,你道这事多只因陈祈欺瞒兄弟,做这等奸计,故见得反被别人赚了,也是天有眼力处。却是毛烈如此欺心,难道银子这等好使的不成?不要性急,还有话在后头。且说陈祈受此冤枉,没处叫撞天屈,气忿忿的,无可摆布。宰了一口猪、一只鸡,买了一对鱼、一壶酒。左近边有个社公祠,他把福物拿到祠里摆下了,跪在神前道:"小人陈祈,将银三千两与毛烈赎田。毛烈收了银子,赖了券书。告到官司,反问输了小人,小人没处申诉。天理昭彰,神目如电。还是毛烈赖小人的,小人赖毛烈的?是必三日之内求个报应。"叩了几个头,含泪而出。到家里,晚上得一梦,梦见社神来对他道:"日间所诉,我虽晓得明白,做不得主。你可到东岳行宫诉告,自然得理。"

次日,陈祈写了一张黄纸,捧了一对烛,一股香,竟望东岳行宫而来。进得庙门,但见:

殿宇巍峨,威仪整肃。离娄左视,望千里如在目前;师旷右边,听九幽直同耳畔。草参亭内,炉中焚百合明香;祝献台前,案上放万灵杯珓。夜听泥神声诺,朝闻木马号嘶。比岱宗具体而微,虽行馆有呼必应。若非真正冤情事,敢到庄严法相前?

陈祈衔了一天怨忿,一步一拜,拜上殿来,将心中之事,是长是短,照依在社神面前时一样表白了一遍。只听得幡帷里面,仿佛有人声到耳朵内道:"可到夜间来。"陈祈吃了一惊,晓得灵感,急急站起,走了出来。候到天色晚了,陈祈是气忿在胸之人，虽是幽暗阴森之地，并无一些畏怯。一直走进殿来。将黄纸状在烛上点着火，烧在神前炉内了，照旧通诚，拜祷已毕，又听得隐隐一声道："出去。"陈祈亲见如此神灵，明知必有报应。不敢再渎，悚然归家，此时是绍兴四年四月二十日。

陈祈时时到毛烈家边去打听，过了三日，只见说毛烈死了。陈祈晓得蹊跷，去访问邻舍间，多说道："毛烈走出门首，撞见一个着黄衣的人，走入门来揪住。毛烈奔脱，望里面飞也似跑，口里喊道：'有个黄衣人捉我，多来救救。'说不多几句，倒地就死，从不见死得这样快的。"陈祈口里不说，心里暗暗道是告的阴状有应，现报在我眼里了。又过了三日，只见有人说，大胜寺高公也一时卒病而死。陈祈心里疑惑道："高公不过是原中，也死在一时，看起来莫不要阴司中对这件事吗？"不觉有些恍恍惚惚，走到家里，就昏晕了去。少顷醒将转来，吩咐家人道："有两个人追我去对毛烈事体，闻得说我阳寿未尽，未可人殓。你们守我十来日着，敢怕还要转来。"吩咐毕，即倒头而卧，口鼻俱已无气。家人依言，不敢妄动，呆呆守着，自不必说。

且说陈祈随了来追的人竟到阴府，果然毛烈与高公多先在那里了。一同带见判官，判官一一点名过了，问道："东岳发下状来，毛烈赖了陈祈三千银两，这怎么说？"陈祈道："是小人与他赎田，他亲手接受，后来不肯还原券，竟赖道没有。小人在阳间与他争讼不过，只得到东岳大王处告这状的。"毛烈道："判爷，休听他胡说。若是有银与小人时，须有小人收他的执照。"判官笑道："这是你阳间哄人，可以借此断赖。"指着毛烈的心道："我阴间只凭这个，要什么执照不执照！"毛烈道："小人其实不曾收他的。"判官叫取业镜过来。旁边一个吏就拿着铜盆大一面镜子来照着毛烈。毛烈、陈祈与高公三人一齐看那镜子里面，只见里头照出陈祈交银，毛烈接受，进去付与妻子张氏，张氏收藏，是那日光景宛然见在。判官道："你看我这里可是要什么执照的么？"毛烈没得开口。陈祈合着掌向空里道："今日才表明得这件事。阳间官府要他做什么干？"高公也道："原来这银子果然收了，却是毛大哥不通。"当下判官把笔来写了些什么，就带了三人到一个大庭内。

只见旁边列着兵卫甚多，也不知殿上坐的是什么人，远望去是冕旒衮袍的王者。判官走上去说了一回，殿上王者大怒，叫取枷来，将毛烈枷了，口里大声吩咐道："县令听决不公，削去已后官爵。县吏丘大，火焚其居，仍削阳寿一半。"又唤僧人智高问道："毛烈欺心事，与你商同的吗？"智高道："起初典田时，曾在里头做交易中人，以后事体多不知道。"又唤陈祈问道："赎田之银，固是毛烈要赖欺心，将田出典的缘故，却是你的欺心。"陈祈道："也是毛烈教道的。"王者道："这个推不得，与智高僧人做牙侩一样，该量加罚治。两人俱未合死，只教阳世受报。毛烈作业尚多，押入地狱受罪！"

说毕，只见毛烈身边就有许多牛头夜叉，手执铁鞭、铁棒赶得他去。毛烈一头走，一头哭，对陈祈、高公说道："吾不能出头了，二公与我传语妻子，快做佛事救援我。陈兄原券在床边木箱之内,还有我平日贪谋强诈得别人家田宅文券,共有一十三纸,也在箱里。可叫这一十三家的人来一一还了他,以减我罪。二公切勿有忘!"陈祈见说着还他原契,还要再问个明白,一个夜叉把一根铁棍在陈祈后心窝里一捣,喝道:"快去!"

陈祈慌忙缩退,飒然惊醒,出了一身汗,只见妻子坐在床沿守着。问他时节,已过了七昼夜了。妻子道:"因你吩咐了,不敢入殓。况且心头温温的,只得坐守,幸喜果然还魂转来,毕竟是毛烈的事对得明白否?"陈祈道:"东岳真个有灵,阴间真个无私,一些也瞒不得,大不似阳世间官府没清头没天理的。"因把死后所见事体备细说了一遍,抖擞了精神,坐定了性子一回,先叫人到县吏丘大家一看,三日之前已被火烧得精光,止烧得这一家火就息了,陈祈越加敬信。再叫人到大胜寺中访问高公,看果然一同还魂?意思要约他做了证见,索取毛家文券。人回来说:"三日之前,寺中师徒已把他荼毗了。"说话的,怎么叫作"荼毗"?看官,这就是僧家西方的说话,又有叫得"阇维"的,总是我们华言"火化"也。陈祈见说高公已火化了,吃了一大惊道:"他与我同在阴间,说阳寿未尽,一同放转世的,如何就把来化了?叫他还魂在何处?这又是了不得的事了,怎么收场?"

陈祈心下忐忑,且走到毛家去取文券。看见了毛家儿子,问道:"尊翁故世,家中有什么影响否?"毛家儿子道:"为何这般问及?"陈祈道:"在下也死去七日,到与尊翁会过一番来,故此动问。"毛家儿子道:"见家父光景如何?有甚说话否?"陈祈道:"在下与尊翁本是多年相好的,只因不还我典田文书,有这些争讼。昨日到亏得阴间对明,说文书在床前木箱里面,所以今日来取。"毛家儿子道:"文书便或者在木箱里面,只是阴间说话,谁是证见,可以来取?"陈祈道:"有到有个证见,那时大胜寺高师父也在那里同见说了,一齐放还魂的。可惜他寺中已将他身尸火化,没了个活证。却有一件可信,你尊翁还说另有一十三家文券,也多是来路不明的田产,叫还了这一十三家,等他受罪轻些,又叫替他多做些佛事,这须是我造不出的。"毛家儿子听说,有些呆了。你道为何?原来阴间业镜照出毛妻张氏同受银子之时,张氏在阳间恰像做梦一般,也梦见阴司对理之状,曾与儿子说过,故听得陈祈说着阴间之事,也有些道是真的了。走进去与母亲说知,张氏道:"这项银子委实有的。你父亲只管道便宜了他,勒措着文书不与他,意思还要他分外出些加添。不道他竟自去告了官,所以索性一口赖了,又不料死得这样诧异。今恐怕你父亲阴间不宁,只该还了他。既说道还有一十三纸,等明日一总翻将出来,逐一还罢。"毛家儿子把母亲说话对陈祈说了,陈祈道:"不要又像前番,回了明日,渐渐赖皮起来。此关系你家尊翁阴间受罪,非同阳间儿戏的。"毛家儿子道:"这个怎么还敢!"陈祈当下自去了,毛家儿子关了门进来。

到了晚间,听得有人敲门,开出去却又不见,关了又敲得紧。问是哪个,外边厉声答道:"我是大胜寺中高和尚,为你家父亲赖了典田银子,我是原中人,被阴间追去做证见。放我归来，身尸焚化，今没处去了。这是你家害我的，须凭你家里怎么处我?”毛家儿子慌做一团，走进去与母亲说了。张氏也怕起来，移了火，同儿子走出来。听听外边，越敲得紧了，道：“你若不开时，我门缝里自会进来。”张氏听着果然是高公平日的声音，硬着胆回答道：“晓得有累师父了。而今既已如此，教我们母子也没奈何，只好做些佛事超度师父罢。”外边鬼道：“我命未该死，阴间不肯收留。还有世数未尽，又去脱胎做人不得，随你追荐阴功也无用处，直等我世数尽了才得托生。这些时叫我在哪里好? 我只是守住在你家不开去了。”毛家母子只得烧些纸钱，奠些酒饭，告求他去。鬼道：“叫我别无去处，求我也没干。”毛家母子没奈何，只得踊踊蹐蹐过了一夜。第二日急急去寻请僧道做道场，一来追荐毛烈，二来超度这个高公。母子亲见了这些异样，怎敢不信? 把各家文券多送去还了。

谁知陈祈自得了文券之后，忽然害起心痛来，一痛发便待死去，记起是阴中被夜叉将铁棍心窝里捣了一下之故，又亲听见王者道“陈祈欺心，阳世受报”，晓得这典田事是欺心的，只得叫三个兄弟来，把毛家赎出之田均作四分分了，却是心痛仍不得止。只因平日掌家时，除典田之外，他欺心处还多。自此每一遭痛发，便去请僧道保禳，或是东岳烧献。年年所费，不计其数。此病随身，终不脱体。到得后来，家计倒比三个兄弟消耗了。

那毛家也为高公之鬼不得离门，每夜必来扰乱，家里人口不安。卖掉房子，搬到别处，鬼也随着不舍。只得日日超度，时时斋醮。以后看看声音远了些，说道：“你家福事做得多了。虽然与我无益，时常有神佛在家，我也有些不便。我且暂时去去，终是放你家不过的。”以后果然隔着几日才来。这里就做法事退他，或做佛事度他。如此缠账多时，支持不过，毛家家私也逐渐消费下来。以后毛家穷了，连这些佛事、法事多做不起了，高公的鬼也不来了。

可见欺诈之财，没有得与你人己受用的。阴司比阳世间公道，使不得奸诈，分毫不差池。这两家显报，自不必说。只高公僧人，贪财利，管闲事，落得阳寿未终，先被焚烧。虽然为此搅破了毛氏一家，却也是僧人的果报了。若当时徒弟们不烧其尸，得以重生，毕竟还与陈祈一样，也要受些现报，不消说得的。人生做事，岂可不知自省?

阳间有理没处说，阴司不说也分明。
若是世人终不死，方可横心自在行。

又有人道这诗未尽，番案一首云：

阳间不辨到阴间，阴间仍旧判阳还。
纵是世人终不死，也须难使到头顽。

卷十七

同窗友认假作真　女秀才移花接木

诗曰：

万里桥边薛校书，枇杷窗下闭门居。
扫眉才子知多少，管领春风总不如。

这四句诗，乃唐人赠蜀中妓女薛涛之作。这个薛涛乃是女中才子，南康王韦皋做西川节度使时，曾表奏她做军中校书，故人多称为薛校书。所往来的是高千里、元微之、杜牧之一班儿名流，又将浣花溪水造成小笺，名曰“薛涛笺”。词人墨客得了此笺，犹如拱璧。真正名重一时，芳流百世。

国朝洪武年间，有广东广州府人田洙，字孟沂，随父田百禄到成都赴教官之任。那孟沂生得风流标致，又兼才学过人，书画琴棋之类，无不通晓。学中诸生日与嬉游，爱同骨肉。过了一年，百禄要遣他回家。孟沂的母亲心里舍不得他去，又且寒官冷署，盘费难处。百禄与学中几个秀才商量，要在地方上寻一个馆与儿子坐坐，一来可以早晚读书，二来得些馆资，可为归计。这些秀才巴不得留住他，访得附郭一个大姓张氏要请一馆宾，众人遂将孟沂力荐于张氏。张氏送了馆约，约定明年正月元宵后到馆。至期，学中许多有名的少年朋友，一同送孟沂到张家来，连百禄也自送去。张家主人曾为运使，家道饶裕，见是老广文带了许多时髦到家，甚为喜欢。开筵相待，酒罢各散，孟沂就在馆中宿歇。

到了二月花朝日，孟沂要归省父母。主人送他节仪二两，孟沂袋在袖子里了，步行回去。偶然一个去处，望见桃花盛开，一路走去看，境甚幽僻。孟沂心里喜欢，伫立少顷，观玩景致。忽见桃林中一个美人，掩映花下。孟沂晓得是良人家，不敢顾盼，径自走过。未免带些卖俏身子，拖下袖来，袖中之银，不觉落地。美人看见，便叫随侍的丫鬟拾将起来，送还孟沂。孟沂笑受，致谢而别。

明日，孟沂有意打那边经过，只见美人与丫鬟仍立在门首。孟沂望着门前走去，丫鬟指道："昨日遗金的郎君来了。"美人略略敛身避入门内。孟沂见了丫鬟叙述道："昨日多蒙娘子美情，拾还遗金，今日特来造谢。"美人听得，叫丫鬟请入内厅相见。孟沂喜出望外，急整衣冠，望门内而进。美人早已迎着至厅上，相见礼毕，美人先开口道："郎君莫非是张运使宅上西宾吗？"孟沂道："然也。昨日因馆中回家，道经于此，偶遗少物，得遇夫人盛情，命尊姬拾还，实为感激。"美人道："张氏一家亲戚，彼西宾即我西宾，还金小事，何足为谢？"孟沂道："欲问夫人高门姓氏，与敝东何亲？"美人道："寒家姓乎，成都旧族也。妾乃文孝坊薛氏女，嫁与平氏子康，不幸早卒，妾独孀居于此。与郎君贤东乃乡邻姻娅，郎君即是通家了。"

孟沂见说是孀居，不敢久留，两杯茶罢，起身告退。美人道："郎君便在寒舍过了晚去，若贤东晓得郎君在此，妾不能久留款待，觉得没趣了。"即吩咐快办酒馔。不多时，设着两席，与孟沂相对而坐。坐中殷勤对酬，笑语之间，美人多带些谑浪话头。孟沂认道是张氏至戚，虽然心里技痒难熬，还拘拘束束，不敢十分放肆。美人道："闻得郎君倜傥俊才，何乃作儒生酸态？妾虽不敏，颇解吟咏。今遇知音，不敢爱丑，当与郎君赏鉴文墨，唱和词章。郎君不以为鄙，妾之幸也。"遂教丫鬟取出唐贤遗墨与孟沂看。孟沂从头细阅，多是唐人真迹手翰诗词，惟元稹、杜牧、高骈的最多，墨迹如新。孟沂爱玩，不忍释手，道："此希世之宝也。夫人情钟此类，真是千古韵人了。"美人谦谢。两个谈话有味，不觉夜已二鼓。孟沂辞酒不饮，美人延入寝室，自荐枕席道："妾独处已久，今见郎君高雅，不能无情，愿得奉陪。"孟沂道："不敢请耳，固所愿也。"两个解衣就枕，鱼水欢情，极其缱绻。枕边切切叮咛道："慎勿轻言，若贤东知道，彼此名节丧尽了。"

次日，将一个卧狮玉镇纸赠与孟沂，送至门外道："无事就来走走，勿学薄幸人！"孟沂道："这个何劳吩咐？"孟沂到馆，哄主人道："老母想念，必要小生归家宿歇，小生不敢违命留此，从今早来馆中，晚归家里便了。"主人信了说话，道："任从尊便。"自此，孟沂在张家，只推家里去宿，家里又说在馆中宿，竟夜夜到美人处宿了，整有半年，并没一个人知道。

孟沂与美人赏花玩月，酌酒吟诗，曲尽人间之乐。两人每每你唱我和，做成联句，如《落花二十四韵》、《月夜五十韵》，斗巧争妍，真成敌手。诗句太多，恐看官每厌听，不能尽述。只将他两人《四时回文诗》表白一遍。美人诗道：

花朵几枝柔傍砌，柳丝千缕细摇风。
霞明半岭西斜日，月上孤村一树松。（《春》）
凉回翠簟冰人冷，齿沁清泉夏月寒。
香篆袅风清缕缕，纸窗明月白团团。（《夏》）
芦雪覆汀秋水白，柳风凋树晚山苍。
孤帏客梦惊空馆，独雁征书寄远乡。（《秋》）
天冻雨寒朝闭户，雪飞风冷夜关城。
鲜红炭火围炉暖，浅碧茶瓯注茗清。（《冬》）

这个诗怎么叫得回文？因是顺读完了，倒读转去，皆可通得。最难得这样浑成，非是高手不能，美人一挥而就。孟沂也和她四首道：

芳树吐花红过雨，入帘飞絮白惊风。
黄添晓色青舒柳，粉落晴香雪覆松。（《春》）
瓜浮瓮水凉消暑，藕叠盘冰翠嚼寒。
斜石近阶穿笋密，小池舒叶出荷团。（《夏》）
残石绚红霜叶出，薄烟寒树晚林苍。
鸾书寄恨羞封泪，蝶梦惊愁怕念乡。（《秋》）
风卷雪篷寒罢钓，月辉霜柝冷敲城。
浓香酒泛霞杯满，淡影梅横纸帐清。（《冬》）

孟沂和罢，美人甚喜。真是才子佳人，情味相投，乐不可言。却是好物不坚牢，自有散场时节。

一日，张运使偶过学中，对老广文田百禄说道："令郎每夜归家，不胜奔走之劳。何不仍留寒舍住宿，岂不为便？"百禄道："自开馆后，一向只在公家。止因老妻前日有疾，曾留得数日，这几时并不曾来家宿歇，怎么如此说？"张运使晓得内中必有跷蹊，恐碍着孟沂，不敢尽言而别。

是晚，孟沂告归，张运使不说破他，只叫馆仆尾着他去。到得半路，忽然不见。馆仆赶去追寻，竟无下落。回来对家主说了，运使道："他少年放逸，必然花柳人家去了。"馆仆道："这条路上，何曾有什么伎馆？"运使道："你还到他衙中间问看。"馆仆道："天色晚了，怕关了城门，出来不得。"运使道："就在田家宿了，明日早辰来回我不妨。"

到了天明，馆仆回话，说是不曾回衙。运使道："这等，哪里去了？"正疑怪间，孟沂恰到。运使问道："先生昨宵宿于何处？"孟沂道："家间。"运使道："岂有此理！学生昨日叫人跟随先生回去，因半路上不见了先生，小仆直到学中去问，先生不曾到宅，怎如此说？”孟沂道：“半路上遇到一个朋友处讲话，直到天黑回家，故此盛仆来时问不着。”馆仆道：“小人昨夜宿在相公家了，方才回来的。田老爹见说了，甚是惊慌，要自来寻问，相公如何还说着在家的话？”孟沂支吾不来，颜色尽变。运使道：“先生若有别故，当以实说。”孟沂晓得遮掩不过，只得把遇着平家薛氏的话说了一遍，道：“此乃令亲相留，非小生敢做此无行之事。”运使道：“我家何尝有亲戚在此地方？况亲戚中也无平姓者，必是鬼祟。今后先生自爱，不可去了。”孟沂口里应承，心里哪里信他？傍晚又到美人家里去，备对美人说形迹已露之意。美人道：“我已先知道了。郎君不必怨悔，亦是冥数尽了。”遂与孟沂痛饮，极尽欢情。到了天明，哭对孟沂道：“从此永别矣！”将出洒墨玉笔管一支，送与孟沂道：“此唐物也，郎君慎藏在身，以为记念。”挥泪而别。

那边张运使料先生晚间必去，叫人看着，果不在馆。运使道：“先生这事必要做出来，这是我们做主人的干系，不可不对他父亲说知。”遂步至学中，把孟沂之事备细说与百禄知道。百禄大怒，遂叫了学中一个门子，同着张家馆仆，到馆中唤孟沂回来。孟沂方别了美人，回到张家，想念道：“她说永别之言，只是怕风声败露，我便耐守几时再去走动，或者还可相会。”正踌躇间，父命已至，只得跟着回去。百禄一见，喝道：“你书到不读，夜夜在那里游荡？”孟沂看见张运使一同在家了，便无言可对。百禄见他不说，就拿起一条拄杖劈头打去，道：“还不实告！”孟沂无奈，只得把相遇之事，及录成联句一本与所送镇纸、笔管两物，多将出来，道：“如此佳人，不容不动心，不必罪儿了。”百禄取来逐件一看，看那玉色是几百年出土之物，管上有篆刻“渤海高氏清玩”六个字。又揭开诗来，从头细阅，不觉心服。对张运使道：“物既稀奇，诗又俊逸，岂寻常之怪！我每可同了不肖子，亲到那地方去查一查踪迹看。”

遂三人同出城来，将近桃林，孟沂道：“此间是了。”进前一看，孟沂惊道：“怎生屋宇俱无了？”百禄与运使齐抬头一看，只见水碧山青，桃株茂盛。荆棘之中，有冢累然。张运使点头道：“是了，是了，此地相传是唐妓薛涛之墓。后人因郑谷诗有‘小桃花绕薛涛坟’之句，所以种桃百株，为春时游赏之所。贤郎所遇，必是薛涛也。”百禄道：“怎见得？”张运使道：“他说所嫁是平氏子康，分明是平康巷了。又说文孝坊，城中并无此坊，‘文孝’乃是‘教’字，分明是教坊了。平康巷教坊乃是唐时妓女所居，今云薛氏，不是薛涛是谁？且笔上有高氏字，乃是西川节度使高骈，骈在蜀时，涛最蒙宠待，二物是其所赐无疑。涛死已久，其精灵犹如此。此事不必穷究了。”百禄晓得运使之言甚确，恐怕儿子还要着迷，打发他回归广东。后来孟沂中了进士，常对人说，便将二玉物为证。虽然想念，再不相遇了，至今传有“田洙遇薛涛”故事。

小子为何说这一段鬼话？只因蜀中女子从来号称多才，如文君、昭君，多是蜀中所生，皆有文才。所以薛涛一个妓女，生前诗名不减当时词客，死后犹且诗兴勃然，这也是山川的秀气。唐人诗有云：

锦江腻滑蛾眉秀，幻出文君与薛涛。

诚为千古佳话。至于黄崇嘏女扮为男，做了相府掾属，今世传有《女状元》本，也是蜀中故事。可见蜀女多才，自古为然。至今两川风俗，女人自小从师上学，与男人一般读书。还有考试进庠做青衿弟子。若在别处，岂非大段奇事？

而今说着一家子的事，委曲奇咤，最是好听。

从来女子守闺房，几见裙钗入学堂？
文武习成男子业，婚姻也只自商量。

话说四川成都府绵竹县，有一个武官，姓闻名确，乃是卫中世袭指挥。因中过武举两榜，累官至参将，就镇守彼处地方。家中富厚，赋性豪奢。夫人已故，房中有一班姬妾，多会吹弹歌舞。有一子，也是妾生，未满三周。有一个女儿，年十七岁，名曰蜚娥，丰姿绝世，却是将门将种，自小习得一身武艺，最善骑射，直能百步穿杨。模样虽是娉婷，志气赛过男子。她起初因见父亲是个武出身，受那外人指目，只说是个武弁人家，必须得个子弟在黉门中出人，方能结交斯文士夫，不受人的欺侮。争奈兄弟尚小，等他长大不得，所以一向装作男子，到学堂读书。外边走动，只是个少年学生。到了家中内房，方还女扮。

如此数年，果然学得满腹文章，博通经史，这也是蜀中做惯的事。遇着提学到来，她就报了名，改为胜杰，说是胜过豪杰男人之意，表字俊卿，一般的入了队去考童生。一考就进了学，做了秀才。她男扮久了，人多认他做闻参将的小舍人，一进了学，多来贺喜。府县迎送到家，参将也只是将错就错，一面欢喜开宴。盖是武官人家，秀才乃极难得的，从此参将与官府往来，添了个帮手，有好些气色。为此，内外大小却像忘记他是女儿一般的，凡事尽是她支持过去。

她同学朋友，一个叫作魏造，字撰之；一个叫作杜亿，字子中。两人多是出群才学，英锐少年，与闻俊卿意气相投，学业相长。况且年纪差不多：魏撰之年十九岁，长闻俊卿两岁；杜子中与闻俊卿同年，又是闻俊卿月生大些。三人就像一家兄弟一般，极是过得好，相约了同在学中一个斋舍里读书。两个无心，只认作一伴的好朋友，闻俊卿却有意要在两个里头拣一个嫁他。两个人比起来，又觉得杜子中同年所生，凡事仿佛些，模样也是他标致些，更为中意，比魏撰之分外说的投机。杜子中见俊卿意思又好，丰姿又妙，常对她道："我与兄两人可惜多做了男子，我若为女，必当嫁兄；兄若为女，我必当娶兄。"魏撰之听得，便取笑道："而今世界盛行男色，久已颠倒阴阳，哪见得两男便嫁娶不得？"闻俊卿正色道："我辈俱是孔门子弟，以文艺相知,彼此爱重,岂不有趣?若想着淫昵,便把面目放在何处?我辈堂堂男子,谁肯把身子做顽童乎?魏兄该罚东道便好。"魏撰之道:"适才听得子中爱慕俊卿,恨不得身为女子,故尔取笑。若俊卿不爱此道,子中也就变不及身子了。"杜子中道:"我原是两下的说话,今只说得一半,把我说得失便宜了。"魏撰之道:"三人之中,谁叫你独小些,自然该吃亏些。"大家笑了一回。

俊卿归家来,脱了男服,还是个女人,自家想道:"我久与男人做伴,已是不宜,岂可他日舍此同学之人,另寻配偶不成?毕竟止在二人之内了。虽然杜生更觉可喜,魏兄也自不凡,不知后来还是哪个结果好,姻缘还在那个身上?"心中委决不下。他家中一个小楼,可以四望。一个高兴,趁步登楼。见一只乌鸦在楼窗前飞过,却去住在百来步外一株高树上,对着楼窗呀呀地叫。俊卿认得这株树,乃是学中斋前之树,心里道:"叵耐这业畜叫得不好听,我结果它去。"跑下来自己卧房中,取了弓箭,跑上楼来。那乌鸦还在那里狠叫,俊卿道:"我借这业畜卜我一件心事则个。"扯开弓,搭上箭,口里轻轻道:"不要误我!"飕的一声,箭到处,那边乌鸦坠地。这边望去看见,情知中箭了。急急下楼来,仍旧改了男装,要到学中看那支箭下落。

且说杜子中在斋前闲步,听得鸦鸣正急,忽然扑的一响,掉下地来。走去看时,鸦头上中了一箭,贯睛而死。子中拔了箭出来道:"谁有此神手?恰恰贯着它头脑。"仔细看那箭干上,有两行细字道:"矢不虚发,发必应弦"。子中念罢,笑道:"那人好夸口!"魏撰之听得跳出来,急叫道:"拿与我看!"在杜子中手里接了过去。正同着看时,忽然子中家里有人来寻,子中掉着箭自去了。魏撰之细看之时,八个字下边,还有"蜚娥记"三小字,想着:"蜚娥乃女人之号,难道女人中有此妙手?这也咤异。适才子中不看见这三个字,若见时必然还要称奇了。"

沉吟间,早有闻俊卿走将来,看见魏撰之捻了这支箭立在那里,忙问道:"这支箭是兄拾了吗?"撰之道:"箭自何来,兄却如此盘问?"俊卿道:"箭上有字的么?"撰之道:"因为有字,在此念想。"俊卿道:"念想些什么?"撰之道:"有,'蜚娥记'三字。蜚娥必是女人,故此想着,难道有这般善射的女子不成?"俊卿捣个鬼道:"不敢欺兄,蜚娥即是家姊。"撰之道:"令姊有如此巧艺,曾许聘哪家了?"俊卿道:"未曾许人。"撰之道:"模样如何?"俊卿道:"与小弟有些厮像。"撰之道:"这等,必是极美的了。俗语道:'未看老婆,先看阿舅。'小弟尚未有室,吾兄与小弟做个撮合山何如?"俊卿道:"家下事,多是小弟做主。老父面前,只消小弟一说,无有不依。只未知家姐心下如何。"撰之道:"令姊面前,也在吾兄帮衬,通家之雅,料无推拒。"俊卿道:"小弟谨记在心。"撰之喜道:"得兄应承,便十有八九了。谁想姻缘却在此支箭上,小弟谨当宝此以为后验。"便把来收拾在拜匣内了。取出羊脂玉闹妆一个递与俊卿,道:"以此奉令姊,权答此箭,作个信物。"俊卿收来束在腰间。撰之道:"小弟作诗一首,道意于令姊何如?"俊卿道:"愿闻。"撰之吟道:

闻得罗敷未有夫，支机肯许问津无？
他年得射如皋雉，珍重今朝金仆姑。

俊卿笑道："诗意最妙，只是兄貌不陋，似太谦了些。"撰之笑道："小弟虽不便似贾大夫之丑，却与令姊相并，必是不及。"俊卿含笑自去了。

从此撰之胸中痴痴里想着闻俊卿有个姊姊，美貌巧艺，要得为妻。有了这个念头，并不与杜子中知道。因为箭是他拾着的，今自己把做宝贝藏着，恐怕他知因，来要了去。谁想这个箭，原有来历，俊卿学射时，便怀有择配之心。竹干上刻那二句，固是夸着发矢必中，也暗藏个应弦的哑谜。她射那乌鸦之时，明知在书斋树上，射去这支箭，心里暗卜一卦，看他两人哪个先拾得者，即为夫妻。为此急急来寻下落，不知是杜子中先拾着，后来掉在魏撰之手里。俊卿只见在魏撰之处，以为姻缘有定，故假意说是姐姐，其实多暗隐着自己的意思。魏撰之不知其故，凭她捣鬼，只道真有个姐姐罢了。俊卿固然认了魏撰之是天缘，心里却为杜子中十分相爱，好些撇打不下，叹口气道："一马跨不得双鞍，我又违不得天意。他日别寻件事端，补还他美情罢。"明日来对魏撰之道："老父与家姊面前，小弟十分窜掇，已有允意，玉闹妆也留在家姊处了。老父的意思，要等秋试过，待兄高捷了方议此事。"魏撰之道："这个也好，只是一言既定，再无翻变才妙。"俊卿道："有小弟在，谁翻变得？"魏撰之不胜之喜。

时值秋闱，魏撰之与杜子中、闻俊卿多考在优等，起送乡试。两人来拉了俊卿同去，俊卿与父参将计较道："女孩儿家只好瞒着人，暂时做秀才耍子，若当真去乡试，一下子中了举人，后边露出真情来，就要关着奏请干系。事体弄大了，不好收场，决使不得。"推了有病不行，魏、杜两生只得撇了自去赴试。揭晓之日，两生多得中了。闻俊卿见两家报了捷，也自欢喜。打点等魏撰之迎到家时，方把求亲之话与父亲说知，图成此亲事。

不想安绵兵备道与闻参将不合，时值军政考察，在按院处开了款数，递了一个揭帖，诬他冒用国课，妄报功绩，侵克军粮，累赃巨万。按院参上一本，奉圣旨，着本处抚院提问。此报一到，闻家合门慌作了一团。也就有许多衙门人寻出事端来缠扰，还亏得闻俊卿是个出名的秀才，众人不敢十分罗唣。过不多时，兵道行个牌到府来，说是奉旨犯人，把闻参将收拾在府狱中去了。闻俊卿自把生员出名去递投诉，就求保候父亲。府间准了诉词，不肯召保。俊卿就央了同窗新中的两个举人去见府尊，府尊说："碍上司吩咐，做不得情。"三人袖手无计。

此时魏撰之自揣道："他家患难之际，料说不得求亲的闲话，只好不提起，且一面去会试再处。"两人临行之时，又与俊卿作别。撰之道："我们三人同心之友，我两人喜得侥幸，方恨俊卿因病蹉跎，不得同登，不想又遭此家难。而今我们匆匆进京去了，心下如割，却是事出无奈。多致意尊翁，且自安心听问，我们若少得进步，必当出力相助,来白此冤!”子中道:“此间官官相护,做定了圈套陷人。闻兄只在家营救,未必有益。我两人进去,倘得好处,闻兄不若径到京来商量,与尊翁寻个出场。还是那边上流头好辩白冤枉,我辈也好相机助力。切记!切记!”撰之又私自口丁嘱道:“令姊之事,万万留心。不论得意不得意,此番回来必求事谐了。”俊卿道:“闹妆现在,料不使兄失望便了。”三人洒泪而别。

闻俊卿自两人去后,一发没有商量可救父亲。亏得官无三日急,到有七日宽。无非凑些银子,上下分派分派,使用得停当,狱中的也不受苦,官府也不来急急要问,丢在半边,做一件未结公案了。参将与女儿计较道:“这边的官司既未问理,我们正好做手脚。我意要修上一个辩本,做成一个备细揭帖,到京中诉冤。只没个能干的人去得,心下踌躇未定。”闻俊卿道:“这件事须得孩儿自去,前日魏、杜两兄临别时,也教孩儿进京去,可以相机行事。但得两兄有一人得第,也就好做靠傍了。”参将道:“虽然你是个女中丈夫,是你去毕竟停当。只是万里程途,路上恐怕不便。”俊卿道:“自古多称缇萦救父,以为美谈。她也是个女子,况且孩儿男装已久,游庠已过,一向算在丈夫之列,有甚去不得?虽是路途遥远,孩儿弓矢可以防身,倘有什么人盘问,凭着胸中见识也支持得过,不足为虑。只是须得个男人随去,这却不便。孩儿想得有个道理,家丁闻龙夫妻多是苗种,多善弓马,孩儿把他妻子也打扮做男人,带着他两个,连孩儿共是三人一起走,既有妇女伏侍,又有男仆跟随,可以放心一直到京了。”参将道:“既然算计得停当,事不宜迟,快打点动身便是。”俊卿依命,一面去收拾。听得街上报进士,说魏、杜两人多中了。俊卿不胜之喜,来对父亲说道:“有他两人在京做主,此去一发不难做事。”

就拣定一日,作急起身。在学中动了一个游学呈子,批个文书热照,带在身边了。路经省下来,再察听一察听上司的声口消息。你道闻小姐怎生打扮?

飘飘巾帻,覆着两鬓青丝;窄窄靴鞋,套着一双玉笋。上马衣裁成短后,蛮狮带妆就偏垂。囊一张王靶弓,想开时,舒臂扭腰多体态;插几支雁翎箭,看放处,猿啼雕落逞高强。争羡道能文善武的小郎君,怎知是女扮男妆的乔秀士?

一路来到了成都府中,闻龙先去寻下了一所幽静饭店。闻俊卿后到,歇下了行李,叫闻龙妻子取出带来的山菜几件,放在碟内,向店中取了一壶酒,斟着慢吃。

又道是无巧不成话,那坐的所在,与隔壁人家窗口相对,只隔得一个小天井。正吃之间,只见那边窗里一个女子掩着半窗,对着闻俊卿不转眼地看。及到闻俊卿抬起眼来,那边又闪了进去,遮遮掩掩,只不走开。忽地打个照面,乃是个绝色佳人。闻俊卿想道:“原来世间有这样标致的?”看官,你道此时若是个男人,必然动了心,就想装出些风流家数,两下做起光景来。怎当得闻俊卿自己也是个女身,那里放在心上?一面取饭来吃了,且自衙门前干事去。到得出去了半日,傍晚转来,俊卿刚得坐下，隔壁听见这里有人声，那个女子又在窗边来看了。俊卿私下自笑道："看我做甚？岂知我与你是一般样的！"

正嗟叹间，只见门外一个老姥走将进来，手中拿着一个小榼儿。见了俊卿，放下榼子，道了万福，对俊卿道："间壁景家小娘子见舍人独酌，送两件果子与舍人当茶。"俊卿开看，乃是南充黄柑，顺庆紫梨，各十来枚。俊卿道："小生在此经过，与娘子非亲非戚，如何承此美意？"老姥道："小娘子说来，此间来万去千的人，不曾见有似舍人这等丰标的，必定是富贵家的出身。及至问人来，说是参府中小舍人。小娘子说这俗店无物可口，叫老媳妇送此二物来解渴。"俊卿道："小娘子何等人家，却居此间壁？"老姥道："这小娘子是井研景少卿的小姐，只因父母双亡，她依着外婆家住。她家里自有万金家事，只为寻不出中意的丈夫，所以还未嫁人。外公是此间富员外，这城中极兴的客店，多是他家的房子，何止有十来处，进益甚广。只有这里幽静些，却同家小每住在间壁。他也不敢主张把外甥许人，恐怕做了对头，后来怨怅，常对景小娘子道：'凭你自家看得中意的，实对我说，我就主婚。'这个小娘子也古怪，自来会拣相人物，再不曾说那一个好。方才见了舍人，便十分称赞，敢是与舍人有些姻缘动了？"俊卿不好答应，微微笑道："小生哪有此福？"老姥道："好说，好说。老媳妇且去着。"俊卿道："致意小娘子，多承佳惠，客中无可奉答，但有心感盛情。"老姥去了，俊卿自想一想，不觉失笑道："这小娘子看上了我，却不枉费春心？"吟诗一首，聊寄其意。诗云：

为念相如渴不禁，交梨邛橘出芳林。
却惭未是求凰客，寂寞囊中绿绮琴。

次日早起，老姥又来，手中将着四枚剥净的熟鸡子，做一碗盛着，同了一小壶好茶，送到俊卿面前道："舍人吃点心。"俊卿道："多谢妈妈盛情。"老姥道；"这是景小娘子昨夜吩咐了，老身支持来的。"俊卿道："又是小娘子美情，小生如何消受？有一诗奉谢，烦妈妈与我带去。"俊卿就把昨夜之诗写在笺纸上，封好了付妈妈。诗中分明是推却之意，妈妈将去与景小姐看了，景小姐一心喜着俊卿，见他以相如自比，反认做有意于文君，后边两句，不过是谦让些说话，遂也回他一首，和其末韵，诗云：

宋玉墙东思不禁，愿为比翼止同林。
知音已有新裁句，何用重挑焦尾琴？

吟罢，也写在乌丝茧纸上，教老姥送将来。俊卿看罢，笑道："原来小姐如此高才！难得，难得！"俊卿见他来缠得紧，生一个计较，对老姥道："多谢小姐美意，小生不是无情，争奈小生已聘有妻室，不敢欺心妄想。上复小姐，这段姻缘种在来世罢。”老姥道：“既然舍人已有了亲事，老身去回复了小娘子，省得她牵肠挂肚，空想坏了。”老姥去得，俊卿自出门去打点衙门事体，央求宽缓日期，诸色停当，到了天晚才回得下处。是夜无词。

来日天早，这老姥又走将来，笑道：“舍人小小年纪，倒会掉谎，老婆滚到身边，推着不要。昨日回了小娘子，小娘子叫我问一问两位管家，多说道舍人并不曾聘娘子过。小娘子喜欢不胜，已对员外说过，少刻员外自来奉拜说亲，好歹要成事了。”俊卿听罢呆了半响，道：“这冤家账，那里说起？只索收拾行李起来，趁早去了罢。”吩咐闻龙与店家会了钞，急待起身。

只见店家走进来报道：“主人富员外相拜闻相公。”说罢，一个七十多岁的老人家笑嘻嘻进来，堂中望见了闻俊卿，先自喜欢，问道：“这位小相公，想是闻舍人了吗？”老姥还在店内，也跟将来，说道：“正是这位。”富员外把手一拱道：“请过来相见。”闻俊卿见过了礼，整了客座坐了。富员外道：“老汉无事不敢冒叩新客。老汉有一外甥，乃是景少卿之女，未曾许着人家。舍甥立愿不肯轻配凡流，老汉不敢擅做主张，凭她意中自择。昨日对老汉说，有个闻舍人，下在本店，丰标不凡，愿执箕帚。所以要老汉自来奉拜，说此亲事。老汉今见足下，果然俊雅非常，舍甥也有几分姿容，况且粗通文墨。实是一对佳偶，足下不可错过。”闻俊卿道：“不敢欺老丈，小生过蒙令甥谬爱，岂敢自外？一来令甥是公卿阀阅，小生是武弁门风，恐怕攀高不着；二来老父在难中，小生正要入京辩冤，此事既不曾告过，又不好为此耽搁，所以应承不得。”员外道：“舍人是簪缨世胄，况又是黉宫名士，指日飞腾，岂分甚么文武门楣？若为令尊之事，慌速入京，何不把亲事议定了，待归时禀知令尊，方才完娶？既安了舍甥之心，又不误了足下之事，有何不可？”

闻俊卿无计推托，心下想道：“他家不晓得我的心病，如此相逼，却又不好十分过却，打破机关。我想魏撰之有竹箭之缘，不必说了。还有杜子中更加相厚，到不得不闪下了他。一向有个主意，要在骨肉女伴里边别寻一段姻缘，发付他去。而今既有此事，我不若权且应承，定下在这里，他日作成了杜子中，岂不为妙？那时晓得我是女身，须怪不得我说谎。万一杜子中也不成，那时也好开交了，不像而今碍手。”算计已定，就对员外说：“既承老丈与令甥如此高情，小生岂敢不受人提挈！只得留下一件信物在此为定，待小生京中回来，上门求娶就是了。”说罢，就在身边解下那个羊脂玉闹妆，双手递与员外道：“奉此与令甥表信。”富员外千欢万喜，接受在手，一同老姥去回复景小姐道：“一言已定了。”员外就叫店中办起酒来，与闻舍人饯行。俊卿推却不得，吃得尽欢而罢。

相别了起身上路，少不得风餐水宿，夜住晓行。不一日，到了京城。叫闻龙先去打听魏、杜两家新进士的下处。问着了杜子中一家，原来那魏撰之已在部给假回去了。杜子中见说闻俊卿来到，不胜之喜，忙差长班来接到下处，两人相见，寒温已毕。俊卿道：“小弟专为老父之事，前日别时，承兄每吩咐入京图便，切切在心。后闻两兄高发，为此不辞跋涉，特来相托。不想魏撰之已归，今幸吾兄尚在京师，小弟不致失望了。”杜子中道：“仁兄先将老伯被诬事款做一个揭帖，逐一辩明，刊刻起来，在朝门外逢人就送。等公论明白了，然后小弟央个相好的同年在兵部的，条陈别事，带上一段，就好在本籍去生发出脱了。”俊卿道：“老父有个本稿，可以上得否？”子中道：“而今重文轻武，老伯是按院题的，若武职官出名自辩，他们不容起来，反致激怒，弄坏了事。不如小弟方才说的为妙，仁兄不要轻率。”俊卿道：“感谢指教。小弟是书生之见，还求仁兄做主行事。”子中道：“异姓兄弟，原是自家身上的事，何劳叮咛？”俊卿道：“撰之为何回去了？”子中道：“撰之原与小弟同寓了多时，他说有件心事，要归来与仁兄商量。问其何事，又不肯说。小弟说仁兄见吾二人中了，未必不进京来。他说这是不可期的，况且事体要来家里做的，必要先去，所以告假去了。正不知仁兄却又到此，可不两相左了？敢问仁兄，他果然要商量何等事？”俊卿明知为婚姻之事，却只做不知，推说道：“连小弟也不晓得他为什么，想来无非为家里的事。”子中道：“小弟也想他没什么，为何恁地等不得？”

两个说了一回，子中吩咐治酒接风，就叫闻家家人安顿了行李，不必另寻寓所，只在此间同寓。盖是子中先前与魏家同寓，今魏家去了，房舍尽有，可以下得闻家主仆三人。子中又吩咐打扫闻舍人的卧房，就移出自己的榻来，相对铺着，说晚间可以联床清话。俊卿看见，心里有些突兀起来。想道：“平日与他们同学，不过是日间相与，会文会酒，并不看见我的卧起，所以不得看破。而今弄在一间房内了，须闪避不得，露出马脚来怎么处？”却又没个说话可以推掉得两处宿，只是自己放着精细，遮掩过去便了。

虽是如此说，却是天下的事是真难假，是假难真。亦且终日相处，这些细微举动，水火不便的所在，那里装饰得许多来？闻俊卿日间虽是长安街上去送揭帖，做着男人的勾当；晚间宿歇之处，有好些破绽现出在杜子中的眼里了。杜子中是个聪明人，有甚不省得的事？晓得有些咤异，越加留心闲觑，越看越是了。这日，俊卿出去，忘锁了拜匣，子中偷揭开来一看，多是些文翰柬帖，内有一幅草稿，写着道：“成都绵竹县信女闻氏，焚香拜告关真君神前。愿保父闻确冤情早白，自身安稳还乡，竹箭之期，闹妆之约，各得如意。谨疏。”子中见了拍手道：“眼见得公案在此了。我枉为男子，被她瞒过了许多时。今不怕他飞上天去，只是后边两句解他不出，莫不许过了人家？怎么处？”心里狂荡不禁。

忽见俊卿回来，子中接在房里坐了，看着俊卿只是笑。俊卿疑怪，将自己身子上下前后看了又看，问道：“小弟今日有何举动差错了，仁兄见哂之甚？”子中道：“笑你瞒得我好。”俊卿道：“小弟到此做的事，不曾瞒仁兄一些。”子中道：“瞒得多哩！俊卿自想吗？”俊卿道：“委实没有。”子中道：“俊卿记得当初同斋时言语么？原说弟若为女，必当嫁兄，兄若为女，必当娶兄。可惜弟不能为女，谁知兄果然是女，却瞒了小弟，不然娶兄多时了。怎么还说不瞒？”俊卿见说着心中病，脸上通红起来道:“谁是这般说?”子中袖中摸出这纸疏头来道:“这须是俊卿的亲笔。”俊卿一时低头无语。

子中就挨过来坐在一处了,笑道:“一向只恨两雄不能相配,今却遂了人愿也。”俊卿站了起来道:“行踪为兄识破,抵赖不得了。只有一件,一向承兄过爱,慕兄之心非不有之。争奈有件缘事,已属了撰之,不能再以身事兄,望兄见谅。”子中愕然道:“小弟与撰之同为俊卿窗友,论起相与意气,还觉小弟胜他一分。俊卿何得厚于撰之,薄于小弟乎?况且撰之又不在此间,现钟不打,反去炼铜,这是何说?”俊卿道:“仁兄有所不知,仁兄可看疏上竹箭之期的说话吗?”子中道:“正是不解。”俊卿道:“小弟因为与两兄同学,心中愿卜所从。那日向天暗祷,箭到处,先拾得者即为夫妇。后来这箭却在撰之处,小弟诡说是家姐所射。撰之遂一心想慕,把一个玉闹妆为定。此时小弟虽不明言,心已许下了。此天意有属,非小弟有厚薄也。”子中大笑道:“若如此说,俊卿宜为我有无疑了。”俊卿道:“怎么说?”子中道:“前日斋中之箭,原是小弟拾得。看见于上有两行细字,以为奇异,正在念诵,撰之听得走出来,在小弟手里接去看。此时偶然家中接小弟,就把竹箭掉在撰之处,不曾取得,何曾是撰之拾取的?若论俊卿所卜天意,一发正是小弟应占了。撰之他日可问,须混赖不得。”俊卿道:“既是曾见箭上字来,可记得否?”子中道:“虽然看时节仓促无心,也还记是‘矢不虚发,发必应弦’八个字,小弟须是造不出。”

俊卿见说得是真,心里已自软了。说道:“果是如此,乃是天意了,只是枉了魏撰之望空想了许多时,而今又赶将回去,日后知道,什么意思?”子中道:“这个说不得。从来说先下手为强,况且原该是我的。”就拥了俊卿求欢,道:“相好兄弟,而今得同衾枕,天上人间,无此乐矣。”俊卿推拒不得,只得含羞走入帏帐之内,一任子中所为。有一首畲调《山坡羊》,单道其事:

这小秀才有些儿怪样,走到罗帏,忽现了本相。本是个黉官里折桂的郎君,改换了章台内司花的主将。金兰契,只觉得肉味馨香;笔砚交,果然是有笔如枪。皱眉头,忍着疼,受的是良朋针砭;趁胸怀,揉着窍,显出那知心酣畅。用一番切切偲偲来也,哎呀,分明是远方来,乐意洋洋。思量,一橐一灸,是联句的篇章;慌忙,为云为雨,还错认了龙阳。

事毕,闻小姐整容而起,叹道:“妾一生之事,付之郎君,妾愿遂矣。只是哄了魏撰之,如何回他?”忽然转了一想,将手床上一拍道:“有处法了。”杜子中倒吃了一惊,道:“这事有甚处法?”小姐道:“好教郎君得知:妾身前日行到成都,在店内安歇,主人有个甥女窥见了妾身,对他外公说了,逼要相许。是妾身想个计较,将信物权定,推说归时完娶。当时妾身意思,道魏撰之有了竹箭之约,恐怕冷淡了郎君,又见那个女子才貌双全,可为君配,故此留下这个姻缘。今妾既归君,他日回去,魏撰之问起所许之言，就把这家的说合与他成了，岂不为妙？况且当时只说是姊姊，他心里并不曾晓得是妾身自己，也不是哄他了。”子中道：“这个最妙，足见小姐为朋友的美情，有了这个出场，就与小姐配合，与撰之也无嫌了。谁晓得途中又有这件奇事？还有一件要问：途中认不出是女容不必说了，但小姐虽然男扮，同两个男仆行走，好些不便。”小姐笑道：“谁说同来的多是男人？他两个原是一对夫妇，一男一女，打扮做一样的。所以途中好伏侍，走动不必避嫌也。”子中也笑道：“有其主必有其仆，有才思的人做来多是奇怪的事。”小姐就把景家女子所和之诗，拿出来与子中看。子中道：“世间也还有这般的女子！魏撰之得此也好意足了。”

小姐再与子中商量着父亲之事，子中道：“而今说是我丈人，一发好措词出力。我吏部有个相知，先央他把做对头的兵道调了地方，就好营为了。”小姐道：“这个最是要着，郎君在心则个。”子中果然去央求吏部。数日之间推升本上，已把兵道改升了广西地方。子中来回复小姐道：“对头改去，我今作速讨个差与你回去，救取岳丈了事。此间辩白已透，抚按轻拟上来，无不停当了。”小姐愈加感激，转增恩爱。

子中讨下差来，解饷到山东地方，就便回籍。小姐仍旧扮做男人，一同闻龙夫妻，擎弓带箭，照前妆束，骑了马，傍着子中的官轿，家人原以舍人相呼。行了几日，将过郑州，旷野之中，一枝响箭擦官轿射来。小姐晓得有歹人来了，吩咐轿上：“你们只管前走，我在此对付。”真是忙家不会，会家不忙。扯出囊弓，扣上弦，搭上箭。只见百步之外，一骑马飞也似的跑来。小姐掣开弓，喝声道：“着！”那边人不防备的，早中了一箭，倒撞下马，在地下挣扎。小姐疾鞭着坐马赶上前轿，高声道：“贼人已了当了，放心前去。”一路的人多称赞小舍人好箭，个个忌惮。子中轿里得意，自不必说。

自此完了公事，平平稳稳到了家中。父亲闻参将已因兵道升去，保候在外了。小姐进见，备说了京中事体及杜子中营为，调去了兵道之事。参将感激不胜，说道：“如此大恩，何以为报？”小姐又把被他识破，已将身子嫁他，共他同归的事也说了，参将也自喜欢道：“这也是郎才女貌，配得不枉了。你快改了装，趁他今日荣归吉日，我送你过门去罢！”小姐道：“装还不好改得，且等会过了魏撰之着。”参将道：“正要对你说，魏撰之自京中回来，不知为何只管叫人来打听，说我有个女儿，他要求聘。我只说他晓得些风声，是来说你了，及到问时，又说是同窗舍人许他的，仍不知你的事。我不好回得，只是含糊说等你回家，你而今要会他怎的？”小姐道：“其中有许多委曲，一时说不及，父亲日后自明。”

正说话间，魏撰之来相拜。原来魏撰之正为前日婚姻事，在心中放不下，故此就回。不想问着闻舍人，又已往京，叫人探听舍人有个姐姐的说话，一发言三语四，不得明白。有的说：“参将只有两个舍人，一大一小，并无女儿。”又有的说：“参将有个女儿，就是那个舍人。”弄得魏撰之满肚疑心，胡猜乱想。见说闻舍人回来了，所以亟亟来拜，要问明白。闻小姐照旧时家数接了进来，寒温已毕，撰之急问道：

“仁兄,令姊之说如何？小弟特为此赶回来的。”小姐说:“包管兄有一位好夫人便了。”撰之道:“小弟叫人宅上打听,其言不一,何也?”小姐道:“兄不必疑,玉闹妆已在一个人处,待小弟再略调停,准备迎娶便了。”撰之道:“依兄这等说,不像是令姐了?”小姐道:“杜子中尽知端的,兄去问他就明白。”撰之道:“兄何不就明说了,又要小弟去问?”小姐道:“中多委曲,小弟不好说得,非子中不能详言。”说得魏撰之愈加疑心。

他正要去拜杜子中,就急忙起身来到杜子中家里,不及说别样说话,忙问闻俊卿所言之事。杜子中把京中同寓,识破了她是女身,已成夫妇的始末根由说了一遍。魏撰之惊得木呆道:“前日也有人如此说,我却不信,谁晓得闻俊卿果是女身!这分明是我的姻缘,平日错过了。”子中道:“怎见得是兄的?”撰之述当初拾箭时节,就把玉闹妆为定的说话。子中道:“箭本小弟所拾,原系她向天暗卜的,只是小弟当时不知其故,不曾与兄取得此箭在手,今仍归小弟,原是天意。兄前日只认是她令姐,原未尝属意她自身。这个不必追悔,兄只管闹妆之约不脱空罢了。”撰之道:“符已去矣,怎么还说不脱空？难道当真还有个令姐?”子中又把闻小姐途中所遇景家之事说了一遍,道:“其女才貌非常,那日一时难推,就把兄的闹妆权定在彼。而今想起来,这就有个定数在里边了,岂不是兄的姻缘吗?”撰之道:“怪不得闻俊卿道自己不好说,原来有许多委曲。只是一件:虽是闻俊卿已定下在彼,他家又不曾晓得明白,小弟难以自媒,何由得成?”子中道:“小弟与闻氏虽已成夫妇,还未曾见过岳翁。打点就是今日迎娶,少不得还借重一个媒妁,而今就烦兄与小弟做一做。小弟成礼之后,代相恭敬,也只在小弟身上撮合就是了。”撰之大笑道:“当得,当得。只可笑小弟一向在睡梦中,又被兄占了头筹,而今不使小弟脱空,也还算是好了。既是这等,小弟先到闻宅去道意,兄可随后就来。”

魏撰之讨大衣服来换了,竟抬到闻家。此时闻小姐已改了女装,不出来了,闻参将自己出来接着。魏撰之述了杜子中之言,闻参将道:“小女娇痴慕学,得承高贤不弃,今幸结此良缘,蒹葭倚玉,惶恐,惶恐。”闻参将已见女儿说过,是件整备。门上报说:“杜爷来迎亲了。”鼓乐喧天,杜子中穿了大红衣服,抬将进门。真是少年郎君,人人称羡。走到堂中,站了位次,拜见了闻参将,请出小姐来,又一同行礼,谢了魏撰之,启轿而行。迎至家里,拜告天地,见了祠堂。杜子中与闻小姐正是新亲旧朋友,喜喜欢欢,一桩事完了。

只是魏撰之有些眼热,心里道:“一样的同窗朋友,偏是他两个成双。平时杜子中分外相爱,常恨不将男做女,好做夫妻。谁知今日竟遂其志,也是一段奇话。只所许我的事,未知果是如何?”次日,就到子中家里贺喜,随问其事。子中道:“昨晚弟妇就和小弟计较,今日专为此要同到成都去。弟妇誓欲以此报兄,全其口信,必得佳音方回来。”撰之道:“多感,多感。一样的同窗,也该记念着我的冷静,但未知其人果是如何?”子中走进去,取出景小姐前日和韵之诗与撰之看了。撰之道:“果得此女,小弟便可以不妒兄矣!"子中道:"弟妇赞之不容口,大略不负所举。"撰之道:"这件事做成,真愈出愈奇了。小弟在家颙望。"俱大笑而别。杜子中把这些说话与闻小姐说了,闻小姐道:"他盼望久了的,也怪他不得,只索作急成都去,周全了这事。"

小姐仍旧带了闻龙夫妻跟随,同杜子中到成都来。认着前日饭店,歇在里头了。杜子中叫闻龙拿了帖径去拜富员外,员外见说是新进士来拜,不知是什么缘故,吃了一惊,慌忙迎接进去。坐下了,道:"不知为何大人贵足赐踹贱地?"子中道:"学生在此经过,闻知有位景小姐,是老丈令甥,才貌出众。有一敝友也叨过甲第了,欲求为夫人,故此特来奉访。"员外道:"老汉有个甥女,她自要择配,前日看上了一个进京的闻舍人,已纳下聘物,大人见教迟了。"子中道:"那闻舍人也是敝友,学生已知他另有所就,不来娶令甥了,所以敢来作伐。"员外道:"闻舍人也是读书君子,既已留下信物,两心相许,怎误得人家儿女?舍甥女也毕竟要等他的回信。"子中将出前日景小姐的诗笺来道:"老丈试看此纸,不是令甥写与闻舍人的么?因为闻舍人无意来娶了,故把与学生做执照,来为敝友求令甥,即此是闻舍人的回信了。"员外接过来看,认得是甥女之笔,沉吟道:"前日闻舍人也曾说道聘过了,不信其言,逼他应承的。原来当真有这话,老汉且与甥女商量一商量,来回复大人。"

员外别了,进去了一会儿,出来道:"适间甥女见说,甚是不快。她也说得是:就是闻舍人负了心,是必等他亲身见一面,还了他玉闹妆,以为诀别,方可别议姻亲。"子中笑道:"不敢欺老丈说,那玉闹妆也即是敝友魏撰之的聘物,非是闻舍人的。闻舍人因为自己已有姻亲,不好回得,乃为敝友转定下了。是当日埋伏机关,非今日无因至前也。"员外道:"大人虽如此说,甥女岂肯心伏?必是闻舍人自来说明,方好处分。"子中道:"闻舍人不能复来,有拙荆在此,可以进去一会令甥,等她与令甥说这些备细,令甥必当见信。"员外道:"有尊夫人在此,正好与舍甥面会一会,有言可以尽吐,省得传递消息,最妙,最妙!"就叫前日老姥来接取杜夫人。

老姥一见闻小姐举止形容有些面善,只是改装过了,一时想不出。一路相着,只管迟疑。接到间壁,里边景小姐出来相接,各叫了万福。闻小姐对景小姐道:"认得闻舍人否?"景小姐见模样厮像,还只道或是舍人的姊妹,答道:"夫人与闻舍人何亲?"闻小姐道:"小姐恁等识人,难道这样眼钝?前日到此,过蒙见爱的舍人,即妾身是也。"景小姐吃了一惊,仔细一认,果然一毫不差。连老姥也在旁拍手道:"是呀,是呀。我方才道面庞熟得紧,那知就是前日的舍人。"景小姐道:"请问夫人前日为何这般打扮?"闻小姐道:"老父有难,进京辩冤,故乔装作男,以便行路。所以前日过蒙见爱。再三不肯应承者,正为此也。后来见难推却,又不敢实说真情,所以代友人纳聘,以待后来说明。今纳聘之人已登黄甲,年纪也与小姐相当,故此愚夫妇特来奉求,与小姐了此一段姻亲,报答前日厚情耳。"景小姐见说,半晌做声不得。

老姥在旁道:"多谢夫人美意。只是那位老爷姓甚名谁,夫人如何也叫他是友人?"闻小姐道:"幼年时节曾共学堂,后来同在庠中,与我家相公三人年貌多相似,是异姓骨肉。知他未有亲事,所以前日就有心替他结下了。这人姓魏,好一表人物,就是我相公同年,也不辱没了小姐。小姐一去,也就做夫人了。"景小姐听了这一篇说话,晓得是少年进士,有什么不喜欢?叫老姥陪住了闻小姐,背地去把这些说话备细告诉员外。员外见说许个进士,岂有不撺掇之理?真个是一让一个肯,回复了闻小姐,转说与杜子中,一言已定。富员外设起酒来谢媒,外边款待杜子中,内里景小姐做主,款待杜夫人。两个小姐,说得甚是投机,尽欢而散。

约定了回来,先教魏撰之纳币,拣个吉日迎娶回家。花烛之夕,见了模样,如获天人。因说起闻小姐闹妆纳聘之事,撰之道:"那聘物原是我的。"景小姐问:"如何却在他手里?"魏撰之又把先时竹箭题字,杜子中拾得掉在他手里,认作另有个姐姐,故把玉闹妆为聘的根由说了一遍,齐笑道:"彼此夙缘,颠颠倒倒,皆非偶然也。"

明日,魏撰之取出竹箭来与景小姐看,景小姐道:"如今只该还她了。"撰之就提笔写一柬与子中夫妻道:

既归玉环,返卿竹箭。两段姻缘,各从其便。一笑,一笑。

写罢,将竹箭封了,一同送去。杜子中收了,与闻小姐拆开来看,方见八字之下,又有"蜚娥记"三字。问道:"'蜚娥'怎么解?"闻小姐道:"此妾闺中之名也。"子中道:"魏撰之错认了令姊,就是此二字了。若小生当时曾见此二字,这箭如何肯便与他!"闻小姐道:"他若没有这箭起这些因头,那里又绊得景家这头亲事来?"两人又笑了一回,也题了一柬戏他道:

环为旧物,箭亦归宗。两俱错认,各不落空。一笑,一笑。

从此两家往来,如同亲兄弟姊妹一般。两个甲科合力与闻参将辩白前事,世间情面那里有不让缙绅的?逐件赃罪得以开释,只处得他革任回卫,闻参将也不以为意了。后边魏、杜两人俱为显官,闻、景二小姐各生子女,又结了婚姻,世交不绝。这是蜀多才女,有如此奇奇怪怪的妙话。卓文君成都当垆,黄崇嘏相府掌记,又平平了。诗曰:

世上夸称女丈夫,不闻巾帼竟为儒。
朝廷若也开科取,未必无人待贾沽。

卷十八

甄监生浪吞秘药　春花婢误泄风情

诗云：

自古成仙必有缘，仙缘不到总徒然。
世间多少痴心者，日对丹炉取药煎。

话说昔日有一个老翁极好奉道，见有方外人经过，必厚加礼待，不敢怠慢。一日，有个双髽髻的道人特来访他，身上甚是褴褛不像，却神色丰满和畅。老翁疑是异人，迎在家中，好生管待。那道人饮酒食肉，且是好量。老翁只是支持与他，并无厌倦。道人来去了几番，老翁相待到底是一样的。道人一日对老翁道："贫道叨扰吾丈久矣，多蒙老丈再无弃嫌。贫道也要老丈到我山居中，寻几味野蔬，少少酬答厚意一番，未知可否。"老翁道："一向不曾问得仙庄在何处，有多少远近，老汉可去得否？"道人道："敝居只在山深处，原无多远。若随着贫道走去，顷刻就到。"老翁道："这等，必定要奉拜则个。"当下道人在前，老翁在后，走离了乡村闹市去处，一步步走到荒田野径中，转入山路里来。境界清幽，林木茂盛。迤逦过了几个山岭，山凹之中露出几间茅舍来。道人用手指道："此间已是山居了。"不数步，走到面前，道人开了门，拉了老翁一同进去。老翁看那里面光景时：

虽无华屋朱门气，却有琪花瑶草香。

道人请老翁在中间堂屋里坐下，道人自走进里面去了一回，走出来道："小蔬已具，老丈且消停坐一会，等贫道去请几个道伴，相陪闲话则个。"老翁喜的是道友，一发欢喜道："师父自尊便，老汉自当坐等。"道人一径望外去了。

老翁呆呆坐着，等候多时，不见道人回来，老翁有些不耐烦起来，前后走看。此时肚里也有些饥了，想寻些甚么东西吃吃，料道厨房中必有，打从旁门走到厨房中来。谁想厨房中锅灶俱无，止有些椰瓢棘匕之类。又有两个陶器的水缸，用笠篷盖着。老翁走去揭开一个来看，吃了一惊。原来是一盆清水，内浸着一只雪白小狗子，毛多持干净了的。老翁心里道："怪道他酒肉不戒，还吃狗肉哩！"再揭开这一缸来看，这一惊更不小。水里浸着一个小小孩童，手足多完全的，只是没气。老翁心里才疑道："此道人未必是好人了，吃酒吃肉，又在此荒山居住，没个人影的所在，却家里放下这两件东西。狗也罢了，如何又有此死孩子？莫非是放火杀人之辈？我一向错与他相处了。今日在此，也多凶少吉。"欲待走了去，又不认得来时的路，只得且耐着。正疑惑间，道人同了一伙道者走来，多是些庞眉皓发之辈，共有三四个。进草堂中与老翁相见，叙礼坐定。老翁心里怀着鬼胎，看他们怎么样。

只见道人道："好教列位得知，此间是贫道的主人，一向承其厚款，无以为答。今日恰恰寻得野蔬二味在此，特请列位过来，陪着同享，聊表寸心。"道人说罢，走进里面，将两个瓦盆盛出两件东西来，摆在桌上，就每人面前放一双棘匕。向老翁道："勿嫌村鄙，略尝些少则个。"老翁看着桌上摆的二物，就是水缸内浸的那一只小狗，一个小孩子。众道流掀髯拍掌道："老兄何处得此二奇物？"尽打点动手，先向老翁推逊。老翁慌了道："老汉自小不曾破犬肉之戒，何况人肉！今已暮年，怎敢吃此！"道人道："此皆素物，但吃不妨。"老翁道："就是饿死也不敢吃。"众道流多道："果然立意不吃，也不好相强。"拱一拱手道："恕无礼了。"四五人攒做一堆，将两件物事吃个罄尽。盆中溅着几点残汁，也把来恬干净了。老翁呆着脸，不敢开言，只是默看。道人道："老丈既不吃此，枉了下顾这一番。乏物相款，肚里饥了怎好？"又在里面取出些白糕来递与老翁道："此是家制的糕，尽可充饥，请吃一块。"老翁看见是糕，肚里本等又是饿了，只得取来吞嚼，略觉有些涩味，正是饿得荒时，也管不得好歹了，才吃下去，便觉精神抖擞起来，想道："长安虽好，不是久恋之家。趁肚里不饿了，走回去罢。"来与道人作别，道人也不再留，但说道："可惜了此会，有慢老丈，反觉不安，贫道原自送老丈回去。"与众道流同出了门。众道流叫声多谢，各自散去。

道人送老翁到了相近闹热之处，晓得老翁已认得路，不别而去。老翁独自走了家来。心里只疑心这一千人多不是善男子、好相识，眼见得吃狗肉、吃人肉惯的，是一伙方外采生折割、做歹事的强盗，也不见得。

过了两日，那个双髽髻的道人又到老翁家来，对老翁拱手道："前日有慢老丈。"老翁道："见了异样食品，至今心里害怕。"道人笑道："此乃老丈之无缘也。贫道历劫修来，得遇此二物，不敢私享。念老丈相待厚意，特欲邀至山中，同众道侣食了此味，大家得以长生不老。岂知老丈仙缘尚薄，不得一尝！”老翁道：“此一小犬、小儿，岂是仙味？”道人道：“此是万年灵药，其形相似，非血肉之物也。如小犬者，乃万年枸杞之根，食之可活千岁。如小儿者，乃万年人参成形，食之可活万岁。皆不宜犯烟火，只可生吃。若不然，吾辈皆是人类，岂能如虎狼吃那生犬、生人，又毫无骸骨吐弃乎？”老翁才想着前日吃的光景，果然是大家生啖，不见骨头吐出来，方信其言是真，懊恨道：“老汉前日直如此蒙懂，师父何不明言？”道人道：“此乃生成的缘分，没有此缘，岂可泄漏天机？今事已过了，方可说破。”老翁捶胸跌足道：“眼面前错过了仙缘，悔之何及！师父而今还有时，再把一个来老汉吃吃。”道人道：“此等灵根，寻常岂能再遇？老丈前日虽不曾尝得二味，也曾吃过千年茯苓。自此也可一生无疫，寿过百岁了。”老翁道：“什么茯苓？”道人道：“即前日所食白糕便是。老丈的缘分只得如此，非贫道不欲相度也。”道人说罢而去，已后再不来了。自此老翁整整直活到一百余岁，无疾而终。

可见神仙自有缘分。仙药就在面前，又有人有心指引的，只为无缘，兀自不得到口。却有一等痴心的人，听了方士之言，指望炼那长生不死之药，死砒死汞，弄那金石之毒到了肚里，一发不可复救。古人有言：“服药求神仙，多为药所误。”自晋人作兴那五石散、寒食散之后，不知多少聪明的人被此坏了性命。臣子也罢，连皇帝里边药发不救的也有好几个。这迷而不悟，却是为何？只因制造之药，其方未尝不是仙家的遗传。却是神仙制炼此药，须用身心宁静，一毫嗜欲俱无，所以服了此药，身中水火自能匀炼，故能骨力坚强，长生不死。今世制药之人，先是一种贪财好色之念横于胸中，正要借此药力挣得寿命，可以恣其所为，意思先错了。又把那耗精劳形的躯壳要降伏他金石熬炼之药，怎当得起？所以十个九个败了。朱文公有《感遇》诗云：

飘摇学仙侣，遗世在云山。
盗启元命秘，窃当生死关。
金鼎蟠龙虎，三年养神丹。
刀圭一入口，白日生羽翰。
我欲往从之，脱屣谅非难。
但恐逆天理，偷生讵能安？

看了文公此诗，也道仙药是有的，只是就做得来，也犯造化所忌，所以不愿学他。岂知这些不明道理之人，只要蛮做蛮吃，岂有天上如此没清头，把神仙与你这伙人做了去？落得活活弄杀了。

而今说一个人，信着方上人，好那丹方鼎器，弄掉了自己性命，又几乎连累出几条人命来。

欲作神仙，先去嗜欲。
愚者贪淫，惟日不足。
借力药饵，取欢枕褥。
一朝药败，金石皆毒。
夸言鼎器，鼎覆其悚。

话说国朝山东曹州，有一个甄廷诏，乃是国子监监生，家业富厚，有一妻二妾。生来有一件癖性，笃好神仙黄白之术。何谓黄白之术？方士丹客哄人炼丹，说养成黄芽，再生白雪，用药点化为丹，便铅汞之类皆变黄金白银，故此炼丹的叫作黄白之术。有的只贪图银子，指望丹成；有的说丹药服了就可成仙度世，又想长生起来。有的又说内丹成，外丹亦成，却用女子为鼎器，与他交合，采阴补阳，捉坎填离，炼成婴儿姹女，以为内丹，名为采战功夫，乃黄帝、容成公、彭祖御女之术，又可取乐，又可长生。其中有本事不济、等不得女人精至，先自战败了的，只得借助药力，自然坚强耐久，又有许多话头做作。哄动这些血气未定的少年，其实有枝有叶，有滋有味。那甄监生心里也要炼银子，也要做神仙，也要女色取乐，无所不好。但是方士所言之事，无所不依，被这些人弄了几番喧头，提了几番罐子，只是不知懊悔，死心塌地在里头，把一个好好的家事弄得七零八落，田产多卖尽，用度渐渐不足了。

同乡有个举人朱大经，苦口劝谏了几遭，只是不悟，乃作一首口号嘲他道：

曹州有个甄廷诏，养着一伙真强盗。
养砂干汞立投词，采阴补阳去祷告。
一股青烟不见踪，十顷好地随人要。
家间妻子低头恼，街上亲朋拍手笑。

又做一首歌警戒他道：

闻君多智兮，何邪正之混施？
闻君好道兮，何妻子之嗟咨？
予知君不孝兮，弃祖业而无遗。
又知君不寿兮，耗元气而难医。

甄监生得知了，心里恼怒，发个冷笑道："朱举人肉眼凡夫，哪里晓得就里！说我弃了祖业，这是他只据目前，怪不得他说，也罢！怎反道我不寿？看你们倒做了仙人不成？”恰像与那个憋气一般的，又把一所房子卖掉了。卖得一二百两银子，就一气讨了四个丫头，要把来采取做鼎器。内中一个唤名春花，独生得标致出众，甄监生最是喜欢，自不必说。

一日请得一个方士来，没有名姓，道号玄玄子，与甄监生讲着内外丹事，甚是精妙。甄监生说得投机，留在家里多日，把向来弄过旧方请教他。玄玄子道：“方也不甚差，药材不全，所以不成，若要成事，还要养炼药材，这药材须到道口集上去买。”甄监生道：“药材明日我与师父亲自买去，买了来从容养炼，至于内外事口诀，先要求教。”玄玄子先把外丹养砂干汞许多话头传了，再说到内丹采战抽添转换、升提呼吸要紧关头。甄监生听得津津有味，道：“学生于此事究心已久，行之颇得其法，只是到得没后一着，不能忍耐。有时提得气上，忍得牢了，却又兴趣已过，便自软痿，不能抽送，以此不能如意。”玄玄子道：“此事最难。在此地位，须是形交而神不交，方能守得牢固。然功夫未熟，一个主意要神不交，才付之无心，便自软痿，所以初下手人必须借力于药。有不倒之药，然后可以行久御之术。有久御之功，然后可以收阴精之助。到得后来，收得精多，自然刚柔如意，不必用药了。若不先资药力，竟自讲究其法，便有些说时容易做时难，弄得不尴尬，落得损了元神。”甄监生道：“药不过是春方，有害身子。”玄玄子道：“春方乃小家之术，岂是仙家所宜用？小可有炼成秘药，服之久久，便可骨节坚强，长生度世。若试用鼎器，阳道壮伟热，可以胶结不解，自能伸缩，女精立至，即夜度十女，金枪不倒。此乃至宝之丹，万金良药也。”甄监生道：“这个就要相求了。”

玄玄子便去葫芦内倾出十多丸来，递与甄监生道：“此药每服一丸，然未可轻用，还有解药。那解药合成，尚少一味，须在明日一同这些药料买去。”甄监生收受了丸药，又要玄玄子参酌内丹口诀异同之处。玄玄子道：“此须晚间卧榻之上，才指点得穴道明白，传授得做法手势亲切。”甄监生道：“总是明日要起早到道口集上去买药，今夜学生就同在书房中一处宿了，讲究便是。”当下吩咐家人：“早起做饭，天未明就要起身，倘或睡着了，饭熟时就来叫一声。”家人领命已讫。是夜遂与玄玄子同宿书房，讲论房事，传授口诀。约莫一更多天，然后睡了。

第二日天未明，家人们起来做饭停当，来叫家主起身。连呼数声，不听得甄监生答应，却惊醒了玄玄子。玄玄子摸摸床子，不见主人家。回说道：“连夜一同睡的，我睡着了，不知何往，今不在床上了。”家人们道：“哪有此话！”推门进去，把火一照，只见床上里边玄玄子睡着，外边脱下里衣一件，却不见家主，尽道想是原到里面睡去了。走到里头敲门问时，说道昨晚不曾进来。合家惊起，寻到书房外边一个小室之内，只见甄监生直挺挺眠于地上，看看口鼻时，已是没气的了。大家慌张起来道：“这死得稀奇！”其子甄希贤听得，慌忙走来，仔细看时，口边有血流出。希贤道：“此是中毒而死，必是方士之故。”希贤平日见父亲所为，心中不伏气，怪的是方士。不匡父亲这样死得不明,不恨方士恨谁?领了家人,一头哭,一头走,赶进书房中揪着玄玄子,不管三七二十一,拳头脚尖齐上,先是一顿肥打。玄玄子不知一些头脑,打得口里乱叫:"老爷!相公!亲爹爹!且饶狗命!有话再说。"甄希贤道:快还我父亲的性命来!"玄玄子慌了道:"老相公怎的了?"家人走上来,一个巴掌打得应声响,道:"怎的了?怎的了?你难道不知道的,假撇清吗?"一把抓来,将一条铁链锁住在甄监生尸首边了,一边收拾后事。

待天色大明了,写了一状,送这玄玄子到县间来。知县当堂问其实情,甄希贤道:"此人哄小人父亲炼丹,晚间同宿,就把毒药药死了父亲。口中现有血流,是谋财害命的。"玄玄子诉道:"晚间同宿是真。只是小的睡着了,不知几时走了起去,以后又不知怎么样死了,其实一些也不知情。"知县道:"胡说!既是同宿,岂有不知情的?况且你每这些游方光棍有什么做不出来!"玄玄子道:"小人见这个监生好道,打点哄他些东西,情是有的;至于死事,其实不知。"知县冷笑道:"你难道肯自家说是怎么样死的不成?自然是赖的!"叫左右:"将夹强盗的头号夹棍,把这光棍夹将起来!"可怜那玄玄子:

管什么玄之又玄,只看你熬得不得。吆呵力重,这算作洗髓伐毛;叫喊声高,用不着存神闭气。口中白雪流将尽,谷道黄芽挣出来。

当日把玄玄子夹得一佛出世,二佛生天,又打作一二百榔头。玄玄子虽然是江湖上油嘴棍徒,却是惯哄人家好酒好饭吃了,叫先生、叫师父尊敬过的,到不曾吃着这样苦楚,好生熬不得。只得招了道:"用药毒死,图取财物是实。"知县叫画了供,问成死罪,把来收了大监,待叠成文案再申上司。乡里人闻知的多说:"甄监生尊信方士,却被方士药死了。虽是甄监生迷而不悟,自取其祸;那些方士这样没天理的,今官府明白,将来抵罪,这才为现报了。"亲戚朋友没个不欢喜的。至于甄家家人,平日多是恨这些方士入骨的,今见家主如此死了,恨不登时咬他一块肉,断送得他在监里问罪,人人称快,不在话下。

岂知天下自有冤屈的事。原来甄监生二妾四婢,惟有春花是他新近宠爱的。终日在闺门之内,轮流侍寝,采战取乐。终久人多耳目众,觉得春花兴趣颇高,碍着同伴窃听,不能尽情,意思要与她私下在那里弄一个翻天覆地的快活。是夜口说在书房中歇宿,其实暗地里约了春花,晚间开出来,同到侧边小室中行事,春花应允了。甄监生先与玄玄子同宿,教导术法,传授了一更多次,习学得熟。正要思量试用,看见玄玄子睡着,即走下床来,披了衣服,悄悄出来。走到外边,恰好春花也在里面走出来。两相遇着,拽着手,竟到侧边小室中,有一把平日坐着运气的禅椅在内,叫春花脱了下衣,坐好在上面了,甄监生就舞弄起来,按着方法,九浅一深,你呼我吸,弄勾多时。那春花花枝也似一般的后生,兴趣正浓,弄得浑身酥麻,做出千娇百媚，哼哼嗽嗽的声气来。身子好像蜘蛛做网一般，把屁股向前突了一突，又突一突，两只脚一伸一缩踏车也似的不住。间深之处，紧抱住甄监生，叫声："我的爹，快活死了！"早已阴精直泄。甄监生看见光景，兴动了，也有些喉急，忍不住，急按住身子，闭着一口气，将尾间往上一翘，如忍大便一般，才阻得不来。那些清水游精，也流个不住。虽然忍住了，只好站着不动，养在阴户里面。要再抽送，就差不多丢出来。

甄监生极了，猛想着："日间玄玄子所与秘药，且吃她一丸，必是耐久的。"就在袖里摸出纸包来，取一丸，用唾津咽了下去。才咽得下，就觉一股热气竟趋丹田，一霎时，阳物振荡起来，其热如火，其硬如铁，毫无起初欲泄之意了。发起狠来，尽力抽送，春花快活连声。甄监生只觉她的阴户窄小了好些。原来得了药力，自己的肉具涨得黄瓜也似大了，用手摸摸，两下凑着肉，没些些缝地。甄监生晓得这药有些妙处，越加乐意，只是阴户塞满，微觉抽送艰涩。却是这药果然灵妙，不必抽送，里头肉具自会伸缩，弄得春花死去活来，又丢过了一番。甄监生亏得药力，这番耐得住了。谁知那阳物得了阴精之助，一发热硬壮伟，把阴中淫水熯干，两相吸牢，扯拔不出。

甄监生想道："他日间原说还有解药，不曾合成。方才性急头上，一下子吃了。而今怎得药来解他？"心上一急，便有些口渴气喘起来，对春花道："怎得口水来吃吃便好！"春花道："放我去取水来与你吃。"甄监生待要拔出时，却像皮肉粘连生了根的，略略扯动，两下叫疼的了不得！甄监生道："不好！不好！待我高声叫个人来取水罢。"春花道："似此粘连的模样，叫个人来看见，好不羞死！"甄监生道："这等，如何能够解开？"春花道："你丢了不得？"甄监生道："说到是，虽是我们内养家不可轻泄，而今弄到此地位，说不得了！"因而一意要泄。谁知这样古怪，先前不要他住，却偏要钻将出来；而今要泄了时，却被药力涩住。落得头红面熟，火气反望上攻。口里哼道："活活的急死了我！"咬得牙齿格格价响，大喊一声道："罢了我了！"两手撒放，扑地望地上倒了下来。

春花只觉阴户螫得生疼，且喜已脱出了，连忙放了双脚，站起身来道："这是怎的说？"去扶扶甄监生时，声息俱无，四肢挺直，但身上还是热的，叫问不应了。春花慌了手脚，道："这事厉害。若声张起来，不要说羞人，我这罪过须逃不去，总是夜里没人知道，瞒他娘罢！"且不管家主死活，轻轻地脱了身子，望自己卧房里只一溜，溜进去睡了，并没一个人知觉。到得天明，合家人那查夜来细账？却把一个什么玄玄子顶了缸，以消平时恶气，再不说他冤枉的了。只有春花肚里明白，怀着鬼胎，不敢则声，眼盼盼便做这个玄玄子悔气不着也罢。

看官，你道这些方士固然可恨，却是此一件事是甄监生自家误用其药，不知解法，以致药发身死，并非方士下手故杀的。况且平时提了罐、着了道儿的，又别是一伙，与今日这个方士没相干。只为这一路的人，众恶所归，官打见在，正所谓张公吃酒李公醉，又道是拿着黄牛便当马。又是个无根蒂的，没个亲戚朋友与他辩诉一纸状词，活活的顶罪罢了。却是天理难昧，原不是他谋害的，毕竟事久辩白出来。这放着做后话。

且说甄希贤自从把玄玄子送在监里了，归家来成了孝服，把父亲所作所为尽更变过来。将药炉、丹灶之类打得粉碎，一意做人家。先要卖去这些做鼎器的使女，其时有同里人李宗仁，是个富家子弟，新断了弦，闻得甄家使女多有标致的，不惜重价，来求一看。希贤叫将出来看时，头一名就点中了春花，用掉了六十多两银子，讨了家去。宗仁明晓得春花不是女身，却容貌出众，风情动人，两下多是少年，你贪我爱，甚是过得绸缪。春花心性飘逸，好吃几杯酒，有了酒，其兴愈高，也是甄家家里操炼过，是能征惯战的手段。宗仁肉麻头里高兴时节，问他甄家这些采战光景。春花不十分肯说，直等有了酒，才略略说些出来。

宗仁一日有亲眷家送得一小坛美酒，夫妻两个将来对酌。宗仁把春花劝得半醉，两个上床，乘着酒兴干起事来。就便问甄家做作，春花乜斜着双眼道："他家动不动吃了药做事，好不爽利煞人！只有一日正弄得极快活，可惜就收场了。"宗仁道："怎的就收场了？"春花道："人都弄杀了，不收场怎的？"宗仁道："我正见说甄监生被方士药死的了。"春花道："哪里是方士药死？这是一桩冤屈事。其实只是吃了他的药，不解得，自弄死了。"宗仁道："怎生不解得弄死了？"春花却把前日晚间的事，是长是短，各细说了一遍。宗仁道："这等说起来，你当时却不该瞒着，急急叫起人来，或者还可有救。"春花道："我此时慌了，只管着自己身子干净，躲得过便罢了，那里还管他死活？"宗仁道："这等，你也是个没情的。"春花道："若救活了，今日也没你的分了。"两个一齐笑将起来。虽然是一番取笑说话，自此宗仁心里毕竟有些嫌鄙春花，不足他的意思。

看官听说，大凡人情，专有一件古怪：心里热落时节，便有些缺失之处，只管看出好来；略有些不像意起头，随你奉承他，多是可嫌的，并那平日见的好处也要拣相出不好来，这多是缘法在里头。有一只小词儿单说那缘法尽了的：

缘法儿尽了，诸般的改变。缘法儿尽了，要好也再难。缘法儿尽了，恩成怨。缘法儿若尽了，好言当恶言。缘法儿尽了也，动不动变了脸！

今日说起来，也是春花缘法将尽，不该趁酒兴把这些话柄一盘托了出来。男子汉心肠，见说了许多用药淫战之事，先自有些捻酸不耐烦，觉得十分轻贱。又兼说道弄死了在地上，不管好歹，且自躲过，是个无情不晓事的女子，心里淡薄了好些。朝暮情意，渐渐不投。春花看得光景出来，心里老大懊悔。正是一言既出，驷马难追。此时便把舌头剪了下来，嘴唇缝了拢去，也没一毫用处。思量一转，便自捶胸跌足，时刻不安。

也是合当有事。一日,公婆处有甚么不合意,骂了她:“弄死汉子的贱淫妇!”春花听见,恰恰道着心中之事,又气恼,又懊悔。没怨怅处,妇人短见,走到房中,一索吊起。无人防备的,哪个来救解?不上一个时辰,早已呜呼哀哉!

只缘身作延年药,一服曾经送主终。
今日投缳殆天意,双双采战夜台中。

却说春花含羞自缢而死,过了好一会,李宗仁才在外厢走到房中。忽见了这件打秋千的物事,吃了一惊,慌忙解放下来,早已气绝的了。宗仁也有些不忍,哭将起来。父母听得,急走来看时,只叫得苦。老公婆两个互相埋怨道:“不合骂了她几句,谁晓得这样心性,就做短见的事!”宗仁明知道是她自怀羞愧之故,不好说将出来。邻里地方闻知了来问的,只含糊回他道:“妻子不孝,毁骂了公婆,惧罪而死。”幸喜春花是甄家远方讨来的,没有亲戚,无人生端告执人命。却自有这伙地方人等要报知官府,投递结状,相验尸伤,许多套数。宗仁也被缠得一个不耐烦,费掉了好些盘费,才得停妥,也算是大晦气。

春花既死,甄监生家里的事越无对证,这方士玄玄子永无出头日子了。谁知天理所在,事到其间,自有机会出来。其时山东巡按是灵宝许襄毅公,按监曹州,会审重囚。看见了玄玄子这宗案卷,心里疑道:“此辈不良,用药毒人,固然有这等事,只是人既死了,为何不走?”次早提问这事。先叫问甄希贤,希贤把父亲枉死之状说了一遍。许公道:“汝父既与他同宿,被他毒了,想就死在那房里的了。”希贤道:“死在外边小室之中。”许公道:“为何又在外边?”希贤道:“想是药发了,当不得,乱走出来寻人,一时跌倒了的。”许公道:“这等,那方士何不逃了去?”希贤道:“彼时合家惊起,登时拿住,所以不得逃去。”许公道:“死了几时,你家才知道?”希贤道:“约了天早同去买药,因家人叫呼不应,不见踪迹,前后找寻,才看见死了的。”许公道:“这等,他要走时,也去久了。他招上说谋财害命,谋了你家多少财?而今在哪里?”希贤道:“止是些买药之本,十分不多。还在父亲身边,不曾拿得去。”许公道:“这等,他毒死你父亲何用?”希贤道:“正是不知为何这等毒害。”

许公就叫玄玄子起来,先把气拍一敲道:“你这伙人死有余辜!你药死甄廷诏,待要怎的?”玄玄子道:“廷诏要小人与他炼外丹,打点哄他些银子,这心肠是有的。其实药也未曾买,正要同去买了,才弄起头,小人为何先药死他?前日熬刑不过,只得屈招了。”许公道:“与你同宿,是真的吗?”玄玄子道:“先在一床上宿的,后来睡着了,不知几时走了去。小人睡梦之中,只见许多家人打将进来,拿小人去偿命,小人方知主人死了,其实一些情也不晓得。”许公道:“为甚么与你同宿?”玄玄子道:“要小人传内事功夫。小人传了他些口诀,又与了他些丸药,小人自睡了。”许公道:“丸药是何用的?”玄玄子道:“是房中秘戏之药。”许公点头道:“是了,是了。”又叫甄希贤问道:“你父亲房中有几人?”希贤道:“有二妾四女。”许公道:“既有二妾,焉用四女?”希贤道:“父亲好道,用为鼎器。”许公道:“六人之中,谁为最爱?”希贤道:“二妾已有年纪,四女轮侍,春花最爱。”许公道:“春花在否?”希贤道:“已嫁出去了。”许公道:“嫁在哪里? 快唤将来!”希贤道:“近日死了。”许公道:“怎样死了?”希贤道:“闻是自缢死的。”许公哈哈大笑道:“即是一桩事一个情也! 其夫是何名姓?”希贤道:“是李宗仁。”

许公就掣了一签,差个皂隶去,不一时拘将李宗仁来。许公问道:“你妻子为何缢死的?”宗仁磕头道:“是不孝公姑,惧罪而死。”许公故意作色道:“分明是你致死了她,还要胡说!”宗仁慌了道:“妻子与小人从来好的,并无说话。地方邻里见有干结在官。委是不孝小人的父母,父母要声说,自知不是,缢死了的。”许公道:“你且说她如何不孝?”宗仁一时说不出来,只是支吾道:“毁骂公姑。”许公道:“胡说!既敢毁骂,是个放泼的妇人了,有甚惧怕,就肯自死?”指着宗仁道:“这不是她惧怕,还是你的惧怕。”宗仁道:“小人有甚惧怕?”许公道:“你惧怕甄家丑事彰露出来,乡里间不好听,故此把不孝惧罪之说支吾过了,可是吗?”宗仁见许公道着真情,把个脸涨红了,开不得口。许公道:“你若实说,我不打你;若有隐匿,必要问你偿命。”宗仁慌了,只得实实把妻子春花吃酒醉了,说出真情,甄监生如何相约,如何采战,如何吃了药不解得,一口气死了的话,备细述了一遍,道:“自此以后,心里嫌她,委实没有好气相待。妻子自觉失言,悔恨自缢,此是真情。因怕乡亲耻笑,所以只说因骂公姑,惧怕而死。今老爷所言分明如见,小人不敢隐瞒一句,只望老爷超生。”许公道:“既实说了,你原无罪,我不罪你。”一面录了口词。

就叫玄玄子来道:“我晓得甄廷诏之死与你无干,只是你药如此误事,如何轻自与人?”玄玄子道:“小人之药,原有解法。今甄廷诏自家妄用,丧了性命,非小人之罪也。”许公道:“却也误人不浅。”提笔写道:

审得甄廷诏误用药而死于淫,春花婢醉泄事而死于悔。皆自贻伊戚,无可为抵,两死相偿足矣。玄玄子财未交涉,何遽生谋?死尚身留,必非毒害。但淫药误人,罪亦难免。甄希贤痛父执命,告不为诬。李宗仁无心丧妻,情更可悯,俱免拟释放。

当下将玄玄子打了廿板,引庸医杀人之律,问他杖一百,逐出境,押回原籍。又行文山东六府:凡军民之家敢有听信术士道人邪说采取炼丹者,一体问罪。发放了毕。

甄希贤回去与合家说了,才晓得当日甄监生死的缘故却因春花,春花又为此缢死,深为骇异。尽道:"虽不干这个方士的事,却也是平日误信此辈,致有此祸也。"六府之人见察院行将文书来,张挂告示,三三两两尽传说甄家这事,乃察院明断,以为新闻。好些好此道的,也不敢妄做了,真足为好内外丹事者之鉴。

从来内外有丹术,不是贪财与好色。
外丹原在广施济,内丹却用调呼吸。
而今烧汞要成家,采战无非图救急。
岂有神仙累劫修,不及庸流眼前力?
一盆火内炼能成,两片皮中抽得出。

卷十九

田舍翁时时经理　牧童儿夜夜尊荣

词云：

扰扰劳生，待足后、何时是足？据见定、随家丰俭，便堪龟缩。得意浓时休进步，须防世事多翻覆。枉教人白了、少年头，空碌碌。

此词乃是宋朝诗僧晦庵所作《满江红》前阕，说人生富贵荣华，常防翻覆，不足凭恃。劳生扰扰，巴前算后，每怀不足之心，空白了头没用处，不如随缘过日的好。只看宋时嘉祐年间，有一个宣议郎万延之，乃是钱塘南新人，曾中乙科出仕。性素刚直，做了两三处地方州县官，不能屈曲，中年拂衣而归。徙居余杭，见水乡陂泽，可以耕种作田的，因为低洼，有水即没，其价甚贱，万氏费不多些本钱，买了无数。也是人家该兴，连年亢旱，是处低田大熟，岁收租米万石有余。万宣议喜欢，每对人道："吾以万为姓，今岁收万石，也够了我了。"自此营建第宅，置买田园，扳结婚姻。有人来献勤做媒，第三个公子说合驸马都尉王晋卿家孙女为室，约费用二万缗钱，才结得这头亲事。儿子因是驸马孙婿，得补三班借职。一时富贵熏人，诈民无算。

他家有一个瓦盆，是希世的宝物。乃是初选官时，在都下为铜禁甚严，将十个钱市上买这瓦盆来盥洗。其时天气凝寒，注汤沃面过了，将残汤倾去，还有倾不了的，多少留些在盆内。过了一夜，凝结成冰，看来竟是桃花一枝。人来见了，多以为奇，说与宣议，宣议看见道："冰结拢来，原是花的。偶像桃花，不是奇事。"不以为意。明日又复剩些残水在内，过了一会看时，另结一枝开头牡丹，花朵丰满，枝叶繁茂，人工做不来的。报知宣议来看道："今日又换了一样，难道也是偶然？"宣议方才有些惊异道："这也奇了，且待我再试一试。"亲自把瓦盆拭净，另洒些水在里头。次日再看，一发结得奇异了，乃是一带寒林，水村竹屋，断鸿翘鹭，远近烟峦，宛如图画。宣议大骇，晓得是件奇宝，唤将银匠来，把白金镶了外层，将锦绮做了包袱十袭珍藏。但遇凝寒之日，先期约客，张筵置酒，赏那盆中之景。是一番另结一样，再没一次相同的。虽是名家画手，见了远愧不及，前后色样甚多，不能悉记。只有一遭最奇异的，乃是上皇登极，恩典下颁，致仕官皆得迁授一级，宣议郎加迁宣德郎。敕下之日，正遇着他的生辰，亲戚朋友来贺喜的，满坐堂中。是日天气大寒，酒席中放下此盆，洒水在内，须臾凝结成像。却是一块山石上坐着一个老人，左边一龟，右边一鹤，俨然是一幅“寿星图”。满堂饮酒的无不喜欢赞叹。内中有知今识古的士人议论道：“此是瓦器，无非凡火烧成，不是甚么天地精华五行间气结就的。有此异样，理不可晓，诚然是件罕物！”又有小人辈胁肩谄笑，掇臀捧屁，称道：“分明万寿无疆之兆，不是天下大福人，也不能够有此异宝。”当下尽欢而散。

此时万氏又富又贵，又与皇亲国戚联姻，豪华无比，势焰非常，尽道是用不尽的金银，享不完的福禄了。谁知过眼云烟，容易消歇。宣德郎万延之死后，第三儿子补三班的也死了。驸马家里见女婿既死，来接他郡主回去，说道万家家资多是都尉府中带来的，伙着二三十男妇，内外一抢，席卷而去。万家两个大儿子只好眼睁睁看他使势行凶，不敢相争，内财一空。所有低洼田千顷，每遭大水淹没，反要赔粮，巴不得推与人了倒干净，凭人占去。家事尽消，两子寄食亲友，流落而终。此宝盆被驸马家取去，后来归了蔡京太师。

识者道：“此盆结冰成花，应着万氏之富，犹如冰花一般，原非坚久之象，乃是不祥之兆。”然也是事后如此猜度。当他盛时，哪个肯是这样想，敢是这样说？直待后边看来，真个是如同一番春梦。所以古人寓言，做着《邯郸梦记》、《樱桃梦记》，尽是说那富贵繁华，直同梦境。

却是一个人做得一个梦了却一生，不如庄子所说那牧童做梦，日里是本相，夜里做王公，如此一世，更为奇特。听小子敷衍来看：

人世原同一梦，梦中何异醒中？
若果夜间富贵，只算半世贫穷。

话说春秋时鲁国曹州有座南华山，是宋国商丘小蒙城庄子休流寓来此，隐居著书得道成仙之处。后人称庄子为南华老仙，所著书就名为《南华经》，皆因此起。彼时山畔有一田舍翁，姓莫名广，专以耕种为业。家有肥田数十亩，耕牛数头，工作农夫数人。茅檐草屋，衣食丰足，算作山边一个土财主。他并无子嗣，与庄家老姥夫妻两个早夜算计思量，无非只是耕田锄地、养牛牧猪之事。有几句诗单道田舍翁的行径：

田舍老翁性夷逸，僻向小山结幽室。
生意不满百亩田，力耕水耨艰为食。
春晚喧喧布谷鸣，春云靄靄檐溜滴。
呼童载犁躬负锄，手牵黄犊头戴笠。
一耕不自已，再耕还自力。
三耕且插苗，看看秀而硕。
夏耘勤勤秋复来，禾黍如云堪刈铚。
担箩负囊纷敛归，仓盈囤满居无隙。
教妻囊酒赛田神，烹羊宰豚享亲戚。
击鼓咚咚乐未央，忽看玉兔东方白。

那个莫翁勤心苦胝，牛畜渐多。庄农不足，要寻一个童儿专管牧养。其时本庄有一个小厮儿，祖家姓言，因是父母双亡，寄养在人家，就叫名寄儿。生来愚蠢，不识一字，也没本事做别件生理，只好出力做工度活。一日在山边拔草，忽见一个双丫髻的道人走过，把他来端相了一回，道："好个童儿！尽有道骨，可惜痴性颇重，苦障未除，肯跟我出家吗？"寄儿道："跟了你，怎受得清淡过？"道人道："不跟我，怎受得烦恼过？也罢，我有个法儿，教你夜夜快活，你可要学吗？"寄儿道："夜里快活，也是好的，怎不要学？师傅可指教我。"道人道：你识字吗？"寄儿道："一字也不识。"道人道："不识也罢。我有一句真言，只有五个字，既不识字，口传心授，也容易记得。"遂叫他将耳朵来："说与你听，你牢记着！"是那五个字？乃是：

婆珊婆演底。

道人道："临睡时，将此句念上百遍，管你有好处。"寄儿谨记在心。道人道："你只依着我，后会有期。"捻着渔鼓简板，口唱道情，飘然而去。是夜寄儿果依其言，整整念了一百遍，然后睡下。才睡得着，就入梦境。正是：

人生劳扰多辛苦，已逊山间枕石眠。
况是梦中游乐地，何妨一觉睡千年！

看官牢记话头，这回书，一段说梦，一段说真，不要认错了。却说寄儿睡去，梦见身为儒生，粗知文义，正在街上斯文气象，摇来摆去。忽然见个人来说道："华胥国王黄榜招贤，何不去求取功名，图个出身？"寄儿听见，急取官名寄华，恍恍惚惚，不知涂抹了些什么东西，叫作万言长策，将去献与国王。国王发与那掌文衡的看阅，寄华使用了些马蹄金作为贽礼。掌文衡的大悦，说这个文字乃惊天动地才子，古今罕有。加上批点，呈与国王。国主授为著作郎，主天下文章之事。旗帜鼓乐，高头骏马，送入衙门到任。寄华此时身子如在云里雾里，好不风骚！正是：

电光石火梦中身，白马红缨衫色新。
我贵我荣君莫羡，做官何必读书人？

寄华跳得下马，一个虚跌，惊将醒来，擦擦眼，看一看，仍睡在草铺里面，叫道："呸，呸！作他娘的怪！我一字也不识的，却梦见献什么策，得做了官，管甚么天下文章。你道是真梦吗？且看他怎生应验？"嗤嗤的还定着性想那光景。只见平日往来的邻里沙三走将来叫寄儿道："寄哥，前村莫老官家寻人牧牛，你何不投与他家了？省得短趁，闲了一日便待嚼本。"寄儿道："投在他家，可知好哩，只是没人引我去。"沙三道："我昨日已与他家说过你了，今日我与你同去，只要写下文券就成了。"寄儿道："多谢美情指点则个。"

两个说说话话，一同投到莫家来，莫翁问其来意，沙三把寄儿勤谨过人，愿投门下牧养说了一遍。莫翁看寄儿模样老实，气力粗夯，也自欢喜，情愿雇倩，叫他写下文券。寄儿道："我须不识字，写不得。"沙三道："我写了，你画个押罢。"沙三曾在村学中读过两年书，尽写得几个字，便写了一张"情愿受雇，专管牧畜"的文书。虽有几个不成的字儿，意会得去也便是了。后来年月之下要画个押字，沙三画了，寄儿拿了一管笔，不知左画是右画是，自想了暗笑道："不知昨夜怎的献了万言长策来！"捻着笔千斤来重，沙三把定了手，才画得一个十字。莫翁当下发了一季工食，着他在山边草房中住宿，专管牧养。

寄儿领了钥匙，与沙三同到草房中。寄儿谢了沙三些常例媒钱，是夜就在草房中宿歇，依着道人念过五字真言百遍，倒翻身便睡。看官，你道从来只是说书的续上前因，那有做梦的接着前事？而今煞是古怪，寄儿一觉睡去，仍旧是昨夜言寄华的身份，顶冠束带，新到著作郎衙门升堂理事。只见跄跄跻跻，一群儒生将着文卷，多来请教。寄华一一批答，好的歹的，圈的抹的，发将下去，纷纷争看。众人也有服的，也有不服的，喧哗闹嚷起来。寄华发出规条，吩咐多要遵绳束，如不伏者，定加鞭笞。众儒方弭耳拱听，不敢放肆，俱各从容雅步，逡巡而退。是日，同衙门官摆着公会筵席，特贺到任。美酒嘉肴，珍羞百味，歌的歌，舞的舞，大家尽欢。直吃到斗转参横，才得席散，回转衙门里来。

那边就寝，这边方醒，想着明明白白记得的，不觉失笑道："好怪吗！那里说起？又接着昨日的梦，身做高官，管着一班土子，看甚么文字，我晓得文字中吃的不中吃的？落得吃了些酒席，倒是快活。"起来抖抖衣服，看见褴褛，叹道："不知昨夜的袍带，多在那里去了？"将破布袄穿着停当，走下得床来。只见一个庄家老苍头，奉着主人莫翁之命，特来交盘牛畜与他。一群牛共有七八只，寄儿逐只看相，用手去牵他鼻子。那些牛不曾认得寄儿,是个面生的,有几只驯扰不动,有几只奔突起来。老苍头将一条皮鞭付与寄儿,寄儿赶去,将那奔突的牛两三鞭打去。那些牛不敢违拗,顺顺被寄儿牵来一处拴着,寄儿慢慢喂放。老苍头道:"你新到我主翁家来,我们该请你吃三杯。昨日已约下沙三哥了,这早晚他敢就来。"说未毕,沙三提了一壶酒、一个篮,篮里一碗肉、一碗芋头、一碟豆走将来。老苍头道:"正等沙三哥来商量吃三杯,你早已办下了,我补你分罢。"寄儿道:"什么道理要你们破钞?我又没得回答处,我也出个分在内罢了。"老苍头道:"什么大事值得这个商量?我们尽个意思儿罢。"三人席地而坐,吃将起来。"寄儿想道:"我昨夜梦里的筵席,好不齐整,今却受用得这些东西,岂不天地悬绝!"却是怕人笑他,也不敢把梦中事告诉与人。正是:

对人说梦,说听皆痴。
如鱼饮水,冷暖自知。

寄儿酒量原浅,不十分吃得,多饮了一杯,有些醺意,两人别去。寄儿就在草地上一眠,身子又到华胥国中去。国王传下令旨,访得著作郎能统率多士,绳束严整,特赐锦衣冠带一袭,黄盖一顶,导从鼓吹一部。出入鸣驺,前呼后拥,好不兴头。忽见四下火起,忽然惊觉,身子在地上眠着,东方大明,日轮红焰焰钻将出来了。起来吃些点心,就骑着牛,四下里放草。那日色在身上晒得热不过,走来莫翁面前告诉。莫翁道:"我这里原有蓑笠一副,是牧养的人一向穿的;又有短笛一管,也是牧童的本等。今拿出来交付与你,你好好去看养,若瘦了牛畜,要与你说话的。"牧童道:"再与我一把伞遮遮身便好;若只是笠儿,只遮得头,身子须晒不过。"莫翁道:"哪里有得伞?池内有的是大荷叶,你日日摘将来遮身不得?"寄儿唯唯,受了蓑笠、短笛,果在池内摘张大荷叶擎着,骑牛前去。牛背上自想道:"我在华胥国里是个贵人,今要一把日照也不能够了,却叫我擎着荷叶遮身。"猛然想道:"这就是梦里的黄盖了,蓑与笠就是锦袍官帽了。"横了笛,吹了两声,笑道:"这可不是一部鼓吹么?我而今想来,只是睡的快活。"有诗为证:

草铺横野六七里,笛弄晚风三四声。
归来饱饭黄昏后,不脱蓑衣卧月明。

自此之后,但是睡去,就在华胥国去受用富贵,醒来只在山坡去处做牧童。五日不如此,无梦不如此,不必逐日逐夜,件件细述,但只拣有些光景的,才把来做话头。

一日梦中,国王有个公主要招赘驸马,有人启奏:"著作郎言寄华才貌出众,文彩过人，允称此选。”国王准奏，就着传旨：“钦取著作郎为驸马都尉，尚范阳公主。”迎入驸马府中成亲，灯烛辉煌，仪文璀璨，好不富贵！有《贺新郎》词为证：

瑞气笼清晓。卷珠帘、次第笙歌，一时齐奏。无限神仙离蓬岛，凤驾鸾车初到。见拥个、仙娥窈窕。玉珮玎珰风缥缈，望娇姿、一似垂杨袅。天上有，世间少。

那范阳公主生得面长耳大，曼声善啸，规行矩步，颇会周旋。寄华身为王婿，日夕公主之前对案而食，比前受用更加贵盛。

明日睡醒，主人莫翁来唤，因为家中有一匹拽磨的牝驴儿，一并交与他牵去喂养。寄儿牵了暗笑道：“我夜间配了公主，怎生烜赫！却今日来弄这个买卖，伴这个众生。”跨在背上，打点也似骑牛的骑了到山边去，谁知骑上了背，那驴儿只是团团而走，并不前进，盖因是平日拽的磨盘走惯了。寄儿没奈何，只得跳下来，打着两鞭，牵着前走。从此又添了牲口，恐怕走失，饮食无暇。只得备着干粮，随着四处放牧。莫翁又时时来稽查，不敢怠慢一些儿。辛苦一日，只图得晚间好睡。

是夜又梦见在驸马府里，正同着公主欢乐，有邻邦玄菟、乐浪二国前来相犯。华胥国王传旨：命驸马都尉言寄华讨议退兵之策。言寄华聚着旧日著作衙门一干文士到来，也不讲求如何备御，也不商量如何格斗，只高谈“正心诚意，强邻必然自服”。诸生中也有情愿对敌的，多退着不用。只有两生献策：他一个到玄菟，一个到乐浪，舍身往质，以图讲和。言寄华大喜，重发金帛，遣两生前往。两生屈己听命，饱其所欲，果那两国不来。言寄华夸张功绩，奏上国王。国王大悦，叙录军功，封言寄华为黑甜乡侯，加以九锡。身居百僚之上，富贵已极。有诗为证：

当时魏绛主和戎，岂是全将金币供？
厥后宋人偏得意，一班道学自雍容。

言寄华受了封侯锡命，绿韨衮冕，鸾路乘马，彤弓卢矢，左建朱钺，右建金戚，手执圭瓒，道路辉煌。自朝归第，有一个书生叩马上言，道：“日中必昃，月满必亏。明公功名到此，已无可加。急流勇退，此其时矣。直待福过灾生，只恐悔之无及！”言寄华此时志得意满，哪里听他？笑道：“我命中生得好，自然富贵逼人，有福消受，何须过虑，只管目前享用够了。寒酸见识，晓得什么？”大笑坠车，吃了一惊。

醒将起来，点一点牛数，只叫得苦，内中不见了二只。山前山后，到处寻访踪迹。原来一只被虎咬伤，死在坡前；一只在河中吃水，浪涌将来，没在河里。寄儿看见，急得乱跳道：“梦中什么两国来侵，谁知倒了我两头牲口！”急去报与莫翁，莫翁听见大怒道：“此乃你的典守，人多说你只是贪睡，眼见得坑了我头口！”取过扁担来要打，寄儿负极，辩道：“虎来时，牛尚不敢敌，况我敢与它争夺救得转来的？那水中是牛常住之所，波浪涌来，一时不测，也不是我力挡得住的。"莫翁虽见他辩得也有理，却是做家心重的人，哪里舍得两头牛死？怒吽吽不息，定要打扁担十下。寄儿哀告讨饶，才饶得一下，打到九下住了手。寄儿泪汪汪地走到草房中，摸摸臀上痛处道："甚么九锡九锡，到打了九下屁股！"想道："梦中书生劝我歇手，难道教我不要看牛不成？从来说梦是反的，梦福得祸，梦笑得哭。我自念了此咒，夜夜做富贵的梦，所以日里到吃亏。我如今不念他了，看待怎的！"

谁知这样作怪，此咒不念，恐怖就来。是夜梦境，范阳公主疽发于背，偃蹇不起，寄华尽心调治未痊。国中二三新进小臣，逆料公主必危，寄华势焰将败，摭拾前过，纠弹一本，说他御敌无策，冒滥居功，欺君误国许多事件。国王览奏大怒，将言寄华削去封爵，不许他重登著作堂，锁去大窖边听罪，公主另选良才别降。令旨已下，随有两个力士，将银铛锁了言寄华到那大粪窖边墩着。寄华看那粪秽狼藉，臭不堪闻，叹道："我只道到底富贵，岂知有此恶境乎？书生之言，今日验矣！"不觉号啕恸哭起来。

这边噙泪而醒，啐了两声道："作你娘的怪，这番做这样的噩梦！"看视牲口，那匹驴子蹇卧地下，打也打不起来。看他背项之间，乃是绳损处烂了老大一片疙瘩。寄儿慌了道："前番倒失了两头牛，打得苦恼。今这众生又病害起来，万一死了，又是我的罪过。"忙去打些水来，替它澡洗腐肉，再去拔些新鲜好草来喂它。拿着锲刀，望山前地上下手斫时，有一科草甚韧，刀斫不断。寄儿性起，连根一拔，拔出泥来。泥松之处，露出石板，那草根还缠缠绕绕绊在石板缝内。

寄儿将锲刀撬将开来，板底下是个周围石砌就的大窖，里头多是金银。寄儿看见，慌了手脚，擦擦眼道："难道白日里又做梦吗？"定睛一看，草木树石，天光云影，眼前历历可数。料道非梦，便把锲刀草篰一撩道："还干那营生么？"取起五十多两一大锭在手，权把石板盖上，仍将泥草遮覆，竟望莫翁家里来见莫翁，未敢竟说出来，先对莫翁道："寄儿蒙公公相托，一向看牛不差。近来时运不济，前日失了两牛，今蹇驴又生病，寄儿看管不来。今有大银一锭，纳与公公，凭公公除了原发工银，余者给还寄儿为度日之用，放了寄儿，另着人牧放罢。"莫翁看见是锭大银，吃惊道："我田家人苦积勤攒了一世，只有些零星碎银，自不见这样大锭，你却从何处得来？莫非你合着外人做那不公不法的歹事？你快说个明白，若说得来历不明，我须把你送出官府，究问下落。"寄儿道："好教公公得知，这东西多哩。我只拿得它一件来看样。"莫翁骇道："在那里？"寄儿道："在山边一个所在，我因斫草掘着的，今石板盖着哩。"

莫翁情知是藏物，急叫他不要声张，悄悄同寄儿，到那所在来。寄儿指与莫翁，揭开石板来看，果是一窖金银，不计其数。莫翁喜得打跌，拊着寄儿背道："我的儿，偌多金银东西，我与你两人一生受用不尽！今番不要看牛了，只在我庄上吃些安乐茶饭，掌管账目。这些牛只，另自雇人看管罢。"两人商量，把个草篰来里外用乱草补塞，中间藏着窖中物事。莫翁前走，寄儿驮了后随，运到家中放好，仍旧又用前法去取。不则一遭，把石窖来运空了。莫翁到家，欢喜无量，另叫一个苍头去收拾牛只，是夜就留寄儿在家中宿歇。寄儿的床铺，多换齐整了。寄儿想道："昨夜梦中吃苦，谁想粪窖正应着发财，今日反得好处。果然，梦是反的，我要那梦中富贵则甚？那五字真言，不要念他了。"

其夜睡去，梦见国王将言寄华家产抄没，发在养济院中度日，只见前日的扣马书生高歌将来道：

落叶辞柯，人生几何！六战国而漫流人血，三神山而杳隔鲸波。任夸百斛明珠，虚延遐算；若有一卮芳酒，且共高歌。

寄华闻歌，认得此人，邀住他道："前日承先生之教，不能依从。今日至于此地，先生有何高见可以救我？"那书生不慌不忙，说出四句来道：

颠颠倒倒，何时局了？
遇着漆园，还汝分晓。

说罢，书生飘然而去。寄华扯住不放，被他袍袖一摔，闪得一跌，即时惊醒，张目道："还好，还好。一发没出息，弄到养济院里去了。

须臾，莫翁走出堂中。原来莫翁因得了金银，晚间对老姥说道："此皆寄儿的造化掘着的，功不可忘。我与你没有儿女，家事无传。今平空地得来许多金银，虽道好没取得他的，不如认义他做个儿子，把家事付与他，做了一家一计，等他养老了我们，这也是我们知恩报恩处。"老姥道："说得有理，我们眼前没个传家的人，别处平白地寻将来，要承当家事，我们也气不干。今这个寄儿，他见有着许多金银付在我家，就认义他做了儿子，传我家事，也还是他多似我们的，不叫得过分。"商量已定，莫翁就走出来，把这意思说与寄儿，寄儿道："这个折杀小人，怎么敢当！"莫翁道："若不如此，这些东西，我也何名享受你的？我们两老口议了一夜，主意已定，不可推辞。"寄儿没得说，当下纳头拜了四拜，又进去把老姥也拜了。自此改姓名为莫继，在莫家庄上做了干儿子。

本是驴前厮养，今为舍内螟蛉。
何缘分外亲热？只看黄金满籯。

却是此番之后，晚间睡去，就做那险恶之梦，不是被火烧水没，便是被盗劫官刑。初时心里道："梦虽不妙，日里落得好处，不像前番做快活梦时日里受辛苦。"

以为得意。后来到得夜夜如此，每每惊魇不醒，才有些慌张。认旧念取那五字真言，却不甚灵了。你道何故？只因财利迷心，身家念重，时时防贼发火起，自然梦魂颠倒。怎如得做牧童时无忧无虑，饱食安眠，夜夜梦里逍遥，享那王公之乐？莫继要寻前番梦境，再不能够，心里鹘突，如醉如痴，生出病来。

莫翁见他如此，要寻个医人来医治他，只见门前有一个双丫髻的道人走将来，口称善治人间恍惚之症。莫翁接到厅上，教莫继出来相见。原来正是昔日传与真言的那个道人，见了莫继道："你梦还未醒吗？"莫继道："师父，你前者教我真言，我不曾忘了。只是前日念了，夜夜受用。后来因夜里好处，多应着日里歹处，一程儿不敢念，便再没快活的梦了。而今就念煞也无用了，不知何故。"道人道："我这五字真言，乃是主夜神咒。《华严经》云：

善财童子参善知识，至阎浮提摩竭提国迦毗罗城，见主夜神名曰婆珊婆演底。神言：我得菩萨破一切生痴暗法，光明解脱。

所以持念百遍，能生欢喜之梦。前见汝苦恼不过，故使汝梦中快活。汝今日间要享富厚，晚间宜受恐怖，此乃一定之理。人世有好必有歉，有荣华必有销歇，汝前日梦中岂不见过了吗？"莫继言下大悟，倒身下拜道："师父，弟子而今晓得世上没有十全的事，要那富贵无干，总来与我前日封侯拜将一般，不如跟的师父出家去罢！"道人道："吾乃南华老仙漆园中高足弟子。老仙道汝有道骨，特遣我来度汝的。汝既见了境头，宜早早回首。"莫继遂是长是短述与莫翁、莫姥。两人见是真仙来度他，不好相留。况他身子去了，遗下了无数金银，两人尽好受用，有何不可？只得听他自行。莫继随也披头发，挽做两丫髻，跟着道人云游去了，后来不知所终，想必成仙了道去了。看官不信，只看《南华真经》有此一段因果。话本说彻，权作散场。

总因一片婆心，日向痴人说梦。
此中打破关头，棒喝何须拈弄？

卷二十

贾廉访赝行府牒　商功父阴摄江巡

诗曰：

世人结交须黄金，黄金不多交不深。
总令然诺暂相许，终是悠悠行路心。

这四句乃是唐人之诗，说天下多是势利之交，没有黄金成不得相交。这个意思还说得浅，不知天下人但是见了黄金，连那一向相交人也不顾了。不要说相交的，纵是至亲骨肉，关着财物面上，就换了一条肚肠，使了一番见识，当面来弄你算计你。几时见为了亲眷，不要银子做事的？几曾见眼看亲眷富厚，不想来设法要的？至于撞着有些不测事体，落了患难之中，越是平日往来密的，头一场先是他骗你起了。

直隶常州府武进县有一个富户，姓陈名定。有一妻一妾，妻巢氏，妾丁氏。妻已中年，妾尚少艾。陈定平日情分在巢氏面上淡些，在丁氏面上浓些，却也相安无说。巢氏有兄弟巢大郎，是一个鬼头鬼脑的人，奉承得姊夫姊姊好。陈定托他掌管家事，他内外揽权，百般欺侵，巴不得姊夫有事，就好科派用度，落来肥家。一日巢氏偶染一病，大凡人病中，性子易得惹气。又且其夫有妾，一发易生疑忌，动不动就怄气，说道："巴不得我死了，让你们自在快乐，省做你们眼中钉。"那陈定男人家心性，见大娘有病在床，分外与小老婆肉麻的榜样，也是有的，遂致巢氏不堪，日逐嗔恼骂詈。也是陈定与丁氏合该晦气，平日既是好好的，让她是个病人，忍耐些个罢了。陈定见她聒絮不过，回答她几句起来。巢氏倚了病势，要死要活的颠了一场。陈定也没好气的，也不来管他好歹。巢氏自此一番，有增无减。陈定慌了，竭力医祷无效，丁氏也自尽心伏侍。争奈病痛犯拙，毕竟不起，呜呼哀哉了。

陈定平时家里饱暖，妻妾享用，乡邻人忌克他的多，看想他的也不少。今闻他大妻已死，有晓得她病中相争之事的，来挑着巢大郎道："闻得令姊之死，起于妻妾相争。你是她兄弟，怎不执命告他？你若进了状，我邻里人家少不得要执结人命虚实，大家有些油水。"巢大郎是个乖人，便道："我终日在姊夫家里走动，翻那面皮不转。不若你们声张出首，我在里头做好人，少不得听我处法，我就好帮衬你们了。只是你们要硬着些，必是到得官，方起发得大钱。只说过了：处来要对分的。"邻里人道：“这个当得。”两下写开合同。果然邻里间合出三四个要有事、怕太平的人来，走到陈定家里喧嚷说：“人命死得不明，必要经官，入不得殓。”巢大郎反在里头劝解，私下对陈定说：“我是亲兄弟，没有说话，怕他外人怎的。”陈定谢他道：“好舅舅，你退得这些人，我自重谢你。”巢大郎即时扬言道：“我姊姊自是病死的，有我做兄弟的在此，何劳列位多管！”邻里人自有心照，晓得巢大郎是明做好人之言，假意道：“你自私受软口汤，到来吹散我们，我们自有说话处！”一哄而散。

陈定心中好不感激巢大郎，怎知他却暗里串通地方，已自出首武进县了。武进县知县是个贪夫，其时正有个乡亲在这里打抽丰，未得打发，见这张首状，是关着人命，且晓得陈定名字是个富家，要在他身上设处些，打发乡亲起身。立时准状，金牌来拿陈定到官。不由分说，监在狱中。陈定急了，忙叫巢大郎到监门口与他计较，叫他快寻分上。巢大郎正中机谋，说道：“分上固要，原首人等也要洒派些，免得他每做对头，才好脱然无累。”陈定道：“但凭舅舅主张，要多少时，我写去与小妾，教他照数付与舅舅。”巢大郎道：“这个定不得数，我去用看，替姊夫省得一分是一分。”陈定道：“只要快些完得事，就多着些也罢了。”巢大郎别去，就去寻着了这个乡里，与他说倒了银子，要保全陈定无事。陈定面前说了一百两，取到了手，实与得乡里四十两。乡里是要紧归去之人，挑得篮里便是菜，一个信送将进去，登时把陈定放了出来。巢大郎又替他说合地方邻里，约费了百来两银子，尽皆无说。少不得巢大郎又打些虚账，又与众人私下平分，替他做了好些买卖，当官归结了。

乡里得了银子，当下动身回去。巢大郎贪心不足，想道：“姊夫官事，其权全在于我，要息就息。前日乡里分上，不过保得出狱，何须许多银子？他如今已离了此处，不怕他了，不免赶至中途，倒他的出来。”遂不通陈定知道，竟连夜赶到丹阳，撞见乡里正在丹阳写轿，一把扭住，讨取前物。乡里道：“已是说倒见效过的，为何又来翻帐？”巢大郎道：“官事问过，地方原无词说，尸亲愿息，自然无事的。起初无非费得一保，怎值得许多银子？”两不相服，争了半日。巢大郎要死要活，又要首官。那个乡里是个有体面的，忙忙要走路，怎当得如此歪缠？恐怕惹事，忍着气拿出来还了他，巢大郎千欢万喜转来了。乡里受了这场亏，心里不甘，捎个便信把此事告诉了武进县知县。

知县大怒，出牌重问，连巢大郎也标在牌上，说他私和人命，要拿来出气。巢大郎虚心，晓得是替乡里报仇，预先走了。只苦的是陈定，一同妾丁氏俱拿到官，不由分说，先是一顿狠打，发下监中。出牌吊尸，叫集了地方人等简验起来。陈定不知是哪里起的祸，没处设法一些手脚。知县是有了成心的，只要从重坐罪。先吩咐仵作报伤要重，仵作揣摩了意旨，将无作有，多报的是拳殴脚踢致命伤痕。巢氏幼时喜吃甜物，面前牙齿落了一个。也做硬物打落之伤，竟把陈定问了斗殴杀人之律，妾丁氏威逼期亲尊长致死之律，各问绞罪。陈定央了几个分上来说，只是不听。

丁氏到了女监，想道："只为我一身，致得丈夫受此大祸。不若做我一个不着，好歹出了丈夫。"她算计定了。解审察院，见了陈定，遂把这话说知。当官招道："不合与大妻厮闹，手起凳子打落门牙，即时晕地身死，并与丈夫陈定无干。"察院依口词，驳将下来，刑馆再问，丁氏一口承认。丁氏晓得有了此一段说话在案内了，丈夫到底脱罪。然必须身死，问官方肯见信，作做实据，游移不得，亦且丈夫可以速结，是夜在监中自缢而死。狱中呈报，刑馆看详巢氏之死，既系丁氏生前招认下手，今已惧罪自尽，堪以相抵，原非死后添情推卸，陈定止断杖赎发落。

陈定虽然死了爱妾，自却得释放，已算大幸，一喜一悲。到了家内，方才见有人说巢大郎许多事迹："这件是非，全是他起的，在里头打偏手使用，得了偌多东西还不知足，又去知县、乡里处拔短梯，故重复弄出这个事来，他又脱身走了，枉送了丁氏一条性命。"陈定想着丁氏舍身出脱他罪一段好情，不觉越恨巢大郎得紧了，只是逃去未回，不得见面。

后来知县朝觐去了，巢大郎已知陈定官司问结，放胆大了，喜气洋洋，转到家里。只道陈定还未知其奸，照着平日光景前来探望。陈定虽不说破什么，却意思冷淡了好些。巢大郎也看得出，且喜财物得过，尽够几时的受用，便姊夫怪了也不以为意。岂知天理不容，自见了姊夫归家来，他妻子便癫狂起来，口说的多是姊姊巢氏的说话，嚷道："好兄弟，我好端端死了，只为你要银子，致得我粉身碎骨，地下不宁！你快超度我便罢，不然，我要来你家作祟，领两个人去！"巢大郎惊得只是认不是讨饶，去请僧道念经设醮。安静得两日，又换了一个口声道："我乃陈妾丁氏，大娘死病与我何干？为你家贪财，致令我死于非命，今须偿还我！"巢大郎一发惧怕，烧纸拜献，不敢吝惜，只求无事。怎当得妻妾两个，推班出色，递换来扰？不够几时，把所得之物干净弄完。宁可赔了些，又不好告诉得人，姊夫那里又不作准了，恹恹气色，无情无绪，得病而死。此是贪财害人之报，可见财物一事，至亲也信不得，上手就骗害的。

小子如今说着宋朝时节一件事，也为至亲相骗，后来报得分明，还有好些稀奇古怪的事，做一回正话。

利动人心不论亲，巧谋赚取橐中银。
直从江上巡回日，始信阴司有鬼神。

却说宋时靖康之乱，中原士大夫纷纷避地，大多尽入闽广之间。有个宝文阁学士贾说之弟贾谋，以勇爵入官，宣和年间为诸路廉访使者。其人贪财无行，诡诈百端。移来岭南，寓居德庆府。其时有个济南商知县，乃是商侍郎之孙，也来寄居府中。商知县夫人已死，止有一小姐，年已及笄。有一妾，生二子，多在乳抱。家资颇多，尽是这妾掌管，小姐也在里头照料，且自过得和气。贾廉访探知商家甚富，小姐还未适人，遂为其子贾成之纳聘，取了过门。后来商知县死了，商妾独自一个管理内外家事，抚养这两个儿子。商小姐放心不下，每过十来日，即到家里看一看两个小兄弟，又与商妾把家里遗存黄白东西在箱匣内的，查一查点，及逐日用度之类，商量计较而行，习以为常。

一日，商妾在家，忽见有一个承局打扮的人，来到堂前，口里道："本府中要排天中节，是合府富家大户金银器皿、绢缎绫罗，尽数关借一用，事毕一一付还。如有隐匿不肯者，即拿家属问罪，财物入官，有一张牒文在此。"商妾颇认得字义，见了府牒，不敢不信。却是自家没有主意，不知该应怎的。回言道："我家没有男子正人，哥儿们又小，不敢自做主，还要去贾廉访宅上，问问我家小姐与姐夫贾衙内才好行止。"承局打扮的道："要商量快去商量，府中限紧，我还要到别处去催齐回话的，不可有误！"商妾见说，即差一个当值的到贾家去问。

须臾，来回言道："小人到贾家，入门即撞见廉访相公问小人来意。小人说要见姐姐与衙内，廉访相公道见他怎的，小人把这里的事说了一遍。廉访相公道：'府间来借，怎好不与？你只如此回你家二娘子就是。小官人与娘子处，我替她说知罢了。'小人见廉访是这样说，小人就回来了。因恐怕家里官府人催促，不去见衙内与姐姐。"商妾见说是廉访相公教借与他，必是不妨。遂照着牒文所开，且是不少。终久是女娘家见识，看事不透，不管好歹多搬出来，尽情交与这承局打扮的，道："只望排过节，就发来还了，自当奉谢。"承局打扮的道："那不消说，官府门中岂肯少着人家的东西？但请放心，把这张牒文留下，若有差池，可将此做执照，当官禀领得的。"当下商妾接了牒文，自去藏好。这承局打扮的捧着若干东西，欣然去了。

隔了几日，商小姐在贾家来到自家家里，走到房中，与商妾相见了，寒温了一会。照着平时翻翻箱笼看，只见多是空箱，金银器皿之类一些也不见，到有一张花边栏纸票在内，拿起来一看，却是一张公牒，吃了一惊。问商妾道："这却为何？"商妾道："几日前有一个承局打扮的拿了这张牒文，说府里要排天中节，各家关借东西去铺设。当日奴家心中疑惑，却教人来问姐姐、姐夫，问的人回来说撞遇老相公说起，道是该借的，奴家依言借与他去。这几日望他拿来还我，竟不见来。正要来与姐姐、姐夫商量了，往府里讨去，可是中么？"商小姐面如土色，想道："有些尴尬。"

不觉眼泪落下来道："偌多东西，多是我爹爹手泽，敢是被那个拐的去了！怎的好？我且回去与贾郎计较，查个着实去。"

当下亟望贾家来，见了丈夫贾成之，把此事说了一遍。贾成之道："这个姨姨也好笑，这样事何不来问问我们，竟自支分了去？"商小姐道："姨姨说来，曾叫人到我家来问，遇着我家相公，问知其事，说是该借与他，问的人就不来见你我，竟自去回了姨姨，故此借与他去的。"贾成之道："不信有这等事，我问爹爹则个。"贾成之进去问父亲廉访道："商家借东西与府中，说是来问爹爹，爹爹吩咐借他，有些话吗？"廉访道："果然府中来借，怎好不借？只怕被别人狐假虎威诓的去，这个却保不得他。"贾成之道："这等，索向府中当官去告，必有下落。"遂与商妾取了那纸府牒，在德庆府里下了状子。

府里太守见说其事，也自吃惊，取这纸公牒去看，明知是假造的，只不知奸人是哪个。当下出了一纸文书给与缉捕使臣，命商家出五十贯当官赏钱，要缉捕那作不是的。访了多时，并无一些影响。商家吃这一闪，差不多失了万金东西，家事自此消乏了。商妾与商小姐但一说着，便相对痛哭不住。贾成之见丈人家里零替如此，又且妻子时常悲哀，心里甚是怜惜，认做自家身上事，到处出力，不在话下。

谁知这赚去东西的，不是别人，正是：

远不远千里，近只在眼前。

看官你道赚去商家物事的，却是那个？真个是人心难测，海水难量，原来就是贾廉访。这老儿晓得商家有资财，又是孤儿寡妇，可以欺骗。其家金银什物多曾经媳妇商小姐盘验，儿子贾成之透明知道。因商小姐带回账目一本，贾成之有时拿出来看，夸说妻家富饶。被廉访留心，接过手去，逐项记着。贾成之一时无心，难道有甚么疑忌老子不成？岂知利动人心，廉访就生出一个计较，假着府里关文，着人到商家设骗。商家见所借之物，多是家中有的，不好推掉。又兼差当值的来，就问着这个日里鬼，怎不信了？此时商家决不疑心到亲家身上，就是贾成之夫妻二人，也只说是什么神棍弄了去，神仙也不诓是自家老子。所以偌多时缉捕人那里访查得出？说话的，依你说，而今为何知道了？看官听说，天下事欲人不知，除非莫为。

廉访拐了这主横财到手，有些毛病出来。俗语道："偷得爷钱没使处。"心心念念要拿出来兑换钱钞使用。争奈多是见成器皿，若拿出来怕人认得，只得把几件来熔化。又不好托得人，便烧炽了炭，亲自坯销。销开了却没处倾成锭子，他心生一计，将毛竹截了一段小管，将所销之银倾将下去，却成一个圆饼，将到铺中兑换钱钞。铺中看见廉访家里近日使的多是这竹节银，再无第二样。便有时零錾了将出来，那圆处也还看得出。心里疑惑，问那家人道："宅上银两，为何却一色用竹筒铸的？是怎么说？"家人道："是我家廉访手自坯销，再不托人的，不知为着什么缘故。”三三两两传将开去，道贾家用竹筒倾银用，煞是古怪。就有人猜到商家失物这件事上去，却是他两家儿女至亲，谁来执证？不过这些人费得些口舌，有的道：“他们只当一家，那有此事。”有的道：“官宦人家，怕不会唤银匠倾销物件，却自家动手？必是碍人眼目的，出不得手，所以如此。况且平日不曾见他这等的，必然蹊跷。”也只是如此疑猜，没人凿凿说得是不是。至于商家，连疑心也不当人子，只好含辛忍苦，自己懊悔怨恨，没个处法。缉捕使臣等听得这话，传在耳朵里，也只好笑笑，谁敢向他家道个不字？这件事只索付之东流了。

只可笑贾廉访堂堂官长，却做那贼的一般的事，曾记得无名子有诗云：

解贼一金并一鼓，迎官两鼓一声锣。
金鼓看来都一样，官人与贼不争多。

又剧贼郑广受了招安，得了官位，曾因官员每做诗，他也口吟一首云：

郑广有诗献众官，众官与广一般般。
众官做官却做贼，郑广做贼却做官。

今日贾廉访所为，正似此二诗所言“官人与贼不争多”、“做官却做贼”了。却又施在至亲面上，欺孤骗寡，尤为可恨！若如此留得东西与子孙受用，便是天没眼睛。看官不要性急，且看后来报应。

果然光阴似箭，日月如梭，转眼二十年。贾廉访已经身故，贾成之得了出身，现做粤西永宁横州通判。其时商妾长子幼年不育，第二个儿子唤名商懋，表字功父，照通族排来，行在第六十五，同母亲不住德庆，迁在临贺地方，与横州不甚相远。那商功父生性刚直，颇有干才，做事慷慨，又热心，又和气。贾成之本意怜着妻家，后来略闻得廉访欺心赚骗之事，越加心里不安，见了小舅子十分亲热。商小姐见兄弟小时母子伶仃，而今长大知事，也自喜欢他。所以成之在横州衙内，但是小舅子来，千欢万喜，上百两送他，姐姐又还有私赠，至于与人通关节得钱的在外。来一次，一次如此。功父奉着寡母过日，靠着贾家姐姐、姐夫恁地扶持，渐渐家事丰裕起来，在临贺置有田产庄宅，广有生息。又娶富人之女为妻，规模日大一日，不似旧时母子旅邸荒凉景况。

过了几时，贾成之死在官上，商小姐急差人到临贺接功父商量后事。诸凡停当过，要扶柩回葬，商功父撺掇姐姐道：“总是德庆也不过客居，原非本籍。我今在临贺已立了家业，姐姐只该同到临贺寻块好地，葬了姐夫，就在临贺住下，相傍做人家，也好时常照管，岂非两便？”小姐道：“我是女人家，又是孑身孀居，巴不得依傍着亲眷。但得安居，便是住足之地。那德庆也不是我家乡，还去做甚？只凭着兄弟主张，就在监贺同住了，周全得你姐夫入了土，大事便定，吾心安矣。”

原来商小姐无出，有媵婢生得两个儿子，绝是幼小，全仗着商功父提拔行动。当时计议已定，即便收拾家私，一起望临贺进发。少时来到，商功父就在自己住的宅边，寻个房舍，安顿了姐姐与两个小外甥。从此两家相依，功父母亲与商小姐两人，朝夕为伴，不是我到你家，便是你到我家，彼此无间。商小姐中年寡居，心贪安逸，又见兄弟能事，是件周到停当，遂把内外大小之事，多托与他执料，钱财出入，悉凭其手，再不问起数目。又托他与贾成之寻阴地，造坟安葬，所费甚多。商功父赋性慷慨，将着贾家之物作为已财，一律挥霍。虽有两个外甥，不是姐姐亲生，亦且是乳臭未除，谁人来稽查得他？商功父正气的人，不是要存私，却也只趁着兴头，自做自主，像心像意，那里还分别是你的我的？久假不归，连功父也忘其所以。贾廉访昔年设心拐去的东西，到此仍还与商家用度了。这是羹里来的饭里去，天理报复之常，可惜贾廉访眼里不看得见。

一日，商功父害了伤寒症候，身子热极。忽觉此身飘浮，直出帐顶，又升屋角，渐渐下来，恣行旷野。茫茫恰像海畔一般，并无一个伴侣。正散荡间，忽见一个公吏打扮的走来，相见已毕，问了姓名。公吏道：“郎君数未该到此。今有一件公事，郎君合当来看一看，请到府中走走。”商功父不知什么地方，跟着这公吏便走，走到一个官府门前，见一个囚犯，头戴黑帽，颈荷铁枷，絣在西边两扇门外。仔细看这门，是个狱门。但见：

阴风惨惨，杀气霏霏。只闻鬼哭神号，不见天清日朗。狰狞隶卒挨肩立，蓬垢囚徒侧目窥。凭教铁汉消魂，任是狂夫失色。

商功父定睛看时，只见这囚犯絣处，左右各有一个人，执着大扇相对而立，把大扇一挥，这枷的囚犯叫一声“啊呀”！登时血肉糜烂，淋漓满地，连囚犯也不见，止剩得一个空枷。少歇须臾，依然如旧。功父看得浑身打颤，呆呆立着。那个囚犯忽然张目大呼道：“商六十五哥，认得我否？”功父仓促间，不曾细认，一时未得答应。囚犯道：“我乃贾廉访也，生前做得亏心事颇多，今要一一结证。诸事还一时了不来，得你到此，且与我了结一件。我昔年取你家财，阳世间偿还已差不多了，阴间未曾结绝得。多一件多受一样苦，今日烦劳你写一供状，认是还足，我先脱此风扇之苦。”说罢，两人又是一扇，仍如起初狼藉一番。

功父好生不忍，因听他适间之言，想起家里事体来道：“平时曾见母亲说，向年间被人赚去家资万两，不知是谁。后来有人传说是贾廉访，因为亲眷家，不信有这事。而今听他说起来，这事果然真了，所以受此果报。看他这般苦楚，吾心何安？况且我家受姐夫许多好处，而今他家家事见在我掌握之中，原来是前缘合当如此。我也该递个结状，解他这一桩公案了。”就对囚犯说道：“我愿供结状。”囚犯就求旁边两人取纸笔递与功父，两人见说肯写结状，便停了扇不扇。功父看那张纸时，原已写得有字，囚犯道："只消舅舅押个字就是了。"功父依言提起笔来写个花押，递与囚犯。两人就伸手来在囚犯处接了，便喝道："快进去！"囚犯对着功父大哭道："今与舅舅别了，不知几时得脱。好苦！好苦！"一头哭，一头被两个执扇的人赶入狱门。

功父见他去了，叹息了一回，信步走出府门外来。只见起初同来这个公吏，手执一符，引着卒徒数百，多像衙门执事人役，也有掮旗的，也有打伞的，前来声喏，恰似接新官一般。功父心疑，那公吏走上前行起礼来，跪着禀白道："泰山府君道：'郎君刚正好义，既抵阴府，不宜空回，可暂充贺江地方巡按使者！'天符已下，就请起程。"功父身不自由，未及回答，吏卒前导，已行至江上。空中所到之处，神祇参谒。但见华盖山、目岩山、白云山、荣山、歌山、泰山、蒙山、独山许多山神，昭潭洞、平乐溪、考槃涧、龙门滩、感应泉、漓江、富江、荔江许多水神，多来以次相见，待功父以上司之礼，各执文簿呈递。

公吏就请功父一一查勘。查有境中某家，肯行好事，积有年数，神不开报，以致久受困穷；某家惯做歹事，恶贯已盈，神不开报，以臻尚享福泽；某家外假虚名，存心不善，错认做好人，冒受好报；某家迹蒙暧昧，心地光明，错认做歪人，久行废弃；以致山中虎狼食人，川中波涛溺人；有冥数不该，不行分别误伤性命的，多一一诘责，据案部判。随人善恶细微，各彰报应。诸神奉职不谨，各量申罚。诸神诺诺连声，尽服公平。迤逦到封州大江口，公吏禀白道："公事已完，现有福神来迎，明公可回驾了。"就空中还到贺州，到了家里，原从屋上飞下，走入床中，一身冷汗，飒然惊觉，乃是南柯一梦，汗出不止，病已好了。

功父伸一伸腰，挣一挣眼，叫声"奇怪"！走下床来，只见母、妻两人，正把玄天上帝画像挂在床边，焚香祷请。原来功父身子眠在床上，昏昏不知人事，叫问不应，饮食不进，不死不活，已经七昼夜了。母、妻见功父走将起来，大家欢喜道："全仗圣帝爷爷保佑之力。"功父方才省得公吏所言福神来迎，正是家间奉事圣帝之应。功父对母、妻把阴所见之事，一一说来。母亲道："向来人多传说道是这老儿拐去我家东西，因是亲家，决不敢疑心，今日方知是真，却受这样恶报，可见做人在财物上不可欺心如此。”正嗟叹间，商小姐恰好到来，问兄弟的病信，见说走起来了，不胜欢喜。商功父见了姐姐，也说了阴间所见。商小姐见说公公如此受苦，心中感动，商议要设建一个醮坛，替廉访解释罪业。功父道：“正该如此，神明之事，灼然可畏。我今日亲经过的，断无虚妄。”依了姐姐说，择一个日子，总是做贾家钱钞不着，建启一场黄箓大醮，超拔商、贾两家亡过诸魂，做了七昼夜道场。功父梦见廉访来谢道：“多蒙舅舅道力超拔，两家亡魂，俱得好处托生，某也得脱苦狱，随缘受生去了。”功父看去，廉访衣冠如常，不是前日蓬首垢面囚犯形容。觉来与合家说着，商小姐道：“我夜来梦见廉访相公，说话也如此，可知报应是实。”

功父自此力行善事，敬信神佛。后来年到八十余，复见前日公吏，执着一纸文书前来，请功父交代。仍旧卒徒数百人簇拥来迎，一如前日梦里江上所见光景。功父沐浴衣冠，无疾而终，自然入冥路为神道矣。

周亲忍去骗孤孀，到此良心已尽亡。
善恶到头如不报，空中每欲借巡江。

卷二十一

许察院感梦擒僧　王氏子因风获盗

诗云：

狱本易冤，况于为盗？
若非神明，鲜不颠倒！

话说天地间事，只有狱情最难测度。问刑官凭着自己的意思，认是这等了，坐在上面，只是敲打。自古道："捶楚之下，何求不得？"任是什么事情，只是招了。见得说道："重大之狱，三推六问。"大略多守着现成的案，能有几个伸冤理枉的？至于盗贼之事，尤易冤人。一心猜是那个人了，便觉语言行动，件件可疑，越辨越像。除非天理昭彰，显应出来，或可明白。若只靠着鞫问一节，尽有屈杀了再无说处的。

记得宋朝隆兴元年，镇江军将吴超守楚州，魏胜在东海与虏人相抗，因缺军中赏赐财物，遣统领官盛彦来取。别将袁忠押了一担金帛，从丹阳来到，盛彦到船相拜，见船中白物堆积，笑道："财不露白，金帛满舟累累，晃人眼目如此！"袁忠道："官物甚人敢轻觑？"盛彦戏道："吾今夜当令壮士来取了去，看你怎地？"袁忠也笑道："有胆来取，任从取去。"大家一笑而别。

是夜果有强盗二十余人跳上船来，将袁将捆缚，掠取船中银四百锭去了。次日袁将到帅府中哭告吴师，说："昨夜被统领官盛彦劫去银四百锭，且被绑缚，伏乞追还究治！"吴师道："怎见得是盛彦劫去？"袁将道："前日袁忠船自丹阳来到，盛统领即来相拜。一见银两，便已动心，口说道今夜当遣壮士来取去。袁忠还道他是戏言，不想至夜果然上船，劫掠了四百锭去，不是他是谁？"吴帅听罢，大怒道："有这样大胆的！"即着四个捕盗人将盛彦及随行亲校，尽数绑来。

军令严肃，谁敢有违？一干人众，绑入辕门，到了庭下，盛统领请问得罪缘由。吴帅道："袁忠告你带领兵校劫了他船上银四百锭，还说无罪？"盛彦道："哪有此事！小人虽然卑微，也是个职官，岂不晓得法度，干这样犯死的事？"袁忠跪下来证道："你日间如此说了，晚间就失了盗，还推得那里去？"盛彦道："日间见你财物太露，故此戏言，岂有当真做起来的？"吴帅道："这样事岂可戏得？自然有了这意思，方才说那话。"盛彦慌了，道："若小人要劫他，岂肯先自泄机？"吴帅怒道："正是你心动火了，口里不觉自露。如此大事，料你不肯自招！"喝教用起刑来。盛彦杀猪也似叫喊冤屈。吴帅哪里肯听，只是严加拷掠，备极惨酷。盛彦熬刑不过，只得招道：“不合见银动念，带领亲兵夜劫是实。”因把随来亲校逐个加刑起来，其间有认了的，有不认的。那不认的，落得多受了好些刑法，有甚用处？不由你不葫芦提，一概画了招伏。

及至追究原赃，一些无有。搜索行囊已遍，别无踪迹。又把来加上刑法，盛统领没奈何，信口妄言道：“即时有个亲眷到湖湘，已尽数付他贩鱼米去了。”吴帅写了口词，军法所系，等不到赃到成狱，三日内便要押付市曹，先行枭首示众。盛统领不合一时取笑，到了这个地位。正是：

浑身是口不能言，遍体排牙说不得。

且说镇江市上有一个破落户，姓王名林，素性无赖，专一在扬子江中做些不用本钱的勾当。有妻冶容年少，当垆沽酒，私下顺便结识几个倬俏的走动走动。这一日，王林出去了，正与邻居一个少年在房中调情，搂着要干那话。怎当得七岁的一个儿子在房中顽耍，不肯出去，王妻骂道：“小业种，还不走了出去？”那儿子顽到兴头上，哪里肯走？年纪虽小，也到晓得些光景，便苦毒道：“你们自要入屄，干我甚事？只管来碍着我！”王妻见说着病痛，自觉没趣，起来赶去一顿栗暴，又将出去。

小孩子被打得疼了，捧着头号天号地价哭，口里千入屄、入屄地喊，恼得王妻性起，且丢着汉子，抓了一条面杖赶来打他。小孩子一头喊一头跑，急急奔出街心，已被他头上捞了一下。小孩子护着痛，口里嚷道：“你家干得甚么好事？到来打我！好端端的灶头拆开了，偷别人家许多银子放在里头遮好了，不要讨我说出来！”呜里呜喇地正在嚷处，王妻见说出海底眼，急走出街心，拉了进去。早有做公的听见这话，走去告诉与伙计道：“小孩子这句话，造不出来的，必有缘故。目今袁将官失了银四百锭，冤着盛统领劫了，早晚处决，不见赃物。这个王林乃是惯家，莫不有些来历吗？我们且去察听个消息。”

约了五六个伙伴，到王林店中来买酒吃。吃得半阑，大叫道："店主人！有鱼肉回些我们下酒。"王妻应道："我店里只是腐酒，没有荤菜。"做公的道："又不白吃了你们的，为何不肯？"王妻道："家里不曾有得，变不出来，谁说白吃！"一个做公的，便倚着酒势，要来寻非，走起来道："不信没有，待我去搜看！"望着内里便走，一个赶来相劝，已被他抢入厨房中，故意将灶上一撞，撞下一块砖来，跌得粉碎。王妻便发话道："谁人家没个内外？怎吃了酒没些清头，赶到人家厨房中，灶砧多打碎了！"做公的回嗔作喜道："店家娘子，不必发怒，灶砧小事，我收拾好还你。"便把手去摸那碎处，王妻慌忙将手来遮掩道："不妨事，待我们自家修罢！"做公的看见光景有些尴尬，不由分说，索性用力一推，把灶角多推塌了，里面露出白晃晃大锭银子一堆来，呼哨一声道："在这里了！"

众人一齐起身赶进来看见，先把王妻拴起，正要根究王林，只见一个人撞将进来道："谁在我家罗唣！"众人看去，认得是王林，喝道："拿住！拿住！"王林见不是头，转身要走。众做公的如鹰拿燕雀，将索来绑缚了。一齐动手，索性把灶头扒开，取出银子，数一数看，四百锭多在，不曾动了一些，连人连赃，一起解到帅府。

吴帅取问口词，王林招说："打劫袁将官船上银两是实。"推究党与，就是平日与妻子往来的邻近的一伙恶少年，共有二十余人。密地擒来，不曾脱了一个。招情相同，即以军法从事，立时枭首，妻子官卖。方才晓得前日屈了盛统领并一干亲校，放了出狱。若不是这日王林败露，再隔一晚，盛统领并亲校的头，多不在颈上了。可见天下的事，再不可因疑心妄坐着人的。

而今也为一桩失盗的事，疑着两个人，后来却得清官辩白出来，有好些委曲之处，待小子试说一遍：

讼狱从来假，翻令梦寐真。
莫将幽暗事，冤却眼前人。

话说国朝正德年间，陕西有兄弟二人，一个名唤王爵，一个名唤王禄。祖是个贡途知县，致仕在家。父是个盐商，与母俱在堂。王爵生有一子，名一皋；王禄生有一子，名一夔。爵、禄两人幼年俱读书，爵进学为生员。禄废业不成，却精于商贾榷算之事，其父就带他去山东相帮种盐，见他能事，后来其父不出去了，将银一千两托他自往山东做盐商去。随行两个家人，一个叫作王恩，一个叫作王惠，多是经历风霜、惯走江湖的人。王禄到了山东，主仆三个，眼明手快，算计过人，撞着时运又顺利，做去就是便宜的，得利甚多。

自古道：饱暖思淫欲。王禄手头饶裕，又见财物易得，便思量淫荡起来。接着两个表子，一个唤作夭夭，一个唤作蓁蓁，嫖宿情浓，索性兑出银子来包了她身体。又与家人王恩、王惠各娶一个小老婆，多拣那少年美貌的。名虽为家人媳妇，服侍夭夭、蓁蓁，其实王禄轮转歇宿，反是王恩、王惠到手的时节甚少。兴高之时，四个弄做一床，大家淫戏，彼此无忌。日夜欢歌，酒色无度，不及二年，遂成劳怯，一丝两气，看看至死。王禄自知不济事了，打发王恩寄书家去与父兄，叫儿子王一夔同了王恩到山东来交付账目。

王爵看书中说得银子甚多，心里动了火，算计道："侄儿年纪幼小，便去也未必停当；况且病势不好，万一等不得，却不散失了银两？"意要先赶将去，却交儿子一皋相伴一夔同走。遂吩咐王恩道："你慢慢与两位小官人收拾了一同后来，待我星夜先自前去见二官人则个。"只因此去，有分交：白面书生，遽做离乡之鬼；缁衣佛子，翻为入狱之囚。正是：

福无双至犹难信，祸不单行果是真。
不为弟兄多滥色，怎教双丧异乡身？

王爵不则一日，到了山东，寻着兄弟王禄，看见病虽沉重，还未曾死。原来这些色病，固然到底不救，却又一时不死，最有清头的。幸得兄弟两个还及相见，王禄见了哥哥，吊下泪来。王爵见了兄弟病势已到十分，涕泣道："怎便狼狈至此？"王兄道："小弟不幸，病重不起，忍着死专等亲人见面。今吾兄已到，弟死不恨了。"王爵道："贤弟在外日久，营利甚多，皆是贤弟辛苦得来。今染病危急，万一不好，有甚遗言回复父母？"王禄道："小弟远游，父母兄长跟前有失孝悌，专为着几分微利，以致如此。闻兄说我辛苦，只这句话，虽劳不怨了。今有原银一千两，奉还父母，以代我终身之养。其余利银三千余两，可与我儿一夔一半，侄儿一皋一半，两分分了。幸得吾兄到此，银既有托，我虽死亦瞑目地下矣。"吩咐已毕，王爵随叫家人王惠将银子查点已过。王禄多说了几句话，渐渐有声无气，挨到黄昏，只有出的气，没有入的气，呜呼哀哉！伏维尚飨。

王爵与王惠哭做了一团，四个妇人也陪出了哀而不伤的眼泪。王爵着王惠去买了一副好棺木盛贮了，下棺之时，王爵推说日辰有犯，叫王惠监视着四个妇女做一房锁着，一个人不许来看，殡殓好了，方放出来。随去唤那夭夭、蓁蓁的鸨儿到来，写个领字，领了回去。还有这两个女人，也叫原媒人领还了娘家。也不管眼前的王惠有些不舍得，身后的王恩不曾相别得，只要设法轻松了便当走路。当下一面与王惠收拾打叠起来，将银五百两装在一个大匣之内，将一百多两零碎银子、金首饰二副放在随身行囊中，一路使用。王惠疑心，问道："二官人许多银两，如何只有得这些？"王爵道："恐怕路上不好走，多的我自有妙法藏过，到家便有，所以只剩这些在外边。"王恩道："大官人既有妙法，何不连这五百两也藏过？路上盘缠够用罢了。"王爵道："一个大客商尸棺回去，难道几百两银子也没有的？别人疑心起来，反要搜根剔齿，便不妙了。不如放此一匣在行李中，也够看得沉重，别人便不再疑心还有什么了。”王惠道:“大官人见得极是。”

计较已定,去雇起一辆车来,车户唤名李旺。车上载着棺木,满贮着行李,自己与王惠,短拨着牲口骑了,相傍而行。一路西来,到了曹州东关饭店内歇下,车子也推来安顿在店内空处了。车户李旺行了多日,习见匣子沉重,晓得是银子在内,起个半夜,竟将这一匣抱着,趁人睡熟时离了店内,连车子撇下逃了出去。比及天明客起,唤李旺来推车,早已不知所向,急简点行李物件,止不见了匣子一个。王爵对店家道:“这个匣子装着银子五百两在里头,你也脱不得干系。”店家道:“若是小店内失窃了,应该小店查还。今却是车户走了,车户是客人前途雇的,小店有何干涉?”王爵见他说得有理,便道:“就与你无干,也是在你店内失去,你须指引我们寻他的路头。”店家道:“客人,这车户哪里雇的?”王惠道:“是省下雇来的北地里回头车子。”店家道:“这等,他不往东去,还只在西去的路上。况且身有重物,行走不便,作速追去,还可擒获。只是得个官差同去,追获之时,方无疏失。”王爵道:“这个不打紧,我穿了衣巾,与你同去禀告州官,差个快手便是。”店家道:“原来是一位相公,一发不难了。”问问州官,却也是个陕西人。王爵道:“是我同乡更妙。”

王爵写个帖子,又写着一纸失状。州官见是同乡,分外用情,即差快手李彪随着王爵跟捕贼人,必要擒获,方准销牌。王爵就央店家另雇了车夫,推了车子,别了店家,同公差三个人一起走路。到了开河集上,王爵道:“我们带了累堆物事,如何寻访?不若寻一大店安下了,住定了身子,然后分头缉探消息方好。”李彪道:“相公极说得有理。我们也不是一日访得着的,访不着,相公也去不成。此间有个张善店极大,且把丧车停在里头,相公住起两日来。我们四下寻访,访得影响,我们回复相公,方有些起倒。”王爵道:“我正是这个意思。”叫王惠吩咐车夫,竟把车子推入张善店内。店主人出来接了,李彪吩咐道:“这位相公是州里爷的乡里,护丧回去,有些公干,要在此地方停住两日。你们店里拣洁净好房收拾两间,我们歇宿,须要小心承值。”店主张善见李彪是个公差,不敢怠慢,回言道:“小店在这集上,算是宽敞的。相公们安心住几日就是。”一面摆出常例的酒饭来。王爵自居上房另吃,王惠与李彪同吃。吃过了,李彪道:“日色还早,小人去与集上一班做公的弟兄约会一声,大家留心一访。”王爵道:“正该如此,访得着了,重重相谢。”李彪道:“当得效劳。”说罢自去了。

王爵心中闷闷不乐,问店主人道:“我要到街上闲步一回,没个做伴,你与我同走走。”张善道:“使得。”王爵留着王惠看守行李房卧,自己同了张善走出街上来。在闹热市里挤了一番,王爵道:“可引我到幽静处走走。”张善道:“来,来,有个幽静好去处在那里。”王爵随了张善在野地里穿将去,走到一个所在,乃是个尼庵。张善道:“这里甚幽静,里边有好尼姑,我们进去讨杯茶儿吃吃。”张善在前,王爵在后,走入庵里。只见一个尼僧在里面踱将出来。王爵一见,惊道:“世间有这般标致的!”怎见得那尼僧标致?

尖尖发印，好眉目新剃光头；窄窄缁袍，俏身躯雅裁称体。樱桃樊素口，芬芳吐气只看经；杨柳小蛮腰，袅娜逢人旋唱喏。似是摩登女来生世，哪怕老阿难不动心！

王爵看见尼姑，惊得荡了三魂，飞了七魄。固然尼姑生得大有颜色，亦是客边人易得动火。尼姑见有客来，趋跄迎进拜茶。王爵当面相对，一似雪狮子向火，酥了半边，看看软了，坐间未免将几句风话撩她。那尼姑也是见多识广的，公然不拒。王爵晓得可动，密怀有意。一盏茶罢，作别起身。同张善回到店中来，暗地取银一锭，藏在袖中，叮咛王惠道："我在此闷不过，出外去寻个乐地适兴，晚间回不回来也不可知。店家问时，只推不知，你伴着公差好生看守行李。"王惠道："小人晓得，官人自便。"

王爵撇了店家，回身重到那个庵中来。尼姑出来见了，道："相公方才别得去，为何又来？"王爵道："心里舍不得师父美貌，再来相亲一会。"尼姑道："好说。"王爵道："敢问师父法号？"尼姑道："小尼贱名真静。"王爵笑道："只怕树欲静而风不宁，便动动也不妨。"尼姑道："相公休得取笑。"王爵道："不是取笑，小生客边得遇芳容，三生有幸。若便是这样去了，想也教人想杀了。小生寓所烦杂，敢具白银一锭，在此要赁一间闲房住几晚，就领师父清诲，未知可否？"尼姑道："闲房尽有，只是晚间不便，如何？"王爵笑道："晚间宾主相陪，极是便的。"尼姑也笑道："好一个老脸皮的客人！"原来那尼姑是个经弹的斑鸠，着实在行的，况见了白晃晃的一锭银子，心下先自要了。便伸手来接着银子道："相公果然不嫌此间窄陋，便住两日去。"王爵道："方才说要主人晚间相陪的。"尼姑微笑道："夯货！谁说道叫你独宿？"王爵大喜，彼此心照。是夜就与真静一处宿了，你贪我爱，颠鸾倒凤，恣行淫乐，不在话下。睡到次日天明，来到店中看看，打发差人李彪出去探访，仍留王惠在店。傍晚又到真静处去了，两个情浓，割扯不开。王惠与李彪见他出去外边歇宿，只说是在花柳人家，也不查他根脚。店主人张善一发不干他己事，只晓他不在店里宿罢了。

如此多日，李彪日日出去，晚晚回店，并没有些消息。李彪对王爵道："眼见得开河集上地方没影踪，我明日到济宁密访去。"王爵道："这个却好。"就称些银子与他做盘缠，打发他去了。又转一个念头道："缉访了这几时，并无下落。从来说做公人的捉贼放贼，敢是有弊在里头？"随叫王惠："可赶上去，同他一路走，他便没做手脚处。"王惠领命也去了。王爵剩得一个在店，思量道："行李是要看守的，今晚须得住在店里。"日间先走去与尼姑说了今夜不来的缘故，真静恋恋不舍。王爵只得硬了肚肠，别了到店里来。店家送些夜饭吃了，收拾歇宿。店家并叠了家伙，关好了店门，大家睡去。

一更之后，店主张善听得屋上瓦响，他是个做经纪的人，常是提心吊胆的，睡也睡得惺憁，口不做声，嘿嘿静听。须臾之间，似有个人在屋檐上跳下来的声响。张善急披了衣服，跳将起来，口里喊道："前面有什么响动？大家起来看看！"张善等不得做工的起身，慌忙走出外边。脚步未到时，只听得嚇扑之声，店门已开了。张善晓得着了贼，自己一个人不敢追出来，心下想道："且去问问王家房里看。"那王爵这间的住房门也开了，张善连声叫："王相公！王相公！不好了！不好了！快起来点行李！"不见有人应。只见店外边一个人气急咆哮的走进来道："这些时怎生未关店门，还在这里做什么？"张善抬头看时，却是快手李彪。张善道："适间响动，想是有贼，故来寻问王相公。你到济宁去了，为何转来？"李彪道："我吊下了随身腰刀在床铺里了，故连忙赶回拿去。既是响动，莫不失所了什么？"张善道："正要去问王相公。"李彪道："大家去叫他起来。"

走到王爵卧房内，叫声不应，点火来看，一齐喊一声道："不好了！"原来王爵已被杀死在床上了。李彪呆了道："这分明是你店里的缘故了。见我每二人多不在，他是秀才家孤身，你就算计他了。"张善也变了脸道："我每睡梦里听得响声，才起来寻问，不见别人，只见你一个。你既到济宁去，为何还在？这杀人事，不是你，倒说是我？"李彪气得眼睁道："我自掉了刀转来寻的，只见你夜晚了还不关门，故此问你，岂知你先把人杀了！"张善也战抖抖地怒道："你有刀的，怕不会杀了人，反来赖我！"李彪道："我的刀须还在床上，不曾拿得在手里。"随走去床头取了出来，灯下与张善看道："你们多来看看，这可是方才杀人的？血迹也有一点半点儿？"李彪是公差人，能说能话，张善哪里说得他过？嚷道："我只为赶贼，走起来不见别贼，只撞着的是你！一同叫到房里，才见王秀才杀死，怎赖得我！"两个人彼此相疑，大家混争，惊起地方邻里人等多来问故。两个你说一遍，我说一遍。地方见是杀人公事，道："不必相争，两下都走不脱。到了天明，一同见官去。"把两个人拴起了，收在铺里。

一霎时天明，地方人等一齐解到州里来。知州升堂，地方带将过去，禀说是人命重情。州官问其缘由，地方人说："客店内晚间杀死了一个客人，这两个人互相疑推，多带来听爷究问。"李彪道："小人就是爷前日差出去同王秀才缉贼的公差，因停在开河集张善店内，缉访无踪。小人昨日同王秀才家人王惠前往济宁广缉，留得王秀才在下处。店家看见单身，贪他行李，把来杀了。"张善道："小人是个店家，歇下王秀才在店几日了。只因访贼无踪，还未起身，昨日打发公差与家人到济宁去了，独留在店.小人晚间听得有人开门响，这是小人店里的干系，起来寻问。只见公差重复回店，说是寻刀，当看王秀才时，已被杀死。"知州问李彪道："你既去了，为何转来，得知店家杀了王秀才？"李彪道："小人也不知，小人路上记起失带了腰刀，与同行王惠说知，叫他前途等候，自己转来寻的。到得店中，已自更余。只见店门不关，店主张善正在店里慌张。看王秀才已被杀了，不是店家杀了是谁？"知州也决断不开，只得把两人多用起刑来。李彪终久是衙门中人，说话硬浪，又受得刑起。张善是经纪人，不曾熬过这样痛楚的，当不过了，只得屈招道："是小人见财起意，杀了王秀才是实。"知州取了供词，将张善发下死囚牢中，申详上司发落，李彪保候听结。

且说王惠在济宁饭店宿歇，等李彪到了一同访缉。第二日等了一日，不见来到，心里不耐烦起来，回到开河来问消息。到得店中，只见店家嚷成一片，说是王秀才被人杀了，却叫我家问了屈刑！王惠只叫得苦，到房中看看家主王爵，颈下飧刀，已做了两截了。王惠号啕大哭了一场，急简点行李，已不见了银子八十两、金首饰二副。王惠急去买副棺木，盛贮了尸首，恐怕官府要相认，未敢钉盖。且就停在店内，排个座位，朝夕哭奠。已知张善在狱，李彪保候，他道："这件事，一来未有原告，二来不曾报得失赃，三来未知的是张善谋杀，下面官府未必有力量归结报得冤仇，须得上司告去，才得明白。"闻知察院许公善能断无头事，恰好巡按到来，遂写下一张状子，赴察院案下投告。

那个察院，就是河南灵宝有名的许尚书襄毅公。其时在山东巡按，见是人命重情，批与州中审解。州中照了原招，只坐在张善身上，其赃银候追。张善当官怕打，虽然一口应承，见了王惠，私下对他着实叫屈。且诉说那晚门响撞见李彪的光景，连王惠心里也不能无疑，只是不好指定了哪一个。一同解到察院来，许公看了招词，叫起两下一问，多照前日说了一番说话。许公道："既然张善还扳着李彪，如何州里一口招了？"张善道："小人受刑不过，只得屈招。其实小人是屋主，些小失脱，还要累及小人追寻，怎么敢公然杀死了人藏了财物？小人待躲到哪里去？那日开门时，小人赶起来，只见李彪撞进来的。怎到不是李彪，却栽在小人身上？"李彪道："小人是个官差，州里打发小人随着王秀才缉贼的。这秀才是小人的干系，杀了这秀才，怎好回得州官？况且小人掉了腰刀转身来寻的，进门时，手中无物，难道空拳头杀得人？已后床头才取刀出来，众目所见的，须不是杀人的刀了。人死在张善店里，不问张善问谁？"许公叫王惠问道："你道是哪一个？"王惠道："连小人心里也胡突，两下多疑，两下多有辨，说不得是那一个。"许公道："据我看来，两个都不是，必有别情。"遂援笔判道：

李彪、张善，一为根寻，一为店主，动辄牵连，肯杀人以自累乎？必有别情，监候审夺。

当下把李彪、张善多发下州监，自己退堂进去，心中只是放这事不下。晚间蒙眬睡去，只见一个秀才同着一个美貌妇人前来告状，口称被人杀死了。许公道："我正要问这事。"妇人口中说出四句道：

无发青青，彼此来争。
土上鹿走，只看夜明。

许公点头记着，正要问其详细，忽然不见，吃了一惊，飒然觉来，乃是一梦。那四句却记得清清的，仔细思之，不解其意，但忖道："妇人口里说的，首句有'无发'二字，妇人无发，必是尼姑也。这秀才莫不被尼姑杀了？且待明日细审，再看如何，这诗句必有应验处。"

次日升堂，就提张善一起再问。人犯到了案前，许公叫张善起来问道："这秀才自到你店中，晚间只在店中歇宿的吗?"张善道："自到店中，就只留得公差与家人在店歇宿，他自家不知那里去过夜的。直到这晚，因为两人多差往济宁，方才来店歇宿，就被杀了。"许公道："他曾到本地什么庵观去处吗?"张善想了一想，道："这秀才初到店里，要在幽静处闲走散心，曾同了小人尼庵内走了一遭。"许公道："庵内尼姑，年纪多少？生得如何?"张善道："一个少年尼僧，生得美貌。"许公暗喜道："事有因了。"又问道："尼僧叫得甚么名字?"张善道："叫得真静。"许公想着，拍案道："是了！是了！梦中头两句'无发青青，彼此来争'，'无发'二字，应了尼僧；下面'青'字配个'争'字，可不是'静'字？这人命只在真静身上。"就写个小票，掣了一根签，差个公人李信，速拿尼僧真静解院。

李信承了签票，竟到庵中来拿。真静慌了，问是何因。李信道："察院老爷要问杀人公事，非同小可。"真静道："爷爷呀！小庵有什么杀人事体?"李信道："张善店内王秀才被人杀了，说是曾在你这里走动的，故来拿你去勘问。"真静惊得木呆，心下想道："怪道王秀才这两晚不来，原来被人杀了。苦也！苦也!"求告李信道："我是个女人，不出庵门，怎晓得他店里的事？牌头怎生可怜见，替我回复一声，免我见官，自当重谢。"李信道："察院要人，岂同儿戏！我怎生方便得?"真静见李信不肯，娇啼宛转，做出许多媚态来，意思要李信动心，拼着身子陪他，就好讨个方便。李信虽知其意，惧怕衙门法度，不敢胡行。只好安慰她道："既与你无干，见见官去，自有明白，也无妨碍的。"拉着就走。

真静只得跟了，解至察院里来。许公一见真静，拍手道："是了，是了！此即梦中之人也！煞恁奇怪!"叫她起来，跪在案前，问道："你怎生与王秀才通奸，后来他怎生杀了，你从实说来，我不打你。有一句含糊，就活敲死了!"满堂皂隶雷也似吆喝一声。真静年纪不上廿岁，自不曾见官的，胆子先吓坏了。不敢隐瞒，战抖抖地道："这个秀才，那一日到庵内游玩，看见了小尼。到晚来，他自拿了白银一锭，就在庵中住宿。小尼不合留他，一连过了几日，彼此情浓，他口许小尼道，店中有几十两银子，两副首饰，多要拿来与小尼。这一日，说道有事干，晚间要在店里宿，不得来了。自此一去，竟无影响。小尼正还望他来，怎知他被人杀了?"许公看见真静年幼，形容娇媚，说话老实，料道通奸是真，须不会杀的人，如何与梦中恰相符合？及至说所许银两物件之类，又与失赃不差，踌躇了一会儿，问道："秀才许你东西之时，有人听见吗?"真静道："在枕边说的话，没人听见。"许公道："你可曾对人说吗?"真静想了一想，通红了脸，低低道："是了，是了，不该与这狠厮说！这秀才苦死是他杀了。”

许公拍案道：“怎的说？”真静道：“小尼该死！到此地位，瞒不得了。小尼平日有一个和尚私下往来，自有那秀才在庵中，不招接了他。这晚秀才去了，他却走来，问起与秀才交好之故。我说秀才情意好，他许下我若干银两东西，所以从他。和尚问秀才住处，我说他住在张善大店中。和尚就忙忙地起身去了，这几时也不见来。想必这和尚走去，就把那秀才来杀了。”许公道：“和尚叫甚名字？”真静道：“叫名无尘。”许公听了和尚之名，跌足道：“是了，是了；‘土上鹿走’，不是‘麈’字嘛！他住在哪寺里？”真静道：“住光善寺。”许公就差李信去光善寺里拿和尚无尘，吩咐道：“和尚干下那事，必然走了，就拿他徒弟来问去向。但和尚名多相类，不可错误生事！那尼僧晓得他徒弟名字吗？”真静道：“他徒弟名月朗，住在寺后。”许公推详道：“一发是了。梦中道‘只看夜明’，夜明不是月朗吗？一个个字多应了，但只拿了月朗便知端的。”

李信领了密旨，去到光善寺拿无尘，果然徒弟回道：“师父几日前不知那里去了。”李信问得这徒弟，就是月朗，一索套了，押到公庭。许公问无尘去向，月朗一口应承道：“他只在亲眷人家，不要惊张，致他走了。小的便与公差去挨出来。”许公就差李信，押了月朗出去访寻。月朗对李信道：“他结拜往来的亲眷甚多，知道在哪一家？若晓得是公差访他，他必然惊走。不若你扮做道人，随我沿门化饭。访得的当，就便动手。”李信道：“说得是。”当下扮作了道人，跟着月朗。

走了几日，不见踪迹。来到一村中人家，李信与月朗进去化斋，正见一个和尚在里头吃酒。月朗轻轻对李信道：“这和尚正是师父无尘。”李信悄悄去叫了地方，把牌票与他看了，一同闯入去，李信一把拿住无尘道：“你杀人事发了，巡按老爷要你！”无尘说着心病，慌了手脚，看见李信是个道装，叫道：“斋公，我与你并无冤仇，何故首我？”李信扑地一掌打过去道：“我把你这瞎眼的贼秃！我是斋公吗？”掀起衣服，把出腰牌来道：“你睁着驴眼认认看！”无尘晓得是公差，欲待要走，却有一伙地方在那里，料走不脱，软软地跟了出来。看见了月朗，骂道：“贼弟子，是你领到这里的？”月朗道：“官府押我出来，我自身也难保。你做了事，须自家当去，我替了你不成？”

李信一同地方押了无尘，伺候许公升堂，解进察院来。许公问他：“你为何杀了王秀才？”无尘初时抵赖，只推不知。用起刑法来，又叫尼姑真静与他对质。真静心里也恨他，便道：“王秀才所许东西，止是对你说得，并不曾与别个讲。你那时狠狠出门，当夜就杀了，还推得哪里？”李信又禀他在路上与徒弟月朗互相埋怨的说话。许公叫起月朗来，也要夹他。月朗道：“爷爷，不要夹得。如今首饰银两，还藏在寺中箱里，只问师父便是。”无尘见满盘托出，晓得枉熬刑法，不济事了，遂把真情说出来道：“委实一来忌他占住尼姑，致得尼姑心变了；二来贪他这些财物，当夜到店里去杀了这秀才，取了银两首饰是实。”画了供状，押去，取了八十两原银，首饰二副，封在曹州库中，等待给主。无尘问成死罪。尼姑逐出庵舍，赎了罪，当官卖为民妇。张善、李彪与和尚月朗俱供明无罪，释放宁家。这件事方得明白。若非许公神明，岂不枉杀了人？正是：

两值命途乖，相遭各致猜。
岂知杀人者，原白色中来。

当下王惠禀领赃物，许公不肯，道："你家两个主人死了，赃物岂是与你领的？你快去原籍，叫了主人的儿子来，方准领出。"王惠只得叩头而出。走到张善店里，大家叫一声："晦气！亏得青天大老爷追究得出来，不害了平人。"张善烧了平安纸，反请王惠、李彪吃得大醉。王惠次日与李彪说："前有个兄弟到家接小主人，此时将到，我和你一同过西去迎他，就便访缉去。"李彪应允。王惠将主人棺盖钉好了，交与张善看守。自己收拾了包裹，同了李彪，望着家里进发。

行至北直隶开州长垣县地方，下店吃饭。只见饭店里走出一个人来，却是前日家去的王恩。王惠叫了一声，两下相见。王恩道："两个小主人多在里面。"王惠进去叩见一皋、一夔，哭道："两位老家主多没有了。"备述了这许多事故，三个人抱头哭做一团。哭了多时，李彪上前来劝，三个人却认不得。王惠说："这是李牌头，州里差他来访贼的。劳得久了，未得影踪。今幸得接着小主人做一路儿行事，也不枉了。目今两棺俱停在开河，小人原匡小主们将到，故与李牌头迎上来。曹州库中现有银八十两，首饰二副，要得主人们亲到，才肯给领。只这一项，盘缠两个棺木回去够了。只这五百两一匣未有下落，还要劳着李牌头。"王恩道："我去时，官人尚有偌多银子，怎只说得这些？"王惠道："银子多是大官人亲手着落，前日我见只有得这些发出来，也曾疑心，问着大官人。大官人回说：'我自藏得妙，到家便有。'今大官人已故，却无问处了。"王恩似信不信，来对一皋、一夔说："许多银两，岂无下落？连王惠也有些信不得了。小主人记在心下，且看光景行去，道路之间，未可发露。"

五个人出了店门，连王惠、李彪多回转脚步，一起走路，重到开河来。正行之间，一阵大风起处，卷得灰沙飞起，眼前对面不见，竟不知东西南北了。五个人互相牵扭，信步行去。到了一个村房，方才歇了足，定一定喘息。看见风沙少静，天色明朗了，寻一个酒店，买碗酒吃再走。见一酒店中，止有妇人在内。王惠抬眼起来，见了一件物事，叫声："奇怪！"即扯着李彪密密说道："你看店桌上这个匣儿，正是我们放银子的，如何却在这里？必有缘故了。"一皋、一夔与王恩多来问道："说什么？"王惠也一一说了。李彪道："这等，我们只在这家买酒吃，就好相脚手，盘问他。"一齐走至店中，分两个座头上坐了。妇人来问："客人打多少酒？"李彪道："不拘多少，随意烫来。"王惠道："你家店中男人家哪里去了？"妇人道："我家老汉与儿子旺哥昨日去讨酒钱，今日将到。"王惠道："你家姓什么？"妇人道："我家姓李。"王惠点头道："惭愧！也有撞着的日子！"低低对众人道："前日车户正叫作李旺，我们且坐在这里吃酒，等他来认。"五个人多磨枪备箭，只等拿贼。

到日西时，只见两个人踉踉跄跄走进店来。此时众人已不吃了酒，在店闲坐。那两个带了酒意问道："你每一起是什么人？"王惠认那后生的这一个，正是车户李旺，走起身来一把扭住道："你认得我吗？"四人齐声和道："我们多是拿贼的。"李旺抬头，认得是王惠，先自软了。李彪身边取出牌来，明开着车户李旺盗银之事，把出铁链来锁了颈项，道："我每只管车户里打听，你却躲在这里卖酒！"连老儿也走不脱，也把绳来拴了。

李彪终久是衙门人手段，走到灶下取一根劈柴来，先把李旺打一个下马威，问道："银子哪里去了？"李旺是贼皮贼骨，一任打着，只不开口。王惠道："匣子赃证现在，你不说便待怎么？"正施为间，那店里妇人一眼估着灶前地下，只管努嘴。原来这妇人是李旺的继母，李旺凶狠，不把娘来看待，这妇人巴不得他败露的，不好说得，只做暗号。一皋、一夔看见，叫王惠道："且慢着打！可从这地下掘看。"王惠掉了李旺，奔来取了一把厨刀，依着指的去处，挖开泥来，泥内一堆白物。王惠喊道："在这里了。"王恩便取了匣子，走进来，将银只记件数，放在匣中。一皋、一夔将纸笔来写个封皮封记了，对李彪道："有劳牌头这许多时，今日幸得成功，人赃俱获，我们一面解到州里发落去。"李彪又去叫了本处地方几个人一路防送，一直到州里来。州官将银当堂验过，收贮库中，候解院过，同前银一并给领。李彪销牌记功，就差他做押解，将一起人解到察院来。

许公升堂，带进，禀说是王秀才的子侄一皋、一夔路上适遇盗银贼人，同公差擒获，一同解到事情。遂将李旺打了三十，发州问罪，同僧人无尘一并结案，李旺父亲年老免科。一皋、一夔当堂同递领状，求批州中同前入库赃物，一并给发。许公准了，抬起眼来看见一皋、一夔，多少年俊雅，问他做何生理，禀说："多在学中。"许公喜欢，吩咐道："你父亲不安本分，客死他乡，几乎不得明白。亏我梦中显报，得了罪人。今你每路上无心又获原贼，似有神助，你二子必然有福。今得了银子回去，各安心读书向上，不可效前人所为了。"

二人叩谢流泪，就禀说道："生员每还有一言，父亲未死之时，寄来家书，银数甚多。今被贼两番所盗同贮州库者，不过六百金。据家人王惠所言，此外止有二棺寄顿饭店，并无所有，必有隐弊，乞望发下州中推勘前银下落，实为恩便。"许公道："当初你父亲随行是哪个？"二子道："只有这个王惠。"许公便叫王惠，问道："你小主说你家主死时，银两甚多，今在那里了？"王惠道："前日着落银两，多是大主人王爵亲手搬弄。后来只剩得这些上车，小人当时疑心，就问缘故。主人说：'我有妙法藏了，但到家中，自然有银。'今可惜主人被杀，就没处问了，小人其实不晓得。"许公道："你莫不有甚欺心藏匿之弊吗？"王惠道："小人孤身在此，途路上那里是藏匿得的所在？况且下在张善店中时，主人还在，止得此行李与棺木，是店家及推车人、公差李彪众目所见的。小人哪里存得私?”许公道:“前日王禄下棺时,你在面前吗?”王惠道:“大主人道是日辰有犯,不许看见。”许公笑一笑道:“这不干你事,银子自在一处。”取一张纸来,不知写上些甚么,叫门子封好了,上面用颗印印着,付与二子道:“银子在这里头,但到家时开看,即有取银之处了。不可在此耽搁,又生出事端来。”

二子不敢再说,领了出来。回到张善店中,看见两个灵柩,一齐哭拜了一番。哭罢,取了院批的领状,到州中库里领这两项银子。州官原是同乡,周全其事,衙门人不敢勒掯,一些不少,如数领了。到店中将二十两谢了张善一向停柩,且累他吃了官司,就央他写雇诚实车户,车运两柩回家。明日置办一祭,奠了两柩。祭物多与了店家与车脚夫,随即起柩而行。不则一日,到了家中。举家号啕,出来接着:

雄赳赳两人次第去,四方方两柩一齐来。
一般丧命多因色,万里亡躯只为财。

此时王爵、王禄的父母俱在堂,连祖公公岁贡知县也还康健,闻得两个小官人各接着父亲棺柩回来,大家哭得不耐烦,慢慢说着彼中事体,致死根由,及许公判断许多缘故。合家多感戴许公问得明白,不然几乎一命也没人偿了。其父问起余银,一皋、一夔道:“因是馀银不见,禀告许公。许公发得有单,今既到家,可拆开来看了。”遂将前日所领印信小封,一齐拆开看时,上面写道:“银数既多,非仆人可匿。尔父云藏之甚秘,必在棺中。若虑开棺碍法,执此为照。”看罢,王惠道:“当时不许我每看二官人下棺,后来盖好了,就不见了许多银子,想许爷之言,必然明见。”其父道:“既给了执照,况有我为父的在,开棺不妨。”即叫王惠取器械来,轻轻将王禄灵柩橇开,只见身尸之旁,周围多是白物。王惠叫道:“好个许爷!若是别个昏官,连王惠也造化低了!”一皋、一夔大家动手,尽数取了出来,眼同一兑,足足有三千五百两。内有一千,另是一包,上写道“还父母原银”,余包多写“一皋、一夔均分”。

合家看见了这个光景,思量他们在外死的苦恼,一齐恸哭不禁,仍把棺木盖好了,银子依言分讫。那个老知县祖公见说着察院给了执照,开棺见银之事,讨支香来点了,望空叩头道:“亏得许公神明,仇既得报,银又得归。愿他福禄无疆,子孙受享!”举家顶戴不尽。可见世间刑狱之事,许多隐昧之情,一些造次不得的。有诗为证:

世间经目未为真,疑似由来易枉人。
寄语刑官须仔细,狱中尽有负冤魂。

卷二十二

痴公子狠使噪脾钱　贤丈人巧赚回头婿

诗云：

最是富豪子弟，不知稼穑艰难。
悖入必然悖出，天道一理循环。

话说宋时汴京有一个人姓郭名信。父亲是内诸司官，家事殷富，止生得他一个，甚是娇养溺爱。从小不叫他出外边来的，只在家中读些点名的书。读书之外，毫厘世务也不要他经涉。到了十七八岁，未免要务了声名，投拜名师。其时有个蔡元中先生，是临安人，在京师开馆。郭信的父亲出了礼物，叫郭信从他求学。那先生开馆去处，是个僧房，颇极齐整。郭家就赁了他旁舍三间，亦甚幽雅。郭信住了，心里不像意，道是不见华丽。看了舍后一块空地，另外去兴造起来。总是他不知数目，不识物料，凭着家人与匠作扶同破费，不知用了多少银两，他也不管。只见造成了几间，装饰起来，弄得花簇簇的，方才欢喜住下了。终日叫书童打扫门窗梁柱之类，略有点染不洁，便要匠人连夜换得过，心里方掉得下。身上衣服穿着，必要新的，穿上了身，左顾右盼，嫌长嫌短。甚处不熨帖，一些不当心里，便别买缎匹，另要做过。鞋袜之类，多是上好绫罗，一有微污，便丢下另换，至于洗过的衣服，决不肯再着的。

彼时有赴京听调的一个官人，姓黄，表字德琬。他的寓所，恰与郭家为邻，见他行径如此，心里不然。后来往来得熟了，时常好言劝他道："君家后生年纪，未知世间苦辣。钱财人手甚难，君家虽然富厚，不宜如此枉费。日复一日，须有尽时，日后后手不上了，悔之无及矣。"郭信听罢，暗暗笑他道："多是寒酸说话，钱财哪有用得尽的时节？吾家田产不计其数，岂有后手不上之理！只是家里没有钱钞，眼孔子小，故说出这等议论，全不晓得我们富家行径的。"把好言语如风过耳，一毫不理，只依着自己性子行去不改。黄公见说不听，晓得是纵惯了的，道："看他后来怎生结果！"得了官，自别过出京去了，以后绝不相闻。

过了五年，有事干，又到京中来，问问旧邻，已不见了郭家踪迹。偌大一个京师，也没处查访了。一日，偶去拜访一个亲眷，叫作陈晟。主人未出来，先叫门馆先生出来陪着。只见一个人葳葳蕤蕤踱将出来，认一认，却是郭信，戴着一顶破头巾，穿着一身褴褛衣服，手臂颤抖抖地叙了一个礼，整椅而坐。黄公看他脸上饥寒之色，殆不可言，恻然问道：“足下何故在此？又如此形状？”郭信叹口气道：“谁晓得这样事？钱财要没有起来，不消用得完，便是这样没有了。”黄公道：“怎么说？”郭信道：“自别尊颜之后，家父不幸弃世。有个继娶的晚母，在丧中罄卷所有，转回娘家。第二日去问，连这家多搬得走了，不知去向。看看家人，多四散逃去，剩得孑然一身，一无所有了。还亏得识得几个字，胡乱在这主家教他小学生度日而已。”

黄公道：“家财没有了，许多田业须在，这是偷不去的。”郭信道：“平时不曾晓得田产之数，也不认得田产在哪一块所在。一经父丧，簿籍多不见了，不知还有一亩田在那里。”黄公道：“当初我曾把好言相劝，还记得否？”郭信道：“当初接着东西便用，哪管它来路是怎么样的？只道到底如此。见说道要惜费，正不知惜它做什么。岂知今日一毫也没来处了！”黄公道：“今日这边所得束脩之仪多少？”郭信道：“能有多少？每月千钱，不够充身。图得个朝夕糊口，不去寻柴米就好了。”黄公道：“当时一日之用，也就有一年馆资了。富家儿女到此地位，可怜！可怜！”身边恰带有数百钱，尽数将来送与他，以少见故人之意。少顷，主人出来，黄公又与他说了郭信出身富贵光景，叫好看待他。郭信不胜感谢，捧了几百钱，就像获了珍宝一般，紧紧收藏，只去守那冷板凳了。

看官，你道当初他富贵时节，几百文只与他家赏人也不爽利，而今才晓得是值钱的，却又迟了。只因幼年时不知稼穑艰难，以致如此。到此地位，晓得值钱了，也还是有受用的，所以说败子回头好作家也。

小子且说一回败子回头的正话。

无端浪子昧持筹，偌大家缘一旦休。
不是丈人生巧计，夫妻怎得再同俦？

话说浙江温州府有一个公子姓姚，父亲是兵部尚书，丈人上官翁也是显宦。家世富饶，积累巨万，周匝百里之内，田圃池塘、山林川薮，尽是姚氏之业。公子父母俱亡，并无兄弟，独主家政。妻上官氏，生来软默，不管外事，公子凡事凭着自性而行。自恃富足有余，豪奢成习。好往来这些淫朋狎友，把言语奉承他，哄诱他，说是自古豪杰英雄，必然不事生产，手段慷慨，不以财物为心，居食为志，方是侠烈之士。公子少年心性，道此等是好言语，切切于心。见别人家算计利息、较量出入，孳孳作家的，便道龌龊小人，不足指数的。又懒看诗书，不习举业，见了文墨之士，便头红面热，手足无措，厌憎不耐烦，远远走开。只有一班捷给滑稽之人，利口便舌，胁肩谄笑，一日也少不得。又有一班猛勇骁悍之辈，揎拳舞袖，说强夸胜，自称好汉，相见了便觉分外兴高，说话处脾胃多燥，行事时举步生风，是这两种人才与他说得话着。有了这两种人，便又去呼朋引类，你荐举我，我荐举你，市井无赖少年，多来倚草附木，献技呈能，掇臀捧屁。公子要人称扬大量，不论好歹，一概收纳。一出一人，何止百来个人扶从他？那百来个人多吃着公子，还要各人安家，分到按月衣粮。公子皆千欢万喜，给派不吝，见他们拿得家去，心里方觉爽利。

公子性好射猎，喜的是骏马良弓。有门客说道何处有名马一匹，价值千金，日走数百里，公子即便如数发银，只要买得来，不争价钱多少。及至买来，但只毛片好看，略略身材高耸些，便道值的了。有说贵了的，到反不快，必要争说买便宜方喜。人晓得性子，看见买了物事，只是赞美上前了。遇说有良弓的，也是如此。门下的人又要利落，又要逢迎，买下好马一二十匹，好弓三四十张。公子拣一匹最好的，时常乘坐，其余的随意听骑。每与门下众客相约，各骑马持弓，分了路数，纵放辔头，约在某处相会。先到者为赏，后到者有罚。赏的多出公子己财，罚不过罚酒而已。只有公子先到，众皆罚酒，又将大觥上公子称庆。有时分为几队，各去打围。须臾合为一处，看擒兽多寡，以分赏罚。赏罚之法，一如走马之例。无非只是借名取乐。似此一番，所费酒食赏劳之类，已自不少了。还有时联镳放马，踏伤了人家田禾，惊失了人家六畜等事。公子是人心天理，又是慷慨好胜的人。门下客人又肯帮衬，道："公子们出外，宁可使小百姓巴不得来，不可使他怨怅我每来！今若有伤损了他家，便是我每不是，后来他望见就怕了，必须加倍赔他，他每道有些便宜，方才赞叹公子，巴不得公子出来行走了。"公子大加点头道："说得极有见识。"因而估值损伤之数，吩咐宁可估好看些，从重赔还，不要亏了他们。门客私下与百姓们说通了，得来平分，有一分，说了七八分。说去，公子随即赔偿，再不论量。这又是射猎中分外之费，时时有的。

公子身边最讲得话像心称意的，有两个门客，一个是篾管朋友贾清夫，一个是拳棒教师赵能武。一文一武，出入不离左右。虽然献谄效勤、哄诱撺掇的人不计其数，大小事多要串通得这两个，方才弄得成。这两个一鼓一板，只要公子出脱得些，大家有味。

一日,公子出猎,草丛中惊起一个兔来。兔儿腾地飞跑,公子放马赶去,连射两箭,射不着。恰好后骑随至,赵能武一箭射个正着,兔儿倒了,公子拍手大笑。因贪赶兔儿,跑来得远了,肚中有些饥饿起来。四围一看,山明水秀,光景甚好,可惜是个荒野去处,并无酒店饭店。贾清夫与一群少年随后多到,大家多说道:“好一个所在!只该聚饮一回。”公子见说,兴高得不耐烦,问问后头跟随的,身边银子也有,铜钱也有,只没设法酒肴处。赵能武道:“眼面前就有东西,怎苦没肴?”众人道:“有甚么东西?”赵能武道:“只方才射倒的兔儿,寻些火煨起,也够公子下酒。”贾清夫道:“若要酒时,做一匹快马不着,跑他五七里路,遇个村坊去处,好歹寻得些来,只不能够多带得,可以畅饮。”公子道:“此时便些少也好。”

正在商量处,只见路旁有一簇人,老少不等,手里各拿着物件,走近前来迎喏道:“某等是村野小人,不曾识认财主贵人之面。今日难得公子贵步至此,谨备瓜果鸡黍、村酒野蔌数品,聊献从者一饭。”公子听说是酒肴,喜动颜色,回顾一班随从的道:“天下有这样凑巧的事,知趣的人!”贾清夫等一齐拍手道:“此皆公子吉人天相,酒食之来,如有神助。”各下了马,打点席地而坐。野老们道:“既然公子不嫌饮食粗粝,何不竟到舍下坐饮?椅桌俱便,乃在此草地之上吃酒,不像模样。”众人一齐道:“妙!妙!知趣得紧。”

野老们恭身在前引路,众人扶从了公子,一拥到草屋中来。那屋中虽然窄狭,也倒洁净。摆出椅桌来,拣一只齐整些的古老椅子,公子坐了。其余也有坐椅的,也有坐凳的,也有扯张稻床来做杌子的,团团而坐。吃出兴头来,这家老小们供应不迭。贾清夫又打着猎鼓儿道:“多拿些酒出来,我们要吃得快活,公子是不亏人的。”这家子将酝下的杜茅柴,不住的烫来,吃得东倒西歪,撑肠拄腹。又道是饥者易为食,渴者易为饮。大凡人在饥渴之中,觉得东西好吃。况又在兴趣头上,就是肴馔粗些,鸡肉肥些,酒味薄些,一总不论,只算做第一次嘉肴美酒了。公子不胜之喜。门客多帮衬道:“这样凑趣的东道主人,不可不厚报他的。”公子道:“这个自然该的。”便教贾清夫估他约费了多少。清夫在行,多说了些。公子教一倍偿他三倍。管事的和众人克下了一倍自得,只与他两倍。这家子道已有了对合利钱,怎不欢喜?

当下公子上马回步,老的少的,多来马前拜谢,兼送公子。公子一发快活道:“这家子这等殷勤!”赵能武道:“不但敬心,且有礼数。”公子再教后骑赏他。管事的策马上前说道:“赏他多少?”公子叫打开银包来看,见有几两零碎银子,何止千百来块?公子道:“多与他们罢!论甚么多少?”用手只一抬,银子块块落地,只剩得一个空包。那些老小们看见银子落地,大家来抢,也顾不得尊卑长幼,扯扯拽拽,磕磕撞撞。溜撒的,拾了大块子,又来拈撮;迟夯的,将拾到手,又被眼快的先取了去。老人家战抖抖的拿得一块,死也不放,还累了两个地滚。公子看此光景,与众客马上拍手大笑道:“天下之乐,无如今日矣!”公子此番虽费了些赏赐,却噪尽了脾胃,这家子赔了些辛苦,落得便宜多了。这个消息传将开去,乡里人家,只叹惜无缘,不得遇着公子。

自此以后,公子出去,就有人先来探听马首所向,村落中无不整顿酒食,争来迎候。真是个:

东驰,西人已为备馔;南猎,北人就去戒厨。士有馀粮,马多剩草。一呼百诺,顾盼生辉。此送彼迎,尊荣莫并。凭他出外连旬乐,不必先营隔宿装。

公子到一处,一处如此。这些人也竭力奉承,公子也加意报答。还自歉然道:"赏劳轻微,谢他们厚情不来。"众门客又齐声力赞道:"此辈乃小人,今到一处,即便供帐备具,奉承公子,胜于君王。若非重赏,何以示劝?"公子道:"说得有理。"每每赏了又赏,有增无减。原来这圈套多是一班门客串同了百姓们,又是贾、赵二人先定了去向,约会得停当。故所到之处,无不如意。及至得来赏赐,尽皆分取,只是撺掇多些了。

亲眷中有老成的人,叫作张三翁,见公子日逐如此费用,甚为心疼。他曾见过当初尚书公行事来的,偶然与公子会间,劝讽公子道:"宅上家业丰厚,先尚书也不纯仗做官得来的宦橐,多半是算计做人家来的。老汉曾经眼见先尚书早起晏眠,算盘天平、文书簿籍,不离于手。别人少他分毫也要算将出来,变面变孔,费唇费舌。略有些小便宜,即便喜动颜色。如此挣来的家私,非同容易。今郎君十分慷慨撒漫,与先尚书苦挣之意,太不相同了。"公子面色通红,未及回答,贾清夫、赵能武等一班儿朋友大嚷道:"这样气量浅陋之言,怎么在公子面前讲!公子是海内豪杰,岂把钱财放在眼孔上?况且人家天做,不在人为。岂不闻李太白有言'天生吾才终有用,黄金散尽还复来'?先尚书这些孜孜为利,正是差处。公子不学旧样,尽改前非,是公子超群出众、英雄不羁之处,岂田舍翁所可晓哉!"公子听得这一番说话,方才觉得有些吐气扬眉,心里放下。张三翁见不是头,晓得有这一班小人,料想好言不入,再不开口了。

公子被他们如此舞弄了数年,弄得囊中空虚,看看手里不能接济。所有仓房中庄舍内积下米粮,或时粜银使用,或时即发米代银,或时先在那里移银子用了,秋收还米。也就东扯西拽,不能如意。公子要噪脾时,有些掣肘不爽利。门客每见公子世业不曾动损,心里道:"这里面尽有大想头。"与贾、赵二人商议定了,来见公子献策道:"有一妙着,公子再不要愁没银子用了。"公子正苦银子短少,一闻此言,欣然起问:"有何妙计?"贾、赵等指手画脚道:"公子田连阡陌,地占半州,足迹不到所在,不知多少!这许多田地,大略多是有势之时,小民投献,富家馈送,原不尽用价银买的。就有些买的,也不过债利盘算,准折将来。或是户绝人穷,止剩得些硗田瘠地,只得收在户内,所值原不多的。所以而今荒芜的多,开垦的少。租利没有,钱粮要紧。这些东西留在后边,贻累不浅的。公子看来,不过是些土泥;小民得了,自家用力耕种,才方是有用的。公子若把这些作赏赐之费,不是土泥尽当银子用了?亦且自家省了钱粮之累。”公子道:“我最苦的是时常来要我完甚么钱粮,激聒得不耐烦。今把来推将去,当得银子用,这是极便宜的事了。”

自此公子每要用银子之处,只写一纸卖契,把田来准去。那得田的心里巴不得,反要妆个腔儿说不情愿,不如受些现物好。门客每故意再三解劝,强他拿去。公子踧踖不安,惟恐他不受,直等他领了文契方掉得下。所有良田美产,有富户欲得的,先来通知了贾、赵二人,借打猎为名,迂道到彼家边,极意酒食款待,还有出妻献子的;或又有接了娼妓养在家里,假做了妻女来与公子调情的。公子便有些晓得,只是将错就错,自以为得意。吃得兴阑将行,就请公子写契作赏。公子写字,不甚利便。门客内有善写的,便来执笔。一个算价钱,一个查簿籍,写完了只要公子押字。公子也不知田在哪里,好的歹的,贵的贱的,见说押字,即便押了。又有时反有几两银子找将出来与公子用,公子却像落得的,分外喜欢。

如此多次,公子连押字也不耐烦了,对贾清夫道:“这些时不要我拿银子出来,只写张纸,颇觉便当。只是定要我执笔押字,我有些倦了。”赵能武道:“便是我们掿着枪棒且溜撒,只这一管笔,重得可厌相!”贾清夫道:“这个不打紧,我有一策,大家可以省力。”公子道:“何策?”贾清夫道:“把这些卖契套语刊刻了板,空了年月,刷印百张,放在身边。临时只要填写某处及多少数目,注了年月。连公子花押也另刻一个,只要印上去,岂不省力?”公子道:“妙,妙。却有一件,卖契刻了印板,这些小见识的必然笑我,我那有气力逐个与他辩?我做一首口号,也刻在后面,等别人看见的,晓得我心事开阔,不比他们猥琐的。”贾清夫道:“口号怎么样的?”公子道:“我念来你们写着:

千年田土八百翁,何须苦苦较雌雄?
古今富贵知谁在,唐宋山河总是空!
去时却似来时易,无他还与有他同。
若人笑我亡先业,我笑他人在梦中。”

念罢,叫一个门客写了,贾清夫道:“公子出口成章,如此何愁不富贵!些须田业,不足恋也。公子若刻此佳作在上面了,去得一张,与公子扬名一张矣。”公子大喜,依言刻了。每日印了十来张,带在贾、赵二人身边。行到一处,遇要赏赐,即取出来,填注几字,印了花押,即已成契了。公子笑道:“真正简便,此后再不消捏笔了。快活,快活!”其中门客每自家要的,只须自家写注,偷用花押,一发不难。如此过了几时,公子只见逐日费得几张纸,一毫不在心上。岂知皮里走了肉,田产俱已荡尽,公子还不知觉!但见供给不来,米粮不继,印板文契丢开不用,要些使费,别无来处。问问家人何不卖些田来用度？方知田多没有了。

门客看见公子艰难了些，又兼有靠着公子做成人家过得日子的，渐渐散去不来。惟有贾、赵二人哄得家里瓶满瓮满，还想道瘦骆驼尚有千斤肉，恋着未去。劝他把大房子卖了，得中人钱；又替他买小房子住，得后手钱。搬去新居不像意，又与他算计改造、置买木石落他的。造得像样，手中又缺了。公子自思宾客既少，要这许多马也没干，托着二人把来出卖，比原价只好十分之一二。公子问："为何差了许多？"二人道："骑了这些时，走得路多了，价钱自减了。"公子也不计论，见着银子，且便接来应用。起初还留着自己骑坐两三匹好的，后来因为赏赐无处，随从又少，把个出猎之兴，叠起在三十三层高阁上了。一总要马没干，且喂养费力，贾、赵二人也设法卖了去。价钱不多，又不尽到公子手里，够他几时用？只得又商量卖那新居。枉自装修许多，性急要卖，只卖得原价钱到手。新居既去，只得赁居而住。一向家中牢曹什物，没处藏叠，半把价钱，烂贱送掉。

到得迁在赁的房子内时，连贾、赵二人也不来了，惟有妻子上官氏随起随到。当初风花雪月之时，虽也曾劝谏几次，如水投石，落得反目。后来晓得说着无用，只得凭他。上官氏也是富贵出身，只会吃到口茶饭，不晓得什么经求，也不曾做下一些私房，公子有时，她也有得用；公子没时，她也没了。两个住在赁房中，且用着卖房的银子度日。走出街上来，遇见旧时的门客，一个个多新鲜衣服，仆从跟随。初时撞见公子，还略略叙寒温，已后渐渐掩面而过；再过几时，对面也不来理着了。一日早晨，撞着了赵能武。能武道："公子曾吃早饭未曾？"公子道："正来买些点心吃。"赵能武道："公子且未要吃点心，到家里来坐坐，吃一件东西去。"公子随了他到家里。赵能武道："昨夜打得一只狗，煨得糜烂在这里，与公子同享。"果然拿出热腾腾的狗肉来，与公子一同狼飧虎咽，吃得尽兴。公子回来，饱了一日，心里道："他还是个好人。"没些生意，便去寻他。后来也常时躲过，不十分招揽了。贾清夫遇着公子，原自满面堆下笑来。及至到他家里坐着，只是泡些好清茶来请他评品些茶味，说些空头话。再不然，跷赶着脚儿把管箫吹一曲，只当是他的敬意。再不去破费半文钱钞多少弄些东西来点饥。公子忍饿不过，只得别去，此外再无人理他了。

公子的丈人上官翁是个达者，初见公子败时，还来主张争论。后来看他行径，晓得不了不住，索性不来管他。意要等他干净了，吃尽穷苦滋味，方有回转念头的日子。所以富时也不来劝戒，穷时也不来资助，只像没相干的一般。公子手里罄尽，衣食不敷，家中别无可卖，一身之外，只有其妻，没做思量处，痴算道："若卖了她去，省了一口食，又可得些银两用用。"只是怕丈人，开不得这口。却是有了这个意思，未免露些光景出来。上官翁早已识破其情，想道："省得他自家蛮做出事来，不免用个计较，哄他在圈套中了，慢作道理。"遂浼出前日劝他好话的那个张三翁来，托他做个说客，商量说话完了，竟来见公子。

公子因是前日不听其言,今荒凉光景了,羞惭满面。张三翁道:"郎君才晓得老汉前言不是迂阔吗?"公子道:"惶愧,惶愧!"张三翁道:"近闻得郎君度日艰难,有将令正娘子改适之意,果否如何?"公子满面通红了道:"自幼夫妻之情,怎好轻出此言?只是绝无来路,两口饭食不给,惟恐养她不活,不如等她别寻好处安身。我又省得多一口食,她又有着落了,免得跟着我一同忍饿,所以有这一点念头,还不忍出口。"张三翁道:"果有此意,做成老汉做个媒人何如?"公子道:"老丈,有什么好人家在肚里吗?"张三翁道:"便是有个人叫老汉打听,故如此说。"公子道:"就有了人家,岳丈面前怎好启齿?"张三翁道:"好教足下得知,令岳正为足下败完了人家,令正后边日子难过,尽有肯改嫁之意。只是在足下身边起身,甚不雅相。令岳欲待接着家去,在他家门里择配人家。那时老汉便做个媒人,等令正嫁了出去,寂寂里将财礼送与足下,方为隐秀,不伤体面,足下心里何如?"公子道:"如此委曲最妙,省得眼睁睁的我与她不好分别。只是既有了此意,岳丈那里我不好再走去了。我在哪里问消息?"张三翁道:"只消在老汉家里讨回话。一过去了,就好成事体,我也就来回复你的,不必挂念!"公子道:"如此做事,连房下面前,我不必说破,只等岳丈接她归家便了。"张三翁道:"正是,正是。"两下别去。

上官翁一径打发人来接了女儿回家住了,过了两日,张三翁走来见公子道:"事已成了。"公子道:"是什么人家?"张三翁道:"人家豪富,也是姓姚。"公子道:"既是富家,聘礼必多了。"张三翁道:"他们道是中年再醮,不肯出多。是老汉极力称赞贤能,方得聘金四十两。你可省吃俭用些,再若轻易弄掉了,别无来处了。"公子见就有了银子,大喜过望,口口称谢。张三翁道:"虽然得了这几两银子,一入豪门,终身不得相见了,为何如此快活?"公子道:"譬如两个一齐饿死了,而今她既落了好处,我又得了银子,有甚不快活处?"原来这银子就是上官翁的,因恐他把女儿当真卖了,故装成这个圈套,接了女儿家去,把这些银子暗暗助他用度,试看他光景。

公子银子接到手,手段阔惯了的,那里够他的用?况且一向处了不足之乡,未免房钱柴米钱之类,挂欠些在身上,拿来一出摩诃萨,没多几时,手里又空。左顾右盼,别无可卖,单单剩得一个身子。思量索性卖与人了,既得身钱,又可养口。却是一向是个公子,哪个来兜他?又兼目下已做了单身光棍,种火又长,拄门又短,谁来要这个废物?公子不揣,各处央人寻头路。上官翁知道了,又拿几两银子,另挽出一个来,要了文契,叫庄客收他在庄上用。庄客就假做了家主,与他约道:"你本富贵出身,故此价钱多了。既已投靠,就要随我使用,禁持苦楚,不得违慢!说过方收留你。"公子思量道:"我当初富盛时,家人几十房,多是吃了着了闲荡的,有甚苦楚处?"一力应承道:"这个不难,既已靠身,但凭使唤了。"公子初时看见遇饭吃饭,遇粥吃粥,不消自己经管,颇谓得计。谁知隔得一日,庄客就限他功课起来:早晨要打柴,日里要挑水,晚要舂谷簸米,劳筋苦骨,没一刻得安闲。略略推故懈惰,就拿着大棍子吓他。公子受不得那苦,不够十日,魆地逃去。庄客受了上官翁吩咐,不去追他，只看他怎生着落。

公子逃去两日，东不着边，西不着际，肚里又饿不过。看见乞儿每讨饭，讨得来，到有得吃，只得也皮着脸去讨些充饥。讨了两日，挨去乞儿队里做了一伴了。自家想着当年的事，还有些气傲心高，只得作一长歌，当作似《莲花落》满市唱着乞食。歌曰：

人道光阴疾似梭，我说光阴两样过。昔日繁华人羡我，一年一度易蹉跎。可怜今日我无钱，一时一刻如长年。我也曾轻裘肥马载高轩，指麾万众驱山前。一声围合魑魅惊，百姓邀迎如神明。今日黄金散尽谁复矜，朋友离群猎狗烹。昼无饘粥夜无眠，落得街头唱哩莲。一生两截谁能堪，不怨爷娘不怨天。早知到此遭坎坷，悔教当日结妖魔。而今无计可奈何，殷勤劝人休似我！

上官翁晓得公子在街上乞化了，教人密地吩咐了一班乞儿故意要凌辱他，不与他一路乞食。及至自家讨得些须来，又来抢夺他的，没得他吃饱，略略不顺意，便吓他道："你无理，就扯你去告诉家主。"公子就慌得手脚无措，东躲西避，又没个着身之处，真个是冻馁忧愁，无件不尝得到了。上官翁道："奈何得他也够了。"乃先把一所大庄院与女儿住下了，在后门之旁收拾一间小房，被窝什物略略备些在里边。

又叫张三翁来寻着公子，对他道："老汉做媒不久，怎知你就流落此中了！"公子道："此中了，可怜众人还不容我！"张三翁道："你本大家，为何反被乞儿欺侮？我晓得你不是怕乞儿，只是怕见你家主。你主幸不遇着，若是遇着，送你到牢狱中追起身钱来，你再无出头日子了。"公子道："今走身无路，只得听天命，早晚是死，不得见你了。前日你做媒，嫁了我妻子出去，今不知好过日子否。"说罢大哭。张三翁道："我正有一句话要对你说，你妻子今为豪门主母，门庭贵盛，与你当初也差不多。今托我寻一个管后门的，我若荐了你去，你只管晨昏启闭，再无别事。又不消自爨，享着安乐茶饭，这可好吗？"公子拜道："若得如此，是重生父母了。"张三翁道："只有一件，她原先是你妻子，今日是你主母，必然羞提旧事。你切不可妄言放肆，露了风声，就安身不牢了。"公子道："此一时，彼一时。她如今在天上，我得收拾门下，免死沟壑，便为万幸了，还敢妄言什么？"张三翁道："既如此，你随我来，我帮衬你成事便了。"

公子果然随了张三翁去，站在门外，等候回音。张三翁去了好一会儿，来对他道："好了，好了。事已成了，你随我进来。"遂引公子到后门这间房里来，但见：

床帐皆新，器具粗备。萧萧一室，强如庵寺坟堂；寂寂数椽，不见露霜风雨。虽单身之入卧，审容膝之易安。

公子一向草栖露宿受苦多了,见了这一间清净房室,器服整洁,吃惊问道:"这是哪个住的?"张三翁道:"此即看守后门之房,与你住的了。"公子喜之不胜,如入仙境。张三翁道:"你主母家富,故待仆役多齐整。她着你管后门,你只坐在这间房里,吃自在饭够了。凭他主人在前面出入,主母在里头行止,你一切不可窥探,他必定羞见你！又万不可走出门一步,倘遇着你旧家主,你就住在此不稳了。"再三叮嘱而去。公子吃过苦的,谨守其言。心中一来怕这饭碗弄脱了,二来怕露出踪迹,撞着旧主人的是非出来,呆呆坐守门房,不敢出外。过了两个月余,只是如此。

上官翁晓得他野性已收了,忽一日叫一个人拿一封银子与他,说道:"主母生日,众人多有赏,说你管门没事,赏你一钱银子买酒吃。"公子接了,想一想这日正是前边妻子的生辰,思量在家富盛之时,多少门客来作贺,吃酒兴头,今却在别人家了,不觉凄然泪下。藏着这包银子,不舍得轻用。隔几日,又有个人走出来道:"主母唤你后堂说话。"公子吃了一惊,道:"张三翁前日说她羞见我面,叫我不要露形,怎么如今唤我说话起来?我怎生去相见得?"又不好推故,只得随着来人一步步走进中堂。只见上官氏坐在里面,俨然是主母尊严,公子不敢抬头。上官氏道:"但见说管门的姓姚,不晓得就是你。你是富公子,怎在此与人守门?"说得公子羞惭满面,做声不得。上官氏道:"念你看门勤谨,赏你一封银子买衣服穿去。"丫鬟递出来,公子称谢受了。上官氏吩咐,原叫领了门房中来。公子到了房中,折开封筒一看,乃是五钱足纹,心中喜欢,把来与前次生日里赏的一钱,并做一处包好,藏在身边。就有一班家人来与他庆松,哄他拿出些来买酒吃,公子不肯。众人又说:"不好独难为他一个,我们大家凑些,打个平火。"公子捏着银子道:"钱财是难得的,我藏着后来有用处,这样闲好汉再不做了。"众人强他不得,只得散了。

一日黄昏时候,一个丫鬟走来说道,主母叫他进房中来,问旧时说话。公子不肯,道:"夜晚间不是说话时节。我在此住得安稳,万一有些风吹草动,不要我管门起来,赶出去,就是个死,我只是守着这斗室罢了。你与我回复主母一声,决不敢胡乱进来的。"

上官翁逐时叫人打听,见了这些光景,晓得他已知苦辣了,遂又去浼那张三翁来看公子。公子见了,深谢他荐举之德。三翁道:"此间好过日子否?"公子道:"此间无忧衣忧食可以老死在室内了,皆老丈之恩也。若非老丈,吾此时不知性命在哪里！只有一件,吃了白饭,闲过日子,觉得可惜。吾今积攒几钱银子在身边,不舍得用。老丈是好人,怎生教导我一个生利息的方法儿,或做些本等手业,也不枉了。"张三翁笑道:"你几时也会得惜光阴惜财物起来了?"公子也笑道:"不是一时学得的,而今晓得也迟了。"张三翁道:"我此来,单为你有一亲眷要来会你,故着我先来通知。"公子道:"我到此地位,亲眷无一人理我了,哪个还来要会我?"张三翁道:"有一个在此,你随我来。"

张三翁引了他走入中堂,只见一个人在里面,巍冠大袖,高视阔步,踱将出来。

公子望去一看,见是前日的丈人上官翁。公子叫声"阿也"失色而走。张三翁赶上一把拉住道:"是你的令岳,为何见了就走?"公子道:"有甚面孔见他?"张三翁道:"自家丈人,有什么见不得?"公子道:"妻子多卖了,而今还是我的丈人?"张三翁道:"他见你有些务实了,原要把女儿招你。"公子道:"女儿已是此家的主母,还有女儿在哪里?"张三翁道:"当初是老汉做媒卖去,而今原是老汉做媒还你。"公子道:"怎么还得?"张三翁道:"痴呆子! 大人家的女儿,岂肯再嫁人? 前日恐怕你当真胡行起来,令岳叫人接了家去,只说嫁了。今住的原是你令岳家的房子,又恐怕你冻饿死在外边了,故着老汉设法了你家来,收拾在门房里。今见你心性转头,所以替你说明,原等你夫妻完聚,这多是令岳造就你成器的好意思。"公子道:"怪道住在此多时,只见说主母,从不见什么主人出入。我守着老实,不敢窥探一些,岂知如此就里? 原来岳丈恁般费心!"张三翁道:"还不上前拜见他去!"一手扯着公子走将进来。

上官翁也凑将上来,撞着道:"你而今记得苦楚,省悟前非了吗?"公子无言可答,大哭而拜。上官翁道:"你痛改前非,我把这所房子与你夫妻两个住下,再拨一百亩田与你管运,做起人家来。若是饱暖之后,旧性复发,我即时逐你出去,连妻子也不许见面了。"公子哭道:"经了若干苦楚过来,今受了岳丈深恩,若再不晓得省改,真猪狗不值了!"上官翁领他进去与女儿相见,夫妻抱头而哭。说了一会儿,出来谢了张三翁。张三翁临去,公子道:"只有一件不干净的事,倘或旧主人寻来,怎么好?"张三翁道:"那里什么旧主人? 多是你令岳捏弄出来的。你只要好做人家,再不必别虑!"公子方得放心,住在这房子里做了家主。虽不及得富盛之时,却是省吃俭用,勤心苦胝,衣食尽不缺了。记恨了日前之事,不容一个闲人上门。

那贾清夫、赵能武见说公子重新做起人家来了,合了一伴来拜望他。公子走出来道:"而今有饭,我要自吃,与列位往来不成了。"贾清夫把趣话来说说,议论些箫管;赵能武又说某家的马健,某人的弓硬,某处地方禽兽多。公子只是冷笑,临了道:"两兄看有似我前日这样主顾,也来做成我,做一伙同去,赚他些儿。"两人见说话不是头,扫兴而去。

上官翁见这些人又来歪缠,把来告了一状,搜根剔齿,查出前日许多隐漏白占的田产来,尽归了公子。公子一发有了家业,夫妻竟得温饱而终。可见前日心性,只是不曾吃得苦楚过。世间富贵子弟,还是等他晓得些稼穑艰难为妙。至于门下往来的人,尤不可不慎也。

贫富交情只自知,翟公何必署门楣?
今朝败子回头日,便是奸徒退运时。

卷二十三

大姊魂游完宿愿　小姨病起续前缘

诗曰：

生死由来一样情，豆萁燃豆并根生。
存亡姊妹能相念，可笑阋墙亲弟兄。

话说唐宪宗元和年间，有个侍御李十一郎，名行脩。妻王氏夫人，乃是江西廉使王仲舒女，贞懿贤淑，行脩敬之如宾。王夫人有个幼妹，端妍聪慧，夫人极爱他，常领他在身边鞠养。连行脩也十分爱他，如自家养的一般。一日，行脩在族人处赴婚礼喜筵，就在这家歇宿。晚间忽做一梦，梦见自身再娶夫人，灯下把新人认看，不是别人，正是王夫人的幼妹。猛然惊觉，心里甚是不快活。巴到天明，连忙归家。进得门来，只见王夫人清早已起身了，闷坐着，将手频频拭泪，行脩问着不答。行脩便问家人道："夫人为何如此？"家人辈齐道："今早当厨老奴在厨下自说：'五更头做一梦，梦见相公再娶王家小娘子。'夫人知道了，恐怕自身有甚山高水低，所以悲哭了一早起了。"行脩听罢，毛骨悚然，惊出一身冷汗，想道："如何与我所梦正合？"他两个是恩爱夫妻，心下十分不乐。只得勉强劝谕夫人道："此老奴颠颠倒倒，是个愚懵之人，其梦何足凭准！"口里虽如此说，心下因是两梦不约而同，终久有些疑惑。

只见隔不多几日，夫人生出病来，累医不效，两月而亡。行脩哭得死而复苏，书报岳父王公，王公举家悲恸。因不忍断了行脩亲谊，回书还答，便有把幼女续婚之意。行脩伤悼正极，不忍说起这事，坚意回绝了岳父。于时有个卫秘书卫随，最能广识天下奇人。见李行脩如此思念夫人，突然对他说道："侍御怀想亡夫人如此深重，莫不要见她吗？"行脩道："一死永别，如何能够再见？"秘书道："侍御若要见亡夫人，何不去问'稠桑王老'？"行脩道："王老是何人？"秘书道："不必说破，侍御只牢牢记着'稠桑王老'四字，少不得有相会之处。"行脩见说得作怪，切切记之于心。过了两三年，王公幼女越长成了，王公思念亡女，要与行脩续亲，屡次着人来说。行脩不忍背了亡夫人，只是不从。

此后，除授东台御史，奉诏出关，行次稠桑驿。驿馆中先有敕使住下了，只得讨个官房歇宿，那店名就叫作稠桑店。行脩所得"稠桑"二字触着，便自上心，想道："莫不什么王老正在此处？"正要跟寻间，只听得街上人乱嚷。行脩走到店门边一看，只见一伙人团团围住一个老者，你扯我扯，你问我问，缠得一个头昏眼暗。行脩问店主人道："这些人何故如此？"主人道："这个老儿姓王，是个稀奇的人，善谈禄命。乡里人敬他如神，故此见他走过，就缠住问祸福。"行脩想着卫秘书之言，道："原来果有此人。"便叫店主人快请他到店相见。店主人见行脩是个出差御史，不敢稽延，拨开人丛，走进去扯住他道："店中有个李御史李十一郎奉请。"众人见说是官府请，放开围，让他出来，一哄多散了。到店相见。行脩见是个老人，不要他行礼，就把想念亡妻，有卫秘书指引来求他的话，说了一遍，便道："不知老翁果有奇术，能使亡魂相见否？"老人道："十一郎要见亡夫人，就是今夜罢了。"

老人前走，叫行脩打发开了左右，引了他一路走入一个土山中，又升了一个数丈的高坡，坡侧隐隐见有个丛林。老人便住在路旁，对行脩道："十一郎可走去林下，高声呼'妙子'，必有人应。应了，便说道：'传语九娘子，今夜暂借妙子同看亡妻。"'行脩依言，走去林间呼着，果有人应。又依着前言说了。少顷，一个十五六岁的女子走出来道："九娘子差我随十一郎去。"说罢，便折竹二枝，自跨了一枝，一枝与行脩跨，跨上便同马一般快。行够三四十里，忽到一处，城阙壮丽。前经一大宫，宫前有门。女子道："但循西廊直北，从南第二宫，乃是贤夫人所居。"行脩依言，趋至其处，果见十数年前一个死过的丫头，出来拜迎，请行脩坐下。夫人就走出来，涕泣相见。行脩伸诉离恨，一把抱住不放，却待要再讲欢会，王夫人不肯道："今日与君幽显异途，深不愿如此贻妾之患；若是不忘平日之好，但得纳小妹为婚，续此姻亲，妾心愿毕矣。所要相见，只此奉托。"言罢，女子已在门外厉声催叫道："李十一郎速出！"行脩不敢停留，含泪而出，女子依前与他跨了竹枝同行。

到了旧处，只见老人头枕一块石头，眠着正睡。听得脚步响，晓得是行脩到了，走起来问道："可如意吗？"行脩道："幸已相会。"老人道："须谢九娘子遣人相送！"行脩依言，送妙子到林间，高声称谢。回来问老人道："此是何等人？"老人道："此原上有灵应九子母祠耳。"老人复引行脩到了店中，只见壁上灯盏荧荧，槽中马啖刍如故，仆夫等个个熟睡。行脩疑道做梦，却有老人尚在可证。老人当即辞行脩而去，行脩叹异了一番。因念妻言谆恳，才把这段事情备细写与岳丈王公。从此遂续王氏之婚，恰应前日之梦。正是：

旧女婿为新女婿，大姨夫做小姨夫。

古来只有娥皇、女英姊妹两个，一同嫁了舜帝。其他姊姊亡故，不忍断亲，续上小姨，乃是世间常事，从来没有个亡故的姊姊怀此心愿，在地下撮合完成好事的。今日小子先说此一段异事，见得人生只有这个"情"字至死不泯的。只为这王夫人身子虽死，心中还念着亲夫恩爱，又且妹子是他心上喜欢的，一点情不能忘，所以阴中如此主张，了其心愿。这个还是做过夫妇多时的，如此有情，未足为怪。

小子如今再说一个不曾做亲过的，只为不忘前盟，阴中完了自己姻缘，又替妹子联成婚事。怪怪奇奇，真真假假，说来好听。有诗为证：

还魂从古有，借体亦其常。
谁摄生人魄，先将宿愿偿？

这本话文，乃是：元朝大德年间，扬州有个富人姓吴，曾做防御使之职，人都叫他做吴防御，住居春风楼侧，生有二女，一个叫名兴娘，一个叫名庆娘，庆娘小兴娘两岁，多在襁褓之中。邻居有个崔使君，与防御往来甚厚。崔家有子，名曰兴哥，与兴娘同年所生。崔公即求聘兴娘为子妇，防御欣然许之，崔公以金凤钗一只为聘礼。定盟之后，崔公合家多到远方为官去了。

一去一十五年，竟无消息回来。此时兴娘已一十九岁，母亲见她年纪大了，对防御道："崔家兴哥一去十五年，不通音耗，今兴娘年已长成，岂可执守前说，错过她青春？"防御道："一言已定，千金不移。吾已许吾故人了，岂可因他无耗，便欲食言？"那母亲终究是妇人家识见，见女儿年长无婚，眼中看不过意，日日与防御絮聒，要另寻人家。兴娘肚里，一心专盼崔生来到，再没有二三的意思。虽是亏得防御有正经，却看见母亲说起激聒，便暗地恨命自哭。又恐怕父亲被母亲缠不过，一时更变起来，心中长怀着忧虑，只愿崔家郎早来得一日也好。眼睛几望穿了，哪里叫得崔家应？看看饭食减少，生出病来，沉眠枕席，半载而亡。父母与妹，及合家人等，多哭得发昏章第十一。临入殓时，母亲手持崔家原聘这只金凤钗，抚尸哭道："此是你夫家之物，今你已死，我留之何益？见了徒增悲伤，与你戴了去罢！"就替她插在髻上，盖了棺。三日之后，抬去殡在郊外了，家里设个灵座，朝夕哭奠。

殡过两个月，崔生忽然来到。防御迎进问道："郎君一向何处？尊父母平安否？"崔生告诉道："家父做了宣德府理官，殁于任所，家母亦先亡了数年。小婿在彼守丧，今已服除，完了殡葬之事。不远千里，特到府上来完前约。"防御听罢，不觉吊下泪来道:“小女兴娘薄命,为思念郎君成病,于两月前饮恨而终,已殡在郊外了。郎君便早到得半年,或者还不到得死的地步。今日来时,却无及了。”说罢又哭。崔生虽是不曾认识兴娘,未免感伤起来。防御道:“小女殡事虽行,灵位还在。郎君可到她席前看一番,也使她阴魂晓得你来了。”噙着眼泪,一手拽了崔生走进内房来。崔生抬头看时,但见:

纸带飘摇,冥童绰约。飘摇纸带,尽写着梵字金言;绰约冥童,对捧着银盆绣帨。一缕炉烟常袅,双台灯火微荧。影神图,画个绝色的佳人;白木牌,写着新亡的长女。

崔生看见了灵座,拜将下去。防御拍着桌子大声道:“兴娘吾儿,你的丈夫来了。你灵魂不远,知道也未?”说罢,放声大哭。合家见防御说得伤心,一齐号哭起来,直哭得一佛出世,二佛生天,连崔生也不知陪下了多少眼泪。哭罢,焚了些楮钱,就引崔生在灵位前,拜见了妈妈。妈妈兀自哽哽咽咽的,还了个半礼。

防御同崔生出到堂前来,对他道:“郎君父母既没,道途又远,今既来此,可便在吾家住宿。不要论到亲情,只是故人之子,即同吾子。勿以兴娘没故,自同外人。”即令人替崔生搬将行李来,收拾门侧一个小书房与他住下了。朝夕看待,十分亲热。

将及半月,正值清明节届,防御念兴娘新亡,合家到他家上挂钱祭扫。此时兴娘之妹庆娘已是十七岁,一同妈妈抬了轿,到姊姊坟上去了,只留崔生一个在家中看守。大凡好人家女眷,出外稀少,到得时节头边,看见春光明媚,巴不得寻个事由来外边散心耍子。今日虽是到兴娘新坟上,心中怀着凄惨的;却是荒郊野外,桃红柳绿,正是女眷们游耍去处。盘桓了一日,直到天色昏黑,方才到家。崔生步出门外等候,望见女轿二乘来了,走在门左迎接。前轿先进,后轿至前。到崔生身边经过,只听得地下砖上,铿的一声,却是轿中掉一件物事出来。崔生待轿过了,急去拾起来看,乃是金凤钗一只。崔生知是闺中之物,急欲进去纳还,只见中门已闭。原来防御合家在坟上辛苦了一日,又各带了些酒意,进得门,便把门关了,收拾睡觉,崔生也晓得这个意思,不好去叫得门,且待明日未迟。

回到书房,把钗子放好在书箱中了,明烛独坐。思念婚事不成,只身孤苦,寄迹人门,虽然相待如子婿一般,终非久计,不知如何是个结果?闷上心来,叹了几声。上了床,正要就枕,忽听得有人叩门响。崔生问道:“是哪个?”不见回言。崔生道是错听了,方要睡下去,又听得敲的毕毕剥剥。崔生高声又问,又不见声响了。崔生心疑,坐在床沿,正要穿鞋到门边静听,只听得又敲响了,却只不见则声。崔生忍耐不住,立起身来,幸得残灯未熄,重添亮了,拿在手里,开门出来一看。灯却明亮,见得明白,乃是十七八岁一个美貌女子,立在门外。看见门开,即便褰起布帘,走将进来。

崔生大惊,吓得倒退了两步,那女子笑容可掬,低声对崔生道:“郎君不认得妾耶？妾即兴娘之妹庆娘也。适才进门时，钗坠轿下，故此乘夜来寻，郎君曾拾得否?”崔生见说是小姨，恭恭敬敬答应道：“适才娘子乘轿在后，果然落钗在地。小生当时拾得，即欲奉还，见中门已闭，不敢惊动，留待明日。今娘子亲寻至此，即当持献。”就在书箱取出，放在桌上道：“娘子亲拿了去。”女子出纤手来取钗，插在头上了，笑嘻嘻地对崔生道：“早知是郎君拾得，妾亦不必乘夜来寻了。如今已是更阑时候，妾身出来了，不可复进。今夜当借郎君枕席，侍寝一宵。”崔生大惊道：“娘子说哪里话！令尊令堂待小生如骨肉，小生怎敢胡行，有污娘子清德？娘子请回步，誓不敢从命的。”女子道：“如今合家睡熟，并无一个人知道的。何不趁此良宵，完成好事？你我悄悄往来，亲上加亲，有何不可?”崔生道：“欲人不知，莫若勿为。虽承娘子美情，万一后边有些风吹草动，被人发觉，不要说道无颜面见令尊，传将出去，小生如何做得人成？不是把一生行止多坏了?”女子道：“如此良宵，又兼夜深，我既寂寥，你亦冷落。难得这个机会，同在一个房中，也是一生缘分。且顾眼前好事，管什么发觉不发觉？况妾自能为郎君遮掩，不至败露，郎君休得疑虑，错过了佳期。”崔生见他言词娇媚，美艳非常，心里也禁不住动火，只是想着防御相待之厚，不敢造次，好像个小儿放纸炮，真个又爱又怕。却待依从，转了一念，又摇头道：“做不得！做不得！”只得向女子哀求道：“娘子，看令姊兴娘之面，保全小生行止吧！”

女子见他再三不肯，自觉羞惭，忽然变了颜色，勃然大怒道：“吾父以子侄之礼待你，留置书房，你乃敢于深夜诱我至此！将欲何为？我声张起来，告诉了父亲，当官告你。看你如何折辩？不到得轻易饶你！”声色俱厉。崔生见她反跌一着，放刁起来，心里好生惧怕，想道：“果是老大的利害！如今既见在我房中了，清浊难分，万一声张，被她一口咬定，从何分剖？不若且依从了她，到还未见得即时败露，慢慢图个自全之策罢了。”正是：

羝羊触藩，进退两难。

只得赔着笑，对女子道：“娘子休要声高！既承娘子美意，小生但凭娘子做主便了。”女子见他依从，回嗔作喜道：“原来郎君恁地胆小的！”崔生闭上了门，两个解衣就寝。有《西江月》为证：

旅馆羁身孤客，深闺皓齿韶容。合欢裁就两情浓，好对娇鸾雏凤。
认道良缘辐辏，谁知哑谜包笼？新人魂梦雨云中，还是故人情重。

两人云雨已毕，真是千恩万爱，欢乐不可名状。将至天明，就起身来，辞了崔生，闪将出去。

崔生虽然得了些甜头，心中只是怀着个鬼胎，战兢兢的，只怕有人晓得。幸得女子来踪去迹甚是秘密，又且身子轻捷，朝隐而入，暮隐而出。只在门侧书房私自往来快乐，并无一个人知觉。将及一月有余，忽然一晚对崔生道："妾处深闺，郎处外馆。今日之事，幸而无人知觉。诚恐好事多磨，佳期易阻。一旦声迹彰露，亲庭罪责，将妾拘系于内，郎赶逐于外，在妾便自甘心，却累了郎之清德，妾罪大矣，须与郎从长商议一个计策便好。"崔生道："前日所以不敢轻从娘子，专为此也。不然，人非草木，小生岂是无情之物？而今事已到此，还是怎的好？"女子道："依妾愚见，莫若趁着人未及知觉，先自双双逃去，在他乡外县居住了，深自敛藏，方可优游偕老，不致分离。你心下如何？"崔生道："此言固然有理，但我目下零丁孤苦，素少亲知，虽要逃亡，还是向哪边去好？"想了又想，猛然省起来道："曾记得父亲在日，常说有个旧仆金荣，乃是信义的人。见居镇江吕城，以耕种为业，家道从容。今我与你两个前去投他，他有旧主情分，必不拒我。况且一条水路，直到他家，极是容易。"女子道："既然如此，事不宜迟，今夜就走罢。"

商量已定，起个五更，收拾停当了。那个书房即在门侧，开了甚便。出了门，就是水口。崔生走到船帮里，叫了一只小划子船，到门首下了女子，随即开船，径到瓜洲。打发了船，又在瓜洲另讨了一个长路船，渡了江，进了润州，奔丹阳，又四十里，到了吕城。泊住了船，上岸访问一个村人道："此间有个金荣否？"村人道："金荣是此间保正，家道殷富，且是做人忠厚，谁不认得！你问他则甚？"崔生道："他与我有些亲，特来相访。有烦指引则个。"村人把手一指道："你看那边有个大酒坊，间壁大门就是他家。"

崔生问着了，心下喜欢，到船中安慰了女子，先自走到这家门首，一直走进去。金保正听得人声，在里面踱将出来道："是何人下顾？"崔生上前施礼。保正问道："秀才官人何来？"崔生道："小生是扬州府崔公之子。"保正见说了"扬州崔"三字，便吃一惊道："是何官位？"崔生道："是宣德府理官，今已亡故了。"保正道："是官人的何人？"崔生道："正是我父亲。"保正道："这等是衙内了。请问当时乳名可记得吗？"崔生道："乳名叫作兴哥。"保正道："说起来，是我家小主人也。"推崔生坐了，纳头便拜。问道："老主人几时归天的？"崔生道："今已三年了。"保正就走去掇张椅桌，做个虚位，写一神主牌，放在桌上，磕头而哭。

哭罢，问道："小主人，今日何故至此？"崔生道："我父亲在日，曾聘定吴防御家小娘子兴娘……"保正不等说完，就接口道："正是。这事老仆晓得的。而今想已完亲事了吗？"崔生道："不想吴家兴娘为盼望吾家音信不至，得了病症。我到得吴家，死已两月。吴防御不忘前盟，款留在家。喜得他家小姨庆娘为亲情顾盼，私下成了夫妇。恐怕发觉，要个安身之所；我没处投奔，想着父亲在时，曾说你是忠义之人，住在吕城，故此带了庆娘一同来此。你既不忘旧主，一力周全则个。"金保正听说罢，道："这个何难！老仆自当与小主人分忧。"便进去唤嬷嬷出来，拜见小主人。又叫她带了丫头到船边，接了小主人娘子起来。老夫妻两个，亲自洒扫正堂，铺叠床帐，一如待主翁之礼。衣食之类，供给周备，两个安心住下。

将及一年，女子对崔生道："我和你住在此处，虽然安稳，却是父母生身之恩，竟与他永绝了，毕竟不是个收场，心里也觉过不去。"崔生道："事已如此，说不得了，难道还好去相见得？"女子道："起初一时间做的事，万一败露，父母必然见责。你我离合，尚未可知。思量永久完聚，除了一逃，再无别着。今光阴似箭，已及一年。我想爱子之心，人皆有之。父母那时不见了我，必然舍不得的。今日若同你回去。父母重得相见，自觉喜欢，前事必不记恨。这也是料得出的。何不拼个老脸，双双去见他一面，有何妨碍？"崔生道："丈夫以四方为事，只是这样潜藏在此，原非长算。今娘子主见如此，小生拼得受岳父些罪责，为了娘子，也是甘心的。既然做了一年夫妻，你家素有门望，料没有把你我重拆散了，再嫁别人之理。况有令姊旧盟未完，重续前好，正是应得。只须赔些小心往见，原自不妨。"

两个计议已定，就央金荣讨了一只船，作别了金荣，一路行去。渡了江，进瓜洲，前到扬州地方。看看将近防御家，女子对崔生道："且把船歇在此处，未要竟到门口，我还有话和你计较。"崔生叫船家住好了船，问女子道："还有什么说话？"女子道："你我逃窜一年，今日突然双双往见，幸得容恕，千好万好了。万一怒发，不好收场。不如你先去见见，看着喜怒，说个明白。大约没有变卦了，然后等他来接我上去，岂不婉转些？我也觉得有颜采，我只在此等你消息就是。"崔生道："娘子见得不差，我先去见便了。"跳上了岸，正待举步。女子又把手招他转来道："还有一说，女子随人私奔，原非美事。万一家中忌讳，故意不认账起来的事也是有的，须要防他。"伸手去头上拔那只金凤钗下来，与他带去道："倘若言语支吾，将此钗与他们一看，便推故不得了。"崔生道："娘子恁地精细！"接将钗来，袋在袖里了。望着防御家里来。

到得堂中，传进去，防御听知崔生来了，大喜出见。不等崔生开口，一路说出来道："向日看待不周，致郎君住不安稳，老夫有罪。幸看先君之面，勿责老夫！"崔生拜伏在地，不敢仰视，又不好直说，口里只称："小婿罪该万死！"叩头不止。防御到惊骇起来道："郎君有何罪过？口出此言，快快说个明白！免老夫心里疑惑。"崔生道："是必岳父高抬贵手，恕着小婿，小婿才敢出口。"防御说道："有话但说，通家子侄，有何嫌疑？"崔生见他光景是喜欢的，方才说道："小婿蒙令爱庆娘不弃，一时间结了私盟，房帏事密，儿女情多，负不义之名，犯私通之律。诚恐得罪非小，不得已夤夜奔逃，潜匿村墟。经今一载，音容久阻，书信难传。虽然夫妇情深，敢忘父母恩重？今日谨同令爱，到此拜访，伏望察其深情，饶恕罪责，恩赐谐老之欢，永遂于飞之愿！岳父不失为溺爱，小婿得完美室家，实出万幸！只求岳父怜悯则个。"防御听罢大惊道："郎君说的是什么话？小女庆娘卧病在床，经今一载。茶饭不进，转动要人扶靠。从不下床一步，方才的话，在哪里说起的？莫不见鬼了？"崔生见他说话，心里暗道："庆娘真是有见识！果然怕玷辱门户，只推说病在床上，遮掩着外人了。"便对防御道："小婿岂敢说谎？目今庆娘见在船中，岳父叫个人去接了起来，便见明白。”防御只是冷笑不信，却对一个家僮说：“你可走到崔家郎船上去看看，与他同来的是什么人，却认做我这庆娘子？岂有此理！”

家僮走到船边，向船内一望，舱中悄然不见一人，问着船家，船家正低着头，艄上吃饭。家僮道：“你舱里的人，那里去了？”船家道：“有个秀才官人，上岸去了，留个小娘子在舱中，适才看见也上去了。”家僮走来回复家主道：“船中不见有什么人，问船家说，有个小娘子，上了岸了，却是不见。”防御见无影响，不觉怒形于色道：“郎君少年，当诚实些，何乃造此妖妄，诬玷人家闺女，是何道理？”崔生见他发出话来，也着了急，急忙袖中摸出这只金凤钗来，进上防御道：“此即令爱庆娘之物，可以表信，岂是脱空说的？”防御接来看了，大惊道：“此乃吾亡女兴娘殡殓时戴在头上的钗，已殉葬多时了，如何得在你手里？奇怪！奇怪！”崔生却把去年坟上女轿归来，轿下拾得此钗，后来庆娘因寻钗夜出，遂得成其夫妇，恐怕事败，同逃至旧仆金荣处，住了一年，方才又同来的说话，备细述了一遍。防御惊得呆了，道：“庆娘见在房中床上卧病，郎君不信可以去看得的。如何说得如此有枝有叶？又且这钗如何得出世？真是蹊跷的事。”执了崔生的手，要引他房中去看病人，证辨真假。

却说庆娘果然一向病在床上，下地不得。那日外厢正在疑惑之际，庆娘托地在床上走将起来，竟望堂前奔出。家人看见奇怪，同防御的嬷嬷一哄的都随了出来。嚷道：“一向动不得的，如今忽地走将起来。”只见庆娘到得堂前，看见防御便拜。防御见是庆娘，一发吃惊道：“你几时走起来的？”崔生心里还暗道：“是船里走进去的。且听她说什么？”只见庆娘道：“儿乃兴娘也，早离父母，远殡荒郊。然与崔郎缘分未断，今日来此，别无他意。特为崔郎方便，要把爱妹庆娘续其婚姻。如肯从儿之言，妹子病体，当即痊愈。若有不肯，儿去，妹也死了。”合家听说，个个惊骇，看她身体面庞，是庆娘的；声音举止，却是兴娘，都晓得是亡魂归来附体说话了。防御正色责他道：“你既已死了，如何又在人世，妄作胡为，乱惑生人？”庆娘又说着兴娘的话道：“儿死去见了冥司，冥司道儿无罪，不行拘禁，得属后土夫人帐下，掌传笺奏。儿以世缘未尽，特向夫人给假一年，来与崔郎了此一段姻缘。妹子向来的病，也是儿假借她精魄，与崔郎相处来。今限满当去，岂可使崔郎自此孤单，与我家遂同路人！所以特来拜求父母，是必把妹子许了他，续上前姻。儿在九泉之下，也放得心下了。”防御夫妻见她言词哀切，便许他道：“吾儿放心！只依着你主张，把庆娘嫁他便了。”兴娘见父母许出，便喜动颜色，拜谢防御道：“多感父母肯听儿言，儿安心去了。”走到崔生面前，执了崔生的手，哽哽咽咽哭起来道：“我与你恩爱一年，自此别了。庆娘亲事，父母已许我了，你好做娇客，与新人欢好时节，不要竟忘了我旧人！”言毕大哭。

崔生见说了来踪去迹，方知一向与他同住的，乃是兴娘之魂。今日听罢叮咛之语，虽然悲切，明知是小姨身体，又在众人面前，不好十分亲近得。只见兴娘的魂语，吩咐已罢，大哭数声，庆娘身体蓦然倒地。众人惊惶，前来看时，口中已无气了。

摸他心头，却温温的，急把生姜汤灌下，将有一个时辰，方醒转来。病体已好，行动如常。问她前事，一毫也不晓得。人丛之中，举眼一看，看见崔生站在里头，急急遮了脸，望中门奔了进去。崔生如梦初觉，惊疑了半日始定。

防御就拣个黄道吉日，将庆娘与崔生合了婚。花烛之夜，崔生见过庆娘惯的，且是熟分。庆娘却不十分认得崔生的，老大羞惭。真个是：

一个闺中弱质，与新郎未经半晌交谈；一个旅邸故人，共娇面曾做一年相识。一个只觉耳畔声音稍异，面目无差；一个但见眼前光景皆新，心胆尚怯。一个还认蝴蝶梦中寻故友，一个正在海棠枝上试新红。

却说崔生与庆娘定情之夕，只见庆娘含苞未破，元红尚在，仍是处子之身。崔生悄地问他道："你令姊借你的身体，陪伴了我一年，如何你身子还是好好的？"庆娘怫然不悦道："你自撞见了姊姊鬼魂做作出来的，干我甚事，说到我身上来。"崔生道："若非令姊多情，今日如何能够与你成亲？此恩不可忘了。"庆娘道："这个也说得是，万一她不明不白，不来周全此事，借我的名头，出了我偌多时丑，我如何做得人成？只你心里到底照旧认是我随你逃走了的，岂不羞死人！今幸得她有灵，完成你我的事，也是她十分情分了。"

次日崔生感兴娘之情不已，思量荐度她。却是身边无物，只得就将金凤钗到市货卖，卖得钞二十锭，尽买香烛楮锭，赍到琼花观中命道士建醮三昼夜，以报恩德。醮事已毕，崔生梦中见一个女子来到，崔生却不认得。女子道："妾乃兴娘也，前日是假妹子之形，故郎君不曾相识。却是妾一点灵性，与郎君相处一年了。今日郎君与妹子成亲过了，妾所以才把真面目与郎相见。"遂拜谢道："蒙郎荐拔，尚有余情。虽隔幽明，实深感佩。小妹庆娘，禀性柔和，郎好看觑她！妾从此别矣。"崔生不觉惊哭而醒。庆娘枕边见崔生哭醒来，问其缘故。崔生把兴娘梦中说话，一一对庆娘说。庆娘问道："你见她如何模样？"崔生把梦中所见容貌，备细说来。庆娘道："真是我姊也！"不觉也哭将起来。庆娘再把一年中相处事情，细细问崔生，崔生逐件和庆娘备说始末根由，果然与兴娘生前情性，光景无二。两人感叹奇异，亲上加亲，越发过得和睦了，自此兴娘别无影响。要知只是一个"情"字为重，不忘崔生，做出许多事体来，心愿既完，便自罢了。

此后崔生与庆娘年年到他坟上拜扫，后来崔生出仕，讨了前妻封诰，遗命三人合葬。曾有四句口号，道着这本话文：

大姊精灵，小姨身体。
到得圆成，无此无彼。

卷二十四

庵内看恶鬼善神　井中谭前因后果

经云：

要知前世因，今生受者是。
要知来世因，今生作者是。

话说南京新桥有一人姓丘，字伯皋，平生忠厚志诚，奉佛甚谨，性喜施舍，不肯妄取人一毫一厘，最是个公直有名的人。一日独坐在家内屋檐之下，朗声诵经。忽然一个人背了包裹，走到面前来，放下包裹在地，向伯皋作一个揖道："借问老丈一声。"伯皋慌忙还礼道："有甚话?"那人道："小子是个浙江人，在湖广做买卖。来到此地，要寻这里一个丘伯皋，不知住在何处?"伯皋道："足下问彼住处，敢是与他旧相识吗?"那人道："一向不曾相识，只是江湖上闻得这人是个长者，忠信可托。今小子在途路间，有些事体，要干累他，故此动问。"伯皋道："在下便是丘伯皋，足下既是远来相寻，请到里面来细讲。"立起身来拱进室内坐定，问道："足下高姓?"那人道："小子姓南，贱号少营。"伯皋道："有何见托?"少营道："小子有些事体，要到北京会一个人，两月后可回了。"手指着包裹道："这里头颇有些东西，今单身远走，路上干系，欲要寄顿停当，方可起程。世上的人，便是亲眷朋友最相好的，撞着财物交关，就未必保得心肠不变。一路闻得吾丈大名，是分毫不苟的人，所以要将来寄放在此，安心北去，回来叩谢。即此便是干累老丈之处，别无他事。"伯皋道："这个当得。但请足下封记停当，安放舍下。只管放心自去，万无一失。"少营道："如此多谢。"当下依言把包裹封记好了，交与伯皋，拿了进去。伯皋见他是远来的人，整治酒饭待他。他又要置办上京去的几件物事，未得动身，伯皋就留他家里住宿两晚，方才别去。

过了两个多月，不见他来。看看等至一年有余，杳无音耗。伯皋问着北来的浙江人，没有一个晓得的。要差人到浙江去问他家里，又不晓得他地头住处。相遇着浙人便问南少营，全然无人认得。伯皋道："这桩未完事，如何是了?"没计奈何，巷口有一卜肆甚灵，即时去问卜一卦。那占卦的道："卦上已绝生气，行人必应沉没在外，不得回来。"

伯皋心下委决不开，归来与妻子商量道："前日这人与我素不相识，忽然来寄此包裹。今一去不来,不知包内是什么东西,意欲开来看一看。这人道我忠厚可托,故一面不相识,肯寄我处,如何等不得他来?欲待不看,心下疑惑不过。我想只不要动他原物,便看一看,想也无害。”妻子道:“自家没有欺心,便是看看何妨?”取将出来,觉得沉重,打开看时,多是黄金白银,约有千两之数。伯皋道:“原来有这些东西在这里,如何却不来了?启卦的说卦上已绝生气,莫不这人死了,所以不来。我而今有个主意,在他包里取出五十金来,替他广请高僧,做一坛佛事,祈求佛力保佑他早早回来。倘若真个死了,求他得免罪苦,早早受生,也是我和他相与一番。受寄多时,尽了一片心,不便是这样埋没了他的。”妻子道:“若这人不死,来时节动了他五十两,怎么回他?”伯皋道:“我只把这实话对他讲,说是保佑他回来的,难道怪我不成?十分不认账,我填还他也罢了。佛天面上,那里是使了屈钱处?”算计已定,果然请了几众僧人,做了七昼夜功果。伯皋是致诚人,佛前至心祈祷,愿他生得早归,死得早脱。功果已罢,又是几时,不见音信,眼见得南少营不来了。伯皋虽无贪他东西念头,却没个还处。自佛事五十两之外,已此是入己的财物。伯皋心里常怀着不安,日远一日,也不以为意了。

伯皋一向无子,这番佛事之后,其妾即有妊孕。明年生下一男,眉目疏秀,甚觉可喜。伯皋夫妻十分爱惜。养到五六岁,送他上学,取名丘俊。岂知小聪明甚有,见了书就不肯读,只是赖学。到得长大来,一发不肯学好,专一结识了一班无赖子弟,嫖赌行中一溜,撒漫使钱,戒训不下。村里人见他如此作为,尽皆叹息道:“丘伯皋做了一世好人,生下后代,乃是败子。天没眼睛,好善无报。”如此过了几时,伯皋与他娶了妻,生有一子。指望他渐渐老成,自然收心。不匡丘俊有了妻儿,越加狂肆,连妻儿不放在心上,弃着不管。终日只是三街两市,和着酒肉朋友串哄,非赌即嫖,整个月不回家来。便是到家,无非是取钱钞,要当头,伯皋气忿不过。

一日,伯皋出外去,思量他在家非为,哄他回来锁在一间空室里头。团团多是墙壁,只留着一个圆洞,放进饮食。就是生了双翅,也没处飞将出来。伯皋去了多时,丘俊坐在房里,真如囹圄一般。其大娘甚是怜他,恐怕他愁苦坏了。一日早起,走到房前,在壁缝中张他一张,看他在里面怎生光景。不看万事全休,只这一看,那一惊非小可!正是:

分开八片顶阳骨,倾下一桶雪水来。

丘俊的大娘,看见房里坐的不是丘俊的模样,吃了一惊。仔细看时,俨然是向年寄包裹的客人南少营。大娘认得明白,不敢则声,嘿嘿归房。恰好丘伯皋也回来,妻子说着怪异的事,伯皋猛然大悟道:“是了,是了。不必说了,原是他的东西,我怎管得他浪费?枉做冤家!”登时开了门,放了丘俊出来,听他仍旧外边浮浪。快活不多几时,酒色淘空的身子,一口气不接,无病而死。伯皋算算所费,恰正是千金的光景。明晓得是因果，不十分在心上，只收拾孙子过日，望他长成罢了。

后边人议论丘俊是南少营的后身，来取这些寄下东西的，不必说了。只因丘伯皋是个善人，故来与他家生下一孙，衍着后代，天道也不为差。但只是如此忠厚长者，明受人寄顿，又不曾贪谋了他的，还要填还本人，还得尽了方休。何况实负欠了人，强要人的打点受用，天岂容得你过？所以冤债相偿，因果的事，说他一年也说不了。

小子而今说一个没天理的，与看官们听一听。

钱财本有定数，莫要欺心胡做！
试看古往今来，只是一本帐簿。

却说元朝至正年间，山东有一人姓元名自实，田庄为生，家道丰厚。性质愚钝，不通文墨，却也忠厚认真，一句说话两个半句的人。同里有个姓缪的千户，与他从幼往来相好。一日缪千户选授得福建地方官职，收拾赴任。缺少路费，要在自实处借银三百两。自实慨然应允，缪千户写了文券送过去。自实道："通家至爱，要文券做什么？他日还不还，在你心里。你去做官的人，料不赖了我的。"此时自实恃家私有余，把这几两银子也不放在心上，竟自不收文券，如数交与他去，缪千户自去上任了。

真是事有不测。至正末年间，山东大乱，盗贼四起。自实之家，被群盗劫掠一空，所剩者田地屋宇，兵戈扰攘中，又变不出银子来。恋着住下，又恐性命难保，要寻个好去处避兵。其时福建被陈友定所据，七郡地方独安然无事。自实与妻子商量道："目今满眼兵戈，只有福建平静。况缪君在彼为官，可以投托。但道途阻塞，人口牵连，行动不得。莫若寻个海船，搭了他由天津出海，直趋福州。一路海洋，可以径达，便可挈家而去了。"商量已定，收拾了些零剩东西，载了一家上了海船，看了风讯开去，不则几时，到了福州地面。

自实上岸，先打听缪千户消息，见说缪千户正在陈友定幕下当道用事，威权隆重，门庭赫奕。自实喜之不胜，道是来得着了。匆忙之中，未敢就去见他，且回到船里对妻子说道："问着了缪家，他正在这里兴头，便是我们的造化了。"大家欢喜。自实在福州城中赁下了一个住居，接妻子上来，安顿行李停当，思量要见缪千户。

转一个念头道:“一路受了风波,颜色憔悴,衣裳褴褛,他是兴头的时节,不要讨他鄙贱,还宜从容为是。”住了多日,把冠服多整饰齐楚,面庞也养得黑色退了,然后到门求见。

门上人见是外乡人,不肯接帖,问其来由,说是山东。门上人道:“我们本官最怕乡里来缠,门上不敢禀得,怕惹他恼躁。等他出来,你自走过来觌面见他,须与吾们无干。他只这个时节出来快了。”自实依言站着等候。果然不多一会儿,缪千户骑着马出来拜客。自实走到马前,躬身打拱。缪千户把眼看到别处,毫厘不像认得的。自实急了,走上前去说了山东土音,把自己姓名大声叫喊。缪千户听得,只得叫拢住了马,认一认,假作吃惊道:“原来是我乡亲,失瞻,失瞻!”下马来作了揖,拉了他转到家里来,叙了宾主坐定。一杯茶罢,千户自立起身来道:“适间正有小事要出去,不得奉陪。且请仁兄回寓,来日薄具小酌,奉请过来一叙。”自实不曾说得什么,没奈何且自别过。

等到明日,千户着个人拿了一个单帖来请自实。自实对妻子道:“今日请我,必有好意。”欢天喜地,不等再邀,跟着就走。到了衙门,千户接着,自实只说道长久不见,又远来相投,怎生齐整待他。谁知千户意思甚淡,草草酒果三杯,说些地方上大概的话。略略问问家中兵戈光景、亲眷存亡之类,毫厘不问着自实为何远来,家业兴废若何。比及自实说得遭劫逃难,苦楚不堪。千户听了,也只如常,并无惊骇怜恤之意。至于借银之事,头也不提起,谢也不谢一声。自实几番要开口,又想道:“刚到此地,初次相招,怎生就说讨债之事?万一冲撞了他,不好意思。”只得忍了出门。到了下处,旅寓荒凉,柴米窘急。妻子问说:“何不与缪家说说前银,也好讨些来救急?”自实说初到不好启齿,未曾说得的缘故。妻子怨恨道:“我们万里远来,所干何事?专为要投托缪家,今特特请去一番,却只贪着他些微酒食,碍口识羞,不把正经话提起,我们有什么别望头在那里?”自实被埋怨得不耐烦,踌躇了一夜。

次日早起,就到缪千户家去求见。千户见说自实到来,心里已有几分不像意了,免不得出来见他,意思甚倦,叙得三言两语,做出许多勉强支吾的光景出来。自实只得自家开口道:“在下家乡遭变,拚了性命挈家海上远来,所仗惟有兄长。今日有句话,不揣来告。”千户不等他说完,便接口道:“不必兄说,小弟已知。向者承借路费,于心不忘。虽是一官萧条,俸人微薄,恰是故人远至,岂敢辜恩?兄长一面将文券简出来,小弟好照依数目打点,陆续奉还。”看官,你道此时缪千户肚里,岂是忘记了当初借银之时,并不曾有文券的?只是不好当面赖得,且把这话做出推头,等他拿不出文券来,便不好认真催逼,此乃负心人起赖端的圈套处。自实是个老实人,见他说得蹊跷了,吃惊道:“君言差矣!当初乡里契厚,开口就相借,从不曾有什么文契。今日怎么说出此话来?”千户故意妆出正经面孔来道:“岂有是理!债负往来,全凭文券,怎么说个没有?或者兵火之后,君家自失去了,容或有之。然既与兄旧交,而今文契有无也不必论,自然处来还兄。只是小弟也在不足之乡,一时性急不得,从容些个勉强措办才妙。”

自实听得如此说了,一时也难相逼,只得唯唯而出。一路想他说话古怪,明是欺心光景。却是既到此地,不得不把他来作傍。他适才也还有从容处还的话,不是绝无生意的,还须忍耐几日,再去求他。只是我当初要好的不是,而今权在他人之手,就这般烦难了。归来与妻子说知,大家叹息了一回,商量还只是求他为是。只得挨着面皮,走了几次,常只是这些说话,推三阻四。一千年也不赖,一万年也不还。耳朵里时时好听,并不见一分递过手里来。欲待不走时,又别无生路。自实走得一个不耐烦,正所谓:

羝羊触藩,进退两难。

自实枉自奔波多次,竟无所得。日挨一日,倏忽半年,看看已近新年。自实客居萧索,合家嗷嗷,过岁之计,分毫无处。自实没奈何了,只得到缪家去,见了千户,一头哭,一头拜将下去道:“望兄长救吾性命则个!”千户用手扶起道:“何至于此!”自实道:“新年在迩,妻子饥寒,囊乏一钱,瓶无一粒粟,如何过得日子?向者所借银两,今不敢求还,任凭尊意应济多少,一丝一毫,尽算是尊赐罢了。就是当时无此借贷一项,今日故人之谊,也求怜悯一些。”说罢大哭。千户见哭得慌了,也有些不安,把手指数一数道:“还有十日,方是除夜。兄长可在家专待,小弟分些禄米,备些柴薪之费,送到贵寓,以为兄长过岁之资。但勿以轻微为怪,便见相知。”自实穷极之际,见说肯送些东西了,心下放掉了好些,道:“若得如此,且延残喘到新年,便是盛德无尽。”欢喜作别。临别之时,千户再三叮嘱道:“除夕切勿他往,只在贵寓等着便是。”自实领诺,归到寓中,把千户之言对妻子说了,一家安心。

到了除日,清早就起来坐在家里等候。欲要出去寻些过年物事,又恐怕一时错过,心里还想等有些钱钞到手了,好去运动。呆呆等着,心肠扒将出来,叫一个小厮站在巷口,看有甚么动静,先来报知。去了一会,小厮奔来道:“有人挑着米来了。”自实急出门一看,果然一个担夫挑着一担米,一个青衣人前头拿了帖儿走来。自实认道是了。只见走近门边,担夫并无歇肩之意,那个青衣人也径自走过了。自实疑心道:“必是不认得吾家,错走过了。”连忙叫道:“在这里,可转来。”那两个并不回头。自实只得赶上前去问青衣人道:“老哥,送礼到哪里去的?”青衣人把手中帖与自实看道:“吾家主张员外送米与馆宾的,你问他则甚?”自实情知不是,佯佯走了转来,又坐在家里。一会,小厮又走进来道:“有一个公差打扮的,肩上驮了一肩钱走来了。”自实到门边探头一望道:“这番是了。”只见那公差打扮的经过门首,脚步不停,更跑得紧了些。自实越加疑心,跑上前问时,公差答道:“县里知县相公送这些钱与他乡里过节的。”自实又见不是,心里道:“别人家多纷纷送礼,要见只在今日这一日了,如何我家的偏不见到?”自实心里好像十五个吊桶打水,七上八落的,身子好像鏊盘上蚂蚁,一霎也站脚不住。看看守到下午,竟不见来,落得探头探脑,心猿意马。

这一日,一件过年的东西也不买得,到街前再一看,家家户户多收拾起买卖,开店的多关了门,只打点过新年了。自实反为缪家所误,粒米束薪家里无备,妻子只是怨怅啼哭。别人家欢呼畅饮,爆竹连天,自实攒眉皱目,凄凉相对。自实越想越气,双脚乱跳,大骂:“负心的狠贼,害人到这个所在!”一愤之气,箱中翻出一柄解腕刀来,在磨石上磨得雪亮。对妻子道:“我不杀他,不能雪这口气!我拼着这命抵他,好歹三推六问,也还迟死几时。明日绝早清晨,等他一出门来,断然结果他了。”妻子劝他且耐性,自实哪里按纳得下?捏刀在手,坐到天明,鸡鸣鼓绝,径望缪家门首而去。

且说这条巷中间有一小庵,乃自实家里到缪家必由之路,庵中有一道者号轩辕翁,年近百岁,是个有道之士。自实平日到缪家里经过此庵,每走到里头歇足,便与庵主轩辕翁叙一会闲话。往来既久,遂成熟识。此日是正月初一日元旦,东方将动,路上未有行人。轩辕翁起来开了门,将一张桌当门放了,点上两支蜡烛,朝天拜了四拜。将一卷经摊在桌上,中间烧起一炉香,对着门坐下,朗声而诵。诵不上一两板,看见街上天光熹微中,一个人当前走过,甚是急遽,认得是元自实。因为怕断了经头,由他自去,不叫住他。这个老人家道眼清明,看元自实在前边一面走,后面却有许多人跟着。仔细一看,哪里是人?乃是奇形怪状之鬼,不计其数,跳舞而行。但见:

或握刀剑,或执椎凿;
披头露体,势甚凶恶。

轩辕翁住了经不念,口里叫声道:“怪哉!”把性定一回,重把经念起。不多时,见自实复走回来,脚步懒慢。轩辕翁因是起先诧异了,嘿嘿看他自走,不敢叫破。自实走得过,又有百来个人跟着在后。轩辕翁着眼细看,此番的人多少比前差不远,却是打扮大不相同,尽是金冠玉佩之士。但见:

或挈幢盖,或举旌幡;
和容悦色,意甚安闲。

轩辕翁惊道:“这却是什么缘故?岁朝清早,所见如此,必是元生死了,适间乃其阴魂,故到此不进门来。相从的,多是神鬼,然恶往善归,又怎么解说?”心下狐疑未决,一面把经诵完了,急急到自实家中访问消耗。

进了元家门内，不听得里边动静。咳嗽一声，叫道："有客相拜。"自实在里头走将出来，见是个老人家新年初一相拜，忙请坐下。轩辕翁说了一套随俗的吉利话，便问自实道："今日绝清早，足下往何处去！去的时节甚是匆匆，回来的时节甚是缓缓，其故何也？愿得一闻。"自实道："在下有一件不平的事，不好告诉得老丈。"轩辕翁道："但说何妨？"自实把缪千户当初到任借他银两，而今来取只是推托，希图混赖及年晚哄送钱米，竟不见送，以致狼狈过年的事，从头至尾说了一遍。轩辕翁也顿足道："这等恩将仇报，其实可恨！这样人必有天报，足下今日出门，打点与他寻闹么？"自实道："不敢欺老丈，昨晚委实气了一晚，吃亏不过，把刀磨快了，巴到天明，意欲往彼门首等他清早出来，一刀刺杀了，以雪此恨。及至到了门首，再想一想，他固然得罪于我，他尚有老母妻子，平日与他通家往来的，他们须无罪。不争杀了千户一人，他家老母妻子就要流落他乡了。思量自家一门流落之苦，如此难堪，怎忍叫他家也到这地位！宁可他负了我，我不可做那害人的事，所以忍住了这口气，慢慢走了来。心想未定，不曾到老丈处奉拜得，却教老丈先降，得罪，得罪。"

轩辕翁道："老汉不是拜年，其实有桩奇异，要到宅上奉访。今见足下诉说这个缘故，当与足下称贺。"自实道："有何可贺？"轩辕翁道："足下当有后禄，适间之事，神明已知道了。"自实道："怎见得？"轩辕翁道："方才清早足下去时节，老汉看见许多凶鬼相随；回来时节，多换了福神，老汉因此心下奇异。今见足下所言如此，乃知一念之恶，凶鬼便至；一念之善，福神便临。如影随形，一毫不爽，暗室之内，造次之间，万不可萌一毫恶念，造罪损德的！足下善念既发，鬼神必当嘿佑，不必愁恨了。"自实道："虽承老丈劝慰，只是受了负心之骗，一个新岁，钱米俱无，光景难堪。既不杀得他，自家寻个死路罢，也羞对妻子了。"斩辕翁道："休说如此短见的话！老汉庵中尚有余粮，停会当送些过来，权时应用。切勿更起他念！"自实道："多感，多感。"轩辕翁作别而去。

去不多时，果然一个道者领了轩辕翁之命，送一挑米、一贯钱到自实家来。自实枯渴之际，只得受了，转托道者致谢庵主。道者去后，自实展转思量："此翁与我向非相识，尚承其好意如此。叵耐缪千户负欠了我的，反一毛不拔。本为他远来相投，今失了望，后边日子如何过得？我要这性命也没干！况且此恨难消，据轩辕翁所言神鬼如此之近，我阳世不忍杀他，何不寻个自尽到阴间告理他去？必有伸诉之处。"遂不与妻子说破，竟到三神山下一个八角井边，叹了一口气，仰天叹道："皇天有眼，我元自实被人赖了本钱，却教我死于非命！可怜，可怜！"说罢，扑通地跳了下去。

自实只道是水淹将来，立刻可死。谁知道井中可煞作怪，自实脚踏实地，点水也无。伸手一摸，两边俱是石壁削成，中间有一条狭路，只好容身。自实将手托着两壁，黑暗中只管向前，依路走去。走勾有数百步远，忽见有一线亮光透入，急急望亮处走去。须臾壁尽路穷,乃是一个石洞小口。出得口时,豁然天日明朗,别是一个世界。又走了几十步,见一所大宫殿,外边门上牌额四个大金字,乃是"三山福地"。自实瞻仰了一会儿,方敢举步而入。但见:

古殿烟消,长廊昼静。徘徊四顾,阒无人踪。钟磬一声,恍来云外。自是洞天福地,宜有神仙在此藏;绝非俗境尘居,不带夙缘那得到?

自实立了一晌,不见一个人面。肚里饥又饥,渴又渴,腿脚又酸,走不动了。见面前一个石坛,且是洁净。自实软倒来,只得眠在石坛旁边,歇息一回。忽然里边走出一个人来,乃是道士打扮。走到自实跟前,笑问自实道:"翰林已知客边滋味了么?"自实吃了一惊,道:"客边滋味,受得够苦楚了,如何呼我做翰林?岂不大差!"道士道:"你不记得在兴庆殿草诏书了吗?"自实道:"一发好笑,某乃山东鄙人,布衣贱士,生世四十,目不知书。连京里多不曾认得,晓得什么兴庆殿,草什么诏书?"道士道:"可怜!可怜!人生换了皮囊,便为嗜欲所汩,饥寒所困,把前事多忘记了。你来此间,腹中已饿了吗?"自实道:"昨晚忿恨不食,直到如今,为寻死地到此,不期误入仙境。却是腹中又饿,口中又渴,腿软筋麻,当不得,暂卧于此。"道士袖里摸出大梨一颗、大枣数枚,与自实道:"你认得这东西吗?此交梨火枣也。你吃了下去,不惟免了饥渴,兼可晓得过去之事。"

自实接来手中,正当饥渴之际,一口气吃了下去,不觉精神爽健,瞑目一想,惺然明悟。记得前生身为学士,在大都兴庆殿侧草诏,尤如昨日。一骨碌爬将起来,拜着道士道:"多蒙仙长佳果之味,不但解了饥渴,亦且顿悟前生。但前生既如此清贵,未知作何罪业,以致今生受报,弄得如此没下梢了?"道士道:"你前世也无大罪,但在职之时,自恃文学高强,忽略后进之人,不肯加意汲引,故今世罚你愚懵,不通文义。又妄自尊大,拒绝交游,毫无情面,故今世罚你漂泊,投人不着。这也是一还一报,天道再不差的。今因你一念之善,故有分到此福地与吾相遇,救你一命。"

道士因与自实说世间许多因果之事,某人是善人,该得好报;某人是恶人,该得恶报。某人乃是无厌鬼王出世,地下有十个炉替他铸横财,故在世贪饕不止,贿赂公行,他日福满,当受幽囚之祸。某人乃多杀鬼王出世,有阴兵五百,多是铜头铁额的,跟随左右,助其行虐,故在世杀害良民,不戢军士,他日命衰,当受割截之殃。其余凡贪官污吏、富室豪民,及矫情干誉、欺世盗名种种之人,无不随业得报,一一不爽。自实见说得这等厉害明白,打动了心中事,遂问道:"假似缪千户欺心混赖,负我多金,反致得无聊如此,他日岂不报应?"道士道:"足下不必怪他。他乃是王将军的库子,财物不是他的,他岂得妄动耶?"自实道:"见今他享荣华,我受贫苦,眼前怎么当得?"道士道:"不出三年,世运变革,地方将有兵戈大乱,不是这光景了。你快择善地而居,免受池鱼之祸。"自实道:"在下愚昧,不识何处可以躲避?"道士道："福宁可居，且那边所在与你略有缘分，可偿得你前日好意贷人之物，不必想缪家还了，此皆子善念所至也。今到此已久，家人悬望，只索回去罢！"自实道："起初自井中下来，行了许多暗路，今不能重记。就寻着了旧路，也上去不得，如何归去？"道士道："此间别有一径，可以出外，不必从旧路了。"因指点山后一条路径，叫自实从此而行。自实再拜称谢，道士自转身去了。

自实依着所指之径，行不多时，见一个穴口，走将出来，另有天日，急回头认时，穴已不见。自实望去百步之外，远远有人行走。奔将去问路，原来即是福州城外。遂急急跑回家来，家人见了又惊又喜，道："哪里去了这几日？"自实道："我今日去，就是今日来，怎么说几日？"家人道："今日是初十了，自那日初一出门，到晚不见回来，只道在轩辕翁庵里。及至去问时，却又说不曾来，只疑心是有什么山高水低。轩辕翁说：'你家主人还有后禄，定无他事。'所以多勉强宽解。这几日杳然无信，未免慌张。幸得来家却好了。"自实把愤恨投井，谁知无水不死，却遇见道士，奇奇怪怪许多说话，说了一遍，道："闻得仙家日月长，今吾在井只得一晌，世上却有十日。这道士多分是仙人，他的说话，必定有准，我们依言搬在福宁去罢。不要恋恋缪家的东西，不得到手，反为所误了。"一面叫人收拾起来，打点上路。自实走到轩辕翁庵中别他一别，说迁去之意。轩辕翁问："为何发此念头？"自实把井中之事说了一遍。轩辕翁跌足道："可惜足下不认得人！这道士乃芙容真人也。我修炼了一世，不能相遇，岂知足下当面错过？仙家之言，不可有违！足下迁去为上，老汉也自到山中去了。若住在此地，必为乱兵所杀。"自实别了回来，一径领了妻子同到福宁。

此时天下扰乱，赋役烦重，地方多有逃亡之屋。自实走去寻得几间可以收拾得起的房子，并叠瓦砾，将就修葺来住。挥锄之际，铮然有声，掘将下去，却是石板一块，掇将开来，中有藏金数十锭。合家见了不胜之喜，恐怕有人看见，连忙收拾在箱匣中了。自实道："井中道士所言，此间与吾有些缘分，可还所贷银两，正谓此也。"将来称一称，果是三百金之数，不多不少。自实道："井中人果是仙人，在此住料然不妨。"从此安顿了老小，衣食也充足了些，不愁冻馁，放心安居。后来张士诚大军临福州，陈平章遭掳，一应官吏多被诛戮。缪千户一家，被王将军所杀，尽有其家资。自实在福宁竟得无事，算来恰恰三年。道士之言，无一不验，可见财物有定数，他人东西强要不得的。为人一念，善恶之报，一些不差的。有诗为证：

一念起时神鬼至，何况前生夙世缘！
方知富室多悭吝，只为他人守业钱。

卷二十五

徐茶酒乘闹劫新人　郑蕊珠鸣冤完旧案

词云：

瑞气笼清晓。卷珠帘，次第笙歌，一时齐奏。无限神仙离蓬岛，凤驾鸾车初到。见拥个、仙娥窈窕。玉珮玎珰风缥缈，望娇姿、一似垂杨袅。天上有，世间少。

刘郎正是当年少。更那堪，天教付与，最多才貌。玉树琼枝相映耀，谁与安排忒好？有多少、风流欢笑。直待来春成名了，马如龙、绿绶欺芳草。同富贵，又偕老。

这首词名《贺新郎》，乃是宋时辛稼轩为人家新婚吉席而作。天下喜事，先说洞房花烛夜，最为热闹。因是这热闹，就有趁哄打劫的了。吴兴安吉州富家新婚，当夜有一个做贼的，趁着人杂时节，溜将进去，伏在新郎的床底下了，打点人静后，出来卷取东西。怎当这人家新房里头，一夜停火到天明。床上新郎新妇，云雨欢浓了一会儿，枕边切切私语，你问我答，烦琐不休。说得高兴，又弄起那话儿来，不十分肯睡。那贼躲在床下，只是听得肉麻不过，却是不曾静悄，又且灯火明亮，气也喘不得一口，何况脱身出来做手脚？只得耐心伏着不动。水火急时，直等日间床上无人时节，就床下暗角中撒放。如此三日夜，毕竟下不得手，肚中饿得难堪。顾不得死活，听得人声略定，拼着命魆魆走出，要寻路逃去。火影下早被主家守宿人瞧见，叫一声“有贼”！

前后人多扒起来，拿住了。先是一顿拳头脚尖，将绳捆着，准备天明送官。贼人哀告道："小人其实不曾偷得一毫物事，便做道不该进来，适间这一顿臭打，也折算得过了。千万免小人到官，放了出去，小人自有报效之处。"主翁道："谁要你报效！你每这样歹人，只是送到官，打死了才干净。"贼人道："十分不肯饶我，我到官自有说话，你每不要懊悔！"主翁见他说得倔强，更加可恨，又打了几个巴掌。

捆到次日，申破了地方，一同送到县里去。县官审问时，正是贼有贼智，那贼人不慌不忙地道："老爷详察，小人不是个贼，不要屈了小人！"县官道："不是贼，是什么样人，躲在人家床下？"贼人道："小人是个医人，只为这家新妇，从小有个暗疾，举发之时，疼痛难当，惟有小人医得，必要亲手调治，所以一时也离不得小人。今新婚之夜，只怕旧疾举发，暗约小人随在房中，防备用药，故此躲在床下。这家人不认得，当贼拿了。"县官道："哪有此话？"贼人道："新妇乳名瑞姑，他家父亲，宠了妾生子女，不十分照管她。母亲与她一路，最是爱惜。所以有了暗疾，时常叫小人私下医治。今若叫他到官，自然认得小人，才晓得不是贼。"知县见他丁一确二说着，有些信将起来，道："果有这等事，不要冤屈了平人，而今只提这新妇当堂一认就是了。"

原来这贼躲在床下这三夜，备细听见床上的说话。新妇果然有些心腹之疾，家里常医的。因告诉丈夫，被贼人记在肚里，恨这家不饶他，当官如此攀出来。不惟可以遮饰自家的罪，亦且可以弄他新妇到官，出他家的丑，这是那贼人龛赖之处。那晓县官竟自被他哄了，果然提将新妇起来。富家主翁急了，负极去求免新妇出官。县官哪里肯听？富家翁又告情愿不究贼人罢了，县官大怒道："告别人做贼也是你，及至要个证见，就说情愿不究，可知是诬赖平人为盗。若不放新妇出来质对，必要问你诬告。"富家翁计无所出，方悔道："早知如此，放了这猾贼也罢，而今反受他累了。"

衙门中一个老吏，见这富家翁徬徨，问知其故，便道："要破此猾贼也不难，只要重重谢我。我去禀明了，有方法叫他伏罪。"富家翁许了谢礼十两。老吏去禀县官道："这家新妇初过门，若出来与贼盗同辩公庭，耻辱极矣！老爷还该惜其体面。"县官道："若不出来，怎知贼的真假？"老吏道："吏典到有一个愚见，想这贼潜藏内室，必然不曾认得这妇人的，他却混赖其妇有约。而今不必其妇到官，密地另使一个妇人代了，与他相对。他认不出来，其诬立见，既可以辨贼，又可以周全这家了。"县官点头道："说得有理。"就叫吏典悄地去唤一娼妇打扮了良家，包头素衣，当贼人面前带上堂来，高声禀道："其家新妇瑞姑拿到！"贼人不知是假，连忙叫道："瑞姑，瑞姑，你约我到房中治病的，怎么你公公家里拿住我做贼送官，你就不说一声？"县官道："你可认得正是瑞姑了吗？"贼人道："怎么不认得？从小认得的。"县官大笑道："有这样奸诈贼人，险些被你哄了。原来你不曾认得瑞姑，怎赖道是他约你医病？这是个娼妓，你认得真了吗？"贼人对口无言，县官喝叫用刑。贼人方才诉说不曾偷得一件，乞求减罪。县官打了一顿大板，枷号示众。因为无赃，恕其徒罪。富家翁新妇方才得免出官，这也是新婚人家一场大笑话。

先说此一段做个笑本。小子的正话，也说着一个新婚人家，弄出好些没头的官司，直到后来方得明白。

本为花烛喜筵，弄作是非苦海。
不因天网恢恢，哑谜何时得解？

却说直隶苏州府嘉定县有一人家，姓郑，也是经纪行中人，家事不为甚大。生有一女，小名蕊珠，这倒是个绝世佳人，真个有沉鱼落雁之容，闭月羞花之貌。许下本县一个民家姓谢，是谢三郎，还未曾过门。这个月里拣定了吉日，谢家要来娶去。三日之前，蕊珠要整容开面，郑家老儿去唤整容匠。

原来嘉定风俗，小户人家女人篦头剃脸，多用着男人。其时有一个后生，姓徐名达，平时最是不守本分，心性奸巧好淫，专一打听人家女子，哪家生得好，哪家生得丑。因为要像心看着内眷，特特去学了那栉工生活，得以进入内室。又去做那婚筵茶酒，得以窥看新人。如何叫得茶酒？即是那边傧相之名，因为赞礼时节在旁高声"请茶""请酒"，多是他口里说的，所以如此称呼。这两项生意，多傍着女人行止，他便一身兼做了，此时郑家就叫他与女儿蕊珠开面。

徐达带了篦头家伙，一径到郑家内里来。蕊珠做女儿时节，徐达未曾见一面，而今却叫他整容，煞是看得亲切。徐达一头动手，一头觑玩，身子如雪狮子向火，看看软起来。那话儿如吃石髓的海燕，看看硬起来。可惜碍着前后有人，恨不就势一把抱住弄她一会儿。郑老儿在旁看见模样，识破他有些轻薄意思。等他用手一完，急打发他出到外边来了。

徐达看得浑身似火，背地里手铳也不知放了几遭，心里掉不下。晓得嫁去谢家，就设法到谢家包做了吉日的茶酒。到得那日，郑老儿亲送女儿过门。只见出来迎接的傧相，就是前日的栉工徐达，心下一转道："原来他又在此。"比至新人出轿，行起礼来，徐达没眼看得，一心只在新娘子身上，口里哩嗹啰嗹，把礼数多七颠八倒起来。但见：

东西错认，左右乱行。信口称呼，亲翁忽为亲妈；无心赞喝，该"拜"反做该"兴"。见过泰山，又请岳翁受礼；参完堂上，还叫父母升厅。不管嘈坏郎君，只是贪看新妇。

徐达乱嘈嘈地行过了许多礼数，新娘子花烛已过，进了房中，算是完了，只要款待送亲吃喜酒。

这谢家民户人家，没甚人力，谢翁与谢三郎只好陪客在外边，里头妈妈率了一两个养娘，亲自厨房整酒。有个把当直的，搬东搬西，手忙脚乱，常是来不迭的。徐达相礼，到客人坐定了席，正要“请汤”、“请酒”是件赞唱，忽然不见了他。两三次汤送到，只得主人自家请过吃了。将至终席，方见徐达慌慌张张在后面走出来，喝了两句。比至酒散，谢翁见茶酒如此参前失后，心中不喜，要叫他来埋怨几句，早又不见。当值的道：“方才往前面去了。”谢翁道：“怎么寻了这样不晓事的？如此淘气！”亲家翁不等茶酒来赞礼，自起身谢了酒。

谢三郎走进新房，不见新娘子在内，疑他床上睡了，揭帐一看，仍然是张空床，前后照看，竟不见影。跑至厨房问人时，厨房中人多嚷道：“我们多只在这里收拾，新娘子花烛过了，自坐房中，怎么倒来问我们？”三郎叫了当直的后来各处找寻，到后门一看，门又关得好好的。走出堂前说了，合家惊惶。当直的道：“这个茶酒，一向不是个好人，方才喝礼时节看他没心没想，两眼只看着新人，又两次不见了他，而今竟不知哪里去了。莫不是他有什么奸计，藏过了新人吗？”郑老儿道：“这个茶酒，元不是好人。小女前日开面也是他。因见他轻薄态度，正心里怪恨，不想宅上茶酒也用着他。”郑家随来的仆人也说道：“他原是个游嘴光棍，这篦头赞礼，多是近新来学了撺哄过日子的。毕竟他有缘故，去还不远，我们追去。”谢家当直的道：“他要内里拐出新人，必在后门出后巷里去了。方才后门关好，必是他复身转来关了，使人不疑。所以又到堂前敷衍这一回，必定从前面转至后巷去了，故此这会不见，是他无疑。”

此时是新婚人家，篦子火把多有在家里，就每人点着一根。两家仆人与同家主共是十来个，开了后门，多望后巷里赶来。原来谢家这条后门路，是一个直巷，也无湾曲，也无旁路。火把照起，明亮犹同白日，一望去多是看见的。远远见有两三个人走，前头差一段路，去了两个，后边有一个还在那里。疾忙赶上，拿住火把一照，正是徐茶酒。问道：“你为何在这里？”徐达道：“我有些小事，等不得酒散，我要回去。”众人道：“你要回去，直不得对本家说声？况且好一会儿不见了你，还在这里行走，岂是回去的？你好好说，拐将新娘子哪里去了？”徐达支吾道：“新娘子在你家里，岂是我掌礼人包管的？”众人打的打，推的推，喝道：“且拿这游嘴光棍到家里拷问他出来！”一群人拥着徐达，到了家里。两家亲翁一同新郎各各盘问，徐达只推不知。一齐道：“这样顽皮赖骨，私下问他，如何肯说！绑他在柱上，待天明送到官去，难道当官也赖得？”遂把徐达做一团捆住，只等天明，此时第一个是谢三郎扫兴了。

不能勾握雨携云，整备着鼠牙雀角。
喜筵前枉唤新郎，洞房中依然独觉。

众人闹闹嚷嚷簇拥着徐达，也有吓他的，也有劝他的，一夜何曾得睡？徐达只不肯说。

须臾，天已大明，谢家父子教众人带了徐达，写了一纸状词，到县堂上告准，面禀其故。知县惊异道："世间有此事？"遂唤徐达问道："你拐的郑蕊珠哪里去了？"徐达道："小人是婚筵的茶酒，只管得行礼的事，怎晓得新人的去向？"谢公就把他不辞而去，在后巷赶着之事，说了一遍。知县喝叫用刑起来，徐达虽然是游花光棍，本是柔脆的人，熬不起刑。初时支吾两句，看看当不得了，只得招道："小人因为开面时，见她美貌，就起了不良之心。晓得嫁与谢家，谋做了婚筵茶酒。预先约会了两个同伴埋伏在后门了。趁他行礼已完，外边只要上席，小人在里面一看，只见新人独坐在房中，小人哄她还要行礼。新人随了小人走出，新人却不认得路，被小人引她到了后门，就把新人推与门外二人。新人正待叫喊，却被小人关好了后门，望前边来了。仍旧从前边抄至后巷，赶着二人。正要奔脱，看见后面火把明亮，知是有人赶来。那两个人顾不得小人，竟自飞跑去了。小人有这个新人在旁，动止不得。恰好路旁有个枯井，一时慌了，只得抱住了她，撺了下去。却被他们赶着，拿了送官。这新人现在井中。只此是实。"知县道："你在他家时，为何不说？"徐达道："还打点遮掩得过，取他出井来受用。而今熬刑不起，只得实说了。"知县写了口词，就差一个公人押了徐达，与同谢、郑两家人，快到井边来勘实回话。

一行人到了井边，郑老儿先去望一望，井底下黑洞洞，不见有甚声响，疑心女儿此时毕竟死了，扯着徐达狠打了几下，道："你害我女儿死了，怕不偿命！"众人劝住道："且捞了起来，不要厮乱，自有官法处他。"郑老儿心里又慌又恨，且把徐达咬住一块肉，不肯放，徐达杀猪也似叫喊。这边谢翁叫人停当了竹兜绳索，一面下井去救人。一个胆大些的家人，扎缚好了，挂将下去。井中无水，用手一摸，果然一个人蹲倒在里面。推一推看，已是不动的了。抱将来放在兜中，吊将上去。众人一看，那里是什么新娘子？却是一个大胡须的男子，鲜血模糊，头多打开的了。众人多吃了一惊。郑老儿将徐达又是一巴掌，道："这是怎么说？"连徐达看见，也吓得呆了。谢翁道："这又是甚么跷蹊的事？"对了井中问下边的人道："里头还有人么？"井里应道："并无甚么了，接了我上去。"随即放绳下去，接了那个家人上来。一齐问道："井中还有什么？"家人道："止有些石块在内，是一个干枯的井。方才黑洞洞地摸起来的人，不知死活，可正是新娘子吗？"众人道："是一个死了的胡子，哪里是新人？你看吗！"押差公人道："不要鸟乱了，回覆官人去，还在这个人娘的身上寻究新人下落。"

郑、谢两老儿多道："说得是。"就叫地方人看了尸首，一同公人去禀白县官。知县问徐达道："你说把郑蕊珠推在井中，而今井中却是一个男尸，且说郑蕊珠哪里去了？这尸是哪里来的？"徐达道："小人只见后边赶来，把新人推在井里是实。而今却是一个男尸，连小人也猜不出了。"知县道："你起初约会这两个同伴，叫作什么名字？必是这二人的缘故了。”徐达道：“一个张寅，一个李卯。”知县写了名字住址，就差人去拿来。瓮中捉鳖，立时拿到，每人一夹棍，只招得道：“徐达相约后门等待，后见他推出新人来，负了就走。徐达在后赶来，正要同去。望见后面火把齐明，喊声大震，我们两个胆怯了，把新人掉与徐达，只是拼命走脱了。以后的事，一些也不知。”又对着徐达道：“你当时将的新人，哪里去了？怎不送了出来，要我们替你吃苦？”徐达对口无言。知县指着徐达道：“还只是你这奴才奸巧！”喝叫再夹起来，徐达只喊得是“小人该死”。说来说去，只说到推在井中，便再说不去了。

知县便叫郑、谢两家父亲与同媒妁人等，又拘齐两家左右邻里，备细访问。多只是一般不知情，没有什么别话，也没有一个认得这尸首的。知县出了一张榜文，召取尸亲家属认领埋葬，也不曾有一个说起的。郑、谢两家自备了赏钱，知县又替他写了榜文，访取郑蕊珠下落，也没有一个人晓得影响的。知县断决不开，只把徐达收在监中，五日一比。谢三郎苦毒，时时催禀。县官没法，只得做他不着，也不知打了多多少少。徐达起初一时做差了事，到此不知些头脑，教他也无奈何，只好巴过五日，吃这番痛棒。也没个打听的去处，也没个结局的法儿，真正是没头的公事，表过不提。

再说郑蕊珠那晚被徐达拐至后门，推与二人，便见把后门关了，方晓得是歹人的做作，欲待叫着本家人，自是新来的媳妇，不曾知道一个名姓，一时叫不出来。亦且门已关了，便口里喊得两句“不好了”，也没人听得。那些后生背负着只是走，心里正慌，只见后面赶来，两个人撇在地下竟自去了。那个徐达一把抱来，丢在井里。井里无水，又不甚深，只跌得一下，毫无伤损。听是上面众人喧嚷，晓得是自己家人，又火把齐明，照得井里也有光。郑蕊珠负极叫喊救人，怎当得上边人拿住徐达，你长我短，嚷得一个不耐烦。妇人声音，终久娇细，又在井里，哪个听见？多簇拥着徐达，吆吆喝喝一路去了。郑蕊珠听得人声渐远，只叫得苦，大声啼哭。看看天色明亮，蕊珠想道：“此时上边未必无人走动。”高喊两声救人！又大哭两声，果然惊动了上边两人。只因这两个人走将来，有分教：

黄尘行客，翻为坠井之魂；
绿鬓新人，竟作离乡之妇。

说那两个人，是河南开封府杞县客商。一个是赵申，一个是钱巳，合了本钱，同到苏、松做买卖。得了重利，正要回去。偶然在此经过，闻得啼哭喊叫之声却在井中出来，两个多走到井边，望下一看。此时天光照下去，隐隐见是个女人。问道：“你是什么人在这里头？”下边道：“我是此间人家新妇，被强盗劫来丢在此的。快快救我出来，到家自有重谢。”两人听得，自商量道：“从来说救人一命，胜造七级浮屠。况是个女人，怎能够出来？没人救她，必定是死。我每撞着也是有缘，行囊中有长绳,我每坠下去救了她起来。”赵申道:“我溜撒些,等我下去。”钱巳道:“我身子笨,果然下去不得,我只在上边吊着绳头,用些坌气力罢。”也是赵申晦气到了,见是女子,高兴之甚。揎拳裸袖,把绳缚在腰间,双手吊着绳。钱巳一脚踹着绳头,双手提着绳,一步步放将下去。到了下边,见是没水的,他就不慌不忙对郑蕊珠道:“我救你则个。”郑蕊珠道:“多谢大恩。”赵申就把身上绳头解下来,将郑蕊珠腰间如法缚了,道:“你不要怕,只把双手吊着绳,上边自提你上去,缚得牢,不掉下来的。快上去了,把绳来吊我。”郑蕊珠巴不得出来,放着胆吊了绳。上边钱巳见绳急了,晓得有人吊着。尽气力一扯一扯的,吊出井来。钱巳抬头一看,却是一个艳妆的女子:

虽然鬓乱钗横,却是天姿国色。
猛地井里现身,疑是龙宫拾得。

大凡人不可有私心,私心一起,就要干出没天理的勾当来。起初钱巳与赵申商量救人,本是好念头。一下子救将起来,见是个美貌女子,就起了打偏手之心。思量道:“他若起来,必要与我争,不能勾独享。况且他囊中本钱尽多,而今生死之权,操在我手。我不放他起来,这女子与囊橐多是我的了。”歹念正起,听得井底下大叫道:“怎不把绳下来?”钱巳发一个狠道:“结果了他罢!”在井旁掇起一块大石头来,照着井中叫声:“下去!”可怜赵申眼盼盼望着上边放绳下来,岂知是块石头,不曾提防的,回避不及,打着脑盖骨,立时粉碎,呜呼哀哉了。

郑蕊珠在井中出来,见了天日,方抖擞衣服,略定得性。只见钱巳如此做作,惊得魂不附体,口里只念阿弥陀佛。钱巳道:“你不要慌,此是我仇人,故此哄他下去,结果了他性命。”郑蕊珠心里道:“是你的仇人,岂知是我的恩人!”也不敢说出来,只求送在家里去。钱巳道:“好自在话!我特特在井里救你出来,是我的人了。我怎肯送还你家去?我是河南开封富家,你到我家里,就做我家主婆,享用富贵了。快随我走!”郑蕊珠昏天黑地,不认得这条路是哪里,离家是近是远,又没个认得的人在旁边,心中没个主见。钱巳催促他走动道:“你若不随我,仍旧撺你在井中,一石头打死了,你见方才那个人吗?”郑蕊珠惧怕,思量无计,只得随他去。正是:

才脱风狂子,又逢轻薄儿。
情知不是伴,事急且相随。

钱巳一路吩咐郑蕊珠,叫道她到家见了家人,只说苏州讨来的,有人来问赵申时,只回他还在苏州就是了。不多几日,到了开封杞县,进了钱巳家里。谁知钱巳家中还有一个妻子万氏,小名叫作虫儿。其人狠毒的甚。一见郑蕊珠就放出手段来，无所不至摆布她。将她头上首饰、身上衣服，尽都夺下。只许她穿着布衣服，打水做饭。一应粗使生活，要她一身支当。一件不到，大棒打来。郑蕊珠道："我又不是嫁你家的，你家又不曾出银子讨我的。平白地强我来，怎如此毒打得我！"那个万虫儿那里听你分诉，也不问着来历，只说是小老婆，就该一味吃醋蛮打罢了。万虫儿一向做人恶劣，是邻里妇人没一个不相骂断的。有一个邻妈看见她如此毒打郑蕊珠，心中常抱不平。忽听见郑蕊珠口中如此说话，心里道："又不嫁，又不讨，莫不是拐来的？做这样阴骘事，坑着人家儿女！"把这话留在心上。

一日，钱巳出到外边去了，郑蕊珠打水，走到邻妈家借水桶。邻妈留她坐着，问道："看娘子是好人家出身，为何宅上爹娘肯远嫁到此，吃这般磨折？"郑蕊珠哭道："哪里是爹娘嫁我来的！"邻妈道："这等，怎得到此？"郑蕊珠把身许谢家，初婚之夜被人拐出抛在井中之事，说了一遍。邻妈道："这等，是钱家在井中救出了你，你随他的了。"郑蕊珠道："哪里是！其时还有一个人下井，亲身救我起来的。这个人好苦，指望我出井之后，就将绳接他，谁知钱家那厮狠毒，就把一块大石头丢下去，打死了那人，拉了我就走。我彼时一来认不得家里，二来怕他那杀人手段，三来他说道到家就做家主婆，岂知堕落在此受这样磨难！"邻妈道："当初你家的与前村赵家一同出去为商，今赵家不回来，前日来问你家时，说道还在苏州，他家信了。依小娘子说起来，那下井救你吃打死的，必是赵家了。小娘子何不把此情当官告明了，少不得牒送你回去，可不免受此间之苦？"郑蕊珠道："只怕我跟人来了，也要问罪。"邻妈道："你是妇人家，被人迫诱，有何可罪？我如今替你把此情先对赵家说了，赵家必定告状，再与你写一张首状，当官递去。你只要实说，包你一些罪也没有，且得还乡见父母了。"郑蕊珠道："若得如此，重见天日了。"

计较已定，邻妈一面去与赵家说了。赵家赴县理告，这边郑蕊珠也拿首状到官。杞县知县问了郑蕊珠口词，即时差捕钱巳到官。钱巳欲待支吾，却被郑蕊珠是长是短，一口证定。钱巳抵赖不去，恨恨地向郑蕊珠道："我救了你，你倒害我！"郑蕊珠道："那个救我的，你怎么打杀了他？"钱巳无言。赵家又来求判填命，知县道：

"杀人情真,但皆系口词,尸首未见,这里成不得狱。这是嘉定县地方做的事,郑蕊珠又是嘉定县人,尸首也在嘉定县,我这里只录口词成招,将一行人连文卷押解到嘉定县,结案就是了。"当下先将钱巳打了三十大板,收在牢中,郑蕊珠召保,就是邻妈替他递了保状,且喜与那个恶妇万虫儿不相见了。杞县一面叠成文卷,佥了长解,把一干人多解到苏州嘉定县来。

是日正逢五日比较之期,嘉定知县带出监犯徐达,恰好在那里比较。开封府杞县的差人投了文,当堂将那解批上姓名逐一点过,叫到郑蕊珠,蕊珠答应。徐达抬头一看,却正是这个失去的郑蕊珠,是开面时认得亲切的,大叫道:"这正是我的冤家,我不知为你打了多少,你却在哪里来?莫不是鬼吗?"知县看见,问徐达道:"你为甚认得那妇人?"徐达道:"这个正是井里失去的新人,不消比较小人了。"知县也骇然道:"有这等事?"唤郑蕊珠近前,一一细问,郑蕊珠照前事细说了一遍。知县又把来文逐一简看,方晓得前日井中死尸,乃赵申被钱巳所杀,遂吊取赵申尸骨,令仵作人简验得头骨碎裂,系是生前被石块打伤身死。将钱巳问成死罪,抵赵申之命。徐达拐骗虽事不成,祸端所自,问三年满徒。张寅、李卯各不应仗罪。郑蕊珠所遭不幸,免科,给还原夫谢三郎完配。赵申尸骨,家属领埋,系隔省,埋讫,释放宁家。知县发落已毕,笑道:"若非那边弄出,解这两个人来,这件未完何时了结也!"嘉定一县传为新闻。

可笑谢三郎好端端的新妇,直到这日,方得到手,已是个弄残的了。又为这事坏了两条性命,其祸皆在男人开面上起的。所以内外之防,不可不严也。有诗为证:

男子何当整女容?致令恶少起顽凶。
今朝试看含香蕊,已动当年函谷封。

卷二十六

懵教官爱女不受报　穷庠生助师得令终

诗曰：

朝日上团团，照见先生盘。
盘中何所有？苜蓿长阑干。

这首诗乃是广文先生所作，道他做官清苦处。盖因天下的官随你至卑极小的，如仓大使、巡简司，也还有些外来钱。惟有这教官，管的是那几个酸子，有体面的，还来送你几分节仪；没体面的，终年面也不来见你，有甚往来交际？所以这官极苦。然也有时运好，撞着好门生，也会得他的气力起来，这又是各人的造化不同。

浙江温州府曾有一个廪膳秀才，姓韩名赞卿，屡次科第，不得中式。挨次出贡，到京赴部听选，选得广东一个县学里的司训。那个学直在海边，从来选了那里，再无人去做的。你道为何？原来与军民府州一样，是个有名无实的衙门。有便有几十个秀才，但是认得两个"上大人"的字脚，就进了学，再不退了。平日只去海上寻些道路，直到上司来时，穿着衣巾，摆班接一接，送一送，就是他向化之处了。不知国朝几年间，曾创立得一个学舍，无人来住，已自东倒西歪。旁边有两间舍房，住一个学吏，也只管记记名姓簿籍。没事得做，就合着秀才一伙去做生意，这就算做一个学了。韩赞卿晦气，却选着了这一个去处。曾有走过广里的备知详细，说了这样光景。合家恰像死了人一般，哭个不歇。

韩赞卿家里穷得火出，守了一世书窗，指望巴个出身，多少挣些家私，今却如此遭际，没计奈何。韩赞卿道："难道便是这样罢了不成？穷秀才结煞，除了去做官，再无路可走了。我想朝廷设立一官，毕竟也有个用处。见放着一个地方，难道是去不得哄人的？也只是人自怕了，我总是没事得做，拚着穷骨头去走一遭。或者撞着上司可怜，有些别样处法，作成些道路，就强似在家里坐了。"遂发一个狠，决意要去。亲眷们阻挡他，多不肯听。措置了些盘缠，别了家眷，冒冒失失，竟自赴任。到了省下，见过几个上司，也多说道："此地去不得，住在会城，守几时，别受些差委罢。"韩赞卿道："朝廷命我到此地方行教，岂有身不履其地算得为官的？是必到任一番，看如何光景。"上司闻知，多笑是迂儒腐气，凭他自去了。

韩赞卿到了海边地方，寻着了那个学吏，拿出吏部急字号文凭与他看了。学吏吃惊道："老爹,你如何直走到这里来?"韩赞卿道："朝廷教我到这里做教官,不到这里,却到哪里?"学吏道："旧规但是老爹们来,只在省城住下,写个谕帖来知会我们,开本花名册子送来,秀才廪粮中扣出一个常例,一同送到,一件事就完了。老爹每俸薪自在县里去取,我们不管。以后升除去任,我们总不知道了,今日如何却竟到这里?"韩赞卿道："我既是这里官,就管着这里秀才,你去叫几个来见我。"学吏见过文凭,晓得是本管官,也不敢怠慢,急忙去寻几个为头的积年秀才,与他说知了。秀才道："奇事,奇事,有个先生来了。"一传两,两传三,一时会聚了十四五个,商量道："既是先生到此,我们也该以礼相见。"有几个年老些的,穿戴了衣巾,其余的只是常服,多来拜见先生。

韩赞卿接见已毕,逐个问了姓,叙些寒温,尽皆欢喜。略略问起文字大意,一班儿都相对微笑。老成的道："先生不必拘此,某等敢以实情相告。某等生在海滨,多是在海里去做生计的。当道恐怕某等在内地生事,做成我们穿件蓝袍,做了个秀才羁縻着,唱得几个喏、写得几字就是了。其实不知孔夫子义理是怎么样的,所以再没有先生们到这里的。今先生辛辛苦苦来走这番,这所在不可久留,却又不好叫先生便如此空回去。先生且安心住两日,让我们到海中去去,五日后却来见先生,就打发先生起身,只看先生造化何如。"说毕,哄然而散。韩赞卿听了这番说话,惊得呆了,做声不得,只得依傍着学吏,寻间民房权且住下。

这些秀才去了五日,果然就来,见了韩赞卿道："先生大造化,这五日内生意不比寻常,足足有五千金,够先生下半世用了。弟子们说过的话,毫厘不敢入己,尽数送与先生,见弟子们一点孝意。先生可收拾回去,是个高见。"韩赞卿见了许多东西,吓了一跳,道："多谢列位盛意,只是学生带了许多银两,如何回去得?"众秀才说："先生不必忧虑,弟子们着几个与先生做伴,同送过岭,万无一失。"韩赞卿道："学生只为家贫,无奈选了这里,不得不来。岂知遇着列位,用情如此!"众秀才道："弟子从不曾见先生面的,今劳苦先生一番,周全得回去,也是我们弟子之事,以后的先生不消再劳了。"

当下众秀才替韩赞卿打叠起来,水陆路程舟车之类,多是众秀才备得停当。有四五个陪他一路起身，但到泊舟所在，有些人来相头相脚，面生可疑的，这边秀才不知口里说些甚么，抛个眼色，就便走开了去。直送至交界地方，路上太平的了，然后别了韩赞卿告回。韩赞卿谢之不尽，竟带了重资回家。一个穷儒，一旦饶裕了。可见有造化的，只是这个教官，又到了做不得的地方，也原有起好处来。

在下为何把这个教官说这半日？只因有一个教官做了一任回来，贫得彻骨，受了骨肉许多的气。又亏得做教官时一个门生之力，挣了一派后运，争尽了气，好结果了。正是：

世情看冷暖，人面逐高低。
任是亲儿女，还随阿堵移。

话说浙江湖州府近太湖边地方，叫做钱篓。有一个老廪膳秀才，姓高名广，号愚溪，为人忠厚，生性古直。生有三女，俱已适人过了。妻石氏已死，并无子嗣，止有一侄，名高文明，另自居住，家道颇厚。这高愚溪积祖传下房屋一所，自己在里头住，侄儿也是有分的。只因侄儿自挣了些家私，要自家像意，见这祖房坍塌下来修理不便，便自己置买了好房子，搬出去另外住了。若论支派，高愚溪无子，该是侄儿高文明承继的。只因高愚溪讳言这件事，况且自有三女，未免偏向自己骨血，有积攒下的束脩本钱，多零星与女儿们去了。后来挨得出贡，选授了山东费县教官，转了沂州，又升了东昌府，做了两三任归来，囊中也有四五百金宽些。看官听说，大凡穷家穷计，有了一二两银子，便就做出十来两银子的气质出来。况且世上人的眼光极浅，口头最轻，见一两个箱儿匣儿略重些，便猜道有上千上万的银子在里头。还有凿凿说着数目，恰像亲眼看见亲手兑过的一般，总是一划的穷相。彼时高愚溪带得些回来，便就声传有上千的数目了。

三个女儿晓得老子有些在身边，争来亲热，一个赛一个的要好。高愚溪心里欢喜道："我虽是没有儿子，有女儿们如此殷勤，老景也还好过。"又想了一想道："我总是留下私蓄，也没有别人得与他，何不拿些出来分与女儿们了？等她们感激，越坚她每的孝心。"当下取三百两银子，每女儿与他一百两。女儿们一时见了银子，起初时千欢万喜，也自感激。后来闻得说身边还多，就有些过望起来，不见得十分足处。大家唧哝道："不知还要留这偌多与哪个用？"虽然如此说，心里多想他后手的东西，不敢冲撞，只是赶上前的讨好。侄儿高文明照常往来，高愚溪不过体面相待。虽也送他两把俸金、几件人事，恰好侄儿也替他接风洗尘，只好直退。侄儿有些身家，也不想他的，不以为意。

那些女儿闹哄了几日，各要回去，只剩得老人家一个在这些败落旧屋里居住，觉得凄凉。三个女儿，你也说，我也说，多道："来接老爹家去住几时。"各要争先。愚溪笑道："不必争，我少不得要来看你们的。我从头而来，各住几时便了。"别去不多时，高愚溪在家清坐了两日，寂寞不过，收拾了些东西，先到大女儿家里住了几时。第二个第三个女儿，多着人来相接。高愚溪以次而到，女儿们只怨怅来得迟，住得不长远。过得两日，又来接了。高愚溪周而复始，住了两巡。女儿们殷殷勤勤，东也不肯放，西也不肯放。高愚溪思量道："我总是不生得儿子，如今年已老迈，又无老小，何苦独自个住在家里？有此三个女儿轮转供养，够过了残年了，只是白吃她们的，心里不安。前日虽然每人与了她百金，她们也费些在我身上了。我何不与他们说过，索性把身边所有尽数分与三家，等三家轮供养了我，我落得自由自在，这边过几时，那边过几时。省得老人家还要去买柴籴米，支持辛苦，最为便事。"把此意与女儿们说了，女儿们个个踊跃从命，多道："女儿养父亲是应得的，就不分得什么，也说不得。"高愚溪大喜，就到自屋里把随身箱笼有些实物的，多搬到女儿家里来了。私下把箱笼东西拼拼凑凑，还有三百多两。装好汉发个慷慨，再是一百两一家，分与三个女儿，身边剩不多些什么了，三个女儿接受，尽皆欢喜。

自此高愚溪只轮流在三个女儿家里过日，不到自家屋里去了。这几间祖屋，久无人住，逐渐坍将下来。公家物事，卖又卖不得。女儿们又撺掇他说："是有分东西，何不拆了些来？"愚溪总是不想家去住了，道是有理。但见女婿家里有什么工作修造之类，就去悄悄载了些作料来增添改用。东家取了一条梁，西家就想一根柱，甚至猪棚屋也取些椽子板障来拉一拉，多是零碎取了的。侄儿子也不好小家子样来争，听凭他没些搭煞的，把一所房屋狼藉完了。

祖宗缔造本艰难，公物将来弃物看。
自道婿家堪毕世，宁知转眼有炎寒？

且说高愚溪初时在女婿家里过日，甚是热落，家家如此。以后手中没了东西，要做些事体，也不得自由，渐渐有些不便当起来。亦且老人家心性，未免有些嫌长嫌短，左不是右不是地难为人。略不像意，口里便恨恨毒毒地说道："我还是吃用自家的，不吃用你们的。"聒絮个不住。到一家，一家如此。那些女婿家里未免有些厌倦起来，况且身边无物，没甚么想头了。就是至亲如女儿，心里较前也懈了好些，说不得个推出门，却是巴不得转过别家去了，眼前清净几时。所以初时这家住了几日，未到满期，那家就先来接他。而今就过日期也不见来接，只是巴不得他迟来些。高愚溪见未来接，便多住了一两日，这家子就有些言语出来道："我家住满了，怎不到别家去？"再略动气，就有的发话道："当初东西三家均分，又不是我一家得了的。"言三语四，耳朵里听不得。高愚溪受了一家之气，忿忿地要告诉这两家。怎当得这两家真是一个娘养的，过得两日，这些光景也就现出来了。闲话中间对女儿们说着姊妹不是，开口就护着姊妹伙的。至于女婿，一发彼此相为，外貌解劝之中，带些尖酸讥评，只是丈人不是，更当不起。高愚溪恼怒不过，只是寻是寻非地吵闹，合家不宁。数年之间,弄做个老厌物,推来攮去,有了三家,反无一个归根着落之处了。

看官,若是女儿女婿说起来,必定是老人家不达时务,惹人憎嫌。若是据着公道评论,其实他分散了好些本钱,把这三家做了靠傍,凡事也该体贴他意思一分,才有人心天理。怎当得人情如此,与他的便算已物,用他的便是冤家。况且三家相形,便有许多不调匀处。假如要请一个客,做个东道,这家便嫌道:"何苦定要在我家请!"口里应承时,先不爽利了。就应承了去,心是懈的,日挨一日。挨得满了,又过一家。到那家提起时,又道:"何不在那边时节请了,偏要留到我家来请?"到底不请得,撒开手。难道遇着大小一事,就三家各派不成?所以一件也成不得了。怎教老人家不气苦?这也是世态,自然到此地位的。只是起初不该一味溺爱女儿,轻易把家事尽情散了。而今权在他人之手,岂得如意?只该自揣了些已也罢,却又是亲手分过银子的,心不甘伏。欲待憋了口气,别走道路,又手无一钱,家无片瓦,争气不来,动弹不得。要去告诉侄儿,平日不曾有甚好处到他,今如此行径没下梢了。恐怕他们见笑,没脸嘴见他。左思右想,恨道:"只是我不曾生得儿子,致有今日!枉有三女,多是负心向外的,一毫没干,反被他们赚得没结果了!"使一个性子,噙着眼泪走到路旁一个古庙里坐着,越想越气,累天倒地地哭了一回。猛想道:"我做了一世的儒生,老来弄得这等光景,要这性命做什么?我把胸中气不忿处,哭告菩萨一番,就在这里寻个自尽罢了。"

又道是无巧不成话,高愚溪正哭到悲切之处,恰好侄儿高文明在外边收债回来,船在岸边摇过,只听得庙里哭声。终是关着天性,不觉有些动念。仔细听着,像是伯伯的声音,便道:"不问是不是,这个哭,哭得好古怪。就住拢去看一看,怕做甚么?"叫船家一橹邀住了船,船头凑岸,扑地跳将上去。走进庙门,喝道:"哪个在此啼哭?"各抬头一看,两下多吃了一惊。高文明道:"我说是伯伯的声音,为何在此?"高愚溪见是自家侄儿,心里悲酸起来,越加痛切。高文明道:"伯伯老人家,休哭坏了身子,且说与侄儿,受了何人的气,以致如此?"高愚溪道:"说也羞人,我自差了念头,死靠着女儿,不留个后步,把些老本钱多分与她们了,今日却没一个理着我了,气忿不过,在此痛哭,告诉神明一番,寻个自尽。不想遇着我侄,甚为有愧!"

高文明道:"伯伯怎如此短见!姊妹们是女人家见识,与她认甚么真?"愚溪道:"我宁死于此,不到她三家去了。"高文明道:"不去也凭得伯伯,何苦寻死?"愚溪道:"我已无家可归,不死何待?"高文明道:"侄儿不才,家里也还奉养得伯伯一口起,怎说这话?"愚溪道:"我平日不曾有好处到我侄,些些家事多与了别人,今日剩得个光身子,怎好来扰得你!"高文明道:"自家骨肉,如何说个扰字?"愚溪道:"便做道我侄不弃,侄媳妇定嫌憎的。我出了偌多本钱,买别人嫌憎过了,何况孑然一身!"高文明道:"侄儿也是个男子汉,岂由妇人做主!况且侄妇颇知义理,必无此事。伯父只是随着侄儿到家里罢了,再不必迟疑,快请下船同行。"高文明也不等伯父回言，一把扯住衣袂，拉了就走，竟在船中载回家来。

高文明先走进去，对娘子说着伯伯苦恼思量寻死的话，高娘子吃惊道：“而今在哪里了？”高文明道：“已载他在船里回来了。”娘子道：“虽然老人家没搭煞，讨得人轻贱，却也是高门里的体面，原该收拾了回家来，免被别家耻笑！”高文明还怕娘子心未定，故意道：“老人家虽没用了，我家养这一群鹅在圈里，等他在家早晚看看也好的，不到得吃白饭。”娘子道：“说哪里话！家里不争得这一口，就吃了白饭，也是自家骨肉，又不养了闲人，没有侄儿叫个伯子来家看鹅之理！不要说这话，快去接了他起来。”高文明道：“既如此说，我去请他起来，你可整理些酒饭相待。”说罢，高文明三脚两步走到船边，请了伯子起来，到堂屋里坐下，就搬出酒肴来，伯侄两人吃了一会儿。高愚溪还想着可恨之事，提起一两件来告诉侄儿，眼泪簌簌的下来，高文明只是劝解，自此且在侄儿处住下了。三家女儿知道，晓得老儿心里怪了，却是巴不得他不来，虽体面上也叫个人来动问动问，不曾有一家说来接他去的。那高愚溪心性古撇，便接也不肯去了。

一直到了年边，三个女儿家才假意来说接去过年，也只是说声，不见十分殷勤。高愚溪回道不来，也就住了。高文明道：“伯伯过年，正该在侄儿家里住的，祖宗影神也好拜拜。若在姊妹们家里，挂的是他家祖宗，伯伯也不便。”高愚溪道：“侄儿说得是，我还有两个旧箱笼，有两套圆领在里头，旧纱帽一顶，多在大女儿家里，可着人去取了来，过年时也好穿了拜拜祖宗。”高文明道：“这是要的，可写两个字去取。”随着人到大女儿家里去讨这些东西。那家子正怕这厌物再来，见要这副行头，晓得在别家过年了，恨不得急烧一副退送纸，连忙把箱笼交还不迭。高愚溪见取了这些行头来，心里一发晓得女儿家里不要他来的意思，安心在侄儿处过年。

大凡老休在屋里的小官，巴不得撞个时节吉庆，穿着这一副红闪闪的，摇摆摇摆，以为快乐。当日高愚溪着了这一套，拜了祖宗，侄儿侄媳妇也拜了尊长。一家之中，甚觉和气，强似在别人家了。只是高愚溪心里时常不快，道是不曾掉得什么与侄儿，今反在他家打搅，甚为不安。就便是看鹅的事他也肯做，早是侄儿不要他去。

同枝本是一家亲，才属他门便路人。
直待酒阑人散后，方知叶落必归根。

一日，高愚溪正在侄儿家闲坐，忽然一个人公差打扮的，走到面前拱一拱手道：“老伯伯，借问一声，此间有个高愚溪老爹否？”高愚溪道：“问他怎的？”公差道：“老伯伯指引一指引，一路问来，说道在此间，在下要见他一见，有些要紧说话。”高愚溪道：“这是个老朽之人，寻他有什么勾当？”公差道：“福建巡按李爷，山东沂州人，是他的门生。今去到任，迂道到此，特特来访他，找寻两日了。”愚溪笑道：“则我便是高广。”公差道：“果然吗？”愚溪指着壁间道：“你不信，只看我这顶破纱帽。”公差晓得是实，叫声道：“失敬了。”转身就走。愚溪道：“你且说山东李爷叫什么名字？”公差道：“单讳着一个某字。”愚溪想了一想道：“原来是此人。”公差道：“老爹家里收拾一收拾，他等得不耐烦了。小的去禀，就来拜了。”公差访得的实，喜喜欢欢自去了。

高愚溪叫出侄儿高文明来，与他说知此事。高文明道：“这是兴头的事，贵人来临，必有好处，伯伯当初怎么样与他相处起的？”愚溪道：“当初吾在沂州做学正，他是童生新进学，家里甚贫，出那拜见钱不起。有半年多了，不能够来尽礼。斋中两个同僚，撺掇我出票去拿他。我只是不肯，后来访得他果贫，去唤他来见。是我一个做主，分文不要他的。斋中见我如此，也不好要得了。我见这人身虽寒俭，意气轩昂，模样又好，问他家里，连灯火之资多难处的。我到助了他些盘费回去，又替他各处赞扬，第二年就有了一个好馆。在东昌时节，又府里荐了他。归来这几时，不相闻了。后来见说中过进士，也不知在哪里为官。我已是老迈之人，无意世事，总不记在心上，也不去查他了。不匡他不忘旧情，一直到此来访我。”高文明道：“这也是一个好人了。”

正说之间，外边喧嚷起来，说一个大船泊将拢来了，一齐来看。高文明走出来，只见一个人拿了红帖，竟望门里直奔。高文明接了，拿进来看。高愚溪忙将古董衣服穿戴了，出来迎接。船舱门开处，摇摇摆摆，踱上个御史来。那御史生得齐整，但见：

胸蟠豸绣，人避骢威。揽辔想像澄清，停车动摇山岳。霜飞白简，一笔里要管闲非；清比黄河，满面上专寻不是。若不为学中师友谊，怎肯来林外野人家？

那李御史见了高愚溪，口口称为老师，满面堆下笑来，与他拱揖进来。李御史退后一步，不肯先走，扯得个高愚溪气喘不迭，涎唾鼻涕乱来。李御史带着笑，只是谦逊。高愚溪强不过，只得扯着袖子占先了些，一同行了进入草堂之中。御史命设了毯子，纳头四拜，拜谢前日提携之恩，高愚溪还礼不迭。拜过，即送上礼帖，候敬十二两。高愚溪收下，整椅在上面。御史再三推辞，定要旁坐，只得左右相对。御史还不肯占上，必要愚溪右手高些才坐了。御史提起昔日相与之情，甚是感谢，说道：“侥幸之后，日夕想报师恩，时刻在念。今幸适有此差，道由贵省，迂途来访。不想高居如此乡僻。”高愚溪道：“可怜，可怜。老朽哪得有居？此乃舍侄之居，老朽在此趁住的。”御史道：“老师当初必定有居。”愚溪道：“老朽拙算，祖居尽废，今无家可归，只得在此强颜度日。”说罢，不觉哽咽起来。老人家眼泪极易落的，扑地掉下两行来。御史恻然不忍，道：“容门生到了地方，与老师设处便了。”愚溪道：“若得垂情，老朽至死不忘。”御史道：“门生到任后，便着承差来相候。”说够了一个多时的话,起身去了。

愚溪送动身,看船开了,然后转来,将适才所送银子来看一看,对侄儿高文明道:"此封银子,我侄可收去,以做老汉平日供给之费。"高文明道:"岂有此理!供养伯伯是应得的,此银伯伯留下随便使用。"高愚溪道:"一向打搅,心实不安。手中无物,只得靦颜过了。今幸得门生送此,岂有累你供给了我,白收物事自用之理?你若不收我的,我也不好再住了。"高文明推却不得,只得道:"既如此说,侄儿取了一半去,伯伯留下一半别用罢。"高愚溪依言,各分了六两。

自李御史这一来,闹动了太湖边上,把这事说了几日。女儿家知道了,见说送来银子分一半与侄儿了,有的不气干,道:"光辉了他家,又与他银子!"有的道:"这些须银子,也不见几时用,不要欣羡他!免得老厌物来家也够了,料没得再有几个御史来送银子。"各自唧哝不题。

且说李御史到了福建,巡历地方,祛蠹除奸,雷厉风行,且是做得利害。一意行事,随你天大分上,挽回不来。三月之后,即遣承差到湖州公干,顺便赍书一封,递与高愚溪,约他到任所。先送程仪十二两,教他收拾了,等承差公事已毕,就接了同行。高愚溪得了此言,与侄儿高文明商量,伯侄两个一同去走走。收拾停当,承差公事已完,来促起身。一路上多是承差支持,毫无费力,不二十日已到了省下。此时察院正巡历漳州,开门时节,承差进禀:"请到了高师爷。"察院即时送了下处,打轿出拜。拜时赶开闲人,叙了许多时说话。回到衙内,就送下程,又吩咐办两桌酒,吃到半夜方散。

外边见察院如此绸缪,哪个不钦敬?府县官多来相拜,送下程,尽力奉承。大小官吏,多来掇臀捧屁,希求看觑,把一个老教官抬在半天里。因而有求荐奖的,有求免参论的,有求出罪的,有求免赃的,多来钻他分上。察院密传意思,教且离了所巡境地,或在省下,或游武夷,已叮嘱了心腹府县。其有所托之事,钉好书札,附寄公文封简进来,无有不依。高愚溪在那里半年,直到察院将次复命,方才收拾回家。总计所得,足足有二千余两白物。其余土产货物、尺头礼仪之类甚多,真叫作满载而归。只这一番,比似先前自家做官时,倒有三四倍之得了。伯侄两人满心欢喜,到了家里,搬将上去。

邻里之间,见说高愚溪在福建巡按处抽丰回来,尽来观看。看见行李沉重,货物堆积,传开了一片,道:"不知得了多少来家。"三家女儿知道了,多着人来问安,又各说着要接到家里去的话。高愚溪只是冷笑,心里道:"见我有了东西,又来亲热了。"接着几番,高愚溪立得主意定,只是不去。正是:

自从受了卖糖公公骗,至今不信口甜人。

这三家女儿,见老子不肯来,约会了一日,同到高文明家里来见高愚溪。个个多撮得笑起，说道："前日不知怎么样冲撞了老爹，再不肯到家来了。今我们自己来接，是必原到我每各家来住住。"高愚溪笑道："多谢，多谢。一向打搅得你们够了，今也要各自揣已，再不来了。"三个女儿，你一句，我一句，说道："亲的只是亲，怎么这等见弃我们？"高愚溪不耐烦起来，走进房中，去了一会，手中拿出三包银子来，每包十两，每一个女儿与她一包，道："只此见我老人家之意，以后我也再不来相扰，你们也不必再来相缠了。"又拿了一个柬帖来付高文明，就与三个女儿看一看。众人争上前看时，上面写道：

平日空囊，止有亲侄收养；今兹余橐，无用他姓垂涎！一生宦资已归三女，身后长物悉付侄儿。书此为照。

女儿中颇有识字义者，见了此纸，又气忿，又没趣，只得各人收了一包，且自各回家里去了。

高愚溪罄将所有，尽交付与侄儿。高文明哪里肯受，说道："伯伯留些防老，省得似前番缺乏了，告人更难。"高愚溪道："前番分文没有时，你兀自肯白养我；今有东西与你了，倒怠慢我不成？我老人家心直口直，不作久计了，你收下我的。一家一计过去，我到相安。休分彼此，说是你的我的。"高文明依言，只得收了。以后尽心供养，但有所需，无不如意。高愚溪到底不往女儿家去，善终于侄儿高文明之家。所剩之物尽归侄儿，也是高文明一点亲亲之念不衰，毕竟得所报也。有诗为证：

广文也有遇时人，自是人情有假真。
不遇门生能报德，何缘爱女复思亲？

卷二十七

伪汉裔夺妾山中　假将军还姝江上

诗云：

曾闻盗亦有道，其间多有英雄。
若逢真正豪杰，偏能掉臂于中。

昔日宋相张齐贤，他为布衣时，值太宗皇帝驾幸河北，上太平十策。太宗大喜，用了他六策，余四策斟酌再用。齐贤坚执道：“是十策皆妙，尽宜亟用。”太宗笑其狂妄，还朝之日，对真宗道：“我在河北得一宰相之才，名曰张齐贤，留为你他日之用。”真宗牢记在心，后来齐贤登进士榜，却中在后边。真宗见了名字，要拔他上前，争奈榜已填定，特旨一榜尽赐及第，他日直做到宰相。

这个张相未遇时节，孤贫落魄，却倜傥有大度。一日偶到一个地方，投店中住止。其时适有一伙大盗劫掠归来，在此经过。下在店中造饭饮酒，枪刀森列，形状狰狞。居民恐怕拿住，东逃西匿，连店主多去躲藏。张相剩得一身在店内，偏不走避。看见群盗吃得正酣，张相整一整巾帻，岸然走到群盗面前，拱一拱手道：“列位大夫请了，小生贫困书生，欲就大夫求一醉饱，不识可否？”群盗见了容貌魁梧，语言爽朗，便大喜道：“秀才乃肯自屈，何不可之有？但是吾辈粗疏，恐怕秀才见笑耳。”即立起身来请张相同坐。张相道：“世人不识诸君，称呼为盗，不知这盗非是龌龊儿郎做得的。诸君多是世上英雄，小生也是慷慨之士，今日幸得相遇，便当一同欢饮一番，有何彼此？”说罢，便取大碗斟酒，一饮而尽。群盗见他吃得爽利，再斟一碗来，也就一口吸干，连吃个三碗。又在桌上取过一盘猪蹄来，略擘一擘开，狼餐虎咽，吃个罄尽。群盗看了，皆大惊异，共相希咤道："秀才真宰相器量！能如此不拘小节，绝非凡品。他日做了宰相，宰制天下，当念吾曹为盗多出于不得已之情。今日尘埃中，愿先结纳，幸秀才不弃！"各各身畔将出金帛来赠，你强我赛，堆了一大堆。张相毫不推辞，一一简取，将一条索子捆缚了，携在手中，叫声："聒噪！"大踏步走出店去。此番所得倒有百金，张相尽付之酒家，供了好些时酣畅。只此一段气魄，在贫贱时就与人不同了，这个是胆能玩盗的，有诗为证：

等闲卿相在尘埃，大嚼无惭亦异哉！
自是胸中多磊落，直教剧盗也怜才。

山东莱州府掖县有一个勇力之士邵文元，义气胜人，专爱路见不平，拔刀相助。有人在知县面前谤他恃力为盗，知县初到，不问的实，寻事打了他一顿。及至知县朝觐入京，才出境外，只见一人骑着马，跨着刀，跑至面前，下马相见。知县认得是邵文元，只道他来报仇，吃了一惊，问道："你自何来？"文元道："小人特来防卫相公入京，前途剧贼颇多，然闻了小人之名，无不退避的。"知县道："我无恩于你，你怎到有此好心？"文元道："相公前日戒训小人，也只是要小人学好，况且相公清廉，小人敢不尽心报效？"知县心里方才放了一个大挖搭。文元随至中途，别了自去，果然绝无盗警。

一日出行，过一富翁之门，正撞着强盗四十余人在那里打劫他家，将富翁捆缚住，着一个强盗将刀加颈，吓他道："如有官兵救应，即先下手！"其余强盗尽劫金帛。富翁家里有一个钱堆，高与屋齐，强盗算计拿他不去，尽笑道："不如替他散了罢。"号召居民，多来分钱。居民也有怕事的不敢去，也有好事的去看光景，也有贪财大胆的拿了家伙，称心的兜取，弄得钱满阶墀。邵文元闻得这话，要去玩弄这些强盗，在人丛中侧着肩膊，挨将进去，高声叫道："你们做甚的？做甚的？"众人道："强盗多着哩，不要惹事！"文元走到邻家，取一条铁叉，立在门内，大叫道："邵文元在此！你们还了这家银子，快散了罢！"富翁听得，恐怕强盗见有救应，即要动刀，大叫道："壮士快不要来！若来，先杀我了。"文元听得，权且走了出来。

群盗齐把金银装在囊中，驮在马背上，有二十驮，仍绑押了富翁，送出境外二十里，方才解缚，富翁披发狼狈而归。谁知文元自出门外，骑着马即远远随来。见富翁已回，急鞭马追赶。强盗见是一个人，不以为意。文元喝道："快快把金银放在路旁！汝等认得邵文元否？"强盗闻其名，正慌张未答。文元道："汝等迟迟，且着你看一个样！"飕的一箭，已把内中一个射下马来死了。众盗大惊，一齐下马跪在路旁，告求饶命。文元喝道："留下东西，饶你命去罢！"强盗尽把囊物丢下，空身上马逃遁而去。文元就在人家借几匹马负了这些东西，竟到富翁家里，一一交还。富翁迎着，叩头道："此乃壮士出力夺来之物，已不是我物了。愿送至君家，吾不敢吝。"文元怒叱道："我哀怜你家横祸，故出力相助，吾岂贪私邪！"尽还了富翁，不顾而去。这个是力能制盗的，有诗为证：

白昼探丸势已凶，不堪壮士笑谈中。
挥鞭能返相如璧，尽却酬金更自雄。

再说一个见识能作弄强盗的汪秀才，做回正话。看官要知这个出处，先须听我《潇湘八景》：

云暗龙堆古渡，湖连鹿角平田。
薄暮长杨垂首，平明秀麦齐肩。
人羡春游此日，客愁夜泊如年。（《潇湘夜雨》）
湘妃初理云鬟，龙女忽开晓镜。
银盘水面无尘，玉魄天心相映。
一声铁笛风清，两岸画阑人静。（《洞庭秋月》）
八桂城南路杳，苍梧江月音稀。
昨夜一天风色，今朝百道帆飞。
对镜且看妾面，倚楼好待郎归。（《远浦归帆》）
湖平波浪连天，水落汀沙千里。
芦花冷澹秋容，鸿雁差池南徙。
有时小棹经过，又遣几群惊起。（《平沙落雁》）
轩帝洞庭声歇，湘灵宝瑟香销。
湖上长烟漠漠，山中古寺迢迢。
钟击东林新月，僧归野渡寒潮。（《烟屿晚钟》）
湖头俄顷阴晴，楼上徘徊晚眺。
霏霏雨障轻过，闪闪夕阳回照。
渔翁东岸移舟，又向西湾垂钓。（《渔村夕阳》）
石港湖心野店，板桥路口人家。
少妇箧中麦芡，村翁筒里鱼虾。
蜃市依稀海上，岚光咫尺天涯。（《山市晴岚》）
陇头初放梅花，江面平铺柳絮。
楼居万玉丛中，人在水晶深处。
一天素幔低垂，万里孤舟归去。（《江天暮雪》）

此八词多道着楚中景致，乃一浙中缙绅所作。楚中称道此词颇得真趣，人人传诵的。这洞庭湖八百里，万山环列，连着三江，乃是盗贼渊薮。国初时伪汉陈友谅据楚称王，后为太祖所灭。今其子孙住居瑞昌、兴国之间，号为柯陈，颇称蕃衍。世世有勇力出众之人，推立一个为主，其族负险善斗，劫掠客商。地方有亡命无赖，多去投入伙中。官兵不敢正眼觑他，虽然设立有游击、把总等巡游武官，提防地方非常事变，却多是与他们豪长通同往来。地方官不奈他何的，宛然宋时梁山泊光景。

且说黄州府黄冈县有一个汪秀才，身在黉宫，家事富厚，家僮数十，婢妾盈房，做人倜傥不羁，豪侠好游。又兼权略过人，凡事经他布置，必有可观，混名称他为汪太公，盖比他吕望一般智术。他房中有一爱妾，名曰回风，真个有沉鱼落雁之容，闭月羞花之貌，更兼吟诗作赋，驰马打弹，是少年场中之事，无所不能。汪秀才不惟宠冠后房，但是游行再没有不带她同走的。怎见得回风的标致？

云鬓轻梳蝉翼，翠眉淡扫春山。朱唇缀一颗樱桃，皓齿排两行碎玉。花生丹脸，水剪双眸。意态自然，技能出众。直教杀人壮士回头觑，便是入定禅师转眼看。

一日，汪秀才领了回风来到岳州，登了岳阳楼，望着洞庭浩渺，巨浪拍天。其时冬月水落，自楼上望君山隔不多些水面。遂出了岳州南门，拿舟而渡，不上数里，已到山脚。顾了肩舆，与回风同行十余里，下舆谒湘君祠。右数十步榛莽中，有二妃冢，汪秀才取酒来与回风各酹一杯。步行半里，到崇胜寺之外，三个大字是“有缘山”。汪秀才不解，回风笑道：“只该同我们女眷游的，不然何称有缘？”汪秀才去问僧人，僧人道：“此处山灵，妒人来游。每将渡，便有恶风浊浪阻人。得到此地者，便是有缘，故此得名。”汪秀才笑对回风道：“这等说来，我与你今日到此可谓侥幸矣。”其僧遂指引汪秀才许多胜处，说有：

轩辕台，乃黄帝铸鼎于此。酒香亭，乃汉武帝得仙酒于此。朗吟亭，乃吕仙遗迹。柳毅井，乃柳毅为洞庭君女传书处。

汪秀才别了僧人，同了回风，由方丈侧出去，登了轩辕台，凭栏四顾，水天一色，最为胜处。又左侧过去，是酒香亭。绕出山门之左，登朗吟亭，再下柳毅井，旁有传书亭，亭前又有刺橘泉许多古迹。

正游玩间，只见山脚下走起一个大汉来，仪容甚武，也来看玩。回风虽是遮遮掩掩，却没十分好躲避处。那大汉看见回风美色，不转眼的上下瞟觑，跟定了他两人，步步傍着不舍。汪秀才看见这人有些尴尬，急忙下山，将到船边，只见大汉也下山来，口里一声呼哨，左近一只船中吹起号头答应，船里跳起一二十彪形大汉来，对岸上大汉声喏。大汉指定回风道：“取了此人献大王去！”众人应一声，一齐动手，犹如鹰拿燕雀，竟将回风抢到那只船上，拽起满篷，望洞庭湖中而去，汪秀才只叫得苦。这湖中盗贼去处，窟穴甚多，竟不知是哪一处的强人弄的去了。凄凄惶惶，双出单回，甚是苦楚。正是：

不知精爽落何处，疑是行云秋水中。

汪秀才眼看爱姬失去，难道就是这样罢了？他是个有擘划的人，即忙着人四路找听，是省府州县闹热市镇去处，即贴了榜文："但有知风来报的，赏银百两。"各处传遍道汪家失了一妾，出着重赏招票。从古道："重赏之下，必有勇夫。"汪秀才一日到省下来，有一个都司向承勋是他的相好朋友，摆酒在黄鹤楼请他。饮酒中间，汪秀才凭栏一望，见大江浩渺，云雾苍茫，想起爱妾回风不知在烟水中哪一个所在，投袂而起，亢声长歌苏子瞻《赤壁》之句云：

渺渺兮予怀，望美人兮天一方。

歌之数回，不觉潸然泪下。

向都司看见，正要请问，旁边一个护身的家丁慨然向前道："秀才饮酒不乐，得非为家姬失否？"汪秀才道："汝何以知之？"家丁道："秀才遍榜街衢，谁不知之！秀才但请与我主人尽欢，管还秀才一个下落。"汪秀才纳头便拜道："若得知一个下落，百觥也不敢辞。"向都司道："为一女子，直得如此着急？且满饮三大卮，叫他说明白。"汪秀才即取大卮过手，一气吃了三巡。再斟一卮，奉与家丁道："愿求壮士明言，当以百金为寿。"家丁道："小人是兴国州人，住居阖闾山下，颇知山中柯陈家事体。为头的叫作柯陈大官人，有几个兄弟，多有勇力，专在江湖中做私商勾当。他这一族最大，江湖之间各有头目，惟他是个主。前日闻得在岳州洞庭湖劫得一美女回来，进与大官人，甚是快活，终日饮酒作乐。小人家里离他不上十里路，所以备细得知，这个必定是秀才家里小娘子了。"汪秀才道："我正在洞庭湖失去的，这消息是真了。"向都司便道："他这人慷慨好义，虽系草窃之徒，多曾与我们官府往来。上司处也私有进奉，盘结深固，四处响应，不比其他盗贼可以官兵缉拿得的。若是尊姬被此处弄了去，只怕休想再合了。天下多美妇人，仁兄只宜丢开为是。且自畅怀，介怀无益。"汪秀才道："大丈夫生于世上，岂有爱姬被人所据，既已知下落不能用计夺转来的？某虽不才，誓当返此姬，以博一笑。"向都司道："且看仁兄大才，谈何容易！"当下汪秀才放下肚肠，开怀畅饮而散。

次日，汪秀才即将五十金送与向家家丁，以谢报信之事。就与都司讨此人去做眼，事成之后，再奉五十金，以凑百两。向都司笑汪秀才痴心，立命家丁到汪秀才处，听凭使用，看他怎么作为。家丁接了银子，千欢万喜，头颠尾颠，巴不得随着他使唤了。就向家丁问了柯陈家里弟兄名字,汪秀才胸中算计已定,写下一状,先到兵巡衙门去告。

兵巡看状,见了柯陈大等名字,已自心里虚怯,对这汪秀才道:“这不是好惹的,你无非只为一妇女小事,我若行个文书下去,差人拘拿对理,必要激起争端,致成大祸,决然不可。”汪秀才道:“小生但求得一纸牒文,自会去与他讲论曲直,取讨人口,不须大人的公差,也不到得与他争竞,大人可以放心。”兵巡见他说得容易,便道:“牒文不难,即将汝状判准,排号用印,付汝持去就是了。”汪秀才道:“小生之意,也只欲如此,不敢别求多端。有此一纸,便可了一桩公事来回复。”兵巡似信不信,吩咐该房如式端正,付与汪秀才。

汪秀才领了此纸,满心欢喜,就像爱姬已取到手了一般的,来见向都司道:“小生状词已准,来求将军助一臂之力。”都司摇头道:“若要我们出力,添拨兵卒,与他厮斗,这决然不能的。”汪秀才道:“但请放心,多用不着,我自有人。只那平日所驾江上楼船,要借一只,巡江哨船,要借二只。与平日所用伞盖旌旗冠服之类,要借一用。此外不劳一个兵卒相助,只带前日报信的家丁去就够了。”向都司道:“意欲何为?”汪秀才道:“汉家自有制度,此时不好说得,做出便见。”向都司依言,尽数借与汪秀才。汪秀才大喜,罄备了一个多月粮食,唤集几十个家人;又各处借得些号衣,多打扮了军士,一齐到船上去撑驾开江。鼓吹喧阗,竟像武官出汛一般。有诗为证:

舳舻千里传赤壁,此日江中行画鹢。
将军汉号是楼船,这回投却班生笔。

汪秀才驾了楼船,领了人从,打了游击牌额,一直行到阖闾山江口来。未到岸四五里,先差一只哨船载着两个人前去,一个是向家家丁,一个是心腹家人汪贵。拿了一张硬牌,去叫齐本处地方居民,迎接新任提督江洋游击。就带了几个红帖,把汪姓去了一画,帖上写名江万里,竟去柯陈大官人家投递,几个兄弟,每人一个帖子,说新到地方的官,慕大名就来相拜。两人领命去了。汪秀才吩咐船户,把船慢慢自行。

且说向家家丁是个熟路,得了汪家重赏,有甚不依他处?领了家人汪贵一同下在哨船中了,顷刻到了岸边,掮了硬牌上岸,各处一说。多晓得新官船到,整备迎接。家丁引了汪贵同到一个所在,原来是一座庄子。但见:

冷气侵人,寒风扑面。三冬无客过,四季少人行。团团苍桧若龙形,郁郁青松如虎迹。已升红日,庄门内鬼火荧荧;未到黄昏,古涧边悲风飒飒。盆盛人酢酱,板盖铸钱炉。蓦闻一阵血腥来,原是强人居止处。

家丁原是地头人，多曾认得柯陈家里的，一径将帖儿进去报了。柯陈大官人认得向家家丁是个官身，有什么疑心？与同兄弟柯陈二、柯陈三等会集商议道："这个官府甚有吾每体面，他既以礼相待，我当以礼接他。而今吾每办了果盒，带着羊酒，结束鲜明，一路迎将上去。一来见我每有礼体，二来显我每弟兄有威风。看他举止如何，斟酌待他的厚薄就是了。"商议已定，外报游府船到江口，一面叫轿夫打轿拜客，想是就起来了。柯陈弟兄果然一齐戎装，点起二三十名喽罗，牵羊担酒，擎着旗幡，点着香烛，迎出山来。

汪秀才船到泊里，把借来的纱帽红袍穿着在身，叫齐轿夫，四抬四插抬上岸来。先是地方人等声喏已过，柯陈兄弟站着两旁，打个躬，在前引导，汪秀才吩咐一径抬到柯陈家庄上来。抬到厅前，下了轿，柯陈兄弟忙掇一张坐椅摆在中间。柯陈大开口道："大人请坐，容小兄弟拜见。"汪秀才道："快不要行礼，贤昆玉多是江湖上义士好汉，下官未任之时，闻名久矣。今幸得守此地方，正好与诸公义气相与，所以特来奉拜，岂可以官民之礼相拘？只是个宾主相待，倒好久长。"柯陈兄弟跪将下去，汪秀才一手扶起，口里连声道："快不要这等，吾辈豪杰不比寻常，决不要拘于常礼。"柯陈兄弟谦逊一回，请汪秀才坐了，三人侍立。汪秀才急命取坐来。分左右而坐。柯陈兄弟道游府如此相待，喜出非常，急忙治酒相款。汪秀才解带脱衣，尽情欢宴，猜拳行令，不存一毫形迹。行酒之间，说着许多豪杰勾当，掀拳裸袖，只恨相见之晚。柯陈兄弟不唯心服，又且感恩，多道："若得恩府如此相待，我辈赤心报效，死而无怨。江上有警，一呼即应，决不致自家作孽，有负恩府青目。"汪秀才听罢，越加高兴，接连百来巨觥，引满不辞，自日中起，直饮至半夜，方才告别下船。

此一日算做柯陈大官人的酒，第二日就是柯陈二做主，第三日就是柯陈三做主，各各请过。柯陈大官人又道："前日是仓促下马，算不得数。"又请吃了一日酒，俱有金帛折席，汪秀才多不推辞，欣然受了。

酒席已完，回到船上，柯陈兄弟多来谢拜。汪秀才留住在船上，随命治酒相待。柯陈兄弟推辞道："我等草泽小人，承蒙恩府不弃，得献酒食，便为大幸，岂敢上叨赐宴？"汪秀才道："礼无不答，难道只是学生叨扰，不容做个主人还席的？况我辈相与，不必拘报施常规。前日学生到宅上，就是诸君做主。今日诸君见顾，就是学生做主。逢场作戏，有何不可！"柯陈兄弟不好推辞。早已排上酒席，摆设已完。汪秀才定席已毕，就有带来一班梨园子弟，上场做戏，做的是《桃园结义》、《千里独行》许多豪杰襟怀的戏文，柯陈兄弟多是山野之人，见此花哄，怎不贪看？岂知汪秀才先已密密吩咐行船的，但听戏文锣鼓为号，即便戤地开船。趁着月明，沿流放去，缓缓而行，要使舱中不觉。行来数十余里，戏文方完。兴未肯阑，仍旧移席团坐，飞觞行令，乐人清唱，劝酬大乐。

汪秀才晓得船已行远，方发言道："学生承诸君见爱，如此倾倒，可谓极欢。但胸中有一件小事，甚不便于诸君，要与诸君商量一个长策。"柯陈兄弟愕然道："不知何事,但请恩府明言,愚兄弟无不听令。”汪秀才叫从人掇一个手匣过来,取出那张榜文来捏在手中,问道:“有一个汪秀才告着诸君,说道劫了他爱妾,有此事否?”柯陈兄弟两两相顾,不好隐得。柯陈大回言道:“有一女子在岳州所得,名曰回风,说是汪家的。而今见在小人处,不敢相瞒。”汪秀才道:“一女子是小事,那汪秀才是当今豪杰,非凡人也。今他要去上本奏请征剿,先将此状告到上司,上司密行此牒,托与学生勾当此事。学生是江湖上义气在行的人,岂可兴兵动卒前来搅扰?所以邀请诸君到此,明日见一见上司,与汪秀才质证那一件公事。”柯陈兄弟见说,惊得面如土色,道:“我等岂可轻易见得上司?一到公庭必然监禁,好歹是死了!”人人思要脱身,立将起来,推窗一看,大江之中,烟水茫茫,既无舟楫,又无崖岸,巢穴已远,救应不到,再无个计策了。正是:

有翅膀飞腾天上,有鳞甲钻入深渊。
既无窟地升天术,目下灾殃怎得延?

柯陈兄弟明知着了道儿,一齐跪下道:“恩府救命则个。”汪秀才道:“到此地位,若不见官,学生难以回复;若要见官,又难为公等。是必从长计较,使学生可以销得此纸,就不见官罢了。”柯陈兄弟道:“小人愚昧,愿求恩府良策。”汪秀才道:“汪生只为一妾着急,今莫若差一只哨船飞棹到宅上,取了此妾来船中。学生领去,当官交付还了他,这张牒文可以立销,公等可以不到官了。”柯陈兄弟道:“这个何难!待写个手书与当家的,做个执照,就取了来了。”汪秀才道:“事不宜迟,快写起来。”柯陈大写下执照,汪秀才立唤向家家丁与汪贵两个到来。他一个是认得路的,一个是认得人的,悄地吩咐。付与执照,打发两只哨船一齐棹去,立等回报。船中且自金鼓迭奏,开怀吃酒。柯陈兄弟见汪秀才意思坦然,虽觉放下了些惊恐,也还心绪不安,牵筋缩脉。汪秀才只是一味豪兴,谈笑洒落,饮酒不歇。

候至天明,两只哨船已此载得回风小娘子,飞也似的来报,汪秀才立教请过船来。回风过船,汪秀才大喜,叫一壁厢房舱中去,一壁厢将出四锭银子来,两个去的人各赏一锭,两船上各赏一锭。众人齐声称谢,分派已毕。汪秀才再命斟酒三大觥,与柯陈兄弟作别道:“此事已完,学生竟自回复上司,不须公等在此了,就此请回。”柯陈兄弟感激称谢救命之恩。汪秀才把柯陈大官人须髯捋一捋道:“公等果认得汪秀才否?我学生便是。哪里是甚么新升游击,只为不舍得爱妾,做出这一场把戏。今爱妾仍归于我,落得与诸君游宴数日,备极欢畅,莫非结缘。多谢诸君,从此别矣!”柯陈兄弟如梦初觉,如醉方醒,才放下心中疙瘩,不觉大笑道:“原来秀才诙谐至此,如此豪放不羁,真豪杰也!吾辈粗人,幸得陪侍这几日,也是有缘。小娘子之事,失于不知,有愧!有愧!”各解腰间所带银两出来,约有三十余两,赠与汪秀才道:“聊以赠小娘子添妆。”汪秀才再三推却不得,笑而受之。柯陈兄弟求差哨船一送，汪秀才吩咐送至通岸大路，即放上岸。柯陈兄弟殷勤相别，登舟而去。

汪秀才房船中唤出回风来，说前日惊恐的事，回风呜咽告诉。汪秀才道："而今仍归吾手，旧事不必再提，且吃一杯酒压惊。"两人如渴得浆，吃得尽欢，遂同宿于舟中。次日起身，已到武昌码头上，来见向都司道："承借船只家伙等物，今已完事，一一奉还。"向都司道："尊姬已如何了？"汪秀才道："叨仗尊庇，已在舟中了。"向都司道："如何取得来？"汪秀才把假装新任拜他赚他的话，备细说了一遍，道："多在尊使肚里，小生也仗尊使之力不浅。"向都司道："有此奇事，真正有十二分胆智，才弄得这个伎俩出来。仁兄手段，可以行兵。"当下汪秀才再将五十金送与向家家丁，完前日招票上许出之数。另雇下一船，装了回风小娘子，现与向都司讨了一只哨船护送，并载家僮人等。

安顿已定，进去回复兵巡道，缴还原牒。兵巡道问道："此事已如何了，却来缴牒？"汪秀才再把始终之事，备细一禀。兵巡道笑道："不动干戈，能入虎穴，取出人口，真奇才奇想！秀才他日为朝廷所用，处分封疆大事，料不难矣。"大加赏叹。汪秀才谦谢而出，遂载了回风，还至黄冈。黄冈人闻得此事，尽多惊叹道："不枉了汪太公之名，真不虚传也！"有诗为证：

自是英雄作用殊，虎狼可狎与同居。
不须窃伺骊龙睡，已得探还颔下珠。

卷二十八

程朝奉单遇无头妇　王通判双雪不明冤

诗云：

人命关天地，从来有报施。
其间多幻处，造物显其奇。

话说湖广黄州府有一地方，名曰黄圻燎，最产得好瓜。有一老圃，以瓜为业，时时手自灌溉，爱惜倍至。圃中诸瓜，独有一颗结得极大，块垒如斗。老圃特意留着，待等味熟，要献与豪家做孝顺的。一日，手中持了锄头，去圃中掘菜，忽见一个人掩掩缩缩在那瓜地中。急赶去看时，乃是一个乞丐，在那里偷瓜吃，把个篱笆多扒开了，仔细一认，正不见了这颗极大的，已被他打碎，连瓤连子，在那里乱啃。老圃见偏摘掉了加意的东西，不觉怒从心上起，恶向胆边生，提起手里锄头，照头一下。却原来不禁打，打得脑浆迸流，死于地下。老圃慌了手脚，忙把锄头锄开一楞地来，把尸首埋好，上面将泥铺平。且喜是个乞丐，并没个亲人来做苦主讨命，竟没有人知道罢了。

到了明年，其地上瓜愈盛，仍旧一颗独结得大，足抵得三四个小的，也一般加意爱惜，不肯轻采。偶然县官衙中有个害热渴的，想得个大瓜清解。各处买来，多不中意，累那买办衙役比较了几番。衙役急了，四处寻访。见说老圃瓜地专有大瓜，遂将钱与买。进圃选择，果有一瓜，比常瓜大数倍。欣然出了十个瓜的价钱，买了去送进衙中。衙中人大喜，见这个瓜大得异常，集了众人共剖。剖将开来，瓤水乱流。多嚷道："可惜好大瓜，是烂的了。"仔细一看，多把舌头伸出，半晌缩不进去。你道为何？原来满桌都是鲜红血水，满鼻是血腥气的。众人大惊，禀知县令。县令道："其间必有冤事。"遂叫那买办的来问道："这瓜是那里来的？"买办的道："是一个老圃家里地上的。"县令道："他怎生法儿养得这瓜恁大？唤他来，我要问他。"

买办的不敢稽迟，随去把个老圃唤来当面。县令问道："你家的瓜，为何长得这样大？一圃中多是这样的吗？"老圃道："其余多是常瓜，只有这颗，不知为何恁大。"县令道："往年也这样结一颗儿吗？"老圃道："去年也结一颗，没有这样大，略比常瓜大些，今年这一颗大得古怪，自来不曾见这样。"县令笑道："此必异种，他的根毕竟不同，快打轿，我亲去看。"当时抬至老圃家中，叫他指示结瓜的处所。县令教人取锄头掘将下去,看他根是怎么样的。掘不深,只见这瓜的根在泥中土,却像种在一件东西里头的。扒开泥土一看,乃是个死人的口张着,其根直在里面出将起来。众人发声喊,把锄头乱挖开来,一个死尸全见。县令叫挖开他口中,满口尚是瓜子。县令叫把老圃锁了,问其死尸之故。老圃赖不得,只得把去年乞丐偷瓜吃。误打死了埋在地下的事,从实说了。县令道:"怪道这瓜瓤内的多是血水,原来是这个人冤气所结。他一时屈死,膏液未散,滋长这一棵根苗来。天叫我衙中人渴病,拣选大瓜,得露出这一场人命。乞丐虽贱,生命则同,总是偷窃,不该死罪,也要抵偿。"把老圃问成殴死人命绞罪,后来死于狱中。可见人命至重,一个乞丐死了,又没人知见的,埋在地下,已是一年,又如此结出异样大瓜来弄一个明白,正是天理昭彰的所在。

而今还有一个,因这一件事,露出那一件事来,两件不明不白的官司,一时显露,说着也古怪。有诗为证:

从来见说没头事,此事没头真莫猜。
及至有时该发露,一头弄出两头来。

话说国朝成化年间,直隶徽州府有一个富人姓程。他那边土俗,但是有资财的,就呼为朝奉。盖宋时有朝奉大夫,就像称呼富人为员外一般,总是尊他。这个程朝奉拥着巨万家私,真所谓饱暖生淫欲,心里只喜欢的是女色。见人家妇女生得有些姿容的,就千方百计,必要弄她到手才住。随你费下几多东西,他多不吝,只是以成事为主。所以花费的也不少,上手的也不计其数。自古道:天道祸淫。才是这样贪淫不歇,便有希奇的事体做出来,直教你破家辱身,急忙分辨得来,已吃过大亏了,这是后话。

且说徽州府岩子街有一个卖酒的,姓李叫作李方哥。有妻陈氏,生得十分娇媚,丰采动人。程朝奉动了火,终日将买酒为由,甜言软语哄动他夫妻二人。虽是缠得熟分了,那陈氏也自正正气气,一时也勾搭不上。程朝奉道:"天下的事,惟有利动人心。这家子是贫难之人,我拼舍着一主财,怕不上我的钩?私下钻求,不如明买。"

一日对李方哥道:"你一年卖酒得利多少?"李方哥道:"靠朝奉福荫,借此度得夫妻两口,便是好了。"程朝奉道:"有得赢余吗?"李方哥道:"若有得一两二两赢馀,便也留着些做个根本,而今只好绷绷拽拽,朝升暮合过去,那得赢余?"程朝奉道:"假如有个人帮你十两五两银子做本钱,你心下如何?"李方哥道:"小人若有得十两五两银子,便多做些好酒起来,开个兴头的糟坊。一年之间度了口,还有得多。只是没寻那许多东西,就是有人肯借,欠下了债要赔利钱,不如守此小本经纪罢了。"朝奉道:"我看你做人也好,假如你有一点好心到我,我便与你二三十两,也不打紧。”李方哥道：“二三十两是朝奉的毫毛，小人得了却一生一世受用不尽了，只是朝奉怎么肯？”朝奉道：“肯到肯，只要你好心。”李方哥道：“叫小人怎么样的才是好心？”朝奉笑道：“我喜欢你家里一件物事，是不费你本钱的，我借来用用，仍旧还你。若肯时，我即时与你三十两。”李方哥道：“我家里哪里有朝奉用得着的东西？况且用过就还，有甚么不奉承了朝奉，却要朝奉许多银子？”朝奉笑道；“只怕你不肯。你肯了，又怕你妻子不舍得。你且两个去商量一商量，我明日将了银子来，与你现成讲兑。今日空口说白话，未好就明说出来。”笑着去了。

李方哥晚上把这些话与陈氏说道：“不知是要我家什么物件。”陈氏想一想道：“你听他油嘴，若是别件动用物事，又说道借用就还的，随你奢遮宝贝，也用不得许多贯钱，必是痴心想到我身上来讨便宜的说话了。你男子汉放些主意出来，不要被他腾倒。”李方哥笑笑道：“哪有此话！”

隔了一日，程朝奉果然拿了一包银子，来对李方哥道：“银子已现有在此，打点送你的了，只看你每意思如何。”朝奉当面打开包来，白灿灿的一大包。李方哥见了，好不眼热，道：“朝奉明说是要怎么？小人好如命奉承。”朝奉道：“你是个晓事人，定要人说个了话，你自想家里是甚东西是我用得着的，又这般值钱就是了。”李方哥道：“叫小人没想处，除了小人夫妻两口身子外，要值上十两银子的家伙，一件也不曾有。”朝奉笑道：“正是身上的，哪个说是身子外边的？”李方哥通红了脸道：“朝奉没正经！怎如此取笑？”朝奉道：“我不取笑，现钱买现货，愿者成交。若不肯时，也只索罢了，我怎好强得你？”说罢，打点袖起银子了。自古道：

清酒红人面，黄金黑世心。

李方哥见程朝奉要收拾起银子，便呆着眼不开口，尽有些沉吟不舍之意。程朝奉早已瞧科，就中取着三两多重一锭银子，塞在李方哥袖子里道：“且拿着这锭去做样，一样十锭就是了，你自家两个计较去。”李方哥半推半就地接了。程朝奉正是会家不忙,见接了银子,晓得有了机关,说道:“我去去再来讨回音。”

李方哥进到内房与妻陈氏说道:“果然你昨日猜得不差,原来真是此意。被我抢白了一顿,他没意思,把这锭银子作为赔礼,我拿将来了。”陈氏道:“你不拿他的便好,拿了他的,已似有肯意了,他如何肯歇这一条心?”李方哥道:“我一时没主意拿了,他临去时就说:‘像得我意,十锭也不难。’我想我与你在此苦挣一年,挣不出几两银子来。他的意思,倒肯在你身上舍主大钱。我每不如将计就计哄他,与了他些甜头,便起他一主大银子,也不难了,也强如一盏半盏的与别人论价钱。”李方哥说罢,就将出这锭银子放在桌上。陈氏拿到手来看一看,道:“你男子汉见了这个东西,就舍得老婆养汉了?”李方哥道:“不是舍得,难得财主家倒了运来想我们,我们拼忍着一时羞耻,一生受用不尽了。而今总是混帐的世界,我们又不是甚么阀阅人家,就守着清白,也没人来替你造牌坊,落得和同了些。”陈氏道:“是倒也是,羞人答答的,怎好兜他?”李方哥道:“总是做他的本钱不着,我而今办着一个东道在房里,请他晚间来吃酒,我自到外边那里去避一避。等他来时,只说我偶然出外就来的,先做主人陪他,饮酒中间他自然撩拨你。你看着机会,就与他成了事,等得我来时,事已过了,可不是不知不觉地落得赚了他一主银子?”陈氏道:“只是有些害羞,使不得。”李方哥道:“程朝奉也是一向熟的,有什么羞?你只是做主人陪他吃酒,又不要你去兜他。只看他怎么样来,才回答他就是,也没甚么羞处。”陈氏见说,算来也不打紧的,当下应承了。

李方哥一面办治了东道,走去邀请程朝奉。说道:“承朝奉不弃,晚间整酒在小房中,特请朝奉一叙,朝奉就来则个。”程朝奉见说,喜之不胜道:“果然利动人心,他已商量得情愿了。今晚请我,必然就成事。”巴不得天晚前来赴约。从来好事多磨,程朝奉意气洋洋走出街来。只见一般儿朝奉姓汪的,拉着他水口去看什么新来的表子王大舍,一把拉了就走。程朝奉推说没工夫得去,他说:“有什么贵干?”程朝奉心忙里,一时造不出来。汪朝奉见他没得说,便道:“原没事干,怎如此推故扫兴?”不管三七二十一,同了两三个少年子弟,一推一攮的,牵的去了。到了那里,汪朝奉看得中意,就称银子办起东道来,在那里入马。程朝奉心上有事,被带住了身子,好不耐烦。三杯两盏,逃了席就走,已有二更天气。

此时李方哥已此寻个事由,避在朋友家里了,没人再来相邀的。程朝奉径自急急忙忙走到李家店中。见店门不关,心下意会了。进了店,就把门拴着。那店中房子苦不深邃,抬眼望见房中灯烛明亮,酒肴罗列,悄无人声。走进看时,不见一个人影,忙把桌上火移来一照,大叫一声:“不好了!”正是:

分开八片顶阳骨,倾下一桶雪水来。

程朝奉看时,只见满地多是鲜血,一个没头的妇人淌在血泊里,不知是什么事由。惊得牙齿捉对儿厮打，抽身出外，开门便走。到了家里，只是打颤，蹲跕不定，心头丕丕地跳，晓得是非要惹到身上，一味惶惑不题。

且说李方哥在朋友家里挨过了更深，料道程朝奉与妻子事体已完，从容到家，还好趁吃杯儿酒，一步步踱将回来。只见店门开着，心里道："那朝奉好不精细，既要私下做事，门也不掩掩着。"走到房里，不见什么朝奉，只是个没头的尸首躺在地下，看看身上衣服，正是妻子。惊得乱跳道："怎的起？怎的起？"一头哭，一头想道："我妻子已是肯的，有甚么言语冲撞了他，便把来杀了？须与他讨命去！"连忙把家里收拾干净了，锁上了门，径奔到朝奉家敲门。程朝奉不知好歹，听得是李方哥声音，正要问他个端的，慌忙开出门来。李方哥一把扭住道："你干的好事！为何把我妻子杀了？"程朝奉道："我到你家，并不见一人，只见你妻子已杀倒在地，怎说是我杀了？"李方哥道："不是你是谁？"程朝奉道："我心里爱你的妻子，若是见了，奉承还恐不及，舍得杀他？你须访个备细，不要冤我！"李方哥道："好端端两口住在家里，是你来起这些根由，而今却把我妻子杀了，还推得哪个？和你见官去，好好还我一个人来！"

两下你争我嚷，天已大明。结扭了一直到府里来叫屈。府里见是人命事，准了状。发与三府王通判审问这件事。王通判带了原、被两人，先到李家店中相验尸首。相得是个妇人身体，被人用刀杀死的，现无头颅。通判着落地方把尸盛了，带原、被告到衙门来。先问李方哥的口词，李方哥道："小人李方，妻陈氏，是开酒店度日的。是这程某看上了小人妻子，乘小人不在，以买酒为由来强奸她，想是小人妻子不肯，他就杀死了。"通判问："程某如何说？"程朝奉道："李方夫妻卖酒，小人是他的熟主顾。李方昨日来请小人去吃酒，小人因有事去得迟了些。到他家里，不见李方，只见他妻子不知被何人杀死在房。小人慌忙走了家来，与小人并无相干。"通判道："他说你以买酒为由去强奸她，你又说是他请你到家，他既请你，是主人了，为何他反不在家？这还是你去强奸是真了。"程朝奉道："委实是他来请小人，小人才去的。当面在这里，老爷问他，他须赖不过。"李方道："请是小人请他的，小人未到家，他先去强奸，杀了人了。"王通判道："既是你请他，怎么你未到家，他到先去行奸杀人？你其时不来家做主人，到在那里去了？其间必有隐情。"取夹棍来，每人一夹棍，只得多把实情来说了。

李方哥道："其实程某看上了小人妻子，许了小人银两，要与小人妻子同吃酒。小人贪利，不合许允，请他吃酒是真。小人怕碍他眼，只得躲过片时。后边到家，不想妻子被他杀死在地，他逃在家里去了。"程朝奉道："小人喜欢他妻子，要营勾他是真。他已自许允请小人吃酒了，小人为什么反要杀他？其实到他家时，妻子已不知为何杀死了。小人慌了，走了回家，实与小人无干。"通判道："李方请吃酒卖奸是真，程某去时，必是那妇人推拒，一时杀了也是真。平白地要谋奸人妻子，原不是良人行径，这人命自然是程某抵偿了。"程朝奉道："小人不合见了美色，辄起贪心，是小人的罪了。至于人命,委实不知。不要说他夫妇商同请小人吃酒,已是愿从的了。即使有些勉强,也还好慢慢央求,何至下手杀了她?"王通判恼他奸淫起祸,那里听他辨说?要把他问个强奸杀人死罪。却是死人无头,又无行凶器械,成不得招。责了限期,要在程朝奉身上追那颗头出来。正是:

官法如炉不自由,这回惹着怎干休?
方知女色真难得,此日何来美妇头?

程朝奉比过几限,只没寻那颗头处。程朝奉诉道:"便做道是强奸不从,小人杀了,小人藏着那颗头做什么用,在此挨这样比较?"王通判见他说得有理,也疑道:"是或者另有人杀了这妇人,也不可知。"且把程朝奉与李方哥多下在监里了,便叫拘集一干邻里人等,问他事体根由与程某杀人真假。邻里人等多说:"他们是主顾家,时常往来的,也未见什么奸情事。至于程某是个有身家的人,贪淫的事或者有之,从来也不曾见他做什么凶恶歹事过来。人命的事,未必是他。"通判道:"既未必是程某,你地方人必晓得李方家的备细,与谁有仇,那处可疑,该推详得出来。"邻里人等道:"李方平日卖酒,也不见有什么仇人。他夫妻两口做人多好,平日与人斗口的事多没有的。这黑夜不知何人所杀,连地方人多没猜处。"通判道:"你们多去外边访一访。"

众人领命正要走出,内中一个老者走上前来禀道:"据小人愚见,猜着一个人,未知是否。"通判道:"是哪个?"只因说出这个人来,有分交:乞化游僧,明投三尺之法;沉埋朽骨,趁白十年之冤。正是:

善恶到头终有报,只争来早与来迟。

老者道:"地方上向有一个远处来的游僧,每夜敲梆高叫,求人布施,已一个多月了。自从那夜李家妇人被杀之后,就不听得他的声响了。若道是别处去了,怎有这样恰好的事?况且地方上不曾见有人布施他的,怎肯就去,这个事着实可疑。"通判闻言道:"杀人作歹,正是野僧本事,这疑也是有理的,只哪寻这个游僧处?"老者道:"重赏之下,必有勇夫。老爷唤那程某出来说与他知道,他家道殷富,要明白这事,必然不吝重赏。这游僧也去不久,不过只在左近地方,要访着他也不难的。"通判依言,狱中带出程朝奉来,把老者之言说与他。程朝奉道:"有此疑端,便是小人生路。只求老爷与小人做主,出个广捕文书,着落几个应捕四外寻访。小人情愿立个赏票,认出谢金就是。"当下通判差了应捕出来,程朝奉托人邀请众应捕说话,先送了十两银子做盘费,又押起三十两,等寻得着这和尚即时交付,众应捕应承去了。

原来应捕党与极多,耳目最众,但是他们上心的事,没有个访拿不出的。见程朝奉是个可扰之家，又兼有了厚赠，怎不出力？不上一年，已访得这叫夜僧人在宁国府地方乞化，夜夜街上叫了转来，投在一个古庙里宿歇。众应捕带了一个地方人，认得面貌是真，正是岩子镇叫夜的了。众应捕商量道："人便是这个人了，不知杀人是他不是他。就是他了，没个凭据，也不好拿得他，只可智取。"算计去寻一件妇人衣服，把一个少年些的应捕打扮起来，装做了妇人模样，一同众人去埋伏在一个林子内，是街上回到古庙必经之地。守至更深，果然这僧人叫夜转来。撑了梆，正自独行，林子里假作了妇人，低声叫道："和尚，还我头来！"初时一声，那僧人已吃了一惊，立定了脚。昏黑之中，隐隐见是个穿红的妇人，心上虚怯不过了，只听得一声不了，又叫："和尚，还我头来！"连叫不止。那僧人慌了，颤笃笃地道："头在你家上三家铺架上不是？休要来缠我！"众人听罢，情知杀人事已实，胡哨一声，众应捕一齐钻出，把个和尚捆住，道："这贼秃！你岩子镇杀了人，还躲在这里吗？"先是顿下马威打软了，然后解到府里来。

通判问应捕如何拿得着他，应捕把假装妇人吓他、他说出真情才擒住他的话禀明白了。带过僧人来，僧人明知事已露出，混赖不过，只得认道："委实杀了妇人是的。"通判道："她与你有什么冤仇，杀了她？"僧人道："并无冤仇，只因那晚叫夜，经过这家门首。见店门不关，挨身进去，只指望偷盗些什么。不晓得灯烛明亮，有一个美貌的妇人盛装站立在床边，看见了不由得心里不动火，抱住求奸。她抵死不肯，一时性起，拔出戒刀来杀了，提了头就走。走将出来才想道，要那头做什么？其时把来挂在上三家铺架上了。只是恨她那不肯，出了这口气。当时连夜走脱此地，而今被拿住，是应得偿她命的，别无他话。"

通判就出票去提那上三家铺上人来，问道："和尚招出人头在铺架上，而今哪里去了？"铺上人道："当时实有一个人头挂在架上，天明时见了，因恐怕经官受累，悄悄将来移上前去十来家赵大门首一棵树上挂着，以后不知怎么样了。"通判差人押了这三家铺人来提赵大到官。赵大道："小人那日早起，果然见树上挂着一颗人头，心中惊惧，思要首官，诚恐官司牵累，当下悄地拿到家中，埋在后园了。"通判道："而今现在那里吗？"赵大道："小人其时就怕后边或有是非，要留做证见，埋处把一棵小草树记认着的，怎么不现在？"通判道："只怕其间有诈伪，须得我亲自去取验。"

通判即时打轿，抬到赵大家里。叫赵大在前引路，引至后园中，赵大指着一处道："在这底下。"通判叫从人掘将下去，刚钯得土开，只见一颗人头，连泥带土，骨碌碌滚将出来。众人发声喊道："在这里了！"通判道："这妇人的尸首，今日方得完全。"从人把泥土拂去，仔细一看，惊道："可又古怪！这妇人怎生是有髭须的？"送上通判看时，但见这颗人头：

双眸紧闭，一口牢关。颈子上也是刀刃之伤，嘴儿边却有须髯之覆。早难道骷髅能作怪，致令得男女会差池？

王通判惊道："这分明是一个男子的头，不是那妇人的了！这头又出现得作怪，其中必有跷蹊。"喝道："把赵大锁了！"寻那赵大时，先前看见掘着人头不是妇人的，已自往外跑了。

王通判就走出赵大前边屋里，叫抬张桌儿做公座坐了。带那赵大的家属过来，且问这颗人头的事。赵大妻子一时难以支吾，只得实招道："十年前，赵大曾有个仇人姓马，被赵大杀了，带这头来埋在这里的。"通判道："适才赵大在此，而今躲在哪里了？"妻子道："他方才见人头被掘将来，晓得事发，他一径出门，连家里多不说哪里去了。"王通判道："立刻的事，他不过走在亲眷家里，料去不远。快把你家甚么亲眷住址，一一招出来。"妻子怕动刑法，只得招道："有个女婿姓江，做府中令史，必是投他去了。"通判即时差人押了妻子，竟到这江令史家里来拿，通判坐在赵大家里立等回话，果然瓮中捉鳖，手到拿来。

且说江令史是衙门中人，晓得利害，见丈人赵大急急忙忙走到家来，说道："是杀人事发，思要藏避。"令史恐怕累及身家，不敢应承，劝他往别处逃走。赵大一时未有去向，心里不决，正踌躇间，公差已押着妻子来要人了。江令史此时火到身上，且自图灭熄，不好隐瞒，只得付与公差，仍带到赵大自己家里来。妻子路上已自对他说道："适才老爷问时，我已实说了。你也招了罢，免受痛苦。"赵大见通判时，果然一口承认。通判问其详细，赵大道："这姓马的先与小人有些仇隙，后来在山路中遇着，小人因在那里砍柴，带得有刀在身边，把他来杀了。恐怕有人认得，一时传遍，这事就露出来，所以既剥了他的衣服，就割下头来藏在家里。把衣服烧了，头埋在园中。后来马家不见了人，寻问时，只见有人说山中有个死尸，因无头的，不知是不是，不好认得。而今事已经久，连马家也不提起了。这埋头的去处，与前日妇人之头相离有一丈多地，只因这个头在地里，恐怕发露，所以前日埋那妇人头时，把草树记认的。因为隔得远，有胆气掘下去。不知为何，一掘到先掘着了。这也是宿世冤业，应得填还。早知如此，连那妇人的头也不说了。”通判道：“而今妇人的头，毕竟在哪里?”赵大道：“只在那一块，这是记认不差的。”通判又带他到后园，再命从人打旧掘处掘下去，果然又掘出一颗头来，认一认，才方是妇人的了。

通判笑道：“一件人命却问出两件人命来，莫非天意也!”锁了赵大，带了两颗人头，来到府中，出张牌去唤马家亲人来认。马家儿子见说，才晓得父亲不见了十年，果是被人杀了，来补状词，王通判准了。把两颗人头，一颗给与马家埋葬，一颗唤李方哥出来认看，果是其妻的了。把叫夜僧与赵大各打三十板，多问成了死罪。程朝奉不合买奸，致死人命，问成徒罪，折价纳赎。李方哥不合卖奸，问杖罪的决。断程朝奉出葬埋银六两，给与李方哥葬那陈氏。三家铺人不合移尸，各该问罪，因不是这等，不得并发赵大人命，似乎天意明冤，非关人事，释罪不究。

王通判这件事问得清白，一时清结了两件没头事，申详上司，各各称奖，至今传为美谈。只可笑程朝奉空想一个妇人，不得到手，枉葬送了她一条性命，自己吃了许多惊恐，又坐了一年多监，费掉了百来两银子，方得明白，有甚便宜处？那陈氏立个主意不从夫言，也不见得被人杀了。至于因此一事，那赵大久无对证的人命，一并发觉，越见得天心巧处，可见欺心事做不得一些的。有诗为证：

冶容诲淫从古语，会见金夫不自主。
称觞已自不有躬，何怪启宠纳人侮。
彼黠者徒恣强暴，将此头颅向何许?
幽冤郁积十年余，彼处有头欲出土。

卷二十九

赠芝麻识破假形　撷草药巧谐真偶

诗曰：

万物皆有情，不论妖与鬼。
妙药可通灵，方信岐黄理。

话说宋乾道年间，江西一个官人赴调临安都下，因到西湖上游玩，独自一人各处行走。走得路多了，觉得疲倦。道边有一民家，门前有几株大树，树旁有石块可坐，那官人遂坐下少息，望去屋内有一双鬟女子，明艳动人。官人见了，不觉心神飘荡，注目而视。那女子也回眸流盼，似有寄情之意。官人眷恋不舍，自此时时到彼处少坐。那女子是店家卖酒的，就在里头做生意，不避人的。见那官人走来，便含笑相迎，竟以为常。往来既久，情意绸缪。官人将言语挑动她，女子微有羞涩之态，也不恼怒。只是店在路旁，人眼看见，内有父母，要求谐鱼水之欢，终不能够，但只两心眷眷而已。

官人已得注选，归期有日，掉那女子不下，特到他家告别，恰好其父出外，女子独自在店，见说要别，拭泪私语道："自与郎君相见，彼此倾心，欲以身从郎君，父母必然不肯。若私下随着郎君去了，淫奔之名又羞耻难当。今就此别去，必致梦寐焦劳，相思无已。如何是好？"那官人深感其意，即央他邻近人将着厚礼求聘为婚，那父母见说是江西外郡，如何得肯？那官人只得怏怏而去，自到家收拾赴任，再不能与女子相闻音耗了。

隔了五年，又赴京听调，刚到都下，寻个旅馆歇了行李，即去湖边寻访旧游，只见此居已换了别家在内。问着五年前这家，茫然不知。邻近人也多换过了，没有认得的。心中怅然不快，回步中途，忽然与那女子相遇。看她年貌比昔年已长大，更加标致了好些。那官人急忙施礼相揖，女子万福不迭。口里道："郎君隔阔许久，还记得奴否？"那官人道："为因到旧处寻访不见，正在烦恼。幸喜在此相遇，不知宅上为何搬过了，今在哪里？"女子道："奴已嫁过人了，在城中小巷内。吾夫坐库务，监在狱中，故奴出来求救于人，不匡撞着五年前旧识，郎君肯到我家啜茶否？"那官人欣然道："正要相访。"两个人一头说，一头走，先在那官人的下处前经过。官人道："此即小生馆舍，可且进去谈一谈。"那官人正要营勾着她，了还心愿。思量下

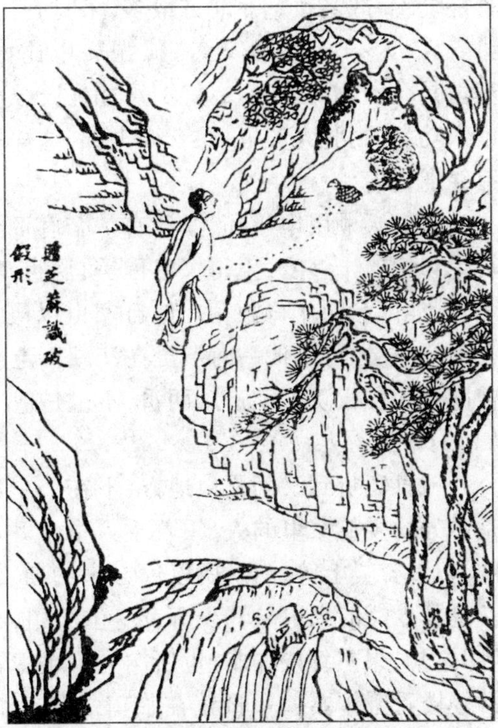

处尽好就做事，哪里还等得到她家里去？一邀就邀了进来，关好了门，两个抱了一抱，就推倒床上，行其云雨。

那馆舍是个独院，甚是僻静，馆舍中又无别客，止是那江西官人一个住着。女子见了光景，便道："此处无人知觉，尽可偷住与郎君欢乐，不必到吾家去了。吾家里有人，反更不便。"官人道："若就肯住此，更便得紧了。"一留半年，女子有时出外，去去即时就来，再不想着家中事，也不见她想着家里。那官人相处得浓了，也忘记她是有夫家的一般。

那官人调得有地方了，思量回去，因对女子道："我而今同你悄地家去了，可不是长久之计吗？"女子见说要去，便流下泪来，道："有句话对郎君说，郎君不要吃惊。"官人道："是什么话？"女子道："奴自向时别了郎君，终日思念，恹恹成病，期年而亡。今之此身，实非人类。以夙世缘契，幽魂未散，故此特来相从这几时。欢期有限，冥数已尽，要从郎君远去，这却不能够了。恐郎君他日有疑，不敢避嫌，特与郎君说明。但阴气相侵已深，奴去之后，郎君腹中必当暴下，可快服平胃散，补安精神，即当痊愈。"官人见说，不胜惊骇了许久，又闻得叫服平胃散，问道："我曾读《夷坚志》，见孙九鼎遇鬼，亦服此药。吾思此药皆平平，何故奏效？"女子道："此药中有苍术，能去邪气，你只依我言就是了。"说罢涕泣不止，那官人也相对伤感。是夜同寝，极尽欢会之乐。将到天明，恸哭而别。出门数步，倏已不见。果然别后，那官人暴下不止，依言赎平胃散服过才好。那官人每对人说着此事，还凄然泪下。可见情之所钟，虽已为鬼，犹然眷恋如此。况别后之病，又能留方服药医好，真多情之鬼也！

而今说一个妖物，也与人相好了，留着些草药，不但医好了病，又弄出许多姻缘事体，成就他一生夫妇，更为奇怪。有《忆秦娥》一词为证：

堪奇绝，阴阳配合真丹结，真丹结。欢娱虽就，精神亦竭。　　殷勤赠物机关泄，姻缘尽处伤离别，伤离别。三番草药，百年欢悦。

这一回书，乃京师老郎传留，原名为《灵狐三束草》。天地间之物，惟狐最灵，善能变幻,故名狐魅。北方最多,宋时有"无狐魅不成村"之说。又性极好淫,其涎染着人,无不迷惑,故又名"狐媚",以比世间淫女,唐时有"狐媚偏能惑主"之檄。然虽是个妖物,其间原有好歹。如任氏以身殉郑六,连贞节之事也是有的。至于成就人功名,度脱人灾厄,撮合人夫妇,这样的事往往有之。莫谓妖类便无好心,只要有缘遇得着。

国朝天顺甲申年间,浙江有一个客商姓蒋,专一在湖广、江西地方做生意。那蒋生年纪二十多岁,生得仪容俊美,眉目动人,同伴里头道是他模样可以选得过驸马,起他诨名叫作蒋驸马。他自家也以风情自负,看世间女子轻易也不上眼,道是必遇绝色,方可与他一对。虽在江湖上走了几年,不曾撞见一个中心满意女子。也曾同着朋友行院人家走动两番,不过是遣兴而已。公道看起来,还则是他失便宜与妇人了。

一日置货到汉阳马口地方,下在一个店家,姓马,叫得马月溪店。那个马月溪是本处马少卿家里的人,领着主人本钱开着这个歇客商的大店。店中尽有幽房邃阁,可以容置上等好客,所以远方来的斯文人多来投他。店前走去不多几家门面,就是马少卿的家里。马少卿有一位小姐,小名叫得云容,取李青莲"云想衣裳花想容"之句,果然纤姣非常,世所罕有。他家内楼小窗看得店前人见,那小姐闲了,时常登楼看望作耍。一日正在临窗之际,恰被店里蒋生看见。蒋生远望去,极其美丽,生平目中所未睹。一步步走近前去细玩,走得近了,看得较真,觉她没一处生得不妙。蒋生不觉魂飞天外,魄散九霄。心里妄想道:"如此美人,得以相叙一宵,也不枉了我的面庞风流!却怎生能够?"只管仰面痴看。那小姐在楼上瞧见有人看他,把半面遮藏,也窥着蒋生是个俊俏后生,恰像不舍得就躲避着一般。蒋生越道是楼上留盼,卖弄出许多飘逸身份出来,要惹他动火。直等那小姐下楼去了,方才走回店中。关着房门,默默暗想:"可惜不曾晓得丹青,若晓得时,描也描她一个出来。"次日问着店家,方晓得是主人之女,还未曾许配人家。蒋生道:"她是个仕宦人家,我是个商贾,又是外乡,虽是未许下丈夫,料不是我想得着的。若只论起一双的面庞,却该做一对才不亏了人,怎生得氤氲大使做一个主便好?"

大凡是不易得动情的人,一动了情,再按纳不住的。蒋生自此行着思,坐着想,不放下怀。他原卖的是丝绸绫绢女人生活之类,他央店家一个小的拿了箱笼,引到马家宅里去卖,指望撞着小姐,得以饱看一回。果然卖了两次,马家家眷们你要买长,我要买短,多讨箱笼里东西自家翻看,觌面讲价。那小姐虽不十分出头露面,也在人丛之中,遮遮掩掩地看物事。有时也眼瞟着蒋生,四目相视。蒋生回到下处,越加禁架不定,长吁短气,恨不身生双翅,飞到她闺阁中做一处,晚间的春梦也不知做了多少:

俏冤家蓦然来,怀中搂抱。罗帐里,交着股,耍下千遭。裙带头滋味十分妙,你贪我又爱，临住再加饶。咗！梦儿里相逢，梦儿里就去了。

蒋生眠思梦想，日夜不置。真所谓：

思之思之，又从而思之。
思之不得，鬼神将通之。

一日晚间，关了房门，正待独自去睡，只听得房门外有行步之声，轻轻将房门弹响。蒋生幸未熄灯，急忙添明了灯，开门出看，只见一个女子闪将入来，定睛仔细一认，正是马家小姐。蒋生吃了一惊道："难道又做起梦来了？"正心一想，却不是梦。灯儿明亮，俨然与美貌的小姐相对。蒋生疑假疑真，惶惑不定。小姐看见意思，先开口道："郎君不必疑怪，妾乃马家云容也。承郎君久垂顾盼，妾亦关情多时了。今偶乘家间空隙，用计偷出重门，不自嫌其丑陋，愿伴郎君客中岑寂。郎君勿以自献为笑，妾之幸也。"蒋生听罢，真个如饥得食，如渴得浆，宛然刘、阮人天台，下界凡夫得遇仙子。快乐侥幸，难以言喻。忙关好了门，挽手共入鸳帷，急讲于飞之乐。云雨既毕，小姐吩咐道："妾见郎君韶秀，不能自持，致于自荐枕席。然家严刚厉，一知风声，祸不可测。郎君此后切不可轻至妾家门首，也不可到外边闲步，被别人看破行径。只管夜夜虚掩房门相待，人定之后，妾必自来。万勿轻易漏泄，始可欢好得久长耳。"蒋生道："远乡孤客，一见芳容，想慕欲死。虽然梦寐相遇，还道仙凡隔远，岂知荷蒙不弃，垂盼及于鄙陋，得以共枕同衾，极尽人间之乐，小生今日就死也瞑目了。何况金口吩咐，小生敢不记心？小生自此足不出户，口不轻言，只呆呆守在房中。等到夜间，候小姐光降相聚便了。"天未明，小姐起身，再三计约了夜间，然后别去。

蒋生自想真如遇仙，胸中无限快乐，只不好告诉得人。小姐夜来明去，蒋生守着吩咐，果然轻易不出外一步，惟恐露出形迹，有负小姐之约。蒋生少年，固然精神健旺，竭力纵欲，不以为疲。当得那小姐深自知味，一似能征惯战的一般，一任颠鸾倒凤，再不推辞，毫无厌足。蒋生倒时时有怯败之意，那小姐竟像不要睡的，一夜夜何曾休歇？蒋生心爱得紧，见她如此高兴，道是深闺少女，乍知男子之味，又两情相得，所以毫不避忌。尽着性子喜欢做事，难得这样真心，一发快活。惟恐奉承不周，把个身子不放在心上，拼着性命做，就一下走了阳，死了也罢了。弄了多时，也觉有些倦怠，面颜看看憔悴起来。正是：

二八佳人体似酥，腰间仗剑斩愚夫。
虽然不见人头落，暗里教君骨髓枯。

且说蒋生同伴的朋友,见蒋生时常日里闭门昏睡,少见出外,有时略略走得出来,哈欠连天,像夜间不曾得睡一般。又不曾见他搭伴夜饮,或者中了宿酲,又不曾见他妓馆留连,或者害了色病,不知为何如此。及来牵他去那里吃酒宿娼,未到晚必定要回店中,并不肯少留在外边一更二更的。众人多各疑心道:“这个行径,必然心下有事的光景,想是背着人做了些什么不明的勾当了。我们相约了,晚间候他动静,是必要捉破他。”当夜天色刚晚,小姐已来。蒋生将她藏好,恐怕同伴疑心,反走出来谈笑一会儿,同吃些酒。直等大家散了,然后关上房门,进来与小姐上床。上得床时,那交欢高兴,弄得你死我活,哼哼唧唧的声响,也顾不得旁人听见,又且无休无歇,外边同伴窃听的道:“蒋驸马不知哪里私弄个妇女在房里受用,这等久战!”站得不耐烦,一个个那话儿直竖起来,多是出外久了的人,怎生禁得?各自归房,有的硬忍住了,有的放了手铳自去睡了。

次日起来,大家道:“我们到蒋驸马房前守他,看什么人出来。”走在房外,房门虚掩,推将进去。蒋生自睡在床上,并不曾有人。众同伴疑道:“那里去了?”蒋生故意道:“什么哪里去了?”同伴道:“昨夜与你弄那话儿的。”蒋生道:“何曾有人?”同伴道:“我们众人多听得的,怎么混赖得?”蒋生道:“你们见鬼了!”同伴道:“我们不见鬼,只怕你着鬼了。”蒋生道:“我如何着鬼?”同伴道:“晚间与人干那话,声响外闻,早来不见有人,岂非是鬼?”蒋生晓得他众人夜来窃听了,亏得小姐起身得早,去得无迹,不被他们看见,实为万幸,一时把说话支吾道:“不瞒众兄,小生少年出外,鳏旷日久,晚来上床,忍制不过,学作交欢之声,以解欲火。其实只是自家喉急的光景,不是真有个人在里面交合。说着甚是惶恐,众兄不必疑心。”同伴道:“我们也多是喉急的人,若果是如此,有甚惶恐?只不要着了甚么邪妖,便不是要事。”蒋生道:“并无此事,众兄放心。”同伴似信不信的,也不说了。

只见蒋生渐渐支持不过,一日疲倦似一日,自家也有些觉得了。同伴中有一个姓夏的,名良策,与蒋生最是相爱。见蒋生如此,心里替他担忧,特来对他说道:“我与你出外的人,但得平安,便为大幸。今仁兄面黄肌瘦,精神恍惚,语言错乱,及听兄晚间房中,每每与人切切私语,此必有作怪跷蹊的事。仁兄不肯与我每明言,他日定要做出事来,性命干系,非同小可,可惜这般少年,葬送在他乡外府,我辈何忍?况小弟蒙兄至爱,有甚么勾当便对小弟说说,斟酌而行也好,何必相瞒?小弟赌个咒,不与人说就是了!”蒋生见夏良策说得痛切,只得与他实说道:“兄意思真恳,小弟实有一件事不敢瞒兄。此间主人马少卿的小姐,与小弟有些缘分,夜夜自来欢会。两下少年,未免情欲过度,小弟不能坚忍,以致生出疾病来。然小弟性命还是小事,若此风声一露,那小姐性命也不可保了。再三叮嘱小弟慎口,所以小弟只不敢露。今虽对仁兄说了,仁兄万勿漏泄,使小弟有负小姐。”夏良策大笑道:“仁兄差矣!马家是乡宦人家,重垣峻壁,高门邃宇,岂有女子夜夜出得来?况且旅馆之中,众人杂沓,女子来来去去,虽是深夜,难道不提防人撞见?此必非他家小姐可知了。"蒋生道："马家小姐我曾认得的，今分明是她，再有何疑？"夏良策道："闻得此地惯有狐妖，善能变化惑人，仁兄所遇必是此物。仁兄今当谨慎自爱。"蒋生哪里肯信？夏良策见他迷而不悟，踌躇了一夜，心生一计道："我直教他识出踪迹来，方才肯住手。"只因此一计，有分交：

深山妖牝，难藏丑秽之形；幽室香躯，陡变温柔之质。用着那神仙洞里千年草，成就了卿相门中百岁缘。

且说蒋生心神惑乱，哪听好言？夏良策劝他不转，来对他道："小弟有一句话，不碍兄事的，兄是必依小弟而行。"蒋生道："有何事叫小弟做？"夏良策道："小弟有件物事，甚能分别邪正。仁兄等那人今夜来时，把来赠她拿去。若真是马家小姐，也自无妨；若不是时，须有认得她处，这却不碍仁兄事的。仁兄当以性命为重，自家留心便了。"蒋生道："这个却使得。"夏良策就把一个粗麻布袋袋着一包东西，递与蒋生，蒋生收在袖中。夏良策再三叮嘱道："切不可忘了！"蒋生不知何意，但自家心里也有些疑心，便打点依他所言，试一试看，料也无碍。是夜小姐到来，欢会了一夜，将到天明去时，蒋生记得夏良策所嘱，便将此袋出来赠她道："我有些少物事送与小姐拿去，且到闺阁中慢慢自看。"那小姐也不问是什么物件，见说送她的，欣然拿了就走，自出店门去了。

蒋生睡到日高，披衣起来。只见床面前多是些碎芝麻粒儿，一路出去，洒到外边。蒋生恍然大悟道："夏兄对我说，此囊中物，能别邪正，原来是一袋芝麻。芝麻哪里是辨别得邪正的？他以粗麻布为袋，明是要她撒将出来，就此可以认他来踪去迹，这个就是教我辨别邪正了。我而今跟着这芝麻踪迹寻去，好歹有个住处，便见下落。"

蒋生不说与人知，只自心里明白，逐步暗暗看地上有芝麻处便走，眼见得不到马家门上，明知不是他家出来的人了。纡纡曲曲，穿林过野，芝麻不断。一直跟寻到大别山下，见山中有个洞口，芝麻从此进去。蒋生晓得有些诧异，担着一把汗，望洞口走进。果见一个牝狐，身边放着一个芝麻布袋儿，放倒头在那里鼾睡。

几转雌雄坎与离，皮囊改换使人迷。
此时正作阳台梦，还是为云为雨时。

蒋生一见大惊，不觉喊道："来魅吾的，是这个妖物呀！"

那狐性极灵，虽然睡卧，甚是警醒，一闻人声，倏把身子变过，仍然是个人形。蒋生道："吾已识破，变来何干？"那狐走向前来，执着蒋生手道："郎君勿怪！我为你看破了行藏，也是缘分尽了。"蒋生见她仍复旧形，心里老大不舍。那狐道："好教郎君得知,我在此山中修道,将有千年。专一与人配合雌雄,炼成内丹。向见郎君韶丽,正思借取元阳,无门可入。却得郎君钟情马家女子,思慕真切,故尔效仿其形,特来配合。一来助君之欢,二来成我之事。今形迹已露,不可再来相陪,从此永别了。但往来已久,与君不能无情。君身为我得病,我当为君治疗。那马家女子,君既心爱,我又假托其貌,邀君恩宠多时,我也不能恝然,当为君谋取,使为君妻,以了心愿,是我所以报君也。"说罢,就在洞中手撷出一般稀奇的草来,束作三束,对蒋生道:"将这头一束,煎水自洗,当使你精完气足,壮健如故。这第二束,将去悄地撒在马家门口暗处,马家女子即时害起癞病来。然后将这第三束去煎水与她洗濯,这癞病自好,女子也归你了。新人相好时节,莫忘我做媒的旧情也。"遂把三束草一一交付蒋生,蒋生收好。那狐又吩咐道:"慎之!慎之!莫对人言,我亦从此逝矣。"言毕,依然化为狐形,跳跃而去,不知所往。

蒋生又惊又喜,谨藏了三束草,走归店中来,叫店家烧了一锅水,悄地放下一束草,煎成药汤,是夜将来自洗一番,果然神气开爽,精力陡健,沉睡一宵。次日,将镜一照,那些萎黄之色,一毫也无了,方知仙草灵验,谨其言,不向人说。夏良策来问昨日踪迹,蒋生推道:"寻至水边已住,不可根究,想来是个怪物,我而今看破,不与她往来便了。"夏良策见他容颜复旧,便道:"兄心一正,病色便退,可见是个妖魅。今不被他迷了,便是好了,连我们也得放心。"蒋生口里称谢,却不把真心说出来。只是一依狐精之言,密去干着自己的事。将着第二束草守到黄昏人静后,走去马少卿门前,向户槛底下墙角暗处,各各撒放停当。自回店中,等待消息。不多两日,纷纷传说马家云容小姐生起癞疮来。初起时不过二三处,虽然嫌憎,还不十分在心上,渐渐浑身癞发,但见:

腥臊遍体,臭味难当。玉树亭亭,改作鱼鳞皴皱;花枝袅袅,变为蠹蚀累堆。痒动处不住爬搔,满指甲霜飞雪落;痛来时岂胜啾唧,镇朝昏抹泪揉眵。谁家女子恁般撑?闻道先儒以为癞。

马家小姐忽患癞疮,皮痒脓腥,痛不可忍。一个艳色女子弄成人间厌物,父母无计可施,小姐求死不得。请个外科先生来医,说得甚不值事,敷上药去就好。依言敷治,过了一会儿,浑身针刺却像剥她皮下来一般疼痛,顷刻也熬不得,只得仍旧洗掉了。又有内科医家前来处方,说是内里服药,调得血脉停当,风气开散,自然痊可;只是外用敷药,这叫得治标,决不能除根的。听了他把煎药日服两三剂,落得把脾胃烫坏了,全无功效。外科又争说是他专门,必竟要用擦洗之药。内科又说是肺经受风,必竟要吃消风散毒之剂。落得做病人不着,挨着疼痛,熬着苦水,今日换方,明日改药。医生相骂了几番,你说我无功,我说你没用,总归没帐。马少卿大张告示在外:"有人能医得痊愈者,赠银百两。"这些医生看了告示,只好咽唾。真是孝顺郎中，也算做竭尽平生之力，查尽秘藏之书，再不曾见有些小效处。小姐已是十死九生，只多得一口气了。

马少卿束手无策，对夫人道："女儿害着不治之症，已成废人。今出了重赏，再无人能医得好。莫若舍了此女，待有善医此症者，即将女儿与他为妻，倒赔妆奁，招赘入室。我女儿颇有美名，或者有人慕此，献出奇方来救她，也未可知。就未必门当户对，譬如女儿害病死了。就是不死，这样一个癞人，也难嫁着人家。还是如此，庶几有望。"遂大书于门道：

小女云容染患癞疾，一应人等能以奇方奏效者，不论高下门户，远近地方，即以此女嫁之，赘入为婿。立此为照！

蒋生在店中，已知小姐病癞出榜招医之事，心下暗暗称快。然未见他说到婚姻上边，不敢轻易兜揽，只恐远地客商，他日便医好了，只有金帛酬谢，未必肯把女儿与他，故此藏着机关，静看他家事体。果然病不得痊，换过榜文，有医好招赘之说。蒋生抚掌道："这番老婆到手了！"即去揭了门前榜文，自称能医。门公见说，不敢迟滞，立时奔进通报。马少卿出来相见，见了蒋生一表非俗，先自喜欢。问道："有何妙方，可以医治？"蒋生道："小生原不业医，曾遇异人传有仙草，专治癞疾，手到可以病除。但小生不慕金帛，惟求不爽榜上之言，小生自当效力。"马少卿道："下官止此爱女，德容俱备。不幸忽犯此疾，已成废人。若得君子施展妙手，起死回生，榜上之言，岂可自食？自当以小女余生奉侍箕帚。"蒋生道："小生原籍浙江，远隔异地，又是经商之人，不习儒业，只恐有玷门风。今日小姐病颜消减，所以舍得轻许。他日医好复旧，万一悔却前言，小生所望，岂不付之东流？先须说得明白。"马少卿道："江浙名邦，原非异地。经商亦是善业，不是贼流。看足下器体，亦非以下之人。何况有言在先，远近高下，皆所不论。只要医得好，下官忝在缙绅，岂为一病女就做爽信之事？足下但请用药，万勿他疑！"蒋生见说得的确，就把那一束草叫煎起汤来，与小姐洗澡。小姐闻得药草之香，已自心中爽快。到得倾下浴盆，通身澡洗，可煞作怪，但是汤到之处，疼的不疼，痒的不痒，透骨清凉，不可名状。小姐把脓污抹尽，出了浴盆，身子轻松了一半。眠在床中一夜，但觉疮痂渐落，粗皮层层脱下来，过了三日，完全好了。再复清汤浴过一番，身体莹然如玉，比前日更加嫩相。

马少卿大喜，去问蒋生下处，原来就住在本家店中。即着人请得蒋生过家中来，打扫书房与他安下，只要拣个好日，就将小姐赘他。蒋生不胜之喜，已在店中把行李搬将过来，住在书房，等候佳期。马家小姐心中感激蒋生救好他病，见说就要嫁他，虽然情愿，未知生得人物如何，叫梅香探听。原来即是曾到家里卖过绫绢的客人，多曾认得他面庞标致的。心里就放得下。吉日已到，马少卿不负前言，主张成婚。两下少年，多是美丽人物，你贪我爱，自不必说。但蒋生未成婚之先，先有狐女假扮,相处过多时,偏是他熟认得的了。

一日,马小姐说道:“你是别处人,甚气力到得我家里?天教我生出这个病来,成就这段姻缘。那个仙方,是我与你的媒人,谁传与你的,不可忘了。”蒋生笑道:“是有一个媒人,而今也没谢她处了。”小姐道:“你且说是哪个?今在何处?”蒋生不好说是狐精,捏个谎道:“只为小生曾瞥见小姐芳容,眠思梦想,寝食俱废。心意志诚了,感动一位仙女,假托小姐容貌,来与小生往来了多时。后被小生识破,她方才说,果然不是真小姐,小姐应该目下有灾,就把一束草教小生来救小姐,说当有姻缘之分。今果应其言,可不是个媒人?”小姐道:“怪道你见我像旧识一般,原来曾有人假过我的名来,而今在哪里去了?”蒋生道:“她是仙家,一被识破,就不再来了。知她在哪里?”小姐道:“几乎被她坏了我名声,却也亏她救我一命,成就我两人姻缘,还算作个恩人了。”蒋生道:“她是个仙女,恩与怨总不挂在心上。只是我和你合该做夫妻,遇得此等仙缘,称心满意。但愧小生不才,有屈了小姐耳。”小姐道:“夫妻之间,不要如此说。况我是垂死之人,你起死回生的大恩,正该终身奉侍君子,妾无所恨矣!”自此如鱼似水,蒋生也不思量回乡,就住在马家终身,夫妻偕老,这是后话。

那蒋生一班儿同伴,见说他赘在马少卿家了,多各不知其由。惟有夏良策见蒋生说着马小姐的话,后来道是妖魅的假托,而今见真个做了女婿,也不明白他备细。多来与蒋生庆喜,夏良策私下细问根由。蒋生瞒起用草生癞一段话,只说:“前日假托马小姐的,是大别山狐精。后被夏兄粗布芝麻之计,追寻踪迹,认出真形。她赠此药草,教小弟去医好马小姐,就有姻缘之分。小弟今日之事,皆狐精之力也。”众人见说,多称奇道:“一向称兄为蒋驸马,今仁兄在马口地方做客,住在马月溪店,竟为马少卿家之婿,不脱一个‘马’字,可知也是天意,生出这狐精来,成就此一段姻缘。驸马之称,便是前谶了。”人家相传以为佳话。有等痴心的,就恨怎生我偏不撞着狐精,得有此奇遇,妄想得一个不耐烦。有诗为证:

人生自是有姻缘,得遇灵狐亦偶然。
妄意洞中三束草,岂知月下赤绳牵?

野史氏曰:

生始窥女而极慕思,女不知也。狐实阴见,故假女来。生以色自惑,而狐惑之也。思虑不起,天君泰然,即狐何为?然以祸始而以福终,亦生厚幸。虽然,狐媒犹狐媚也,终死色刃矣!

卷三十

瘗遗骸王玉英配夫　偿聘金韩秀才赎子

诗云：

晋世曾闻有鬼子，今知鬼子乃其常。
既能成得雌雄配，也会生儿在冥壤。

话说国朝隆庆年间，陕西西安府有一个易万户，以卫兵入屯京师，同乡有个朱工部相与得最好。两家妇人各有妊孕，万户与工部偶在朋友家里同席，一时说起，就两下指腹为婚。依俗礼各割衫襟，彼此互藏，写下合同文字为定。后来工部建言，触忤了圣旨，钦降为四川泸州州判。万户升了边上参将，各奔前程去了。万户这边生了一男，传闻朱家生了一女，相隔既远，不能够图完前盟。过了几时，工部在谪所水土不服，全家不保，剩得一两个家人，投托着在川中做官的亲眷，经纪得丧事回乡，殡葬在郊外。其时万户也为事革任回卫，身故在家了。

万户之子易大郎，年已长大，精熟武艺，日夜与同伴驰马较射。一日正在角逐之际，忽见草间一兔腾起，大郎舍了同伴，挽弓赶去。赶到一个人家门口，不见了兔儿，望内一看，原来是一所大宅院。宅内一个长者走出来，衣冠伟然，是个士大夫模样，将大郎相了一相，道："此非易郎吗？"大郎见是认得他的，即下马相揖。长者拽了大郎之手，步进堂内来，重见过礼，即吩咐里面治酒相款。酒过数巡，易大郎请问长者姓名。长者道："老夫与易郎葭莩不薄，老夫教易郎看一件信物。"随叫书童在里头取出一个匣子来，送与大郎开看。大郎看时，内有罗衫一角，文书一纸，合缝押字半边，上写道：

朱、易两姓，情既断金，家皆种玉。得雄者为婿，必谐百年。背盟得天厌之，天厌之！

隆庆某年月日朱某、易某书，坐客某某为证。

大郎仔细一看，认得是父亲万户亲笔，不觉泪下交颐，只听得后堂传说："孺人同小姐出堂。"大郎抬眼看时，见一个年老妇人，珠冠绯袍，拥一女子，袅袅婷婷，走出厅来。那女子真色淡容，蕴秀包丽，世上所未曾见。长者指了女子对大郎道："此即弱息，尊翁所订以配君子者也。"大郎拜见孺人已过，对长者道："极知此段良缘，出于先人成命，但媒妁未通，礼仪未备，奈何？"长者道："亲口交盟，何须执伐！至于仪文末节，更不必计较。郎君倘若不弃，今日即可就甥馆，万勿推辞！"大郎此时意乱心迷，身不自由。女子已进去妆梳，须臾出来行礼，花烛合卺，悉依家礼仪节。是夜送归洞房，两情欢悦，自不必说。

正是欢娱夜短，大郎匆匆一住数月，竟不记得家里了，一日忽然念着道："前日骤马到此，路去家不远，何不回去看看就来？"把此意对女子说了。女子禀知父母，那长者与孺人坚意不许。大郎问女子道："岳父母为何不肯？"女子垂泪道："只怕你去了不来。"大郎道："哪有此话！我家里不知我在这里，我回家说声就来。一日内的事，有何不可？"女子只不应允。大郎见她作难，就不开口。

又过了一日，大郎道："我马闲着，久不骑坐，只怕失调了，我须骑出去盘旋一回。"其家听信。大郎走出门，一上了马，加上数鞭，那马四脚腾空，一跑数里。马上回头看那旧处，何曾有什么庄院？急盘马转来一认，连人家影迹也没有。但见群冢累累，荒藤野蔓而已。归家昏昏了几日，才与朋友们说着这话，有老成人晓得的道："这两家割襟之盟，果是有之，但工部举家已绝，郎君所遇，乃其幽宫，想是夙缘未了，故有此异。幽明各路，不宜相侵，郎君勿可再往！"大郎听了这话，又眼见奇怪，果然不敢再去。

自到京师袭了父职回来，奉上司檄文，管署卫印事务。夜出巡堡，偶至一处，忽见前日女子怀抱一小儿迎上前来，道："易郎认得妾否？郎虽忘妾，襁中之儿，谁人所生？此子有贵征，必能大君门户，今以还郎，抚养他成人，妾亦籍手不负于郎矣。"大郎念着前情，不复顾忌，抱那儿子一看，只见眉清目秀，甚是可喜。大郎未曾娶妻有子的，见了好个孩儿，岂不快活。走近前去，要与那女子重叙离情，再说端的。那女子忽然不见，竟把怀中之子掉下，去了，大郎带了回去。后来大郎另娶了妻，又断弦，再续了两番，立意要求美色。娶来的皆不能如此女之貌，又绝无生息。惟有得此子长成，勇力过人，兼有雄略。大郎因前日女子有"大君门户"之说，见他不凡，深有大望。一十八岁了,大郎倦于戎务,就让他袭了职,以累建奇功,累官至都督,果如女子之言。

这件事全似晋时范阳卢充与崔少府女金碗幽婚之事,然有地有人,不是将旧说附会出来的。可见姻缘未完,幽明配合,鬼能生子之事往往有之。这还是目前的鬼,魂气未散。

更有几百年鬼也会与人生子,做出许多话柄来,更为奇绝。要知此段话文,先听几首七言绝句为证:

洞里仙人路不遥,洞庭烟雨昼潇潇。
莫教吹笛城头阁,尚有销魂乌鹊桥。(其一)
莫讶鸳鸾会有缘,桃花结子已千年。
尘心不识蓝桥路,信是蓬莱有谪仙。(其二)
朝暮云骖闽楚关,青鸾信不断尘寰。
乍逢仙侣抛桃打,笑我清波照雾鬟。(其三)

这三首乃女鬼王玉英忆夫韩庆云之诗。那韩庆云是福建福州府福清县的秀才,他在本府长乐县蓝田石龙岭地方开馆授徒。一日散步岭下,见路旁有枯骨在草丛中,心里恻然道:"不知是谁人遗骸,暴露在此!吾闻收掩觜骼,仁人之事。今此骸无主,吾在此间开馆,既为吾所见,即是吾责了。"就归向邻家借了锄铲畚锸之类,又没个帮助,亲自动手,瘗埋停当,撮土为香,滴水为酒,以安他魂灵,致敬而去。

是夜独宿书馆,忽见篱外毕毕剥剥,敲得篱门响。韩生起来,开门出看,乃是一个美丽女子,韩生慌忙迎揖。女子道:"且到尊馆,有话奉告。"韩生在前引导,同至馆中。女子道:"妾姓王,名玉英,本是楚中湘潭人氏。宋德祐年间,父为闽州守,将兵御元人,力战而死。妾不肯受胡虏之辱,死此岭下。当时人怜其贞义,培土掩覆。经今两百余年,骸骨偶出。蒙君埋藏,恩最深重。深夜来此,欲图相报。"韩生道:"掩骸小事,不足挂齿。人鬼道殊,何劳见顾?"玉英道:"妾虽非人,然不可谓无人道。君是读书之人,幽婚冥合之事,世所常有。妾蒙君葬埋,便有夫妻之情。况夙缘甚重,愿奉君枕席,幸勿为疑。"韩生孤馆寂寥,见此美妇,虽然明说是鬼,然行步有影,衣衫有缝,济济楚楚,绝无鬼息。又且说话明白可听,能不动心?遂欣然留与同宿,交感之际,一如人道,毫无所异。

韩生与之相处一年有余,情同伉俪。忽一日,对韩生道:"妾于去年七月七日与君交接,腹已受妊,今当产了。"是夜即在馆中产下一儿。初时韩生与玉英往来,俱在夜中,生徒俱散,无人知觉。今已有子,虽是玉英自己乳抱,却是婴儿啼声,瞒不得人许多,渐渐有人知觉。但亦不知女子是谁,婴儿是谁,没个人家主名,也没人来查他细账,只好胡猜乱讲,总无实据。

传将开去，韩生的母亲也知道了，对韩生道："你山间处馆，恐防妖魅。外边传说你有私遇的事，果是怎么样的？可实对我说。"韩生把掩骸相报及玉英姓名说话，备细述一遍。韩母惊道："依你说来，是个多年之鬼了，一发可虑！"韩生道："说也奇怪，虽是鬼类，实不异人，已与儿生下一子了。"韩母道："不信有这话！"韩生道："儿岂敢造言欺母亲？"韩母道："果有此事，我未有孙，正巴不得要个孙儿。你可抱归来与我看一看，方信你言是真。"韩生道："待儿与他说着。"果将母亲之言说知。玉英道："孙子该去见婆婆，只是儿受阳气尚浅，未可便与生人看见，待过几时再处。"韩生回复母亲。韩母不信，定要捉破他踪迹，不与儿子说知。

忽一日，自己魆地到馆中来。玉英正在馆中楼上，将了果子喂着儿子，韩母一直闯将上楼去。玉英望见有人，即抱着儿子，从窗外逃走，喂儿的果子，多遗弃在地，看来像是莲肉，拾起仔细一看，原来是蜂房中白子。韩母大惊道："此必是怪物。"叫儿子切不可再近她。韩生口中唯唯，心下实舍不得。等得韩母去了，玉英就来对韩生道："我因有此儿在身，去来不便。今婆婆以怪物疑我，我在此也无颜。我今抱了他回故乡湘潭去，寄养在人间，他日相会罢。"韩生道："相与许久，如何舍得离别？相念时节，教小生怎生过得？"玉英道："我把此儿寄养了，自身去来由我。今有二竹筴留在君所，倘若相念及有甚么急事要相见，只把两筴相击，我当自至。"说罢即飘然而去。

玉英抱此儿到了湘潭，写七字在儿衣带上道："十八年后当来归。"又写他生年月日在后边了，弃在河旁。湘潭有个黄公，富而无子，到河边遇见，拾了回去养在家里。玉英已知，来对韩生道："儿已在湘潭黄家，吾有书在衣带上，以十八年为约，彼时当得相会，一同归家。今我身无累，可以任从去来了。"

此后韩生要与玉英相会，便击竹筴。玉英既来，凡有疾病祸患，与玉英言之，无不立解。甚至他人祸福，玉英每先对韩生说过，韩生与人说，立有应验。外边传出去，尽道韩秀才遇了妖邪，以妖言惑众。恰好其时主人有女淫奔于外，又有疑韩生所遇之女，即是主人家的。弄得人言肆起，韩生声名颇不好听。玉英知道，说与韩生道："本欲相报，今反相累。"渐渐来得希疏，相期一年只来一番，来必以七夕为度。韩生感其厚意，竟不再娶。

如此一十八年，玉英来对韩生道："衣带之期已至，岂可不去一访之？"韩生依言，告知韩母，遂往湘潭。正是：

阮修倡论无鬼，岂知鬼又生人？
昔有寻亲之子，今为寻子之亲。

且说湘潭黄翁一向无子，偶至水滨，见有弃儿在地，抱取回家，看见眉清目秀，聪慧可爱，养以为子。看那衣带上面有"十八年后当来归"七字，心里疑道："还是人家嫡妾相忌,没奈何抛下的？还是人家生得儿女多了,怕受累弃着的？既已抛弃,如何又有十八年之约？此必是他父母既不欲留,又不忍舍,明白记着,寄养在人家,他日必来相访。我今现在无子,且收来养着,到十八年后再看如何。”黄翁自拾得此儿之后,忽然自己连生二子,因将所拾之儿取名鹤龄,自己二子分开他二字,一名鹤算,一名延龄,一同送入学堂读书。鹤龄敏惠异常,过目成诵。二子虽然也好,总不及他。总丱之时,三人一同游庠。黄翁欢喜无尽,也与二子一样相待,毫无差别。二子是老来之子,黄翁急欲他早成家室,目前生孙,十六七岁多与他毕过了姻。只有鹤龄因有衣带之语,怕父母如期来访,未必不要归宗,是以独他迟迟未娶。却是黄翁心里过意不去道:“为我长子,怎生反未有室家?”先将四十金与他定了里中易氏之女。那鹤龄也晓得衣带之事,对黄翁道:“儿自幼蒙抚养深恩,已为翁子;但本生父母既约得有期,岂可娶而不告？虽蒙聘下妻室,且待此期已过,父母不来,然后成婚,未为迟也。”黄翁见他讲得有理,只得凭他。既到了十八年,多悬悬望着,看有什么动静。

一日,有个福建人在街上与人谈星命,访得黄翁之家,求见黄翁。黄翁心里指望三子立刻科名,见是星相家无不延接。闻得远方来的,疑有异术,遂一面请坐,将着三子年甲央请推算。谈星的假意推算了一回,指着鹤龄的八字,对黄翁道:“此不是翁家之子,他生来不该在父母身边的,必得寄养出外,方可长成。及至长成之后,即要归宗,目下已是其期了。”黄公见他说出真底实话,面色通红道:“先生好胡说！此三子皆我亲子,怎生有寄养的话说！何况说的更是我长子,承我宗祧,那里还有宗可归处?”谈星的大笑道:“老翁岂忘衣带之语乎?”黄翁不觉失色道:“先生何以知之?”谈星的道:“小生非他人,即是十八年前弃儿之韩秀才也。恐翁家不承认,故此假扮做谈星之人,来探踪迹。今既在翁家,老翁必不使此子昧了本姓。”黄翁道:“衣带之约,果然是真,老汉岂可昧得！况我自有子,便一日身亡,料已不填沟壑,何必赖取人家之子？但此子为何见弃？乞道其详。”韩生道:“说来事涉怪异,不好告诉。”黄翁道:“既有令郎这段缘契,便是自家骨肉,说与老夫知道,也好得知此子本末。”韩生道:“此子之母,非今世人,乃二百年前贞女之魂也。此女在宋时,父为闽官御敌失守,全家死节,其魂不泯,与小生配合生儿。因被外人所疑,她说家世湘潭,将来贵处寄养,衣带之字,皆其亲书。今日小生到此,也是此女所命,不想果然遇着,敢请一见。”黄翁道:“有如此作怪异事！想令郎出身如此,必当不凡。今令郎与小儿共是三兄弟,同到长沙应试去了。”韩生道:“小生既远寻到此,就在长沙,也要到彼一面。只求老翁念我天性父子,恩使归宗,便为万幸。”黄翁道:“父子至亲,谊当使君还珠。况是足下冥缘,岂可间隔？但老夫十八年抚养,已不必说,只近日下聘之资,也有四十金。子既已归足下,此聘金须得相还。”韩生道:“老翁恩德难报,至于聘金,自宜奉还。容小生见过小儿之后,归与其母计之,必不敢负义也。”

韩生就别了黄翁，径到长沙访问黄翁三子应试的下处，已问着了，就写一帖传与黄翁大儿子鹤龄。帖上写道："十八年前与闻衣带事人韩某。"鹤龄一见衣带说话，感动于心，惊出请见道："足下何处人氏？何以知得衣带事体？"韩生看那鹤龄时：

年方弱冠，体不胜衣。清标固禀父形，嫣质犹同母貌。恂恂儒雅，尽道是十八岁书生；邈邈源流，岂知乃二百年鬼子！

韩生看那鹤龄模样，俨然与王玉英相似，情知是他儿子，遂答道："小郎君可要见写衣带的人否？"鹤龄道："写衣带之人，非吾父即吾母，原约在今年，今足下知其人，必是有的信，望乞见教。"韩生道："写衣带之人，即吾妻王玉英也。若要相见，先须认得我。"鹤龄见说，知是其父，大哭抱住道："果是吾父，如何舍得弃了儿子一十八年？"韩生道："汝母非凡女，乃二百年鬼仙，与我配合生儿，因乳养不便，要寄托人间。汝母原籍湘潭，故将至此地。我实福建秀才，与汝母姻缘也在福建。今汝若不忘本生父母，须别了此间义父，还归福建为是。"鹤龄道："吾母如今在哪里？儿也要相会。"韩生道："汝母倏去倏来，本无定所，若要相会，也须到我闽中。"鹤龄至性所在，不胜感动。

两弟鹤算、延龄在旁边听见说着要他归福建说话，少年心性，不觉大怒起来，道："那里来的这野汉，造此不根之谈，来诱哄人家子弟，说着不达道理的说话！好端端一个哥哥，却叫他到福建去，有这样胡说的！"那家人每见说，也多嗔怪起来，对鹤龄道："大官人不要听这个游方人，他每专打听着人家事体，来撰造是非哄诱人的。"不管三七二十一，扯的扯，推的推，要搡他出去。韩生道："不必罗唣！我已在湘潭见过了你老主翁，他只要完得聘金四十两，便可赎回，还只是我的儿子，你们如何胡说！"众人那里听他？只是推他出去为净。鹤龄心下不安，再三恋恋，众人也不顾他。两弟狠狠道："我兄无主意，如何与这些闲棍讲话！饶他一顿打，便是人情了。"鹤龄道："衣带之语，必非虚语，此实吾父来寻盟。他说道曾在湘潭见过爹爹来，回去到家里必知端的。"鹤算、延龄两人与家人只是不信，管住了下处门首，再不放进去与鹤龄相见了。

韩生自思儿子虽得见过，黄家婚聘之物，理所当还。今没个处法还得他，空手在此，一年也无益，莫要想得儿子归去，不如且回家去再做计较。心里主意未定，到了晚间，把竹筴击将起来。王玉英即至，韩生因说着已见儿子，黄家要偿取聘金方得赎回的话。玉英道："聘金该还，此间未有处法，不如且回闽中，别图机会。易家亲事，亦是前缘，待取了聘金，再到此地完成其事，未为晚也。"韩生因此决意回闽，一路浮湘涉湖，但是波浪险阻，玉英便到舟中护卫。至于盘缠缺乏，也是玉英暗地资助，得以到家。到家之日，里邻惊骇，道是韩生向来遇妖，许久不见，是被妖魅拐到那里去,必然丧身在外,不得归来了,今见好好还家,以为大奇,平日往来的多来探望。韩生因为众人疑心坏了他,见来问的,索性一一把实话从头至尾备述与人,一些不瞒。众人见他不死,又果有儿子在湘潭,方信他说话是实。反共说他遇了仙缘,多来慕羡他。不认得的,尽想一识其面。有问韩生为何不领了儿子归来,他把聘金未曾还得,湘潭养父之家不肯的话说了。有好事的多愿相助,不多几时,凑上了二十余金,尚少一半。夜间击笑,与王玉英商量。玉英道:"既有了一半,你只管起身前去,途中有凑那一半之处。"

韩生随即动身,到了半路,在江边一所古庙边经过,玉英忽来对韩生道:"此庙中神厨里坐着,可得二十金,足还聘金了。"韩生依言,泊船登岸,走入庙里看时,只见:

庙门颓败,神路荒凉。执挝的小鬼无头,拿簿的判官落帽。庭中多兽迹,狐狸在此宵藏;地上少人踪,魍魉投来夜宿。存有千年香火样,何曾一陌纸钱飘!

韩生到神厨边揭开帐幔来看,灰尘堆来有寸多厚,心里道:"此处哪里来的银子?"然想着玉英之言未曾有差,且依他说话,爬上去蹲在厨里,喘息未定,只见一个人慌慌忙忙走将进来,将手在案前香炉里乱塞,塞罢,对着神道声喏道:"望菩萨遮盖遮盖,所罚之咒,不要作准。"又见一个人在外边嚷进来道:"你欺心偷过了二十两银子,打点混赖,我与你此间神道面前罚个咒。罚得咒出,便不是你。"先来那个人便对着神道,口里念诵道我若偷了银子,如何如何。后来这个人见他赌得咒出,遂放下脸子道:"果是与你无干,不知在哪里错去了?"先来那个人,把身子抖一抖,两袖洒一洒道:"你看我身边须没藏处。"两个唧唧哝哝,一路说着,外边去了。

韩生不见人来了,在神厨里走将出来。摸一摸香炉,看适间藏的是甚么东西,摸出一个大纸包来。打开看时,是一包成锭的银子,约有二十余两。韩生道:"惭愧,眼见得这先入来的,瞒起同伴的银子藏在这里,等赌过咒搜不出时,慢慢来取用。岂知已先为鬼神所知,归我手也!欲待不取,总来是不义之财;欲待还那失主,又明显出这个人的偷窃来了。不如依着玉英之言,且将去做赎子之本,有何不可?"当下取了。出庙下船,船里从容一称,果有二十两重,分毫不少,韩生大喜。

到了湘潭,径将四十金来送还黄翁聘礼,求赎鹤龄。黄翁道:"婚盟已定,男女俱已及时,老夫欲将此项与令郎完了姻亲,此后再议归闽。唯足下乔梓自做主张,则老夫事体也完了。"韩生道:"此皆老翁玉成美意,敢不听命?"黄翁着媒人与易家说知此事。易家不肯起来道:"我家初时只许嫁黄公之子,门当户对,又同里为婚,彼此俱便。今闻此子原籍福建,一时配合了,他日要离了归乡。相隔着四五千里,这怎使得?必须讲过,只在黄家不去的,其事方谐。"媒人来对黄翁说了。黄翁巴不得他不去的,将此语一一告诉韩生道:"非关老夫要留此子,乃亲家之意如此。况令郎名在楚籍，婚在楚地，还闽之说，必是不妥，为之奈何？”韩生也自想有些行不通，再击竹笑与玉英商量。玉英道：“一向说易家亲事是前缘，既已根绊在此，怎肯放去？况妾本籍湘中，就等儿子做了此间女婿，成立在此也好。郎君只要父子相认，何必归闽？”韩生道：“闽是吾乡，我母还在，若不归闽，要此儿子何用？”玉英道：“事数到此，不由君算。若执意归闽，儿子婚姻便不可成。郎君将此儿归闽中，又在何处另结良缘？不如且从黄、易两家之言，成了亲事，他日儿子自有分晓也。”韩生只得把此意回复了黄翁，一凭黄翁主张。黄翁先叫鹤龄认了父亲，就收拾书房与韩生歇下了。然后将此四十两银子，支分作花烛之费。到易家道了日子，易家见说不回福建了，无不依从。

成亲之后，鹤龄对父韩生说要见母亲一面。韩生说与玉英，玉英道：“是我自家儿子，正要见他。但此间生人多，非我所宜。可对儿子说人静后房中悄悄击笑，我当见他夫妇两人一面。”韩生对鹤龄说知，就把竹笑密付与他，鹤龄领着去了。等到黄昏，鹤龄击笑，只见一个澹妆女子在空中下来，鹤龄夫妻知是尊姑，双双跪下。玉英抚摹一番，道：“好一对儿子媳妇，我为你一点骨血，精缘所牵，二百年贞静之性，不得安闲。今幸已成房立户，我愿已完矣！”鹤龄道：“儿子颇读诗书，曾见古今事迹。如我母数百年精魂，犹然游戏人间，生子成立，诚为希有之事。不知母亲何术致此，望乞见教。”玉英道：“我以贞烈而死，后土录为鬼仙，许我得生一子，延其血脉。汝父有掩骸之仁，阴德可纪，故我就与配合生汝，以报其恩。此皆生前之注定也。”鹤龄道：“母亲既然灵通如此，何不即留迹人间，使儿媳辈得以朝夕奉养？”玉英道：“我与汝父有缘，故得数见于世，然非阴道所宜。今日特为要见吾儿与媳妇一面，故此暂来，此后也不再来了。直待归闽之时，石尤岭下再当一见。吾儿前程远大，勉之！勉之！”说罢，腾空而去。

鹤龄夫妻恍恍自失了半日，才得定性，事虽怪异，想着母亲之言，句句有头有尾。鹤龄自叹道：“读尽稗官野史，今日若非身为之子，随你传闻，岂肯即信也！”次日与黄翁及两弟说了，俱各惊骇。鹤龄随将竹荚交还韩生，备说母亲夜来之言。韩生道：“今汝托义父恩庇，成家立业，俱在于此，归闽之期，知在何时？只好再过几时,我自回去看婆婆罢了。”鹤龄道:“父亲不必心焦！秋试在即,且待儿子应试过了,再商量就是。”从此韩生且只在黄家住下。

鹤龄与两弟,俱应过秋试。鹤龄与鹤算一同报捷,黄翁与韩生尽皆欢喜。鹤龄要与鹤算同去会试,韩生住湘潭无益,思量暂回闽中。黄翁赠与盘费,鹤龄与易氏各出所有送行。韩生乃到家来,把上项事一一对母亲说知。韩母见说孙儿娶妇成立,巴不得要看一看,只恨不得到眼前,此时连媳妇是个鬼也不说了。次年鹤龄、鹤算春榜连捷,鹤龄给假省亲,鹤算选授福州府闽县知县,一同回到湘潭。鹤算接了黄翁,全家赴任,鹤龄也乘此便带了妻易氏附舟到闽访亲,登堂拜见祖母,喜庆非常。韩生对儿子道:“我馆在长乐石尤岭,乃与汝母相遇之所,连汝母骨骸也在那边。今可一同到彼,汝母必来相见。前日所约,原自如此。”

遂合家同到岭下,方得驻足馆中,不须击筴,玉英已来拜韩母,道:“今孙儿媳妇多在婆婆面前,况孙儿已得成名,妾所以报郎君者已尽。妾幽阴之质,不宜久在阳世周旋,只因夙缘,故得如此。今合门完聚,妾事已了,从此当静修玄理,不复再人尘寰矣。”韩生道:“往还多年,情非朝夕,即为儿子一事,费过多少精神！今甫得到家,正可安享子媳之奉,如何又说要别的话来?”鹤龄夫妇涕泣请留。玉英道:“冥数如此,非人力所强。若非数定,几曾见二百年之精魂还能同人道生子,又在世间往还二十多年的事?你每亦当以数自遣,不必作人间离别之态也。”言毕,翩然而逝。鹤龄痛哭失声,韩母与易氏各各垂泪,惟有韩生不十分在心上,他是惯了的,道夜静击筴,原自可会。岂知此后随你击筴,也不来了。守到七夕常期,竟自杳然。韩生方忽忽如有所失,一如断弦丧偶之情。思他平时相与时节,长篇短咏,落笔数千言,清新有致,皆如前三首绝句之类,传出与人,颇为众口所诵。韩生取其所作成集,计有十卷。因曾赋“万鸟鸣春”四律,韩生即名其集为《万鸟鸣春》,流布于世。

韩生后来去世,鹤龄即合葬之石尤岭下。鹤龄改复韩姓,别号黄石,以示不忘黄家及石尤岭之意。三年丧毕,仍与易氏同归湘潭,至今闽中盛传其事。

二百年前一鬼魂,犹能生子在乾坤。
遗骸掩处阴功重,始信骷髅解报恩。

卷三十一

行孝子到底不简尸　殉节妇留待双出柩

诗云：

削骨蒸肌岂忍言？世人借口欲伸冤。
典刑未正先残酷，法吏当知善用权。

话说戮尸弃骨，古之极刑。今法被人殴死者，必要简尸。简得致命伤痕，方准抵偿，问入死罪，可无冤枉，本为良法。自古道："法立弊生。"只因有此一简，便有许多奸巧做出来。那把人命图赖人的，不到得就要这个人偿命。只此一简，已够奈何着他了。你道为何？官府一准简尸，地方上搭厂的就要搭厂钱，跟官门皂、轿夫吹手多要酒饭钱，仵作人要开手钱、洗手钱。至于官面前桌上要烧香钱、朱墨钱、笔砚钱，毡条坐褥俱被告人所备。还有不肖佐贰要摆案酒，要折盘盏，各项名色甚多，不可尽述。就简得雪白无伤，这人家已去了七八了。就问得原告招诬，何益于事？所以奸徒与人有仇，便思将人命为奇货。官府动笔判个"简"字，何等容易！道人命事应得的，岂知有此等害人不小的事？除非真正人命，果有重伤简得出来，正人罪名，方是正条。然刮骨蒸尸，千零万碎，与死的人计较，也是不忍见的。律上所以有"不愿者听"及"许尸亲告递免简"之例，正是圣主曲体人情处。岂知世上惨刻的官，要见自己风力，或是私心嗔恨被告，不肯听尸亲免简，定要劣撅做去。以致开久殓之棺，掘久埋之骨。随你伤人子之心，堕旁观之泪，他只是硬着肚肠不管。原告不执命，就坐他受贿；亲友劝息，就诬他私和。一味蛮刑，打成狱案。自道是与死者伸冤，不知死者惨酷已极了，这多是绝子绝孙的勾当！

闽中有一人名曰陈福生，与富人洪大寿家佣工，偶因口语不逊，被洪大寿痛打一顿。那福生才吃得饭过，气郁在胸，得了中懑之症，看看待死，临死对妻子道："我被洪家长痛打，致恨而死。但彼是富人，料扳他不倒，莫要听了人教唆赖他人命，致将我尸首简验，粉骨碎身。只略与他说说，他怕人命缠累，必然周给后事，供养得你每终身，便是便益了。"妻子听言，死后果去见那家长，但道："因被责罚之后，得病不痊，今已身死。惟家长可怜孤寡，做个主张。"洪大寿见因打致死，心里虚怯的，见他说得揣己，巴不得他没有说话，给与银两，厚加殡殓，又许了时常周济他母子，已此无说了。

陈福生有个族人陈三，混名陈喇虎，是个不本分、好有事的。见洪大寿是有想头的人家，况福生被打而死，不为无因，就来撺掇陈福生的妻子，叫她告状执命。妻子道："福生的死，固然受了财主些气，也是年该命限。况且死后，他一味好意殡殓有礼，我们翻脸子不转，只自家认了晦气罢。"喇虎道："你每不知事体，这出银殡殓，正好做告状张本。这样富家，一条人命，好歹也起发他几百两生意，如何便是这样住了？"妻子道："贫莫与富斗，打起官司来，我们先要银子下本钱，哪里去讨？不如做个好人住手，他财主每或者还有不亏我处。"陈喇虎见说他不动，自到洪家去吓诈道："我是陈福生族长，福生被你家打死了，你家私买下了他妻子，便打点把一场人命糊涂了。你们须要我口净，也得大家吃块肉儿。不然，明有王法，不到得被你躲过了！"洪家自恃福生妻子已无说话，天大事已定，旁边人闲言闲语，不必怕他。不叫人来兜揽，任他放屁喇撒一出，没兴自去。喇虎见无动静，老大没趣，放他不下，思量道："若要告他人命，须得是他亲人。他妻子是扶不起的了，若是自己出名，告他不得。我而今只把私和人命首他一状，连尸亲也告在里头，须叫他开不得口！"登时写下一状往府里首了。

府里见是人命，发下理刑馆。那理刑推官，最是心性惨刻的，喜的是简尸，好的是入罪，是个拆人家的祖师。见人命状到手，访得洪家巨富，就想在这桩事上显出自己风力来。连忙出牌拘人，吊尸简验。陈家妻子实是怕事，与人商量道："递了免简，就好住得。"急写状去递。推官道："分明是私下买和的情了。"不肯准状。洪家央了分上去说："尸亲不愿，可以免简。"推官一发怒将起来道："有了银子，王法多行不去了？"反将陈家妻子拶出，定要简尸。没奈何只得抬出棺木，解到尸场，聚齐了一干人众，如法蒸简。仵作人晓得官府心里要报重的，敢不奉承？把红的说紫，青的说黑，报了致命伤两三处。推官大喜道："是拿得倒一个富人，不肯假借，我声名就重了，立要问他抵命！"怎当得将律例一查，家长殴死雇工人，只断得埋葬，问得徒赎，并无抵偿之条。只落得洪家费掉了些银子，陈家也不得安宁。陈福生殓好入棺了，又狼狼藉藉这一番。大家多事，陈喇虎也不见沾了甚么实滋味，推官也不见增了什么好名头，枉做了难人。

一场人命结过了，洪实道陈氏母子到底不做对头，心里感激，每每看管他二人，不致贫乏。陈喇虎指望个小富贵，竟落了空，心里常怀怏怏。

一日在外酒醉，晚了回家，忽然路上与陈福生相遇。福生埋怨道："我好好地安置在棺内，为你妄想吓诈别人，致得我尸骸零落，魂魄不安，我怎肯干休？你还我债去！"将陈喇虎按倒在地，满身把泥来搓擦。陈喇虎挣扎不得，直等后边人走来，陈福生放手而去。喇虎闷倒在地，后边人认得他的，扶了回家，家里道是酒醉，不以为意。不想自此之后，喇虎浑身生起癞来，起床不得，要出门来扛帮教唆做些惫懒的事，再不能够了。淹缠半载，不能支持，到临死才对家人说道："路上遇陈福生，嫌我出首简了他尸，以此报我，我不得活了。"说罢就死。死后家人信了人言，道癞疾要缠染亲人,急忙抬出,埋于浅土。被狗子乘热拖将出来,吃了一半,此乃陈喇虎作恶之报。

却是陈福生不与打他的洪大寿为仇,反来报替他执命的族人,可见简尸一事,原非死的所愿,做官的人要晓得,若非万不得已,何苦做那极惨的勾当!倘若尸亲苦求免简,也该依他为是。至于假人命,一发不必说,必待审得人命逼真,然后行简定罪。只一先后之着,也保全得人家多了。

而今说一个情愿自死不肯简父尸的孝子,与看官每听一听。

父仇不报忍模糊,自有雄心托湛卢。
枭獍一诛身已绝,法官还用简尸无?

话说国朝万历年间,浙江金华府武义县有一个人姓王名良,是个儒家出身。有个族侄王俊,家道富厚,气岸凌人,专一放债取利,行凶剥民。就是族中支派,不论亲疏,但与他财利交关,锱铢必较,一些面情也没有的。王良不合曾借了他本银二两,每年将束脩上利,积了四五年,还过他有两倍了。王良意思,道自家屋里还到此地,可以相让,此后利钱便不上紧了些。王俊是放债人心性,哪管你是叔父?道:“逐年还煞只是利银,本钱原根不动,利钱还须照常,岂算还过多寡?”一日,在一族长处会席,两下各持一说,争论起来。王俊有了酒意,做出财主的样式,支手舞脚地发挥。王良气不平,又自恃尊辈,喝道:“你如此气质,敢待打我吗?”王俊道:“便打了,只是财主打了欠债的!”趁着酒性,哪管尊卑?扑的一掌打过去。王良不提防的,一跤跌倒。王俊索性赶上,拳头脚尖一齐来。族长道:“使不得!使不得!”忙来劝时,已打得不亦乐乎了。大凡酒德不好的人,酒性发了,也不认得什么人,也不记得什么事;但只是使他酒风,狠戾暴怒罢了,不管别人当不起的。当下一个族侄把个叔子打得七损八伤,族长劝不住,猛力解开,教人负了王良家去。王俊没个头主,没些意思,耀武扬威,一路吆吆喝喝也走去了。

讵知王良打得伤重,次日身危。王良之子王世名,也是个读书人。父亲将死之时,唤过吩咐道:“我为族子王俊殴死,此仇不可忘!”王世名痛哭道:“此不共戴天之仇,儿誓不与俱生人世!”王良点头而绝。王世名拊膺号恸,即具状到县间,告为立杀父命事,将族长告做见人。县间准行,随行牌吊尸到官,伺候相简。

王俊自知此事决裂,到不得官,苦央族长处息,任凭要银多少,总不计论。处得停妥,族长分外酬谢,自不必说。族长见有些油水,来劝王世名罢讼道:“父亲既死,不可复生。他家有的是财物,怎与他争得过?要他偿命,必要简尸。他使用了件作,将伤报轻了,命未必得偿,尸骸先吃这番狼藉,大不是算。依我说,乘他惧怕成讼之时,多要了他些,落得做了人家,大家保全得无事,未为非策。”王世名自想了一回道:“若是执命,无有不简尸之理。不论世情敌他不过,纵是偿得命来,伤残父骨,我心何忍？只存着报仇在心，拼得性命，那处不着了手？何必当官拘着理法，先将父尸经这番惨酷，又三推六问，几年月日，才正得典刑？不如目今权依了他们处法，诈痴佯呆，住了官司。且保全了父骨，别图再报。”回复族长道：“父亲委是冤死，但我贫家，不能与做头敌，只凭尊长所命罢了。”

族长大喜，去对王俊说了，主张将王俊膏腴田三十亩与王世名，为殡葬父亲养赡老母之费。王世名同母当官递个免简，族长随递个息词，永无翻悔。王世名一一依听了，来对母亲说道：“儿非见利忘仇，若非如此，父骨不保。儿所以权听其处分，使彼绝无疑心也。”世名之母，妇女见识，是做人家念头重的，见得了这些肥田，可以享受，也自甘心罢了。

世名把这三十亩田所收花利，每岁藏贮封识，分毫不动。外边人不晓得备细，也有议论他得了田业息了父命的，世名也不与人辩明。王俊怀着鬼胎，倒时常以礼来问候叔母。世名虽不受他礼物，却也像毫无嫌隙的，照常往来。有时撞着杯酒相会，笑语酬酢，略无介意，众人又多有笑他忘了父仇的。事已渐冷，径没人提起了。怎知世名日夜提心吊胆，时刻不忘！悄地铸一利剑，镂下两个篆字，名曰“报仇”，出入必佩。请一个传真的绘画父像，挂在斋中，就把自己之形，也图在上面，写他持剑侍立父侧。有人问道：“为何画作此形？”世名答道：“古人出必佩剑，故慕其风，别无他意。”有诗为证：

戴天不共敢忘仇？画笔常将心事留。
说与旁人浑不解，腰间宝剑自飕飕。

且说王世名日间对人嘻笑如常，每到归家，夜深人静，便抚心号恸。世名妻俞氏晓得丈夫心不忘仇，每对他道：“君家心事，妾所洞知。一日仇死君手，君岂能独生？”世名道：“为了死孝，吾之职分，只恐仇不得报耳！若得报，吾岂愿偷生耶？”俞氏道：“君能为孝子，妾亦能为节妇。”世名道：“你身是女子，出口大易，有好些难哩！”俞氏道：“君能为男子之事，安见妾身就学那男子不来？他日做出便见。”世名道：“此身不幸，遭罹仇难，娘子不以儿女之见相阻，却以男子之事相勉，足见相成了。”夫妻各相爱重。

五载之内，世名已得游泮，做了秀才，妻俞氏又生下一儿。世名对俞氏道：“有此呱呱，王氏之脉不绝了。一向怀仇在心，隐忍不报者，正恐此身一死，斩绝先祀，所以不敢轻生做事，如今我死可瞑目！上有老母，下有婴儿，此汝之责，我托付已过，我不能再顾了。”遂仗剑而出。

也是王俊冤债相寻，合该有事。他新相处得一个妇女在乡间，每饭后不带仆从，独往相叙。世名打听在肚里，晓得在蝴蝶山下经过，先伏在那边僻处了。王俊果然摇摇摆摆独自一人踱过岭来。世名正是：

恩人相见，分外眼明。
仇人相见，分外眼睁。

看得明白，飕的钻将过来，喝道："还我父亲的命来！"王俊不提防地吃了一惊，不及措手，已被世名劈头一剁。说时迟，那时快，王俊倒在地下挣扎。世名按倒，枭下首级，脱件衣服下来包裹停当，带回家中。见了母亲，大哭拜道："儿已报仇，头在囊中。今当为父死，不得侍母膝下了。"拜罢，解出首级到父灵位前拜告道："仇人王俊之头，今在案前，望父阴灵不远，儿今赴官投死去也。"随即取了历年所收田租账目，左手持刀，右手提头，竟到武义县中出首。

此日县中传开，说王秀才报父仇杀了人，拿头首告，是个孝子。一传两，两传三，哄动了一个县城。但见：

人人竖发，个个伸眉。竖发的恨那数载含冤，伸眉的喜得今朝吐气。挨肩叠背，老人家挤坏了腰脊厉声呼；裸袖舒拳，小孩子踏伤了脚指号啕哭。任侠豪人齐拍掌，小心怯汉独惊魂。

王世名到了县堂，县门外喊发连天，何止万人挤塞！武义县陈大尹不知何事，慌忙出堂坐了，问其缘故。王世名把头与剑放下，在阶前跪禀道："生员特来投死。"陈大尹道："为何？"世名指着头道："此世名族人王俊之头，世名父亲被此人打死，昔年告得有状。世名法该执命，要他抵偿，但不忍把父尸简验，所以只得隐忍。今世名不烦官法，手刃其人，以报父仇，特来投到请死，乞正世名擅杀之罪。"大尹道："汝父之事，闻和解已久，如何忽有此举？"世名道："只为要保全父尸，先凭族长议处，将田三十亩养膳老母。世名一时含糊应承，所收花息，年年封贮，分毫不动。今既已杀却仇人，此项义不宜取，理当人官。写得有簿籍在此，伏乞验明。"大尹听罢，知是忠义之士，说道："君行孝子之事，不可以文法相拘。但事干人命，须请详上司为主，县间未可擅便，且召保候详。王俊之头，先着其家领回候验。"看的人恐怕县官难为王秀才，个个伸拳裸臂，候他处分。见说申详上司不拘禁他，方才散去。

陈大尹晓得众情如此，心里大加矜念，把申文多写得恳切。说"先经王俊殴死王良是的。今王良之子世名报仇杀了王俊，论来也是一命抵一命，但王世名不由官断，擅自杀人，也该有罪。本人系是生员，特为申详断决"。申文之外，又加上禀揭，替他周全，说"孝义可敬，宜从轻典"。上司见了，也多叹羡，遂批与金华县汪大尹，会同武义审决这事。汪大尹访问端的，备知其情，一心要保全他性命，商量道："须把王良之尸一简，若果然致命伤重，王俊原该抵偿，王世名杀人之罪就轻了。"

会审之时，汪大尹如此倡言，王世名哭道："当初专为不忍暴残父尸，故隐忍数年，情愿杀仇人而自死。岂有今日仇已死了，反为要脱自身重简父尸之理？前日杀仇之日，即宜自杀。所以来造邑庭，正来受朝廷之法，非求免罪也！大人何不见谅如此？”汪大尹道：“若不简父尸，杀人之罪，难以自解。”王世名道：“原不求解，望大人放归别母，即来就死。”汪大尹道：“君是孝子烈士，自来投到者，放归何妨？但事须断决，可归家与母妻再一商量。倘肯把父尸一简，我就好周全你了。此本县好意，不可错过。”

王世名主意已定，只不应承。回来对母亲说汪大尹之意。母亲道：“你待如何？”王世名道：“岂有事到今日，反失了初心？儿久已拼着一死，今特来别母而去耳！”说罢，抱头大哭。妻俞氏在旁也哭做了一团。俞氏道：“前日与君说过，君若死孝，妾亦当为夫而死。”王世名道：“我前日已把老母与婴儿相托于你，我今不得已而死，你与我事母养子，才是本等，我在九原亦可瞑目。从死之说，万万不可，切莫轻言！”俞氏道：“君向来留心报仇，誓必身死，别人不晓，独妾知之。所以再不阻君者，知君立志如此。君能捐生，妾亦不难相从，故尔听君行事。今事已至此，若欲到底完翁尸首，非死不可，妾岂可独生以负君乎！”世名道：“古人言：‘死易立孤难。’你若轻一死，孩子必绝乳哺，是绝我王家一脉，连我的死也死得不正当了。你只与我保全孩子，便是你的大恩。”俞氏哭道：“既如此，为君姑忍三岁。三岁之后，孩子不须乳哺了，此时当从君地下，君亦不能禁我也！”

正哀惨间，外边有二三十人喧嚷，是金华、武义两学中的秀才与王世名曾往来相好的，乃汪、陈两令央他们来劝王秀才，还把前言来讲道：“两父母意见相同，只要轻兄之罪，必须得一简验，使仇罪应死，兄可得生。特使小弟辈来达知此意，与兄商量。依小弟辈愚见，尊翁之死，实出含冤，仇人本所宜抵。今若不从简验，兄须脱不得死罪，是以两命抵得他一命，尊翁之命，原为徒死。况子者亲之遗体，不忍伤既死之骨，却枉残现在之体，亦非正道。何如勉从两父母之言一简，以白亲冤，以全遗体，未必非尊翁在天之灵所喜，惟兄熟思之。”王世名道：“诸兄皆是谬爱小弟肝膈之言，两令君之意，弟非不感激。但小弟提着简尸二字，便心酸欲裂，容到县堂再面计之。”众秀才道：“两令之意，不过如此。兄今往一决，但得相从，事体便易了，弟辈同伴兄去相讲一遭。”王世名即进去拜了母亲四拜，道：“从此不得再侍膝下了。”又拜妻俞氏两拜，托以老母幼子，大哭一场，噙泪而出，随同众友到县间来。

两个大尹正会在一处，专等诸生劝他的回话。只见王世名一同诸生到来，两大尹心里暗喜道：“想是肯从所议，故此同来也。”王世名身穿囚服，一见两大尹即称谢道：“多蒙两位大人曲欲全世名一命。世名心非木石，岂不知感恩？但世名所以隐忍数年，甘负不孝之罪于天地间觍颜嘻笑者，正为不忍简尸一事。今欲全世名之命，复致残久安之骨，是世名不是报仇，明是自杀其父了。总是看得世名一死太重，故多此议论。世名已别过母妻，特来就死，惟求速赐正罪。”两大尹相顾惊疑，诸生辈杂沓乱讲，世名只不改口。汪大尹假意作色道：“杀人者死。王俊既以殴死致为人杀，论法自宜简所殴之尸有伤无伤，何必问尸亲愿简与不愿简！吾们只是依法行

事罢了。”王世名见大尹执意不回，愤然道：“所以必欲简视，止为要见伤痕，便做道世名之父毫无伤，王俊实不宜杀，也不过世名一死当之，何必再简？今日之事要动父亲尸骸，必不能够。若要世名性命，只在顷刻可了，决不偷生以负初心！”言毕，望县堂阶上一头撞去，眼见得世名被众人激得焦躁，用得力猛，早把颅骨撞碎，脑浆迸出而死。

图圄自可从容入，何必须臾赴九泉？

只为书生拘律法，反令孝子不回旋。

两大尹见王秀才如此决烈，又惊又惨，一时做声不得。两县学生一齐来看王秀才，见已无救，情义激发，哭声震天，对两大尹道：“王生如此死孝，真为难得。今其家惟老母寡妻幼子，身后之事，两位父母主张从厚，以维风化。”两大尹不觉垂泪道：“本欲相全，岂知其性烈如此！前日王生曾将当时处和之产，封识花息，当官交明，以示义不苟受。今当立一公案，以此项给其母妻为终老之资，庶几两命相抵。独多着王良一死无着落，即以买和产业周其眷属，亦为得平。”诸生众口称是。两大尹随各捐俸金十两，诸生共认捐三十两，共成五十两，召王家亲人来将尸首领回，从厚治丧。

两学生员为文以祭之云：

呜呼王生，父死不鸣。刃加仇颈，身即赴冥。欲全其父，宁弃其生。一时之死，千秋之名。哀哉尚飨！

诸生读罢祭文，放声大哭。哭得山摇地动，闻之者无不泪流，哭罢，随请王家母妻拜见，面送赙仪，说道：“伯母尊嫂，宜趁此资物，出丧殡殓。”王母道：“谨领尊命，即当与儿媳商之。”俞氏哭道：“多承列位盛情。吾夫初死，未忍遽殡，尚欲停丧三年，尽妾身事生之礼。三年既满，然后议葬，列位伯叔不必性急。”诸生不知他什么意思，各自散去了。

此后但是亲戚来往问及出柩者，俞氏俱以言阻说，必待三年。亲戚多道：“从来说入土为安,为何要拘定三年?"俞氏只不肯听。停丧在家,直到服满除灵,俞氏痛哭一场,自此绝食,旁人多不知道。不上十日,肚肠饥断,呜呼哀哉了!学中诸生闻之,愈加稀奇,齐来吊视。王母诉出媳妇坚贞之性,矢志从夫,三年之中,如同一日,使人不及提防,竟以身殉。"今止剩三岁孤儿与老身,可怜可怜。"诸生闻言恸哭不已,齐去禀知陈大尹。大尹惊道:"孝子节妇,出于一家,真可敬也!"即报各上司,先行奖恤,候抚按具题旌表。诸生及亲戚又义助含殓,告知王母择日一同出柩。方知俞氏初时必欲守至三年,不肯先葬其夫者,专为等待自己,双双同出也。远近闻之,人人称叹。巡按马御史奏闻于朝,下诏旌表其门曰"孝烈"。建坊褒荣,有《孝烈传志》行于世。

父死不忍简,自是人子心。
怀仇数年余,始得伏斧砧。
岂肯自吝死,复将父骨侵?
法吏拘文墨,枉效书生忱。
宁知侠烈士,一死无沉吟!
彼妇激余风,三年蓄意深。
一朝及其期,地下遂相寻。
似此孝与烈,堪为薄俗箴。

卷三十二

张福娘一心贞守　朱天锡万里符名

诗云：

耕牛无宿草，仓鼠有余粮。
万事分已定，浮生空自忙。

话说天下凡事皆由前定，如近在目前，远不过数年，预先算得出，还不足为奇。尽有世间未曾有这样事，未曾生这个人，几十年前先有前知的道破了，或是几千里外恰相凑着的，真令人梦想不到，可见数皆前定也。

且说宋时宣和年间，睢阳有一官人姓刘名梁，与孺人年皆四十外了，屡生子不育，惟剩得一幼女。刘官人到京师调官去了，这幼女在家，又得病而死，将出瘗埋。孺人看她出门，悲痛不胜，哭得发昏，倦坐椅上。只见一个高髻妇人走将进来道："孺人何必如此悲哭？"孺人告诉她屡丧嗣息，止存幼女，今又夭亡，官人又不在家这些苦楚。那妇人道："孺人莫心焦，从此便该得贵子了。官人已有差遣，这几日内就归。归来时节，但往城西魏十二嫂处，与他寻一领旧衣服留着。待生子之后，借一个大银盒子，把衣裙铺着，将孩子安放盒内，略过少时，抱将出来，取他一个小名，或是合住，或是蒙住。即易长易养，再无损折了，可牢牢记取老身之言！"孺人妇道家心性，最喜欢听的是这些说话。见话得有枝有叶，就问道："姥姥何处来的，晓得这样事？"妇人道："你不要管我来处去处，我怜你哭得悲切，又见你贵子将到，故教你个法儿，使你以后生育得实了。"孺人问高姓大名，后来好相谢。妇人道："我惯救人苦恼，做好事不要人谢的。"说罢走出门外，不知去向。

果然过得五日，刘官人得调滁州法曹掾，归到家里。孺人把幼女夭亡又逢着高髻妇人的说话，说了一遍，刘官人感伤了一回，也是死怕了儿女的心肠，见说着妇人之言，便做个不着，也要试试看。况说他得差回来，已此准了，心里有些信她。次日即出西门，遍访魏家。走了二里多路，但只有姓张、姓李、姓王、姓赵，再没有一家姓魏。刘官人道："眼见得说话作不得准了。"走回转来，到了城门边，走得口渴，见一茶坊，进去坐下吃个泡茶。问问主人家，恰是姓魏。店里一个后生，是主人之侄，排行十一。刘官人见他称呼出来，打动心里，问魏十一道："你家有兄弟吗？"十一道："有兄弟十二。"刘官人道："令弟有嫂子了吗？"十一道："娶个弟妇，生过了十个儿子，并无一个损折。见今同居共食，贫家支撑甚是烦难。”刘官人见有了十二嫂，又是个多子的，谶兆相合，不觉大喜。就把实情告诉他，说屡损幼子及妇人教导向十二嫂假借旧衣之事。今如此多子，可见魇样之说不为虚妄的。十一见是个官人，图个往来，心里也喜欢，忙进去对兄弟说了。魏十二就取了自穿的一件旧绢中单衣出来，送与刘官人。刘官人身边取出带来纸钞二贯答他。魏家兄弟断不肯受，道：“但得生下贵公子之时，吃杯喜酒，日后照顾寒家照顾够了。”刘官人称谢，取了旧衣回家。

不多几时，孺人果然有了妊孕，将五个月，夫妻同赴滁州之任。一日在衙对食，刘官人对孺人道：“依那妇人所言，魏十二嫂已有这人，旧衣已得，生子之兆，显有的据了。却要个大银盒子，吾想盛得孩子的盒子，也好大哩。料想自置不成，甚样人家有这样盒子好去借得？这却是荒唐了。”孺人道：“正是这话，人家料没有的。就有，我们从哪里知道，好与他借？只是那姥姥说话，句句不妄，且看应验将来。”夫妻正在疑惑间，刘官人接得府间文书，委他查盘滁州公库。刘官人不敢迟慢，吩咐库吏取齐了簿籍，凡公库所有，尽皆简出备查。滁州荒僻，库藏萧索，别不见甚好物，独内中存有大银盒二具。刘官人触着心里，又疑道：“何故有此物事？”试问库吏，库吏道：“近日有个钦差内相谭稹，到浙西公干，所过州县必要献上土宜。那盛土宜的，俱要用银做盒子，连盒子多收去，所以州中备得有此。后来内相不打从滁州过，却在别路去了。银盒子得以不用，留在库中收贮，作为公物。”刘官人记在心里，回与孺人说其缘故，共相诧异。

过了几月，生了一子，遂到库中借此银盒，照依妇人所言，用魏十二家旧衣衬在底下，把所生儿子眠在盒子中间。将有一个时辰，才抱他出来，取小名做蒙住。看那盒子底下，镌得有字，乃是宣和庚子年制。想起妇人在睢阳说话的时节，那盒子还未曾造起，不知为何她先知道了。这儿子后名孝韪，字正甫，官到兵部侍郎，果然大贵。高髻妇人之言，无一不验，真是数已前定。并那件物事，世间还不曾有，那贵人已该在这里头眠一会儿，魇样得长成，说过在那里了，可不奇吗？

而今说一个人在万里之外，两不相知，这边预取下的名字，与那边原取下的竟自相同，这个定数，还更奇哩。要知端的，先听小子四句口号：

有母将雏横遣离，谁知万里遇还时。
试看两地名相合，始信当年天赐儿。

这回书也是说宋朝苏州一个官人，姓朱字景先，单讳着一个铨字。淳熙丙申年间，主管四川茶马司，有个公子名逊，年已二十岁。聘下妻室范氏，是苏州大家，未曾娶得过门，随父往任。那公子青春正当强盛，衙门独处无聊，欲念如火，按纳不下，央人对父亲朱景先说要先娶一妾，以侍枕席。景先道："男子未娶妻，先娶妾，有此礼否？"公子道："固无此礼，而今客居数千里之外，只得反经行权，目下图个伴寂寥之计。他日娶了正妻，遣还了她，亦无不可。"景先道："这个也使得。只恐他日溺于情爱，要遣就烦难了。"公子道："说过了话，男子汉做事，一刀两段，有何烦难！"景先许允。公子遂托衙门中一个健捕胡鸿出外访寻。胡鸿访得成都张姓家里，有一女子名曰福娘，姿容美丽，性格温柔。来与公子说了，将着财礼银五十两，取将过来为妾。福娘与公子年纪相仿，正是：

少女少郎，其乐难当。
两情欢爱，如胶似漆。

过了一年，不想苏州范家见女儿长成，女婿远方随任，未有还期，恐怕耽搁了两下青春，一面整办妆奁，父亲范翁亲自伴送到任上成亲。将入四川境中，先着人传信到朱家衙内，已知朱公子一年之前，娶得有妾，便留住行李不行，写书去与亲家道：

先妻后妾，世所恒有。妻未成婚，妾已入室，其义何在？今小女于归戒途，吉礼将成，必去骈枝，始谐连理。此白。

看官听说：这个先妾后妻果不是正理，然男子有妾亦是常事。今日既已娶在室中了，只合讲明了嫡庶之分，不得以先后至有僭越，便可相安，才是处分得妥的。争奈人家女子，无有不妒，只一句有妾，即已不相应了。必是逐得去，方拔了眼中之钉。与他商量，岂能相容？做父亲的有大见识，当以正言劝勉，说媵妾虽贱，也是良家儿女，既已以身事夫，便亦是终身事体，如何可轻说一个去她？使她别嫁，亦非正道。到此地位，只该大度含容，和气相与，等人颂一个贤惠，她自然做小伏低，有何不可？若父亲肯如此说，那未婚女子虽怎生嫉妒，也不好渗渗癞癞，就放出手段要长要短的。当得人家父亲护着女儿，不晓得调停为上，正要帮她立出界墙来，哪管这一家增了好些难处的事？只这一封书去，有分交：

锦窝爱妾，一朝剑析延津；
远道孤儿，万里珠还合浦。

正是：

世间好物不坚牢，彩云易散琉璃碎。
无缘对面不相逢，有缘千里能相会。

朱景先接了范家之书，对公子说道："我前日曾说过的，今日你岳父以书相责，原说他不过。他说必先遣妾，然后成婚，你妻已送在境上，讨了回话然后前进，这也不得不从他了。"公子心里委是不舍得张福娘，然前日娶妾时，原说过了娶妻遣还的话；今日父亲又如此说，丈人又立等回头，若不遣妾，便成亲不得，真也是左难右难，眼泪从肚子里落下来，只得把这些话与张福娘说了。张福娘道："当初不要我时，凭得你家。今既娶了进门，我没有得罪，须赶我去不得。便做讨大娘来时，我只是尽礼奉事他罢了，何必要得我去？"公子道："我怎么舍得你？只是当初娶你时节，原对爹爹说过，待成正婚之日，先行送还。今爹爹把前言责我，范家丈人又带了女儿住在境上，要等送了你去，然后把女儿过门，我也处在两难之地，没奈何了。"张福娘道："妾乃是贱辈，唯君家张主。君家既要遣去，岂可强住以阻大娘之来？但妾身有件不得已事，要去也去不得了。"公子道："有甚不得已事？"张福娘道："妾身上已怀得有孕，此须是君家骨血。妾若回去了，他日生出儿女来，到底是朱家之人，难道又好哪里去得不成？把似他日在家守着，何如今日不去的是。"公子道："你若不去，范家不肯成婚，可不但阁了一生婚姻正事？就强得她肯了，进门以后必是没有好气，相待得你刻薄起来，反为不美。不如权避了出去，等我成亲过了，慢慢看个机会劝转了他，接你来同处，方得无碍。"张福娘没奈何，正是：

人生莫作妇人身，百年苦乐由他人。

福娘主意不要回去，却是堂上主张发遣，公子一心要遵依丈人说话，等待成亲。福娘四不拗六，徒增些哭哭啼啼，怎生撇强得过？只得且自回家去守着。

这朱家即把此信报与范家，范翁方才同女儿进发，昼夜兼程，行到衙中，择吉成亲。朱公子男人心性，一似荷叶上露水珠儿，这边缺了，那边又圆，且全了范氏伉俪之欢，管不得张福娘仳离之苦。夫妻两下，且自过得恩爱，此时便没有这妾也罢了。

明年，朱景先茶马差满，朝廷差少卿王渥交代，召取景先还朝。景先拣定八月离任，此时福娘已将分娩，央人来说，要随了同归苏州。景先道："论来有了妊孕，原该带了同去为是。但途中生产，好生不便，且看他造化。若得目下即产，便好带去了。"福娘再三来说："已嫁从夫，当时只为避娶大娘，暂回母家，原无绝理。况腹中之子，是那个的骨血，可以弃了竟去吗？不论即产与不产，嫁鸡逐鸡飞，自然要一同去的。"朱景先是仕宦中人，被这女子把正理来讲，也有些说他不过，说与夫人劝化范氏媳妇，要她接了福娘来衙中，一同东归。

范氏已先见公子说过两番，今翁姑来说，不好违命。她是诗礼之家出身的，晓得大体，一面打点接取福娘了。怎当得：

天有不测风云，人有旦夕祸福！

朱公子是色上要紧的人，看他未成婚时，便如此忍耐不得，急于取妾，以致害得个张福娘上不得，下不得，岂不是个喉急的？今与范氏夫妻，你贪我爱。又遣了张福娘，新换了一番境界。把从前毒火多注在一处，朝夜探讨，早已染了痨怯之症，吐血丝，发夜热，医家只戒少近女色。景先与夫人商量道："儿子已得了病，一个媳妇，还要劝他分床而宿。若张氏女子再娶将来，分明是油锅内添上一把柴了。还只是立意回了她，不带去罢。只可惜她已将分娩，是男是女，这里我朱家之后，舍不得撇他。"景先道："儿子媳妇，多是青年，只要儿子调理得身体好了，哪怕少了孙子？趁着张家女子尚未分娩，黑白未分，还好辞得他。若不日之间产下一子，到不好撇他了。而今只把途间不便生产去说，十分说不倒时，权约他日后相接便是。"计议已定，当下力辞了张福娘，离了成都，归还苏州去了。

张福娘因朱家不肯带去，在家中哭了几场。她心里一意守着腹中消息，朱家去得四十日后，生下一子。因道少不得要归朱家，只当权寄在四川，小名唤作寄儿。福娘既生得有儿子，就甘贫守节，誓不嫁人。随你父母乡里百般说谕，并不改心。只绩纺补纫，资给度日，守那寄儿长成。寄儿生得眉目疏秀，不同凡儿，与里巷同伴一般的孩童戏耍，他每每做了众童的头，自称是官人，把众童呼来喝去，俨然让他居尊的模样。到了七八岁，张福娘送他上学从师，所习诗书，一览成诵。福娘一发把做了大指望，坚心守去，也不管朱家日后来认不认的事了。

且不说福娘苦守教子，那朱家自回苏州，与川中相隔万里，彼此杳不闻知。过了两年是庚子岁，公子朱逊病不得痊，呜呼哀哉。范氏虽做了四年夫妻，到有两年不同房，寸男尺女皆无。朱景先又只生得这个公子，并无以下小男小女，一死只当绝代了。有诗为证：

不孝有三无后大，谁料儿亡竟绝孙？

早知今日凄凉景，何故当时忽妾妊！

朱景先虽然仕宦荣贵，却是上奉老母，下抚寡媳，膝下并无儿孙，光景孤单，悲苦无聊，再无开眉欢笑之日。直到乙巳年，景先母太夫人又丧，景先心事，一发只有痛伤。此时连前日儿子带妊还妾之事，尽多如隔了一世的，哪里还记得影响起来？

又道是无巧不成话，四川后任茶马王渥少卿，闻知朱景先丁了母忧，因是他交手的前任官，多有首尾的，特差人赍了赙仪奠帛，前来致吊，你道来的是什么人？正是那年朱公子托他讨张福娘的旧役健捕胡鸿。他随着本处一个巡简邹圭到苏州公干的便船，来至朱家。送礼已毕，朱景先问他川中旧事，是件备陈。朱景先是个无情无绪之人，见了手下旧使役的，偏喜是长是短的婆儿气消遣闷怀。那胡鸿住在朱家了几时，讲了好些闲说话，也看见朱景先家里事体光景在心，便问家人道："可惜大爷青年短寿，今不曾生得有公子，还与他立个继嗣吗？"家人道："立是少不得立他一个，总是别人家的肉，哪里煨得热？所以老爷还不曾提起。"胡鸿道："假如大爷留得一股真骨血在世上，老爷喜欢吗？"家人道："可知道喜欢，却那里讨得出？"胡鸿道："有是有些缘故在那里，只不知老爷意思怎么样。"家人见说得蹊跷，便问道："你说的话哪里起？"胡鸿道："你每岂忘记了大爷在成都曾娶过妾吗？"家人道："娶是娶过，后来因娶大娘子，还了她娘家了。"胡鸿道："而今她生得有儿子。"家人道："她别嫁了丈夫，就生得有儿子，与我家有甚相干？"胡鸿道："冤屈！冤屈！他那曾嫁人？还是你家带去的种哩！"家人道："我每不敢信你这话，对老爷说了，你自说去！"

家人把胡鸿之言，一一来禀朱景先。朱景先却记起那年离任之日，张家女子将次分娩，再三要同到苏州之事，明知有遗腹在彼地。见说是生了儿子，且惊且喜，急唤胡鸿来问他的信。胡鸿道："小人不知老爷主意怎么样，小人不敢乱讲出来。"朱景先道："你只说前日与大爷做妾的那个女子，而今怎么样了就是！"胡鸿道："不敢瞒老爷说，当日大爷娶那女子，即是小人在里头做事的，所以备知端的。大爷遣他出去之时，元是有娠。后来老爷离任得四十多日，即产下一个公子了。"景先道："而今见在哪里？"胡鸿道："这个公子，生得好不清秀伶俐，极会读书，而今在娘身边，母子相守，在那里过日。"景先道："难道这女子还不嫁人？"胡鸿道："说这女子也可怜！她缝衣补裳，趁钱度日，养那儿子，供给读书，不肯嫁人。父母多曾劝她，乡里也有想她的，连小人也巴不得她有这日，在里头再赚两数银子。怎当得她心坚如铁，再说不入。后来看见儿子会读了书，一发把这条门路绝了。"景先道："若果然如此，我朱氏一脉可以不绝，莫大之喜了，只是你的说话可信吗？"胡鸿道："小人是老爷旧役，从来老实，不会说谎，况此女是小人的首尾，小人怎得有差？"景先道："虽然如此，我嗣续大事非同小可，今路隔万里，未知虚实，你一介小人，岂可因你一言造次举动得？"胡鸿道："老爷信不得小人一个的言语，小人附舟来的是巡简邹圭,他也是老爷的旧吏。老爷问他,他备知端的。"朱景先见说话有来因,巴不得得知一个详细,即差家人请那邹巡简来。

邹巡简见是旧时本官相召,不敢迟慢,忙写了禀帖,来见朱景先。朱景先问他蜀中之事,他把张福娘守贞教子,与那儿子聪明俊秀不比寻常的话说了一遍,与胡鸿所说分毫不差。景先喜得打跌,进去与夫人及媳妇范氏备言其故,合家惊喜道:"若得如此,绝处逢生,祖宗之大庆也!"景先吩咐备治酒饭,管待邹巡简,与邹巡简商量川中接他母子来苏州说话。邹巡简道:"此路迢遥,况一个女人,一个孩子,跋涉艰难,非有大力,不能周全得直到这里。小官如今公事已完,早晚回蜀。恩主除非乘此便致书那边当道,支持一路舟车之费,小官自当效犬马之力,着落他母子起身,一径到府上,方可无误。"景先道:"足下所言,实是老成之见。下官如今写两封书,一封写与制置使留尚书,一封即写与茶马王少卿,托他周置一应路上事体,保全途中母子无虞。至于两人在那里收拾起身之事,全仗足下与胡鸿照管停当,下官感激不尽,当有后报。"邹巡简道:"此正小官与胡鸿报答恩主之日,敢不随便尽心,曲护小公子到府?恩主作速写起书来,小官早晚即行也。"朱景先遂一面写起书来,书云:

铨不禄,母亡子夭,目前无孙。前发蜀时,有成都女子张氏为儿妾,怀娠留彼。今据旧胥巡简邹圭及旧役胡鸿俱言业已获雄,今计八龄矣。遗孽万里,实系寒宗如线。欲致其还吴,而伶仃母子,跋涉非易。敢祈鼎力覆庇,使舟车无虞,非但骨肉得以会合,实令祖宗借以绵延,感激非可名喻也。铨白。

一样发书二封,附与邹巡简将去,就便赏了胡鸿,致谢王少卿相吊之礼,各厚赠盘费,千叮万嘱,两人受托而去。朱景先道是既有上司主张,又有旧役帮衬,必是停当得来的,合家日夜只望好音不题。

且说邹巡简与胡鸿回去,到了川中,邹巡简将留尚书的书去至府中递过。胡鸿也回复了王少卿的差使,就递了旧茶马朱景先谢帖,并书一封。王少卿遂问胡鸿这书内的详细,胡鸿一一说了。王少卿留在心上,就吩咐胡鸿道:"你先去她家通此消息,教母子收拾打叠停当了,来禀着我,我早晚乘便周置他起身就路便是。"

胡鸿领旨,竟到张家见了福娘,备述身被差遣直到苏州朱家作吊太夫人的事。福娘忙问:"朱公子及合家安否?"胡鸿道:"公子已故了五六年了。"张福娘大哭一场,又问公子身后事体。胡鸿道:"公子无嗣,朱爷终日烦恼,偶然说起娘子这边有了儿子,娘子教他读书,苦守不嫁。朱爷不信,遂问得邹巡简之言相同,十分欢喜。有两封书,托这边留制使与王少卿,要他每设法护送着娘子与小官人到苏州。我方才见过少卿了,少卿叫我先来通知你母子,早晚有便,就要请你们动身也。"张福娘前番要跟回苏州,是她本心,因不得自由,只得强留在彼,又不肯嫁人,如此苦守。

今见朱家要来接他，正是叶落归根事务，心下岂不自喜？一面谢了胡鸿报信，一面对儿子说了，打点东归，只看王少卿发付。

王少卿因会着留制使，同提起朱景先托致遗孙之事，一齐道："这是完全人家骨肉的美事，我辈当力任之。"适有蜀中进士冯震武要到临安，有舟东下，其路必经苏州。且舟中宽敞，尽可附人。王少卿知得，报与留制使，各发柬与冯进士说了，如此两位大头脑去说那些小附舟之事，你道敢不依从吗？冯进士吩咐了船户，将好舱口分别得内外的，收拾洁净，专等朱家家小下船。留制使与王少卿各赠路费茶果银两，即着邹巡简、胡鸿两人赍发张福娘母子动身，复着胡鸿防送到苏州。张福娘随别了自家家里，同了八岁儿子寄儿，上在冯进士船上。冯进士晓得是缙绅家属，又是制使、茶马使所托，加意照管，自不必说，一路进发，尚未得到。

这边朱景先家里，日日盼望消息，真同大旱望雨。一日，遇着朝廷南郊礼成，大赍恩典，侍从官员当荫一子，无子即孙。朱景先待报有子孙来，目前实是没有；待说没有来，已着人四川勾当去了。虽是未到，不是无指望的。难道虚了恩典不成？心里计较道："宁可先报了名字去，他日可把人来补荫。"主意已定，只要取下一个名字就好填了，想一想道："还是取一个什么名字好？"

有恩须凭子和孙，争奈庭前未有人！

万里已迎遗腹孽，先将名讳报金门。

朱景先辗转了一夜，未得佳名，次早心下猛然道："蜀中张氏之子，果收拾回来，此乃数年绝望之后从天降下来的，岂非天锡？《诗》云：'天锡公纯嘏。'取名天锡，既含蓄天幸得来的意思，又觉字义古雅，甚妙，甚妙！"遂把"有孙朱天锡"填在册子上，报到仪部去了，准了恩荫，只等蜀中人来顶补。

不多几时，忽然胡鸿复来叩见，将了留尚书、王少卿两封回书来禀道："事已停当，两位爷给发盘缠，张小娘子与公子多在冯进士船上附来，已到河下了。"朱景先大喜，正要着人出迎，只见冯进士先将帖来进拜。景先接见冯进士，诉出留、王二大人相托，顺带令孙母子在船上来，幸得安稳，已到府前说话。朱景先称谢不尽,答拜了冯进士,就接取张福娘母子上来。张福娘领了儿子寄儿,见了翁姑与范氏大娘,感起了旧事,全家哭作了一团。又教寄儿逐位拜见过,又合家欢喜。朱景先问张福娘道:“孙儿可叫得什么名字?”福娘道:“乳名叫得寄儿,两年之前,送入学堂从师,那先生取名天锡。”朱景先大惊道:“我因仪部索取恩荫之名,你每未来到,想了一夜,才取这两个字,预先填在册子上送去。岂知你每万里之外,两年之前,已取下这两个字做名了!可见天数有定若此,真为奇怪之事!”合家叹异。那朱景先忽然得孙,直在四川去认将来,已此是新闻了。又两处取名,适然相同,走进门来,只消补荫,更为可骇。传将开去,遂为奇谈。后来朱天锡袭了恩荫,官位大显,张福娘亦受封章,这是她守贞教子之报。有诗为证:

娶妾先妻亦偶然,岂知弃妾更心坚。
归来万里由前定,善念阴中必保全!

卷三十三

杨抽马甘请杖　富家郎浪受惊

诗云：

敕使南来坐画船，袈裟犹带御炉烟。
无端撞着曹公相，二十皮鞭了宿缘。

这四句诗乃是国朝永乐年间少师姚广孝所作。这个少师乃是僧家出身，法名道衍，本贯苏州人氏。他虽是个出家人，广有法术，兼习兵机，乃元朝刘秉忠之流。太祖分封诸王，各选一高僧伴送之国。道衍私下对燕王说道：“殿下讨得臣去作伴，臣当送一顶白帽子与大王戴。”“白”字加在“王”字上，乃是个“皇”字，他藏着哑谜，说道辅佐他做皇帝的意思。燕王也有些晓得他不凡，果然面奏太祖，讨了他去。后来赞成靖难之功，出师胜败，无不未卜先知。燕兵初起时，燕王问他：“利钝如何？”他说：“事毕竟成，不过费得两日工夫。”后来败于东昌，方晓得“两日”是个“昌”字。他说道：“此后再无阻了。”果然屡战屡胜，燕王直正大位，改元永乐。道衍赐名广孝，封至少师之职。虽然受了职衔，却不肯留发还俗，仍旧光着个头，穿着蟒龙玉带，长安中出入。文武班中晓得是他佐命功臣，谁不钦敬？

一日，成祖皇帝御笔亲差他到南海普陀落伽山进香，少师随坐了几号大样官船，从长江中起行。不则数日，来到苏州码头上，湾船在姑苏馆驿河下。苏州是他父母之邦，他有心要上岸观看风俗，比旧同异如何。屏去从人，不要跟随，独自一个穿着直裰在身，只做野僧打扮，从胥门走进街市上来行走。

正在看玩之际，忽见喝道之声远远而来。市上人虽不见十分惊惶，却也各自走开，在两边了让他，有的说是管粮曹官人来了。少师虽则步行，自然不放他在眼里的，只在街上摇摆不避。须臾之间，那个官人看看抬近，轿前皂快人等高声喝骂道："秃驴怎不回避！"少师只是微微冷笑，就有两个应捕把他推来抢去。少师口里只说得一句道："不得无礼，我怎么该避你们的？"应捕见他不肯走开，道是冲了节，一把拿住。只等轿到面前，应捕口禀道："一个野僧冲道，拿了听候发落。"轿上那个官人问道："你是哪里野和尚，这等倔强？"少师只不作声。那个官人大怒，喝教拿下打着。众人喏了一声，如鹰拿燕雀，把少师按倒在地，打了二十板。少师再不分辩，竟自忍受了。才打得完，只见府里一个承差同一个船上人，飞也似跑来道："哪里不寻得少师爷到，却在这里！"众人惊道："谁是少师爷？"承差道："适才司道府县各爷多到钦差少师姚老爷船上迎接，说着了小服从胥门进来了，故此同他船上水手急急赶来，各位爷多在后面来了，你们何得在此无理！"众人见说，大惊失色，一哄而散。连抬那官人的轿夫，把个官来撇在地上了，丢下轿子，恨不爷娘多生两只脚，尽数跑了，刚刚剩下得一个官人在那里。

原来这官人姓曹，是吴县县丞。当下承差将出绳来，把县丞拴下，听候少师发落。须臾，守巡两道府县各官多来迎接，把少师簇拥到察院衙门里坐了，各官挨次参见已毕。承差早已各官面前禀过少师被辱之事，各官多跪下待罪，就请当面治曹县丞之罪。少师笑道："权且寄府狱中，明日早堂发落。"当下把县丞带出，监在府里。各官别了出来，少师是晚即宿于察院之中，次早开门，各官又进见。少师开口问道："昨日那位孟浪的官人在那里？"各官禀道："见监府狱，未得钧旨，不敢造次。"少师道："带他进来。"各官道是此番曹县丞必不得活了，曹县丞也道性命只在霎时，战战兢兢，随着解人膝行到庭下，叩头请死。少师笑对各官道："少年官人不晓事，即如一个野僧在街上行走，与你何涉，定要打他？"各官多道："这是有眼不识泰山，罪应万死，只求老大人自行诛戮，赐免奏闻，以宽某等失于简察之罪，便是大恩了。"少师笑嘻嘻的袖中取出一个柬帖来与各官看，即是前诗四句。各官看罢，少师哈哈大笑道："此乃我前生欠下他的。昨日微服闲步，正要完这夙债。今事已毕，这官人原没什么罪过，各请安心做官罢了，学生也再不提起了。"众官尽叹少师有此等度量，却是少师是晓得过去未来的事，这句话必非混帐之语。

看官若不信，子再说宋时一个奇人，也要求人杖责了前欠的，已有个榜样过了。这人却有好些奇处，听小子慢慢说来，做回正话。

从来有奇人，其术堪玩世。
一切真实相，仅足供游戏。

话说宋朝蜀州江源有一个奇人，姓杨名望才，字希吕，自小时节不知在那里遇了异人，得了异书，传了异术，七八岁时，在学堂中便自跷蹊作怪。专一聚集一班学生，要他舞仙童，跳神鬼，或扮个《刘关张三战吕布》，或扮个《尉迟恭单鞭夺槊》。口里不知念些什么，任凭随心搬演。那些村童无不一一按节跳舞，就像教师教成了一般的，旁观着实好看。及至舞毕，问那些童子，毫厘不知。一日，同学的有钱数百文在书笥中，并没人知道。杨生忽地向他借起钱来，同学的推说没有，杨生便把手指掐道："你的钱有几百几十几文见在笥中，如何赖道没有？"众学生不信，群然启那同学的书笥看，果然一文不差，于是传将开去，尽道杨家学生有稀奇术数。年纪渐大，长成得容状丑怪，双目如鬼，出口灵验。远近之人多来请问吉凶休咎，百发百中。因为能与人抽简禄马，川中起他一个混名叫作杨抽马。但是经过抽马说的，近则近应，远则远应，正则正应，奇则奇应。且略述他几桩怪异去处：

杨家居住南边，有大木一株，荫蔽数丈。忽一日写个帖子出去，贴在门首道：

明日午未间，行人不可过此，恐有奇祸。

有人看见，传说将去道："抽马门首有此帖子。"多来争看。看见了的，晓得抽马有些古怪，不敢不信，相戒明日午未时候，切勿从他门首来走。果然到了其期，那株大木忽然摧仆下来，盈塞街市，两旁房屋略不少损，这多是杨抽马魇样过了，所以如此。又恐怕人不知道，失误伤犯，故此又先通示，得免于祸。若使当时不知，在街上摇摆时节，不好似受了孙行者金箍棒一压，一齐做了肉饼了。

又常持缣帛人市货卖。那买的接过手量着，定是三丈四丈长的，价钱且是相应。买的还要讨他便宜，短少些价值，他也并不争论。及至买成，叫他再量量看，出得多少价钱，原只长得多少。随你是量过几丈的，价钱只有尺数，那缣也就只有几尺长了。

出去拜客，跨着一匹骡子，且是雄健。到了这家门内，将骡系在庭柱之下，宾主相见茶毕，推说别故暂出，不牵骡去。骡初时叫跳不住，去久不来，骡亦不作声，看看缩小。主人怪异，仔细一看，乃是纸剪成的。

四川制置司有三十年前一宗案牍，急要对勘，年深尘积，不知下落。司中吏胥傍徨终日，竟无寻处。有人教他请问杨抽马，必知端的。吏胥来问，抽马应声答道在某屋某柜第几沓下，依言去寻，果然即在那里翻出来。

一日，眉山琛禅师造门相访，适有乡客在座。那乡客新得一马，黑身白鼻，状颇骏异。杨抽马见了道："君此马不中骑，只该送与我罢了。君若骑它，必有不利之处。"乡客大怒道："先生造此等言语，意欲吓骗吾马。吾用钱一百千买来的，乘坐未久，岂肯轻为你赚去吗？"抽马笑道："我好意替你解此大厄，你不信我，也是你的命了。今有禅师在此为证，你明年五月二十日，宿冤当有报应，切宜记取，勿可到马房看它刍秣;又须善护左肋,直待过了此日,还可望再与你相见耳。"乡客见他说得荒唐,又且利害,越加忿怒,不听而去。到了明年此日,乡客哪里还把他言语放在心上?果然亲去喂马。那匹马忽然跳跃起来,将双蹄乱踢,乡客倒地。那马见他在地上了,急向左肋用力一踹,肋骨齐断。乡客叫得一声:"啊也!"连吼是吼,早已后气不接,呜乎哀哉。琛禅师问知其事,大加惊异。每向人说杨抽马灵验,这是他亲经目见的说话。

虞丞相自荆襄召还,子公亮遣书来叩所向。抽马答书道:"得苏不得苏,半月去作同佥书。"其时佥书未有带"同"字的,虞公不信。以后守苏台,到官十五日,果然召为同佥书枢密院事。时钱处和先为佥书,故加"同"字,其前知不差如此。

果州教授关寿卿,名耆孙。有同僚闻知杨抽马之术,央他遣一仆致书问休咎。关仆未至,抽马先知,已在家吩咐其妻道:"快些造饭,有一关姓的家仆来了,须要待他。"其妻依言造饭,饭已熟了,关仆方来,未及进门,抽马迎着笑道:"足下不问自家事,却为别人来奔波吗?"关仆惊拜道:"先生真神仙也!"其妻将所造之饭款待此仆,抽马答书,备言祸福而去。

原来他这妻子姓苏,也不是平常的人,原是一个娼家女子,模样也只中中,却是拿班做势,不肯轻易见客。及至见过的客,她就评论道某人是好,某人是歹,某人该兴头,某人该落泊,某人有结果,某人没散场,恰像请了一个设帐的相士一般。看了气色,是件断将出来,却面前不十分明说,背后说一两句,无不应验的,因此也名重一时,来求见的颇多。王孙公子,车马盈门。中意的晚上也留几个,及至有的往来熟了,欲要娶她,只说道:"目前之人皆非吾夫也!"后来一见杨抽马这样丑头怪脸,偏生喜欢道:"吾夫在此了。"抽马一见苏氏,便像一向认得的一般道:"原来吾妻混迹于此。"两下说得投机,就把苏氏娶了过来。好一似桃花女嫁了周公,家里一发的阴阳有准,祸福无差,杨抽马之名越加著闻。就是身不在家,只消到他门里问着,也是不差的。所以门前热闹,家里喧阗,王侯贵客,无一日没有在座上的。

忽地一日,抽马在郡中。郡中走出两个皂隶来,少不得是叫作张千、李万,多是认得抽马的,齐来声喏。抽马一把拉了他两人出郡门来,道:"请两位到寒舍,有句要紧话相央则个。"那两个公门中人,见说请他到家,料不是白差使,自然愿随鞭镫,跟着就行。抽马道:"两位平日所用官杖,望乞就便带了去。"张千、李万道:"到宅上去,要官杖子何用?难道要我们去打哪个不成?"抽马道:"有用得着处,到彼自知端的。"张千、李万晓得抽马是个古怪的人,莫不真有什么事得做,依着言语,各掮了一条杖子,随到家来。抽马将出三万钱来,送与他两个。张千、李万道:"不知先生要小人那厢使唤,未曾效劳,怎敢受赐?"抽马道:"两位受了薄意,然后敢相烦。"张千、李万道:"先生且说,将来可以效得犬马的,自然奉命。"抽马走进去唤妻苏氏出来,与两位公人相见。张千、李万不晓其意,为何出妻见子?各怀着疑心,不好做声。

只见抽马与妻每人取了一条官杖，奉与张千、李万道："在下别无相烦，止求两位牌头将此杖子责我夫妻二人每人二十杖，便是盛情不浅。"张千、李万大惊道："那有此话！"抽马道："两位不要管，但依我行事，足见相爱。"张千、李万道："且说明是什么缘故？"抽马道："吾夫妇目下当受此杖，不如私下请牌头来完了这业债，省得当场出丑，两位是必见许则个。"张千、李万道："不当人子！不当人子！小人至死也不敢胡做。"抽马与妻叹息道："两位毕竟不肯，便是数已做定，解禳不去了。有劳两位到此，虽然不肯行杖，请收了钱去。"张千、李万道："尊赐一发出于无名。"抽马道："但请两位收去，他日略略用些盛情就是。"张千、李万虽然推托，公人见钱，犹如苍蝇见血，一边接在手里了，道："既蒙厚赏，又道是长者赐少者不敢辞，他日有用着两小人处，水火不避便了。"两人真是无功受赏，头轻脚重，欢喜不胜而去。

且说杨抽马平日祠神，必设六位：东边二位空着虚座，道是神位，西边二位却是他夫妻二人坐着做主。底下二位，每请一僧一道同坐。又不知奉的是什么神，又不从僧，又不从道，人不能测。地方人见他行事古怪，就把他祠神诡异说是"左道惑众，论法当死"，首在郡中。郡中准词，差人捕他到官，未及讯问，且送在监里。狱吏一向晓得他是有手段的跷蹊作怪人，惧怕他的术法厉害，不敢另上械扭，曲意奉承他。却又怕他用术逃去，没寻他处，心中甚是忧惶。抽马晓得狱吏的意思了，对狱吏道："但请足下宽心，不必虑我。我当与妻各受刑责，其数已定，万不可逃，自当含笑受之。"狱吏道："先生有神术，总使数该受刑，岂不能趋避，为何自来就他？"抽马道："此魔业使然，避不过的。度过了厄，始可成道耳。"狱吏方才放下了心。果然杨抽马从容在监，并不作怪。

郡中把他送在司理杨忱处议罪。司理晓得他是法术人，有心护庇他。免不得外观体面，当堂鞫讯一番。杨抽马不辩自已身上事，仰面对司理道："令叔某人，这几时有信到否？可惜，可惜！"司理不知他所说之意，默然不答。只见外边一人走将进来，道是成都来的人，正报其叔讣音。司理大惊退堂，服抽马之灵。

其时司理有一女久病，用一医者陈生之药，屡服无效。司理私召抽马到衙，意欲问他。抽马不等开口便道："公女久病，陈医所用某药，一毫无益的，不必服它，此乃后庭朴树中小蛇为祟。我如今不好治得，因身在牢狱，不能役使鬼神。待我受杖后以符治之，可即平安，不必忧虑！"司理把所言对夫人说。夫人道："说来有因，小姐未病之前，曾在后园见一条小蛇缘在朴树上，从此心中恍惚得病起的。他既知其根由，又说能治，必有手段。快些周全他出狱，要他救治则个。"司理有心出脱他，把罪名改轻，说"原非左道惑众死罪，不过术人妄言祸福"，只问得个不应决杖。申上郡堂去，郡守依律科断，将抽马与妻苏氏各决臀杖二十。原来那行杖的皂隶，正是前日送钱与他的张千、李万两人。各怀旧恩，又心服他前知，加意用情，手腕偷力，蒲鞭示辱而已。抽马与苏氏尽道业数该当，又且轻杖，恬然不以为意。受杖归来，立书一符，又写几字，做一封送去司理衙中，权当酬谢周全之意。司理拆开，见是一符,乃教他挂在树上的,又一红纸有六字,写道"明年君家有喜"。司理先把符来试挂,果然女病洒然。留下六字,看明年何喜。果然司理兄弟四人,明年俱得中选。

抽马奇术如此类者,不一而足。独有受杖一节,说是度厄,且预先要求皂隶行杖责解禳。及后皂隶不敢依从,毕竟受杖之时,用刑的仍是这两人,真堪奇绝。有诗为证:

祸福从来有宿根,要知受杖亦前因。
请君试看杨抽马,有术何能强避人?

杨抽马术数高奇,语言如响,无不畏服。独有一个富家子与抽马相交最久,极称厚善,却带一味狎玩,不肯十分敬信。抽马一日偶有些事干,要钱使用,须得二万。囊中偶乏,心里想道:"我且蒿恼一个人着。"来向富家借贷一用。富家子听言,便有些不然之色。

看官听说,大凡富家人没有一个不慳吝的。惟其看得钱财如同性命一般,宝惜倍至,所以钱神有灵,甘心跟着他走;若是把来不看在心上,东手接来西手去的,触了财神嗔怒,岂肯到他手里来?故此非慳不成富家,才是富家一定慳了,真个"说了钱便无缘"。这富家子虽与杨抽马相好,只是见他兴头有术,门面撮哄而已。忽然要与他借贷起来,他就心中起了好些歹肚肠。一则说是江湖行术之家,贪他家事起发他的,借了出门,只当舍去了。一则说是朋友面上,就还得本钱,不好算利。一则说是借惯了手脚,常要歆动,是开不得例子的,只回道是"家间正在缺乏,不得奉命"。抽马见他推辞,哈哈大笑道:"好替你借,你却不肯。我只叫你吃些惊恐,看你借我不迭,那时才见手段哩!"自此见富家子再不提起借钱之事。

富家子自道回绝了他,甚是得意。偶然那一日独自在书房中歇宿,时已黄昏人定,忽闻得叩门之声。起来开看,只见一个女子闪将入来,含颦万福道:"妾东家之女也,丈夫酒醉逞凶,横相逼逐,势不可当。今夜已深,不可远去。幸相邻近,愿借此一宿。天未明即当潜回家里,以待丈夫酒醒。"富家子看其模样,尽自飘逸有致,私自想道:"暮夜无知,落得留她伴寝。她说天未明就去,岂非神鬼不觉的?"遂欣然应允道:"既蒙娘子不弃,此时没人知觉,安心共寝一宵,明早即还尊府便了。"那妇人并无推拒,含笑解衣,共枕同衾,忙行云雨。

一个孤馆寂寥,不道佳人猝至;一个夜行凄楚,谁知书舍同欢?两出无心,略觉情形忸怩;各因乍会,翻惊意态新奇。未知你弱我强,从容试看;且自抽离添坎,热闹为先。

行事已毕,俱各困倦。睡到五更,富家子恐天色乍明,有人知道,忙呼那妇人起来。叫了两声，推了两番，既不见声响答应，又不见身子展动。心中正疑，鼻子中只闻得一阵阵血腥之气，甚是来得狠。富家子疑怪，只得起来挑明灯盏，将到床前一看，叫声“啊也”！正是：

分开八片顶阳骨，浇下一桶雪水来。

你道却是怎么？原来昨夜那妇人身首，已斫做三段，鲜血横流，热腥扑鼻，恰像是才被人杀了的。富家子慌得只是打颤，心里道：“敢是丈夫知道赶来杀了他，却怎不伤着我？我虽是弄了两番，有些疲倦，可也忒睡得死。同睡的人被杀了，怎一些也不知道？而今事已如此，这尸首在床，血痕狼藉，倏忽天明，他丈夫定然来这里讨人，岂不决撒？若要并叠过，一时怎能干净得？这祸事非同小可！除非杨抽马他广有法术，或者可以用甚么障眼法儿，遮掩得过，须是连夜去寻他。”

也不管是四更五更，日里夜里，正是慌不择路，急走出门，望着杨抽马家里乱乱撺撺跑将来，擂鼓也似敲门，险些把一双拳头敲肿了。杨抽马方才在里面答应，出来道：“是谁？”富家子忙道：“是我，是我。快开了门有话讲！”此时富家子正是：

急惊风撞着了慢郎中。

抽马听得是他声音，且不开门，一路数落他道：“所贵朋友交厚，缓急须当相济。前日借贷些少，尚自不肯，今如此黑夜来叫我什么干？”富家子道：“有不是处且慢讲，快与我开开门着。”抽马从从容容把门开了。富家子一见抽马，且哭且拜道：“先生救我奇祸则个！”抽马道：“何事恁等慌张？”富家子道：“不瞒先生说，昨夜黄昏时分，有个邻妇投我，不合留她过夜。夜里不知何人所杀，今横尸在家，乃飞来大祸，望乞先生妙法救解。”抽马道：“事体特易，只是你不肯顾我缓急，我顾你缓急则甚？”富家子道：“好朋友！念我和你往来多时，前日偶因缺乏，多有得罪。今若救得我命，此后再不敢吝惜在先生面上了。”抽马笑道：“休得惊慌！我写一符与你拿去，贴在所卧室中，亟亟关了房门，切勿与人知道。天明开看，便知端的。”富家子道：“先生勿耍我！倘若天明开看仍复如旧，可不误了大事？”抽马道：“岂有是理！若是如此，是我符不灵，后来如何行术？况我与你相交有日，怎误得你？只依我行去，包你一些没事便了。”富家子道：“若果蒙先生神法救得，当奉钱百万相报。”抽马笑道：“何用许多！但只原借我二万足矣。”富家子道：“这个敢不相奉！”

抽马遂提笔画一符与他，富家子袖了急去。幸得天尚未明，慌慌忙忙依言贴在房中。自身走了出来，紧把房门闭了，站在外边，牙齿还是捉对儿厮打的，气也不敢多喘。守至天大明了，才敢走至房前。未及开门，先向门缝窥看，已此不见什么狼藉意思。急急开进看时，但见干干净净一床被卧，不曾有一点渍污，哪里还见什么尸首？富家子方才心安意定，喜欢不胜。随即备钱二万，并吩咐仆人携酒持肴，特造抽马家来叩谢。抽马道：“本意只求贷二万钱，得此已够，何必又费酒肴之惠？”富家子道：“多感先生神通广大，救我难解之祸，欲加厚酬，先生又吩咐只须二万。自念莫大之恩，无可报谢，聊奉卮酒，图与先生遣兴笑谈而已。”抽马道：“这等，须与足下痛饮一回。但是家间窄隘无趣，又且不时有人来寻，搅扰杂沓，不得快畅。明日携此酒肴，一往郊外尽兴何如？”富家子道：“这个绝妙！先生且留此酒肴自用。明日再携杖头来，邀先生郊外一乐可也。”抽马道：“多谢，多谢。”遂把二万钱与酒肴，多收了进去，富家子别了回家。

到了明日，果来邀请出游，抽马随了他到郊外来。行不数里，只见一个僻净幽雅去处，一条酒帘子，飘飘扬扬在这里。抽马道：“此处店家洁静，吾每在此小饮则个。”富家子即命仆人将盒儿向店中座头上安放已定，相拉抽马进店，相对坐下，唤店家取上等好酒来。只见里面一个当垆的妇人，应将出来，手拿一壶酒走到面前。富家子抬头看时，吃了一惊。原来正是前夜投宿被杀的妇人，面貌一些不差，但只是像个初病起来的模样。那妇人见了富家子，也注目相视，暗暗痴想，像个心里有什么疑惑的一般。富家子有些鹘突，问道：“我们与你素不相识，你见了我们，只管看了又看，是什么缘故？”那妇人道：“好叫官人得知，前夜梦见有人邀到个所在，乃是一所精致书房，内中有少年留住。那个少年模样颇与官人有些厮像，故此疑心。”富家子道：“既然留住，后来却怎么散场了？”妇人道：“后来直到半夜方才醒来，只觉身子异常不快，陡然下了几斗鲜血，至今还是有气无力的。平生从来无此病，不知是怎么样起的。”杨抽马在旁只不开口，暗地微笑。富家子晓得是他的作怪，不敢明言，私念着一晌欢情，重赏了店家妇人，叫也服药调理。杨抽马也笑嘻嘻的袖中取出一张符来付与妇人，道：“你只将此符贴在睡的床上，那怪梦也不做，身体也自平复了。”妇人喜欢称谢。

两人出了店门，富家子埋怨杨抽马道：“前日之事，正不知祸从何起，原来是先生作戏。既累了我受惊，又害了此妇受病，先生这样耍法不是好事。”抽马道：“我只召她魂来诱你。你若主意老成，哪有惊恐？谁叫你一见就动心营勾她，不惊你惊谁?”富家子笑道:“深夜美人来至,遮莫是柳下惠、鲁男子也忍耐不住,怎叫我不动心？虽然后来吃惊,那半夜也是我受用过了。而今再求先生致她来与我叙一叙旧,更感高情,再容酬谢。”抽马道:“此妇与你原有些小前缘,故此致她魂来,不是轻易可以弄术的,岂不怕鬼神责罚吗？你夙债原少我二万钱,只为前日若不如此,你不肯借。偶尔作此顽耍勾当,我原说二万之外,要也无用。我也不要再谢,你也不得再妄想了。”富家子方才死心塌地敬服抽马神术。抽马后在成都卖卜,不知所终。要知虽是绝奇术法,也脱不得天数的。

异术在身,可以惊世。若非夙缘,不堪轻试。
杖既难逃,钱岂妄觊？不过前知,游戏三昧。

卷三十四

任君用恣乐深闺　杨太尉戏宫馆客

诗曰：

黄金用尽教歌舞，留与他人乐少年。
此语只伤身后事，岂知现报在生前！

且说世间富贵人家，没一个不广蓄姬妾。自道是左拥燕姬，右拥赵女，娇艳盈前，歌舞成队，乃人生得意之事。岂知男女大欲，彼此一般。一人精力要周旋几个女子，便已不得相当。况富贵之人，必是中年上下，娶的姬妾，必是花枝也似一般的后生。枕席之事，三分四路，怎能够满得她们的意，尽得她们的兴？所以满闺中不是怨气，便是丑声。总有家法极严的，铁壁铜墙，提铃喝号，防得一个水泄不通，也只禁得她们的身，禁不得她们的心。略有空隙就思量弄一场把戏，那有情趣到你身上来？只把做一个厌物看承而已，似此有何好处？费了钱财，用了心机，单买得这些人的憎嫌。试看红拂离了越公之宅，红绡逃了勋臣之家，此等之事不一而足。可见生前已如此了，何况一朝身死，树倒猢狲散，残花嫩蕊，尽多零落于他人之手。要那做得关盼盼的，千中没有一人。这又是身后之事，管不得许多，不足慨叹了。争奈富贵之人，只顾眼前，以为极乐。小子在旁看的，正替你担着愁布袋哩！

宋朝有个京师士人，出游归来，天色将晚。经过一个人家后苑，墙缺处，苦不甚高，看来像个跳得进的。此时士人带着酒兴，一跃而过。只见里面是一所大花园子，好不空阔。四周一望，花木丛茂，路径交杂，想来煞有好看。一团高兴，随着石砌阶路转弯抹角，渐走渐深。悄不见一个人，只管踱的进去，看之不足。天色有些黑下来了，思量走回，一时忘了来路。正在追忆寻索，忽地望见红纱灯笼远远而来，想道："必有贵家人到。"心下慌忙，一发寻不出原路来了。恐怕撞见不便，思量躲过，看见道左有一小亭，亭前太湖石畔有叠成的一个石洞，洞口有一片小毡遮着。想道："躲在这里头去，外面人不见，权可遮掩过了，岂不甚妙？"忙将这片小毡揭将开来，正要藏身进去，猛可里一个人在洞里钻将出来，那一惊可也不小。士人看那人时，是一个美貌少年，不知为何先伏在这里头。忽见士人揭开来，只道抄他跟脚的，也自老大吃惊，急忙奔窜，不知去向了。士人道："惭愧！且让我躲一躲着。"于是吞声忍气，蹲伏在内，只道必无人见。

岂知事不可料，冤家路窄，那一盏红纱灯笼偏生生地向那亭子上来。士人洞中是暗处，觑出去看那灯亮处较明，乃是十来个少年妇人，靓妆丽服，一个个妖冶举止，风骚动人。士人正看得动火，不匡那一伙人一窝蜂的多抢到石洞口，众手齐来揭毡。看见士人面貌生疏，俱各失惊道："怎的不是那一个了？"面面相觑，没做理会。一个年纪略老成些的妇人，夺将纱灯在手，提过来把士人仔细一照，道："就这个也好。"随将纤手拽着士人的手，一把挽将出来。士人不敢声问，料道没什么歹处，软软随她同走。引到洞房曲室，只见酒肴并列，众美争先，六博争雄，交杯换盏，以至搂肩交颈，揾脸接唇，无所不至。几杯酒下肚，一个个多兴热如火，不管三七二十一，一把推士人在床上了，齐攒入帐中。脱裤的脱裤，抱腰的抱腰。不知怎的一个轮法，排头弄将过来。士人精泄，就有替他品咂的、摸弄的，不由他不再举。幸喜得士人是后生，还放得两支连珠箭，却也无休无歇，随你铁铸的，也怎有那样本事？厮炒得不耐烦，直到五鼓，方才一个个逐渐散去。士人早已弄得骨软筋麻，肢体无力，行走不动了。那一个老成些的妇人，将一个大担箱放士人在内，叫了两三个丫鬟扛抬了。到了墙外，把担箱倾了士人出来，急把门闭上了，自进去了。

此时天色将明，士人恐怕有人看见，惹出是非来，没奈何强打精神，一步一步挨了回来，不敢与人说知。过了几日，身体健旺，才到旧所旁边打听缺墙内是何处？听得人说是蔡太师家的花园，士人伸了舌头出来，一时缩不进去，担了一把汗，再不敢打从那里走过了。

看官，你想当时这蔡京太师，何等威势，何等法令！有此一班儿姬妾，不知老头子在那里昏瘵中，眼睛背后任凭她们这等胡弄。约下了一个惊去了，又换了一个，恣行淫乐，如同无人。太师哪里拘管得来？也只为多蓄姬妾，所以有这等丑事。

同时称高、童、杨、蔡四大奸臣，与蔡太师差不多权势的杨戬太尉，也有这样一件事，后来败露，装出许多笑柄来，看官不厌，听小子试道其详。

满前娇丽恣淫荒，雨露谁曾得饱尝？
自有阳台成乐地，行云何必定襄王？

话说宋时杨戬太尉，恃权怙宠，靡所不为，声色之奉，姬妾之多，一时自蔡太师而下，罕有其比。一日，太尉要到郑州上冢，携带了家小同行，是上前的几位夫人与各房随使的养娘侍婢，多跟的西去。余外有年纪过时了些的与年幼未谙承奉的，又身子娇怯怕历风霜的，月信方行轿马不便的，剩下不去。合着养娘侍婢们，也还共有五六十人留在宅中。太尉心性猜忌，防闲紧严，中门以外直至大门尽皆锁闭，添上朱笔封条，不通出入。惟有中门内前廊壁间挖一孔，装上转轮盘，在外边传将食物进去。一个年老院奴姓李的在外监守，晚间督人巡更，鸣锣敲梆，通夕不歇，外边人不敢正眼觑视他。内宅中留不下去的，有几位奢遮出色，乃太尉宠幸有名的姬妾，一个叫得瑶月夫人，一个叫得筑玉夫人，一个叫得宜笑姐，一个叫得餐花姨姨，同着一班儿侍女，关在里面。日长夜永，无事得做，无非是抹骨牌，斗百草，戏秋千，蹴气毬，消遣过日。然意味有限，那里当得什么兴趣？况日间将就扯拽过了，晚间寂寞，何以支吾？这个筑玉夫人原是长安玉工之妻，资性聪明，仪容美艳，私下也通些门路，京师传有盛名。杨太尉偶得瞥见，用势夺来，十分宠爱，立为第七位夫人，呼名筑玉，靓妆标致，如玉琢成一般的人，也就暗带着本来之意。她在女伴中伶俐异常，妖淫无赛，太尉在家之时，尚兀自思量背地里溜将个把少年进来取乐。今见太尉不在，镇日空闲，清清锁闭着，怎叫她不妄想起来？

太尉有一个馆客，姓任，表字君用。原是个读书不就的少年子弟，写得一笔好字，也代做得些书启简札之类，模样俊秀，年纪未上三十岁。总角之时，多曾与太尉后庭取乐过来，极善诙谐帮衬，又加心性熨帖，所以太尉喜欢他，留在馆中做陪客。太尉郑州去，因是途中姬妾过多，轿马上下之处，恐有不便，故留在家间外舍不去。任生有个相好朋友叫作方务德，是从幼同窗，平时但是府中得暇，便去找他闲话饮酒。此时太尉不在家，任生一发身畔无事，日里只去拉他各处行走，晚间或同宿娼家，或独归书馆，不在话下。

且说筑玉夫人晚间寂守不过，有个最知心的侍婢叫作如霞，唤来床上做一头睡着，与她说些淫欲之事，消遣闷怀。说得高兴，取出行淫的假具，教她缚在腰间权当男子行事。如霞依言而行，夫人也自哼哼唧唧，将腰往上乱耸乱颠，如霞弄到兴头上，问夫人道：“可比得男子滋味吗？”夫人道：“只好略取解馋，成得什么正经？若是真男子滋味，岂止如此？”如霞道：“真男子如此值钱，可惜府中到闲着一个在外舍。”夫人道：“不是任君用吗？”如霞道：“正是。”夫人道：“这是太尉相公最亲爱的客人，且是好个人物，我们在里头窥见他常自火动的。”如霞道：“这个人若设法得他进来，岂不妙哉！”夫人道：“果然此人闲着，只是墙垣高峻，岂能飞入？”如霞道：“只好说耍，自然进来不得。”夫人道：“待我心生一计，定要取他进来。”如霞道：“后花园墙下便是外舍书房，我们明日早起，到后花园相相地头，夫人怎生设下好计弄进来，大家受用一番。”夫人笑道：“我未曾到手，你便思想分用了。”如霞道：“夫人不要独吃自痾,我们也大家有兴,好做帮手。”夫人笑道:“是是。”一夜无话。

到得天明,梳洗已毕,夫人与如霞开了后花园门去摘花戴,就便去相地头。行至秋千架边,只见绒索高悬,夫人看了,笑一笑道:“此件便有用它处了。”又见修树梯子倚在太湖石畔,夫人叫如霞道:“你看你看,有此二物,岂怕内外隔墙?”如霞道:“计将安出?”夫人道:“且到那对外厢的墙边,再看个明白,方有道理。”如霞领着夫人到两株梧桐树边,指着道:“此处正是外舍书房,任君用见今独居在内了。”夫人仔细相了一相,又想了一想,道:“今晚端的只在此处取他进来一会,不为难也。”如霞道:“却怎么?”夫人道:“我与你悄地把梯子拿将来,倚在梧桐树旁,你走上梯子,再在枝干上踏上去两层,即可以招呼得外厢听见了。”如霞道:“这边上去不难,要外厢听见也不打紧,如何得他上来?”夫人道:“我将几片木板,用秋千索缚住两头,隔一尺多缚一片板,收将起来只是一捆,撒将直来便似梯子一般。如与外边约得停当了,便从梯子走到梧桐枝上去,把索头扎紧在丫叉老干,生了根。然后将板索多抛向墙外挂下去,分明是张软梯,随你再多几个也次第上得来,何况一人乎?”如霞道:“妙哉!妙哉!事不宜迟,且如法做起来试试看。”笑嘻嘻且向房中取出十来块小木板,递与夫人。夫人叫解将秋千索来,亲自扎缚得坚牢了,对如霞道:“你且将梯儿倚好,走上梯去望外边一望,看可通得个消息出去?倘遇不见人,就把这法儿先坠你下去,约他一约也好。”

如霞依言,将梯儿靠稳,身子小巧利便,一骨碌溜上枝头。望外边书舍一看,也是合当有事,恰恰任君用同方务德外边游耍过了夜,方才转来,正要进房。墙里如霞笑指道:“兀的不是任先生?”任君用听得墙头上笑声,抬头一看,却见是个双鬟女子指着他说话,认得是宅中如霞。他本是少年的人,如何禁架得定?便问道:“姐姐说小生什么?”如霞是有心招风揽火的,答道:“先生这早在外边回来,莫非昨晚在那处行走吗?”任君用道:“小生独处难挨,怪不得要在外边走走。”如霞道:“你看我墙内那个不是独处的?你何不到里面走走,便大家不独了?”任君用道:“我不生得双翅,飞不进来。”如霞道:“你果要进来,我有法儿,不消飞得。”任君用向墙上唱一个肥喏道:“多谢姐姐,速教妙方。”如霞道:“待禀过了夫人,晚上伺候消息。”说罢了,溜下树来。任君用听得明白,不胜侥幸道:“不知是那一位夫人,小生有此缘分,却如何能进得去?且到晚上看消息则个。”一面只望着日头下去。正是:

无端三足乌,团圆光皎灼。
安得后羿弓,射此一轮落!

不说任君用巴天晚,且说筑玉夫人在下边看见如霞和墙外讲话,一句句多听得的。不待如霞回覆,各自心照,笑嘻嘻地且回房中。如霞道:“今晚管不寂寞了。”夫人道:“万一后生家胆怯,不敢进来,这样事也是有的。”如霞道:“他方才恨不得立地飞了进来,听得说有个妙法,他肥啫就唱不迭,岂有胆怯之理? 只准备今宵取乐便了。"筑玉夫人暗暗欢喜。

床上添铺异锦,炉中满爇名香。榛松细果贮教尝,美酒佳茗顿放。　　久作阱中猿马,今思野外鸳鸯。安排芳饵钓檀郎,百计图他欢畅。(词寄《西江月》)

是日将晚,夫人唤如霞同到园中,走到梯边,如霞仍前从梯子溜在梧桐枝去,对着墙外大声咳嗽。外面任君用看见天黑下来,正在那里探头探脑,伺候声响。忽闻有人咳嗽,仰面瞧处,正是如霞在树枝高头站着,忙道:"好姐姐望穿我眼也。快用妙法,等我进来!"如霞道:"你在此等着,就来接你。"急下梯来对夫人道:"那人等久哩!"夫人道:"快放他进来!"如霞即取早间扎缚停当的索子,拿在腋下,望梯上便走,到树枝上牢系两头。如霞口中叫声道:"着!"把木板绳索向墙外一撒,那索子早已挂了下去。任君用外边凝望处,见一件物事抛将出来,却是一条软梯索子,喜得打跌。将脚试踹,且是结得牢实,料道可登。踹着木板,双手吊索,一步一步吊上墙来。如霞看见,急跑下来道:"来了! 来了!"夫人觉得有些害羞,走退一段路,在太湖石畔坐着等候。

任君用跳过了墙,急从梯子跳下。一见如霞,向前双手抱住道:"姐姐恩人,快活杀小生也!"如霞啐一声道:"好不识羞的,不要馋脸,且去前面见夫人。"任君用道:"是哪一位夫人?"如霞道:"是第七位筑玉夫人。"任君用道:"可正是京师极有名标致的吗?"如霞道:"不是她还有那个?"任君用道:"小生怎敢就去见她?"如霞道:"是她想着你,用见识叫她进来的,你怕怎地?"任君用道:"果然如此,小生何以克当?"如霞道:"不要虚谦逊,造化着你罢了,切莫忘了我引见的。"任君用道:"小生以身相谢,不敢有忘。"

一头说话,已走到夫人面前。如霞抛声道:"任先生已请到了。"任君用满脸堆下笑来,深深拜揖道:"小生下界凡夫,敢望与仙子相近? 今蒙夫人垂盼,不知是哪世里积下的福!"夫人道:"妾处深闺,常因太尉晏会,窥见先生丰采,渴慕已久。今太尉不在,闺中空闲,特邀先生一叙,倘不弃嫌,妾之幸也。"任君用道:"夫人抬举,敢不执鞭坠镫? 只是他日太尉知道,罪犯非同小可。"夫人道:"太尉昏昏的,哪里有许多背后眼? 况如此进来,无人知觉。先生不必疑虑,且到房中去来。"夫人叫如霞在前引路,一只手挽着任君用同行。任君用到此魂灵已飞在天外,哪里还顾什么利害? 随着夫人轻手轻脚竟到房中。

此时天已昏黑,各房寂静。如霞悄悄摆出酒肴,两人对酌,四目相视,甜语温存。三杯酒下肚,欲心如火,偎偎抱抱,共入鸳帏,两人之乐不可名状。

本为旅馆孤栖客,今向蓬莱顶上游。

偏是乍逢滋味别，分明织女会牵牛。

两人云雨尽欢，任君用道："久闻夫人美名，今日得同枕席，天高地厚之恩，无时可报。"夫人道："妾身颇慕风情，奈为太尉拘禁，名虽朝欢暮乐，何曾有半点情趣？今日若非设法得先生进来，岂不辜负了好天良夜！自此当永图偷聚，虽极乐而死，妾亦甘心矣。"任君用道："夫人玉质冰肌，但得挨皮靠肉，福分难消。何况亲承雨露之恩，实遂于飞之愿！总然事败，直得一死了。"两人笑谈欢谑，不觉东方发白。如霞走到床前来，催起身道："快活了一夜也够了，趁天色未明不出去了，更待何时？"任君用慌忙披衣而起，夫人不忍舍去，执手留连，叮咛夜会而别。吩咐如霞送出后花园中，元从来时方法在索上挂将下去，到晚夕仍旧进来。真个是：

朝隐而出，暮隐而入。
果然行不由径，早已非公至室。

如此往来数晚，连如霞也弄上了手，滚得热做一团。筑玉夫人心欢喜，未免与同伴中笑语之间，有些精神恍惚，说话没头没脑的，露出些马脚来。同伴里面初时不觉，后来看出意态，颇生疑心。到晚上有有心的，多方察听，已见了些声响。大家多是吃得杯儿的，巴不得寻着些破绽，同在浑水里搅搅，只是没有找着来踪去迹。

一日，众人偶然高兴，说起打秋千。一哄地走到架边，不见了索子。大家寻将起来，筑玉夫人与如霞两个多做不得声。原来先前两番，任君用出去了，便把索子解下藏过，以防别人看见。以后多次，便有些托大了，晓得夜来要用，不耐烦去解他。任君用虽然出去了，索子还吊在树枝上，挂向外边，未及收拾，却被众人寻见了，道："兀的不是秋千索？如何缚在这里树上，抛向外边去了？"宜笑姐年纪最小，身子轻便，见有梯在那里，便溜在树枝上去，吊了索头，收将进来。众人看见一节一节缚着木板，共惊道："奇怪，奇怪！可不有人在此出入的吗？"筑玉夫人通红了脸，半晌不敢开言。瑶月夫人道："眼见得是什么人在此通内了，我们该传与李院公查出，等候太尉来家，禀知为是。"口里一头说，一头把眼来瞅着筑玉夫人，筑玉夫人只低了头。餐花姨姨十分瞧科了，笑道："筑玉夫人为何不说一句，莫不心下有事？不如实对姐妹们说了，通同做个商量，到是美事。"如霞料是瞒不过了，对筑玉夫人道："此事若不通众，终须大家炒坏，便要独做也做不成了，大家和同些说明白了罢。"众人拍手："如霞姐说得有理，不要瞒着我们了。"筑玉夫人才把任生在此墙外做书房，用计取他进来的事说了一遍。瑶月夫人道："好姐姐，瞒了我们做这样好事！"宜笑姐道："而今不必说了，既是通同知道，我每合伴取些快乐罢了。"瑶月夫人故意道："做的自做，不做的自不做，怎如此说！"餐花姨姨道："就是不做，姐妹情分，只是帮衬些为妙。"宜笑姐道："姨姨说得是。"大家哄笑而散。

原来瑶月夫人内中与筑玉夫人两下最说得来，晓得筑玉有此私事，已自上心要分她的趣了，碍着众人在面前，只得说假撇清的话。比及众人散了，独自走到筑玉房中，问道："姐姐，今夜来否？"筑玉道："不瞒姐姐说，连日惯了的，为什么不来？"瑶月笑道："来时仍是姐姐独乐吗？"筑玉道："姐姐才说不做的自不做。"瑶月道："才方是大概说话，我便也要学做做儿的。"筑玉道："姐姐果有此意，小妹理当奉让。今夜唤他进来，送到姐姐房中便了。"瑶月道："我与他又不厮熟，羞答答的，怎好就叫他到我房中？我只在姐姐处做个帮户便使得。"筑玉笑道："这件事用不着人帮。"瑶月道："没奈何，我初次害羞，只好顶着姐姐的名尝一尝滋味，不要说破是我，等熟分了再处。"筑玉道："这等，姐姐须权躲躲过，待他到我床上脱衣之后，吹息了灯，掉了包就是。"瑶月道："好姐姐彼此帮衬些个。"筑玉道："这个自然。"两个商量已定。

到得晚来，仍叫如霞到后花园，把索儿收将出去，叫了任君用进来。筑玉夫人打发他先睡好了，将灯吹灭，暗中拽出瑶月夫人来，推她到床上去。瑶月夫人先前两个说话时，已自春心荡漾。适才闪在灯后偷觑任君用进来，暗处看明处较清，见任君用俊俏风流态度，着实动了眼里火。趁着筑玉夫人来拽她，心里巴不得就到手。况且黑暗之中不消顾忌，也没什么羞耻，一骨碌钻进床去。床上任君用只道是筑玉夫人，轻车熟路，也不等开口，翻过身就弄起来。瑶月夫人欲心已炽，猛力承受。弄到间深之处，任君用觉得肌肤凑理与那做作态度，是有些异样。又且不见则声，未免有些疑惑。低低叫道："亲亲的夫人，为甚么今夜不开了口？"瑶月夫人不好答应。任君用越加盘问，瑶月转闭口息，声气也不敢出。急得任君用连叫奇怪，按住身子不动。

筑玉在床沿边站着，听这一会儿。听见这些光景，不觉失笑。轻轻揭帐，将任君用狠打一下道："天杀的，便宜你了！只管絮叨什么？今夜换了个胜我十倍的瑶月夫人，你还不知哩！"任君用才晓得果然不是，便道："不知又是哪一位夫人见怜，小生不曾叩见，辄敢放肆了！"瑶月夫人方出声道："文绉绉什么，晓得便罢。"任君用听了娇声细语，不由不兴动，越加鼓扇起来。瑶月夫人乐极道："好知心姐姐，肯让我这一会儿，快活死也！"阴精早泄，四肢懈散。筑玉夫人听得当不住兴发，也脱下衣服，跳上床来。任君用且喜旗枪未倒，瑶月已自风流兴过，连忙帮衬，放下身来，推他到筑玉夫人那边去。任君用换了对主，另复交锋起来。正是：

倚翠偎红情最奇，巫山暗暗雨云迷。
风流一似偷香蝶，才过东来又向西。

不说三人一床高兴，且说宜笑姐、餐花姨姨日里见说其事，明知夜间任君用必然进内，要去约瑶月夫人同守着他，大家取乐。且自各去吃了夜饭，然后走到瑶月夫人房中，早已不见夫人，心下疑猜，急到筑玉夫人处探听，房外遇见如霞，问道："瑶月夫人在你处否?"如霞笑道："老早在我这里，今在我夫人床上睡哩。"两人道："同睡了，那人来时却有些不便。"如霞道："有甚不便！且是便得忒煞，三人做一头了。"两人道："那人已进来了吗?"如霞道："进来，进来，此时进进出出得不耐烦。"宜笑姐道："日里她见我说了合伴取乐，老大撇清，今反是他先来下手。"餐花姨姨道："偏是说乔话的最要紧。"宜笑姐道："我两个炒进去，也不好推拒得我每。"餐花姨姨道："不要不要！而今她两个弄一个，必定消乏，哪里还有什么本事轮到得我每?"附着宜笑姐的耳朵说道："不如耐过了今夜，明日我每先下些功夫，弄到了房里，不怕他不让我每受用!"宜笑姐道："说得有理。"两下各自归房去了，一夜无词。

次日早放了任君用出去，如霞到夫人床前说昨晚宜笑、餐花两人来寻瑶月夫人的说话。瑶月听得，忙问道："她们晓得我在这里吗?"如霞道："怎不晓得!"瑶月惊道："怎么好？须被她们耻笑!"筑玉道："何妨！索性连这两个丫头也弄在里头了，省得彼此顾忌，那时小任也不必早去夜来，只消留在这里，大家轮流，一发无些阻碍，有何不可?"瑶月道："是到极是，只是今日难见她们。"筑玉道："姐姐，今日只如常时，不必提起什么，等她们不问便罢，若问时我便乘机兜她在里面做事便了。"瑶月放下心肠。因是夜来困倦，直睡到晌午起来，心里暗暗得意乐事，只提防宜笑、餐花两人要来饶舌，见了带些没意思。岂知二人已自有了主意，并不说破一字，两个夫人各像没些事故一般，怡然相安，也不提起。

到了晚来，宜笑姐与餐花姨商量，竟往后花园中迎候那人。两人走到那里，躲在僻处，瞧那树边，只见任君用已在墙头上过来，从梯子下地。整一整巾帻，抖一抖衣裳，正举步要望里面走去。宜笑姐抢出来喝道："是何闲汉，越墙进来做什么!"餐花姨也走出来一把扭住道："有贼！有贼!"任君用吃了一惊，慌得颤抖抖道："是、是、是里头两位夫人约我进来的，姐姐休高声。"宜笑姐道："你可是任先生吗?"任君用道："小生正是任君用，并无假冒。"餐花姨道："你偷奸了两位夫人，罪名不小。你要官休？私休?"任君用道："是夫人们教我进来的，非干小生大胆，却是官休不得，情愿私休。"宜笑姐道："官休时拿你交付李院公，等太尉回来，禀知处分，叫你了不得。既情愿私休，今晚不许你到两位夫人处去，只随我两个悄悄到里边，凭我们处置。"任君用笑道："这里头料没有苦楚勾当，只随两位姐姐去罢了。"当下三人捏手捏脚，一直领到宜笑姐自己房中，连餐花姨也留做了一床，翻云覆雨，倒凤颠鸾，自不必说。

这边筑玉、瑶月两位夫人等到黄昏时候，不见任生到来，叫如霞拿灯去后花园中隔墙支会一声。到得那里，将灯照着树边，只见秋千索子挂向墙里边来了。原来任君用但是进来了，便把索子取向墙内，恐防挂在外面有人瞧见，又可以随着尾他踪迹，故收了进来，以此为常。如霞看见，晓得任生已自进来了，忙来回覆道："任先生进来过了，不到夫人处，却在哪里?"筑玉夫人想了一想，笑道："这等，有人剪着绺去也。”瑶月夫人道：“料想只在这两个丫头处。”即着如霞去看。如霞先到餐花房中，见房门闭着，内中寂然。随到宜笑房前，听得房内笑声哈哈，床上轧轧震动不住，明知是任生在床做事。如霞好不口馋，急跑来对两个夫人道：“果然在那里，正弄得兴哩，我们快去炒他。”瑶月夫人道：“不可不可。昨夜她们也不捉破我们，今若去炒，便是我们不是，须要伤了和气。”筑玉道：“我正要弄他两个在里头，不匡她先自留心已做下了，正合我的机谋。今夜且不可炒她，我与她一个见识，绝了明日的出路，取笑她慌张一回，不怕不打做一团。”瑶月道：“却是如何？”筑玉道：“只消叫如霞去把那秋千索解将下来藏过了，且着他明日出去不得，看她们怎地瞒得我们？”如霞道：“有理，有理！是我们做下这些机关，弄得人进来，怎么不通知我们一声，竟自邀截了去？不通，不通！”手提了灯，一性子跑到后花园，溜上树去把索子解了下来，做一捆抱到房中来，道：“解来了，解来了。”筑玉夫人道：“藏下了，到明日再处，我们睡休。”两个夫人各自归房中，寂寂寞寞睡了。正是：

一样玉壶传漏出，南宫夜短北宫长。

那边宜笑、餐花两人搂了任君用，不知怎生狂荡了一夜。约了晚间再会，清早打发他起身出去。任君用前走，宜笑、餐花两人蓬着头尾在后边悄悄送他，同到后花园中。任生照常登梯上树，早不见了索子软梯，出墙外去不得，依旧走了下来，道：“不知哪个解去了索子，必是两位夫人见我不到，知了些风，有些见怪，故意难我。而今怎生别寻根索子弄出去罢！”宜笑姐道：“那里有这样粗索吊得人起、坠得下去的？”任君用道：“不如等我索性去见见两位夫人，告个罪，大家商量。”餐花姨姨道：“只是我们不好意思些。”三人正踌躇间，忽见两位夫人同了如霞赶到园中来，拍手笑道：“你们瞒了我们干得好事，怎不叫飞了出去？”宜笑姐道：“先有人干过了，我们学样的。”餐花道：“且不要斗口，原说道大家帮衬，只为两位夫人撇了我们，自家做事，故此我们也打了一场偏手。而今不必说了，且将索子出来，放了他出去。”筑玉夫人大笑道：“请问还要放出去做什么？既是你知我见，大家有分了，便终日在此还碍着哪个？落得我们成群合伙喧哄过日。”一齐笑道：“妙！妙！夫人之言有理。”筑玉便挽了任生，同众美步回内庭中来。

从此，任生昼夜不出，朝欢暮乐，不是与夫人每并肩叠股，便与姨姐们作对成双，淫欲无休。身体劳惫，思量要歇息一会儿，怎由得你自在？没奈何，求放出去两日，又没个人肯。各人只将出私钱，买下肥甘物件，进去调养他。虑恐李院奴有言，各凑重赏买他口净。真是无拘无忌，受用过火了。所谓：

志不可满，乐不可极。
福过灾生，终有败日。

任生在里头快活了一月有余。忽然一日，外边传报进来说："太尉回来了。"众人多在睡梦昏迷之中，还未十分准信。不知太尉立时就到，府门院门豁然大开。众人慌了手脚，连忙着两个送任生出后花园，叫他越墙出去。任生上得墙头，底下人忙把梯子掇过，口里叫道："快下去！快下去！"不顾死活，没头的奔了转来。那时多着了忙，哪曾仔细？竟不想不曾系得秋千索子，却是下去不得，这边没了梯子，又下来不得，想道："有人撞见，煞是利害。"欲待奋身跳出，争奈淘虚的身子，手脚酸软，胆气虚怯，挣着便簌簌地抖，只得骑在墙檐脊上坐着，好似：

羝羊触藩，进退两难。

自古道冤家路儿窄，谁想太尉回来，不问别事，且先要到院中各处墙垣上看有无可疑踪迹，一径走到后花园来。太尉抬起头来，早已看见墙头上有人。此时任生在高处望下，认得是太尉自来，慌得无计可施，只得把身子伏在脊上。这叫得兔子掩面，只不就认得是他，却藏不得身子。太尉是奸狡有余的人，明晓得内院墙垣有什么事却到得这上头，毕竟连着闺门内的话，恐怕传播开去反为不雅。假意扬声道："这墙垣高峻，岂是人走得上去的？那上面有个人，必是甚邪祟凭附着他了，可寻梯子扶下来问他端的。"左右从人应声去掇张梯子，将任生一步步扶掖下地。任生明明听得太尉方才的说话，心生一计，将错就错，只做懵懂不省人事的一般，任凭众人扯扯拽拽，拖至太尉跟前。太尉认一认面庞，道："兀的不是任君用吗？元何这等模样？必是着鬼了。"任生紧闭双目，只不开言，太尉叫去神乐观里请个法师来救解。

太尉的威令谁敢稽迟？不一刻法师已到。太尉叫他把任生看一看，法师捏鬼道："是个着邪的。"手里仗了剑，口里哼了几句咒语，喷了一口净水，道："好了，好了。"任生果然睁开眼来道："我如何却在这里？"太尉道："你方才怎的来？"任生诌出一段谎来道："夜来独坐书房，恍惚之中，有五个锦衣花帽的将军来说，要随他天宫里去抄写什么，小生疑他怪样，抵死不肯。他叫从人扯捉，腾空而起。小生慌忙吊住树枝，口里喊道：'我是杨太尉爷馆宾，你们不得无礼。'那些小鬼见说出'杨太尉'三字，便放松了手，推跌下来，一时昏迷不省，不知却在太尉面前。太尉几时回来的？这里是哪里？"旁边人道："你方才被鬼迷在墙头上伏着，是太尉教救下来的，这里是后花园。"太尉道："适间所言，还是何神怪？"法师道："依他说来，是五通神道，见此独居无伴，作怪求食的。今与小符一纸贴在房中，再将些三牲酒果安一安神，自然平稳无事。"太尉吩咐当直的依言而行，送了法师回去，任生扶在馆中将息。任生心里道："惭愧！天字号一场是非，早被瞒过了也。"

任生因是几时斫丧过度了，精神元是虚耗的，做这被鬼迷了要将息的名头，在馆中调养了十来日。终是少年易复，渐觉旺相，进来见太尉，称谢道："不是太尉请法师救治，此时不知怎生被神鬼所迷，丧了残生也不见得。”太尉也自忻然道：“且喜得平安无事，老夫与君用久阔，今又值君用病起，安排几品，畅饮一番则个。”随命取酒共酌，猜枚行令，极其欢洽。任生随机应变，曲意奉承，酒间，任生故意说起遇鬼之事，要探太尉心上如何。但提起，太尉便道：“使君用独居遇魅，原是老夫不是。”着实安慰。任生心下私喜道：“所做之事，点滴不漏了。只是众美人儿时能够再会？此生只好做梦罢了。”书房静夜，常是相思不歇，却见太尉不疑，放下了老大的鬼胎，不担干系，自道侥幸了。岂知太尉有心，从墙头上见了任生，已瞧科了九分在肚里，及到筑玉夫人房中，不想那条做软梯的索子自那夜取笑，将来堆在壁间，终日喧哄，已此忘了。一时不曾藏得过，被太尉看在眼里，料道此物，正是接引人进来的东西了，即将如霞拷问，如霞吃苦不过，一一招出。太尉又各处查访，从头彻尾的事，无一不明白了。却只毫不发觉出来，待那任生一如平时，宁可加厚些。正是：

腹中怀剑，笑里藏刀。
撩他虎口，怎得开交！

一日，太尉招任生吃酒，直引至内书房中。欢饮多时，唤两个歌姬出来唱曲，轮番劝酒。任生见了歌姬，不觉想起内里相交过的这几位来，心事悒怏，只是吃酒，被灌得酩酊大醉。太尉起身走了进去，歌姬也随时进来了，只留下任生正在椅子上打盹。忽然，四五个壮士走到面前，不由分说，将任生捆缚起来。任生此时醉中，不知好歹，口里胡言乱语，没个清头。早被众人抬放一张卧榻上，一个壮士，拔出风也似一把快刀来，任生此时正是：

命如五鼓衔山月，身似三更油尽灯。

看官，你道若是要结果任生性命，这也是太尉家惯做的事，况且任生造下罪业不小，除之亦不为过，何必将酒诱他在内室了，然后动手？原来不是杀他，那处法实是稀罕。只见拿刀的壮士褪下任生腰裤，将左手扯他的阳物出来，右手飕的一刀割下，随即剔出双肾。任生昏梦之中叫声“啊呀”！痛极晕绝。那壮士即将神效止疼生肌敷药敷在伤处，放了任生捆缚，紧闭房门而出。这几个壮士是谁？乃是平日内里所用阉工，专与内相净身的。太尉怪任生淫污了他的姬妾，又平日喜欢他知趣，着人不要径自除他，故此吩咐这些阉工把来阉割了。因是阉割的见不得风，故引入内里密室之中，古人所云“下蚕室”正是此意。太尉又吩咐如法调治他，不得伤命，饮食之类务要加意。任生疼得十死九生，还亏调理有方，得以不死。明知太尉洞晓前事，下此毒手。忍气吞声，没处申诉，且喜留得性命。过了十来日，勉强挣扎起来，讨些汤来洗面。但见下颏上微微几茎髭须尽脱在盆内，急取镜来照时，俨然成

了一个太监之相。看那小肚之下结起一个大疤,这一条行淫之具已丢向东洋大海里去了。任生摸了一摸,泪如雨下。有诗为证:

昔日花丛多快乐,今朝独坐闷无聊。
始知裙带乔衣食,也要生来有福消。

任君用自被阉割之后,杨太尉见了便带笑容,越加待得他殷勤,索性时时引他到内室中,与妻妾杂坐宴饮耍笑。盖为他身无此物,不必顾忌,正好把来做玩笑之具了。起初,瑶月、筑玉等人凡与他有一手者,时时说起旧情,还十分怜念他。却而今没蛇得弄,中看不中吃,要来无干。任生对这些旧人道:"自太尉归来,我只道今生与你们永无相会之日了。岂知今日时时可以相会,却做了个无用之物,空咽唾津,可怜,可怜!"自此任生十日到有九日在太尉内院,希得出外,又兼颏净声雌,太监嘴脸,怕见熟人,一发不敢到街上闲走。平时极往来得密的方务德也有半年不见他面。务德曾到太尉府中探问,乃太尉吩咐过的,尽说道他死了。

一日,太尉带了姬妾出游相国寺,任生随在里头。偶然独自走至大悲阁下,恰恰与方务德撞见。务德看去,模样虽像任生,却已脸皮改变,又闻得有已死之说,心里踌躇,不敢上前相认,走了开去。任生却认得是务德不差,连忙呼道:"务德,务德,你为何不认我故人了?"务德方晓得真是任生,走来相揖。任生一见故友,手握着手,不觉呜咽流涕。务德问他许久不见,及有甚伤心之事。任生道:"小弟不才遭变,一言难尽。"遂把前后始末之事,细述一遍,道:"一时狂兴,岂知受祸如此!"痛哭不止。务德道:"你受用太过,故折罚至此。已成往事,不必追悔。今后只宜出来相寻同辈,消遣过日。"任生道:"何颜复与友朋相见! 贪恋余生,苟延旦夕罢了。"务德大加嗟叹而别。后来打听任生郁郁不快,不久竟死于太尉府中。这是行淫的结果,方务德每见少年好色之人,即举任君用之事以为戒。看官听说,那血气未定后生们,固当谨慎,就是太尉虽然下这等毒手,毕竟心爱姬妾被他弄过了,此亦是富贵人多蓄妇女之鉴。

堪笑累垂一肉具,喜者夺来怒削去。
寄语少年渔色人,大身勿受小身累。

又一诗笑杨太尉云:

削去淫根淫已过,尚留残质共婆娑。
譬如宫女寻奄尹,一样多情奈若何!

卷三十五

错调情贾母詈女　误告状孙郎得妻

诗曰：

妇女轻自缢，就里别贞淫。
若非能审处，枉自命归阴。

话说妇人短见，往往没奈何了，便自轻生。所以缢死之事，惟妇人极多。然有死得有用的，有死得没用的。湖广黄州蕲水县有一个女子陈氏，年十四岁，嫁与周世文为妻。世文年纪更小似陈氏两岁，未知房室之事。其母马氏是个寡妇，却是好风月淫滥之人。先与奸夫蔡凤鸣私通，后来索性赘他入室，作做晚夫。欲心未足，

还要吃一看二。有个方外僧人性月，善能养龟，广有春方，也与她搭上了。蔡凤鸣正要学些抽添之法，借些药力帮衬，并不吃醋捻酸，反与僧人一路宣淫，晓夜无度。有那媳妇陈氏在面前走动，一来碍眼，二来也带些羞惭，要一网兜她在里头。况且马氏中年了，那两个奸夫见了少艾女子，分外动火，巴不得到一到手。三人合伴百计来哄诱她，陈氏只是不从。婆婆马氏怪他不肯学样，羞她道："看你独造了贞节牌坊不成！"先是毒骂，渐加痛打。蔡凤鸣假意旁边相劝，便就捏捏撮撮撩拨他。陈氏一头受打，一头口里乱骂凤鸣道："由婆婆自打，不干你这野贼事，不要你来劝得！"婆婆道："不知好歹的贱货！必要打你肯顺随了才住。"陈氏道："拼得打死，决难从命！"

蔡凤鸣趁势抱住道："乖乖，偏要你从命，不舍得打你。"马氏也来相帮，扯裤撳腿，强要奸她。怎当得陈氏乱颠乱滚，两个人用力，只好捉得她身子住，哪里有闲空凑得着道儿行淫？原来世间强奸之说，元是说不通的。落得马氏费坏了些气力，恨毒不过，狠打了一场才罢。

陈氏受这一番作践，气忿不过，跑回到自己家里，哭诉父亲陈东阳。那陈东阳是个市井小人，不晓道理的，不指望帮助女儿，反说道："不该逆着婆婆，凡事随顺些，自不讨打。"陈氏晓得分理不清的，走了转来，一心只要自尽。家里还有一个太婆，年纪八十五了，最是疼她的。陈氏对太婆道："媳妇做不得这样狗彘的事，寻一条死路罢，不得伏侍你老人家了。却是我决不空死，我决来要两个同去。"太婆道："我晓得你是个守志的女子，不肯跟他们狐做。却是人身难得，快不要起这样念头！"陈氏主意已定，恐怕太婆老人家婆儿气，又或者来防闲着她，假意道："既是太婆劝我，我只得且忍着过去。"是夜在房竟自缢死。

死得两日，马氏晚间取汤澡牝，正要上床与蔡凤鸣快活，忽然一阵冷风过处，见陈氏拖出舌头尺余，当面走来。叫声："不好了！媳妇来了！"蓦然倒地，叫唤不醒。蔡凤鸣看见，吓得魂不附体，连夜逃走英山地方，思要躲过。不想心慌不择路，走脱了力。次日发寒发热，口发谵语，不上几日也死了，眼见得必是陈氏活拿了去。

此时是六月天气，起初陈氏死时，婆婆恨她，不曾收殓。今见显报如此，邻里喧传，争到周家来看。那陈氏停尸在低檐草屋中，烈日炎蒸，面色如生，毫不变动。说起她死得可怜，无不垂涕。又见恶姑奸夫俱死，又无不拍手称快。有许多好事儒生，为文的为文，作传的作传，备了牲礼，多来祭奠。呈明上司，替她立起祠堂。后来察院采风，奏知朝廷，建坊旌表为烈妇，果应着马氏独造牌坊之谶。这个缢死，可不是死得有用的了？

莲花出水，不染泥淤。
均之一死，唾骂在姑！

湖广又有承天府景陵县一个人家，有姑嫂两人。姑未嫁出，嫂也未成房，尚多是女子，共居一个小楼上。楼后有别家房屋一所，被火焚过，余下一块老大空地，积久为人堆聚粪秽之场。因此楼墙后窗，直见街道。二女闲空，就到窗边看街上行人往来光景。有邻家一个学生，朝夕在这街上经过，貌甚韶秀。二女年俱二八，情欲已动，见了多次，未免妄想起来。便两相私语道："这个标致小官，不知是哪一家的。若得与他同宿一晚，死也甘心。"

正说话间，恰好有个卖糖的小厮，唤作四儿，敲着锣在那里后头走来。姑嫂两人多是与他卖糖厮熟的，楼窗内把手一招，四儿就挑着担走转向前门来，叫道："姑娘们买糖！"姑嫂多走下楼来，与他买了些糖，便对他道："我问你一句说话，方才在你前头走的小官，是哪一家的？”四儿道：“可是那生得齐整的吗？”二女道：“正是。”四儿道：“这个是钱朝奉家哥子。”二女道：“为何日日在这条街上走来走去？”四儿道：“他到学堂中去读书，姑娘问他怎的？”二女笑道：“不怎的，我们看见问问着。”四儿年纪虽小，到是点头会意的人，晓得二女有些心动，便道：“姑娘喜欢这哥子，我替你们传情，叫他来耍耍何如？”二女有些羞缩，多红了脸，半晌方才道：“你怎么叫得他来？”四儿道：“这哥子在书房中，我时常挑担去卖糖，极是熟的。他心性好不风月，说了两位姑娘好情，他巴不得在里头的。只是门前不好来得，却怎么处？”二女笑道：“只他肯来，我自有处。”四儿道：“包管我去约得来。”二女就在汗巾里解下一串钱来，递与四儿道：“与你买果子吃。烦你去约他一约，只叫他在后边粪场上走到楼窗下来，我们在楼上窗里抛下一个布兜，兜他上来就是。”四儿道：“这等，我去说与他知道了，讨了回音来复两位姑娘。”三个多是孩子家，不知什么利害，欢欢喜喜各自散去。

四儿走到书房来寻钱小官，撞着他不在书房，不曾说得，走来回复。把锣敲得响，二女即出来问，四儿便说未得见他的话。二女苦央他再去一番，千万等个回信。四儿去了一会，又走来道：“偏生今日他不在书房中，待走到他家里去与他说。”二女又千叮万嘱道：“不可忘了。”似此来去了两番。

对门有一个老儿姓程，年纪七十来岁，终日坐在门前一只凳上，朦胧着双眼，看人往来。见那卖糖的四儿在对门这家去了又来，频敲糖锣。那里头两个女子，但是敲锣，就走出来与他交头接耳，想道：“若只是买糖，一次便了，为何这等藤缠？里头必有缘故。”跟着四儿到僻净处，便一把扯住问道：“对门这两个女儿，托你做些甚么私事？你实对我说了，我与你果儿吃。”四儿道：“不做什么事。”程老儿道：“你不说，我只不放你。”四儿道：“老人家休缠我，我自要去寻钱家小哥。”程老儿道：“想是他两个与那小官有情，故此叫你去吗？”四儿被缠不过，只得把实情说了。程老儿带着笑说道：“这等，今夜若来就成事了。”四儿道：“却不怎的。”程老儿笑嘻嘻的扯着四儿道：“好对你说，做成了我罢。”四儿拍手大笑道：“她女儿家，喜欢他小官，要你老人家做什么？”程老儿道：“我老则老，兴趣还高。我黑夜里坐在布兜内上去了，不怕她们推了我出来，那时临老入花丛，我之愿也。”四儿道：“这是我哄她两个了，我做不得这事。”程老儿道：“你若依着我，我明日与你一件衣服穿。若不依我，我去对他家家主说了，还要拿你这小猴子去摆布哩！”四儿有些着忙了，道：“老爹爹果有此意，只要重赏我，我便假说是钱小官，送了你上楼罢。”程老儿便伸手腰间钱袋内，摸出一块银子来，约有一钱五六分重，递与四儿道：“你且先拿了这些须去，明日再与你衣服。”四儿千欢万喜，果然不到钱家去。竟诌一个谎走来回复二女道：“说与钱小官了，等天黑就来。”二女喜之不胜，停当了布匹等他，一团春兴。

谁知程老儿老不识死，想要剪绺。四儿走来，回了他话，他就呆呆等着日晚。家里人叫他进去吃晚饭，他回说：“我今夜有夜宵主人，不来吃了。”磕磕撞撞，撞到粪场边来。走至楼窗下面，咳嗽一声。时已天黑不辨色了。两女听得人声，向窗外一看，但见黑魆魆一个人影，料道是那话来了。急把布来每人捏紧了一头，放将中段下去。程老儿见布下来了，即兜在屁股上坐好。楼上见布中已重，知是有人，扯将起去。那程老儿老年的人，身体干枯，苦不甚重。二女趁着兴高，同力一扯，扯到窗边。正要伸手扶他，楼中火光照出窗外，却是一个白头老人，吃了一惊。手臂索软，布扯不牢。一个失手，程老儿早已头轻脚重，跌下去了。二女慌忙把布收进，颤笃笃地关了楼窗，一场扫兴，不在话下。

次日，程老儿家见家主夜晚不回，又不知在那一家宿了，分头去亲眷家问，没个踪迹。忽见粪场墙边一个人死在那里，认着衣服，正是程翁。报至家里，儿子每来看看，不知其由。只道是老人家脚蹉自跌死了的。一齐哭着，扛抬回去。一面开丧入殓，家里嚷做一堆。

那卖糖的四儿还不晓得缘故，指望讨夜来信息，希冀衣服。莽莽走来，听见里面声喧。进去看看，只见程老儿直挺挺地躺在板上，心里明知是昨夜做出来的，不胜伤感，点头叹息。程家人看见了道："昨夜晚上请吃晚饭时，正见主翁同这个小厮在那里唧哝些什么，想是牵他到那处去。今日却死在墙边，那厢又不是街路，死得跷蹊，这小厮必定知情。"众人齐来一把拿住道："你不实说，活活打死你才住！"四儿慌了，只得把昨日的事一一说了，道："我只晓得这些缘故，以后去到哪里，怎么死了，我实不知。"程家儿子听了这话道："虽是我家老子，老没志气，牵头是你。这条性命，断送在你身上，干休不得！"就把四儿缚住，送到官司告理。

四儿到官，把首尾一十一五说了。事情干连着二女，免不得出牌行提。二女见说，晓得要出丑了，双双缢死楼上。只为一时没正经，不曾做得一点事，葬送了三条性命。这个缢死，可不是死得没用的了？

二美属目，眷眷恋童。
老翁夙孽，彼此凶终。

小子而今说一个缢死的，只因一吊，倒吊出许多妙事来。正是：

失马未为祸，其间自有缘。
不因俱错认，怎得两团圆？

话说吴淞地方有一个小官人，姓孙，也是儒家子弟。年方十七，姿容甚美。隔邻三四家，有一寡妇姓方。嫁与贾家，先年其夫亡故，止生得一个女儿，名唤闰娘。也是十七岁，貌美出群。只因家无男子，止是娘女两个过活，雇得一个秃小厮使唤。无人少力，免不得出头露面。邻舍家个个看见的，人人称羡。孙小官自是读书之人,又年纪相当,时时撞着。两下眉来眼去,各自有心。只是方妈妈做人刁钻,心性凶暴,不是好惹的人,拘管女儿甚是严紧。日里只在面前,未晚就收拾女儿到房里去了。虽是贾闰娘有这个孙郎在肚里,只好空白咽唾。孙小官恰像经布一般,不时往来她门首。只弄得个眼熟,再无便处下手。幸喜得方妈妈见了孙小官,心里也自爱他一分的,时常留他吃茶,与他闲话。算作通家子弟,还得频来走走,捉空与闰娘说得句把话。闰娘恐怕娘疑心,也不敢十分兜揽。似此多时,孙小官心痒难熬,没个计策。

一日,贾闰娘穿了淡红褂子在窗前刺绣。孙小官走来看见无人,便又把语言挑他。贾闰娘提防娘瞧着,只不答应。孙小官不离左右的踅了好两次,贾闰娘只怕露出破绽,轻轻的道:"青天白日,只管人面前来晃做什么?"孙小官听得只得走了去,思量道:"适间所言,甚为有意。教我青天白日不要来晃,敢是要我夜晚些来?或有个机会也不见得。"等到傍晚,又踅来贾家门首呆呆立着,见贾家门已闭了。忽听得呀的一响,开将出来。孙小官未知是那个,且略把身子退后,望把门开处走出一个人来,影影看去,正是着淡红褂子的。孙小官喜得了不得,连忙尾来,只见走入坑厕里去了。孙小官也跳进去,拦腰抱住道:"亲亲姐姐,我被你想杀了!你叫我日里不要来,今已晚了,你怎生打发我?"那个人啐了一口道:"小入娘贼!你认做那个哩?"原来不是贾闰娘,是他母亲方妈妈。为晚了到坑厕上收拾马子,因是女儿换下褂子在那里,她就穿了出来。孙小官一心想着贾闰娘,又见衣服是日里的打扮,娘女们身分必定有些厮像,眼花撩乱认错了。直等听得声音,方知是差讹,打个失惊,不要命的一道烟跑了去。

方妈妈吃了一场没意思,气得颤抖抖的,提了马子回来,想着道:"适才小猢狲的言语,甚有跷蹊。必是女儿与他做下了,有什么约会,认错了我,故作此行径,不必说得。"一忿之气,走进房来对女儿道:"孙家小猢狲在外头叫你,快出去!"贾闰娘不知一些清头,说道:"什么孙家李家,却来叫我?"方妈妈道:"你这臭淫妇约他来的,还要假撇清?"贾闰娘叫起屈来道:"哪里说起?我好端端坐在这里,却与谁有约来?把这等话赃污我!"方妈妈道:"方才我走出去,那小猢狲急急赶来,口口叫姐姐,不是认作了你这臭淫妇吗?做了这样龌龊人,不如死了罢!"贾闰娘没口得分剖,大哭道:"可不是冤杀我,我那知他这些事体来!"方妈妈道:"你浑身是口,也洗不清。平日不调得喉惯,没些事体,他怎敢来动手动脚?"方妈妈平日本是难相处的人,就碎聒得一个不了不休。贾闰娘欲待辩来,往常心里本是有他的,虚心病,说不出强话。欲待不辩来,其实不曾与他有勾当,委是冤屈,思量一转,泪如泉涌,道:"以此一番,防范越严,他走来也无面目,这因缘料不能勾了。况我当不得这擦刮,受不得这腌臜,不如死了,与他结个来生缘罢!"哭了半夜,趁着方妈妈炒骂兴阑,精神疲倦,昏昏熟睡,轻轻床上起来,将束腰的汗巾悬梁高吊。正是:

未得野鸳交颈，且做羚羊挂角。

且说方妈妈一觉睡醒，天已大明，口里还唠唠叨叨说昨夜的事，带着骂道："只会引老公招汉子，这时候还不起来，挺着尸做什么！"一头碎聒，一头穿衣服，静悄悄不见有人声响，嚷道："索性不见则声，还嫌我做娘的多嘴哩！"夹着气蛊，跳下床来。抬头一看，正见女儿挂着，好似打秋千的模样，叫声"不好了"！连忙解了下来，早已满口白沫，鼻下无气了。方妈妈又惊又苦又懊悔，一面抱来放倒在床上，捶胸跌脚地哭起来。哭了一会儿，狠的一声道："这多是孙家那小入娘贼，害了她性命。更待干罢，必要寻他来抵偿，出这口气！"又想道："若是小入娘贼得知了这个消息，必定躲过我。且趁着未张扬时去赚得他来，留住了，当官告他，不怕他飞到天外去。"忙叫秃小厮来，不与他说明，只叫去请孙小官来讲话。

孙小官正想着昨夜之事，好生没意思。闻知方妈妈请他，一发心里缩缩朒朒起来，道："怎到反来请我？敢怕要发作我吗？却又是平日往来的，不好推辞得，只得含着些羞惭之色，随着秃小厮来到。见了方妈妈，方妈妈撮起笑容来道："小哥夜来好莽撞！敢是认作我小女吗？"孙小官面孔通红，半晌不敢答应。方妈妈道："吾家与你家，门当户对，你若喜欢着我女儿，只消明对我说，一丝为定，便可成事，何必做那鼠窃狗偷没道理的勾当？"孙小官听了这一片好言，不知是计，喜之不胜道："多蒙妈妈厚情！待小子备些薄意，央个媒人来说。"方妈妈道："这个且从容，我既以口许了你，你且进房来，与小女相会一相会，再去央媒也未迟。"孙小官正像尼姑庵里卖卵袋，巴不得要的。欢天喜地，随了方妈妈进去。方妈妈到得房门边，推他一把道："在这里头，你自进去。"孙小官冒冒失失，踹脚进了房。方妈妈随把房门拽上了，铿的一声下了锁。隔着板障大声骂道："孙家小猢狲听着，你害我女儿吊死了，今挺尸在床上，交付你看守着。我到官去告你因奸致死，看你活得成活不成！"孙小官初时见关了门，正有些慌忙，道不知何意。及听得这些说话，方晓得是方妈妈因女儿死了，赚他来讨命。看那床上果有个死人躺着，老大惊惶。却是门儿已锁，要出去又无别路，在里头哀告道："妈妈，是我不是，且不要经官，放我出来再商量着。"门外悄没人应。原来方妈妈叫秃小厮跟着，已去告诉了地方，到县间递状去了。

孙小官自是小小年纪，不曾经过什么事体，见了这个光景，岂不慌怕？思量道："弄出这人命事来，非同小可！我这番定是死了。"叹口气道："就死也罢，只是我虽承姐姐顾盼好情，不曾沾得半分实味。今却为我而死，我免不得一死偿她。无端的两条性命，可不是前缘前世欠下的业债吗？"看着贾闰娘尸骸，不觉伤心大哭道："我的姐姐，昨日还是活泼泼与我说话的，怎今日就是这样了，却害着我？"正伤感间，一眼觑那贾闰娘时：

双眸虽闭，一貌犹生。袅袅腰肢，如不舞的迎风杨柳；亭亭体态，像不动的出水芙蕖。宛然美女独眠时，只少才郎同伴宿。

孙小官见贾闰娘颜面如生，可怜可爱，将自己的脸偎着她脸上，又把口呜嘬一番，将手去摸摸肌肤，身体还是和软的，不觉兴动起来。心里想道："生前不曾沾着滋味，今旁无一人，落得任我所为。我且解她的衣服开来，虽是死的，也弄她一下，还此心愿，不枉把性命赔他，"就揭开了外边衫子与裙子，把裤子解了带纽，褪将下来，露出雪白也似两腿。看那牝处，尚自光洁无毛。真是：阴沟渥丹，火齐欲吐。两腿中间，兀自气腾腾的。孙小官按不住欲心如火，腾地跳上身去，分开两股，将铁一般硬的玉茎，对着牝门，用些唾津润了，弄了进去，抽拽起来。嘴对着嘴，恣意亲咂。只见贾闰娘口鼻中渐渐有些气息，喉中咯咯声响。原来起初放下时，被汗巾勒住了气，一时不得回转，心头温和，原不曾死。方妈妈性子不好，一看见死了，就耐不得，只思报仇害人，一下子奔了出去，不曾仔细解救。今得孙小官在身体上腾挪，气便活动，口鼻之间，又接着真阳之气，恹恹地苏醒转来。

孙小官见有些奇异，反惊得不敢胡动，跳下身来，忙把贾闰娘款款扶起。闰娘得这一起，胸口痰落，忽地叫声"哎呀"，早把双眼朦胧闪开，看见是孙小官扶着她，便道："我莫不是梦里吗？"孙小官道："姐姐，你险些害杀我也！"闰娘道："我妈妈在哪里了，你到得这里？"孙小官道："你家妈妈道你死了，哄我到此，反锁着门，当官告我去了，不想姐姐却得重醒转来。而今妈妈未来，房门又锁得好好的，可不是天叫我两个成就好事了？"闰娘道："昨夜受妈妈吵聒不过，拚着性命。谁知今日重活，又得见哥哥在此，只当另是一世人了！"孙小官抱住要云雨，闰娘羞阻道："妈妈昨日没些事体，尚且百般丑骂，若今日知道与哥哥有些什么，一发了不得！"孙小官道："这是你妈妈自家请我上门的，须怪不得别人。况且姐姐你适才未醒之时，我已先做了点点事了，而今不必推掉得。"闰娘见说，自看身体上，才觉得裙裤俱开，阴中生楚，已知着了他手。况且原是心爱的人，有何不情愿？只算任凭他舞弄。孙小官重整旗枪，两下交战起来。

一个朦胧初醒，一个热闹重兴。烈火干柴，正是棋逢对手；疾风暴雨，还饶未惯娇姿。不怕隔垣听，喜的是房门静闭；何须牵线合，妙在那觌面成交。两意浓时，好似渴中新得水；一番乐处，真为死去再还魂。

两人无拘无管，尽情尽意乐了一番。闰娘道："你道妈妈回家来，见了却怎么？"孙小官道："我两人已成了事，你妈妈来家，推也推我不出去，怕她怎么？谁叫他锁着你我在这里的？"两人情投意合，亲爱无尽。也只诓妈妈就来，谁知到了天晚，还不见回。闰娘自在房里取着火种，到厨房中做饭与孙小官吃。孙小官也跟着相帮动手,已宛然似夫妻一般。至晚妈妈竟不来家,两人索性放开肚肠,一床一卧,相偎相抱睡了。自不见有这样凑趣帮衬的事,哪怕方妈妈住在外边过了年回来,这厢不提。

且说方妈妈这日哄着孙小官锁禁在房了,一径到县前来叫屈。县官唤进审问。方妈妈口诉因奸致死人命事情。县官不信道:“你们吴中风俗不好,妇女刁泼。必是你女儿病死了,想要图赖邻里的?”方妈妈说:“女儿不从缢死,奸夫现获在家。只求差人押小妇人到家,便可扭来,登堂究问。如有虚诳,情愿受罪。”县官见她说得的确,才叫个吏典将纸笔责了口词,准发该房出牌行拘。方妈妈终是个女流,被衙门中刁难,要长要短的,诈得不耐烦,才与她差得个差人出来。差人又一时不肯起身,藤缠着要钱,羁绊住身子。

转眼已是两三日,方得同了差人,来到自家门首,方妈妈心里道:“不诓一出门耽搁了这些时,那小猢狲不要说急死,饿也该饿得零丁了。”先请公差到堂屋里坐下,一面将了钥匙去开房门。只听得里边笑语声响,心下疑惑道:“这小猢狲在里头却和那个说话?”忙开进去,抬眼看时,只见两个人并肩而坐,正在那里知心知意地商量。方妈妈惊得把双眼一擦,看着女儿道:“你几时又活了?”孙小官笑道:“多承把一个死令爱交我相伴,而今我设法一个活令爱还了,这个人是我的了。”方妈妈呆了半晌,开口不得。思量没收场,只得拗曲作直,说道:“谁叫你私下通奸?我已告在官了。”孙小官道:“我不曾通奸,是你锁我在房里的,当官我也不怕。”方妈妈正有些没摆布处,心下踌躇,早忘了支分公差。

外边公差每焦躁道:“怎么进去不出来了?打发我们回复官人去!”方妈妈只得走出来,把实情告诉公差道:“起初小女实是缢死了,故此告这状。不想小女仍复得活,而今怎生去回得官人便好?”公差变起脸来道:“匾大的天,凭你掇出掇入的?人命重情,告了状又说是不死。你家老子做官也说不通!谁教你告这样谎状?”方妈妈道:“人命不实,奸情是真。我也不虚情,有烦替我带人到官,我自会说。”就把孙小官交付与公差。孙小官道:“我须不是自家走来的,况且人又不曾死,不犯什么事,要我到官何干?”公差道:“这不是这样说,你牌上有名,有理没理,你自见官分辩,不干我们事。我们来一番,须与我们差使钱去。”孙小官道:“我身子被这里妈妈锁住,饿了几日,而今拼得见官,那里有使用?但凭妈妈怎样罢了!”

当下方妈妈反输一帖,只得安排酒饭,款待了公差。公差还要连闰娘带去,方妈妈求免女儿出官。公差道:“起初说是死的,也少不得要相验尸首,而今是个活的,怎好不见得官?”贾闰娘闻知,说道:“果要出丑,我不如仍旧缢死了罢。”方妈妈没奈何,苦苦央及公差。公差做好做歉了一番,又送了东西,公差方肯住手,只带了孙小官同原告方妈妈到官回复。

县官先叫方妈妈问道:“你且说女儿怎么样死的?”方妈妈因是女儿不曾死,头一句就不好答应,只得说:“爷爷,女儿其实不曾死。”县官道:“不死,怎生就告人因奸致死?”方妈妈道:“起初告状时节是死的,爷爷准得状回去,不想又活了。”县官道:“有这样胡说!原说吴下妇人刁,多是一派虚情,人不曾死,就告人命,好打!”方妈妈道:“人虽不死,奸情实是有的,小妇人现获正身在此。”县官就叫孙小官上去问道:“方氏告你奸情,是怎么说?”孙小官道:“小人委实不曾有奸。”县官道:“你方才是哪里拿出来的?”孙小官道:“在贾家房里。”县官道:“可知是行奸被获了。”孙小官道:“小人是方氏骗去,锁在房里,非小人自去的,如何是小人行奸?”县官又问方妈妈道:“你如何骗他到家?”方妈妈道:“他与小妇人女儿有奸,小妇人知道了,骂了女儿一场,女儿当夜缢死。所以小妇人哄他到家锁住了,特来告状。及至小妇人到得家里,不想女儿已活,双双地住在房里了几日,这奸情一发不消说起了。”孙小官道:“小人与贾家女儿邻居,自幼相识,原不曾有一些什么事。不知方氏与女儿有何话说,却致女儿上吊。道是女儿死了,把小人哄到家里,一把锁锁住,小人并不知其由。及至小人慌了,看看女儿尸首时,女儿忽然睁开双目,依然活在床上,此时小人出来又出来不得,便做小人是柳下惠、鲁男子时,也只索同这女儿住在里头了,不诓一住就是两三日,却来拿小人到官。这不是小人自家走进去住在里头的,须怪小人不得,望爷爷详情。”

县官见说了,笑将起来道:“这说的是真话,只是女儿今虽不死,起初自缢,必有隐情。”孙小官道:“这是她娘女自有相争,小人却不知道。”县官叫方氏起来问道:“且说你女儿为何自缢?”方妈妈道:“方才说过,是与孙某有奸了。”县官道:“怎见得她有奸?拿奸要双,你曾拿得他着吗?”方妈妈道:“他把小妇人认做女儿,赶来把言语调戏,所以疑心他有奸。”县官笑道:“疑心有奸,怎么算得奸?以前反未必有这事,是你疑错了,以后再活转来,同住这两日夜,这就不可知。却是你自锁他在房里成就他的,此莫非是他的姻缘了。况已死得活,世所罕有,当是天意。我看这孩子仪容可观,说话伶俐。你把女儿嫁了他,这些多不消饶舌了。”方妈妈道:“小妇人原与他无仇,只为女儿死了,思量没处出这口气,要摆布他。今女儿不死,小妇人已自悔多告了这状了,只凭爷爷主张。”县官大笑道:“你若不出来告状,女儿与女婿怎能够先相会

这两三日?”遂援笔判道:

孙郎贾女,貌若年当。疑奸非奸,认死不死。欲絷其钻穴之身,反遂夫同衾之乐。似有天意,非属人为。宜效绸缪,以消怨旷。

判毕,令吏典读与方妈妈、孙小官听了,俱各喜欢,两两拜谢而出。孙小官就去择日行礼,与贾闰娘配为夫妇。这段姻缘,分明在这一吊上成的。有诗为证:

姻缘分定不须忙,自有天公作主张。
不是一番寒彻骨,怎得梅花扑鼻香?

卷三十六

王渔翁舍镜崇三宝　白水僧盗物丧双生

诗云：

资财自有分定，贪谋枉费踌躇。
假使取非其物，定为神鬼揶揄！

话说宋时淳熙年间，临安府市民沈一，以卖酒营生，家居官巷口，开着一个大酒坊。又见西湖上生意好，在钱塘门外丰楼买了一所库房，开着一个大酒店。楼上临湖玩景，游客往来不绝。沈一日里在店里监着酒工卖酒，傍晚方回家去。日逐营营，算计利息，好不兴头。

一日正值春尽夏初，店里吃酒的甚多，到晚未歇，收拾不及，不回家去，就在店里宿了。将及二鼓时分，忽地湖中有一大船，泊将拢岸，鼓吹喧阗，丝管交沸。有五个贵公子各戴花帽，锦袍玉带，挟同姬妾十数辈，径到楼下，唤酒工过来问道："店主人何在？"酒工道："主人沈一今日不回家去，正在此间。"五客多喜道："主人在此更好，快请相见。"沈一出来见过了。五客道："有好酒，只管拿出来，我每不亏你。"沈一道："小店酒颇有，但凭开量洪饮，请到楼上去坐。"五客拥了歌童舞女，一齐登楼，畅饮更余。店中百来坛酒吃个罄尽。算还酒钱，多是雪花白银。沈一是个乖觉的人，见了光景想道："世间那有一样打扮的五个贵人？况他容止飘然，多有仙气，只这用了无数的酒，决不是凡人了，必是五通神道无疑。既到我店，不可错过了。"一点贪心，忍不住向前跪拜道："小人一生辛苦经纪，赶趁些微末利钱，只够度日。不道十二分天幸，得遇尊神，真是夙世前缘，有此遭际，愿求赐一场小富贵。"五客多笑道："要与你些富贵也不难，只是你所求何等事？"沈一叩头道："小人市井小辈，别不指望，只求多赐些金银便了。"五客多笑着点头道："使得，使得。"即叫一个黄巾力士听使用，力士向前声喏。五客内中一个为首的唤到近前，附耳低言，不知吩咐了些什么，领命去了。须臾回覆，背上负一大布囊来掷于地。五客叫沈一来，与他道："此一囊金银器皿，尽以赏汝。然须到家始看，此处不可泄露！"沈一伸手去隔囊捏一捏，捏得囊里块块累累，其声铿锵，大喜过望，叩头称谢不止。俄顷鸡鸣，五客率领姬妾上马，笼烛夹道，其去如飞。

沈一心里快活，不去再睡，要驮回到家开看。虑恐入城之际，囊里狼犺，被城门上盘诘。拿一个大锤，隔囊锤击，再加蹴踏扁了，使不闻声。然后背在肩上，急到家里。妻子还在床上睡着未起，沈一连声喊道："快起来！快起来！我得一主横财在这里了，寻秤来与我称称看。"妻子道："什么横财！昨夜家中柜里头异常响声，疑心有贼，只得起来照看，不见什么。为此一夜睡不着，至今未起。你且先去看看柜里着，再来寻秤不迟。"沈一走去取了钥匙，开柜一看，那里头空空的了。原来沈一城内城外两处酒坊，所用铜锡器皿家伙与妻子金银首饰，但是值钱的多收拾在柜内，而今一件也不见了。惊异道："奇怪！若是贼偷了去，为何锁都不开的！"妻子见说柜里空了，大哭起来道："罢了！罢了！一生辛苦，多没有了！"沈一道："不妨，且将神道昨夜所赐来看看，尽够受用哩！"慌忙打开布袋来看时，沈一惊得呆了。说也好笑，一件件拿出来看，多是自家柜里东西。只可惜被夜来那一顿锤踏，多弄得歪的歪，扁的扁，不成一件家伙了。沈一大叫道："不好了！不好了！被这伙泼毛神作弄了。"妻子问其缘故。乃说："昨夜遇着五通神道，求他赏赐金银，他与我这一布囊。谁知多是自家屋里东西，叫个小鬼来搬去的。"妻子道："为何多打坏了？"沈一道："这却是我怕东西狼犺，撞着城门上盘诘，故此多敲打实落了。哪知有这样事，自家害着自家了！"沈一夫妻多气得不耐烦，重新唤了匠人，逐件置造过，反费了好些工食。不指望横财，倒折了本。传闻开去，做了笑话，沈一好些时不敢出来见人。只因一念贪痴，妄想非分之得，故受神道侮弄如此。可见世上不是自家东西，不要欺心贪他的。

小子说一个欺心贪别人东西不得受用，反受显报的一段话，与看官听一听，冷一冷这些欺心要人的肚肠。有诗为证：

异宝归人定夙缘，岂容旁睨得垂涎！
试看欺隐皆成祸，始信冥冥自有权。

话说宋朝隆兴年间，蜀中嘉州地方有一个渔翁，姓王名甲，家住岷江之旁，世代以捕鱼为业，每日与同妻子棹着小舟，往来江上撒网施罟。一日所得，恰好供给一家。这个渔翁虽然行业落在这里头了，却一心好善敬佛。每将鱼虾市上去卖，若够了一日食用，便肯将来布施与乞丐，或是寺院里打斋化饭，禅堂中募化腐菜，他不拘一文二文，常自喜舍不吝。他妻子见惯了的，况是女流，愈加信佛，也自与他一心一意，虽是生意浅薄，不多大事，没有一日不舍两文的。

一日正在江中棹舟，忽然看见水底一物，荡漾不定。恰像是个日头的影一般，火采闪烁，射人眼目。王甲对妻子道："你看见吗，此下必有奇异，我和你设法取它起来，看是何物？"遂教妻子理网，搜的一声撒将下去。不多时，掉转船头牵将起来，看那网中光亮异常。笑道："是什么好物事呀？"取上手看，却原来是面古镜。周围有八寸大小，雕镂着龙凤之文，又有篆书许多字，字形像符箓一般样，识不出的。王甲与妻子看了道:“闻得古镜值钱,这个镜虽不知值多少,必然也是件好东西。我和你且拿到家里藏好,看有识者,才取出来与他看看,不要等闲亵渎了。”

看官听说,原来这镜果是有来历之物,乃是轩辕黄帝所造,采着日精月华,按着奇门遁甲,拣取年月日时,下炉开铸。上有金章宝篆,多是秘笈灵符。但此镜所在之处,金银财宝多来聚会,名为“聚宝之镜”。只为王甲夫妻好善,也是夙世前缘,合该兴旺,故此物出现却得取了回家。自得此镜之后,财物不求而至。在家里扫地也扫出金屑来,垦田也垦出银窖来,船上去撒网也牵起珍宝来,剖蚌也剖出明珠来。

一日在江边捕鱼,只见滩上有两件小白东西,赶来赶去,盘旋数番,急跳上岸,将衣襟兜住,却似莲子大两块小石子,生得明净莹洁,光彩射人,甚是可爱。藏在袖里,带回家来放在匣中。是夜即梦见两个白衣美女,自言是姊妹二人,特来随侍。醒来想道:“必是二石子的精灵,可见是宝贝了。”把来包好,结在衣带上,隔得几日,有一个波斯胡人特来寻问。见了王甲道:“君身上有宝物,愿求一看。”王甲推道:“没甚宝物。”胡人道:“我远望宝气在江边,跟寻到此,知在君家。及见君走出,宝气却在身上,千万求看一看,不必瞒我!”王甲晓得是个识宝的,身上取出与他看。胡人看了啧啧道:“有缘得遇此宝,况是一双,尤为难得。不知可肯卖否?”王甲道:“我要它无用,得价也就卖了。”胡人见说肯卖,不胜之喜道:“此宝本没有定价,今我行囊止有三万缗,尽数与君买了去罢。”王甲道:“吾无心得来,不识何物。价钱既不轻了,不敢论量,只求指明要此物何用。”胡人道:“此名澄水石,放在水中,随你浊水皆清。带此泛海,即海水皆同湖水,淡而可食。”王甲道:“只如此,怎就值得许多?”胡人道:“吾本国有宝池,内多奇宝,只是淤泥浊水,水中有毒,人下去的,起来无不即死。所以要取宝的,必用重价募着舍性命的下水。那人死了,还要养赡他一家。如今有了此石,只须带在身边,水多澄清如同凡水,任从取宝总无妨了,岂不值钱?”王甲道:“这等,只买一颗去够了,何必两颗多要?便等我留下一颗也好。”胡人道:“有个缘故,此宝形虽两颗,气实相联。彼此相逐,才是活物,可以长久。若拆开两处,用不多时就枯槁无用,所以分不得的。”王甲想胡人识货,就取出前日的古镜出来求他赏识。胡人见了,合掌顶礼道:“此非凡间之宝,其妙无量,连咱也不能尽知其用,必是世间大有福的人方得有此。咱就有钱,也不敢买,只买此二宝去也勾了,此镜好好藏着,不可轻觑了它!”王甲依言,把镜来藏好,遂与胡人成了交易,果将三万缗买了二白石去。

王甲一时富足起来,然还未舍渔船生活。一日天晚,遇着风雨,掉船归家。望见江南火把明亮,有人唤船求渡,其声甚急。王甲料此时没有别舟,若不得渡,这些人须吃了苦。急急冒着风棹过去载他。原来是两个道士,一个穿黄衣,一个穿白衣,下在船里了,摇过对岸。道士对王甲道:“如今夜黑雨大,没处投宿。得到宅上权歇一宵,实为万幸。”王甲是个行善的人,便道:“家里虽蜗窄,尚有草榻可以安寝,师父每不妨下顾的。”遂把船拴好,同了两道士到家里来,吩咐妻子安排斋饭。两道士苦辞道:“不必赐餐,只求一宿。”果然茶水多不吃,径到一张竹床上一铺睡了。

王甲夫妻夜里睡觉,只听得竹床栗喇有声,扑的一响,像似甚重物跌下地来的光景。王甲夫妻猜道:“莫不是客人跌下床来?然是人跌没有得这样响声。”王甲疑心,暗里走出来,听两道士宿处,寂然没一些声息,愈加奇怪。走转房里,寻出火种点起个灯来,出外一照,叫声“阿也”!原来竹床压破,两道士俱落在床底下,直挺挺地眠着。伸手去一摸,吓得舌头伸了出去,半个时辰缩不进来。你道怎么?但见这两个道士:

冰一般冷,石一样坚。俨焉两个皮囊,块然一双宝体。黄黄白白,世间无此不成人;重重痴痴,路上非斯难算客。

王甲叫妻子起来道:“说也稀罕,两个客人不是生人,多变得硬硬的了。”妻子道:“变了何物?”王甲道:“火光之下,看不明白,不知是铜是锡,是金是银,直待天明才知分晓。”妻子道:“这等会作怪通灵的,料不是铜锡东西。”王甲道:“也是。”渐渐天明,仔细一看,果然那穿黄的是个金人,那穿白的是一个银人,约重有千百来斤。王甲夫妻惊喜非常,道此是天赐,只恐这等会变化的,必要走了哪里去。急急去买了一二十篓山炭,归家炽扇起来,把来销熔了。但见黄的是精金,白的是纹银。王甲前此日逐有意外之得,已是渐饶。又卖了二石子,得了一大主钱。今又有了这许多金银,一发瓶满瓮满,几间破屋没放处了。

王甲夫妻是本分的人,虽然有了许多东西,也不想去起造房屋,也不想去置买田产。但把渔家之事搁起不去弄了,只是安守过日,尚且无时无刻没有横财到手,又不消去做得生意。两年之间,富得当不得。却只是夫妻两口,要这些家私竟没用处。自己反觉多得不耐烦起来,心里有些惶惧不安,与妻子商量道:“我家自从祖上到今,只是以渔钓为生计。一日所得,极多有了百钱,再没去处了。今我每自得了这宝镜,动不动上千上万不消经求,凭空飞到,梦里也是不打点的。我每且自思量着,我与你本是何等之人?骤然有这等非常富贵,只恐怕天理不容。况我每粗衣淡饭便自过日,便这许多来何用?今若留着这宝镜在家,只有得增添起来。我想天地之宝,不该久留在身边,自取罪业。不如拿到峨眉山白水禅院,舍在圣像上,做了圆光,永做了佛家供养。也尽了我每一片心,也结了我每一个缘,岂不为美?"妻子道:"这是佛天面上好看的事,况我每知时识务,正该如此。"

于是两个志志诚诚吃了十来日斋,同到寺里献此宝镜。寺里住持僧法轮问知来意,不胜赞叹道:"此乃檀越大福田事!"王甲央他写成意旨,就使邀集合寺僧众,做一个三日夜的道场。办斋粮,施衬钱,费过了数十两银钱。道场已毕,王甲即将宝镜交付住持法轮,作别而归。法轮久已知得王甲家里此镜聚宝,乃谦词推托道:"这件物事,天下至宝,神明所惜。檀越肯将来施作佛供,自是檀越结缘,吾僧家何敢与其事?檀越自奉着置在三宝之前,顶礼而去就是了,贫僧不去沾手。"王甲夫妻依言,亲自把宝镜安放佛顶后面停当,拜了四拜,别了法轮自回去了。

谁知这个法轮是个奸狡有馀的僧人,明知这镜是至宝,王甲巨富皆因于此。见说肯舍在佛寺,已有心贪他的了。又恐怕日后番悔,原来取去,所以故意说个"不敢沾手",他日好赖。王甲去后,就取将下来,密唤一个绝巧的铸镜匠人,照着形模,另铸起一面来。铸成与这面宝镜分毫无异,随你识货的人也分别不出的。法轮重谢了匠人,教他谨言。随将新铸之镜装在佛座,将真的换去藏好了。那法轮自得此镜之后,金银财物不求自至。悉如王甲这两年的光景,以致衣钵充牣,买祠部度牒度的僮奴,多至三百余人。寺刹兴旺,富不可言。王甲回去,却便一日衰败一日起来。原来人家要穷,是不打紧的。不消得盗劫火烧,只消有出无进,七颠八倒,做事不着,算计不就,不知不觉地渐渐消耗了。况且王甲起初财物原是来得容易的,慷慨用费,不在心上,好似没底的吊桶一般,只管漏了出去。不想宝镜不在手里,更没有得来路,一用一空。只够有两年光景,把一个大财主仍旧弄做个渔翁身份,一些也没有了。俗语说得好:

宁可无了有,不可有了无。

王甲泼天家事弄得精光,思量道:"我当初本是穷人,只为得了宝镜,以致日遇横财,如此富厚。若是好端端放在家中,自然日长夜大,哪里得个穷来?无福消受,却没要紧的,舍在白水寺中了。而今这寺里好生兴旺,却叫我仍受贫穷,这是哪里说起的事?"夫妻两个,互相埋怨道:"当初是甚主意,怎不阻挡一声?"王甲道:"而今也好处,我每又不是卖绝与他,是白白舍去供养的。今把实情告诉住持长老,原取了来家。这须是我家的旧物,他也不肯不得。若怕佛天面上不好看,等我每照旧丰富之后,多出些布施,庄严三宝起来,也不为失信行了。"妻子道:"说得极是,为甚么睁着眼看别人富贵，自己受穷？作急去取了来，不可迟了。”商议已定，明日王甲径到峨眉山白水禅院中来。

昔日轻施重宝，是个慷慨有量之人；今朝重想旧踪，无非穷促无聊之计。一般檀越，贫富不同；总是登临，苦乐顿别。

且说王甲见了住持法轮，说起为舍镜倾家，目前无奈只得来求还原物。王甲口里虽说，还怕法轮有些什么推故。不匡法轮见说，毫无难色，欣然道：“此原是君家之物，今日来取，理之当然。小僧前日所以毫不与事，正为后来必有重取之日，小僧何苦又在里头经手？小僧出家人，只这个色身，尚非我有，何况外物乎？但恐早晚之间，有些不测，或被小人偷盗去了，难为檀越好情，见不得檀越金面。今得物归其主，小僧睡梦也安，何敢吝惜！”遂吩咐香积厨中办斋，管待了王甲已毕，却令王甲自上佛座，取了宝镜下来。王甲捧在手中，反复仔细转看，认得旧物宛然，一些也无疑心。拿回家里来，与妻子看过，十分珍重收藏起了。指望一似前日，财物水一般涌来，岂知一些也不灵验，依然贫困，时常拿出镜子来看看，光彩如旧，毫不济事。叹道：“敢是我福气已过，连宝镜也不灵了？”梦里也不道是假的，有改字陈朝驸马诗为证：

镜与财俱去，镜归财不归。
无复珍奇影，空留明月辉。

王甲虽然宝藏镜子，仍旧贫穷，那白水禅院只管一日兴似一日。外人闻得的，尽疑心道：“必然原镜还在僧处，所以如此。”起先那铸镜匠人打造时节，只说寺中住持无非看样造镜，不知其中就里。今见人议论。说出王家有镜聚宝，舍在寺中被寺僧偷过，致得王家贫穷寺中丰富一段缘由，匠人才省得前日的事，未免对人告诉出来，闻知的越恨那和尚欺心了。却是王甲有了一镜，虽知是假，那从证辨？不好再向寺中争论得，只得吞声忍气，自恨命薄。妻子叫神叫佛，冤屈无伸，没计奈何。法轮自谓得计，道是没有尽藏的，安然享用了。

看官，你道若是如此做人落得欺心，到反便宜，没个公道了。怎知：

量大福亦大，机深祸亦深！

法轮用了心机，藏了别人的宝镜自发了家，天理不容，自然生出事端来。

汉嘉来了一个提点刑狱使者，姓浑名耀，是个大贪之人。闻得白水寺僧十分富厚，已自动了顽涎。后来察听闻知有镜聚宝之说，想道：“一个僧家要他上万上千，不为难事。只是万千也有尽时，况且动人眼目。何如要了他这镜，这些财富尽跟了我走，岂不是无穷之利？亦且只是一件事物，甚为稳便。”当下差了一个心腹吏典，叫得宋喜，特来白水禅院问住持要借宝镜一看。只一句话，正中了法轮的心病，如何应承得？回吏典道：“好交提控得知，几年前有个施主，曾将古镜一面舍在佛顶上，久已讨回去了。小寺中那得有什么宝镜？万望提控回言一声。”宋喜道：“提点相公坐名要问这宝镜，必是知道些什么来历的，今如何回得他？”法轮道：“委实没有，叫小僧如何生得出来？”宋喜道：“就是恁地时，在下也不敢回话，须讨嗔怪！”法轮晓得他作难，寺里有的是银子，将出十两来送与吏典道：“是必有烦提控回一回，些小薄意，勿嫌轻鲜！”宋喜见了银子，千欢万喜道：“既承盛情，好歹替你回一回去。”

法轮送吏典出了门，回身转来与亲信的一个行者真空商量道：“此镜乃我寺发迹之本，岂可轻易露白，放得在别人家去的？不见王家的样吗？况是官府来借，他不还了，没处叫得撞天屈，又是瞒着别人家的东西，明白告诉人不得的事。如今只是紧紧藏着，推个没有，随他要得急时，做些银子不着，买求罢了。”真空道：“这个自然，怎么好轻与得他？随他要了多少物事去，只要留得这宝贝在，不愁他的。”师徒两个愈加谨密不题。

且说吏典宋喜去回浑提点相公的话，提点大怒道：“僧家直恁无状！吾上司官取一物，辄敢抗拒不肯？”宋喜道：“他不是不肯，说道原不曾有。”提点道：“胡说！吾访得真实在这里，是一个姓王的富人舍与寺中，他却将来换过，把假的还了本人，真的还在他处。怎说没有？必定你受了他贿赂，替他解说。如取不来，连你也是一顿好打！”宋喜慌了道：“待吏典再去与他说，必要取来就是。”提点道：“快去！快去！没有镜子，不要思量来见我！”

宋喜唯唯而出，又到白水禅院来见住持，说：“提点相公必要镜子，连在下也被他焦躁得不耐烦。而今没有镜子，莫想去见得他！”法轮道：“前日已奉告过，委实还了施主家了，而今还哪里再有？”宋喜道：“相公说得丁一卯二的，道有姓王的施主舍在寺中，以后来取，你把假的还了他，真的自藏了。不知哪里访问在肚里的，怎好把此话回得他？”法轮道：“此皆左近之人见小寺有两贯浮财，气苦眼热，造出些无端说话。”宋喜道：“而今说不得了，他起了风，少不得要下些雨。既没有镜子，须得送些什么与他，才熄得这火。”法轮道：“除了镜子，随分要多少，敝寺也还出得起。小僧不敢吝，凭提控怎么吩咐。”宋喜道：“若要周全这事，依在下见识，须得与他千金才打得他倒。”法轮道：“千金也好处，只是如何送去？”宋喜道：“这多在我，我自有送进的门路方法。”法轮道：“只求停妥得，不来再要便好。”即命行者真空在箱内取出千金，交与宋喜明白，又与三十两另谢了宋喜。

宋喜将的去又藏起了二百，止将八百送进提点衙内。禀道：“僧家实无此镜，备些镜价在此。”宋喜心里道：“量便是宝镜，也未必值得许多，可以罢了。”提点见了银子,虽然也动火的,却想道:"有了聚宝的东西,这七八百两只当毫毛,有甚稀罕!叵耐这贼秃你总是欺心赖别人的,怎在你手里了,就不舍得拿出来?而今只是推说没有,又不好奈何得!"心生一计道:"我须是刑狱重情衙门,我只把这几百两银做了赃物,坐他一个私通贿赂、夤缘刑狱污蔑官府的罪名,拿他来敲打,不怕不敲打得出来。"当下将银八百两封贮库内,即差下两个公人,竟到白水禅院拿犯法住持僧人法轮。

法轮见了公人来到,晓得别无他事,不过宝镜一桩前件未妥,吩咐行者真空道:"提点衙门来拿我,我别无词讼干连,料没甚事。他无非生端,诈取宝镜,我只索去见一见。看他怎么说话,我也讲个明白。他住了手,也不见得。前日宋提控送了这些去,想是嫌少。拼得再添上两倍,量也有数。你须把那话藏好些,一发露形不得了!"真空道:"师父放心!师父到衙门要取甚使用,只管来取。至于那话,我一面将来藏在人寻不到的去处,随你什么人来,只不认账罢了。"法轮道:"就是指了我名来要,你也决不可说是有的。"两下约定好,管待两个公人,又重谢了差使钱了,两个公人各各欢喜。法轮自恃有钱,不怕官府,挺身同了公人竟到提点衙门来。

浑提点升堂见了法轮,变起脸来拍案大怒道:"我是生死衙门,你这秃贼,怎么将着重贿,营谋甚事?见获赃银在库,中间必有隐情,快快招来!"法轮道:"是相公差吏典要取镜子,小寺没有镜子,吏典教小僧把银子来准的。"提点道:"多是一划胡说!那有这个道理?必是买嘱私情,不打不招!"喝叫皂隶拖番,将法轮打得一佛出世,二佛涅槃,收在监中了,提点私下又教宋喜去把言词哄他,要说镜子的下落。法轮咬定牙关,只说:"没有镜子,宁可要银子,去与我徒弟说,再凑些送他,赎我去罢!"宋喜道:"他只是要镜子,不知可是增些银子完得事体的,待我先讨个消息再商量。"宋喜把和尚的口语回了提点。提点道:"与他熟商量,料不肯拿出来,就是敲打他也无益。我想他这镜子,无非只在寺中。我如今密地差人把寺围了,只说查取犯法赃物,把他家资尽数抄将出来,简验一过,那怕镜子不在里头!"就吩咐吏典宋喜监押着四个公差,速行此事。宋喜受过和尚好处的,便暗把此意通知法轮,法轮心里思量道:"来时曾嘱付行者,行者说把镜子藏在密处,料必搜寻不着,家资也不好尽抄没了我的。"遂对宋喜道:"镜子原是没有,任凭箱匣中搜索也不妨,只求提控照管一二,有小徒在彼,不要把家计东西乘机散失了,便是提控周全处。小僧出去,禅院另有厚报。"宋喜道:"这个当得效力。"别了法轮,一同公差到白水禅院中来,不在话下。

且说白水禅院行者真空,原是个少年风流淫浪的僧人,又且本房饶富,尽可凭他撒漫,只是一向碍着住持师父,自家像不得意。目前见师父官提了去,正中下怀,好不自由自在。俗语云:"偷得爷钱没使处。"平日结识的私情、相交的婊子,没一处不把东西来乱塞乱用,费掉了好些过了。又偷将来各处寄顿下,自做私房,不计其数,猛地思量道:"师父一时出来,须要查算,却不决撒?况且根究镜子起来,我未免不也缠在里头。目下趁师父不在,何不卷掳了这偌多家财,连镜子多带在身边了,星夜逃去他州外府,养起头发来做了俗人,快活他下半世,岂不是好?"算计已定,连夜把箱笼中细软值钱的,并叠起来,做了两担。次日,自己挑了一担,顾人挑了一担,众人面前只说到州里救师父去,竟出山门去了。

去后一日,宋喜才押同四个公差来到,声说要搜简住持僧房之意。寺僧回说本房师父在官,行者也出去了,止有空房在此。公差道:"说不得!我们奉上司明文,搜简违法赃物,哪管人在不在?打进去便了!"当即毁门而入,在房内一看,里面止是些粗重家火,椅桌狼犺,空箱空笼,并不见有什么细软贵重的东西了。就将房里地皮翻了转来,也不见有什么镜子在那里。宋喜道:"住持师父叮嘱我,教不要散失了他的东西。今房里空空,却是怎么呢?"合寺僧众多道:"本房行者不过出去看师父消息,为甚把房中搬得恁空?敢怕是乘机走了!"四个公差见不是头,晓得没甚大生意,且把遗下的破衣旧服乱卷掳在身边了,问众僧要了本房僧人在逃的结状,一同宋喜来回复提点。

提点大怒道:"这些秃驴,这等奸猾!分明抗拒我,私下叫徒弟逃去了,有甚难见处?"立时提出法轮,又加一顿臭打。那法轮本在深山中做住持,富足受用的僧人,何曾吃过这样苦?今监禁得不耐烦,指望折些银子,早晚得脱。见说徒弟逃走,家私已空,心里已此苦楚,更是一番毒打,真个雪上加霜,怎经得起?到得监中,不胜狼狈,当晚气绝。提点得知死了,方才歇手。眼见得法轮欺心,盗了别人的宝物,受此果报。有诗为证:

赝镜偷将宝镜充,翻令施主受贫穷。
今朝财散人离处,四大原来本是空。

且说行者真空偷窃了住持东西,逃出山门。且不顾师父目前死活,一径打点他方去享用。把目前寄顿在别人家的物事,多讨了拢来,同寺中带出去的放作一处。驾起一辆大车,装载行李,顾个脚夫推了前走。看官,你道住持偌大家私,况且金银体重,岂是一车载得尽的?不知宋时尽行官钞,又叫得纸币,又叫得官会子,一贯止是一张纸,就有十万贯,止是十万张纸,甚是轻便。那住持固然有金银财宝,这个纸钞兀自有了几十万,所以携带不难。行者身边藏有宝镜,押了车辆,穿山越岭,待往黎州而去。到得竹公溪头,忽见大雾漫天,寻路不出。一个金甲神人闪将出来,躯长丈许,面有威容。身披锁子黄金,手执方天画戟,大声喝道:"哪里走?还我宝镜来!"惊得那推车的人,丢了车子,跑回旧路。只恨爷娘不生得四只脚,不顾行者死活,一道烟走了。那行者也不及来照管车子,慌了手脚,带着宝镜只是望前乱窜,走入林子深处。忽地起阵狂风,一个斑斓猛虎,跳将出来,照头一扑,把行者拖的去了。眼见得真空欺心,盗了师父的物件,害了师父的性命,受此果报。有诗为证:

盗窃原为非分财，况兼宝镜鬼神猜。
早知虎口应难免，何不安心守旧来？

再说渔翁王甲讨还寺中宝镜，藏在家里，仍旧贫穷。又见寺中日加兴旺，外人纷纷议论，已晓得和尚欺心调换，没处告诉。他是个善人，只自家怨怅命薄，夫妻两个说着宝镜在家时节许多妙处，时时叹恨而已。一日，夫妻两个同得一梦，见一金甲神人吩咐道："你家宝镜今在竹公溪头，可去收拾了回家。"两人醒来，各述其梦。王甲道："此乃我们心里想着，所以做梦。"妻子道："想着做梦也或有之，不该两个相同，敢是我们还有些造化，故神明有此警报？既有地方的，便到那里去寻一寻看也好。"

王甲次日问着竹公溪路径，穿山度岭，走到溪头。只见一辆车子倒在地上，内有无数物件，金银钞币，约莫有数十万光景。左右一看，并无人影，想道："此一套无主之物，莫非是天赐我的吗？梦中说宝镜在此，敢怕也在里头？"把车内逐一简过，不见有镜子。又在前后地下草中四处寻遍，也多不见，笑道："镜子虽不得见，这一套富贵也够我下半世了。不如趁早取了他去，省得有人来。"整起车来推到路口，顾一脚夫推了，一直到家里来。对妻子道："多蒙神明指点，去到溪口寻宝镜。宝镜虽不得见，却见这一车物事在那里。等了一会，并没个人来，多管是天赐我的，故取了家来。"妻子当下简看，尽多是金银宝钞，一一收拾，安顿停当。夫妻两人不胜之喜。只是疑心道："梦里原说宝镜，今虽得此横财，不见宝镜影踪，却是何故？还该到那里仔细一寻。"王甲道："不然，我便明日再去走一遭。"

到了晚间，复得一梦，仍旧是个金甲神人来说道："王甲，你不必痴心！此镜乃神天之宝，因你夫妻好善，故使暂出人间，作成你一段富贵，也是你的前缘，不想两入奸僧之手。今奸僧多已受报，此镜仍归天上去矣，你不要再妄想。昨日一车之物，原即是宝镜所聚的东西，所以仍归于你。你只坚心好善，就这些也享用不尽了。"飒然惊觉，乃是南柯一梦。王甲逐句记得明白，一一对妻子说，明知天意，也不去寻镜子了。夫妻享有寺中之物，尽够丰足，仍旧做了嘉陵富翁，此乃好善之报，亦是他命中应有之财，不可强也。

休慕他人富贵，命中所有方真。
若要贪图非分，试看两个僧人。

卷三十七

叠居奇程客得助　三救厄海神显灵

诗曰：

窈渺神奇事，文人多寓言。
其间应有实，岂必尽虚玄？

话说世间稗官野史中，多有纪载那遇神遇仙，遇鬼遇怪，情欲相感之事。其间多有偶因所感撰造出来的，如牛僧孺《周秦行纪》，道是僧孺落第时，遇着薄太后，见了许多异代本朝妃嫔美人，如戚夫人、齐潘妃、杨贵妃、昭君、绿珠，诗词唱和，又得昭君伴寝许多怪诞的话。却乃是李德裕与牛僧孺有不解之仇，教门客韦瓘作此记诬着他。只说是他自己做的，中怀不臣之心，妄言污蔑妃后，要坐他族灭之罪。这个记中事体，可不是一些影也没有的了？又有那《后土夫人传》，说是韦安道遇着后土之神，到家做了新妇，被父母疑心是妖魅，请明崇俨行五雷天心正法，遣她不去。后来父母教安道自央她去，只得去了，却要安道随行。安道到她去处，看见五岳四渎之神多来朝她。又召天后之灵，嘱她予安道官职钱钞。安道归来，果见天后传令洛阳城中访韦安道，与他做魏王府长史，赐钱五百万，说得有枝有叶，原来也是借此讥着天后的。

后来宋太宗好文，太平兴国年间，命史官编集从来小说，以类分载，名为《太平广记》，不论真的假的，一总收拾在内。议论的道："上自神祇仙子，下及昆虫草木，无不受了淫亵污点。"道是其中之事，大略是不可信的。不知天下的事，才有假，便有真。那神仙鬼怪，固然有假托的，也原自有真实的。未可执了一个见识，道总是虚妄的事。只看《太平广记》以后许多记载之书，中间尽多遇神遇鬼的，说得的的确确，难道尽是假托出来不成？

只是我朝嘉靖年间，蔡林屋所记《辽阳海神》一节，乃是千真万真的。盖是林屋先在京师，京师与辽阳相近，就闻得人说有个商人遇着海神的说话，半疑半信。后见辽东一个佥宪、一个总兵到京师来，两人一样说话，说得详细，方信其实。也还只晓得在辽的事，以后的事不明白。直到林屋做了南京翰林院孔目，撞着这人来游雨花台，林屋知道了，着人邀请他来相会，特问这话，方说得始末根由，备备细细。林屋叙述他觌面自己说的话，作成此传，无一句不真的。方知从古来有这样事的，不尽是虚诞了。

说话的，毕竟那个人是什么人？那个事怎么样起？看官听小子据着传文，敷演出来。正是：

怪事难拘理，明神亦赋情。
不知精爽质，何以恋凡生？

话说徽州商人姓程名宰，表字士贤，是彼处渔村大姓，世代儒门，少时多曾习读诗书。却是徽州风俗，以商贾为第一等生业，科第反在次着。正德初年，与兄程寀将了数千金，到辽阳地方为商，贩卖人参、松子、貂皮、东珠之类。往来数年，但到处必定失了便宜，耗折了资本，再没一番做得着。徽人因是专重那做商的，所以凡是商人归家，外而宗族朋友，内而妻妾家属，只看你所得归来的利息多少为重轻。得利多的，尽皆爱敬趋奉；得利少的，尽皆轻薄鄙笑，犹如读书求名的中与不中归来的光景一般。程宰弟兄两人因是做折了本钱，怕归来受人笑话，羞惭惨沮，无面目见江东父老，不思量还乡去了。

那徽州有一般做大商贾的，在辽阳开着大铺子，程宰兄弟因是平日是惯做商的，熟于账目出入，盘算本利，这些本事，是商贾家最用得着的。他兄弟自无本钱，就有人出些束脩，请下了他专掌账目，徽州人称为二朝奉。兄弟两人，日里只在铺内掌账，晚间却在自赁下处歇宿。那下处一带两间，兄弟各驻一间，只隔得中间一垛板壁，住在里头，就像客店一般湫隘，有甚快活？也是没奈何了，勉强度日。

如此过了数年，那年是戊寅年秋间了。边方地土，天气早寒，一日晚间风雨暴作。程宰与兄各自在一间房中，拥被在床，想要就枕。因是寒气逼人，程宰不能成寐，翻来覆去，不觉思念家乡起来。只得重复穿了衣服，坐在床里浩叹数声，自想如此凄凉情状，不如早死了到干净。此时灯烛已灭，又无月光，正在黑暗中苦挨着寒冷。忽地一室之中，豁然明朗，照耀如同白日。室中器物之类，纤毫皆见。程宰心里疑惑，又觉异香扑鼻，氤氲满室，毫无风雨之声，顿然和暖，如江南二三月的气候起来。程宰越加惊愕，自想道："莫非在梦境中了？"不免走出外边，看是如何。他原披衣服在身上的，亟跳下床来，走到门边开出去看，只见外边阴黑风雨，寒冷得不可当。慌忙奔了进来，才把门关上，又是先前光景，满室明朗，别是一般境界。程宰道："此必是怪异。"心里慌怕，不敢动脚步，只在床上高声大叫。其兄程寀止隔得一层壁，随你喊破了喉咙，莫想答应一声。

程宰着了急，没奈何了，只得钻在被里，把被连头盖了，撒得紧紧，向里壁睡着，图得个眼睛不看见，凭他怎么样了。却是心里明白，耳朵里听得出的，远远的似有车马喧阗之声，空中管弦金石音乐迭奏，自东南方而来，看看相近，须臾之间，已进房中。程宰轻轻放开被角，露出眼睛偷看，只见三个美妇人，朱颜绿鬓，明眸皓齿，冠帔盛饰，有像世间图画上后妃的打扮，浑身上下，金翠珠玉，光彩夺目；容色风度，一个个如天上仙人，绝不似凡间模样，年纪多只可二十余岁光景。前后侍女无数，尽皆韶丽非常，各有执事，自分行列。但见：

或提炉，或挥扇；或张盖，或带剑；或持节，或捧琴；或秉烛花，或挟图书；或列宝玩，或荷旌幢；或拥衾褥，或执巾帨；或奉盘匜，或擎如意；或举肴核，或陈屏障；或布几筵，或陈音乐。虽然纷纭杂沓，仍自严肃整齐；只此一室之中，随从何止数百？

说话的，你错了，这一间空房，能有多大，容得这几百人？若一个个在这扇房门里走将进来，走也走他一两个更次，挤也要挤坍了。看官，不是这话，列位曾见《维摩经》上的说话吗？那维摩居士止方丈之室，乃有诸天皆在室内，又容得十万八千狮子坐，难道是地方着得去？无非是法相神通。今程宰一室有限，有光明境界无尽。譬如一面镜子能有多大？内中也着了无尽物像。这只是个现相，所以容得数百个人，一时齐在面前，原不是从门里一个两个进来的。

闲话休絮，且表正事。那三个美人内中一个更觉齐整些的，走到床边，将程宰身上抚摩一过，随即开莺声吐燕语，微微笑道："果然睡熟了吗？吾非是有害于人的，与郎君有夙缘，特来相就，不必见疑。且吾已到此，万无去理，郎君便高声大叫，必无人听见，枉自苦耳。不如作速起来，与吾相见。"程宰听罢，心里想道："这等灵变光景，非是神仙，即是鬼怪。她若要摆布着我，我便不起来，这被头里岂是躲得过的？她既说是有夙缘，或者无害，也不见得。我且起来见她，看是怎地。"遂一毂辘跳将起来，走下卧床，整一整衣襟，跪在地下道："程宰下界愚夫，不知真仙降临，有失迎迓，罪合万死，伏乞哀怜。"美人急将纤纤玉手一把拽将起来道："你休惧怕，且与我同坐着。"挽着程宰之手，双双南面坐下。那两个美人，一个向西，一个向东，相对侍坐。

坐定，东西两美人道："今夕之会，数非偶然，不要自生疑虑。"即命侍女设酒进馔，品物珍美，生平目中所未曾睹。才一举箸，心胸顿爽。美人又命取红玉莲花卮进酒。卮形绝大，可容酒一升。程宰素不善酌，竭力推辞不饮。美人笑道："郎怕醉吗？此非人间曲蘖所酝，不是吃了迷性的，多饮不妨。"手举一卮，亲奉程宰。程宰不过意，只得接了到口，那酒味甘芳，却又爽滑清洌，毫不黏滞，虽醴泉甘露的滋味有所不及。程宰觉得好吃，不觉一卮俱尽。美人又笑道："郎信吾否？"一连又进数卮，三美人皆陪饮。程宰越吃越清爽，精神顿开，略无醉意。每进一卮，侍女们八音齐奏，音调清和，令人有超凡遗世之想。

酒阑，东西二美人起身道："夜已向深，郎与夫人可以就寝矣。"随起身褰帷拂枕，叠被铺床，向南面坐的美人告去，其余侍女一同随散。眼前凡百具器，霎时不见，门户皆闭，又不知打从那里去了。当下止剩得同坐的美人一个，挽着程宰道："众人已散，我与郎解衣睡罢。"程宰私自想道："我这床上布衾草褥，怎么好与这样美人同睡的？"举眼一看，只见枕衾帐褥，尽皆换过，锦绣珍奇，一些也不是旧时的了。程宰虽是有些惊惶，却已神魂飞越，心里不知如何才好，只得一同解衣登床。美人卸了簪珥，徐徐解开髻发绺辫，总绾起一窝丝来。那发又长又黑，光明可鉴。脱下里衣，肌肤莹洁，滑若凝脂，侧身相就，程宰汤着，遍体酥麻了。真个是：

丰若有余，柔若无骨。云雨初交，流丹浃藉。若远若近，宛转娇怯。俨如处子，含苞初坼。

程宰客中荒凉，不意得了此味，真个魂飞天外，魄散九霄，实出望外，喜之如狂。美人也自爱着程宰，枕上对他道："世间花月之妖，飞走之怪，往往害人，所以世上说着便怕，惹人憎恶。我非此类，郎慎勿疑。我得与郎相遇，虽不能大有益于郎，亦可使郎身体康健，资用丰足。倘有患难之处，亦可出小力周全，但不可漏泄风声。就是至亲如兄，亦慎勿使知道。能守吾戒，自今以后便当恒奉枕席，不敢有废；若有一漏言，不要说我不能来，就有大祸临身，吾也救不得你了。慎之！慎之！"程宰闻言甚喜，合掌罚誓道："某本凡贱，误蒙真仙厚德，虽粉身碎骨，不能为报！既承法旨，敢不铭心？倘违所言，九死无悔！"誓毕，美人大喜，将手来勾着程宰之颈说道："我不是仙人，实海神也。与郎有夙缘甚久，故来相就耳。"语话缠绵，恩爱万状。

不觉邻鸡已报晓二次，美人揽衣起道："吾今去了，夜当复来。郎君自爱。"说罢，又见昨夜东西坐的两个美人与众侍女，齐到床前，口里多称"贺喜夫人郎君"！美人走下床来，就有捧家火的侍女，各将梳洗应有的物件，伏侍梳洗罢。仍带簪珥冠帔，一如昨夜光景。美人执着程宰之手，叮咛再四不可泄漏，徘徊眷恋，不忍舍去。众女簇拥而行，尚回顾不止，人间夫妇，无此爱厚。

程宰也下了床，穿了衣服，伫立细看，如痴似呆，欢喜依恋之态，不能自禁。转眼间室中寂然，一无所见。看那门窗，还是昨日关得好好的。回头再看看房内，但见：

土坑上铺一带荆筐，芦席中拖一条布被。欹颓墙角，堆零星几块煤烟；坍塌地炉，摆缺绽一行瓶罐。浑如古庙无香火，一似牢房不洁清。

程宰恍然自失道："莫非是做梦吗？"定睛一想，想那饮食笑语以及交合之状，盟誓之言，历历有据，绝非是梦寐之境，肚里又喜又疑。

顷刻间天已大明，程宰思量道："吾且到哥哥房中去看一看，莫非夜来事体，他有些听得么？"走到间壁，叫声"阿哥"！程寀正在床上起来，看见了程宰，大惊道："你今日面上神采异常，不似平日光景，甚么缘故？"程宰心里踌躇，道："莫非果有些什么怪样，惹他们疑心？"只得假意说道："我与你时乖运蹇，失张失志，落魄在此，归家无期。昨夜暴冷，愁苦的当不得，辗转悲叹，一夜不曾合眼，阿哥必然听见的。有什么好处，却说我神采异常起来？"程寀道："我也苦冷，又想着家乡，通夕不寐，听你房中静悄悄地不闻一些声响，我怪道你这样睡得熟。何曾有愁叹之声，却说这个话！"程宰见哥哥说了，晓得哥哥不曾听见夜来的事了，心中放下了疙瘩，等程寀梳洗了，一同到铺里来。

那铺里的人见了程宰，没一个不吃惊道："怎地今日程宰哥面上，这等光彩？"程寀对兄弟笑道："我说嘛？"程宰只做不晓得，不来接口。却心里也自觉神思清爽，肌肉润泽，比平日不同，暗暗快活，惟恐她不再来了。是日频视晷影，恨不速移。刚才傍晚，就回到下处，托言腹痛，把门扃闭，静坐虔想，等待消息。

到得街鼓初动，房内忽然明亮起来，一如昨夜的光景。程宰顾盼间，但见一对香炉前导，美人已到面前。侍女止是数人，仪从之类稀少，连那旁坐的两个美人也不来了。美人见程宰嘿坐相等，笑道："郎果有心如此，但须始终如一方好。"即命侍女设馔进酒，欢谑笑谈，更比昨日熟分亲热了许多。须臾彻席就寝，侍女俱散。顾看床褥，并不曾见有人去铺设，又复锦绣重叠。程宰心忖道："床上虽然如此，地下尘埃秽污，且看是怎么样的？"才一起念，只见满地多是锦裀铺衬，毫无寸隙了。是夜两人绸缪好合，愈加亲狎。依旧鸡鸣两度，起来梳妆而去。

此后人定即来，鸡鸣即去，率以为常，竟无虚夕。每来必言语喧闹，音乐铿锵，兄房只隔层壁，到底影响不闻，也不知是何法术如此，自此情爱愈笃。程宰心里想要甚么物件，即刻就有，极其神速。一日，偶思闽中鲜荔枝，即有带叶百余颗，香味珍美，颜色新鲜，恰像树上摘下的；又说此味只有江南杨梅可以相匹，便有杨梅一枝，坠于面前，枝上有二万余颗，甘美异常。此时已是深冬，况此二物皆不是北地所产，不知何自得来。又一夕谈及鹦鹉，程宰道："闻得说有白的，惜不曾见。"才说罢，更有几只鹦鹉飞舞将来，白的、五色的多有，或诵佛经，或歌诗赋，多是中土官话。

一日，程宰在市上看见大商将宝石二颗来卖，名为硬红，色若桃花，大似拇指，索价百金。程宰夜间与美人说起，口中啧啧称为罕见。美人抚掌大笑道："郎如此眼光浅，真是夏虫不可语冰，我叫你看看。”说罢，异宝满室：珊瑚有高丈余的，明珠有如鸡卵的，五色宝石有大如栲栳的，光艳夺目，不可正视。程宰左顾右盼，应接不暇，须臾之间，尽皆不见。程宰自思：“我夜间无欲不遂，如此受用，日里仍是人家佣工，美人哪知我心事来！”遂把往年贸易耗折了数千金，以致流落于此告诉一遍，不胜嗟叹。美人又抚掌大笑道：“正在欢会时，忽然想着这样俗事来，何乃不脱洒如此！虽然，这是郎的本业，也不要怪你。我再叫你看一个光景。”说罢，金银满前，从地上直堆至屋梁边，不计其数。美人指着问程宰道：“你可要吗？”程宰是个做商人的，见了偌多金银，怎不动火。心热口馋，支手舞脚，却待要取。美人将箸去馔碗内夹肉一块，掷程宰面上道：“此肉粘得在你面上吗？”程宰道：“此是它肉，怎么粘得在吾面上？”美人指金银道：“此亦是他物，岂可取为已有？若目前取了些，也无不可。只是非分之物，得了反要生祸。世人为取了不该得的东西，后来加倍丧去的，或连身子不保的，何止一人一事？我岂忍以此误你！你若要金银，你可自去经营，吾当指点路径，暗暗助你，这便使得。”程宰道：“只这样也好了。”

其时是己卯初夏，有贩药材到辽东的，诸药多卖尽，独有黄柏、大黄两味卖不去，各剩下千来斤，此是贱物，所值不多。那卖药的见无人买，只思量丢下去了。美人对程宰道：“你可去买了他的，有大利钱在里头。”程宰去问一问价钱，那卖的巴不得脱手，略得些就罢了。程宰深信美人之言，料必不差，身边积有佣工银十来两，尽数买了他的。归来搬到下处，哥子程寀看见累累堆堆偌多东西，却是两味草药。问知是十多两银子买的，大骂道：“你敢失心疯了！将了有用的银子，置这样无用的东西。虽然买得贱，这偌多几时脱得手去，讨得本利到手？有这样失算的事！”谁知隔不多日，辽东疫疠盛作，二药各铺多卖缺了，一时价钱腾贵起来，程宰所有多得了好价，卖得罄尽，共卖了五百余两。程寀不知就里，只说是兄弟偶然造化到了，做着了这一桩生意，大加欣羡道：“幸不可屡侥，今既有了本钱，该图些傍实的利息，不可造次了。”程宰自有主意，只不说破。

过了几日，有个荆州商人贩彩缎到辽东的，途中遭雨湿壓黪，多发了斑点，一匹也没有颜色完好的。荆商日夜啼哭，惟恐卖不去了，只要有捉手便可成交，价钱甚是将就。美人又对程宰道：“这个又该做了。”程宰罄将前日所得五百两银子，买了他五百匹，荆商大喜而去。程寀见了道：“我说你福薄，前日不意中得了些非分之财，今日就倒灶了。这些彩缎，全靠颜色，颜色好时，头二两一匹还有便宜；而今斑斑点点，哪个要它？这五百两不撩在水里了？似此做生意，几时能够挣得好日回家？”说罢大恸。众商伙中知得这事，也有惜他的，也有笑他的。谁知时运到了，自然生出巧来。程宰顿放彩缎，不上一月，江西宁王宸濠造反，杀了巡抚孙公、副使许公，谋要顺流而下，破安庆，取南京，僭宝位，东南一时震动。朝廷急调辽兵南讨，飞檄到来，急如星火。军中戎装旗帜之类，多要整齐，限在顷刻，这个边地上那里立地有这许多缎匹，一时间价钱腾贵起来，只买得有就是，好歹不论，程宰所买这些斑斑点点的尽多得了三倍的好价钱。这一番除了本钱五百两，分外足足撰了千金。

庚辰秋间，又有苏州商人贩布三万匹到辽阳，陆续卖去，已有二万三四千匹了。剩下粗些的，还有六千多匹，忽然家信到来，母亲死了，急要奔丧回去。美人又对程宰道："这件事又该做了。"程宰两番得利，心知灵验，急急去寻他讲价。那苏商先卖去的，得利已多了。今止是余剩，况归心已急，只要一伙卖，便照原来价钱也罢。程宰遂把千金尽数买了他这六千多匹回来。明年辛巳三月，武宗皇帝驾崩，天下人多要戴着国丧。辽东远在塞外，地不产布，人人要件白衣，一时那讨得许多布来？一匹粗布，就卖得七八钱银子，程宰这六千匹，又卖了三四千两。如此事体，逢着便做，做来便希奇古怪，得利非常，记不得许多。四五年间，辗转弄了五七万两，比昔年所折的，到多了几十倍了。正是：

人弃我堪取，奇赢自可居。
虽然神暗助，不得浪贪图。

且说辽东起初闻得江西宁王反时，人心危骇，流传讹言，纷纷不一。有的说在南京登基了，有的说兵过两淮了，有的说过了临清到德州了。一日几番说话，也不知哪句是真，哪句是假。程宰心念家乡切近，颇不自安。私下问美人道："那反叛的到底如何？"美人微笑道："真天子自在湖、湘之间，与他什么相干！他自要讨死吃，故如此猖狂，不日就擒了，不足为虑！"此是七月下旬的说，再过月余，报到，果然被南赣巡抚王阳明擒了解京。程宰见美人说天子在湖、湘，恐怕江南又有战争之事，心中仍旧惧怕，再问美人。美人道："不妨，不妨。国家庆祚灵长，天下方享太平之福，只在一二年了。"后来嘉靖自湖广兴藩，入继大统，海内安宁，悉如美人之言。

到嘉靖甲申年间，美人与程宰往来，已是七载，两情缱绻，犹如一日。程宰囊中幸已丰富，未免思念故乡起来。一夕，对美人道："某离家已二十年了，一向因本钱耗折，回去不得。今蒙大造，囊资丰饶，已过所望。意欲暂与家兄归到乡里，一见妻子，便当即来，多不过一年之期，就好到此永奉欢笑，不知可否？"美人听罢，不觉惊叹道："数年之好，止于此乎？郎宜自爱，勉图后福，我不能伏侍左右了。"欷歔泣下，悲不自胜。程宰大骇道："某暂时归省，必当速来，以图后会，岂敢有负恩私？夫人乃说此断头话。"美人哭道："大数当然，彼此做不得主。郎适发此言，便是数当永诀了。"

言犹未已，前日初次来的东西二美人，及诸侍女仪从之类，一时皆集。音乐竞奏，盛设酒筵。美人自起酌酒相劝，追叙往时初会与数年情爱，每说一句，哽咽难胜。程宰大声号恸，自悔失言，恨不得将身投地，将头撞壁，两情依依，不能相舍。诸女前来禀白道："大数已终，法驾齐备，速请夫人登途，不必过伤了。"美人执着程宰之手，一头垂泪，一头吩咐道："你有三大难，今将近了，时时宜自警省，至期吾自来相救。过了此后，终身吉利，寿至九九，吾当在蓬莱三岛等你来续前缘。你自宜居心清净，力行善事，以副吾望。吾与你身虽隔远，你一举一动吾必晓得，万一做了歹事，以致堕落，犯了天条，吾也无可周全了。后会迢遥，勉之！勉之！"叮咛了又叮咛，何止十来番？程宰此时神志俱丧，说不出一句话，只好唯唯应承，苏苏落泪而已。正是：

世上万般哀苦事，无非死别与生离。
天长地久有时尽，此恨绵绵无限期。

须臾邻鸡群唱，侍女催促，诀别启行。美人还回头顾盼了三四番，方才寂然一无所见。但有：

蟋蟀悲鸣，孤灯半灭。
凄风萧飒，铁马玎珰。
曙星东升，银河西转。
顷刻之间，已如隔世。

程宰不胜哀痛，望着空中禁不住的号哭起来，才发得声，哥子程寀隔房早已听见，不像前番随你间壁翻天覆地总不知道的。哥子闻得兄弟哭声，慌忙起来问其缘故。程宰支吾道："无过是思想家乡。"口里强说，声音还是凄咽的。程寀道："一向流落，归去不得。今这几年来生意做得着，手头饶裕，要归不难，为何反哭得这等悲切起来？从来不曾见你如此，想必有甚伤心之事，休得瞒我！"程宰被哥子说破，晓得瞒不住，只得把昔年遇合美人夜夜的受用，及生意所以做得着以致丰富，皆出美人之助，从头至尾述了一遍。程寀惊异不已，望空礼拜。明日与客商伴里说了，辽阳城内外没一个不传说程士贤遇海神的奇话。程宰自此终日郁郁不乐，犹如丧偶一般，与哥子商量收拾南归。其时有个叔父在大同做卫经历，程宰有好几时不相见了，想道："今番归家，不知几时又到得北边。须趁此便打那边走一遭，看叔叔一看去。"先打发行李资囊付托哥子程寀监押，从潞河下在船内，沿途等候着他。

他自己却雇了一个牲口，由京师出居庸关，到大同地方见了叔父，一家骨肉，久别相聚，未免留连几日，不得动身。晚上睡去，梦见美人走来催促道："祸事到了，还不快走！"程宰记得临别之言，慌忙向叔父告行。叔父又留他饯别，直到将晚方出得大同城门。时已天黑，程宰道总是前途赶不上多少路罢了，不如就在城外且安宿了一晚，明日早行。睡到三鼓，梦中美人又来催道："快走！快走！大难就到，略迟脱不去了！"程宰当时惊醒，不管天早天晚，骑了牲口忙赶了四五里路，只听得炮声连响,回头看那城外时,火光烛天,照耀如同白日,原来是大同军变。且道如何是大同军变?大同参将贾鉴不给军士行粮,军士鼓噪,杀了贾鉴。巡抚都御史张文锦出榜招安,方得平静。张文锦密访了几个为头的,要行正法,正差人出来擒拿。军士重番鼓噪起来,索性把张巡抚也杀了,据了大同,谋反朝廷。要搜寻内外壮丁一同叛逆,故此点了火把出城,凡是饭店经商,尽被拘刷了转去,收在伙内,无一得脱。若是程宰迟了些个,一定也拿将去了,此是海神来救了第一遭大难了。

程宰得脱,兼程到了居庸,夜宿关外,又梦见美人来催道:"趁早过关,略迟一步就有牢狱之灾了。"程宰又惊将起来,店内同宿的多不曾起身。他独自一个急到关前,挨门而进。行得数里,忽然宣府军门行将文书来,因为大同反乱,恐有奸细混入京师,凡是在大同来进关者,不是公差吏人有官文照验在身者,尽收入监内,盘诘明白,方准释放。是夜与程宰同宿的人,多被留住下在狱中。后来有到半年方得放出的,也有染了病竟死在狱中的。程宰若非文书未到之前先走脱了,便干净无事,也得耐烦坐他五七月的监,此是海神来救他第二遭的大难了。

程宰赶上了潞河船只,见了哥子,备述一路遇难,因梦中报信得脱之故,两人感念不已。一路无话,已到了淮安府高邮湖中,忽然:

黑云密布,狂风怒号。水底老龙惊,半空猛虎啸。左掀右荡,浑如落在簸箕中;前蹻后颠,宛似滚起饭锅内。双桅折断,一舵飘零。等闲要见阎王,立地须游水府。

正在危急之中,程宰忽闻异香满船,风势顿息。须臾黑雾四散,中有彩云一片,正当船上。云中现出美人模样来,上半身毫发分明,下半身霞光拥蔽,不可细辨。程宰明知是海神又来救他,况且别过多时,不能厮见,悲感之极,涕泗交下,对着云中只是磕头礼拜,美人也在云端举手答礼,容色恋恋,良久方隐。船上人多不见些什么,但见程宰与空中施礼之状,惊疑来问。程宰备说缘故如此,尽皆瞻仰。此是海神来救他第三遭的大难,此后再不见影响了。

后来程宰年过六十,在南京遇着蔡林屋时,容颜只像四十来岁的,可见是遇着异人无疑。若依着美人蓬莱三岛之约,他日必登仙路也。但不知程宰无过是个经商俗人,有何缘分得有此一段奇遇?说来也不信,却这事是实实有的。可见神仙鬼怪之事,未必尽无,有诗为证:

流落边关一俗商,却逢神眷不寻常。
宁知钟爱缘何许?谈罢令人欲断肠。

卷三十八

两错认莫大姐私奔　再成交杨二郎正本

诗云：

李代桃僵，羊易牛死。
世上冤情，最不易理。

话说宋时南安府大庾县有个吏典黄节，娶妻李四娘。四娘为人心性风月，好结识个把风流子弟，私下往来。向与黄节生下一子，已是三岁了，不肯收心，只是贪淫。一日黄节因有公事，住在衙门中了十来日。四娘与一个不知姓名的奸夫说通了，带了这三岁儿子一同逃去。出城门不多路，那儿子见眼前光景生疏，啼哭不止。四娘好生不便，竟把儿子丢弃在草中，自同奸夫去了。大庾县中有个手力人李三，到乡间行公事，才出城门，只听得草地里有小儿啼哭之声，急往前一看，见是一个小儿眠在草里，擂天倒地价哭。李三看了心中好生不忍，又不见一个人来睬他，不知父母在哪里去了。李三走去抱扶着他，那小儿半日不见人了，心中虚怯，哭得不耐烦，今见个人来偎傍，虽是面生些，也倒忍住了哭，任凭他抱了起来。原来这李三不曾有儿女，看见欢喜。也是合当有事，道是天赐与他小儿，一径地抱了回家。家人见孩子生得清秀，尽多快活，养在家里，认做是自家的了。

这边黄节衙门中出来，回到家里，只见房闼寂静，妻子多不见了，骇问邻舍，多道是"押司出去不多日，娘子即抱着小哥不知哪里去了，关得门户寂悄悄的。我们只道到哪里亲眷家去，不晓得备细。"黄节情知妻四娘有些毛病的，着了忙，各处亲眷家问，并无下落。黄节只得写下了招子，各处访寻，情愿出十贯钱做报信的谢礼。

一日，偶然出城数里，恰恰经过李三门首。那李三正抱着这拾来的儿子，在那里与他作耍。黄节仔细一看，认得是自家的儿子，喝问李三道："这是我的儿子，你却如何抱在此间！我家娘子哪里去了？"李三道："这儿子吾自在草地上拾来的，哪晓得什么娘子？"黄节道："我妻子失去，遍贴招示，谁不知道！今儿子既在你处，必然是你作奸犯科，诱藏了我娘子，有什么得解说？"李三道："我自是拾得的，哪知这些事？"黄节扭住李三，叫起屈来，惊动地方邻里，多走将拢来。黄节告诉其事，众人道："李三元不曾有儿子，抱来时节实是有些来历不明，却不知是押司的。"黄节道："儿子在他处了，还有我娘子不见，是他一同拐了来的。"众人道："这个我们不知道。"李三发极道:"我那见什么娘子?那日草地上,只见得这个孩子在那里哭,我抱了回家。今既是押司的,我认了晦气,还你罢了,怎的还要赖我什么娘子!"黄节道:"放你娘的屁!是我赖你?我现有招贴在外的,你这个奸徒,我当官与你说话!"对众人道:"有烦列位与我带一带,带到县里来。事关着拐骗良家子女,是你地方邻里的干系,不要走了人!"李三道:"我没甚欺心事,随你去见官,自有明白,一世也不走。"

黄节随同了众人押了李三,抱了儿子,一直到县里来。黄节写了纸状词,把上项事一一禀告县官。县官审问李三,李三只说路遇孩子抱了归来是实,并不知别项情由。县官道:"胡说!他家不见了两个人,一个在你家了,这一个又在哪里?这样奸诈,不打不招。"遂把李三上起刑法来,打得一佛出世,二佛生天,只不肯招。那县里有与黄节的一般吏典二十多个,多护着吏典行里体面,一齐来跪禀县官,求他严行根究。县官又把李三重加敲打,李三当不过,只得屈招道:"因为家中无子,见黄节妻抱了儿子在那里,把来杀了,盗了他儿子回来,今被捉获,情愿就死。"县官又问:"尸首今在何处?"李三道:"恐怕人看见,抛在江中了。"县官录了口词,取了供状,问成罪名,下在死囚牢中了,吩咐当案孔目做成招状,只等写完文卷,就行解府定夺。孔目又为着黄节把李三狱情做得没些漏洞,其时乃是绍兴十九年八月二十九日。文卷已完,狱中取出李三解府,系是杀人重犯,上了镣肘,戴了木枷,跪在庭下,专听点名起解。

忽然阴云四合,空中雷电交加,李三身上枷扭尽行脱落,霹雳一声,掌案孔目震死在堂上,二十多个吏典头上吏巾,皆被雷风掣去。县官惊得浑身打颤,须臾性定,叫把孔目身尸验看,背上有朱红写的"李三狱冤"四个篆字。县官便叫李三问时,李三兀自痴痴地立着,一似失了魂的,听得呼叫,然后答应出来。县官问道:"你身上枷扭,适才怎么样解了的?"李三道:"小人眼前昏黑,犹如梦里一般,更不知一些什么,不晓得身上枷扭怎地脱了。"县官明知此事有冤,遂问李三道:"你前日孩子果是怎生的?"李三道:"实实不知谁人遗下,在草地上啼哭,小人不忍,抱了回家。

至于黄节夫妻之事，小人并不知道，是受刑不过屈招的。”县官此时又惊又悔道：“今日看起来，果然与你无干。”当时遂把李三释放，叫黄节与同差人别行寻缉李四娘下落，后来毕竟在别处地方寻获，方知天下事专在疑似之间冤枉了人。这个李三若非雷神显灵，险些儿没辩白处了。

而今说着国朝一个人也为妻子随人走了，冤屈一个邻舍往来的，几乎累死，后来却得明白，与大庾这件事有些仿佛。待小子慢慢说来，便知端的。

佳期误泄桑中约，好事讹牵月下绳。
只解推原平日状，岂知局外有翻更？

话说北直张家湾有个居民，姓徐名德，本身在城上做长班，有妻莫大姐，生得大有容色，且是兴高好酒，醉后就要趁着风势撩拨男子汉，说话勾搭。邻舍有个杨二郎，也是风月场中人，年少风流，闲荡游耍过日，没甚根基。与莫大姐终日调情，你贪我爱，弄上了手，外边人无不知道。虽是莫大姐平日也还有个把体己人往来，总不如与杨二郎过得恩爱。况且徐德在衙门里走动，常有个月期程不在家里，杨二郎一发便当，竟像夫妻一般过日。

后来徐德挣得家事从容了，衙门中寻了替身，不消得日日出去，每有时节歇息在家里，渐渐把杨二郎与莫大姐光景看了些出来。细访邻里街坊，也多有三三两两说话。徐德一日对莫大姐道：“咱辛辛苦苦了半世，挣得有碗饭吃了，也要装些体面，不要被外人笑话便好。”莫大姐道：“有甚笑话？”徐德道：“钟不扣不鸣，鼓不打不响，欲人不知，莫若不为。你做的事，外边哪一个不说的？你瞒咱则甚？咱叫你今后仔细些罢了。”莫大姐被丈夫道着海底眼，虽然撒娇撒痴，说了几句支吾门面说话，却自想平日忒做得渗濑，晓得瞒不过了，不好十分强辩得。暗地忖道：“我与杨二郎交好，情同夫妻，时刻也闲不得的。今被丈夫知道，必然防备得紧，怎得像意？不如私下与他商量，卷了些家财，同他逃了去他州外府，自由自在的快活，岂不是好！”藏在心中。

一日看见徐德出去，便约了杨二郎密商此事。杨二郎道：“我此间又没甚牵带，大姐肯同我去，要走就走。只是到外边去，须要有些本钱，才好养得口活。”莫大姐道：“我把家里细软尽数卷了去，怕不也过几时？等住定身子，慢慢生发做活就是。”杨二郎道：“这个就好了，一面收拾起来，得便再商量走道儿罢了。”莫大姐道：“说与你了，待我看着机会，拣个日子，悄悄约你走路，你不要走漏了消息。”杨二郎道：“知道。”两个趁空处又做了一点点事，千吩万咐而去。

徐德归来几日，看见莫大姐神思撩乱，心不在焉的光景，又访知杨二郎仍来走动，恨着道：“等我一时撞着了，怕不斫他做两段！”莫大姐听见，私下教人递信与杨二郎，目下切不要到门前来露影，自此杨二郎不敢到徐家左近来。莫大姐切切在心，只思量和他那里去了便好，已此心不在徐家，只碍着丈夫一个是眼中钉了。大凡女人心一野，自然七颠八倒，如痴如呆，有头没脑，说着东边，认着西边，没情没绪的。况且杨二郎又不得来，茶里饭里多是他，想也想痴了。因是闷得不耐烦，问了丈夫，同了邻舍两三个妇女们约了要到岳庙里烧一炷香。此时徐德晓得这婆娘不长进，不该放她出去才是。却是北人直性，心里道："这几时拘系得紧了，看她恍恍惚惚，莫不生出病来，便等她外边去散散。"北方风俗，女人出去，只是自行，男子自有勾当，不大肯跟随走的。当下莫大姐自同一伙女伴带了纸马酒盒，抬着轿，飘飘逸逸的出门去了。只因此一去，有分交：

闺中佚女，竟留烟月之场；枕上情人，险作囹圄之鬼。直待海清终见底，方今盆覆得还光。

且说齐化门外有一个俏俏的子弟，姓郁名盛，生性淫荡，立心刁钻，专一不守本分，勾搭良家妇女，又喜讨人便宜，做那昧心短行的事。他与莫大姐是姑舅之亲，一向往来，两下多有些意思，只是不曾得便，未上得手。郁盛心里道是一桩欠事，时常记念的。一日在自己门前闲立，只见几乘女轿抬过，他窥头探脑去看那轿里抬的女眷，恰好轿帘隙处，认得是徐家的莫大姐。看了轿上挂着纸钱，晓得是岳庙进香，又有闲的挑着盒担，乃是女眷们游耍吃酒的。想道："我若断赶着她们去，闲荡一番，不过插得些寡趣，落得个眼饱，没有实味。况有别人家女眷在里头，便插趣也有好些不便，不若我整治些酒馔在此等莫大姐转来。我是亲眷人家，邀她进来，打个中火，没人说得。亦且莫大姐尽是贪杯高兴，十分有情的，必不推拒。那时趁着酒兴营够他，不怕她不成这事。好计，好计！"即时奔往闹热胡同，只拣可口的鱼肉荤肴、榛松细果，买了偌多，撮弄得齐齐整整。正是：

安排扑鼻芳香饵，专等鲸鲵来上钩。

却说莫大姐同了一班女伴到庙里烧过了香，各处去游耍，挑了酒盒，野地上随着好坐处，即便摆着吃酒。女眷们多不十分大饮，无非吃下三数杯，晓得莫大姐量好，多来劝她。莫大姐并不推辞，拿起杯来就吃就干，把带来的酒吃得罄尽，已有了七八分酒意。天色将晚，然后收拾家火上轿抬回。回至郁家门前，郁盛瞧见，忙至莫大姐轿前施礼道："此是小人家下，大姐途中口渴了，可进里面告奉一茶。"莫大姐醉眼朦胧，见了郁盛是表亲，又是平日调得情惯的，忙叫住轿，走出轿来与郁盛万福道："原来哥哥住在这里。"郁盛笑容满面道："请大姐里面坐一坐去。"莫大姐带着酒意，踉踉跄跄的跟了进门。别家女轿晓得徐家轿子有亲眷留住，各自先去了，徐家的轿夫住在门口等候。

莫大姐进得门来，郁盛邀至一间房中，只见酒果肴馔，摆得满桌。莫大姐道："什么道理要哥哥这们价费心？"郁盛道："难得大姐在此经过，一杯淡酒，聊表寸心而已。"郁盛是有意的，特地不令一个人来伏侍，只是一身陪着，自己斟酒，极尽殷勤相劝。正是：

茶为花博士，酒是色媒人。

莫大姐本是已有酒的，更加郁盛慢橹摇船捉醉鱼，腼腆着面庞央求不过，又吃了许多。酒力发作，也斜了双眼，淫兴勃然，倒来丢眼色，说风话。郁盛挨在身边同坐了，将着一杯酒你呷半口，我呷半口。又噙了一口勾着脖子度将过去，莫大姐接来咽下去了，就把舌头伸过口来，郁盛咂了一回。彼此春心荡漾，偎抱到床中，褪下小衣，弄将起来。

一个醉后掀腾，一个醒中摩弄。醉的如迷花之梦蝶，醒的似采蕊之狂蜂。醉的一味兴浓，担承愈勇；醒的半兼趣胜，玩视偏真。此贪彼爱不同情，你醉我醒皆妙境。

两人战到间深之处，莫大姐不胜乐畅，口里哼哼的道："我二哥，亲亲的肉，我一心待你，只要同你一处去快活了罢！我家天杀的不知趣，又来拘管人，怎如得二哥这等亲热有趣？"说罢，将腰下乱颠乱耸，紧紧抱住郁盛不放，口里只叫"二哥亲亲"。原来莫大姐醉得极了，但知快活异常，神思昏迷，忘其所以，真个醉里醒时言，又道是酒道真性，平时心上恋恋的是杨二郎，恍恍惚惚，竟把郁盛错认。干事的是郁盛，说的话多是对杨二郎的话。郁盛原晓得杨二郎与他相厚的，明明是醉里认差了。郁盛道："叵耐这浪淫妇，你只记得心上人，我且将计就计，餂她说话，看她说什么来？"就接口道："我怎生得同你一处去快活？"莫大姐道："我前日与你说的，收拾了些家私，和你别处去过活，一向不得空便。今秋分之日，那天杀的进城上去，有那衙门里勾当,我与你趁那晚走了罢。"郁盛道:"走不脱却怎么?"莫大姐道:"你端正下船儿,一搬下船,连夜摇了去。等他城上出来知得,已此赶不着了。"郁盛道:"夜晚间把什么为暗号?"莫大姐道:"你只在门外拍拍手掌,我里头自接应你。我打点停当好几时了,你不要错过。"口里糊糊涂涂,又说好些,总不过肉麻说话,郁盛只拣那几句要紧的,记得明明白白在心。

须臾云收雨散,莫大姐整一整头髻,头眩眼花地走下床来。郁盛先此已把酒饭与轿夫吃过了,叫他来打着轿,搀扶着莫大姐上轿去了。郁盛回来,道是占了采头,心中欢喜,却又得了她心腹里的话,笑道:"诧异,诧异,那知他要与杨二郎逃走,尽把相约的事对我说了。又认我做了杨二郎,你道好笑吗?我如今将错就错,雇下了船,到那晚剪她这绺,落得载她娘在别处受用几时,有何不可?"郁盛是个不学好的人,正挠着的痒处,以为得计。一面料理船只,只等到期行事,不在话下。

且说莫大姐归家,次日病了一日酒,昨日到郁家之事,犹如梦里,多不十分记得,只依稀影响,认作已约定杨二郎日子过了,收拾停当,只待起身。岂知杨二郎处虽曾说过两番,晓得有这个意思,反不曾精细叮咛得,不做整备的。

到了秋分这夜,夜已二鼓,莫大姐在家里等候消息。只听得外边拍手响,莫大姐心照,也拍拍手开门出去。黑影中见一个人在那里拍手,心里道是杨二郎了。急回身进去,将衣囊箱笼,逐件递出,那人一件件接了,安顿在船中。莫大姐恐怕有人瞧见,不敢用火,将房中灯打灭了,虚锁了房门,黑里走出。那人扶了上船,如飞把船开了。船中两个多是低声细语,况是慌张之际,莫大姐只认是杨二郎,急切辨不出来。莫大姐失张失志,历碌了一日,下得船才心安。倦将起来,不及什甚么事,说得一两句话,那人又不十分回答。莫大姐放倒头,和衣就睡着了去。

比及天明,已在潞河,离家有百十里了。撑开眼来看那舱里同坐的人,不是杨二郎,却正是齐化门外的郁盛。莫大姐吃了一惊道:"如何却是你?"郁盛笑道:"那日大姐在岳庙归来途中,到家下小酌,承大姐不弃,赐与欢会。是大姐亲口约下我的,如何倒吃惊起来?"莫大姐呆了一回,仔细一想,才省起前日在他家吃酒,酒中淫媾之事,后来想是错认,把真话告诉了出来。醒来记差,只说是约下杨二郎了,岂知错约了他?今事已至此,说不得了,只得随他去,只是怎生发付杨二郎啊?因问道:"而今随着哥哥到哪里去才好?"郁盛道:"临清是个大码头去处,我有个主人在那里,我与你那边去住了,寻生意做。我两个一窝儿做伴,岂不快活?"莫大姐道:"我衣囊里尽有些本钱,哥哥要营运时,足可生发度日的。"郁盛道:"这个最好。"从此莫大姐竟同郁盛到临清去了。

话分两头。且说徐德衙门公事已毕,回到家里,家里悄没一人,箱笼什物皆已搬空。徐德骂道:"这歪剌姑一定跟得奸夫走了!"问一问邻舍,邻舍道:"小娘子一个夜里不知去向,第二日我们看见门是锁的了,不晓得里面虚实。你老人家自想着,无过是平日有往来的人约的去。"徐德道:"有什么难见处?料只在杨二郎家里。"邻舍道:"这猜得着,我们也是这般说。"徐德道:"小人平日家丑须瞒列位不得,今日做出事来,眼见得是杨二郎的缘故。这事少不得要经官,有烦两位做一做见证。而今小人先到杨家去问一问下落,与他闹一场则个。"邻舍道:"这事情那一个不知道的?到官时,我们自然讲出公道来。"徐德道:"有劳,有劳。"当下一忿之气,奔到杨二郎家里。恰好杨二郎走出来,徐德一把扭住道:"你把我家媳妇子拐在哪里去藏过了?"杨二郎虽不曾做这事,却是曾有这话关着心的,骤然闻得,老大吃惊,口里嚷道:"我哪知这事,却来赚我!"徐德道:"街坊上哪一个不晓得你营勾了我媳妇子?你还要赖哩!我与你见官去,还我人来!"杨二郎道:"不知你家嫂子几时不见了,我好端端在家里,却来问我要人,就见官,我不相干!"徐德哪听他分说,只是拖住了交付与地方,一同送到城上兵马司来。

徐德衙门情熟,为他的多,兵马司先把杨二郎下在铺里。次日,徐德就将奸拐事情,在巡城察院衙门告将下来,批与兵马司严究。兵马审问杨二郎,杨二郎初时只推无干。徐德拉同地方,众口证他有奸,兵马喝叫加上刑法。杨二郎熬不过,只得招出乎日通奸往来是实。兵马道:"奸情既真,自然是你拐藏了。"杨二郎道:"只是平日有奸,逃去一事,委实与小的无涉。"兵马又唤地方与徐德问道:"他妻子莫氏还有别个奸夫吗?"徐德道:"并无别人,只有杨二郎奸稔是真。"地方也说道:"邻里中也只晓杨二郎是奸夫,别一个不见说起。"兵马喝杨二郎道:"这等还要强辩!你实说拐来藏在哪里?"杨二郎道:"其实不在小的处,小的知她在哪里?"兵马大怒,喝叫重重夹起,必要他说。杨二郎只得又招道:"曾与小的商量要一同逃去,这说话是有的。小的不曾应承,故此未约得定,而今却不知怎的不见了。"兵马道:"既然曾商量同逃,而今走了,自然知情。他无非私下藏过,只图混赖一时,背地里却去奸宿。我如今收在监中,三日五日一比,看你藏得到底不成!"遂把杨二郎监下,隔几日就带出鞫问一番。杨二郎只是一般说话,招不出人来。徐德又时时来催禀,不过做杨二郎屁股不着,打得些屈棒,毫无头绪。杨二郎正是俗语所云:

从前作事,没兴齐来,
乌狗吃食,白狗当灾。

杨二郎当不过屈打,也将霹诬枉禁事情在上司告下来,提到别衙门去问。却是徐德家里实实没了人,奸情又招是真的,不好出脱得他。有矜疑他的,教他出了招贴,许下赏钱,募人缉访。然是十个人内倒有九个说杨二郎藏过了是真的,哪个说一声其中有冤枉?此亦是杨二郎淫人妻女应受的果报。

女色从来是祸胎,奸淫谁不惹非灾?
虽然逃去浑无涉,亦岂无端受枉来?

且不说这边杨二郎受累，累年不决的事。再表郁盛自那日载了莫大姐到了临清地方，赁间闲房住下，两人行其淫乐，混过了几时。莫大姐终久有这杨二郎在心里，身子虽现随着郁盛，毕竟是勉强的，终日价没心没想，哀声叹气。郁盛起初绸缪相处了两个月，看看两下里各有些嫌憎，不自在起来。郁盛自想道："我目下用她的，带来的东西须有尽时，我又不会做生意，日后怎生结果？况且是别人的妻小，留在身边，到底怕露将出来，不是长便。我也要到自家里去的，哪里守得定在这里？我不如寻个主儿卖了她。她模样尽好，到也还值得百十两银子。我得她这些身价与她身边带来的许多东西，也尽够受用了。"打听得临清渡口驿前乐户魏妈妈家里养许多粉头，是个兴头的鸨儿，要的是女人。寻个人去与她说了。魏妈只做访亲来相探望，看过了人物，还出了八十两价钱，交兑明白，只要抬人去。郁盛哄着莫大姐道："这魏妈妈是我家外亲，极是好情分。你我在此异乡，图得与她做个相识，往来也不寂寞。魏妈妈前日来望过了你，你今日也去还拜她一拜才是。"莫大姐女眷心性，巴不得寻个头脑外边去走走的，见说了，即便梳妆起来。

郁盛就去雇了一乘轿，把莫大姐竟抬到魏妈家里。莫大姐看见魏妈妈笑嘻嘻相头相脚，只是上下看觑，大剌剌的不十分接待。又见许多粉头在面前，心里道："甚么外亲？看来是个行院人家了。"吃了一杯茶，告别起身。魏妈妈笑道："你还要到哪里去？"莫大姐道："家去。"魏妈妈道："还有什么家里？你已是此间人了。"莫大姐吃一惊道："这怎么说？"魏妈妈道："你家郁官儿得了我八十两银子，把你卖与我家了。"莫大姐道："哪有此话！我身子是自家的，谁卖得我！"魏妈妈道："什么自家不自家？银子已拿得去了，我哪管你！"莫大姐道："等我去和那天杀的说个明白！"魏妈妈道："此时他跑自家的道儿，敢走过七八里路了，你哪里寻他去？我这里好道路，你安心住下了罢，不要讨我杀威棒儿吃！"莫大姐情知被郁盛所赚，叫起撞天屈来，大哭了一场。魏妈妈喝住只说要打，众粉头做好做歉的来劝住。莫大姐原是立不得贞节牌坊的，到此地位，落了圈套，没计奈何，只得和光同尘，随着做娼妓罢了，此亦是莫大姐做妇女不学好应受的果报。

妇女何当有异图？贪淫只欲闪亲夫。
今朝更被他人闪，天报昭昭不可诬。

莫大姐自从落娼之后，心里常自想道："我只图与杨二郎逃出来快活，谁道醉后错记，却被郁盛天杀的赚来，卖我在此。而今不知杨二郎怎地在哪里，我家里不见了人，又不知怎样光景？"时常切切于心。有时接着相投的孤老，也略把这些前因说说，只好感伤流泪，哪里有人管她这些唠叨？

光阴如箭，不觉已是四五个年头。一日，有一个客人来嫖宿饮酒，见了莫大姐，目不停瞬，只管上下瞧觑。莫大姐也觉有些面染，两下疑惑。莫大姐开口问道："客官贵处?”那客人道:“小子姓幸名逢,住居在张家湾。”莫大姐见说“张家湾”三字,不觉潸然泪下,道:“既在张家湾,可晓得长班徐德家里吗?”幸客惊道:“徐德是我邻人,他家里失去了嫂子几年。适见小娘子面庞有些厮像,莫不正是徐嫂子吗?”莫大姐道:“奴正是徐家媳妇,被人拐来坑陷在此。方才见客人面庞,奴家道有些认得,岂知却是日前邻舍幸官儿。”原来幸逢也是风月中人,向时看见莫大姐有些话头,也曾咽着干唾的,故此一见就认得,幸客道:“小娘子你在此不打紧,却害得一个人好苦。”莫大姐道:“是哪个?”幸客道:“你家告了杨二郎,累了几年官司,打也不知打了多少,至今还在监里,未得明白。”莫大姐见说,好不伤心,轻轻对幸客道:“日里不好尽言,晚上留在此间,有句说话奉告。”

幸客是晚就与莫大姐同宿了,莫大姐悄悄告诉他,说委实与杨二郎有交,被郁盛冒充了杨二郎拐来卖在这里,从头至尾一一说了,又与他道:“客人可看平日邻舍面上,到家说知此事,一来救了奴家出去;二来说清了杨二郎,也是阴功;三来吃了郁盛这厮这样大亏,等得见了天日,咬也咬他几口!”幸客道:“我去说,我去说。杨二郎、徐长班多是我一块土上人,况且贴得有赏单。今我得实,怎不去报?郁盛这厮有名刁钻,天理不容,也该败了。”莫大姐道:“须得密些才好。若漏了风,怕这家又把我藏过了。”幸客道:“只你知我知,而今见人再不要提起,我一到彼就出首便是。”

两人商约已定。幸客竟自回转张家湾来见徐德道:“你家嫂子已有下落,我亲眼见了。”徐德道:“见在哪里?”幸逢道:“我替你同到官面前,还你的明白。”徐德遂同了幸逢齐到兵马司来。幸逢当官递上一纸首状,状云:

首状人幸逢,系张家湾民,为举首略卖事。本湾徐德失妻莫氏,告官未获。今逢目见本妇身在临清乐户魏鸨家,倚门卖奸。本妇称系市棍郁盛略卖在彼是的,贩良为娼,理合举首。所首是实。

兵马即将首状判准在案。一面申文察院,一面密差兵番拿获郁盛到官刑鞫。郁盛抵赖不过,供吐前情明白。当下收在监中,俟莫氏到时,质证定罪。随即奉察院批发明文,押了原首人幸逢与本夫徐德,行关到临清州,眼同认拘莫氏及买良为娼乐户魏鸨,到司审问,原差守提。临清州里即忙添差公人,一同行拘。一干人到魏家,好似瓮中捉鳖,手到拿来。临清州点齐了,发了批回,押解到兵马司来。杨二郎彼时还在监中,得知这事,连忙写了诉状,称是“与己无干,今日幸见天日”等情投递。兵马司准了,等候一同发落。

其时人犯齐到听审,兵马先唤莫大姐问她。莫大姐将郁盛如何骗他到临清,如何哄他卖娼家,一一说了备细。又唤魏鸨儿问道:“你如何买了良人之妇?”魏妈妈道;“小妇人是个乐户,靠那取讨娼妓为生。郁盛称说自己妻子愿卖,小妇人见了是本夫做主的，与她讨了，岂知她是拐来的？”徐德走上来道：“当时妻子失去，还带了家里许多箱笼资财去。今人既被获，还望追出赃私，给还小人。”莫大姐道：“郁盛哄我到魏家，我只走得一身去，就卖绝在那里。一应所有，多被郁盛得了，与魏家无干。”兵马拍桌道：“那郁盛这样可恶！既拐了人去奸宿了，又卖了她身子，又没了她资财，有这等没天理的！”喝叫重打。郁盛辩道：“卖她在娼家，是小人不是，甘认其罪。至于逃去，是她自跟了小人走的，非干小人拐他。”兵马问莫大姐道：“你当时为何跟了他走？不实说出来，讨拶！”莫大姐只得把与杨二郎有奸，认错了郁盛的事，一一招了。兵马笑道：“怪道你丈夫徐德告着杨二郎，杨二郎虽然屈坐了监几年，徐德不为全诬。莫氏虽然认错，郁盛乘机盗拐，岂得推故？”喝教把郁盛打了四十大板，问略贩良人军罪，押追带去赃物给还徐德。莫氏身价八十两，追出入官。魏妈买良，系不知情，问个不应罪名，出过身价，有几年卖奸得利，不必偿还。杨二郎先有奸情，后虽无干，也问杖赎释放宁家。幸逢首事得实，量行给赏。

判断已明，将莫大姐发与原夫徐德收领。徐德道：“小人妻子背了小人逃出了几年，又落在娼家了，小人还要这滥淫妇做什么！情愿当官休了，等她别嫁个人罢。”兵马道：“这个由你，且保领出去，自寻人嫁了她，再与你立案罢了。”

一干人众各到家里。杨二郎自思：“别人拐去了，却冤了我坐了几年监，更待干罢。”告诉邻里，要与徐德厮闹。徐德也有些心怯，过不去，转央邻里和解。邻里商量调停这事，议道：“总是徐德不与莫大姐完聚了。现在寻人别嫁，何不让与杨二郎娶了，消释两家冤仇？”与徐德说了。徐德也道负累了他，便依议也罢。杨二郎闻知，一发正中下怀，笑道：“若肯如此，便多坐了几时，我也永不提起了。”邻里把此意三面约同，当官禀明。兵马备知杨二郎顶缸坐监，有些屈在里头，依地方处分，准徐德立了婚书让与杨二郎为妻，莫大姐称心像意，得嫁了旧时相识。因为吃过了这些时苦，也自收心学好，不似前时惹骚招祸，竟与杨二郎到了底。这莫非是杨二郎的前缘，然也为他吃苦不少了，不为美事。后人当以此为鉴。

枉坐囹圄已数年，而今方得保婵娟。
何如自守家常饭，不害官司不损钱？

卷三十九

神偷寄兴一枝梅　侠盗惯行三昧戏

诗曰：

剧贼从来有贼智，其间妙巧亦无穷。
若能收作公家用，何必疆场不立功？

自古说孟尝君养食客三千，鸡鸣狗盗的多收拾在门下。后来被秦王拘留，无计得脱。秦王有个爱姬传语道："闻得孟尝君有领狐白裘，价值千金。若将来送了我，我替他讨个人情，放他归去。"孟尝君当时只有一领狐白裘，已送上秦王收藏内库，哪得再有？其时狗盗的便献计道："臣善狗偷，往内库去偷将出来便是。"你道何为狗偷？乃是此人善做狗嗥。就假做了狗，爬墙越壁，快捷如飞，果然把狐白裘偷了出来，送与秦宫爱姬，才得善言放脱。连夜行到函谷关。孟尝君恐怕秦王有悔，后面追来，急要出关。当得关上直等鸡鸣才开，孟尝君着了急，那时食客道："臣善鸡鸣，此时正用得着。"就曳起声音，学作鸡啼起来，果然与真无二。啼得两三声，四下群鸡皆啼，关吏听得，把关开了，孟尝君才得脱去。孟尝君平时养了许多客，今脱秦难，却得此两小人之力，可见天下寸长尺技，俱有用处。而今世上只重着科目，非此出身，纵有奢遮的，一概不用。所以有奇巧智谋之人，没处设施，多赶去做了为非作歹的勾当。若是善用人材的，收拾将来，随宜酌用，未必不得他气力，且省得他流在盗贼里头去了。

且如宋朝临安有个剧盗，叫作"我来也"，不知他姓甚名谁，但是他到人家偷盗了物事，一些踪影不露出来，只是临行时壁上写着"我来也"三个大字。第二日人家看见了字，方才简点家中，晓得失了贼。若无此字，竟是神不知鬼不觉的，煞好手段！临安中受他蒿恼不过，纷纷告状。府尹责着缉捕使臣，严行挨查，要获着真正写"我来也"三字的贼人。却是没个姓名，知是张三李四？拿着哪个才肯认账？使臣人等受那比较不过，只得用心体访。

原来随你巧贼，须瞒不过公人，占风望气，定然知道的。只因拿得甚紧，毕竟不知怎的缉着了他的真身，解到临安府里来。府尹升堂，使臣禀说缉着了真正"我来也"，虽不晓得姓名，却正是写这三字的。府尹道："何以见得？"使臣道："小人们体访甚真，一些不差。"那个人道："小人是良民，并不是什么我来也。公人们比较不过，拿小人来冒充的。”使臣道：“的是真正的，贼口听他不得！”府尹只是疑心。使臣们禀道：“小人们费了多少心机，才访得着。若被他花言巧语脱了出去，后来小人们再没处拿了。”府尹欲待要放，见使臣们如此说，又怕是真的，万一放去了，难以寻他，再不好比较缉捕的了，只得权发下监中收监。

那人一到监中，便好言对狱卒道：“进监的旧例，该有使费，我身边之物，尽被做公的搜去。我有一主银两，在岳庙里神座破砖之下，送与哥哥做拜见钱，哥哥只做去烧香取了来。”狱卒似信不信，免不得跑去一看，果然得了一包东西，约有二十余两。狱卒大喜，遂把那人好好看待，渐加亲密。

一日，那人又对狱卒道：“小人承蒙哥哥盛情，十分看待得好。小人无可报效，还有一主东西在某处桥垛之下，哥哥去取了，也见小人一点敬意。”狱卒道：“这个所在，是往来之所，人眼极多，如何取得？”那人道：“哥哥将个筐篮盛着衣服，到那河里去洗，摸来放在篮中，就把衣服盖好，却不拿将来了？”狱卒依言，如法取了来，没人知觉。简简物事，约有百金之外。狱卒一发喜谢不尽，爱厚那人，如同骨肉。

晚间买酒请他，酒中那人对狱卒道：“今夜三更，我要到家里去看一看，五更即来，哥哥可放我出去一遭。”狱卒思量道：“我受了他许多东西，他要出去，做难不得，万一不来了怎么处？”那人见狱卒迟疑，便道：“哥哥不必疑心，小人被做公的冒认作‘我来也’，送在此间，既无真名，又无实迹，须问不得小人的罪。小人少不得辩出去，一世也不私逃的。但请哥哥放心，只消两个更次，小人仍旧在此了。”狱卒见他说得有理，想道：“一个不曾问罪的犯人，就是失了，没甚大事。他现与了我许多银两，拼得与他使用些，好歹糊涂得过，况他未必不来的。”就依允放了他。那人不由狱门，竟在屋檐上跳了去，屋瓦无声，早已不见。

到得天未大明，狱卒宿酒未醒，尚在朦胧，那人已从屋檐跳下，摇起狱卒道：“来了，来了。”狱卒惊醒，看了一看道：“有这等信人！”那人道：“小人怎敢不来，有累哥哥？多谢哥哥放了我去，已有小小谢意，留在哥哥家里，哥哥快去收拾了来。小人就要别了哥哥，当官出监去了。”狱卒不解其意，急回到家中。家中妻子说：“有件事,正要你回来得知。昨夜更鼓尽时,不知梁上什么响,忽地掉下一个包来。解开看时,尽是金银器物,敢是天锡我们的?”狱卒情知是那人的缘故,急摇手道:“不要露声!快收拾好了,慢慢受用。”狱卒急转到监中,又谢了那人。

须臾府尹升堂,放告牌出。只见纷纷来告盗情事,共有六七纸,多是昨夜失了盗,墙壁上俱写得有“我来也”三字,恳求着落缉捕。府尹道:“我元疑心前日监的,未必是真我来也,果然另有这个人在那里,那监的岂不冤枉?”即叫狱卒吩咐快把前日监的那人放了。另行责着缉捕使臣,定要访个真正我来也解官,立限比较。岂知真的却在眼前放去了?只有狱卒心里明白,伏他神机妙用,受过重贿,再也不敢说破。看官,你道如此贼人智巧,可不是有用得着他的去处吗?这是旧话,不必说。

只是我朝嘉靖年间,苏州有个神偷懒龙,事迹颇多。虽是个贼,煞是有义气,兼带着戏耍,说来有许多好笑好听处。有诗为证:

谁道偷无道?神偷事每奇。
更看多慷慨,不是俗偷儿。

话说苏州亚字城东玄妙观前第一巷有一个人,不晓得他的姓名,后来他自号懒龙,人只称呼他是懒龙。其母村居,偶然走路遇着天雨,走到一所枯庙中避着,却是草鞋三郎庙。其母坐久,雨尚不住,昏昏睡去。梦见神道与他交感,归来有妊。满了十月,生下这个懒龙来。懒龙生得身材小巧,胆气壮猛,心机灵变,度量慨慷。且说他的身体行径:

柔若无骨,轻若御风。大则登屋跳梁,小则扪墙摸壁。随机应变,看景生情。摄口则为鸡犬狸鼠之声;拍手则作箫鼓弦索之弄。饮啄有方,律吕相应。无弗酷肖,可使乱真。出没如鬼神,去来如风雨。果然天下无双手,真是人间第一偷。

懒龙不但伎俩巧妙,又有几件希奇本事,诧异性格。自小就会着了靴在壁上走,又会说十三省乡谈,夜间可以连宵不睡,日间可以连睡几日,不茶不饭,像陈抟一般。有时放量一吃,酒数斗饭数升,不够一饱。有时不吃起来,便动几日不饿。鞋底中用稻草灰做衬,走步绝无声响。与人相扑,掉臂往来,倏忽如风。想来《剑侠传》中白猿公,《水浒传》中鼓上蚤,其矫捷不过如此。

自古道:性之所近。懒龙既有这一番啐嗻,便自藏埋不住,好与少年无赖的人往来,习成偷儿行径。一时偷儿中高手有:

芦茄茄(骨瘦如青芦枝,探丸白打最胜);
刺毛鹰(见人辄隐伏,形如蚕蛰,能宿梁壁上);

白搭膊(以素练为腰缠,角上挂大铁钩,以钩向上抛掷,遇罥挂便攀缘腰缠上升;欲下亦借钩力,梯其腰缠,翩然而落)。

这数个多是吴中高手,见了懒龙手段,尽皆心伏,自以为不及。懒龙原没甚家缘家计,今一发弃了,到处为家,人都不晓得他歇在哪一个所在。白日行都市中,或闪入人家,但见其影,不见其形。暗夜便窃入大户朱门寻宿处:玳瑁梁间,鸳鸯楼下,绣屏之内,画阁之中,缩做刺猬一团,没一处不是他睡场,得便就做他一手。因是终日会睡,变幻不测如龙,所以人叫他懒龙。所到之处,但得了手,就画一枝梅花在壁上,在黑处将粉写白字,在粉墙将煤写黑字,再不空过,所以人又叫他作一枝梅。

嘉靖初年,洞庭两山出蛟,太湖边山崖崩塌,露出一古冢朱漆棺,宝物无数,尽被人盗去无遗。有人传说到城,懒龙偶同亲友泛湖,因到其处。看见藤蔓缠棺,已被斩断。开发棺中,惟枯骸一具,冢旁有断碑模糊。懒龙道是古来王公之墓,不觉恻然,就与他掩蔽了。即时出些银两,雇本处土人聚土埋藏好了,把酒浇奠。奠毕将行,懒龙见草中一物碍脚,俯首取起,乃是古铜镜一面。急藏袜中,不与人见。及到城中,将往僻处,刷净泥滓。细看那镜,小小只有四五寸,面上精光闪烁,背上鼻钮四傍,隐起穷奇饕餮鱼龙波浪之形,满身青绿,尽蚀朱砂水银之色。试敲一下,其声泠然。晓得是件宝贝,将来佩戴身边。到得晚间,将来一照,暗处皆明,雪白如昼。懒龙得了此镜,出入不离,夜行更不用火,一发添了一助。别人怕黑时节,他竟同日里行走,偷法愈便。

却是懒龙虽是偷儿行径,却有几件好处:不肯淫人家妇女,不入良善与患难之家,许了人说话,再不失信。亦且仗义疏财,偷来东西随手散与贫穷负极之人。最要薅恼那悭吝财主、无义富人,逢场作戏,做出笑话。因此到所在,人多倚草附木,成行逐队来皈依他,义声赫然。懒龙笑道:“吾无父母妻子可养,借这些世间余财聊救贫人。正所谓损有馀补不足,天道当然,非关吾的好义也。”

一日,有人传说一个大商下千金在织人周甲家,懒龙要去取他的,酒后错认了所在,误入了一个人家。其家乃是个贫人,房内止有一张大几。四下一看,别无长物。既已进了房中,一时不好出去,只得伏在几下。看见贫家夫妻对食,盘餐萧瑟。夫满面愁容,对妻道:“欠了客债要紧,别无头脑可还,我不如死了罢!”妻子道:“怎便寻死?不如把我卖了,还好将钱营生。”说罢,夫妻泪如雨下。懒龙忽然跳将出来,夫妻慌怕。懒龙道:“你两个不必怕我,我乃懒龙也。偶听人言,来寻一个商客,错走至此。今见你每生计可怜,我当送二百金与你,助你经营,快不可别寻道路,如此苦楚!”夫妻素闻其名,拜道:“若得义士如此厚恩,吾夫妻死里得生了!”懒龙出了门去,一个更次,门内铿然一响。夫妻走起来看时,果然一个布囊,有银二百两在内,乃是懒龙是夜取得商人之物。夫妻喜跃非常,写个懒龙牌位,奉事终身。

有一贫儿，少时与懒龙游狎，后来消乏。与懒龙途中相遇，身上褴褛，自觉羞惭，引扇掩面而过。懒龙掣住其衣，问道："你不是某舍吗？"贫儿局蹐道："惶恐，惶恐。"懒龙道："你一贫至此，明日当同你入一大家，取些来付你，勿得妄言！"贫儿晓得懒龙手段，又是不哄人的，明日傍晚来寻懒龙。懒龙与他共至一所，乃是士夫家池馆。但见：

暮鸦撩乱，碧树蒙笼。
万籁凄清，四隅寂静。

懒龙吩咐贫儿止住在外，自己竦身攀树逾垣而入，许久不出。贫儿屏气吞声，蹲踞墙外。又被群犬嗥吠，赶来咋啮，贫儿绕墙走避。微听得墙内水响，倏有一物如没水鸬鹚，从林影中堕地。仔细看看，却是懒龙，浑身沾湿，状甚狼狈。对贫儿道："吾为你几乎送了性命。里面黄金无数，可以斗量。我已取到了手，因为外边犬吠得紧，惊醒里面的人，追将出来。只得丢弃道旁，轻身走脱，此乃子之命也。"贫儿道："老龙平日手到拿来，今日如此，是我命薄！"叹息不胜。懒龙道："不必烦恼！改日别作道理。"贫儿怏怏而去。

过了一个多月，懒龙路上又遇着他，哀告道："我穷得不耐烦了，今日去卜问一卦，遇着上上大吉，财爻发动。先生说当有一场飞来富贵，是别人做成的。我想不是老龙，还那里指望？"懒龙笑道："吾几乎忘了。前日那家金银一箱，已到手了。若竟把来与你，恐那家发觉，你藏不过，做出事来。所以权放在哪家水池内，再看动静。今已个月期程，不见声息，想那家不思量追访了。可以取之无碍，晚间当再去走遭。"贫儿等到薄暮，来约懒龙同往。懒龙一到彼处，但见：

度柳穿花，捷若飞鸟。
驰波溅沫，矫似游龙。

须臾之间，背负一箱而出。急到僻处开看，将着身带宝镜一照，里头尽是金银。懒龙分文不取，也不问多少，尽数与了贫儿。吩咐道："这些财物，可够你一世了，好好将去用度。不要学我懒龙，混帐半生，不做人家。"贫儿感激谢教，将着做本钱，后来竟成富家。懒龙所行之事，每多如此。

说话的，懒龙固然手段高强，难道只这等游行无碍，再没有失手时节？看官听说，他也有遇着不巧，受了窘迫，却会得逢急智生，脱身溜撒。

曾有一日走到人家，见衣橱开着，急向里头藏身，要取橱中衣服。不匡这家子临上床时，将衣橱关好，上了大锁，竟把懒龙锁在橱内了。懒龙出来不得，心生一计，把橱内衣饰紧缠在身，又另包下一大包，俱挨着橱门，口里就做鼠咬衣裳之声。

主人听得,叫起老妪来道:"为何把老鼠关在橱内了?可不咬坏了衣服?快开了橱赶了出来!"老妪取火开橱,才开得门,那挨着门口包儿,先滚了下地。说时迟,那时快,懒龙就这包滚下来,头里一同滚将出来,就势扑灭了老妪手中之火。老妪吃惊大叫一声,懒龙恐怕人起难脱,急取了那个包,随将老妪要处一拨,扑的跌倒在地,望外便走。房中有人走起,地上踏着老妪,只说是贼,拳脚乱下。老妪喊叫连天,房外人听得房里嚷乱,尽奔将来,点起火一照,见是自家人厮打,方喊得住,懒龙不知已去过几时了。

有一织纺人家,客人将银子定下绸罗若干。其家夫妻收银箱内,放在床里边。夫妻同寝在床,夜夜小心谨守。懒龙知道,要取他的,闪进房去,一脚踏了床沿,挽手进床内掇那箱子。妇人惊醒,觉得床沿上有物,暗中一摸,晓得是只人脚。急用手抱住不放,忙叫丈夫道:"快起来,吾捉住贼脚在这里了!"懒龙即将其夫之脚,用手抱住一掐。其夫负痛忙喊道:"是我的脚,是我的脚。"妇人认是错拿了夫脚,即时把手放开。懒龙便掇了箱子如飞出房。夫妻两人还争个不清,妻道:"分明拿的是贼脚,你却叫放了。"夫道:"现今我脚掐得生疼,哪里是贼脚?"妻道:"你脚在里床,我拿的在外床,况且吾不曾掐着。"夫道:"这等,是贼掐我的脚,你只不要放那只脚便是。"妻道:"我听你喊将起来,慌忙之中认是错了,不觉把手放松,他便抽得去了,着了他贼见识,定是不好了。"摸摸里床,箱子果是不见。夫妻两个我道你错,你道我差,互相埋怨不了。

懒龙又走在一个买衣服的铺里,寻着他衣裤。正要拣好的卷他,黑暗难认,却把身边宝境来照。又道是:

隔墙须有耳,门外岂无人?

谁想隔邻人家,有人在楼上做房。楼窗看见间壁衣库亮光一闪,如闪电一般,情知有些尴尬,忙敲楼窗向铺里叫道:"隔壁仔细,家中敢有小人了?"铺中人惊起,口喊"捉贼"!懒龙听得在先,看见庭中有一只大酱缸,上盖篷箪,懒龙慌忙揭起,蹲在缸中,仍复反手盖好。那家人提着灯各处一照,不见影响,寻到后边去了。懒龙在缸里想道:"方才只有缸内不曾开看,今后头寻不见,此番必来,我不如往看过的所在躲去。"又思身上衣已染酱,淋漓开来,掩不得踪迹,便把衣服卸在缸内,赤身脱出来,把脚踪印些酱迹在地下,一路到门,把门开了,自己翻身进来,仍入衣库中藏着。那家人后头寻了一转,又将火到前边来。果然把酱缸盖揭开看时,却有一套衣服在内,认得不是家里的,多道这分明是贼的衣裳了。又见地下脚迹,自缸边直到门边,门已洞开,尽皆道:"贼见我们寻,慌躲在酱缸里面。我们后边去寻时,他却脱下衣服逃走了。可惜看得迟了些个,不然此时已被我们拿住。"店主人家道:"赶得他去也罢了,关好了门歇息罢。"一家尽道贼去无事,又历碌了一会儿,放倒了头,大家酣睡,讵知贼还在家里?懒龙安然住在锦绣丛中,把上好衣服绕身系束得紧峭,把一领青旧衣外面盖着。又把细软好物,装在一条布被里面打做个包儿。弄了大半夜,寂寂负了从屋檐上跳出,这家子没一人知觉。

跳到街上正走时,天尚黎明,有三四一起早行的人,前来撞着。见懒龙独自一个负着重囊,侵早行走,疑他来路不正气,遮住道:"你是什么人?在哪里来?说个明白,方放你走。"懒龙口不答应,伸手在肘后摸出一包,团团如球,抛在地下就走。那几个人多来抢看,见上面牢卷密扎,道它必是好物,争先来解。解了一层又有一层,就像剥笋壳一般。且是层层捆得紧,剥了一尺多,里头还不尽。剩有拳头大一块,疑道:"不知裹着什么?"众人不肯住手,还要夺来解看。那先前解下的多是敝衣破絮,零零落落,堆得满地。正在闹嚷之际,只见一伙人赶来道:"你们偷了我家铺里衣服,在此分赃吗?"不由分说,拿起器械蛮打将来。众人呼喝不住,见不是头,各跑散了。中间拿住一个老头儿,天色黯黑之中,也不来认面庞,一步一棍,直打到铺里。老头儿口里乱叫乱喊道:"不要打,不要打,你们错了。"众人多是兴头上,人住马不住,哪里听他?

看看天色大明,店主人仔细一看,乃是自家亲家翁,在乡里住的。连忙喝住众人,已此打得头虚面肿。店主人忙赔不是,置酒请罪。因说失贼之事,老头儿方诉出来道:"适才同两三个乡里人做伴到此,天未明亮,因见一人背驮一大囊行走,正拦住盘问,不匡他丢下一件包裹,多来夺看,他乘闹走了。谁想一层一层多是破衣败絮,我们被他哄了,不拿得他。却被这里人不分皂白,混打这番,把同伴人惊散,便宜那贼骨头,又不知走了多少路了。"众人听见这话,大家惊悔。邻里闻知某家捉贼,错打了亲家公,传为笑话。原来那个球,就是懒龙在衣橱里把闲工结成,带在身边,防人尾追,把此抛下做缓兵之计的。这多是他临危急智脱身巧妙之处。有诗为证:

巧技承蜩与弄丸,当前卖弄许多般。
虽然贼态何堪述,也要临时猝智难。

懒龙神偷之名,四处布闻。卫中巡捕张指挥访知,叫巡军拿去。指挥见了问道:"你是个贼的头儿吗?"懒龙道:"小人不曾做贼,怎说是贼的头儿?小人不曾有一毫赃私犯在公庭,亦不曾见有窃盗贼伙扳及小人,小人只为有些小智巧,与亲戚朋友作耍之事,间或有之。爷爷不要见罪小人,或者有时用得小人着,水里火里,小人不辞。"指挥见他身材小巧,语言爽快,想道无赃无证,难以罪他。又见说肯出力,思量这样人有用处,便没有难为的意思。正说话间,有个阊门陆小闲将一只红嘴绿鹦哥来献与指挥。指挥教把锁镫挂在檐下,笑对懒龙道:"闻你手段通神,你虽说戏耍无赃,偷人的必也不少。今月权恕你罪,我只要看你手段。你今晚若能偷得我这鹦哥去,明日送来还我,凡事不计较你了。”懒龙道:“这个不难,容小人出去,明早送来。”懒龙叩头而出。指挥当下吩咐两个守夜军人,小心看守架上鹦哥,倘有疏失,重加责治。两个军人听命,守宿在檐下,一步不敢走离。虽是眼皮压将下来,只得勉强支持。一阵盹睡,闻声惊醒,甚是苦楚。

夜已五鼓,懒龙走在指挥书房屋脊上,挖开椽子,溜将下来。只见衣架上有一件沉香色潞绸披风,几上有一顶华阳巾,壁上挂一盏小行灯,上写着“苏州卫堂”四字。懒龙心思有计,登时把衣巾来穿戴了,袖中拿出火种,吹起烛煤,点了行灯,提在手里,装着老张指挥声音步履,仪容气度,无一不像。走到中堂壁门边,把门猛然开了,远远放住行灯,踱出廊檐下来。此时月色朦胧,天色昏惨,两个军人大盹小盹,方在困倦之际。懒龙轻轻剔他一下道:“天色渐明,不必守了,出去罢。”一头说,一头伸手去提了鹦哥锁镫,望中门里面摇摆了进去。两个军人闭眉刷眼,正不耐烦,听得发放,犹如九重天上的赦书来了,哪里还管什么好歹?一道烟去了。

须臾天明,张指挥走将出来,鹦哥不见在檐下。急唤军人问他,两个多不在了。忙叫拿来,军人还是残梦未醒。指挥喝道:“叫你们看守鹦哥,鹦哥在哪里?你们倒在外边来!”军人道:“五更时,恩主亲自出来取了鹦哥进去,发放小人们归去的,怎么反问小人要鹦哥?”指挥道:“胡说!我何曾出来?你们见鬼了。”军人道:“分明是恩主亲自出来,我们两个人同在那里,难道一齐眼花了不成?”指挥情知尴尬,走到书房,仰见屋椽有孔道,想必在这里着手去了。正持疑间,外报懒龙将鹦哥送到。指挥含笑出来,问他何由偷得出去,懒龙把昨夜着衣戴巾、假装主人取进鹦哥之事,说了一遍。指挥惊喜,大加亲幸。懒龙也时常有些小孝顺,指挥一发心腹相托,懒龙一发安然无事了。普天下巡捕官偏会养贼,从来如此。有诗为证:

猫鼠何当一处眠?总因有味要垂涎。
由来捕盗皆为盗,贼党安能不炽然?

虽如此说,懒龙果然与人作戏的事体多。曾有一个博徒在赌场得了彩,背负千钱回家,路上撞见懒龙。博徒指着钱戏懒龙道:“我今夜把此钱放在枕头底下,你若取得去,明日我输东道。若取不去,你请我吃东道。”懒龙笑道:“使得,使得。”博徒归家中对妻子说:“今日得了彩,把钱藏在枕下了。”妻子心里欢喜,杀一只鸡烫酒共吃。鸡吃不完,还剩下一半,收拾在厨中,上床同睡。又说了与懒龙打赌赛之事。夫妻相戒,大家醒觉些个。岂知懒龙此时已在窗下,一一听得。见他夫妇惺憁,难以下手,心生一计,便走去灶下,拾根麻骨放在口中,嚼得毕剥有声,竟似猫儿吃鸡之状。妇人惊起道:“还有老大半只鸡,明日好吃一餐,不要被这亡人拖了去。”连忙走下床来,去开厨来看。懒龙闪入天井中,将一块石头抛下井里“洞”的一声响。博徒听得惊道:“不要为这点小小口腹,失脚落在井中了,不是要处。”急出门来看时，懒龙已隐身入房，在枕下挖钱去了。夫妇两人黑暗里叫唤相应，方知无事，挽手归房。到得床里，只见枕头移开，摸那钱时，早已不见。夫妻互相怨怅道："清清白白，两个人又不曾睡着，却被他当面作弄了去，也倒好笑。"到得天明，懒龙将钱来还了，来索东道。博徒大笑，就勒下几百放在袖里，与懒龙前到酒店中，买酒请他。两个饮酒中间，细说昨日光景，拍掌大笑。

酒家翁听见，来问其故，与他说了。酒家翁道："一向闻知手段高强，果然如此。"指着桌上锡酒壶道："今夜若能取得此壶去，我明日也输一个东道。"懒龙笑道："这也不难。"酒家翁道："我不许你毁门坏户，只在此桌上，凭你如何取去。"懒龙道："使得，使得。"起身相别而去。酒家翁到晚吩咐牢关门户，自家把灯四处照了，料道进来不得。想道："我停灯在桌上了，拚得坐着守定这壶，看他哪里下手？"酒家翁果然坐到夜分，绝无影响。意思有些不耐烦了，倦怠起来，瞌睡到了。起初还着实勉强，支撑不过，就斜靠在桌上睡去，不觉大鼾。懒龙早已在门外听得，就悄悄的扒上屋脊，揭开屋瓦，将一猪脬紧扎在细竹管上。竹管是打通中节的，徐徐放下，插入酒壶口中。酒店里的壶，多是肚宽颈窄的。懒龙在上边把一口气从竹管里吹出去，那猪脬在壶内涨将开来，已满壶中。懒龙就掐住竹管上眼，便把酒壶提将起来。仍旧盖好屋瓦，不动分毫。酒家翁一觉醒来，桌上灯还未灭，酒壶已失。急起四下看时，窗户安然，毫无漏处，竟不知甚么神通摄得去了。

又一日，与二三少年同立在北潼子门酒家。河下船中有个福建公子，令从人将衣被在船头上晒曝，锦绣璨烂，观者无不啧啧。内中有一条被，乃是西洋异锦，更为奇特。众人见他如此炫耀，戏道："我们用甚法取了他的，以博一笑才好？"尽推懒龙道："此时懒龙不逞伎俩，更待何时？"懒龙笑道："今夜让我弄了他来，明日大家送还他，要他赏钱，同诸公取醉。"懒龙说罢，先到混堂把身上洗得洁净，再来到船边看相动静。守到更点二声，公子与众客尽带酣意，潦倒模糊。打一个混同铺，吹灭了灯，一齐藉地而寝。懒龙倏忽闪烁，已杂入众客铺内，挨入被中。说着闽中乡谈，故意在被中挨来挤去。众客睡不像意，哩和啰埋怨。懒龙也作闽音说睡话，趁着挨挤杂闹中，扯了那条异锦被，卷作一束。就作睡起要泻溺的声音，公然拽开舱门，走出泻溺，径跳上岸去了，船中诸人一些不觉。

及到天明，船中不见锦被，满舱闹嚷。公子甚是叹惜，与众客商量，要告官又不直得，要住了又不舍得。只得许下赏钱一千，招人追寻踪迹。懒龙同了昨日一干人下船中，对公子道："船上所失锦被，我们已见在一个所在，公子发出赏钱，与我们弟兄买酒吃，包管寻来奉还。"公子立教取出千钱来放着，待被到手即发。懒龙道："可叫管家随我们去取。"公子吩咐亲随家人同了一伙人走到徽州当内，认得锦被，正是原物。亲随便问道："这是我船上东西，为何在此？"当内道："早间一人拿此被来当。我们看见此锦，不是这里出的，有些疑心，不肯当钱与他。那个人道：'你每若放不下时，我去寻个熟人来，保着称银子去就是。'我们说这个使得。那人一去竟不来了。我原道必是来历不明的,既是尊舟之物,拿去便了。等那个人来取时,小当还要捉住了他,送到船上来。”众人将了锦被去还了公子,就说当中说话。公子道:“我们客边的人,但得原物不失罢了,还要寻那贼人怎的?”就将出千钱,送与懒龙等一伙报事的人。众人收受,俱到酒店里破除了。原来当里去的人,也是懒龙央出来,把锦被卸脱在那里,好来请赏的。如此作戏之事,不一而足。正是:

胪传能发冢,穿窬何足薄?
若托大儒言,是名善戏谑。

懒龙固然好戏,若是他心中不快意的,就连真带耍,必要扰他。有一伙小偷置酒邀懒龙游虎丘,船经山塘,暂停米店门口河下。穿出店中买柴沽酒,米店中人嫌他停泊在此出入搅扰,厉声推逐,不许系缆。众偷不平争嚷。懒龙丢个眼色道:“此间不容借走,我们移船下去些,别寻好上岸处罢了,何必动气?”遂教把船放开,众人还忿忿,懒龙道:“不须角口,今夜我自有处置他所在。”众人请问,懒龙道:“你们去寻一只站船来,今夜留一樽酒、一个榼及暖酒家火薪炭之类,多安放船中,我要归途一路赏月色到天明。你们明日便知,眼下不要说破。”是夜虎丘席罢,众人散去,懒龙约他明日早会。止留得一个善饮的为伴,一个会行船的持篙,下在站船中回来。

经过米店河头,店中已扃闭得严密。其时河中赏月归舟欢唱过往的甚多,米店里头人安心熟睡。懒龙把船贴米店板门住下。日间看在眼里,有米一囤在店角落中,正临水次近板之处。懒龙袖出小刀,看板上有节处一挖,那块木节囫囵的落了出来,板上老大一孔。懒龙腰间摸出竹管一个,两头削如藕披,将一头在板孔中插入米囤,略摆一摆,只见囤内米簌簌的从管里泻将下来,就如注水一般。懒龙一边对月举杯,酣呼跳笑,与泻米之声相杂,来往船上多不知觉。那家子在里面睡的,一发梦想不到了。看看斗转参横,管中没得泻下,想来囤中已空,看那船舱也满了。便叫解开船缆,慢慢地放了船去,到一僻处,众偷皆来。懒龙说与缘故,尽皆抚掌大笑。懒龙拱手道:“聊奉列位众分,以答昨夜盛情。”竟自一无所取。那米店直到开囤,才知其中已空,再不晓得是几时失去,怎么样失了的。

苏州新兴百柱帽,少年浮浪的无不戴着装幌。南园侧东道堂白云房一起道士,多私下置一顶,以备出去游耍,好装俗家。一日夏月天气,商量游虎丘,已叫下酒船。有个纱王三,乃是王织纱第三个儿子,平日与众道士相好,常合伴打平火。众道士嫌他惯讨便宜,且又使酒难堪,这番务要瞒着了他。不想纱王三已知道此事,恨那道士不来约他,却寻懒龙商量,要怎生败他游兴。懒龙应允,即闪到白云房将众道常戴板巾尽取了来。纱王三道:“何不取了他新帽,要他板巾何用?”懒龙道:“若他失去了新帽,明日不来游山了,有何趣味?你不要管,看我明日消遣他。”纱王三终是不解其意,只得由他。

明日,一伙道士轻衫短帽,装束做少年子弟,登舟放浪。懒龙青衣相随下船,蹲坐舵楼。众道只道是船上人,船家又道是跟的侍者,各不相疑。开得船时,众道解衣脱帽,纵酒欢呼。懒龙看个空处,将几顶新帽卷在袖里,腰头摸出昨日所取几顶板巾,放在其处。行到斟酌桥边,拢船近岸,懒龙已望岸上跳将去了。一伙道土正要着衣帽登岸潇洒,寻帽不见,但有常戴的纱罗板巾,压摺整齐,安放做一堆在那里。众道大嚷道:“怪哉!怪哉!我们的帽子多在哪里去了?”船家道:“你们自收拾,怎么问我?船不漏针,料没失处。”众道又各寻了一遍,不见踪影,问船家道:“方才你船上有个穿青的瘦小汉子,走上岸去,叫来问他一声,敢是他见在哪里?”船家道:“我船上那有这人?是跟随你们下来的。”众道嚷道:“我们几曾有人跟来?这是你串同了白日撞偷了我帽子去了。我们帽子几两一顶结的,决不与你干休!”扭住船家不放。船家不伏,大声嚷乱。岸上聚起无数人来,蜂拥争看。

人丛中走出一个少年子弟,扑地跳下船来道:“为甚么喧闹?”众道与船家各各告诉一番。众道认得那人,道是决帮他的。不匡那人正色起来,反责众道道:“列位多是羽流,自然只戴板巾上船。今板巾多在,那里再有什么百柱帽?分明是诬诈船家了。”看的人听见,才晓得是一伙道士,板巾见在,反要诈船上赔帽子,发起喊来,就有那地方游手好闲几个揽事的光棍来出尖,伸拳掳手道:“果是贼道无理,我们打他一顿,拿来送官。”那人在船里摇手指住道:“不要动手!不要动手!等他们去了罢。”那人忙跳上岸。众道怕惹出是非来,叫快开了船。一来没了帽子,二来被人看破,装幌不得了,不好登山,怏怏而回。枉费了一番东道,落得扫兴。

你道跳下船来这人是谁?正是纱王三。懒龙把板巾换了帽子,知会了他,趁扰攘之际,特来证实道士本相,扫他这一场。道士回去,还缠住船家不歇。纱王三叫人将几顶帽子送将来还他,上复道:“以后做东道要洒浪那帽子时,千万通知一声。”众道才晓得是纱王三耍他,又曾闻懒龙之名,晓得纱王三平日与他来往,多是懒龙的做作了。

其时邻境无锡有个知县,贪婪异常,秽声狼藉。有人来对懒龙道:“无锡县官衙中金宝山积,无非是不义之财。何不去取他些来,分惠贫人也好?”懒龙听在肚里,即往无锡地方,晚间潜入官舍中,观看动静。那衙里果然富贵,但见:

连箱锦绮,累架珍奇。元宝不用纸包,叠成行列;器皿半非陶就,摆满金银。大象口中牙,蠢婢将来揭火;犀牛头上角,小儿拿去盛汤。不知夏楚追呼,拆了人家几多骨肉;更兼苞苴混滥,卷了地方到处皮毛。费尽心要传家里子孙,腆着面且认民之父母。

懒龙看不尽许多奢华,想道:“重门深锁,外边梆铃之声不绝,难以多取。”看见一个小匣,十分沉重,料必是精金白银,溜在身边。心里想道:“官府衙中之物,省得明日胡猜乱猜，屈了无干的人。”摸出笔来，在他箱架边墙上，画着一枝梅花，然后轻轻地从屋檐下望衙后出去了。

过了两三日，知县简点宦囊。不见一个专放金子的小匣儿，约有二百余两金子在内，价值一千多两银子。各处寻看，只见旁边画着一枝梅，墨迹尚新。知县吃惊道：“这分明不是我衙里人了，卧房中谁人来得，却又从容画梅为记？此不是个寻常之盗，必要查他出来。”遂唤取一班眼明手快的应捕，进衙来看贼迹。众应捕见了壁上之画，吃惊道：“覆官人，这贼小的们晓得了，却是拿不得的。此乃苏州城中神偷，名曰懒龙。身到之处，必写一枝梅在失主家为认号。其人非比等闲手段，出有入无，更兼义气过人，死党极多。寻他要紧，怕生出别事来。失去金银还是小事，不如放舍罢了，不可轻易惹他。”知县大怒道：“你看这班奴才，既晓得了这人名字，岂有拿不得的？你们专惯与贼通同，故意把这等话党庇他，多打一顿大板才好！今要你们拿贼，且寄下在那里。十日之内，不拿来见我，多是一个死！”应捕不敢回答。知县即唤书房写下捕盗批文，差下捕头两人，又写下关子，关会长、吴二县，必要拿那懒龙到官。

应捕无奈，只得到苏州来走一遭。正进阊门，看见懒龙立在门口，应捕把他肩胛拍一拍道：“老龙，你取了我家官人东西罢了，卖弄什么手段画着梅花？今立限与我们，必要拿你到官，却是如何？”懒龙不慌不忙道：“不劳二位费心，且到店中坐坐细讲。”懒龙拉了两个应捕一同到店里来，占副座头吃酒。懒龙道：“我与两位商量，你家县主果然要得我紧，怎么好累得两位？只要从容一日，待我送个信与他，等他自然收了牌票，不敢问两位要我，何如？”应捕道：“这个虽好，只是你取得他的忒多了。他说多是金子，怎么肯住手？我们不同得你去，必要为你受亏了。”懒龙道：“就是要我去，我的金子也没有了。”应捕道：“在哪里了？”懒龙道：“当下就与两位分了。”应捕道：“老龙不要取笑！这样话当官不是耍处。”懒龙道：“我平时不曾说诳语，原不取笑。两位到宅上去一看便见。”扯着两个人耳朵说道：“只在家里瓦沟中去寻就有。”应捕晓得他手段，忖道：“万一当官这样说起来，真个有赃在我家里，岂不反受他累？”遂商量道：“我们不敢要老龙去了，而今老龙待怎么吩咐？”懒龙道：“两位请先到家，我当随至。包管知县官人不敢提起，决不相累就罢了。”腰间摸出一包金子，约有二两重，送与两人道：“权当盘费。”从来说公人见钱，如苍蝇见血，两个应捕看见赤艳艳的黄金，怎不动火？笑欣欣接受了，就想此金子未必不就是本县之物，一发不敢要他同去了，两下别过。

懒龙连夜起身，早到无锡，晚来已闪入县令衙中。县官有大、小孺人，这晚在大孺人房中宿歇。小孺人独自在帐中，懒龙揭起帐来，抻手进去一摸，摸着顶上青丝髻，真如盘龙一般。懒龙将剪子轻轻剪下，再去寻着印箱，将来撬开，把一盘发髻塞在箱内，仍与它关好了，又在壁上画下一枝梅。别样不动分毫，轻身脱走。

次日，小孺人起来，忽然头发纷披，觉得异样。将手一摸，顶髻俱无，大叫起来。

合衙惊怪,多跑将来问缘故。小孺人哭道:"谁人使促掐,把我的头发剪去了?"忙报知县来看。知县见帐里坐着一个头陀,不知哪里作怪起?想着平日绿云委地,好不可爱!今却如此模样,心里又痛又惊道:"前番金子失去,尚在严捉未到,今番又有歹人进衙了。别件犹可,县印要紧。"亟取印箱来看,看见封皮完好,锁钥俱在。随即开来看时,印章在上格不动,心里略放宽些。又见有头发缠绕,掇起上格,底下一堆发髻,散在箱里。再简点别件,不动分毫。又见壁上画着一枝梅,连前凑做一对了。知县吓得目睁口呆,道:"原来又是前番这人,见我追得急了,他弄这神通出来报信与我。剪去头发,分明说可以割得头去;放在印箱里,分明说可以盗得印去。这贼直如此利害!前日应捕们劝我不要惹他,原来果是这等。若不住手,必遭大害。金子是小事,拼得再做几个富户不着,便好补填了,不要追究的是。"连忙掣签去唤前日差往苏州下关文的应捕来销牌。

两个应捕自那日与懒龙别后,来到家中。依他说话,各自家里屋瓦中寻,果然各有一包金子。上写着日月封记,正是前日县间失贼的日子,不知懒龙几时送来藏下的。应捕老大心惊,噙着指头道:"早是不拿他来见官,他一口招出搜了赃去,浑身口洗不清,只是而今怎生回得官人的话?"叫了伙计,正自商量踌躇,忽见县里差签来到,只道是拿违限的,心里慌张,谁知却是来叫销牌的!应捕问其缘故,来差把衙中之事一一说了,道:"官人此时好不惊怕,还敢拿人?"应捕方知懒龙果不失信,已到这里弄了神通了,委实好手段!

嘉靖末年,吴江一个知县治行贪秽,心术狡狠,忽差心腹公人,赍了聘礼到苏城求访懒龙,要他到县相见。懒龙应聘而来,见了知县禀道:"不知相公呼唤小人哪厢使用?"知县道:"一向闻得你名,有一机密事要你做去。"懒龙道:"小人是市井无赖,既蒙相公青目,要干何事,小人水火不避。"知县屏退左右,密与懒龙商量道:"叵耐巡按御史到我县中,只管来寻我的不是。我要你去察院衙里偷了他印信出来,处置他不得做官了,方快我心!你成了事,我与你百金之赏。"懒龙道:"管取手到拿来,不负台旨。"果然去了半夜,把一颗察院印信弄将出来,双手递与知县。知县大喜道:"果然妙手,虽红线盗金盒,不过如此神通罢了。"急取百金赏了懒龙,吩咐他快些出境,不要留在地方。懒龙道:"我谢相公厚赐,只是相公要此印怎么?"知县笑道:"此印已在我手,料他奈何我不得了。"懒龙道:"小人蒙相公厚德,有句忠言要说。"知县道:"怎么?"懒龙道:"小人躲在察院梁上半夜,偷看巡按爷烛下批详文书,运笔如飞,处置极当。这人敏捷聪察,瞒他不过的。相公明日不如竟将印信送还,只说是夜巡所获,贼已逃去。御史爷纵然不能无疑,却是又感又怕,自然不敢与相公异同了。"县令道:"还了他的,却不依旧让他行事去?岂有此理!你自走你的路,不要管我!"懒龙不敢再言,潜踪去了。

却说明日察院在私衙中开印来用,只剩得空匣,叫内班人等遍处寻觅,不见踪迹。察院心里道:"再没处去,那个知县晓得我有些不像意他,此间是他地方,奸细必多,叫人来设法过了,我自有处。”吩咐众人不得把这事泄漏出去,仍把印匣封锁如常,推说有病,不开门坐堂,一应文移,权发巡捕官收贮。

一连几日,知县晓得这是他心病发了,暗暗笑着,却不得不去问安。察院见传报知县来到,即开小门请进。直请到内衙床前,欢然谈笑。说着民风土俗、钱粮政务,无一不剖胆倾心,津津不已。一茶未了,又是一茶。知县见察院如此肝膈相待,反觉局蹐,不晓是甚么缘故。正絮话间,忽报厨房发火,内班门皂厨役纷纷赶进,只叫“烧将来了！爷爷快走！”察院变色,急走起来,手取封好的印匣亲付与知县道:“烦贤令与我护持了出去,收在县库,就拨人夫快来救火。”知县慌忙失措,又不好推得,只得抱了空匣出来。此时地方水夫俱集,把火救灭,只烧得厨房两间,公廨无事。察院吩咐把门关了。这个计较,乃是失印之后察院预先吩咐下的。

知县回去思量道:“他把这空匣交在我手,若仍旧如此送还,他开来不见印信,我这干系须推不去。”辗转无计,只得润开封皮,把前日所偷之印仍放匣中,封锁如旧。明日升堂,抱匣送还。察院就留住知县,当堂开验印信,印了许多前日未发放的公文。就于是日发牌起马,离却吴江,却把此话告诉了巡抚都堂,两个会同把这知县不法之事,参奏一本,论了他去。知县临去时,对衙门人道:“懒龙这人是有见识的,我悔不用其言,以至于此。”正是:

> 枉使心机,自作之孽,
> 无梁不成,反输一帖。

懒龙名既流传太广,未免别处贼情也有疑猜着他的,时时有些株连着身上。适遇苏州府库失去元宝十来锭,做公的私自议论道:“这失去得没影响,莫非是懒龙?”懒龙却其实不曾偷,见人错疑了他,反要打听明白此事。他心疑是库吏知情,夜藏府中公廨黑处,走到库吏房中静听。忽听库吏对其妻道:“吾取了库银,外人多疑心懒龙,我落得造化了,却是懒龙怎肯应承?我明日把他一生做贼的事迹,纂成一本送与府主,不怕不拿他来做顶缸。”懒龙听见,心里思量道:“不好,不好。本是与我无干,今库吏自盗,他要卸罪,官面前暗栽着我。官吏一心,我又不是没一点黑迹的,怎辩得明白?不如逃去了为上着,免受无端的拷打。”连夜起身,竟走南京,诈妆了双盲的,在街上卖卦。

苏州府太仓夷亭有个张小舍,是个有名极会识贼的魁首。偶到南京街上撞见了,道:"这盲子来得蹊跷!"仔细一相,认得是懒龙诈装的,一把扯住,引他到僻静处道:"你偷了库中元宝,官府正追捕,你却遁来这里妆此模样躲闪吗?你怎生瞒得我这双眼过?"懒龙挽了小舍的手道:"你是晓得我的,该替我分剖这件事,怎么也如此说?那库里银子是库吏自盗了。我曾听得他夫妻二人床中私语,甚是的确。他商量要推在我身上,暗在官府处下手。我恐怕官府信他说话,故逃亡至此。你若到官府处把此事首明,不但得了府中赏钱,亦且辩明了我事,我自当有薄意孝敬你,今不要在此处破我的道路!"

小舍原受府委要访这事的,今得此的信,遂放了懒龙,走回苏州出首。果然在库吏处,一追便见,与懒龙并无干涉。张小舍首盗得实,受了官赏。过了几时,又到南京。撞见懒龙,仍妆着盲子在街上行走。小舍故意撞他一肩道:"你苏州事已明,前日说话的怎么忘了?"懒龙道:"我不曾忘,你到家里灰堆中去看,便晓得我的薄意了。"小舍欣然道:"老龙自来不掉谎的。"别了回去,到得家里,便到灰中一寻,果然一包金银同着白晃晃一把快刀,埋在灰里。小舍伸舌道:"这个狠贼!他怕我只管缠他,故虽把东西谢我,却又把刀来吓我。不知几时放下的,真是神手段!我而今也不敢再惹他了。"

懒龙自小舍第二番遇见回他苏州事明,晓得无碍了。恐怕终久有人算他,此后收拾起手段,再不试用。实实卖卜度日,栖迟长干寺中数年,竟得善终。虽然做了一世剧贼,并不曾犯官刑、刺臂字,到今苏州人还说他狡狯耍笑事体不尽。似这等人,也算做穿窬小人中大侠了。反比那面是背非,临财苟得,见利忘义一班峨冠博带的不同。况兼这番神技,若用去偷营劫寨,为间作谍,那里不干些事业?可惜太平之世,守文之时,只好小用伎俩,供人话柄而已。正是:

世上于今半是君,犹然说得未均匀。
懒龙事迹从头看,岂必穿窬是小人!

卷四十

宋公明闹元宵杂剧

《贵耳集》
《瓮天脞语》纪事
即　空　观　填词

第一折　提纲【末上】

【青玉案】东风未放花千树，早吹陨、星如雨。宝马雕车香满路，凤箫声动，玉壶光转，一夜鱼龙舞。　　蛾儿雪柳黄金缕，笑靥盈盈暗香去。众里寻她千百度，蓦然回首，那人却在，灯火阑珊处。

李师师手破新橙，周待制惨赋离情。
小旋风簪花禁苑，及时雨元夜观灯。

第二折　破橙【生扮周美成上】

（用支思韵）

【仙吕引子　　紫苏丸】穷秀才学问不中使，是门庭哪堪投止。甚因缘得逗女娇姿？总君王禁不住相思死。

【忆秦娥】香馥馥，樽前有个人如玉。人如玉，翠翘金凤，内家装束。

娇羞爱把眉儿蹙，逢人只唱相思曲。相思曲，一声声是怨红愁绿。自家周邦彦，字美成，钱塘人氏。才学拟扬云，曾献《汴都》之赋；风流欺柳七，同传乐府之名。典册高文，不晓是翰墨林中大手；淫词艳曲，多认作繁华队里当家。只得混俗和光，偷闲寄傲，见作开封监税，权为吏隐金门。此间有个上厅行首李师师，乃是当今道君皇帝所幸。此女风情不凡，委是烟花魁首。亦且善能赏鉴，钟爱文人。小生蒙彼不弃，忝在相知。今日天气寒冷，料想官家不出来了，不免步至他家，取醉一回则个。【行介】

【仙吕过曲　　醉扶归】他九重兀自关情事，我三生结下小缘儿。两字温柔是证明师，尽树起莺花帜。任奇葩开暖向南枝，这芳香自惹蜂蝶恣。

【旦扮李师师上】

【前腔】舞裙歌扇烟花市，便珠宫蕊殿，有甚参差？谁许轻来觑罘罳！须不是闲阶址。花胡同排下个海神祠，破题儿先把君王试。

奴家李师师是也。谁人在客堂中？上前看去。【相见介】呀！原来是周官人，甚风吹得到此？【生】小生心绪无聊，愿与贤卿一谈。想今日天气严寒，官家不出，故尔造访。【旦】既如此，小妹暖酒，与官人敌寒清话。丫鬟，取酒过来。【丑扮丫鬟持酒上】有酒。【旦送介】

【桂枝香】高贤来至，撩人清思。俺这家门户啊！假饶终日喧阗，只算做黄昏独自。论知心有几？论知心有几？多情相视，甘当陪侍。【合】意孜孜最是疼人处，吹灯带笑时。【生】【前腔】迂疏寒士，馋穷酸子。谢娘行眼底钟情，早赏识胸中奇字。论知音有几？论知音有几？这般怜才谁似？办取志诚无二。【合前】

【小生扮宋道君，道服带二内侍上】

【赚】美玉于斯，微服潜行有所之。风流事，谁言王者必无私？【内侍喝】驾到！【生旦慌介】【旦】忙趋俟。【生】书生俏胆无双翅，【躲床下介】且向床阴作伏雌。【小生】听宣示，从容只对无迁次。【旦拜介】妾当万死！妾当万死！

【小生】赐卿平身。【旦】愿官家万岁！【小生】爱卿坐了讲话。【旦谢恩介】圣驾光临，龙体劳顿。臣妾敢奉卮酒上寿。【内作乐，旦送酒介】【小生】朕有新物，可以下酒。【袖出橙介】【旦】芳香酷烈，此地所未有也。【小生】此江南初进到，与卿同之。【旦】容臣妾手破，以刀作齑，配盐下酒。【小生进酒介】

【棹角儿序】这新橙芳香正滋，驿传来江南初至。须不是一骑红尘，也烦着几多星使。试看他下并刀，蘸吴盐，胜金齑，同玉脍，手似凝脂。【吹笙合唱】寒威方肆，兽烟袅丝。笑欣欣调笙坐对，醉眼迷眵。

【小生】酒兴已阑，朕将还宫矣。【旦】臣妾有一言，向官家敢道么？

【小生】恕卿无罪。【旦附耳作低唱】

【前腔】问今宵谁行侍私？【小生笑介】不要管他。【旦】这些时犹烦唇齿。听严城鼓已三挝，六街中人少行止。试看他露霜浓，骑马滑，到不如休回去，着甚嗟咨。【合前】

【小生】爱卿爱朕，言之有理。传与内侍，明早还宫。【搂旦肩介】

【尾声】留侬此处欢情恣。抵多少昭阳殿里梦回时。【合】怎知道行雨行云，在别一司。【同下】

【生作床下出介】奇哉！奇哉！吓杀我也！侥幸杀我也！你看他剖橙而食，促膝而谈，欲去欲留，相调相谑。若有史官在旁，也该载入起居注了，小臣何缘，得以亲见亲闻？不免将一时光景，作一新词，以记其事。【词寄〔少年游〕】【念介】“并刀如水，吴盐胜雪，纤手破新橙，锦幄初温，兽烟不断，相对坐调笙。　　低声问，向谁行宿？城上已三更，马滑霜浓，不如休去，直是少人行。”词已写完，明日与师师看了，以博一笑。

【皂罗袍】偶到阳台左次，遇东皇雨露，正洒旁枝。新橙剖出傲霜姿，玉笙按就纤纤指。低声厮诨，含娇带嗤，不如休去。殷勤致辞，怕官家不押个鸳鸯字！

未许流莺过院墙，天家于此赋《高唐》。
大鹏飞在梧桐上，自有旁人说短长。

第三折　讯灯【外扮宋公明领从人上】

（用江阳韵）

【中吕引子　　粉蝶儿】四海无人，谁知俺满怀忠壮！这些时且自埋藏，借山东烟水寨，三关兴旺。问谁当，这横行一时无两。

一水洼中能出令，万山深处自鸣金。包身义胆奇男子，也自称名在绿林。我乃山东宋江，表字公明。现为梁山寨主，替天行道，人多称我为及时雨。目下天气严寒，不知山下有甚事体？且待众兄弟到来，试问则个。【众扮梁山泊好汉，净扮李逵，照常上场诗，通姓名，相见介】【外】众兄弟，山下有甚事来？【众】启哥哥得知，朱贵酒店里，拿得一班莱州府灯匠，往东京进灯的。未敢擅便，押在关前听令。【外】休得要惊吓他，押上堂来我问咱。【众】得令。【杂扮灯匠挑灯上】朝为田舍郎，献灯忠义堂。寨主本五种，男儿当自强。【众】灯匠当面。【外】

【中吕过曲　　尾犯序】率土戴君王，岂是吾侪，不晓伦常？谄佞盈朝，致闾阎尽荒。灯匠，无非是繁华景物，才显出精工伎俩。争知道脂膏尽处，黄雀觑螳螂！【杂叩头介】

【前腔换头】应当，灯铺乃官行。里甲排门，痛比钱粮。今年官家大张灯火，庆赏元宵，着落本州解造五架好灯。这灯呵，妙手雕镂，号玲珑玉光。【外】我多取了你的，你待如何？【杂】惊惶。若还是山中尽取，难销破京师业账。【作悲介】从何处重寻儿女？更一度哭爹娘。

【外】听之可伤！我逗你要来。若取了你的，恐怕你吃苦，不当稳便。只取你小的一架，值多少价钱？【杂】本钱二十两。大王跟前，不敢说价。【外】就与你二十两，其余的你们自解官。【杂】多谢大王。双手劈开生死路，一身跳出是非门。【下】【外】众兄弟，据灯匠所言，京师十分好灯，我欲往看一遭。

【前腔换头】京华靡丽乡，少长山东，未得徜徉。改换规模，到天边日旁。【众】斟量。若还遇风波竞险，须难免干戈闹嚷。分明是龙居浅地，索是要提防。

【外】我日间只在客店里藏身，夜晚入城看灯，不足为虑。且听我分拨：我与柴进、戴宗、燕青一路，史进与穆弘一路，鲁智深与武松一路，朱仝与刘唐一路。只此四路人，暗地相随，缓急策应。其馀兄弟，尽数在家守寨。【净李逵云】说东京好灯，我也要去走一遭。【外】你如何去得？【净】我如何去不得？【外】你生性不善，面庞丑恶。【净】几曾见我哪里吓杀了别人家大的小的？若不带我去，我独自一个，先赶到东京杀他一场，大家看不安稳。【外】既然要去，只打扮作伴当，跟随着我，不许惹事便了。

【前腔】王都本上邦，须胜似军州，马壮人强。此去私游，要行踪敛藏。【众】须仗一队队分行布摆，一步步回头顾望。从今日长安梦里，搅起是非场。

【外】明日黄道吉日，就此起行。【众】得令。

且解征袍脱茜巾，洛阳如锦旧知闻。
相逢何用通名姓，世上于今半是君。【众调阵下】

第四折　词忤【旦扮李师师上】

（用庚青韵）

【南吕过曲　一江风】是生来落得排场胜，哪个曾红定？但相逢便有姻缘，暮雨朝云，暂主巫山令。嫦娥不恁撑，君王取次行。是风流占尽无余剩。

妾身李师师，前日正与周美成饮笑，恰遇官家到来，仓忙避在床下。后来官家言语动止，尽为美成所见。美成填作一词，眼前说话，尽作词中佳料。似此才人，真堪爱敬。今日无事在此，且把此词展玩一遍则个。【小生道服扮道君上】

【前腔】离宫闱，喜踏闲花径，种下风流性。但相从，可意冤家，别样温柔，反如多奚幸。知她是怎生？拼倾若个城。任朝端，絮不了穷三圣。

已到师师家了。师师哪里？【旦迎驾介】臣妾候迎圣驾，愿官家万岁！【小生】赐卿平身。爱卿，朕因元宵将近，暂息万机，乘此清闲，访卿夜话。【旦】臣妾洁除几席，专候驾临。【小生看案上介】爱卿在此看些什么？【见词介】原来是一首词。【念前词介】此乃前日与卿晚夕的光景，何人隐括入词？【旦】不敢隐瞒，实出周邦彦之笔。【小生】周邦彦为何知得这等亲切？似目见耳闻的一般。【旦】臣妾该死，前日偶与周邦彦在此闲话，适遇驾到，邦彦无处躲避，窜伏床下，故彼时官家与臣妾举动言语，悉被窥见，作此词以纪其事。【小生怒介】轻薄如此，可恨！可恨！

【锁寒窗】是何方劣相酸丁？混入花丛举止轻。看论黄数黑，画影描形。机关逗处，唇枪断逞。怎当他风狂行径！（合）思量。直恁不相应，便早遣离神京！

【旦跪介】邦彦之罪，皆臣妾之罪也，望天恩宽宥。【起介】

【前腔】念他们白面书生，得见天颜喜倍增。任一时风欠，写就新声。知他那是违条干令？总歌讴太平时境。（合）思量直恁不相应，便早遣离神京？

【小生】这个断难饶他，明日吩咐开封府，逐他出城便了。

【旦】一曲新词话不投，【小生】明朝谪遣向边州。
（合）是非只为多开口，烦恼皆因强出头。

第五折　闯禁【末儒巾扮柴进，贴小帽扮燕青同上】

（用齐微韵）

【末】金吾不禁夜，玉漏莫相催。则俺是梁山泊上第十位头领小旋风柴进。这个兄弟是第三十六位头领浪子燕青，随俺哥哥宋公明下山，到东京看灯。哥哥在城外住下，俺和这个兄弟先进城来，探听光景，做一番细作，早已入城来了也。

【北正宫端正好】却离了水云乡，早来到繁华地。路旁人不索猜疑，满朝中不及俺那山间位，衡一味怀忠义。

【贴】哥哥，来到东华门外，你看街上的人好不多也！【末】

【滚绣球】景色奇，士女齐，满街衢游人如蚁。大多来肉眼愚眉。【手指介】兄弟，你看那戴翠花，着锦衣，一班儿纷纷济济。走将来别是容仪，多管是堂中珠履三千客？须不似山上兜鍪八面威，煞有跷蹊。

兄弟，俺到酒坊中坐下。你去看那锦衣花帽的，与我赚将一个来者。【贴】理会得。【丑扮王班直上】花有重开日，人无再少年。俺乃穿宫班直老王的便是。方才宫中承应出来，且到街上走一走。【贴迎揖介】观察，小人声喏。【丑作不认介】你是何人？咱不认得。【贴】小人的东人和观察是旧交，特使小人来相请。观察莫不姓张？【丑】俺自姓王。【贴】小人贪慌失措了。正是叫小人请王观察。【丑】你主人是谁？【贴】观察同小人去，见面就晓得。【丑】而今在哪里？【贴】在这阁儿里。【走到介，对末云】请到王观察来了。【末迎介】

【倘秀才】见说着良朋遇值。【揖介】忙举手，当前拜礼。【丑还礼介】在下眼拙，失忘了足下，愿求大名。【末笑介】俺是恁二十年前一旧知，这些时离别久，往来稀，今朝厮会。

【丑想介】其实一时想不起。【末】小弟且不说，等兄长再想，想不出时，只是罚酒。【杂送酒肴上，末送酒介】

【滚绣球】俺这里殷勤待举觞，尊兄且莫推，谁教你贵人忘记？辞不得罚盏淋漓。【丑】在下吃不得急酒，醉了须误了点名。【末】正要问兄长，头上为何戴这朵翠花？【丑】官家庆赏元宵，我们左右内外，共有二十四班。每班二百四十人，通共五千七百六十人。每人皆赐衣袄一领，翠叶金花一枝，上有小小金牌一个，凿着“与民同乐”四字，因此每日在这里点视，如有宫花锦袄，便能够入内里去。【末】小弟却不省得。原来是打扮乔，入内直。便饮一醉不妨。总无过随行逐队，料非关违误了军机。小的们，镟一杯热酒来，奉敬兄长者。【贴取酒下药介，末奉酒介】兄长饮此一杯，小弟敢告姓名。【丑】在下实想不起，愿求大名。【末灌酒介，丑饮介】【末】你早忘眼底人千里，且尽尊前酒一杯，则交我含笑微微。

【丑作醉倒介】【末】早已麻倒了也。且脱他锦衣花帽下来，待俺穿戴了。充做入直的，到内里看一遭去。【换衣帽介】兄弟，你扶他去床上睡着。酒保来问时，只说这观察醉了，那官人出去未回，好生支吾者。【贴】不必吩咐，自有道理。【扶丑下】【末】俺如此服色进内去，料没挡拦也呵。【行介】

【倘秀才】本是个水浒中魔君下世，权做了皇城内当筵傀儡。抵多少壮士还家尽锦衣,从此去,到宫闱,没些儿回避。

呀！你看禁门上并无阻碍,一直到了紫宸殿,殿门上多有金锁锁着,进去不得。且转过凝晖殿,殿旁有路,转将入去。原来又是一个偏殿,牌上金书“睿思殿”三字,侧首一扇朱红槅子,且喜开着,不免闪将入去。

【滚绣球】幸逢着殿宇开,闯入个锦绣堆。耀入睛帘垂翡翠,看不迭案满珠玑。则见架上签,尽典籍,奚超墨龙文象笔。薛涛笺子石端溪,御屏上山河一统皆图画,比及俺水泊三关也在范围,这的是帝主宏规。

转过御屏后边,原来这是素面,却有几个大字在上,待我看者。【念介】山东宋江,淮西王庆,河北田虎,江南方腊。呀！好不利害也!

【叨叨令】御屏上写得淋淋侵侵地,多是些绿林中一派参参差差讳。列两行墨印,分分明明配,俺哥哥早占了高高强强位。【拔刀介】俺待取下来也么哥,俺待取下来也么哥。【作挖下走介】急抽身,且自慌慌忙忙退。

已把四字挖下,急走出殿门回去者。

【滚绣球】这事儿好骇惊,这事儿忒罕稀！到那帝王家一同儿戏,俏一似出函关,夜度鸣鸡。【贴上接介】哥哥来了也。看得如何?【末】且禁声,莫笑嘻,干着的一桩机密,免教他姓字高题。【将字与贴看介】略施万丈深潭计,已在骊龙颔下归,落得便宜。

【贴】请问哥哥,这是什么意思?【末】此处耳目较近,不便细说,到下处见了大哥,自知明白。且脱下衣帽咱。【换衣帽介】【贴】这人还未醒,把衣服交与店家罢。【叫介】酒保。【酒保上】官人有何吩咐?【末】俺和这王观察是兄弟,恰才他醉了,俺替他去内里点名了回来,他还未醒。俺却在城外住,恐怕误了城门。剩下的酒钱,多赏了你。他的服色号衣,多在这里,你等他醒来,交付还他,俺们自去了。【酒保】官人但请放心,男女自会服侍。【笑介】这样好主顾,剩钱多赏了我,明日再来下顾一下顾。若要号衣用时,我在戏房中借一付与你。【下】【末】

【尾声】俺入宫的,俏冥冥已将望帝春心递,那醉酒的,黑魆魆兀自庄周晓梦迷,却不道他是何人我是谁?借得宫花压帽低,天子门庭去复回,御墨鲜妍满袖携。少不得惊动官家心下疑,索尽宫中甚处追?空对屏儿三叹息。怎知俺小旋风爷爷亲身来看过了你？

【同下】【丑吊场上】一觉好睡也。酒保，方才请我的官人，哪里去了？【内应】他见你醉了，替你去点了名回来，你还未醒，恐怕误了城门，他出城去了，留下号衣在此还你。【丑】好没来由，又不知姓张姓李，说是我的故人，请我吃得酩酊，敢是拐我当酒吃的？酒保，他会钞过不曾？【内】会钞过了。【丑】奇怪，酒钱又不欠，衣服又在此，他拐我什么，我不是落得吃的了。看来我是个刷子，他也是个痴人。诗云："有人请吃酒，问着不开口，灌我醺醺醉，他自往外走。这样好主人，十番撞着九。"好造化！好造化！【笑下】

第六折　折柳【生扮周美城上】

（用先天韵）

【双调引子　捣练子】愁脉脉，意悬悬，夺去微官不值的钱。只恨元宵将近矣，嫦娥从此隔天边。

桃溪不作从容住，秋藕绝来无续处。人如风后入江云，情似雨余粘地絮。下官周美成，只因今上微行妓馆，偶得窃窥，度一新词，致触圣怒。宣示蔡京丞相，着落开封府，要按发我课税不登。府尹说："惟有此官，课额增羡。"蔡京道："圣意如此，只索迁就屈坐。"劾上一本，随传圣旨："周邦彦职事废弛，日下押出国门！"好不冤枉也！我想一官甚轻，不做也罢，只是元宵在即，良辰美景，万民同乐，独我一人不得与观，这也犹可。怎生撇得下心上李师师啊？她着人来说要到十里长亭，送我起程。敢待来也？【旦上】

【海棠春】何处是离筵？举步心如箭。

呀，美成已在此了。【相见介】【旦】官人风波忽起，离别须臾，无限衷情，特来面语。【生】贤卿远至，足感深情。只是我事出无端，非意所料。这分别好难割舍呵！【旦】小妹聊具一杯，与君话别。【生】生受你，想小生啊！

【仙吕入双调过曲　园林好】书生命，随方受邅。书生态，无人见怜。投至得娘行缱绻，奚幸煞并香肩，平白地，降灾愆。【旦】

【前腔】遇君王，承恩最偏，遇多才，钟情更专。强消受皇躬垂眷，一谜里慕英贤，怎知道事相牵？【生】想那日啊！

【江儿水】寒夜挑灯话，炉中火正燃。君王蓦地来游宴，躲避慌忙身还颤。眼睁睁馋口涎空咽，划地芳心思展。（合）一曲新词，到做了阳关三转。【旦】

【前腔】当日心中事，君前不敢言。谁知魆地龙颜变，判案些时无情面。笑啼两下

恩成怨，教我如何过遣？【合前】【生】
【五供养】穷神活现，一个新橙，剖出冤缠。开封遵圣意，不论羡余钱。官评坐贬，端只为床头铨选一霎分离去，怎俄延？（合）何日归来旧家庭院？【旦】
【前腔】君王不辨，扫煞风光，当甚传宣？知心从避地，无计可回天。奴身命蹇，禁不住泪痕如线。愁看元宵月，两地自为圆。【合前】

【旦】君家以词得名，以词得罪，今日之别，岂可无词？【生】小生试吟一首，以纪折柳之情。【词寄〔兰陵王〕】【念介】柳荫直，烟里丝丝弄碧。隋堤上，曾见九番，拂水飘绵送行色。登临望故国，谁惜京华倦客？长亭路年去岁来，应折柔条过千尺。　　闲寻旧踪迹，又酒趁哀弦，灯照离席。梨花榆火催寒食。愁一箭风快，半篙波暖，回头迢递便数驿，望人在天北。　　凄恻，恨堆积，渐别浦萦回，津堠岑寂，斜阳冉冉春无极。念月榭携手，露桥吹笛。沉思前事，似梦里，泪暗滴。

【玉交枝】题词一遍，谢承他举贤荐贤。而今再把词来显，真个是旧病难痊。鸯鸳折开为短篇，长吟只怕还重谴。（合）拼今宵孤身自眠，又何妨重重写怨。【旦】
【前腔】心中生羡，看词章风流似前。虽经折挫留余喘，尚兀自挥洒联翩。本是连枝并头铁石坚，到做了伯劳东去西飞燕。【合前】

【生】俺和你就此拜别。【拜介】【生】

【川拨掉】辞卿面，记平时相燕婉。再不能整宿停眠，再不能整宿停眠。立斯须三生有缘。（合）怎教人着去鞭？任从他足不前。【旦】
【前腔换头】诉不了离愁只自煎，揾不了啼妆只自湮。从此去度日如年，从此去度日如年。愿君家长途保全。【合前】【生】
【尾声】临行执手还相恋，归向君王一句言，道床下人儿今去的远。

一番清话又成空，满纸离愁曲未终。
情到不堪回首处，一齐吩咐与东风。

第七折　　赐环【贴扮燕青上】

（用齐微入声韵）

【商调引子　　绕地游】来游上国，到处无人识，向章台寻消问息。

白云本是无心物，又被清风引出来。俺浪子燕青，前日随着柴大官人进城探路，被柴大官人计入禁苑，挖出御屏上四字。俺宋公明哥哥晓得官家时刻不忘，思量寻个关节，讨个招安。那角妓李师师，与官家打得最熟，今欲到她家饮一巡儿酒，看取机会。着我先去送贽见之礼，来到此间，不免扯个谎哄她。里面有人么？【丑扮妈妈上】谈笑有鸿儒，往来无白丁。是哪个？【贴拜介】是我。【丑】小哥高姓？【贴】老娘忘了，小人是张乙的儿子张闲便是。从小在外，今日方归，老娘怎不认得了？【丑想介】你不是太平桥下的小张闲吗？【贴】正是。【丑】你哪里去了？许多时不见。【贴】小人一向不在家，不得来看老娘。如今伏侍个山东梁客人，是燕南河北第一个有名的财主，来此间做买卖。一者就赏元宵，二者要求娘子一面。怎敢说在宅上出入，只求同席一饮，称心满意。先送一百两金子为进见之礼，与娘子打些头面器皿，若得往来往来，还有罕物相送。【出礼物介】【丑看伸舌介】好赤金也，火块一般的，只一件，我女儿今日为送周监税出城去了，却不在家，怎么是好？【贴】少不得回来的，小人便闲坐一坐，等个回音。【小生上】

【绕地游后】和风丽日，忆娇姿来相探觅，是光阴怎生闲得！

自家道君皇帝便是。前日睿思殿上失去了“山东宋江”四字，想城中必有奸细，已吩咐盘诘去了。心下好生不快，且与师师闲话去。【内喝】驾到。【丑慌介】官家来了，怎么好？女儿不在，谁人接待？张小乙哥，便与我支应一番则个。【贴】我正要认一认官家，借此机会上前答应去。【叩头介】男女万死！叩头陛下，愿陛下万岁！【小生】师师怎么不见？【贴】师师城外去了。【小生】你是何人？【贴】男女是师师中表兄弟，一向出外，今日回来。【小生】抬起头来我看。【贴抬头介】【小生】怪道也一般俊秀的。你既是师师兄弟，必有技艺。【贴】男女吹弹歌舞，多晓得些。【小生】赐卿平身，唱曲奉酒。【贴送酒，随意唱时曲一只介】【小生】此时已是更余，师师还未见到，可恼！可恼！【旦愁妆上】

【忆秦娥】愁如织，归来别泪还频滴。还频滴，翠帏春梦，江南行客。【见介】【贴暗下】【小生】更余兀守岑寂，何来俏脸添悲戚？添悲戚，向时淹润，这番狼藉。

【怒介】你看啼痕满面，憔悴不胜。适自何来，意态如此？【旦】臣妾万死！臣妾知周邦彦得罪，押出国门，略致一杯相别，不知官家来此，接待不及，臣妾罪当万死！【小生冷笑介】痴妮子！只是与那酸子相厚。这酸子轻口薄舌，专会做词。今日你去送别，曾有词否？从实奏来。【旦】有《兰陵王》调一词。【小生】你起来唱一遍看。【旦】容臣妾奉一杯，歌此词为官家寿。【小生】使得。【旦送酒介】

【商调过曲　　二郎神】柳荫直，在烟中丝丝弄碧。曾见隋堤凡几历，飘绵拂水，从来专送行色。无奈登临望故国，谁怜惜京华倦客？算长亭年来岁去，柔条折过千尺。

【集贤宾】闲寻旧日踪与迹，趁哀弦灯照离席。榆火梨花知在即，一霎时催了寒食，风高箭急。待回首，迢遥多驿，人在北，怎生不恨情堆积？

【琥珀猫儿坠】萦回别浦，津堠已岑寂。冉冉斜阳春景极，念相携素手，露桥笛。凄恻。前事沉思，暗泪空滴。

【小生笑介】好词，好词。关情之处，令人泪落，真一时名手！怪不得他咬文嚼字，明日元宵佳节，正须好词，不免赦其罪犯，召他转来，为大晟乐正，供应词章，传旨与两府施行去。【旦叩头介】如此，多谢天恩。【小生笑介】连你也欢喜了。

【尾声】道一声赦也欢交集，词去词来，还则是词上力。【旦】可正是成败萧何一笑值。

【旦】新词动听不争多，成也萧何败也何。

【小生】遇饮酒时须饮酒，得高歌处且高歌。【下】

【旦吊场】【丑引贴见旦介】小乙哥过来见了姐姐。【旦】我正要问这是哪一个？【丑】儿，这是太平桥张小乙哥，他引了一个大财主，是山东梁员外，送了一百两金子为见礼，要与你吃一杯儿酒。因你未回，留他在此。恰遇圣驾到来，无人接待。亏得他认做了你的中表兄弟，支持答应，俄延这一会，等得你回来。也是个道地人儿。【贴】小人有幸，得瞻天表。且候着了娘子，小人回去，回复员外，还着他几时来？【旦】明日是元宵，驾幸上清宫，必然不来，却请员外过来，少叙便是。

【贴】小人理会得。正是：

嫦娥曾有约，【丑、旦】明夜早些来。【同下】

第八折　狎游【外宋江上】

（用萧豪韵）

【双调引子　梅花引】留连客舍已元宵，谁能识恁根苗？【末柴进上】凭是宫庭，鱼服曾行到。（合）宿卫重重成底事？待看尽莺花春色饶。

【外】不入虎穴，焉得虎子？差之一时，失之千里。俺宋江不到东京看灯，怎晓得御屏上写下名字？亏得俺柴进兄弟取了出来。这两日闻得城门上提防甚紧，却是人山人海，谁识得破？俺一来要进去观灯，二来要与当今打得热的李师师往来一番，觑个机会。昨日燕青兄弟已到他家，约定了今日，又兼得见了官家回来。俺想若得我宋江遇见，可不将胸中之事，表白一遍，讨得个招安，也不见得。【末】哥哥，招安也不是这样容易讨的。借这机会通些消息，或者有用，也未可知，目今且落得去游耍一番。【贴燕青上】欲赴天边约，须教月下来。哥哥，此时正好进城了。【外】我与柴大官人做伴，同去走遭。戴宗、李逵两个兄弟，扮作伴当，远远跟着便了。【同行介】

【仙吕人双调过曲　　六么令】官街乱嘈，趁着人多，早过城壕，无人认识大英豪。齐胡混，醉酕醄，镇闻满市皆喧笑，镇闻满市皆喧笑。

【贴】从此小街进去，便是李家瓦子了。【众行介】

【前腔】笙歌院落，煞是撩人，一曲魂销。君王外宅贮多娇，灯光映，月轮高。画栏十二珠簾悄，画栏十二珠廉悄。【旦同鸨女童上】
【前腔】游人似潮，昨日相期，佳客游遨。此时月色上花梢。【贴】近前去，把门敲。【旦出见迎外末介】【外末】慕名特地来相造，慕名特地来相造。

【相见礼介】【贴向旦指外介】这位就是员外。【旦】昨日张闲多谈大雅，又蒙厚赐。今辱左顾，绮阁生光。【外】山僻之客，孤陋寡闻。得睹花容，生平愿足。【旦】这位官人，是员外何人？【外】是表弟华巡简。【旦】多是贵客，夙世有缘，得遇二君，草草杯盘，以奉长者。【外】在下山乡，未曾见此富贵。花魁娘子，名播寰宇，求见一面，如登天之难，何况促膝笑谈，亲赐杯酒。【旦】员外奖誉太过，何敢当此！丫鬟将酒过来。

【二犯江儿水　　五马江儿水】逢霁色，皇都春早，融和雪正消。看争驰玉勒，竞睹金鳌，赛蓬莱结就的岛。迤逦御香飘，群仙不待邀。楼接层霄，铁锁星桥，大家来看一个饱。【朝元歌】幸遇着风流俊髦，厮觑了轩昂仪表。【一机锦】不枉了两相辉，灯月交。

【外】多蒙厚款，美酒佳肴，清歌妙舞。鄙人遇此，如在天上，不胜酒狂，意欲乱道一词，尽诉胸中郁结，呈上花魁尊听。【末】哥哥，花魁美情，正当请教。【外】待不才先诉心事呵！

【前腔】问何处堪容狂啸？天南地北遥，借山东烟水，暂买春宵。凤城中，春正好。薄幸怎生消？神仙体态娇。【起介】想汀蓼洲蒿，皓月空高，雁行飞，三匝绕。【做裸袖揎拳势介】谁识我忠肝共包？只等待金鸡消耗。【拍桌介】愁万种，醉乡中两鬓萧。

【末】表兄从来酒后如此，娘子勿笑！【旦】酒以合欢，何拘于礼？只是员外言语含糊，有许多不明处。【外】借纸笔来，写出请教。【旦】取笔砚过来，向员外告珠玉。【外写介】（词寄《念奴娇》）【念介】天南地北，问乾坤何处可容狂客？借得山东烟水寨，来买凤城春色。翠袖围香，绛绡笼雪，一笑千金值。神仙体态，薄幸如何消得？　　想芦叶滩头，蓼花汀畔，皓月空凝碧。六六雁行连八九，只等金鸡消息。义胆包天，忠肝盖地，四海无人识。离愁万种，醉乡一夜头白。【旦】细观此词，员外是何等之人？心中有甚不平之事？奴家文义浅薄，解不出来，求员外明言。【外欲语介】【内叫】圣驾到后门了！【旦慌介】不能相陪，望乞恕罪。【急下】【外对末贴介】我正要诉出心事，却又去接驾了。我们且未可去，躲在暗处瞧一回。【末、贴】大哥有些酒意了，小心些则个。【外】晓得。

始信桃源有路通，这回陡遇主人翁。
今宵剩把银釭照，犹恐相逢是梦中。【各虚下】

第九折　闹灯【净扮李逵，大帽青衣内，抹额束腰，杂扮戴宗随上】

（用东钟韵）

【净】浩气冲天冠斗牛，英雄事业未曾酬。手提三尺龙泉剑，不斩奸邪誓不休！俺黑旋风李逵便是。俺大哥好没来由，看灯，看灯，竟与柴大官人、燕小乙哥走入行院人家吃酒去了。却叫我与戴院长扮做伴当，跟随在门外坐守。这可是俺耐烦的？不要恼起俺杀人放火的性子来，把这家子来杀个罄尽。【做势介】【戴】哥哥怎生对你说来？【净】只怕大哥又说我生事，俺且权忍片时也呵！

【北双调　　新水令】看长安灯火照天红，似俺这老苍头也大家来胡哄。恕面生也花世界，少拜识也锦胡同。偌大英雄，偌大英雄！替他们守门阑，太知重！【虚下，小生、旦上】
【南仙吕入双调过曲　　步步娇】三五良宵冰轮涌，帝辇宸游动。
【旦】今日该驾幸上清宫，欢情哪处浓？【小生】朕今日幸上清宫方回，教太子在宣德殿赐万民御酒，御弟在千步廊买市，约下杨太尉，同到卿家。久等不至，只得自来。【旦】不道馀恩，又得陪从。【小生】今日佳辰，宜有佳词，传旨宣周邦彦。【旦】斟酒泛金钟，这些时值得佳词供。【生上】

小臣周邦彦，闻得陛下在此，特来献元宵新词。【小生】念与朕听。【生念介】【词寄解语花】风销焰蜡，露浥烘垆，花市光相射。桂华流瓦纤云散，耿耿素娥欲下。衣裳

淡雅，看楚女纤腰一把。箫鼓喧人影参差，满路飘香麝。　　因念帝城放夜，望千门如画，嬉笑游冶，钿车罗帕。相逢处，自有暗尘随马。年光是也，惟只见、旧情衰谢，清漏移，飞盖归来，从舞休歌罢。【小生】好词，好词。得景，得情。良辰美景，才子佳人，俱在朕前，可喜，可喜。周邦彦升为大晟乐府待制，赐御酒三杯。【生饮酒谢恩介】【同唱】斟酒泛金钟，这些时，值得佳词供。【同下】【净上，戴随上】【净】

【北折桂令】渐更阑，古寺声钟。等的人心热肠鸣，坐的来背曲腰躬。须知俺兄弟排连，尽多是江湖志量。怎走入花月樊笼？一壁厢主人情重，那堪俺坐客心慵。折倒威风，做哑装聋。这的是黑爹爹性格温柔，今日里学得个举止从容。【下】【外、末、贴上】

【南江儿水】万里君门远，乘舆蓦地逢，天颜有喜亲承奉。【外】何不急趁樽前无拦纵？把一生忠义多相控。【末、贴】这个使不得！便亲写下招安何用？打破砂锅，少不得受那奸邪搬弄。【下】【净、戴上】【净】

【北雁儿落带得胜令】俺则待向章台猛去冲。【戴】这里头没你的勾当。【净】莽儿郎认不得鸾和凤。俺则待踏长街独自游。【戴】我不与你去，你须失了队。【净】急忙里认不出桃源洞，因此上权做个不醒聪，酩子里且包笼。困腾腾眼底生春梦，实丕丕心头拽闷弓，难容无名火浑身迸。宋公明也，尊兄！这桩儿也算不公。【坐场上介】【丑扮杨太尉上】

【南哓哓令】君王曾有约，游戏晚来同。【作走进门，戴走避，净坐不理介】【丑】是何处儿郎真懵懂？见我贵人来，不敛踪。

【问净介】你是哪里的狗弟子孩儿？见了俺杨太尉，站也不站起来，从人拿住者。【净大喊，脱衣帽，露内戎装介】

【北收江南】呀！要知咱名姓呵！须教认得黑旋风！【将丑打倒介】一拳儿打个倒栽葱。【丑跌介，戴劝介】使不得，使不得！【净】方才泄俺气填胸。【放火介】不是俺性凶，不是俺性凶，只教你今朝风月两无功。

【净大喊介】梁山泊好汉全伙方在此。【外、末、贴急上】

【南园林好】听喧闹鱼游釜中，急奔脱鸟飞出笼。浑一似山崩潮涌，你看官家也从地道走了。惊凤辇，离花丛，回首处，隔巫峰。

【内喊介】休教走了黑旋风！【外】燕小乙哥，黑厮性发了，只怕有失。你是他降手，快去接了他出城。【净舞介】

【北沽美酒带太平令】谁人来犯俺锋？谁人来犯俺锋？【贴扑净跌介】【净看贴起笑介】原来是旧降手又相逢。【贴】不要生事，随哥哥去罢。【净随众走介】恁道是保护哥哥第一功，顿金锁，走蛟龙。须知是做郎君，要担怕恐。【扮高俅追败下】【五虎将上接介】【净同众唱】看明晃晃旌旗簇拥，雄赳赳貔虎相从。宋公明翠乡一梦，杨太尉伤司告讼。俺呵，一班儿弟兄逞雄，脱离着祸丛。呀！这的是闹东京，一场传诵。

【北　　清江引】宋三郎岂是柔情种？只要把机关送。惹起黑天蓬，好事成虚哄，则落得闹元宵一会儿哄。

周美成盖世逞词豪，宋公明一曲《念奴娇》。
李师师两事传佳话，合编成妆点《闹元宵》。